GRAMMATIK DER BAHASA INDONÉSIA

PORTA LINGUARUM ORIENTALIUM

HERAUSGEGEBEN VON
BERTOLD SPULER UND FRANZ ROSENTHAL

NEUE SERIE

II

HANS KÄHLER

GRAMMATIK
DER BAHASA INDONÉSIA

DRITTE, REVIDIERTE AUFLAGE

1983

OTTO HARRASSOWITZ · WIESBADEN

GRAMMATIK
DER BAHASA INDONÉSIA

MIT CHRESTOMATHIE UND WÖRTERVERZEICHNIS

VON

HANS KÄHLER

DRITTE, REVIDIERTE AUFLAGE

1983

OTTO HARRASSOWITZ · WIESBADEN

CIP-Kurztitelaufnahme der Deutschen Bibliothek

Kähler, Hans:
Grammatik der Bahasa Indonésia : mit Chrestomathie u. Wörterverz. /
von Hans Kähler. – 3., rev. Aufl. – Wiesbaden : Harrassowitz, 1983.
   (Porta linguarum orientalium ; N.S., 2)
   ISBN 3-447-02345-7
NE: GT

Inhaltsverzeichnis

GRAMMATIK DER BAHASA INDONÉSIA

Erster Teil: Der einfache Satz

Vorwort

Das große Interesse weiter Kreise an der Republik Indonesien ließ das Bedürfnis und den Wunsch nach einer Grammatik der indonesischen Nationalsprache, der Bahasa Indonésia, immer dringlicher werden. So trat der Verlag Otto Harrassowitz mit der Bitte an mich heran, eine solche zu schreiben. Sie sollte zugleich eine Auswahl moderner Texte und ein Wörterverzeichnis dazu enthalten.

Die folgende Grammatik ist im Prinzip deskriptiv. Sprachvergleichende Bemerkungen sind nur insoweit eingeflochten, als es das bessere Verständnis für den Lernenden erforderlich erscheinen ließ. Da ich bei der Darstellung von ganzen Sätzen ausgehe, habe ich bei längeren Satzgebilden Ausdrücke der Bahasa Indonésia, die erst in späteren Paragraphen behandelt werden, dem jeweiligen deutschen Äquivalent in Klammern hinzugefügt.

In der Gliederung der Darstellung folge ich weitgehend der Methode meines verehrten Lehrers, Professor Dr. Otto Dempwolff (vgl. ,,Einführung in die Malaiische Sprache". Beiheft 22 zur Zeitschrift für Eingeborenen-Sprachen. Dietrich Reimer, Berlin 1940). Allerdings weiche ich in mancher Beziehung wesentlich davon ab, und zwar hinsichtlich der Anordnung, aber vor allem hinsichtlich der Auffassung von gewissen grammatischen Erscheinungen.

Die Beispielsätze in dieser Arbeit entstammen zum Teil indonesischen Tageszeitungen und Zeitschriften, ferner der modernen indonesischen Literatur und bisweilen auch niederländischen Grammatiken der Bahasa Indonésia. Von ihnen, ebenso wie von niederländischen Wörterbüchern der Bahasa Indonésia, ist dankend Gebrauch gemacht. Soweit wesentliche Einzelheiten daraus oder aus anderen Arbeiten entnommen sind, ist die Quelle in einer Fußnote vermerkt. Zahlreiche Beispielsätze aus der Umgangssprache entstammen dem Munde von Indonesiern, mit denen ich hier in Hamburg zusammen arbeitete. Großen Dank schulde ich auch Herrn Takdir Alisjahbana, Djakarta, dem ich das Manuskript der Grammatik zur Durchsicht übersandte, und mit dem ich einen Teil derselben während seiner Anwesenheit in Hamburg 1955 besprechen konnte. Mein besonderer Dank gilt den Herren Burhanuddin Napitupulu (einem gebürtigen Batak) und Odeh Suardi (einem gebürtigen Sundanesen). Mit ersterem kontrollierte ich sämtliche Beispielsätze dieser Arbeit. Herrn Dr. Alfred Willms, Hamburg, bin ich für das sorgfältige Mitlesen der Korrekturen zu Dank verpflichtet; ebenso Herrn Dr. R. Carle für Korrekturen zur 3. Auflage.

Schließlich gilt mein Dank dem Verlag Otto Harrassowitz, der diese Grammatik der indonesischen Nationalsprache in seine Reihe der Porta Linguarum Orientalium aufnahm.

Die Auswahl der Texte ist so getroffen, daß der Leser einen Eindruck von der Sprache moderner indonesischer Dichter erhält, daß er sich aber auch eine Vorstellung machen kann von dem Stil, der sich in indonesischen Zeitschriften findet.

Da die Bahasa Indonésia in mancher Hinsicht noch im Fluß ist, ließ es sich nicht umgehen, gebräuchliche Varianten der Ausdrucksweise zu berücksichtigen. Weniger gebrauchte Möglichkeiten sind, ebenso wie gelegentliche sprachvergleichende Bemerkungen, petit gedruckt. Es ist ratsam, diese Teile erst dann durchzuarbeiten, wenn man sich mit den Grundzügen der Sprache vertraut gemacht hat. Ich habe mich bemüht, den augenblicklichen Stand der Bahasa Indonésia so eingehend wie möglich zu erfassen.

An dieser Stelle möchte ich noch kurz einiges zu der von mir gebrauchten Terminologie bemerken. Es ist von vielen, die sich mit dem Studium indonesischer Sprachen im allgemeinen und mit der Bahasa Indonésia (oder dem Malaiischen) im besonderen befassen, darauf hingewiesen worden, daß die grammatische Nomenklatur europäischer Sprachen für diese Idiome nicht ausreicht. Dieser Ansicht schließe ich mich prinzipiell an. Andererseits haben sich Versuche, hier Abhilfe zu schaffen, nicht durchzusetzen vermocht.

Besondere Schwierigkeiten tauchen auf, wenn man die Wortarten der Bahasa Indonésia klassifizieren will. Denn z. B. der Ausdruck *besar* fungiert syntaktisch sowohl als Eigenschaftswort (Qualitativ) „groß" wie auch als Substantiv „das Großsein"; *tjelaka* gibt sowohl unser „Unglück" als auch unser „unglücklich" wieder; *tidur* entspricht deutschem „schlafen" und „das Schlafen". Zum Teil lassen sich diese Schwierigkeiten aus dem Artikel von A. Teeuw, Some Problems in the Study of Word-Classes in Bahasa Indonesia (Lingua, vol. XI, 1962, S. 409—421) ersehen, in dem versucht wird, Kriterien für die Wortklasse der Adjektiva zusammenzustellen. Welcher Wortklasse ein Ausdruck in der Bahasa Indonésia angehört, muß sich entweder aus dem Kontext (bzw. aus der zusammenhängenden Rede) oder aus anderen Faktoren ergeben, wie z. B. der Nachstellung eines Demonstrativpronomens oder eines Possessivsuffixes bei substantivischem Gebrauch.

In Fällen, wo sich auf Grund der Sprachvergleichung eine m. E. bessere Interpretation gewisser grammatischer Formen ermöglichen läßt (wie etwa bei den Formen mit *di-* + Verbalstamm, § 26, oder mit vorangestellten pronominalen Elementen, § 27), habe ich diese zugrunde gelegt, ohne den Lernenden jedoch mit langwierigen Begründungen zusätzlich zu belasten.

Der hier gebrauchten Orthographie liegt die *Édjaan Suwandi*, die „Schreibung von Suwandi", vom 19. 3. 1947 zugrunde, die als offizielle Rechtschreibung in der Republik Indonesien gilt. Allerdings weicht man oft von dieser sogenannten „republikanischen Schreibung" ab[1]).

---

[1]) Seit 1972 ist die Rechtschreibung standardisiert. Näheres darüber siehe S. 36.

Für diejenigen, die an der Schreibung der Bahasa Indonésia mit arabischen Schriftzeichen interessiert sind, ist ein kurzer Text in arabisch-persischer Schrift nebst Transkription beigegeben. Es handelt sich dabei um eine Textprobe aus dem klassischen Malaiischen[1]), und zwar aus der *Sedjarah Melaju*, der „Malaiischen Chronik" (E. J. Brill, Leiden 1884). Weiterhin ist eine Tabelle der für das Malaiische gebräuchlichen arabisch-persischen Schriftzeichen beigefügt. In heutiger Zeit werden sie allerdings nicht mehr verwendet, da man sich allgemein der lateinischen Schrift bedient.

Eine grammatische Skizze des Altmalaiischen mit kurzen Textproben (aus dem 7. Jahrhundert n. Chr.) soll der Vergleichsmöglichkeit dieses ältesten Zeugnisses der malaiischen Sprache mit der modernen Bahasa Indonésia dienen. Dabei wurde dankbar Gebrauch gemacht von den bekannten Arbeiten von G. Ferrand (Quatre Textes Épigraphiques Malayo-Sanskrits de Sumatra et de Baṅka. Paris MDCCCCXXII), G. Coedès (Les Inscriptions Malaises de Çrīvijaya. Bulletin de l'École Française d'Extrême-Orient 1930, Tome XXX, S. 29—80) und H. Kern (De Inscriptie van Kota Kapoer. Bijdragen tot de Taal-, Land- en Volkenkunde van Nederl.-Indië, Deel 67, 1913) sowie von dem Aufsatz von W. Aichele (Die altmalaiische Literatursprache und ihr Einfluß auf das Altjavanische. Z. f. Egb.-Spr., Bd. XXXIII, 1942—43, S. 37—66). Die Angaben über die altmalaiischen Inschriften von Bukit Segantung und von Telaga Batu sind dem Buch „Prasasti Indonesia II: Selected Inscriptions from the 7th to the 9th Century A. D." (Masa Baru, Bandung, 1956, S. 1—46) von J. G. de Casparis entnommen.

Am Schluß der Arbeit bringe ich eine Übersicht über gebräuchliche Abkürzungen, die sich in modernen indonesischen Zeitungen finden.

Zusätzliche Übungssätze in der zweiten Auflage dieses Buches verdanke ich Herrn ABDUL DJAMAL ASTRAATMADJA, Hamburg; er ist gebürtiger Madurese.

Herrn DR. P. PINK, Hamburg, bin ich zu großem Dank für die Durchsicht der Korrekturfahnen verpflichtet.

---

[1]) Es wird auch das Riau- oder Hoch-Malaiische genannt zur Unterscheidung vom *kasar-* („groben") oder *pasar-* („Markt") Malaiischen.

EINFÜHRUNG

Zur Entwicklung der Bahasa Indonésia

Die Bahasa Indonésia, die „indonesische Sprache", ist in Art. 4 der provisorischen Verfassung der Republik Indonesien als offizielle Sprache verankert. (Art. 4: „Die offizielle Sprache des Gebietes der Republik Indonesien ist die Bahasa Indonésia".) Deshalb ist ein jeder, der das Wesen des indonesischen Volkes verstehen, oder der etwa Handelsbeziehungen mit Indonesien anknüpfen will, genötigt, diese Sprache zu erlernen. In der Bahasa Indonésia werden nicht nur Regierungserklärungen, Zeitungen und Zeitschriften geschrieben, sondern sie ist auch Umgangssprache für Millionen von Indonesiern und Unterrichtssprache an Schulen und Universitäten. Auch der Rundfunk und die modernen indonesischen Dichter bedienen sich der Bahasa Indonésia.

Der Name stammt aus dem Jahre 1928, als auf einer Versammlung junger indonesischer Nationalisten eine Resolution gefaßt wurde, die Bahasa Melaju, die „malaiische Sprache", als Bahasa Indonésia zur Einheitssprache in Indonesien zu machen. Zu der Zeit war die malaiische Sprache im Volksrat zwar als Rednersprache zugelassen, aber dort wurde nur sehr selten von ihr Gebrauch gemacht. Im Jahre 1928 war diese Umbenennung des Malaiischen in Bahasa Indonésia Ausdruck eines Fernzieles, das den indonesischen Nationalisten vorschwebte. Denn sie strebten schon damals nach der Einheit und nach politischer Selbständigkeit. War der Namenswechsel zu jener Zeit also nur eine Formalität und ein Symbol, so ist das Funktionieren der Bahasa Indonésia seit der Proklamation der Republik am 17. 8. 1945 und seit der Souveränitätsübertragung durch die Niederlande am 27. 12. 1949 Tatsache geworden.

Der Ausdruck „indonesische Sprache" besagt allerdings nicht, daß sie die einzige Sprache in dem sich weit ausdehnenden indonesischen Archipel mit seinen etwa 140 Millionen Einwohnern ist. Indonesien weist ungefähr 250 verschiedene Sprachen und mindestens noch ebenso viele Dialekte auf, welche — etwa mit Ausnahme der Sprachen von Nord-Halmahera — zur indonesischen Sprachgruppe innerhalb der austronesischen Sprachfamilie gehören. Abgesehen vor allem vom Javanischen, Sundanesischen und Balinesischen, dienen sie jedoch nur kleinen und daher vom ethnischen Gesichtspunkte aus relativ unbedeutenden Völkerschaften als Muttersprache. Die Sprecherzahl solcher Sprachen und Dialekte schwankt erheblich. Sie können sich also keineswegs mit der Bedeutung der Bahasa Indonésia messen.

Die Bahasa Indonésia ist eine Weiterentwicklung der Bahasa Melaju, der „malaiischen Sprache", die auf der Halbinsel Malakka sowie im Riau-Archipel und in (Ost-)Sumatra gesprochen wurde. Der „Sprachgeist" dieses Malaiischen ist geblieben.

Der Name Melaju taucht zum erstenmal als Name eines alten Fürstentums im Gebiet des heutigen Djambi am Ufer des Batang Hari in

Zentral-Sumatra auf. Etwa seit Ende des 7. nachchristlichen Jahrhunderts wurde die Macht des Reiches von Melaju überschattet von der des Reiches Çrīvidjaja, dessen Hauptstadt vermutlich in der Nähe des heutigen Palembang in Süd-Sumatra lag. Von diesem buddhistischen Reich wissen wir durch Berichte von chinesischen Reisenden und durch Steininschriften in dem süd-indischen Pallava-Alphabet. Die Inschriften sind in der altmalaiischen Kanzleisprache von Çrīvidjaja (Śrīwijaya) verfaßt.

Diese Sprachdenkmäler, die die bisher ältesten Dokumente einer indonesischen Schriftsprache darstellen, geben uns einen Einblick in die Struktur des Altmalaiischen. In den Inschriften, die aus den Jahren 683, 684 und 686 n. Chr. datieren[1]), finden sich außer solchen Formantien, die mit denen des Malaiischen aus späterer Zeit übereinstimmen, auch einige, die z. T. noch heute in Batak-Dialekten anzutreffen sind. Was den Wortschatz betrifft, so weisen sie auch manche malaiischen Wörter auf, die in der gleichen Form noch in der Bahasa Indonésia vorkommen. Außerdem enthalten sie viel Sanskrit-Lehngut, das bereits zu der Zeit wie indonesisches Sprachgut mit indonesischen Formantien versehen wurde. Diese nicht sehr umfangreichen Zeugnisse lassen den Schluß zu, daß das Altmalaiische bereits dem späteren Malaiischen und damit auch der heutigen Bahasa Indonésia weitgehend ähnlich war. Um das zu zeigen, gebe ich auf S. 22/29 einen grammatischen Abriß des Altmalaiischen aus jener Epoche nebst einigen kurzen Textproben.

Indonesien ist seit alten Zeiten ein Knotenpunkt des Handels zwischen Ländern des Westens und Asiens gewesen. So ist es nicht verwunderlich, daß das Malaiische als lingua franca sehr viele Lehnwörter aus den verschiedensten Sprachen übernommen hat. Die intensiven Handelsbeziehungen hatten u. a. zur Folge, daß sich an Küstenplätzen des Archipels Fremde niederließen, die z. T. auch Priester und Gelehrte aus ihrer Heimat nach sich zogen. Um einen Eindruck von dem Ausmaß und von der Art der Einbürgerung solchen Lehnguts im Malaiischen bzw. in der Bahasa Indonésia zu vermitteln, füge ich S. 9/22 eine Übersicht bei.

Schon in frühen Zeiten bildeten chinesische Kaufleute in den großen Seehäfen und Städten Indonesiens einflußreiche Gruppen, wie es auch heute noch der Fall ist. Trotzdem haben sie keinen bedeutenden Einfluß auf die malaiische Sprache und Kultur gehabt. In der Bahasa Indonésia finden sich nur sehr wenige chinesische Wörter.

Von weit größerer Bedeutung für Indonesien waren die Inder. Das zeigt sich nicht nur im sprachlichen Lehngut, sondern auch auf kulturellem Gebiet. Die indischen Einflüsse machten sich vermutlich bereits im 2. und 3. Jahrhundert n. Chr. in einzelnen Teilen Indonesiens stark bemerkbar. Die Brahmanen und das Studium buddhistischer Schriften brachten viel Lehngut aus dem Sanskrit ins Malaiische. Auch dieses

[1]) Die altmalaiischen Inschriften von Bukit Segantung und Telaga Batu stammen vermutlich aus derselben Zeit.

Sanskritgut wird weitgehend wie malaiisches Wortgut behandelt. — Gudjaraten, Einwohner des dravidischen Süd-Indiens und andere Inder brachten später auch islamische Vorstellungen von Hindustān, wohin sie über Persien eingedrungen waren, nach Indonesien. Diese islamisch-persische Kultur vermischte sich mit autochthonen indonesischen Vorstellungen zu einem synkretistisch gefärbten Islam. Infolge dieser Einflüsse gelangten nicht nur außerordentlich viele arabische Wörter, sondern auch manche persische sowie einige Hindi- und Tamil-Wörter in das Malaiische und in andere indonesische Sprachen.

Das arabische Lehngut im Wortschatz des Malaiischen, das in späteren Jahrhunderten auch durch direkten Kontakt mit Arabien eindrang, umfaßt sowohl religiös-literarische als auch volkstümliche Begriffe. Erstere werden in der arabisch-persischen Schrift des Malaiischen lautgetreu wiedergegeben, d.h. auch z.B. mit den Konsonanten, die das Malaiische nicht kennt. Es handelt sich dabei eben vorwiegend um Ausdrücke, die dem Koran entstammen. Sie sind, ebenso wie die Lehnwörter aus dem Sanskrit und aus dem Persischen, über die Schriftsprache ins Malaiische gelangt, während das Lehngut aus anderen indischen Sprachen sowie aus dem Chinesischen und aus europäischen Sprachen (Niederländisch, Portugiesisch) auf mündlichem Wege Eingang fand. Von den populären Ausdrücken sind sehr viele, von den religiös-literarischen sind manche völlig eingebürgert, d.h. sie werden wie das indonesische Sprachgut mit malaiischen Formantien versehen. Zum Teil ist an phonetischen Besonderheiten erkennbar, daß arabische Lehnwörter über süd-indische Sprachen ins Malaiische gelangt sind (s. „Lehngut", Abschn. c).

Aber auch in späterer Zeit, als die ersten Europäer im Archipel Fuß gefaßt hatten, wurde das Malaiische, das ihnen als Mittlersprache diente, durch Lehngut bereichert. Auch aus dem Portugiesischen finden sich Lehnwörter, die allerdings nicht zahlreich sind. — Bei weitem den größten Einfluß hatte jedoch die niederländische Sprache. Niederländisch-Indien war bekanntlich mehr als 300 Jahre Kolonie, und die gebildeten Indonesier sowie indonesische Beamte und Angestellte sprachen im Verkehr mit Niederländern meistens niederländisch. Vor allem die intensive Berührung indonesischer Intellektueller mit der niederländischen Sprache hat es notwendig gemacht, auch heute noch zahlreiche Lehnwörter aus ihr zu übernehmen. Das ist vor allem auf dem Gebiet der Wissenschaft und Technik der Fall. Mit dem Bestreben, die Bahasa Indonésia zur Unterrichtssprache an Schulen und Universitäten zu erheben und Lehrbücher in dieser Sprache zu schaffen, war man auch zur Übernahme zahlreicher Fachausdrücke gezwungen[1]). Hinsichtlich des Wortschatzes ist die Bahasa Indonésia noch stark im Fluß, und durch diese vielen neuen Lehnwörter aus dem Niederländischen unterscheidet sie sich prinzipiell vom klassischen Malaiischen. Die bereits

---

[1]) In heutiger Zeit werden viele Fachtermini direkt aus dem Latein und dem Griechischen sowie aus dem Englischen entlehnt.

im Malaiischen gegebenen grammatischen und syntaktischen Möglichkeiten sind in der Bahasa Indonésia lediglich ausgeweitet, obwohl sich auch hier verschiedene Abweichungen herausgebildet haben. Sie sind z. T. aus anderen indonesischen Sprachen (vor allem aus dem Javanischen und Sundanesischen, aber auch aus dem Minangkabau in ZentralSumatra) übernommen.

Wie bereits dargelegt, ist die Aufnahme und Einbürgerung von Lehnwörtern aus nicht-indonesischen Sprachen an sich für das Malaiische nichts Neues. Allerdings ist die Übernahme von so vielen Lehnwörtern neu. Dabei ergab sich für bestimmte Zweige der Kultur und Wirtschaft die Frage, ob man nicht Fachausdrücke aus anderen indonesischen Sprachen, etwa aus dem Javanischen, statt aus dem Niederländischen nehmen solle. So bieten z. B. javanische Rechtsbücher derartige Möglichkeiten. In ihnen finden sich z. T. Fachausdrücke arabischen oder Sanskrit-Ursprungs, die entsprechende niederländische Termini sinngemäß wiedergeben, so etwa *wilajah* oder *palimahan* für ,,Gebiet, Territorium, Amtsgebiet'' (niederl. *territoir, ambtsgebied*), *daérah swatantra* oder *pradja* für ,,autonomes Gebiet'' (niederl. *autonoom ressort*) oder *swapradja* für ,,Selbstverwaltung'' (niederl. *zelfbestuur*).

Weiterhin paßt man den Wortschatz modernen Verhältnissen an, indem man die Bedeutung bereits bestehender malaiischer Wörter erweitert, so etwa, wenn das malaiische *pokok* ,,Ausgangspunkt, Basis'' oder das vermutlich aus dem Sanskrit (*avāntara*- Vermittler) stammende *bentara* ,,Herold'' jetzt für ,,Kapital'' bzw. für ,,Unteroffizier'' gebraucht werden. Des weiteren gibt man moderne Begriffe durch Zusammenstellung malaiischer Wörter wieder, z. B. ,,Unterseeboot'' durch *kapal silam* (*kapal*[1]) Schiff, *silam* tauchen), oder durch wörtliche Übersetzungen aus Fremdsprachen, z. B. *pentjakar langit* für ,,Wolkenkratzer'' (*pentjakar* der Kratzer, *langit* Himmel).

Schließlich besteht eine Tendenz, für gewisse Begriffe statt malaiischer Ausdrücke solche aus dem Arabischen zu gebrauchen, z. B. *hamil* schwanger (statt mal. *bunting*), *nadjis* Faeces (statt mal. *tahi*), *kadahadjat* defäzieren (statt mal. *bérak*). (Vgl. die Verwendung lateinischer Ausdrücke im Deutschen in ähnlichen Fällen.)

Aus dem Englischen wurden nur sehr wenige Ausdrücke übernommen, und zwar vermutlich über das Malakka-Malaiische, so z. B. *djust(e)ru* gerade, zufällig < engl. *just true*, *setokin* Strumpf < engl. *stocking*.

Die Bahasa Indonésia besitzt also hinsichtlich ihres Wortschatzes eine außerordentlich große Variationsbreite und Flexibilität, die das Ausmaß der Übernahme von weiterem Lehngut noch nicht übersehen läßt. Wichtig ist dabei auch die Bereicherung des Wortschatzes durch andere indonesische Sprachen wie das Javanische und Sundanesische oder das Minangkabau. (Umgekehrt werden in regionale Sprachen aber auch Ausdrücke aus der Bahasa Indonésia übernommen.)

[1]) Es ist eingebürgertes Lehnwort aus dem Tamil.

Was die Struktur der Bahasa Indonésia betrifft, so ist sie noch gewissen Schwankungen und Divergenzen unterworfen. Die Ausdrucksweise indonesischer Lehrer, Wissenschaftler und Journalisten z. B. unterscheidet sich in manchen Einzelheiten. Trotzdem kann man sagen, daß die Struktur der Sprache jetzt so weit gefestigt ist, daß sie praktisch und prinzipiell kaum noch ein Problem bildet. Gewisse Unterschiede in der Ausdrucksweise basieren auf alten Gegensätzen. Denn wenn die malaiische Vorkriegsliteratur auch weitgehend vom damaligen *Kantoor voor de Volkslectuur* (*Balai Pustaka* „Bücherhalle") beeinflußt und gestaltet war, so standen doch bereits zu der Zeit vor allem das Sumatra- und das Java-Malaiische einander in mancher Hinsicht gegenüber. Das Sumatra-Malaiische galt als das „reine" Malaiische, während das Java-Malaiische viel Lehngut aus dem Javanischen aufwies. In heutiger Zeit bestimmt das Java-Malaiische auf Grund der Tatsache, daß Java politisches und kulturelles Zentrum der Republik ist, die Struktur und den Wortschatz der Bahasa Indonésia weitgehend[1]).

Betrachten wir zum Schluß noch kurz die Entwicklung des Malaiischen zur Bahasa Indonésia im politischen Rahmen. Denn sie hängt zum Teil eng mit den Ereignissen in diesem Zeitraum zusammen.

Wie bereits erwähnt, wurde der Name Bahasa Indonésia für das damalige Malaiische bereits im Jahre 1928 geprägt. Bis zum Jahre 1933 hatte diese Umbenennung keine wesentlichen Folgen. Von da an erschien jedoch die kulturell-literarische Zeitschrift *Pudjangga Baru* „Neuer Literat". Ihre Herausgeber, zu denen auch Takdir Alisjahbana gehörte, setzten sich für die allgemeine Einführung der indonesischen Nationalsprache ein. Auf ihre Initiative wurde 1938 in Solo (Java) ein Kongreß für die indonesische Sprache einberufen. Die Folge war, daß sich manche Schriftsteller aus verschiedenen Teilen Indonesiens des damaligen Malaiischen statt ihrer Muttersprache für ihre Werke bedienten und es schon zu der Zeit in mancher Beziehung modernisierten und bereicherten.

Den stärksten Anstoß zur Entwicklung und Verbreitung der Bahasa Indonésia gaben jedoch die Japaner, die Indonesien vom 8. 3. 1942 bis zum 15. 8. 1945 besetzt hielten. Als erstes verboten sie nämlich den Gebrauch der niederländischen oder englischen Sprache im offiziellen und öffentlichen Verkehr. Das Japanische und die Bahasa Indonésia ersetzten vorerst das Niederländische. Hatten die Japaner anfangs die Hoffnung gehegt, die Bahasa Indonésia allmählich durch das Japanische zu ersetzen, so mußten sie schon bald diesen Plan aufgeben und die Bahasa Indonésia als offizielle Sprache anerkennen und fördern. Die *Marei-go* (malaiische Sprache) wurde jetzt auch offiziell *Indonésia-go* (indonesische Sprache) genannt. Dadurch waren viele anderssprachige indonesische Lehrer und Beamte gezwungen, die Bahasa Indonésia zu erlernen und zu gebrauchen. Kenntnis von ihr wurde in Spezialkursen und auf den nationalen Schulen vermittelt. Weil sie nunmehr auf allen

---

[1]) Auch aus dem *Omong Djakarta*, dem speziell in Djakarta und seinen Vororten gesprochenen malaiischen Dialekt, sind Einflüsse konstatierbar.

Gebieten gebraucht wurde, entwickelte sie sich sehr schnell. Im Oktober 1942 wurde in Djakarta ein „Sprachkomitee" gebildet, das wissenschaftliche und technische Ausdrücke sammelte, die 1946 als Wörterbuch veröffentlicht wurden. In Medan wurde 1943 das *Lembaga Bahasa Indonésia* „Indonesisches Sprachinstitut" gegründet. Ein weiterer wichtiger Beitrag war die Arbeit der indonesischen Sprachkommission, die im Oktober 1944 auf indonesische Initiative ins Leben gerufen wurde. Sie setzte sich aus politischen Führern und Persönlichkeiten des kulturellen Lebens zusammen. Vielleicht den größten Auftrieb verliehen die Japaner der Bahasa Indonésia durch Zeitungen, Zeitschriften und durch den Rundfunk, obgleich dieser sich auch regionaler Sprachen bediente. Schließlich wurde die Bahasa Indonésia zum Symbol der nationalen Einheit und des nationalen Widerstandes gegen die japanischen Pläne zur Einführung der japanischen Sprache. Nach der japanischen Kapitulation wurde die Bahasa Indonésia dann, wie bereits erwähnt, zur Nationalsprache erhoben.

Die große Bedeutung, die man auch nach der Souveränitätsübertragung allen mit der Verwendung der Bahasa Indonésia zusammenhängenden Fragen und Problemen beimißt, ist u. a. daraus ersichtlich, daß Ende 1954 in Medan ein *Kongrés Bahasa Indonésia* abgehalten wurde, zu dem auch ausländische Teilnehmer eingeladen waren. Denn die bewußte Umformung einer Sprache und die sich daraus ergebenden Probleme und Möglichkeiten interessieren auch Wissenschaftler aus anderen Teilen der Welt.

Lehngut in der Bahasa Indonésia

a) Lehngut aus dem Sanskrit[1])

Bereits in den altmalaiischen Inschriften aus dem 7. Jahrhundert n.Chr. finden sich verhältnismäßig viele Lehnwörter aus dem Sanskrit, die zum Teil religiöse Ausdrücke sind, welche in späterer Zeit nach der Einführung des Islam in Indonesien außer Gebrauch kamen. Im klassischen Malaiischen und damit in der Bahasa Indonésia ist das Sanskrit-Lehngut sehr umfangreich. Es umfaßt sowohl Abstrakta als auch Konkreta, z.B. *agama* Religion (Sskrt. *āgama-*), *bahasa* = *basa* Sprache (Sskrt. *bhāṣā-*), *bisa* Gift (Sskrt. *viṣa-*), *bidadari* Nymphe (Sskrt. *vidyādharī*), *déwa* Gott(heit) (Sskrt. *deva-*), *déwi* Göttin (Sskrt. *devī-*), *dupa* Weihrauch (Sskrt. *dhūpa-*), *duta* Gesandter (Sskrt. *dūta-*), *dosa* Sünde (Sskrt. *doṣa-*), *guru* Lehrer (Sskrt. *guru-*), *ketjapi* eine Art Laute (Sskrt. *kacchapī-*), *puasa* das muhammedanische Fasten (Sskrt. *upavāsa-*), *saksi* Zeuge (Sskrt. *sākṣī*), *sendawa* Salpeter (Sskrt. *saindhava-*), *surga* Himmel

---

[1]) Nach J. Gonda, Sanskrit in Indonesia. International Academy of Indian Culture. Nagpur 1952.

(Sskrt. *svarga-*), *sutera* Seide (Sskrt. *sūtra-* Faden), *tentera* Armee (Sskrt. *tantra-*). Unter diesem Lehngut befinden sich auch manche botanischen Namen, die z.T. mit den Pflanzen übernommen wurden, so z.B. *delima* Granatapfel (Sskrt. *dālima-*), *djambu* eine Fruchtart (Sskrt. *jambū-, jambu-*), *kesumba* eine Pflanze, die roten Farbstoff liefert (Sskrt. *kusumbha-*), *melati* Jasmin (Sskrt. *mālatī*), *tjendana* Sandelholz (Sskrt. *candana-*). Daneben finden sich jedoch auch andere Sanskrit-Lehnwörter wie z.B. Zahlen (s. § 14 a der Grammatik).

Manche Lehnwörter werden in der Bahasa Indonésia in modifizierter Bedeutung gebraucht, so z.B. Sskrt. *vaṃśa-* „Rasse, Geschlecht, Stamm" in B.I. *ke/bangsa/an* „Nation(alität), Nationalismus, national". Es kommt auch vor, daß sie mit arabischen Lehnwörtern zusammengestellt werden, um moderne Begriffe wiederzugeben, z.B. in ʿ*ilmu djiwa* Seelenkunde = Psychologie (ʿ*ilmu* Wissenschaft < arab. ʿ*ilm*, *djiwa* Seele < Sskrt. *jīva-*).

Andere Sanskritwörter werden als Konjunktionen verwendet, so etwa Sskrt. *kāraṇa-* „Ursache, Anlaß, Motiv" = B.I. *karena* für „weil, denn" und als Präposition „wegen", oder Sskrt. *māsa-* „Monat" = B.I. *masa* als Konjunktion „als".

Bei der Einbürgerung von Lehngut aus dem Sanskrit finden sich u. a. folgende Erscheinungen, die auf Entlehnung über die gesprochene Sprache weisen:

Zwischen Sskrt. *t + r* wird in der B.I. ein *e* eingeschoben, z.B. Sskrt. *putrī-* Tochter > B.I. *puteri* Tochter, Prinzessin.

Statt Doppelkonsonanten treten in der Regel einfache Konsonanten auf, z.B. Sskrt. *uttara-* Norden > B.I. *utara*.

Manche Lautfolgen werden in der B.I. umgestellt (Metathesis), z.B. Sskrt. *pratyaya-* Glaube > B.I. *pertjaja*.

Die B.I. kennt keine Aspiratae. Deshalb werden Aspiratae des Sanskrit entweder durch die nichtaspirierten Konsonanten ersetzt (*bumi* Erde < Sskrt. *bhūmi-*, *budi* Einsicht < Sskrt. *buddhi*), oder es erfolgt Metathesis der Aspiration (*harga* Wert, Preis < Sskrt. *argha-*, *harta* Besitz < Sskrt. *artha*), oder die Aspiratae werden durch Einfügung eines Vokals aufgelöst in Konsonant und Hauchlaut (*bahasa* Sprache < Sskrt. *bhāṣā-*, *bahara* Ladung, Fracht < Sskrt. *bhāra-*, *tjahaja* Glanz, Schein < Sskrt. *chāyā*).

Da die Wörter der B.I. überwiegend zweisilbig sind, werden mehr als zweisilbige Sanskrit-Wörter in manchen Fällen zu zweisilbigen verkürzt, z.B. Sskrt. *tathāpi* aber, jedoch > B.I. *tapi* (neben *tetapi*).

Vokale in Silben vor der Paenultima werden meistens zu *e* abgeschwächt, z.B. Sskrt. *nagara-* Land > B.I. *negara*, Sskrt. *parīkṣā* Prüfung > B.I. *periksa*. Vor *w* haben sie jedoch die Tendenz, zu *u* zu werden, z.B. Sskrt. *upavāsa-* das Fasten > B.I. *puasa*.

Bisweilen wird Sanskrit-Wörtern ein Vokal vorgefügt, z.B. Sskrt. *strī* Gattin > B.I. *isteri*.

b) Lehngut aus anderen indischen Sprachen

1. Aus dem Tamil stammen z.B. *ampelam* = *mempelam* Mango
(T. *mām-paṟam*), *bantji* Schlichtbeil, Deissel (T. *vādçi*), *kapal* Schiff
(T. *kappal*), *kudai* geflochtener Korb (T. *kūdai*), *maligai* Palast (T.
māligai Turm), *mendikai* Melone (T. *komaṭṭikai*), *peti* Kiste (T. *peṭṭi*),
tjerutu Zigarre (T. *çuruṭṭu*), *segala* alle (T. *sagala*, Sskrt. *sakala*; vgl.
auch persisch *sagāla*).
2. Aus dem Hindi sind u. a. entlehnt: *guni* Sack (H. *gonī*), *kandji*
Wäschestärke (H. *kāṃjī*), *kuli* Arbeiter, Tagelöhner (H. *kūli*), *kuntji*
(Tür-)Schloß (H. *kuñjī*), *roti* Brot (H. *roṭī*), *tjandu* zubereitetes Opium
(H. *chaṇḍu*), *tjuka* Essig (H. *cūk(a)*), *unta* Kamel (H. *ūnṭ(a)*).
Sie alle dürften über die gesprochene Sprache entlehnt sein.

c) Lehngut aus dem Arabischen

Da hierüber m. W. noch keine ausführliche Arbeit vorliegt, gehe ich
im folgenden näher darauf ein.

I. Arabische Konsonanten, welche die Bahasa Indonésia nicht
kennt, werden wie folgt behandelt:

ar. *ṯ* > B.I. *s*, z.B. ar. *ḥadīṯ* Tradition > B.I. *hadis*.

ar. *ḥ* > B.I. *h*, z.B. ar. *ḥāḍir* anwesend sein > B.I. *hadir*, ar. *baḥr*
Meer > B.I. *bahar* (in Zusammenstellungen gebraucht).

ar. *ḫ* > B.I. *ch, k*, z.B. ar. *ḫawāṭir* Gedanken, Gemüt > B.I. *chawatir*,
kuatir besorgt, beunruhigt.

ar. *ḏ* > B.I. *z, d, dj*, z.B. ar. *ḏāt* Wesen > B.I. *zat*, ar. *aḏān* Gebetsruf
> B.I. *azan, adan*; ar. *iḏn* Erlaubnis > B.I. *izin, idjin*.

ar. *z* > B.I. *z, dj*, z.B. ar. *zamān* Zeit > B.I. *zaman, djaman*; ar. *ǧuz'*
30. Teil des Koran > B.I. *djuz*.

ar. *š* > B.I. *sj, s*, z.B. ar. *šarṭ* Bedingung > B.I. *sjarat, sarat*.

ar. *ṣ* > B.I. *s*, z.B. ar. *aṣl* Ursprung, Herkunft > B.I. *asal*.

ar. *ḍ* > B.I. *d, l, dl*, z.B. ar. *ḥāḍir* anwesend sein > B.I. *hadir, hadlir*;
ar. *qāḍi* Richter > B.I. *kadi, kali*.

ar. *ṭ* > B.I. *t*, z.B. ar. *ṭalāq* Ehescheidung > B.I. *talak*.

ar. *ẓ* > B.I. *z, l*, z.B. ar. *ẓill* Schatten > B.I. *zill*; ar. *ẓālim* Tyrann,
tyrannisch > B.I. *zalim, lalim*.

ar. *'ain* > B.I. *'* (fester Vokaleinsatz) oder *k* (silbenschließend im Wort),
z.B. ar. *ma'lūm* bekannt > B.I. *ma'lum, maklum*; ar. *sā'a* kurze
Zeit > B.I. *sa'at* Augenblick[1]); ar. *ǧāmi'* Moschee > B.I.
djami'.

ar. *ġ* > B.I. *g, r*, z.B. ar. *ġaib* verborgen > B.I. *gaib, raib*; ar. *bāliġ*
mündig > B.I. *balig*.

ar. *f* > B.I. *f, p*, z.B. ar. *fikr* (Nach)denken > B.I. *fikir, pikir* dgl.,
Meinung.

---

[1]) Die arabische Femininendung ä tritt in der B.I. als *-at* bzw. *-ah* auf;
s. Abschn. IV, 1.

ar. *q* > B.I. *k, ch,* z.B. ar. *waqt* Zeit(raum) > B.I. *waktu*; ar. *qadam*
Fuß > B.I. *kadam, chadam.*

Auslautendes *b* und *d* des Arabischen werden in der B.I. im Schriftbild in der Regel beibehalten, sie werden jedoch stimmlos gesprochen,
z.B. ar. *ǧawāb* Antwort > B.I. *djawab*, ar. *maqṣūd* beabsichtigt > B.I.
ter/maksud.

Auslautende Geminatae des Arabischen werden in der B.I. meistens
zum einfachen Konsonanten reduziert und nur bisweilen beibehalten,
z.B. ar. *ḥadd* Grenze, *ʿāmm* öffentlich, allgemein, *ḥaqq* das Recht > B.I.
had, ʿam, hak; aber ar. *ẓill* Schatten > B.I. *zill.*

Arabische Monosyllabika, die aus KVKK bestehen, werden in der
B.I. zweisilbig, indem in der Regel der Vokal des ar. Wortes zwischen
die beiden auslautenden Konsonanten (Nicht-Geminatae) tritt. Es werden z.B.

ar. *hm* zu B.I. *ham*, z.B. ar. *fahm* Verstand > B.I. *faham, paham* Verstand, Begriff.
ar. *km* zu B.I. *kum*, z.B. ar. *ḥukm* Urteil > B.I. *hukum.*
ar. *ḥr* zu B.I. *har*, z.B. ar. *baḥr* Meer > B.I. *bahar.*
ar. *mr* zu B.I. *mar*, z.B. ar. *amr* Befehl > B.I. *amar.*
ar. *dr* zu B.I. *dar*, z.B. ar. *ṣadr* Brust > B.I. *sadar.*
ar. *kr* zu B.I. *kir*, z.B. ar. *fikr* Gedanke > B.I. *fikir, pikir* dgl.,
Meinung.
ar. *ṣl* zu B.I. *sal*, z.B. ar. *aṣl* Ursprung, Herkunft > B.I. *asal.*
ar. *lk* zu B.I. *lik*, z.B. ar. *milk* Besitz, Eigentum > B.I. *milik.*

Ausnahmen von dieser Regel bilden z.B. ar. *fitna* Empörung > B.I.
fitnah, pitenah, petenah Verleumdung; ar. *Maṣr, Miṣr* Ägypten > B.I.
Mesir; ar. *miṯl* Gleiches, Ähnliches > B.I. *misal* Beispiel.

Ausfall eines Vokals hat dagegen stattgefunden in *djamrud* Smaragd
(ar. *zumurrud*), das neben *djembrut* vorkommt, wo die Explosiva *b*
zwischen Nasal und Liquida eingeschoben ist.

Vor *k* ist *m* des Arabischen in der B.I. zu *-ng-* assimiliert in *mungkin*
möglich > ar. *mumkin.*

Bisweilen werden arabische Wörter durch volkstümliche Interpretation verändert. So geht z.B. B.I. *tersohor = kesohor* „berühmt"
zurück auf ar. *mašhūr*, und zwar über B.I. **mesohor*; das *me-* von
*mesohor wurde dann jedoch als malaiisches Präfix empfunden, und
man fügte vor den so erhaltenen Stamm **sohor* die indonesischen Präfixe *ter* bzw. *ke.*

II. Die Klangfarbe der arabischen Vokale ist in der B.I. verhältnismäßig konstant geblieben. Es kommen jedoch auch Abweichungen vor,
wie z.B.

ar. *i* > B.I. *é*, z.B. ar. *ṣāliḥ* fromm > B.I. *saléh*, ar. *ḥaqīqa* Wahrheit > B.I. *hakékat.*

ar. *a* wird in der B.I. in unbetonter Silbe zu *e*, z.B. ar. *Maṣr* Ägypten
> B.I. *Mesir* (= *Masir*), ar. *farḍ* Pflicht, Vorschrift > B.I.
perlu nötig, verpflichtet; ar. *ṣadaqa* Almosen > B.I. *sedekah.*
ar. *ai* > B.I. *é*, z.B. ar. *ḥairān* verwirrt, bestürzt, verblüfft > B.I.
héran erstaunt; ar. *šaiḫ* Titel > B.I. *sjé(c)h.*
ar. *u* > B.I. *o*, z.B. ar. *luġa* Wort > B.I. *logat.*

Allerdings schwanken die Quantität der Vokale und die Betonung, z. B.:

ar. *firdáus* Paradies = B.I. *firdáus*; ar. *ḥadíṯ* Tradition < B.I. *hadís*;
ar. *ḥāmil* schwanger > B.I. *hǎmil*, aber: ar. *suṭūḥ* Dächer, Dachterrasse
> B.I. *sótǒh* flaches Dach, oberes Stockwerk; ar. *ḥurūf* die Buch-
staben > B.I. *húrǔf* Buchstabe(n); ar. *lisān* Zunge > B.I. *lísăn*; ar.
maktūb geschrieben > B.I. *(ter)máktǔb*; ar. *miskín* arm > B.I. *mískín*;
ar. *nuġūm* die Sterne > B.I. *núdjǔm.*

III. Das Lehngut aus dem Arabischen umfaßt in erster Linie Ausdrücke der islamischen Religion und Pflichtenlehre, daneben aber auch
viele andere Begriffe, wie *abad* Ewigkeit, Jahrhundert (ar. *abad* Ewigkeit), *djawab* Antwort (ar. *ǧawāb*), *kahwa* Kaffee (ar. *qahwa*), *Kurʾan*
= *Koran* Koran (ar. *qurʾān*), *si Polan* der, die N.N. (ar. *fulān*), *séhat*
Gesundheit (ar. *ṣiḥḥa*), *tabiʿat* Charakter (ar. *ṭabīʿa*).
Viele Ausdrücke sind nur in der (religiösen) Literatur gebräuchlich,
andere sind völlig eingebürgert, so etwa *abad* Jahrhundert (ar. *abad*),
achir Ende, Schluß (ar. *aḫīr* letzter, spätester), *dunia* Welt (ar. *dunyā*),
pikir = *fikir* Gedanke, Meinung (ar. *fikr*). Die eingebürgerten Lehnwörter werden dann wie indonesische Wörter mit Affixen der B.I.
versehen, z.B. *achir/nja* schließlich (-*nja* ist Possessivsuffix der 3. Pers.),
ter/achir letzter (*ter-* ist u. a. Präfix zur Kennzeichnung des Superlativs), *meng/achir/i* beenden (*me-* + Pränasalierung und -*i* kennzeichnen bestimmte Verben).

IV. Wenn man vom Bau des Arabischen ausgeht, gliedert sich das
vom Malaiischen bzw. von der Bahasa Indonésia übernommene Lehngut
wie folgt:

1. Abgeleitete Nomina sind zahlreich vertreten, z.B. *kitab* Buch
(ar. *kitāb*), *katib* Schreiber (ar. *kātib*), *hakim* Richter (ar. *ḥākim*), *ma-
darsah* Religionsschule (ar. *madrasa*), *madjelis* Sitzungssaal (ar. *maǧlis*),
mahkamah = *mahkamat* Gerichtshof (ar. *maḥkama*), *madjenun* Be-
sessener, Irrer (ar. *maǧnūn*), *muʿallim* Religionslehrer (ar. *muʿallim*),
mutakallim Theologe (ar. *mutakallim*), *intikad* Kritik (ar. *intiqād*),
istifham Untersuchung (ar. *istifhām* Nachfrage), *ilahiat* Göttlichkeit (ar.
ilāhīyāt theologische, geistliche Dinge).
Das Nomen deminutivum kommt sehr selten vor, so z.B. bei
dem Männernamen *Husein* (ar. *ḥusain*, zu *ḥasan* schön, gut).
Das Nomen relativum kommt z.B. vor bei *rohani* geistig, geistlich (ar. *rūḥānī*), *djasmani* körperlich (ar. *ǧasmānī*).

Der Dual kommt sehr selten vor, so bei *saidani* die beiden Herren
(d. s. Ḥasan und Ḥusein) (ar. *sayyidāni*).

Gelegentlich findet sich die **Pluralendung des Casus obliquus**,
die der Nominativendung *-ūn* (wie im Persischen) vorgezogen wird,
z.B. bei *hadirin* die Anwesenden (ar. *ḥaḍirīn*) und *muʿminin* die Gläu-
bigen (ar. *muʿminīn*).

Die arabischen **Feminina** auf *-at* tragen in der B.I. oft *-ah* (*Aminah*
weiblicher Eigenname < ar. *Amīna, kafilah* Karawane < ar. *qāfila*).
Es gibt jedoch auch Ausnahmen davon, in denen sich *-at* findet, z.B.
bei *amanat* anvertrautes Gut < ar. *amāna, hormat* Verehrung < ar.
ḥurma. Bisweilen kommt *-ah* neben *-at* vor, so bei *djazirah* = *djazirat*
Halbinsel (ar. *ǧazīra* Insel, Halbinsel).

Häufig sind **Pluralformen** des Arabischen übernommen worden,
und zwar sehr oft der **Pluralis fractus** in seinen verschiedenen Formen,
z.B. *aulia* die Heiligen (ar. *aulīyaʾ*), *ulama* die Gottesgelehrten (ar.
ʿulāmaʾ), *arwah* die Seele(n) der Verstorbenen (ar. *arwāḥ*). — Manche
dieser Pluralformen dienen in der B.I. als Singular und als Plural, z.B.
huruf Buchstabe(n) Konsonant(en) (ar. *ḥurūf* Buchstaben), *malaékat* der,
die Engel (ar. Pl. *malaʾika*), *nudjum* Stern(e) (ar. Pl. *nuǧūm*), *kubur*
Grab, Gräber (ar. Pl. *qubūr*). — Andere Pluralformen des Arabischen
werden in der B.I. als Qualitativa gebraucht, z.B. *chawatir* = *kuatir*
besorgt, unruhig sein (ar. *ḥawāṭir* Gedanken, Wünsche), *adjaib* verwundert, wunderbar (ar. *ʿaǧāʾib* die Wunder, Merkwürdigkeiten). —
Bisweilen wird auch ein arabisches Substantiv im Singular in der B.I.
als solches und zugleich als Qualitativ verwendet, z.B. *selamat* Wohl-
ergehen, Glück, glücklich < ar. *salāma* Wohlergehen, Unversehrtheit.

Gelegentlich werden in der B.I. gewisse arabische Substantive im
Sg. mit dem entsprechenden Pl. kopulativ zusammengestellt, um die
Mehrzahl auszudrücken, z.B. *hal-ahwal* Ereignisse, Umstände (ar. *ḥāl*,
Pl. *aḥwāl* Zustand, Lage).

2. Der **Artikel** *al-* wird nur selten übernommen, so z.B. bei *alaswad*
der Schwarze (ar. *al-aswad*), *alhasil* das Resultat (ist ...), also, kurzum
(ar. *al-ḥāṣil*), *alkissah* die Erzählung (ar. *al-qiṣṣa*), *assalam ʿalaikum*
Friede sei auf euch! (ar. *as-salām ʿaleikum*).

Er tritt häufiger auf bei Ausdrücken, die arabische Genitivverbin-
dungen darstellen, z.B. *Abdulkadir* ein Männername (ar. *ʿabdu ʾl-qadīr*
Knecht des Allmächtigen), *sahibulhikajat* Besitzer der Erzählung = Ver-
fasser (ar. *ṣāḥibu ʾl-ḥikāya*), *jaumuddin* Tag des jüngsten Gerichtes (ar.
yaumu ʾd-dīn). Dabei tritt die Assimilation nach den Sonnenbuchstaben
auf.

Ferner kommt der Artikel in einigen häufig gebrauchten Redewendungen aus dem Arabischen vor, z.B. in *bismillah(i)* im Namen Allahs;
subhana (A)llah gepriesen sei Gott! (Ausruf der Verwunderung etc.).

3. **Qualitativa** aus dem Arabischen sind sehr selten, z.B. *aswad*
schwarz (neben malaiischem *hitam*), *abjad* weiß (ar. *abyaḍ*) (neben
malaiischem *putih*), *miskin* arm (ar. *miskīn*).

Elativformen kommen ebenfalls nur vereinzelt vor, z.B. *akbar* größer, größter (ar. *akbar*).

4. Von den **Ordinalia** ist *awal* erster (ar. *awwal*) belegt. Vergleiche ferner die Namen der Wochentage: *Senen* „Montag", *Selasa* „Dienstag", *Rebo* „Mittwoch" und *Chamis* = *Kamis* „Donnerstag", denen meistens *hari* „Tag" vorangestellt wird.

5. Die **verbundenen Pronomina personalia** des Arabischen sind nur in gewissen Redewendungen belegt, z.B. *ja rabbi!* o mein Herr! (ar. *yā rabbī!*), *assalam ʿalaikum!* Friede sei auf euch!

6. Das unflektierbare *mā* „dasjenige, was = etwas, was" findet sich nur in *masja Allah* = *masalah* was Gott will (auch Ausruf der Verwunderung) (ar. *mā šāʾa ʾllāh*).

7. **Konjugationsformen** des Arabischen sind ebenfalls nur in einigen z.T. formelhaften Wendungen erhalten, z.B. *astagfirullah* ich bitte Gott um Verzeihung = Gott bewahre mich davor! (ar. *astaǧfiru ʾllāh*); *insja Allah* wenn Gott will = hoffentlich (ar. *in šāʾa ʾllāh*); *kun fa jakun* (Gott sprach:) Sei — und es war.

Die Verbalform *taʿala* „er ist (von jeher) erhaben" hat in der B.I. (wie im Persischen) die Bedeutung eines Nomens „der Erhabene (Gott)" angenommen.

8. An **Präpositionen** sind aus dem Arabischen übernommen: *wa* bei (beim Schwur), z.B. *wallahi* bei Gott! (mit ar. Genitiv); *li* für, z.B. *alhamdu li ʾllaki (rabbi ʾl-alamin)* das Lob ist für Gott (den Herrn der Welten); *ʿalā* gemäß, an etc., z.B. *ʿala kadarnja* nach bestem Können (ar. *ʿalā qadri* entsprechend, gemäß); *baʿda* nach, z.B. *baʿdahu* nach ihm = danach, darauf, dann.

9. Auch arabische **Konjunktionen** werden gebraucht: *in* wenn, falls (in religiösen Formeln, wie *insja Allah* wenn Gott will = hoffentlich); *walau* obgleich (in der B.I. häufig gebrauchte Konjunktion); *lakin* = *walakin* aber, jedoch (in der indonesischen Literatur gebraucht) (ar. *lākin, walākin*); *wa* und (z.B. in *sjak wasangka* Mißtrauen und Argwohn, wo *sjak* < ar. *šakk* Argwohn, *wa* < ar. *wa* und, *sangka* < Sskrt. *śaṅkā*, Prakrit *saṅkā* Zweifel, Verdacht).

10. Einige arabische Substantiva werden in der B.I. auch als Konjunktion gebraucht, z.B. ar. *sabab* Ursache, Grund > B.I. *sebab* dgl., weil, denn; ar. *waqt* Zeit(raum) > B.I. *waktu* dgl., als. Arabisches *baraka* „Segen, Segnung" gibt in der B.I. in der Form *berkat* die Präposition „dank" wieder.

11. Bei manchen Lehnwörtern ist **Bedeutungswandel** in der B.I. festzustellen, z.B. bei:

ar. *hairān* verwirrt, bestürzt, verlegen	B.I. *héran* erstaunt, verwundert
ar. *hasra* Seufzer, Kummer, Schmerz.	B.I. *hasrat* Begierde, Verlangen
ar. *mašǧūl* beschäftigt (*mašǧūl al-bāl* beschäftigt ist der Gedanke = ängstlich, besorgt).	B.I. *mas(j)gul* betrübt, bekümmert

ar. *sūra* Sure.   B.I. *surat* Brief, Schrift
ar. *firāsa* Scharfsinn, genaue Be-   B.I. *firasah, pirasah, perasah* Ant-
    obachtung.   litz.

12. Manche Substantiva arabischen Ursprungs zeigen durch Besonderheiten, daß sie indirekt nach Indonesien gelangt sind. So läßt
z.B. das *-u* von *perlu* ,,notwendig, nötig" zu ar. *farḍ* ,,Pflicht" darauf
schließen, daß es — ebenso wie einige andere Ausdrücke — über dravi-
dische Sprachen in Süd-Indien ins Malaiische eingedrungen ist[1]). —
Das *-i* von *ahli* ,,Mensch, Experte" zu ar. *ahl*, oder von *abdi* ,,Sklave"
zu ar. *ʿabd* weist auf das Eindringen über das Persische[1]) (s. Abschn. d).

d) Lehngut aus dem Persischen

Es ist nicht sehr umfangreich und umfaßt Substantiva verschiedener
Art. Genannt seien: *anggur* Wein (pers. *angūr* Weintraube, Rosine),
atjar saure Zutaten zum Reis, eingemachte saure Früchte (pers. *āčār*
Pickles; Früchte, die in Salz, Essig, Honig oder Sirup eingemacht sind;
vor allem Zwiebeln in Essig), *badam* Mandel (pers. *bādām*), *badjan*
Schale, Schüssel (pers. *bāzān* großes Messinggefäß, in dem Wäsche gewaschen wird), *badju* Jacke (pers. und Hindi *bāzū* der Arm, Oberarm),
baksjis = *baksis* Almosen, Trinkgeld (pers. *baḥšīš*), *bulbul* Nachtigall
(pers. *bulbul*), *destar* = *dastar* Kopftuch (pers. *dastār*), *domba* Schaf
(pers. *dunba* Schafart), *gandum* Weizen, Korn (pers. *gandum* Weizen),
iklim Klima (pers. *iqlīm*), *kamar* Gürtel (pers. *kamar*), *kanduri* = *kenduri*
Festmahl, religiöses Gedenkmahl (pers. *kandūrī* ein Fest zu Ehren von
Fatima, an dem nur Frauen teilnehmen können), *kapur* Kampfer (pers.
kāfūr), *(kain) kasa* Gaze (pers. *kasā* eine Art Stoff aus grober Wolle),
kolah Helm (pers. *kulāh*), *kudja* Krug (pers. *kūza*), *las(j)kar* Armee,
Truppen (pers. *laškar*), *pahlawan* Held (pers. *pahlawān*), *pasar* Markt
(pers. und Hindi *bāzār*), *pelita* Lampe, Licht (pers. *palīta* Docht einer
Kerze oder Lampe), *peri* Fee, guter Geist (pers. *parī*), *piala* Becher,
Kelch (pers. *piyāla*), *pinggan* Schüssel, Schale, Teller (pers. *pingān*
Schüssel, Schale, Tasse), *rubah* Fuchs (pers. *rubāh*), *rudji* Ration (pers.
rozī tägliche Nahrung), *sakar* Zucker (pers. *šak(k)ar*), *sardin* Sardine
(pers. *sardīn*), *sjahbandar* Hafenmeister (pers. *šāh-bandar* bezeichnet den
Hauptempfänger von Zoll oder Tribut), *taman* Garten (pers. *čaman*),
taufan = *topan* Orkan (pers. *tofān* Sturm), *teradju* Waage (pers. *tarāzū*),
tjadar Frauenschleier (pers. *čādar*), *tja(m)buk* Peitsche (pers. *čābuk*),
tjap Siegel, Stempel, (Handels)marke (pers. *čāp* Siegel, Stempel).
Einige Substantiva lassen persische Nominalendungen erkennen,
so z.B. *firman* Befehl (pers. *firmān*) das Suffix *-ān* zur Bildung von
Verbalnomina; *saudagar* Kaufmann, Händler (pers. *saudāgar*, zu *saudā*
Handel) das Suffix *gar* zur Bezeichnung von Gewerbenamen; *bustan*
Garten (pers. *bostān*, zu *bo* Wohlgeruch) das Suffix *stān* zur Bezeichnung
von Nomina loci; *tesmak* Brille (pers. *čašmak*, zu *čašm* Auge) das De-

---

[1]) Siehe J. Gonda, Sanskrit in Indonesia, S. 13, und M. G. Emeis, Inleiding tot de Bahasa Indonésia, S. 161.

minutivsuffix *ak*; *dardji* Schneider (pers. *darzī*, zu *darz* Naht, Saum)
und *djauhari* Juwelier, das *-ī* zur Kennzeichnung von Berufszweigen.
(Pers. *gauharī*, zu *gauhar* „Juwel, Edelstein" wurde im Arabischen zu
ǧauharī; es kehrte in dieser Form ins Persische zurück.)

Bei einigen Substantiven ist *-i* (vielleicht das persische *-ī* der Einheit,
das etwa unserem unbestimmten Artikel entspricht) fester Bestandteil
des arabischen Wortes in der B.I. geworden, so bei *kalbi* Herz (neben
kalbu, ar. *qalb*), *abdi* Sklave (ar. ʿ*abd*), *hadji* Pilger (ar. *ḥāǧǧ*).

Die persische Präposition *bī* „ohne" ist belegt in *biadab* unhöflich
(pers. *bī-adab*, ar. *adab* Bildung) und *bihausj* = *bihus* bewußtlos (pers.
bī-hoš, pers. *hoš*, *hauš* Verstand).

e) Lehngut aus dem Chinesischen[1])

tjamtja kleiner chinesischer Löffel (südchines. *khiam* nehmen + *chha*
Löffel), *tjawan* Schüssel, Tasse, Becher (chines. *ch'a-wan* Teetasse),
singsé chinesischer Arzt (chines. *sen-sei* früher Geborener = Herr,
Lehrer, Meister), *tanglung* chinesische Papierlaterne (chines. *teng-lung*
Lampe-Käfig), *tjun* ein Daumen (als Maß) (chines. *ts'un* Daumen, Zoll).

f) Lehngut aus dem Portugiesischen

bangku Ruhebank (port. *banco*), *bendéra* Flagge, Fahne (port. *bandeira*),
bola Ball (port. *bola*), *dadu* Würfel (port. *dado*), *djendéla* Fenster (port.
janela), *garpu* Gabel (port. *garfo*), *gerédja* Kirche (port. *igreja*), *kamédja*
Hemd (port. *camisa*), *kédju* Käse (port. *qeijo*), *keréta* Wagen (port.
carreta), *kutang* Unterhemd (port. *algodão* Baumwolle), *lélang* Auktion
(port. *leilão*), *lemari* Schrank (port. *armário*), *médja* Tisch (port. *mesa*),
mentéga Butter (port. *manteiga*), *minggu* Woche, Sonntag (port. *domingo*
Sonntag), *peniti* Nadel (port. *alfinete*), *pompa* Pumpe (port. *bomba*),
rénda (gehäkelte) Spitze (port. *renda*), *sekolah* Schule (port. *escola*),
témpo Zeit (port. *tempo*).

g) Lehngut aus dem Niederländischen[2])

Dem Zustrom aus dem Niederländischen ist keine Grenze gesetzt.
So gut wie alle modernen Ausdrücke aus Wissenschaft und Technik,
aber auch sehr viele andere Wörter, entstammen dem Niederländischen.
Griechische und lateinische Termini dringen ebenfalls über diese Sprache
in die Bahasa Indonésia ein.

Dabei werden diese Lehnwörter mundgerecht gemacht, d.h. im allgemeinen, daß die Vokale in Qualität und Quantität denen der B.I.
angeglichen werden, daß man Laute, welche die B.I. nicht kennt, durch
ähnliche aus dem Lautsystem der B.I. ersetzt, und daß Konsonanten-
zusammenstöße in der Regel vermieden werden. Auch in der Schreibung

---

[1]) Die chinesischen Parallelen verdanke ich Herrn Dr. H. Engelmann,
seinerzeit Hamburg.
[2]) Vgl. die Bemerkungen bei M. G. Emeis, Inleiding tot de Bahasa
Indonésia, S. 161—165.

gleicht sich das Lehngut der B. I. an, d. h. daß die komplizierte niederländische Orthographie nicht mit übernommen wird. Die Wörter werden
nach dem Klang, nicht nach dem Schriftbild aufgenommen und daher
auch in der Schreibung wie indonesische behandelt.

Geht man vom Schriftbild des Niederländischen aus, so ergeben sich
für die Übernahme der Lehnwörter in die B. I. und deren Orthographie
unter Berücksichtigung der lautlichen Veränderungen folgende Anhalts-
punkte:

I. für die Vokale:

1. Niederl. *a* bleibt meistens *a*, z. B. *garasi* Garage < *garage*, *ban*
Band, Reifen < *band*.

2. Niederl. auslautendes *e* wird in der B. I. zu *i* oder bleibt *e*: *garasi*
= *garase* < *garage*, *arlodji* Uhr < *horloge*. Bei wissenschaftlichen Ausdrücken wird es bisweilen durch *a* ersetzt, so bei *diagnosa* Diagnose
< *diagnose*. — Das *e* in geschlossenen Silben wird meistens dem Vokal
der vorhergehenden Silbe assimiliert, z. B. in *kamar* Zimmer < *kamer*,
nomor Nummer < *nummer*, *métér* Meter < *meter*. Bisweilen wird es
jedoch beibehalten, so in *kamper* Kampfer < *kamfer*. In anderen Fällen
bleibt es in erster Silbe erhalten, so in *perslah* Bericht < *verslag*, oder
es wird zu *i*, z. B. bei *bistél* = *bestél* < *bestellen*.

3. Niederl. *i*, *ie* und *y* werden meistens zu *i*, z. B. *polisi* Polizei <
politie, *dinamit* Dynamit < *dynamiet*. Bisweilen entspricht niederl. *i*
jedoch ein *e*: *sepir* Gefängniswärter < *cipier*.

4. Niederl. *o* bleibt in der Regel *o*, z. B. *tonil* Bühne < *toneel*. Es
kann auch durch *u* ersetzt werden, wie in *kumidi* = *komidi* Komödie
< *comedie*, *kumplit* vollständig < *compleet*.

5. Niederl. *u*, *uu* (gespr. *ü*) wird in vielen Fällen zu *u*: *républik* Republik < *republiek*, *konsumsi* Verbrauch < *consumptie*, *sénsur* Zensur
< *censuur*. Für niederl. *u* tritt jedoch auch *i*, seltener *o*, *é* oder *e* auf,
z. B. *bis* 1. Bus, 2. Briefkasten < *bus*, *brievenbus*; *biro* Büro < *bureau*;
bolsak Matratze < *bultzak*, *katapél* Katapult < *katapult*; *partikelir*
privat < *particulier*.

6. Niederl. *ij*, *ei* wird in der B. I. zu *é*, z. B. *és* Eis < *ijs*, *kualitét*
Qualität < *kwaliteit*; es wird aber auch zu *ai* (vor allem in offenen
Silben), z. B. *seperai* Überdecke < *sprei*, *partai* Partei < *partij*.

7. Niederl. *eu* wird in der B. I. zu *u*, z. B. *gubernur* < *gouverneur*,
insinjur < *ingenieur*. Es wird aber auch zu *i*, *é* oder *u*, z. B. *kontrolir*
Kontrolleur < *controleur*, *apekér* = *apkir* abgewiesen < *afgekeurd*,
bursa Börse < *(effecten)beurs*.

8. Niederl. *ui* wird in der B. I. zu *u* + *i*, z. B. *peluit* Flöte < *fluit*,
duit Deut < *duit*. Es wird aber auch zu *i*, *é* oder *u*, z. B. *biskut* = *biskit*
= *biskuit* Zwieback, Keks < *beschuit*, *biscuit*; *aterét* = *atrét* rückwärts
< *achteruit*.

9. Doppelvokale in geschlossener Silbe werden zu einfachen, z. B.
kantor Büro < *kantoor*, *bor* Bohrer < *boor*, *as* Aas < *aas*, *tér* Teer < *teer*,
orisinil Original, originell < *origineel*.

II. für die Konsonanten:

1. Doppelkonsonanten werden zu einfachen Konsonanten, z.B. *aplus* Beifall < *applaus*, *asuransi* Versicherung < *assurantie*, *miliar(d)* Milliarde < *milliard*, *komunis* Kommunist < *communist*.

2. Zwei oder mehr Konsonanten im Anlaut oder im Inlaut eines Wortes werden in der Regel durch *e* getrennt, z.B. *setudén* < *student*, *dongkerak* Handwinde < *dommekracht*, *bangkerut* Bankrott < *bankroet*, *selop* Pantoffel < *slof*, *kenék* Knecht, Diener < *knecht*, *sepatbor* Kotflügel < *spatbord*. — Allerdings bleibt die Folge: Konsonant + *r* oder *l* oft unverändert, z.B. *présidén* Präsident < *president*, *pré* = *préi* (neben *perai*) frei < *vrij*, *krédit* Kredit < *crediet*, *tragédi* Tragödie < *tragedie*, *brosur* Broschüre < *brochure*, *pléstér* = *peléstér* Gips < *pleister*, *klinik* = *kelinik* Klinik < *kliniek*.

3. Wenn zwei unmittelbar aufeinander folgende Konsonanten im Auslaut stehen, so wird in der Regel der letzte Konsonant abgestoßen, z.B. *apekér* abgewiesen < *afgekeurd*, *hopagén* Hauptagent < *hoofdagent*, *asbés* < *asbest*, *benum* ernannt < *benoemd*, *katapél* Katapult < *katapult*, *miliar(d)* Milliarde < *milliard*, *bang* (mit schließendem Velarnasal), auch *bank* < *bank*. — Das gilt auch für die erste Komponente von Wortkomposita, z.B. *pélbéd* Feldbett < *veldbed*. — Nur selten wird der erste Konsonant elidiert, z.B. in *djelus* eifersüchtig < *jaloers*. — Kommen drei Konsonanten im Auslaut vor, so fügt man *e* oder *a* zwischen die beiden ersten, während der letzte fortfällt, z.B. *dines* = *dinas* Dienst < *dienst*.

4. Manche Engelaute des Niederländischen werden in der B.I. zu Verschlußlauten (bzw. Affrikaten):

Niederl. *f* und *v* werden meistens zu *p*, z.B. *paberik* Fabrik < *fabriek*, *apdéling* Abteilung < *afdeling*, *sekerup* Schraube < *schroef*, *pél* Feld < *veld*, *dipisi* Division < *divisie*, *perlop* Urlaub < *verlof*. — In manchen Fällen bleibt *f* jedoch: *inféksi* Infektion < *infectie*, *définisi* Definition < *definitie*.

Niederl. *w-* entspricht in der B.I. ein *b-*, z.B. *baskom* Waschschüssel < *waskom*.

Niederl. anlautendes *j* wird in der Regel zu *dj*, z.B. *djas* Jacke < *jas*.

Niederl. *g* (gespr. *ch*) wird meistens zu *g*, z.B. *gerip* Griffel < *griffel*, *agén* < *agent*. In manchen Fällen wird es jedoch ersetzt durch *h* oder *k*: *haminte* Gemeinde < *gemeente*, *perslah* Bericht < *verslag*, *kordén* Gardine < *gordijn*.

Niederl. *sch* wird zu B.I. *sek*, *sk*, z.B. *sekerup* Schraube < *schroef*, *sekip* (Schieß)scheibe < *schijf*, *matskapai* Gesellschaft < *maatschappij*. — Silbenschließendes *ch* wird zu *h*, bisweilen jedoch zu *k*, z.B. *prahoto* Frachtauto < *vrachtauto*, *téhnik* = *téknik* Technik < *techniek*.

5. Aus dem Niederländischen übernommenes *z*, *ž* und *š* werden in der Bahasa Indonésia zu *s*:

z wird zu B.I. *s*, z.B. *bénsin* Benzin < *benzine*, *salep* Salbe < *zalf*.

ž gesprochenes *g* in niederländischen Fremdwörtern wird zu B.I. *s*, z.B. *selé* Gelee < *gelei, garasi* Garage < *garage*, selten zu *dj*: *djeni* Genie < *genie*.

š gesprochenes *ch* in niederländischen Fremdwörtern wird zu B.I. *s*, z.B. *supir* < *chauffeur, mesin* Maschine < *machine*.

6. Man beachte ferner folgendes:

Niederl. *c* (vor *a, o* und *u* sowie vor Konsonanten = *k*, vor *i* und *e* = *s* gesprochen) bleibt *k* bzw. *s*, z.B. *komentar* Kommentar < *commentaar, kalori* Kalorie < *calorie, kupi* = *kopi* Kopie < *copie, sepésial* speziell < *speciaal, sepir* Gefängniswärter < *cipier*.

Niederl. *q* (neuere Schreibung *kw*) = B.I. *kw* bzw. *ku*, z.B. *kwalitét* = *kualitét* Qualität < *qualiteit, kwaliteit; ékwator* Äquator < *equator*.

Niederl. *x* (gespr. *ks*) = B.I. *ks*, z.B. *ékstrak* Extrakt < *extract, éksamén* Examen < *examen*.

Niederl. *t*, das vor *i* als *s* gesprochen wird, bleibt in der B.I. *s*, z.B. *nasional* national < *nationaal, asuransi* Versicherung < *assurantie, délegasi* Delegation < *delegatie*.

Bei *dongkerak* „Handwinde" ist das *m* von niederl. *dommekracht* nach Ausfall des *e* dem folgenden *k* als Velarnasal assimiliert.

Zwischen *n* und *r* bzw. *m* und *r* in niederländischen Wörtern wird ein *d* bzw. ein *b* eingefügt bei *Onderos* < *Onrust* (Name einer Insel vor Tandjung Priok) und bei *kambrat* < *kameraad* Kamerad.

Die nicht behandelten Konsonanten des Niederländischen bleiben bei der Einbürgerung in die B.I. in der Regel unverändert.

III. An weiteren Besonderheiten ist u. a. folgendes zu bemerken:

Längere (d.h. mehr als zweisilbige) Wörter werden bisweilen ver-kürzt, z.B. *minterad* Gemeinderat < *gemeenteraad, sekébér* Befehls-haber < *gezaghebber, sérsi* = *sérse* Fahndungsdienst < *recherche, list(e)rik* Elektrizität < *electriciteit, tarpin* Terpentin < *terpentijn*. Vergleiche ferner *me/mobilisir* = *me/mobilisér* mobilisieren < *mobiliseren*, und *bistél* = *bestél* < *bestellen*.

Populär interpretiert ist z.B. *akar Parsi* „persische Wurzel" für niederl. *asperge* „Spargel".

Bei modernen Begriffen ergibt es sich zuweilen, daß niederländische (lateinische) Ausdrücke mit malaiischen Wörtern zusammengestellt werden, z.B. bei *infra-mérah* „infrarot" und *prasedjarah* Praehistorie (zu *sedjarah* Geschichte).

In der B.I. können auch Substantive durch *me-* + Pränasalierung in Verben umgewandelt werden (vgl. § 24). Deshalb bestehen ver-schiedene Auffassungen darüber, ob man in der B.I. in solchen Fällen einen niederländischen Verbalstamm oder das entsprechende Substantiv zugrundelegen soll. Man findet daher Ableitungen wie: *memobilisér* = *memobilisir* (niederl. *mobiliseren*) und *memobilisasi* (zu niederl. *mobilisatie* Mobilisierung) für „mobilisieren".

Etymologisch verschiedene Ausdrücke **fallen** in der B.I. bisweilen **lautlich zusammen**, z.B. *aplus* 1. < niederl. *applaus* Beifall, 2. < niederl. *afgelost* abgelöst; *kamar* 1. < niederl. *kamer* Zimmer, 2. < ar. *qamar* Mond.

Ausdrücke wie *lampu* Lampe, *kartu* Karte und *buku* Buch, die niederländischem *lamp*, *kaart* und *boek* entsprechen, sind — wie einige Lehnwörter aus dem Arabischen (Abschn. c) — mit einem *-u* versehen[1]).

Gewisse Ausdrücke wie *lénsa* „Linse" und *seterika* „Bügeleisen", die auf niederländisches *lens* bzw. *strijkijzer* zurückgehen, weisen ein *-a* auf, wie es sich z.B. in einigen Lehnwörtern aus dem Portugiesischen findet (so bei *bola* Ball, *pompa* Pumpe; siehe Abschn. f)[1]).

IV. Die **Betonung** der Lehnwörter ist in der Regel wie im Niederländischen. Sie bleibt auf der Ultima, z.B. bei *setudén* < *student*; oder auf der Paenultima, z.B. bei *bolsak* Matratze < *bultzak*; oder auf der drittletzten Silbe, z.B. bei *prahoto* Frachtauto < *vrachtauto*.

V. Neben sehr vielen Lehnwörtern finden sich jedoch auch manche **Lehnübersetzungen** aus dem Niederländischen, und zwar hauptsächlich in der Ausdrucksweise indonesischer Intellektueller. Dazu gehören z.B. *kata-kerdja* = niederl. *werkwoord* für „Verb" (*kata* Wort, *kerdja* Arbeit); *hukum bunji* = niederl. *klankwet* für „Lautgesetz" (*hukum* Gesetz, *bunji* Laut, Klang), *mengambil bagian dalam* = niederl. *deelnemen in* = *aan iets* an etwas teilnehmen (*mengambil* nehmen, *bagian* Teil, *dalam* in), *menarik kesimpulan* = niederl. *conclusies trekken* Folgerungen ziehen (*menarik* ziehen, *kesimpulan* Folgerung[en]), *mengambil marah* = niederl. *kwalijk nemen* übelnehmen (*mengambil* nehmen, *marah* böse, zornig). Sofern man bodenständige Ausdrücke in der B.I. dafür hat, sind solche Bildungen jedoch nicht weit verbreitet.

h) Lehngut aus dem Japanischen

Das Japanische hat nur wenig Lehngut in der Bahasa Indonésia hinterlassen. In Wörterbüchern finden sich z.B. *hokok* sich bei einem Vorgesetzten melden (jap. *hō-koku*), *séko* Aufklärer, Spion(age) (jap. *sekko*) und *sakura* Kirschblüte (jap. *sakura*).

i) Lehngut aus anderen indonesischen Sprachen

1. Aus dem Minangkabau

Aus diesem malaiischen Dialekt in Zentral-Sumatra sind vor allem vor 1940 manche Wörter in das moderne Malaiische eingedrungen. Die Autoren moderner malaiischer Werke stammten nämlich zum großen Teil aus diesem Gebiet. In den letzten Jahren scheint der Zustrom

[1]) Siehe M. G. Emeis a.a.O. S. 161.

von neuen Lehnwörtern aus dem Minangkabau abgenommen zu haben. Lehnwörter sind z.B. *adjun* Plan, *ang* du, *bangkéh* Blesse, *bilai* Saum, *ter/dajuh* traurig, *pidato* Ansprache, *sepasan* Tausendfuß, *sirah* rot. (Grammatische Erscheinungen in der B.I., die auf Minangkabau-Einfluß zurückgehen, sind jeweils in der Grammatik vermerkt.)

2. Aus dem Javanischen

Das Javanische versorgt die B.I. noch laufend mit zahlreichem Wortgut, da Java sowohl das politische als auch das kulturelle Zentrum der Republik ist. Aus dem Javanischen stammen z.B. *abon* eine Art Zukost, *alas* Wald, *angon* hüten, *apek* (jav. *apeg*) muffig, *ajam babon* Legehenne, *banget* sehr, *bégal* Straßenräuber, *demen* (jav. *ḍemen*) gerne (tun), *djaran* Pferd, *emong* pflegen, versorgen; *gaga* trockenes Reisfeld, *gawat* gefährlich, *kaja* wie (beim Vergleich), *keraton* fürstlicher Palast, *ko(w)é* du, *luku* Pflug (jav. *(w)luku*), *mendjangan* Hirsch, *penembahan* Fürst, Herr; *pileg* erkältet, *sumber* Quelle. Naturgemäß ist die in Djakarta gesprochene Bahasa Indonésia besonders reich an Lehnwörtern aus dem Javanischen. Es ist bemerkenswert, daß auch für solche Begriffe javanische Wörter gebraucht werden, für welche die B.I. eigene Ausdrücke besitzt, z.B. *alas* Wald = B.I. *hutan*; *banget* sehr = B.I. *sangat*; *mendjangan* Hirsch = B.I. *rusa*.

3. Aus dem Sundanesischen

Diese Sprache in West-Java hat nicht sehr viel Wortgut geliefert. Beispiele: *agan* junger Herr, *atjeuk* ältere Schwester (*eu* ist Wiedergabe für das „lange Pepet"), *awéwé* Frau, *baheula* = *bahela* früher, einst; *gotong rojong* gegenseitige Hilfeleistung, *kolot* alt, unmodern; *munding* Büffel, *tjemooh* Spott, Hohn. Auch darunter befinden sich Ausdrücke, für welche die B.I. eigene Wörter hat, z.B. *bahela* früher, einst = B.I. *dahulu, dulu*; *gotong rojong* gegenseitige Hilfeleistung = B.I. *tolong-menolong* einander helfen.

Das Altmalaiische

Das Altmalaiische ist uns in sieben Steininschriften im süd-indischen Pallawa-Alphabet überliefert. Es handelt sich um folgende Inschriften:

1. die von **Kedukan Bukit** aus dem Jahre 683 n.Chr. Sie wurde 1920 entdeckt und befand sich damals im Besitz einer malaiischen Familie aus dem Dorfe Kedukan Bukit am Ufer des Tatang-Flusses (einem Nebenfluß des Musi) nahe der heutigen Stadt Palembang in Süd-Sumatra. Die Inschrift besteht aus zehn Zeilen. Es ist in ihr die Rede davon, daß der Herrscher (des buddhistischen Reiches von Śrīwijaya) eine Reise unternimmt, um magische Kraft zu erlangen und einen Monat später eine Stadt(?) zu gründen.

2. die von Talang Tuwo aus dem Jahre 684 n.Chr. Sie wurde ebenfalls 1920 entdeckt im Dorfe Talang Tuwo westlich des heutigen Palembang. Die Inschrift umfaßt vierzehn Zeilen Text. Sie berichtet von einem Gelübde bzw. Gebet (*pranidhāna*) des Herrschers Jayanāśa zu einem Buddha, um seinen Segen zu erlangen und selbst ein Buddha zu werden. Dabei weist er auf seine guten Werke hin, die allen Wesen zum Segen gereichen mögen.

3. die von Kota Kapur im Westen der Insel Bangka im Riau-Archipel aus dem Jahre 686 n.Chr. Sie wurde 1892 entdeckt und besteht aus zehn Zeilen. Die Inschrift enthält ein Edikt des Herrschers von Śrīwijaya, in dem Missetäter verschiedener Art verflucht werden, aber denjenigen, die ihm und seinen Beauftragten treu ergeben sind, soll Segen zuteil werden. Der König steht im Begriff, eine militärische Expedition gegen ein Land Jāva zu unternehmen. Die einleitende Formel der Inschrift harrt noch der Übersetzung.

4. eine Dublette der Inschrift von Kota Kapur mit geringen Abweichungen wurde 1904 in Karang Brahi in der Provinz Djambi in Süd-Sumatra gefunden. Sie umfaßt sechzehn Zeilen und ist nicht datiert.

5. die von Bukit Segantung westlich von Palembang. Die Schriftzeichen entsprechen im wesentlichen denen der datierten Inschriften vom Ende des 7. Jahrhunderts. In ihnen ist von Schlachten die Rede; die letzten Zeilen scheinen einen Fluch gegen Missetäter zu enthalten. Das Fragment umfaßt 21 Zeilen.

6. das nur zum Teil lesbare Fragment von Telaga Batu im östlichen Stadtteil von Palembang. Es besteht aus 8 Zeilen; inhaltlich stimmt es großenteils mit der Inschrift von Kedukan Bukit überein.

7. die von Telaga Batu, die aus 28 Zeilen besteht, und welche die umfangreichste altmalaiische Inschrift ist, die bislang gefunden und entziffert wurde. J. G. de Casparis schreibt sie auf Grund der Schriftzeichen dem Ende des 7. Jahrhunderts zu. Sie gibt einige Aufschlüsse über die staatliche Organisation des Reiches von Śrīvijaya.

Der folgende kurze Überblick über das Altmalaiische fußt im wesentlichen auf den im Vorwort (S. 3) angegebenen Quellen. Bei der Wiedergabe der zahlreichen Sanskrit-Wörter ist die übliche Transkription verwendet. In Anlehnung an die Arbeiten von W. Aichele (s. Vorwort) und von R. A. Kern (Enkele Aanteekeningen op G. Coedès' Uitgave van de Maleische Inschriften van Çrīwijaya. Bijdr. 88, 1931, S. 508—513) sind hier *b* und *w* verwendet, die in den Inschriften beide mit *v* transkribiert sind; ebenso ist das in ihnen nicht bezeichnete *Pepet* hier durch *e* angedeutet (*a* der Inschriften für *e* ist beibehalten); der Anusvāra *ṃ* ist hier durch *ŋ* oder *m* wiedergegeben. Das *c*, *j*, *y* und *ñ* der Inschriften (*tj*, *dj*, *j* und *nj* der Bahasa Indonésia, phonetisch *t'*, *d'*, *y* und *ń*) sind jedoch beibehalten.

I. Zum Wortschatz des Altmalaiischen

In den Inschriften finden sich Sanskrit-Wörter (durchschnittlich etwa 30%), die — wie in der Bahasa Indonésia — mit indonesischen Formantien versehen werden. Von den malaiischen Wörtern kommen manche in der gleichen oder in sehr ähnlicher Form und in gleicher Bedeutung noch heute in der B.I. vor. Dazu gehören z.b. *banua* Land (B.I. *benua*); *bañak* viel, zahlreich (B.I. *banjak*); *bāwa* mitnehmen, führen; *bini* Ehefrau; *buah* Frucht; *buat* machen, anlegen; *bulan* Monat; *dalam* Inneres; *dari* von ... her; *dātaŋ* kommen (B.I. *datang*); *d(e)ŋan* = *daŋan* mit, und (B.I. *deŋan* mit); *di* in; *jālan* Weg (B.I. *djalan*); *jāŋan* nicht! (B.I. *djangan*); *hāur* eine Bambusart (B.I. *aur*), *kāyu* Baum (B.I. *kaju*); *lapas* los, frei (B.I. *lepas*); *nāyik* hinaufsteigen (B.I. *naik*); *ñiyur* Kokospalme (B.I. *njiur, niur*); *pinaŋ* Arekapalme (B.I. *pinang*); *rumbiya* Sagopalme; *sumpah* Fluch; *tāhu* wissen (B.I. *tahu*); *tānam* pflanzen; *t(e)mu* antreffen, finden; *uraŋ* Mensch (B.I. *orang*).

Von den Sanskrit-Termini sind die meisten buddhistischen Ausdrücke ungebräuchlich geworden, aber manche anderen Lehnwörter aus dem Sanskrit kommen auch heute noch in gleicher Bedeutung vor, so z.B. *bala* Armee, Heer, *lakṣa* zehntausend (B.I. *laksa*); *sukhacitta* heiter, froh (B.I. *sukatjita*); *tathāpi* aber auch (B.I. *tetapi* aber, jedoch), *talāga* Teich (B.I. *telaga*).

Das auf Sanskrit *rakṣa* zurückgehende altmalaiische Verb *maŋrakṣa* „(be)schützen" ist jedoch in der B.I. durch *me/lindung/i* ersetzt.

II. Abriß der Grammatik des Altmalaiischen

Aus den Inschriften ergibt sich folgendes Bild von der Struktur des Altmalaiischen. Dabei füge ich so weit wie möglich Entsprechungen der Bahasa Indonésia in Klammern hinzu. Die Anordnung ist im wesentlichen dieselbe wie in der Grammatik der B.I.

Belegstellen sind im allgemeinen gekennzeichnet durch B.S. (Inschrift von Bukit Segantung), K.B. (Inschrift von Kedukan Bukit), K.K. (Inschrift von Kota Kapur), T.B.e bzw. T.B. II (Inschriften von Telaga Batu) und T.T. (Inschrift von Talang Tuwo). Die nachgestellten Zahlen geben die Zeilen an, in denen sich die Belege in den Inschriften finden.

1. Artikel. Belegt sind *daŋ (< da + ŋ)*, *yaŋ* = *iyaŋ (< (i)ya + ŋ)* (W. Aichele a.a.O. S. 64) und *ŋ*, z.B. *daŋ hiyaŋ ratnatraya* die heiligen drei Kleinodien (T.T. 10); *yaŋ mitrā/ña* ihre Freunde (T.T. 8); *yaŋ uraŋ* die Menschen (K.K. 3) (B.I. *jang orang*); *yaŋ kadatuan* das Reich (K.K. 2)[1]. Zu *daŋ* und *yaŋ* siehe B.I. *dang* und *jang*, § 2a. — Der Artikel *ŋ* verbindet sich mit der örtlichen Präposition *di*, z.B. in *tāhu diŋ*

---

[1] *Yaŋ mati* die Toten (B.S. 12) (B.I. *jang mati*).

drohaka die Aufrührer kennen (K.K. 3). — *Dapunta* „unser (inkl.) Herr" (K.B. 2 und 4) enthält das in der B.I. nicht mehr gebräuchliche Ehrenpräfix *ḍa*, das ursprünglich pronominales Element der 3. Pers. Pl. war (W. Aichele, S. 63—64).

2. An **Pronomina personalia** finden sich: *āku* ich, *ya* = *iya* er, sie (Pl.), *kita*, das in höflicher Sprache für „ihr" gebraucht wird (B.I. *kita* wir inkl.), und *kāmu* ihr (Pl.) (T.B. II 10).

3. **Demonstrativa**. Belegt sind *ini* „dieser" und *inan* „jener", z.B. *parlak Śrīkṣetra ini* dieser Garten Śr. (T.T. 1) (B.I. *perlak* = *kebun Śr. ini*)[1]; *uraŋ inan* jene Leute (K.K. 4) (B.I. *orang itu*).

4. Als **Negationspartikel** für nicht-substantivische Prädikate ist *tīda* „nicht" belegt, z.B. *tīda ya marpādah* sie nehmen nicht = keine Befehle an (K.K. 3/4); *tīda ya bhakti* sie sind nicht ergeben (K.K. 4). In der B.I. entspricht ihm *tidak*.

5. An **Pronomina interrogativa** finden sich *apa* was? (B.S. 18) und *pira* wieviel(e)? (B.S. 10). Ihnen entsprechen in der B.I. *apa* und *berapa*.

6. **Substantivische Appositionen** werden (wie in der B.I.) unmittelbar nachgestellt, z.B. *kadatuan Śrīwijaya* das Reich Śr. (K.K. 2); *āir niminumña* Wasser u. zw. ihr Getrunkenes = Wasser für sie zum Trinken (T.T. 5) (B.I. *air jang diminumnja*).

7. *Baraŋ* kommt, wie *barang* in der B.I. (§ 17f), in verallgemeinernder Funktion vor, z.B. *baraŋ buatāña* was auch immer ihr zukünftiges Tun ist = was auch immer sie tun (T.T. 6/7).

8. Das **Attributverhältnis** zwischen zwei Substantiven kann durch einfache Nebeneinanderstellung von Regens und Rectum ausgedrückt werden, z.B. *śuklapakṣa bulan* die helle Hälfte des Monats (K.B. 1/2). — Meistens wird jedoch dem Regens das Possessivsuffix der 3. Pers. *ña*, aber auch das „Ehrensuffix" *ṇḍa* affigiert, zu dem dann das folgende Substantiv als Apposition tritt, z.B. *sabañak/ña yaŋ buatku* die Gesamtheit von ihm, meinem Getanen = alles, was ich getan habe (T.T. 4); *di dalam/ña bhūmi* im Innern von ihnen, den Ländern = in den Ländern (K.K. 3) (B.I. *didalamnja bumi*); *parbāṇḍa punta hiyaŋ Śrī Jayanāśa* auf Veranlassung von ihm, unserem Herrn, Seiner Majestät Śrī Jayanāśa (T.T. 2). In der B.I. wird *-nja* entsprechend gebraucht (§ 20).

9. **Pronominale Attribute** treten als Possessivsuffixe an das Regens. Belegt sind: *-ku* mein, *-ña* sein, ihr (3. Sg.), ihr (3. Pl.), davon; *-nta* unser inkl., *-ta* euer, z.B. *buat/ku* mein Getanes, *sabañak/ña* die gesamte Menge davon = von ihnen, *bini/ña* ihre Gattinnen, *ḍapu/nta* unser (inkl.) Herr, *sabañak/ta* eure gesamte Menge[2]. — Das veraltete Possessivsuffix *(ṇ)ḍa* der 3. Pers. Pl. tritt als Ehrensuffix auf (siehe

---

[1] *banua ini* dieses Land (T.B.e 8).
[2] Ferner auch: *-māmu* euer, z.B. *bañakmāmu* euere Menge (T.B. II 5); *binimāmu* euere Ehefrauen (T.B. II 19).

Nr. 8). — In der Bahasa Indonésia entsprechen diesen Suffixen: *-ku*
mein, *-nja* sein, ihr (Sg.), ihr (Pl.), davon; statt *-nta* „unser inkl."￼ ist
dort *kita*, und statt *-ta* „euer" ist dort *kamu* (selten *-mu*) gebräuchlich
(§ 21).

10. Ein Qualitativ als Apposition ist unmittelbar nachgestellt in:
buatña jāhat inan jene ihre bösen Taten (K.K. 6) (B.I. *perbuatannja
djahat itu*, oder *perbuatannja jang djahat itu*; § 18).

11. In den Inschriften sind folgende Zahlen belegt: *sa-* eins (B.I. *se-*),
dua zwei (B.I. dgl.), *t(e)lu* drei (B.I. *tiga*), *sapulu* zehn (B.I. *sepuluh*),
sapulu dua zwölf (B.I. *dua belas*), *dua rātus* zweihundert (B.I. dgl.),
t(e)lu rātus dreihundert (B.I. *tiga ratus*), *saribu t(e)lu rātus sapulu dua*
1312 (B.I. *seribua tiga ratus dua belas*), *dua lakṣa* 20000 (B.I. *dua laksa*).
— *Sa-* „eins" wird (wie *se-* der B.I.) auch kollektiv gebraucht, z.B.
sabañakña die gesamte Menge davon, die Gesamtheit davon.

12. Als kopulative substantivische Wortgruppe ist *anakbini māmu*
„euere Familien" belegt (T.B. II 25) (B.I. *anak-bini kamu*).

13. An Partikeln kommen vor: *muah* zur Hervorhebung (z.B. *tālu
muah ya* sie werden besiegt; K.K. 5); *g(e)raŋ* als Unsicherheitspartikel,
das zusammen mit der Sanskrit-Partikel *kadāci(t)* „vielleicht" vorkommt
(z.B. *ini g(e)raŋ kadāci iya bhakti tatwārjjawa diy āku* dies vielleicht:
sie sind untertan (und) treu ergeben mir = sofern sie mir untertan und
treu ergeben sind; K.K. 8; vgl. W. Aichele a.a.O. S. 43, Anm. 1). Altmalaiischem *muah* ist funktionell B.I. *-lah* (§ 8 b) gleichzusetzen, und
g(e)raŋ entspricht B.I. *gerangan*.

14. Örtliche Präpositionen sind: *di, ka* und *dari* (B.I. *di, ke*
und *dari*; § 47). Sie kommen auch bei Ortsangaben vor, die sich auf
Personen beziehen. (In der B.I. sind in solchen Fällen *pada, kepada*
und *daripada* gebräuchlich, § 48. Bisweilen finden sich bei Personen-
angaben jedoch auch *di, ke* und *dari*, § 48 c Bemerkung). Beispiele: *di
mata* bei dem Auge = in Gegenwart von = vor (K.B. 7); *nāyik di
sāmbau* stieg in ein Boot (K.B. 2/3); *tīda ya tatwārjjawa diy āku* nicht sind
sie mir treu ergeben (K.K. 4); *pulaŋ ka iya* gegen sie wende sich (K.K. 6);
ḍapunta hiyaŋ marlapas dari mināŋa unser Herr, Seine Majestät, ent-
fernte sich von der Flußmündung (K.B. 4).
Hilfslokativa: *antara* Zwischenraum (B.I. dgl.), *dalam* Inneres
(B.I. dgl.)[1]).

Ferner finden sich die Ortsadverbien *disini* hier (T.T. 2) und
disāna da (T.T. 9) (B.I. *disini, disana*).

15. Ein Teil der Zeitangaben wird mit örtlichen Ausdrücken und
Präpositionen wiedergegeben, z.B. *sāna* „da, damals" (*sāna tatkālāña*
damals = da war die Zeit; T.T. 1) und *di*, z.B. in: *di saptamī śuklapakṣa*
am 7. Tage der hellen Mondhälfte (K.B. 3); *di* verbindet sich auch hier

---

[1]) *luar* Außenseite (T.B. II 9).

mit dem Artikel η (siehe 1), z.B. bei *diη dwitīya śuklapakṣa* am 2. Tage der hellen Mondhälfte (T.T. 1).

16. Umstandsangaben werden mit *di* und *d(e)ηan* [1]) gemacht, z.B. *tāhu di samiśrāña śilpakalā* um die verschiedenen Künste wissen = in den verschiedenen Künsten erfahren sein (T.T. 11); *jāηan marsārak d(e)ηan daη hiyaη ratnatraya* damit (sie) nicht getrennt werden von den drei heiligen Kleinodien (T.T. 10). Entsprechungen in der B.I.: *di* und *dengan*.

17. *D(e)ηan* kommt auch als kopulative Konjunktion „und" vor, z.B. *bodhicitta d(e)ηan maitri* der Bodhigedanke und Freundschaft (T.T. 9). Ihm entspricht in der B.I. *dan* $<$ *dengan*.

18. Negierte Finalsätze sind durch *jāηan* gekennzeichnet, z.B. *jāηan ya nik(e)nāi sabañakña yaη upasargga* damit sie nicht von irgendeinem Unheil betroffen werden (T.T. 6). In der B.I. ist *supaja djangan* „damit nicht" gebräuchlich.

In den Inschriften sind folgende Formantien belegt:

a) Verben können mit *ma-* + Pränasalierung (= B.I. *me-* + Pränasalierung, § 24) gebildet werden. Abweichend von der B.I. wird *b*-nach *ma-* zu *m* (in der B.I. zu *mb*), und vor *r-* findet sich *maη-* (in der B.I. *me-*):

> *alap* $>$ *maηalap* holen (B.I. *mengalap*)
> *bāwa* $>$ *mamāwa* mitnehmen, führen (B.I. *membawa*)
> *tāpik* $>$ *manāpik* eine Strafexpedition senden
> *rakṣa* $>$ *maηrakṣa* beschützen
> *suruh* $>$ *mañuruh* befehlen, etwas tun lassen (B.I *menjuruh*).

Ebenso wie in der B.I. (§ 24e) wird vereinzelt *-nja* als Objekt an ein pränasaliertes Verb gefügt, z.B. *kāmu maηrakṣā/ña sakalamaṇḍalāña kadātuanku* ihr beschützt sie, (nl.) alle Provinzen meines Reiches (T.B. II 20).

b) Verben mit *ma-* + Pränasalierung + *-i* (= B.I. *me-* + Pnl. + *-i*, § 34) sind: *maηhidupi* aufziehen (B.I. *menghidupi* leben lassen, versorgen; zu *hidup* leben); *maηujāri* jmd. anreden, mit jmd. reden (B.I. *mengudjari*). — Ergänzungen (Objekte) werden ihnen nachgestellt, z.B. *maηhidupi paśu prakāra* Vieh aller Art aufziehen (T.T. 6); *maηujāri drohaka* Aufrührer anreden, mit Aufrührern reden (K.K. 3). — Vor Wortstamm + *-i* kann auch das Präfix *ni* (siehe Abschn. g) treten, z.B. *niujāri drohaka* Angeredete von Aufrührern sein = von Aufrührern angeredet werden (K.K. 3).

c) Das Suffix *kan* bei Verben (B.I. dgl., § 42) ist nur belegt bei *prayojanākan* „bezwecken" in dem Satz: *sabañakña yaη buatku sucarita parābis prayojanākan puṇyāña sarwwasatwa* möge die Gesamtheit der guten Taten, die ich verrichtet habe, das Wohl aller Wesen, alles Beweglichen und Unbeweglichen, bezwecken (T.T. 4). (In der vorletzten

---

[1]) B.S. dgl. neben *daηan* „Gefährte; mit".

Silbe von *prayojanākan* steht *ā*, vermutlich um den Akzent zu bezeichnen; das Sanskrit-Grundwort lautet *prayojana* Ziel, Zweck. Es
besteht allerdings auch die Möglichkeit, daß *prayojanākan* kontrahiert
ist aus **prayojana akan*, wobei *akan* der gleichlautenden Präposition
des späteren Malaiischen und der B.I. entspricht [§ 42a][1]).)

d) Das Präfix *mar* vor Wortstämmen entspricht funktionell *ber-* der
B.I. (§ 29). Beispiele sind: *marlapas* sich entfernen (B.I. *berlepas (diri)*);
marbaŋun entstehen; *marhulun* Sklaven (*hulun*) besitzen. — Derartige
Verben können auch Ergänzungen nach sich haben, z.B. *marbuat banua*
ein Land gründen (B.I. *memperbuat*).

e) *Mar-* + Wortstamm kommt auch in Verbindung mit dem Suffix *i*
vor, z.B. *yaŋ marjjahāti yaŋ bātu nipratiṣṭha ini* die den hier errichteten
Stein beschädigen (*marjjahāti*, zu *jāhat* bösartig) (K.K. 7).

f) Das Präfix *maka* vor Wortstämmen bildet kausative Verben, z.B.
makasākit krank (*sakit*) machen (B.I. *menjakitkan*); *makagīla* irre
(*gīla*) machen (B.I. *mempergilakan*). Ihm entspricht in der B.I. entweder das Suffix *kan* (§ 42 b) oder *memper-* + Wortstamm (+ *-kan*)
(§ 32 a und § 43 c).

g) *Ni-* + Verbalstamm bzw. + abgeleitete nominale Form bildet
nominale Ausdrücke. Sie können Attribute (Possessivsuffixe) hinter sich
nehmen. Im Altmalaiischen sind sie für alle Personen gebräuchlich.
Sie erfüllen die Aufgaben, die in der B.I. den Formen mit *di-* + Verbal-
stamm (§ 26) bzw. denen mit vorgefügten pronominalen Elementen
(§ 27) zufallen. Beispiele: *sabañakña yaŋ nitānam disini* die Gesamt-
heit von ihm, dem hier Gepflanzten = alles, was hier gepflanzt ist
(T.T. 2); *kayu nimākan buahña* Bäume, deren Früchte gegessen werden
(T.T. 3); *iyaŋ nigalarku sanyāsa datūa* die von mir gleichsam zu *datu's*
Ernannten (*ni/galar/ku* meine Ernannten) (K.K. 4); *āir niminumña*
Wasser u. zw. ihr Getrunkenes = Wasser für sie zum Trinken (T.T. 5). —
Der Ausdruck für den Täter kann von diesen *ni*-Formen durch ein
Pronomen getrennt werden, z.B. *nibunuh ya sumpah* Getötete seien
sie des Fluches = sie sollen vom Fluch getötet werden (K.K. 4). —
Ni tritt auch vor Verben mit dem Suffix *i* (siehe Abschn. b). — Das in
Abschn. d erwähnte *mar-* wird durch das nominale Präfix *par* ersetzt,
wenn *ni-* verwendet werden soll, z.B. *marbuat* machen, anlegen, aber:
ni/par/buat gemacht, angelegt werden; *niparsumpahākan kāmu* ihr werdet
verflucht werden (T.B. II 20).

Das Infix *in*, das in anderen indonesischen Sprachen unter gewissen
lautlichen Voraussetzungen statt *ni-* steht, ist nur einmal in den Inschriften belegt, u. zw. in K.K. 1: *v/in/unu* getötet werden.

h) Das Suffix *an* zur Bildung von Nomina findet sich bei *kasīh/an*
Liebestrank. Es lautet in der B.I. ebenso (§ 37).

i) Der Kombination *ka-* + Wortstamm + *-an* entspricht in der B.I.
ke- + Wstm. + *-an* (§ 41). Beispiel: *kadatuan* das Reich, die Herrschaft.

---

[1]) *nikāryyākan* wurde gemacht (B.S. 19) (B.I. *dikerdjakan*).

j) *Par-* + Wstm. + *-an* (= B.I. *per-* + Wstm. + *-an*, § 39) bildet Nomina, z.B. *parsumpahan* Schwurformel (B.I. *persumpahan*).

k) *Pa-* + Pnl. + *-an* (= B.I. *pe-* + Pnl. + *-an*, § 38) ist nur einmal belegt, nl. bei: *pambaliaŋku* mein als Gegengabe Gegebenes(?) (T.B. II 25). Es bezeichnet offenbar das Resultat der Tätigkeit.

l) Das Suffix *a* bei einigen Substantiven kennzeichnet die Nichtwirklichkeit (nach H. Kern, Verspreide Geschriften S. 213, und W. Aichele, a.a.O. S. 40/41) bzw. die ,,mentale Wirklichkeit", d.h. es weist auf eine Wirklichkeit hin, die im Moment des Sprechens nur im Geiste des Redenden existiert (nach J. Gonda), z.B. *buatāña* ihr mögliches, zukünftiges Tun (< *buat-ā-ña*). Es kommt im späteren Malaiischen und in der B.I. nicht vor.

Einige Textproben aus den Altmalaiischen Inschriften

Talang Tuwo 1/4:

sāna tatkālāña parlak śrīkṣetra ini niparbuat parbānḍa punta hiyaŋ śrī jayanāśa. ini praṇidhānānḍa punta hiyaŋ; sabañakña yaŋ nitānam disini ñiyur, pinaŋ, hanāu, rumbiya d(e)ŋan samiśrāña yaŋ kāyu nimākan buahña, tathāpi hāur, buluh, pattuŋ ityewamādi, punarapi yaŋ parlak bukan d(e)ŋan tabad talāga sabañakña yaŋ buatku sucarita parābis prayojanākan puṇyāña sarwwasatwa sacarācara!

da war die Zeit, (daß) dieser Garten Śrīkṣetra angelegt wurde auf Veranlassung Seiner Majestät Śrī Jayanāśa[1]). Dies ist das Gelübde Seiner Majestät: Möge die Gesamtheit des hier Gepflanzten, (nämlich) Kokospalmen, Arekapalmen, Zuckerpalmen, Sagopalmen und alle Arten von Bäumen, deren Früchte gegessen werden, aber auch der *hāur*-Bambus, der große Bambus, der *pattuŋ*-Bambus etc., und mögen auch die anderen Gärten sowie die Fischweiher und Teiche, (möge) die Gesamtheit der guten Taten, die ich verrichtet habe, das Wohl aller Wesen, alles Beweglichen und Unbeweglichen, bezwecken!

Anmerkungen: *sāna* da, damals (B.I. *sana* da); *tatkālā/ña* die Zeit (*tatkālā*) davon (-*ña*) (B.I. *tatkala/nja*); *parlak* Garten (B.I. *perlak* = *kebun*); *ini* dieser (B.I. dgl.); *ni/par/buat* war Angelegtes (zu *buat*) = wurde angelegt (B.I. *di/per/buat*); *parbānḍa* < *parbān* das Tun, Veranlassen (Aichele, S. 54) + Respektssuffix der 3. Pers. *(ŋ)ḍa* von ihm (i. e. Seiner Majestät) (B.I. etwa: *atas suruhan/nja*); *punta* unser (inkl.) Herr < *pu* Herr + *nta* von uns (inkl.) (B.I. *empu* Herr); *hiyaŋ* heilig (B.I. *hiang* Gott[heit]); *praṇidhāna* ein Gelübde oder Gebet, das an einen Buddha gerichtet wird, um dessen Segen zu erlangen, damit der Betende selbst ein Buddha werden möge; *sabañakña* die gesamte

---

[1]) Siehe W. Aichele a.a.O. S. 48.

Menge davon < *sa-* „eins" (B.I. *se-*), das hier in kollektiver Funktion gebraucht ist + *bañak* viel, zahlreich (sein) (B.I. *banjak*) + Possessiv- suffix der 3. Pers. *ña* (B.I. *nja*); *yaŋ* Artikel (B.I. *jang*); *nitānam* das Gepflanzte, wurde gepflanzt (B.I. *di/tanam*); *disini* hier (B.I. dgl.); *ñiyur* Kokospalme (B.I. *njiur = niur*); *pinaŋ* Arekapalme (B.I. *pinang*); *hanāu* eine Bambusart (B.I. *enau*); *rumbiya* Sagopalme (B.I. *rumbia*); *d(e)ŋan* und, mit (B.I. *dengan*); *samiśrā/ña* alle (verschiedenen) Arten davon; *kāyu* Baum (B.I. *kaju*); *nimākan* das Gegessene, wird gegessen (B.I. *di/makan*); *buah/ña* die Früchte davon, seine = ihre Früchte (B.I. *buah/nja*); *tathāpi* aber auch (B.I. *tetapi* aber, jedoch); *hāur* eine Bambusart (B.I. *aur*); *buluh* Bambus (B.I. *buluh*); *pattuŋ* eine Bambus- art (vgl. B.I. *betung*); *ityewamādi* etc. (B.I. *dan lain-lain*); *punarapi* und auch (B.I. etwa: *dan djuga*); *bukan* andere (schon von Coedès so übersetzt auf Grund von Tjam *bukan* „anderer"; vgl. Simalur *bukanne* der, die andere < *bukan* + Possessivsuffix der 3. Pers. Sg. *ne*); *tabad* Fischweiher (B.I. *tebat*); *talāga* Teich (B.I. *telaga*); *buat/ku* mein Ge- machtes, Getanes (B.I. *ku/buat*); *sucarita* gute Taten, gute Werke; *parābis* alle (B.I. *segala, semua(nja)*); *prayojanākan* < Sskrt. *prayojana* Ziel, Zweck + Verbalsuffix *kan* (B.I. *-kan*, § 42); *puṇyā/ña* das Wohl von ihnen; *sarwwasatwa* alle Wesen; *sacarācara* < *sa-* das gesamte (B.I. *se-*) + *carācara* < *cara* beweglich + *acara* unbeweglich.

Talang Tuwo 5/6:

t(e)mu muah ya āhāra d(e)ŋan āir niminumña; sabañakña buatña huma parlak mañcak muah ya maŋhidupi paśu prakāra; marhulun tuwi wṛddhi muah ya, jāŋan ya nik(e)nāi sabañakña yaŋ upasargga, pīḍanu, swapnawighna.

mögen sie Nahrung und Trinkwasser für sich antreffen; möge die Gesamtheit ihres Angelegten, (nämlich) Äcker (und) Gärten, reifen, (damit) sie alle Arten von Vieh aufziehen (können)[1]; besitzen (sie) Sklaven, so mögen sie auch (daran) bereichert werden, (damit) sie von keinerlei Unglück, Verdruß (oder) Schlaflosigkeit betroffen werden.

Anmerkungen: *t(e)mu* antreffen, finden (B.I. *bertemu dengan* = *menemui*); *muah* (B.I. etwa: *-lah*); *ya* er, sie, sie (Pl.) (B.I. *ia* er, sie; *meréka (itu = ini)* sie, Pl.); *āhāra* Nahrung (B.I. *makanan*); *āir* Wasser (B.I. *air*); *ni/minum/ña* ihr Getrunkenes, wird von ihnen getrunken (B.I. *di/minum/nja*; das Grdwt. *minum* zu uraustronesischem ʿ*inum* Trinken zeigt, daß das Präfix *m* bereits im Altmalaiischen erstarrt war); *huma* (nichtbewässerter) Acker (B.I. *huma*); *mañcak* reif(en) (vgl. Simalur *mantja'* zu uraustronesischem *mat'ak* dgl.; die gleiche innere Nasalierung liegt vor bei Simalur *mantjem* sauer sein, zu uraustro-

---

[1] Vergleiche W. Aichele a.a.O. S. 60/61.

nesischem ʿatʾəm dgl.); maŋ/hidup/i (leben lassen =) aufziehen (B.I. meng/hidup/i leben lassen, jmd. versorgen; memelihara aufziehen); paśu prakāra allerlei Arten Vieh; mar/hulun Sklaven (hulun) besitzen (B.I. ber/sahaja); tuwi auch (B.I. djuga); wṛddhi bereichert werden; jāŋan (damit) nicht (B.I. supaja djangan); ni/k(e)nā/i ein Betroffener sein, betroffen werden (B.I. di/kena/i, aber gebräuchlicher ist kena); upasargga Unglück; pĩḍanu (vermutlich pĩḍana) Verdruß, Ärger; ꝺwapnawighna Schlaflosigkeit.

Übersicht über die arabisch-persischen Schriftzeichen

Name		Grundform	im Anlaut	im Inlaut	im Auslaut
Alif	(a)	ا	ا	ا	ا
Bā'	(b)	ب	؛	؞	ـب
Tā'	(t)	ت	؛	؞	ـت = ة
Ṯā'	(ṯ)	ث	؛	؞	ـث
Ǧīm	(ǧ)	ج	جـ	ـجـ	ـج
Čā'	(č)	چ	چـ	ـچـ	ـچ
Ḥā'	(ḥ)	ح	حـ	ـحـ	ـح
Ḫā'	(ḫ)	خ	خـ	ـخـ	ـخ
Dāl	(d)	د	د	ـد	ـد
Ḏāl	(ḏ)	ذ	ذ	ـذ	ـذ
Rā'	(r)	ر	ر	ـر	ـر
Zā'	(z)	ز	ز	ـز	ـز
Sīn	(s)	س	سـ	ـسـ	ـس
Šīn	(š)	ش	شـ	ـشـ	ـش
Ṣād	(ṣ)	ص	صـ	ـصـ	ـص
Ḍād	(ḍ)	ض	ضـ	ـضـ	ـض
Ṭā'	(ṭ)	ط	طـ	ـطـ	ـط
Ẓā'	(ẓ)	ظ	ظـ	ـظـ	ـظ
'Ain	(')	ع	عـ	ـمـ	ـع
Ġain	(ġ)	غ	غـ	ـغـ	ـغ
Ngā'	(ng)	ڭ	ڭـ	ـڭـ	ـڭ
Fā'	(f)	ف	فـ	ـفـ	ـف
Pā'	(p)	پ	پـ	ـپـ	ـپ
Qāf	(q)	ق	قـ	ـقـ	ـق
Kāf	(k)	ک = ك	کـ	ـکـ	ـک = ـك
Gā'	(g)	گ = ک	گـ = کـ	ـگـ = ـکـ	ـگ = ـک
Lām	(l)	ل	لـ	ـلـ	ـل
Mīm	(m)	م	مـ	ـمـ	ـم
Nūn	(n)	ن	نـ	ـنـ	ـن
Waw	(w, u)	و	و	ـو	ـو
Hā'	(h)	ه	هـ	ـهـ	ـه
Yā'	(y, i)	ی	یـ	ـیـ	ـی = ي
Njā'	(nj)	ۑ = پ	یـ	ـیـ	ـپ = ۑ

Text in arabisch-persischer Schrift

تاغن باجون سراي كتان توانكو انيله تياد تمبغ راس
اكن همب سدغ كملون توانكو هاري ايت بوكنله
همب مغافسكن دي مك تيته سلطان محمود جكلو
اف سكاليفون كهندق اغكو ايت تيدقله كبري مغادغ
سغ كون تتافى اكو حكمكن سغ كون نياد اكو بري
اي كلور در رومهن برجالن كسان كماري دان
برماين۲ دغن سكل صحابة عنديں جك اد كرج
كسوره فركي *

مك سمبه سغ سورا بايكله توانكو يغ مان تيته دأي
يغدفرتوان ايت تيدقله فاتك لالوى كارن فاتك همب
كباوه دلي يغدفرتوان كارن همب ايت جكلو تياد
منورت كات توانن بوكنله همب نمان مك سغ سورا
فون تيدقله جادي مغادغ سغ كون مك سغ كون فون
تيدقله دبري بكند برجالن كسان كماري دان برماين
سمان مود۲ جكلو سغ كون اكن دتيتنهكن بارغ كمان
سرت اي دڤغكل لالو دسوره فركي دان افبيبل ددغر
اوله سلطان محمود اكن سغ كون بردديري دلوز فنتون
جوك دانغله تلغكي مرك اكندي مك كات سغ كون
درفد همب دحكمكن دمكين اين بايكله همب دايكت
دسرهكن فد سغ سورا سفاي دبونهن سكاأي والله
اعلم بالصواب واليه المرجع المعاب ٠

مك سلطان محمود فون دراغكت كمبالي كأستان
اد سلغ براف لمان مك هغ بركت دكلر اوله سلطان
سغ سورا ترلالو ساغت دكاسيهي بكند داكو سودار.
ستله براف لمان مك استري سغ سورا فون برموكه
دغن سغ كون مك سغ سورا فون تاهو مك سغ كون
داتغ اوله سغ سورا ادفون سغ كون ايت بايك سيكفن
تكفت ساس توبهن اكن سغ سورا كجيل توبهن رنجيغ
مرسيك تله ددغر اوله سلطان محمود مك بكند
ترلالو سايغ اكن سغ كون كارن سغ كون فد كتيك
ايت بوكن بارغ٢ اورغ ايباله يغفرتام ممبوت كريس
تمف ملاك فنجغ تغه تيك جغكل تتافي سلطان
محمود ساغت كاسيه اكن سغ سورا مك تيدقله
تربجار اوله بكند مك سلطان محمود مپوره ممغكل
سغ سورا مك اي فون داتغ مك دباو بكند فد تمفت
يغ سوپي مك تيته بكند فد سغ سورا اد سوات كهندق
هاتيكو فدامو اداكه اغكو بري اتو تياد مك سمبه سغ
سورا جكلو اد كفد فاتك٢ فرسمبهكن تياد فاتك
تهاني سدغ اوتق كفال فاتك لاكي دلي يغدفرتوان
امفون دي مك تيته بكند كدغر اغكو كوني هندق
مغادغ سغ كون جكلو اد كاسهم اكن داكو كفنتاله
سكالي اين كفدامو جاغن اغكو ادغ سغ كون ايت
تله سغ سورا منغر تيته دمكين ايت مك دسغسغن

Transkription

Maka Sultan Mahmudpun berangkat kembali ke astana. Ada selang berapa lamanja maka Hang Berkat digelar oléh Sultan Sang Sura; terlalu sangat dikasihi baginda, diaku saudara. Setelah berapa lamanja, maka isteri Sang Surapun bermukah dengan Sang Kuna maka Sang Surapun tahu; maka Sang Kuna diadang oléh Sang Sura. Adapun Sang Kuna itu baik sikapnja, tegap sasa tubuhnja; akan Sang Sura ketjil tubuhnja, réntjéng mersik. Telah didengar oléh Sultan Mahmud, maka baginda terlalu sajang akan Sang Kuna karena Sang Kuna pada ketika itu bukan barang² orang; ialah jang pertama membuat keris tempa Malaka, pandjang tengah tiga djengkal. Tetapi Sultan Mahmud sangat kasih akan Sang Sura. Maka tidaklah terbitjara oléh baginda. Maka Sultan Mahmud menjuruh memanggil Sang Sura, maka iapun datang, maka dibawa baginda pada tempat jang sunji. Maka titah baginda pada Sang Sura: „Ada suatu kehendak hatiku padamu; adakah engkau beri atau tiada?" Maka sembah Sang Sura: „Djikalau ada kepada patik, patik persembahkan, tiada patik tahani; sedang otak kepala patik lagi duli jang dipertuan empunja dia." Maka titah baginda: „Kudengar engkau konon hendak mengadang Sang Kuna; djikalau ada kasihmu akan daku, kupintalah sekali ini kepadamu, djangan engkau adang Sang Kuna itu." Telah Sang Sura menengar titah demikian itu, maka disingsingnja tangan badjunja, seraja katanja: „Tuanku, inilah tiada timbang rasa akan hamba; sedang kemaluan tuanku hari itu, bukankah hamba mengapuskan dia?" Maka titah Sultan Mahmud: „Djikalau apa sekalipun kehendak engkau itu, tidaklah kuberi mengadang Sang Kuna; tetapi aku hukumkan Sang Kuna, tiada aku beri ia keluar dari rumahnja berdjalan kesana kemari dan bermain² dengan segala sahabat handainja; djika ada kerdja, kusuruh pergi."

Maka sembah Sang Sura: „Baiklah, tuanku, jang mana titah duli jang dipertuan itu tidaklah patik lalui, karena patik hamba kebawah duli jang dipertuan; karena hamba itu djikalau tiada menurut kata tuannja, bukanlah hamba namanja." Maka Sang Surapun tidaklah djadi mengadang Sang Kuna, maka Sang Kunapun tidaklah diberi baginda berdjalan kesana kemari dan bermain samanja muda²; djikalau Sang Kuna akan dititahkan barang kemana, serta ia dipanggil, lalu disuruh pergi; dan apabila didengar oléh Sultan Mahmud akan Sang Kuna berdiri diluar pintunja djuga datanglah telangkai murka akan dia. Maka kata Sang Kuna: „Daripada hamba dihukumkan demikian ini, baiklah hamba diikat, diserahkan pada Sang Sura supaja dibunuhnja sekali." Wa 'llāhu aʿlam bi 'ṣ-ṣawāb waleihi 'lmardjiʿu 'lmaʿāb.

Das Lautsystem

Die B.I. wird mit lateinischen Buchstaben geschrieben. Sie weist folgende Phoneme auf, die — soweit nicht anders vermerkt ist — an-, in- und auslautend vorkommen:

Vokale:	*a*	*é*	*e*	*i*	*o*	*u*
Diphthonge:	*ai*	*au*				
Halbvokale:	*j*	*w*				
Ein- und Absätze:	ʿ	*h*				

Konsonanten:

1. Labiales:	*m*	*b*	*p*	*(f)*[1]			
2. Alveolares:	*n*	*d*	*t*	*l*	*r*	*s*	*(z)*[1]
3. Palatales:	*nj*	*dj*	*tj*				
4. Velares:	*ng*	*g*	*k*	*(ch)*[1]			

Seit 1972 wird die Bahasa Indonésia mit einem geänderten Alphabet, der *Ejaan yang disempurnakan*, d. h. der vollkommenen Rechtschreibung, geschrieben. Leider ist es aus Kostengründen nicht möglich, diese dritte Auflage meiner Grammatik in dieser Hinsicht zu modernisieren. Deshalb muß ich mich damit begnügen, auf die hauptsächlichen Unterschiede in beiden Rechtschreibungen in Form einer Tabelle hinzuweisen.

Alte Schreibung:	*Moderne Schreibung:*
é, e, z. B. *élok, elang*	e, z. B. *elok* schön; *elang* Habicht.
j, z. B. *jakin*	y, z. B. *yakin* überzeugt.
nj, *njala*	ny, z. B. *nyala* Flamme.
j, z. B. *djalan*	j, z. B. *jalan* Weg.
tj, z. B. *tjari*	c, z. B. *cari* suche!
ch, z. B. *chabar*	kh, z. B. *khabar* Nachricht.

Im selben Jahr wurden auch die Interpunktion (nach Gesichtspunkten europäischer Sprachen), die Getrenntschreibung gewisser Morphemverbindungen sowie die Großschreibung gewisser Wortarten standardisiert.

a   ist in offenen Silben meistens lang[2], bisweilen jedoch auch kurz (z. B. *mātā* Auge, *bătăng* Baumstamm); in geschlossenen Silben ist *a* in der Regel kurz.

---

[1] Diese Laute finden sich nur in Lehnwörtern, vor allem aus dem Arabischen und Niederländischen.

[2] Länge und Kürze spielen in der B.I. jedoch keine sehr wesentliche Rolle.

é   entspricht sowohl unserem weiten gelängten *e* (wie bei „Säge") als auch unserem engen *e* (z.B. in „See"). In offenen Silben, denen keine Silbe mit *é* folgt, ist *é* oft eng, z.B. *réla* bereit. Enthält jedoch die folgende Silbe ein weites *é*, so wird das enge *é* in erster, offener Silbe infolge Assimilation oft ebenfalls weit, z.B. *léhér* Hals. *É* wird auch in offener Silbe bisweilen weit gesprochen, wie z.B. in *mérah* rot sein. In geschlossenen Silben ist *é* in der Regel weit. Bei manchen Wörtern schwankt die Aussprache zwischen *é* und *i*, z.B. *béa* = *bia* der Zoll.

e   ist der Murmelvokal, der etwa deutschem *e* in der letzten Silbe von „geben" entspricht. Er wird *Pepet* genannt. (Dieser Ausdruck stammt aus dem Javanischen.) Der Murmelvokal findet sich häufig in offenen, in manchen Fällen auch in geschlossenen Silben, jedoch nie als Auslaut[1]) bzw. in letzter, geschlossener Silbe eines Wortes: *beras* geschälter Reis, *kerdja* Arbeit. Ausnahmen von dieser Regel, wie etwa bei *sumber* „Quelle", sind Lehnwörter aus dem Javanischen. Einige Indonesier sprechen bisweilen ein *é* statt eines *e*. —

Im heutigen Schriftbild der B.I. werden *e* und *é* meistens nicht voneinander unterschieden.

Bei Lehnwörtern (vor allem aus dem Niederländischen), die zwei unmittelbar aufeinanderfolgende Konsonanten aufweisen, die der B.I. in dieser Folge nicht eigen sind, wird zwischen beiden ein *e* eingeschoben, z.B. niederl. *klas* „Klasse" und *student* „Student" > *kelas* und *setudén*.

i   ist in geschlossenen Silben in der Regel kurz, in offenen lang, z.B. *pinggír* Rand, Saum; *isī* Inhalt.

o   ist in geschlossenen Silben in der Regel kurz und weit, in offenen Silben teils weit, teils lang und eng, z.B. *ongkos* (sprich: *ŏngkŏs*) Unkosten, *bodoh* (sprich: *bŏdŏh*) dumm sein, *bōla* Ball.

u   entspricht unserem *u*. Es ist in der Regel in offenen Silben lang, in geschlossenen kurz. (Früher war die niederländische Schreibung *oe* für *u* gebräuchlich.) Die Vokalfolge *u — u* in einem Wort wird bisweilen fast wie *u — o* bzw. *o — u* gesprochen, wobei *o* eng ist, z.B. *burung* Vogel = *burong, borung*.

Anlautende Vokale werden mit festem Einsatz gesprochen, der jedoch bei indonesischen Wörtern nicht besonders gekennzeichnet wird.

Die Diphthonge kommen nur in- und auslautend und nur in offenen Silben vor. Bei der Akzentuierung zählen sie jeweils als zu einer Silbe gehörig, z.B. *lálai* unaufmerksam[2]), sorglos sein; *saudágar* Kaufmann; *púlau* Insel.

---

[1]) Ausgenommen sind Lehnwörter aus dem Niederl. wie *sosialisme* „Sozialismus" etc.

[2]) *-ai* wird von manchen Javanen wie *-ei* gesprochen.

j   ist Halbvokal mit der Zungenstellung von *i*, der nur an- und inlautend vorkommt.

w   entspricht im Inlaut zwischen Vokalen dem Halbvokal; im Anlaut
wird *w* von manchen als Halbvokal, von anderen als dentilabialer
Reibelaut gesprochen. Auslautend kommt *w* nicht vor.

h   ist, außer bei Lehnwörtern, anlautend in den meisten Fällen als
weicher Einsatz zu sprechen (wie im Französischen). In manchen
Fällen schwankt die Aussprache allerdings. So wird z.B. *hasut*
„aufwiegeln, aufhetzen" bisweilen mit deutlich hörbarem Hauch
(wie *h* im Deutschen), bisweilen jedoch auch mit weichem Einsatz
(wie im Französischen) gesprochen. Heute besteht, zum mindesten
bei manchen Indonesiern, offenbar die Tendenz, geschriebenes *h*
in allen Positionen als gehauchten Einsatz zu sprechen. — In
anderen Fällen ist der Einsatz bedeutungsmodifizierend: *harus* (bisweilen freilich auch mit weichem Einsatz gesprochen) Pflicht sein,
müssen; aber: *arus* Strömung, Strom.

Zwischen Vokalen gleicher Klangfarbe wird *h* stets als Hauch
gesprochen (z.B. *paha* Schenkel, *léhér* Hals). Zwischen Vokalen
verschiedener Klangfarbe ist *h* in der Regel als weicher Einsatz
zu sprechen, obgleich bei manchen Indonesiern auch dann deutlich
ein Hauch hörbar ist (z.B. bei *pahit* bitter sein). Allerdings gibt es
hiervon Ausnahmen, so z.B. in *pihak* Seite, Richtung, Partei
(sprich: *piha'*), oder in *Tuhan* Gott (im Gegensatz zu *tuan* Herr),
wo stets ein Hauch hörbar ist.

Auslautendes *h* wird deutlich als gehauchter Absatz gesprochen. Es bewirkt Kürzung des vorhergehenden Vokals, z.B.
būlū Körperhaar, Feder; aber: *būlŭh* Bambus.

Bei Lehnwörtern aus dem Arabischen (z.B. *huruf* Buch-
stabe(n), *halal* erlaubt sein), aus dem Sanskrit (z.B. *hina* niedrig,
gering, verächtlich sein) oder aus dem Niederländischen — hier
geht indonesisches *h* sowohl auf *h* als auch auf *g* zurück — (z.B.
hopagén < niederl. *hoofdagent* Hauptagent, *haminte* < niederl.
gemeente Gemeinde) wird anlautendes *h* stets als Hauch gesprochen.
Bei Lehnwörtern aus dem Arabischen wird silbenschließendes *h*
vor einer konsonantisch anlautenden Silbe fast wie *ch* gesprochen,
z.B. *ahli* Fachmann (sprich: *achli*).

'   bezeichnet in der B.I. den festen Vokaleinsatz. Er ist nur bei
Lehnwörtern angegeben, die aus dem Arabischen stammen und
die dort den laryngalen Verschlußlaut *'ain* aufweisen. In der
offiziellen Schreibung wird er jedoch nicht bezeichnet. Das ist auch
oft dann der Fall, wenn ' silbenschließend ist, obgleich es dann
häufig als *k* geschrieben wird, z.B. *ma'af* = *maaf* Verzeihung;
ra'jat Volk = *rakjat*. — Bei den indonesischen Wörtern ist der
feste Einsatz vor Vokalen nicht bezeichnet, obwohl er gesprochen
wird.

m, b, p und *n, d, t, l* werden wie im Deutschen gesprochen. *B* und *d* am
Schluß von Lehnwörtern werden wie *p* und *t* gesprochen, z.B. *sebab*
Grund, Ursache, weil (sprich: *sebap*); *murid* Schüler (sprich:
murit)[1]).

f　kommt nur in Lehnwörtern aus dem Arabischen und Niederländischen vor. Es wechselt mit *p*, z.B. *fakir = pakir* arm, bedürftig sein; *famili = pamili* Familie.

r　ist ein alveolarer Schwingelaut (Zungen-*r*).

s　ist stets stimmlos.

z　ist stimmhaft wie unser *s* in „sagen". Es kommt nur in Lehnwörtern aus dem Arabischen und Persischen vor. *Z* wechselt an-
und inlautend mit *dj*, gelegentlich auch mit *d*, z.B. *zaman = djaman* Zeit; *izin = idjin = idin* Urlaub.

nj, dj[1]) und *tj* sind Palatallaute, die jeweils e in Laut sind (phonetische
Schreibung: *ń, d′, t′*). (Javanen sprechen oft *dz* und *ts* statt *dj*
und *tj*.) Alle drei kommen nur an- und inlautend vor[1]).

ng　ist ebenfalls ein Laut (phonetische Schreibung *ŋ*). Es ist der Velarnasal, den wir z.B. im Deutschen vor dem *k* von „Anker" sprechen.

g　entspricht norddeutschem *g*. Es kommt nur an- und inlautend vor.

k　hat im An- und Inlaut denselben Lautwert wie im Deutschen.
Im Auslaut hingegen wird geschriebenes *k* in indonesischen
Wörtern als fester Vokalabsatz gesprochen, z.B. *anak* Kind
(sprich: *anaʿ*). In Lehnwörtern hingegen wird es auslautend wie
unser *k* gesprochen, z.B. *hak* Recht (< Arab.) und *politik* Politik
(< Niederl.).

ch　ist der stimmlose velare Reibelaut, den wir im Deutschen z.B. in
„ach" sprechen. Er kommt nur in Lehnwörtern aus dem Arabischen
und Persischen vor. *Ch* wird im Anlaut oft durch *k* ersetzt, z.B.
chabar = kabar Nachricht.

Die nasalen Verbindungen gehören jeweils getrennten Silben an, also:
m + b, m + p, n + d usw.

In Lehnwörtern aus dem Arabischen und Persischen finden sich
bisweilen *dl* oder *dh* (für arab. *ḍ*), *dz* (für arab. *ḏ*), *ts* (für arab. *ṣ*) und
sj oder *sjh* (für arab. *š*). *Sj* und *sjh* werden oft wie unser *sch* gesprochen;
dl und *dh* werden meistens durch *d*, *dz* durch *z* oder *d*, und *ts* sowie *sj*
oder *sjh* werden oft durch *s* ersetzt.

---

[1]) Manche Javanen sprechen *b* und *d*, ebenso wie *dj* und *g* anscheinend
mit leichter Aspiration.

Der Akzent

Der Akzent[1]) tritt in indonesischen Wörtern (d.h. in Nicht-Lehnwörtern) im allgemeinen nicht so stark in Erscheinung wie etwa im Deutschen. Er ist in der B.I. außerdem z.T. von emotionellen Faktoren abhängig. Im allgemeinen ist jedoch in der Umgangssprache die vorletzte Silbe stärker betont. Das gilt in den meisten Fällen sowohl für zwei- als auch für mehrsilbige Grundwörter, z.B. *rúmah* Haus, *káju* Baum, *piánggu* eine Baumart.

Ausnahmen hiervon sind jedoch keineswegs selten. Sie lassen sich in großen Zügen folgendermaßen zusammenfassen:

1. Der Akzent fällt meistens auf die Ultima, wenn die vorletzte Silbe offen ist und ein *Pepet (e)* enthält, z.B. *menáng* siegen; *tegúh* stark, fest; *berát* schwer. — Bei mehr als zweisilbigen Wörtern fällt der Akzent im allgemeinen ebenfalls auf die Ultima, wenn die vorhergehenden Silben ein *e* aufweisen, z.B. *berenáng* schwimmen; *beledú* Samt. Doch gibt es Ausnahmen, wie *négeri*[2]) neben *negerí* Land.

2. Der Akzent ruht auf der Paenultima oder er schwankt, wenn die vorletzte geschlossene Silbe ein *e* enthält, oder wenn auf die mit *e* auslautende Paenultima eine Silbe folgt, die mit *ng* anlautet, z.B. *kérdja*[2]) Arbeit; *téngah*[2]) Mitte; aber: *déngar*[2]) = *dengár* höre!; *témpat*[2]) = *tempát* Ort, Stelle.[3])

3. Bei Anfügung der Suffixe *lah* (zur Hervorhebung, § 8 b), *kah* (bei der Entscheidungsfrage, § 11 d) oder *pun* (§ 23 a) bleibt der Akzent vorwiegend auf der Stammsilbe des Grundwortes, z.B. *dátang* : *dátang / lah* komme!; *áda* : *áda / kah* ist vorhanden?, gibt es?; *ía* : *ía / pun* er seinerseits. Manche Indonesier verlagern ihn dann jedoch auf die letzte Silbe des Grundwortes.

4. Bei Anfügung anderer Suffixe wie *nja* (Possessivsuffix der 3. Pers. Sg. bzw. Pl., § 21 a), *i* (§ 34), *kan* (§ 42) oder *an* (§ 41) schwankt die Betonung. In vielen Fällen bleibt der Akzent auf der Stammsilbe des Grundwortes; oft wird er jedoch auf die neue Paenultima verlagert, wie z.B. in *séwa* miete!: *séwá / kan* vermiete etwas!; *máti* sterben, tot sein: *ke / matí / an* von einem Sterbefall betroffen sein; *náma* Name : *namá / nja* sein, ihr Name; *mínum* trinken: *minúm / an* Getränk.

5. Bei Lehnwörtern aus dem Niederländischen bleibt der Akzent meistens auf der Silbe, die in der Lehnsprache betont wird, z.B. niederl.

---

[1]) Der Akzent besteht aus etwas stärkerem Druck, etwas höherem Ton und längerer Dauer.

[2]) Hier bezeichnet ′ über dem *e*, daß das *Pepet* den Akzent trägt. Es steht hier also nicht für weites oder enges *é*.

[3]) Dreisilbige Grundwörter, deren zweite Silbe aus der Lautfolge *te* und deren letzte Silbe aus *r* + Vokal besteht, tragen den Akzent auf der ersten Silbe, z.B. *ísteri* Gattin, *pútera* Prinz.

gouverneur Gouverneur = B.I. *gubernúr*; niederl. *octaaf* Oktave = B.I. *oktáf*; niederl. *politiek* Politik = B.I. *politík*.

In vielen Fällen erfolgt zusammen mit der lautlichen Anpassung und Verkürzung des niederländischen Wortes Akzentverlagerung, z.B. niederl. *procureur* Rechtsanwalt = B.I. *pókrol*.

6. Mehr als dreisilbige Lehnwörter, die nicht aus dem Niederländischen stammen, werden meistens so betont, als ob sie aus zwei zweisilbigen Wörtern bestünden, z.B. *pádmasána* Thron, *pérmaisúri* Königin.

Bemerkungen zur Wortstruktur und zur Schreibung

Die Mehrzahl der Grundwörter (Grundmorpheme) der B.I. ist z w e i - s i l b i g. Das gilt für Substantiva, Verben und Qualitativa, z.B. *ának* Kind, *lángit* Himmel, *djálan* Weg; *tídur* schlafen, *púkul* schlage!: *besár* groß, *tínggi* hoch.

Mehr a l s z w e i s i l b i g e Substantive und Qualitativa sind überwiegend L e h n w ö r t e r aus dem Sanskrit (*pútera* Prinz, *déwáta* Gottheit; *angkara* brutal, *bidjaksana* weise, scharfsinnig), aus dem Arabischen (*selámat* Gesundheit, Glück, Heil; glücklich; *filsáfat* Philosophie; *abádi* ewig, *azáli* alt, von alters her) oder aus europäischen Sprachen, vor allem aus dem Niederländischen (*setírman* < niederl. *stuurman* Steuermann, *polísi* < niederl. *politie* Polizei; *romántis* < niederl. *romantis* romantisch, *akadémis* < niederl. *akademis* akademisch) oder aus dem Portugiesischen (*kemédja* Hemd, *mentéga* Butter. Qualitativa sind nicht aus dem Portugiesischen entlehnt worden).

Daneben gibt es jedoch auch viele zweisilbige Lehnwörter aus diesen Sprachen, z.B. *rádja* König, Fürst < Sskrt. *rājā*; *ádan* = *ázan* Aufruf zum muhammedanischen Gebet < arab. *aḏān*; *arbén* Erdbeere(n) < niederl. *aardbeien*; *bángku* Ruhebank < portug. *banco*. — Qualitativa sind sehr selten, z.B. *mískin* arm < arab. *miskīn*, *djelus* eifersüchtig < niederl. *jaloers*.

Allerdings sind auch viele Grundwörter, die i n d o n e s i s c h e s Gut sind, mehr als zweisilbig (meistens dreisilbig), wie z.B. *embálau* Schellack, *kerúing* eine Baumart, *(h)alípan* Tausendfuß; *beláhak* röcheln; *beráni* mutig, tapfer.

Mehr als zweisilbige Verben tragen z.T. formative Elemente, z.B. *gemúruh* donnern (vgl. *guruh* Donner; s. § 33c).

E i n s i l b i g e Substantiva wie *mas* „Gold" (neben *emás*) sind selten. Sie sind z.T. durch Verkürzung aus zweisilbigen entstanden, so etwa *tjik* aus *entjík* Titel für Leute aus wohlhabenden Kreisen, auch für Chinesen; *dik* aus *ádik* jüngere Geschwister. Manche sind Lehngut, so z.B. ʿ*ain* Auge, Kern einer Sache < arab. ʿ*ain* Auge.

Unter den Verben und Qualitativa finden sich keine einsilbigen Grundmorpheme. Sie sind vor allem unter den Interjektionen und den Grundmorphemen anzutreffen, die Artikel und Verbindungswörter sind, z. B. *tjih* pfui!, *hai* hallo!, *uh* he!; *si* (§ 2 a), *jang* (§ 18); *dan* und (§§ 58 a—b, 60 a). Allerdings sind auch manche Verbindungswörter zweisilbig, so z. B. *dengan* mit (§ 53 a—e), *bila* wenn (§ 61 b).

Einsilbige Substantive nehmen oft einen *pepet*-Vorschlag an, um sie auf diese Weise zweisilbig zu machen, z. B. *(e)mas* Gold, *(e)gung* Gong (Metallbecken), *(e)lang* Habicht, Raubvogel. Das ist auch bei Lehnwörtern der Fall, z. B. bei *(e)bom* Bombe < niederl. *bom*.

Onomatopoetika sind häufig zweisilbig, z. B. *derit* krach! = *deruk*; *detjit* piep!

Einige Grundmorpheme kommen in der B. I. nur in iterierter Form vor, d. h. ihr gesamter Lautbestand ist wiederholt, z. B. *kúpu-kúpu* Schmetterling, *lába(h)-lába(h)* Spinne; *rajan-rajan* phantasieren; *siasia* vergeblich, nutzlos, *ati-ati* vorsichtig, *ragu-ragu* verwirrt. — Zwecks Vereinfachung schreibt man das Grundwort im allgemeinen nicht nochmals, sondern fügt eine hochgestellte 2 (also ²) dahinter: *kúpu²*, *lábah²* etc. Diese ² wird *ángka dúa* „Zahl zwei" genannt. Sie wird jetzt kaum noch gebraucht.

(In anderen Fällen sind Verben oder Substantive durch Iteration zu Adverbien geworden, z. B. *diam-diam* heimlich (zu *diam* schweigen; s. § 44 a Bemerkung 2); *kira-kira* etwa, ungefähr (zu *kira* Vermutung, Meinung. — *Kalau-kalau* „vielleicht" ist durch Iteration des Verbindungswortes *kalau* „wenn, falls" entstanden).

Bisweilen finden sich Verben, die iteriert sind und bei denen sich die beiden Komponenten durch Vokalvariation voneinander unterscheiden, z. B. *anggup-anggip* stampfen (v. Schiff gesagt).

Bei wenigen Substantiven findet sich Reduplikation, d. h. Wiederholung der ersten Silbe, so z. B. bei *djedjenáng* = *djenáng-djenáng* Aufseher, Helfer; *leláki* = *láki-láki* Mann (männlich).

Alle Substantive, außer Eigennamen von Personen, geographischen Eigennamen, den Bezeichnungen *Allah* und *Tuhan* „Gott" sowie den Namen der Tage und Monate (entweder die niederländischen oder die arabischen Namen) und bisweilen auch Titeln hoher Personen, werden nach niederländischem Vorbild klein geschrieben. (Die Interpunktion schließt sich im allgemeinen ebenfalls der niederländischen an.)

GRAMMATIK DER BAHASA INDONÉSIA

Erster Teil: Der einfache Satz

§ 1. Das einfache Substantiv in der Aussage — Mehrzahlbezeichnung

a) Wenn Subjekt und Prädikat[1]) in einer einfachen Aussage Substantive sind, kann das S. vor dem P. stehen. Zwischen beiden ist dann eine kurze S p r e c h p a u s e hörbar, die ich hier durch / kennzeichne. S. und P. werden lediglich durch die Satzmelodie (und den Zusammenhang der Rede) als zusammengehörig gekennzeichnet. Die Stimme sinkt erst am Schluß des Satzes.

Substantive in ihrer Stammform, d.h. ohne Iteration, können sowohl Einzahl als auch Mehrzahl sein.

1. *tombak / sendjata* eine Lanze (ist) eine Waffe = Lanzen (sind) Waffen. 2. *anggur / obat* Wein (ist) Arznei[2]).

b) „Etwas sein oder werden" wird in der B.I. wiedergegeben durch *djadi*, das zwischen beide Substantive tritt.

3. *kakak djadi serdadu* der ältere Bruder ist = wurde Soldat.

Bemerkungen: 1. Nur vereinzelt wird *ada* „vorhanden, anwesend sein" (§ 7 c) im Sinne unserer Kopula „sein" in ihren Abwandlungen zwischen S. und P. gestellt, z.B. bei: *bapanja ada saudagar* sein (-*nja*) Vater (*bapa*) ist Kaufmann. Dabei dürfte es sich um eine Beeinflussung durch das *kasar*-Malaiische bzw. um eine Lehnübersetzung aus dem Niederländischen handeln. Von diesem Gebrauch von *ada* ist abzuraten. 2. Selten dient *ada/lah* (zu -*lah* siehe § 8 b) gleichsam zur Kennzeichnung bzw. Abgrenzung des Prädikats, z.B. bei: *surat kabar itu adalah suatu pendapatan jang penting* die Zeitung (*surat kabar*) ist eine (*suatu*) wichtige (*jang penting*) Erfindung (*pendapatan*). — Hier könnte man *adalah* jedoch auch deutschem „tatsächlich" gleichsetzen. 3. Das Zahlwort *suatu* „eins" (§ 14) läßt sich bisweilen als Äquivalent für unseren unbestimmten Artikel auffassen.

---

[1]) Unter Subjekt verstehe ich hier (vgl. § 24 a, Anmerkung 1) das Bekannte, an das der Redende seine Mitteilung anknüpft, unter Prädikat das Neue, auf das er aufmerksam machen will. (Siehe O. Dempwolff, Grammatik der Jabêm-Sprache auf Neuguinea, S. 57. Hansische Universität, Abhandlungen aus dem Gebiet der Auslandskunde Bd. 50, Reihe B: Völkerkunde, Kulturgeschichte und Sprachen, Bd. 27. Hamburg 1939.)

[2]) Sätze dieser Art sind sehr selten; in der Regel wird dem substantivischen S. in solchen Fällen das Demonstrativum *itu* „jene(r, s)" appositionell nachgestellt (s. § 4).

c) Es hat sich weitgehend eingebürgert, die **Mehrzahl** durch **Iteration** des einfachen Substantivs zu kennzeichnen. An Stelle der Doppelschreibung verwendet man die *angka dua*, die hochgestellte „Zahl zwei", hinter dem Substantiv. Auch Benennungen für paarweise vorhandene Körperteile werden iteriert, z.B. *daun² telinga* die Ohrmuscheln. Diese Art der Mehrzahlbezeichnung schließt eigentlich die **Verschiedenartigkeit** der Vorstellungen ein (allerlei, verschiedene); sie dient jetzt jedoch ausschließlich der Bezeichnung der Mehrzahl.

    4. *tombak²* / *sendjata* Lanzen (verschiedener Art) (sind) Waffen.

Die Mehrzahl (kollektiv) kann auch auf andere Weisen bezeichnet werden:

I. Durch Voranstellung von *para*. Es findet sich vor Personenbenennungen, z.B. *para pembatja* die Leser. Bisweilen wird das Substantiv hinter *para* noch iteriert, z.B. *para wakil² rakjat* die Volksvertreter.

II. Durch Voranstellung der **Kollektivbezeichnungen** *kaum* „Gruppe, Klasse, Stand", *golongan* „Gruppe, Kreis" oder *sidang* „Gruppe". Diese Ausdrücke sind jedoch nur bei bestimmten Substantiven, die Personen benennen, gebräuchlich, z.B. bei *kaum wanita* die Frauen, *kaum buruh* die Arbeiter(schaft), *kaum madjikan* die Arbeitgeber(schaft); *golongan buruh* die Arbeiter(kreise); *sidang pembatja* die Leser(schaft).

III. Durch **unbestimmte Mengenangaben** (§ 17 d), z.B. *segala orang* alle Menschen.

IV. Bisweilen durch **Iteration mit Konsonantenvariation** (*sajur* Gemüse : *sajur-majur* Gemüse aller Art) oder durch **Iteration und Erweiterung der zweiten Komponente** (*tali* das Tau : *tali-temali* das Tauwerk, allerlei Taue) (§ 46 a) oder durch **Zusammenstellung mit sonst nicht gebräuchlichen substantivischen Ausdrücken** (*beras* geschälter Reis : *beras-petas* allerlei Arten geschälter Reis).

V. Gelegentlich durch Wortgruppen, bei denen bestimmte **Synonyma** unmittelbar zusammentreten (*hamba* der Diener, *sahaja* dgl.: *hamba sahaja* die Diener (§ 22 b)).

    Bemerkung: Wegen Substantiven mit Iteration + *-an* s. § 37 f.

§ 2. Artikel — Das Suffix *nda* bei Verwandtschaftsbezeichnungen

a) In manchen Fällen sind Substantive durch vorangestellte **Artikel** als bestimmte oder als verehrte Vorstellungen gekennzeichnet. Derartige Artikel sind: *si, sang, dang* und *jang*. Sie stehen vor Nomina, die Personen oder Namen bzw. personifizierte Tiere oder Geister bezeichnen. Nur ausnahmsweise trifft man sie auch vor anderen Substantiven oder substantivisch gebrauchten Ausdrücken an.

1. *(si) Aman pelajan* (der) Aman ist Diener. 2. *(si) Aminah babu* (die) Aminah ist Dienerin. 3. *dang Merdu puteri* (die verehrte) Merdu ist = war eine Prinzessin.

Si ist ein in indonesischen Sprachen weitverbreiteter personifizierender bzw. individualisierender Artikel, der sich in erster Linie vor Eigennamen von Personen (Nomina propria), bisweilen jedoch auch vor Substantiven findet, die Personen benennen, und vor solchen, die mittels *pe-* + Pränasalierung (§ 25 a und e) von Verben oder Qualitativen abgeleitet sind, z.B. *si gadis* das (bestimmte) Mädchen, *si pembatja* der Leser (zu *batja* lies!), *si penakut* der Angsthase (zu *takut* ängstlich). — Wenn man den Namen einer Person nicht kennt oder nicht nennen möchte, so entspricht *si Anu* bzw. *si Polan* unserem „der, die N.N." (*Anu* wird auch bei anderen Gelegenheiten gebraucht, z.B. *pada hari anu* „am Tage sowieso", wo man den Wochentag oder das Datum nicht kennt oder im Augenblick nicht zu nennen vermag).

Da die Namen der Indonesier vor der Einführung des Islam entweder Konkreta oder Benennungen nach charakteristischen Merkmalen waren, war es erforderlich, diese von den entsprechenden Substantiven oder anderen Wortarten zu unterscheiden. Hierfür gebrauchte man den Artikel *si*. Er steht sowohl vor Männer- als auch vor Frauennamen. So bedeutet z.B. *bopéng* „pockennarbig (sein)", aber *si Bopéng* „der (die) Pockennarbige" (als Beiname). *Si* ist dann auch später geblieben, als man vorwiegend arabische Eigennamen einführte. Dieser Artikel darf jedoch nicht verwendet werden vor Namen von Personen, die einen (hohen) Rang bekleiden, da er zu familiär, ja herabsetzend wäre. Neuerdings läßt man *si* vor Eigennamen meistens fort.

Sang wird als ehrender Artikel verwendet vor Namen von Göttern und Fürsten, gelegentlich jedoch auch vor Tierbezeichnungen in Fabeln, z.B. *sang pelanduk* der (verehrte) Zwerghirsch. Wenn man von der indonesischen Nationalflagge spricht, so sagt man *sang mérah-putih* die (verehrte) Rot-Weiße.

Dang findet sich vor allem in der klassischen Literatur vor Namen angesehener Frauen. (Dieser Artikel setzt sich zusammen aus dem pronominalen Grundelement *da* der 3.Pers.Pl., das in der B.I. jedoch nicht vorkommt, und aus einem in anderen indonesischen Sprachen belegten Artikel *ng*. *Dang* ist auch in dem bereits erwähnten Mehrzahlanzeiger *sidang* (s. § 1,c) enthalten, der aus *si* + *da* + *ng* besteht.)

Bisweilen trifft man *jang* (§ 18a) als Artikel vor Verwandtschafts- oder sonstigen Personenbezeichnungen an, z.B. *jang bapa* der Vater, *jang anak* das Kind. *Jang* hat hier determinierende Funktion. (Es kommt ebenso im Altmalaiischen vor, z.B. bei *jang mitrā/ña* ihre Freunde, aber auch *jang kadatuan* das Königreich. — *Jang* besteht aus dem demonstrativ-pronominalen *ja* < *ia (< i + a)* „jene(r, s)" und dem Artikel *ng*.)

Bemerkungen: 1. Bisweilen hat das Possessivsuffix der 3. Pers. *nja* „sein, ihr" (§ 21) die Funktion eines bestimmten Artikels, z.B. *buahnja* seine Früchte = die Früchte (davon).
2. Das Demonstrativ *itu* „jene(r, s)" (§ 4) vertritt ebenfalls in manchen Fällen den bestimmten Artikel des Deutschen.

b) Verwandtschaftsbezeichnungen tragen die Suffixe *anda*, *nda* oder *1a*, wenn ihnen besonderer Höflichkeitswert verliehen werden soll, oder wenn es sich um hohe Persönlichkeiten handelt. Es sind „Respektssuffixe". Bei ihrer Anfügung treten am Grundwort z.T. Auslautänderungen auf: nach *-k* wird bisweilen *da* affigiert, meistens fällt *-k* jedoch vor *nda* fort; nach *-h*, bisweilen auch nach *-k*, wird *anda* (statt *nda*) suffigiert, z.B.:

ibu Mutter : *ibu/nda* (oft verkürzt zu *bunda*, *bonda*) die (verehrte) Frau Mutter;

ajah Vater : *ajah/anda* der (verehrte) Herr Vater;

adik jüngerer Bruder, : *adi/nda* der (verehrte) Herr Bruder, das jüngere Schwester (verehrte) Fräulein Schwester;

anak Kind : *anak/anda* = *anak/da* = *ana/nda* das (verehrte) Kind.

Adinda und *kakanda* (der verehrte ältere Bruder, die verehrte ältere Schwester, zu *kakak*) werden unter Eheleuten gebraucht. Der Gatte sagt *kakanda* für „ich", *adinda* für „du"; die Gattin umgekehrt *adinda* für „ich" und *kakanda* für „du".

(Das Suffix *(a)nda*, das sich in der B.I. nur noch in derartigen Ausdrücken erhalten hat, ist, wie die Sprachvergleichung zeigt, Possessivsuffix der 3. Pers. Pl. Es setzt sich zusammen aus dem Attributanzeiger *(a)n* < *anu* „Besitz, Eigentum" und dem pronominalen Element *da* „ihre" (3. Pers. Pl.), die in der B.I. sonst jedoch nicht vorkommen.)

c) Unter dem Einfluß von Lehnwörtern aus dem Sanskrit macht sich in den letzten Jahren bei einigen indonesischen Literaten und Journalisten die Tendenz bemerkbar, bei bestimmten Personenbezeichnungen das natürliche Geschlecht durch Endungen zu unterscheiden. Schon das klassische Malaiische besaß Lehnwörter aus dem Sanskrit, bei denen das Genus maskulinum durch *-a*, das dazugehörige Femininum durch *-i* gekennzeichnet ist, so z.B. *déwa* der Gott — *déwi* die Göttin; *pútera* der Prinz — *púteri* die Prinzessin. Nach Analogie derartiger Lehnwörter bilden einige Indonesier dann zu Personenbezeichnungen, die auf *a* endigen, ein ursprünglich nicht bestehendes Femininum auf *-i*, so bei *saudára* (< Sskrt. *sodara-*) Bruder — *saudári* Schwester; *mahasiswa* Student — *mahasiswi* Studentin; *pemúda* (zu *muda* jung sein) Jüngling, junger Mann — *pemúdi* junges Mädchen. Soweit ich es übersehe, hat diese Neuerung bisher noch nicht viele Anhänger gefunden. Wie *pemúdi* zeigt, wird sie auch auf indonesische Wörter, d.h. Nicht-Lehnwörter, ausgedehnt.

Übungssätze:
1. *ibu djadi babu.* – 2. *si Taib pelajan.* – 3. *si Aminah pemudi.* – 4. *orang² itu musuh.* – 5. *atapnja (-nja* sein; das) *sirap.* – 6. *kakak saudagar.* –

7. anak² itu murid. — 8. Anwar adalah orang jang istiméwa (außergewöhnlicher). — *9. Udin pedagang* (Händler). — *10. anak² itu pandu.* — *11. adik djadi polisi.*

§ 3. Die Hervorhebung des substantivischen Subjekts

a) Das substantivische S. kann durch Voranstellung bestimmter Ausdrücke im Sinne unseres „was ... betrifft" hervorgehoben werden. Als solche Ausdrücke kommen vor: *kalau, seperti* (selten gebräuchlich), *tentang, akan, mengenai* und *bagi*. (*Kalau* entspricht auch unserer Konjunktion „wenn, falls" (§ 63 g), *seperti* unserem „wie" beim Vergleich (§ 54 a; zu *akan* siehe § 53 n); *mengenai* „betreffen" ist pränasalierte Verbalform mit dem Suffix *i* (§ 34) zu dem Grdwt. *kena* „ge-, betroffen sein", und *bagi* bedeutet auch „Anteil, für" (§ 53 m).)

1. *kalau = mengenai status itu, maka kami tidak pertjaja* ... was den Status betrifft, so (*maka*) glauben (*pertjaja*) wir (exkl.) (*kami*) nicht (*tidak*) ... 2. *maka seperti makanan dalam Pahang terlalulah susah* und (*maka*) was die Lebensmittel (*makanan*) in (*dalam*) Pahang betrifft, (sie) sind sehr (*terlalu/lah*) schwierig (*susah*) (zu haben). 3. *akan orang itu, malinglah ia* was jenen (*itu*) Menschen betrifft, ein Dieb (*maling/lah*) ist er (*ia*) = er ist ein Dieb. 4. *bagi Anwar, hal itu agaknja kurang menjenangkan hatinja* was Anwar betrifft, (so) befriedigte (*menjenangkan*) (sein Herz — *hatinja* =) ihn das (*hal itu*) vermutlich (*agaknja*) weniger (*kurang*) = nicht.

b) Das herausgestellte substantivische S. kann auch in der Weise hervorgehoben werden, daß es durch das explikative *ia/lah* „das ist" (zu *-lah* siehe § 8 b) (= *ja/lah*) wieder aufgenommen wird.

5. *Amérika, ialah negeri rekor* Amerika, das ist ein Rekordland.

§ 4. Pronomina demonstrativa — Der Gebrauch von *(jang) tadi*

a) Die B.I. besitzt die beiden hinweisenden Fürwörter *ini* und *itu*. Sie sind korrelat zur 1. und zur 2. Person: *ini* „diese(r, s)" bezieht sich auf das, was nur dem oder den Redenden bekannt ist; es kennzeichnet die Ich- bzw. Wir-Nähe und ist in gewissem Sinne vorausweisend; *itu* „jene(r, s)" bezieht sich auf das, was dem oder den Angeredeten (und dem Redenden) bekannt ist; es ist in gewissem Sinne zurückweisend. *Itu* entspricht oft unserem bestimmten Artikel[1]).

1. *anak ini (itu) si Ali* dieses (jenes) Kind ist (der) Ali. 2. *kuntji ini besi* dieses Schloß ist Eisen = aus Eisen. 3. *pisau itu badja* jenes = das Messer ist Stahl = aus Stahl.

---

[1]) *Itu* faßt auch Wortgruppen zusammen, s. § 24 j. — Es kann auch substantivierende Funktion haben, s. §§ 24n, 29m, 34f und 42d.

Bemerkung: Wegen der Verwendung der Demonstrativa hinter geographischen Eigennamen siehe die Bemerkung zu § 13 b.

b) *Itu* steht auch hinter Artbezeichnungen, die wir ohne Artikel gebrauchen, z.B. *anak itu* (die) Kinder; *tembakau itu* (der) Tabak.

c) Gelegentlich wird *(jang) tadi* „der eben genannte" wie *itu* „jener" gebraucht.

4. *kata² jang tadi* die eben genannten Worte = die Worte.

d) Die Demonstrativa können auch selbständig gebraucht werden. Sie stehen dann meistens für Substantive, die Dinge, aber auch für solche, die Lebewesen, aber nur selten Personen, benennen.

5. *ini surat itu* dies ist jener = der Brief. 6. *itu si Ali* jener ist (der) Ali.

e) Durch vorangestelltes *jang* (§ 2 d) wird den selbständig gebrauchten Demonstrativa besonderer Nachdruck verliehen. *Jang* findet sich vorwiegend bei Gegenüberstellungen.

7. *jang ini si Ali, jang itu si Sukiman* dieser ist (der) Ali, jener ist (der) Sukiman.

Bemerkung: Das Pronomen interrogativum nach den Demonstrativa ist in § 10, g behandelt.

Übungssätze:

1. periuk ini besi. — 2. gadis itu si Minah. — 3. itu si Anu. — 4. kakanda ini menteri. — 5. sendjata² ini tombak. — 6. orang² itu saudagar. — 7. si penakut itu si Ali. — 8. orang itu buruh. — 9. burung² ini merpati.

§ 5. Die Pronomina personalia — Höflichkeitsausdrücke

a) An Stelle eines Eigennamens (Nomen proprium) oder einer anderen Personenbezeichnung können Pronomina personalia treten. Bei ihnen wird kein Genus unterschieden. Für die 1. Pers. Pl. gibt es zwei Pronomina: *kita* „wir" schließt den oder die Angeredeten ein („ich und du, ich und ihr"); es ist die inklusive (inkl.) Form; *kami* „wir" schließt den oder die Angeredeten aus („ich und er, ich und sie"); es ist die exklusive (exkl.) Form. Die persönlichen Fürwörter lauten folgendermaßen:

aku (selten *daku*) ich   *kita* wir (inkl.)
engkau (auch *kau*) du   *kami* wir (exkl.)
ia = dia er, sie, es   *kamu* ihr
                                              meréka
                                              meréka itu } sie
                                              ia

Aku und *engkau* werden im vertraulichen Gespräch unter Freunden, bei Kindern und bei gesellschaftlich niedrig Stehenden gebraucht. *Ia*, das auch für die 3. Pers. Pl. stehen kann, und *dia* sind in der heutigen Sprache so gut wie gleichwertig. (Das entsprechende *diya*, *dya* des Altmalaiischen ist zusammengesetzt aus der örtlichen Präposition *di* und *iya* (= *ia*), es steht dort für „ihm, ihnen". Ebenso besteht *daku* (= altmalaiischem *diyāku*, *dyaku*) aus *d-* (< *di-*) und *aku*.) An sich sind *dia* und *daku* emphatische Pronomina, die etwa deutschem „was ihn, sie, was mich betrifft" entsprechen. Sie werden gerne nach *akan* „was ... betrifft" (§ 3 a) und *dengan* „mit, und" (§ 53 a) gebraucht.

In der klassischen Literatur werden *aku* und *engkau*, denen dann *sekalian* „alle" nachgestellt wird, auch für „wir" und „ihr" verwendet. — In höflicher Rede kann *kamu* „ihr" für *engkau* „du" stehen. — *Kita* „wir (inkl.)" ist auch Pluralis Majestatis.

1. *aku murid* ich bin (ein) Schüler. 2. *ia* = *dia kuli* er ist Arbeiter. 3. *kita manusia* wir (inkl.) sind Menschen. 4. *kami saudagar* wir (exkl.) sind Kaufleute.

Bemerkungen: 1. Statt *meréka itu* „sie" wird gelegentlich *meréka ini* gebraucht.
2. An der Ostküste von Sumatra sagt man oft *dikau* statt *engkau* „du".

b) Wenn man mit dem Angeredeten nicht in einem familiären oder vertraulichen Verhältnis steht, ersetzt man *aku (= daku)* und *engkau (= kau)* durch andere Ausdrücke: Im Verkehr mit Fremden wird statt *aku* „ich" meistens *saja* (in der Schriftsprache auch *sahaja* „Diener" (< Sskrt. *sahāya-* Gefährte, Assistent, Helfer)), statt *engkau* „du" meistens *tuan* „Herr" (Mehrzahl *tuan*[2]), *njonja* „Frau" oder *nona* „Fräulein" im Sinne unseres „Sie" verwendet[1]). Weitere derartige Höflichkeitsausdrücke, die der klassischen Literatur angehören, sind z. B. *hamba* = *patik* „Diener, Sklave" für *aku* „ich", oder *awak* „Körper, Leib" für *aku* „ich" bzw. *engkau* „du". Sie werden in der Bahasa Indonésia verhältnismäßig selten gebraucht.

Bemerkung: In der klassischen Literatur finden sich in höfischer Sprache für „Majestät" die Ausdrücke: *tuan hamba* mein Herr; *paduka tuanku* die Schuhe meines Herrn; *duli tuanku* der Staub meines Herrn; *duli paduka tuanku* der Staub der Schuhe meines Herrn; *jang dipertuan* der zum Herrn Gemachte, der als Herr Anerkannte.

Im Verkehr mit Indonesiern, die einen Rang bekleiden und einen Titel tragen, wird *kamu* „ihr" durch den Titel oder den Namen ersetzt.

---

[1]) In der klassischen Literatur steht *saja sekalian* auch für „wir alle". — Indonesier pflegen sich mit *saudara* „Bruder" anzureden. — *Beliau* ist Respektsausdruck für die 3. Pers. Sg.

5. *saja pendéta* ich bin Geistlicher. 6. *tuan budjang* Sie sind Jung-geselle. 7. *nona guru* das Fräulein = Sie sind Lehrerin.
Eltern verwenden Kindern gegenüber *ibu* „Mutter" bzw. *bapa(k)* „Vater" für „ich".
8. *ibu sakit* Mutter ist = ich bin krank. 9. *bapa(k) pergi* Vater geht fort = ich gehe fort.

c) Nicht selten werden den Pron. pers. oder den Höflichkeitsausdrücken **Demonstrativa** als nähere Erläuterung nachgestellt. Dabei tritt die Korrelation der Demonstrativa (§ 4) deutlich in Erscheinung. Diese Verwendung der Demonstrativa dient zur Hervorhebung.
10. *saja ini guru* ich u. zw. dieser = ich hier bin Lehrer. 11. *ia itu pelajan* er u. zw. jener = er da ist Diener.

d) Unserem „es" als Subjekt bei gewissen unpersönlichen Aus-drücken entspricht in der B.I. *hari* „Tag, Wetter", sofern es sich um Aussagen über das Wetter oder um Tageszeiten handelt.

12. *hari malam* der Tag ist Nacht = es ist Nacht. 13. *hari panas* das Wetter = es ist warm.

Übungssätze:

1. aku Ibnu. — 2. meréka itu pentjuri (Diebe). *— 3. tuan guru. — 4. tuan itu saudagar. — 5. hari dingin. — 6. saja sekalian mahasiswa. — 7. kita ini buruh. — 8. meréka itu nakoda. — 9. hari hudjan. — 10. meréka petani. — 11. ia penipu* (Betrüger). *— 12. kita sahabat.*

§ 6. Das Qualitativ als Prädikat

a) Als Prädikat einer Aussage kann auch ein Qualitativ, ein Eigen-schaftswort, auftreten. Subjekt und qualitatives Prädikat treten meistens unmittelbar zusammen. Sie werden durch eine kurze Sprech-pause voneinander abgegrenzt.

1. *kapur putih* Kalk ist weiß. 2a. *djalan ini litjin* dieser Weg ist glatt. 2b. *djalan^2 ini litjin* diese Wege sind glatt. 3. *(d)ia berani* er, sie ist tapfer.

Bemerkung: Vereinzelt werden Qualitativa mit dem fakul-tativen „Zustandspräfix" *a* versehen, z.B. *amarah = marah* zornig, böse. — *A-* weist sie als (literarisches) Lehngut aus dem Javanischen aus.

b) Eigenschaftswörter des Deutschen, die ein **Material** bezeichnen, werden in der B.I. durch das entsprechende Substantiv ersetzt.

4. *kain ini sutera* dieser Stoff ist Seide = seiden.

c) Manche Indonesier fügen *ada* „vorhanden, anwesend sein" zwischen das Subjekt und das qualitative Prädikat. Dadurch wird ein gewisser Dauerzustand angezeigt. Zum Teil wird es sich bei dieser Verwendung von *ada* um Einflüsse des *kasar*-Malaiischen bzw. um Lehnübersetzungen aus dem Niederländischen handeln, so daß *ada* gleichsam als Ersatz für die Kopula „*zijn*" des Niederländischen empfunden wird (s. § 1 b Bemerkung).

5. *orang itu ada takut* jener Mensch ist ängstlich.

Bemerkung: Bisweilen wird das Abgeschlossensein einer Qualität (eines Zustandes) durch *sudah* „beendet, erledigt sein" ausgedrückt, das dann hinter das Qualitativ tritt, z. B. *bilik abang sedia sudah* (was) das Zimmer (*bilik*) des älteren Bruders (*abang*) (betrifft), (daß es) bereit (*sedia*) ist, ist beendet = dein Zimmer ist schon bereit. In diesem Satz ist vor *sedia sudah* eine kurze Sprechpause hörbar. Grammatisch dürfte *sedia* ein elliptischer Subjektssatz (§ 59 a) zu dem nachgestellten Prädikat *sudah* sein. — Dadurch ist vermutlich auch die Nachstellung von *sudah* hinter das P. zu erklären, wenn es sich um unvollständige Sätze handelt, in denen z. B. das bekannte S. fortgelassen ist: *kini terang sudah* jetzt (*kini*) war (es) bereits deutlich (*terang*).

d) Beliebt ist die unmittelbare Zusammenstellung von Qualitativa gleicher oder ähnlicher Bedeutung (vgl. § 22). Solche nebenordnende Wortgruppen werden gebraucht, wenn man eine Eigenschaft verstärken will, z. B. *pandjang-lébar* lang-breit = ausführlich; *kaja-raja* reich-groß = steinreich; *muda-remadja* jung-jung (heiratsfähig) = sehr jung.

6. *si Nurmi tjantik-molék* (die) Nurmi ist hübsch (und) schön = außergewöhnlich schön.

e) Wenn sich eine Qualität auf einen Körperteil bezieht, so wird statt des Pronomen personale des Deutschen als Subjekt in der B. I. bisweilen die Benennung für den betreffenden Körperteil verwendet, der die entsprechenden Possessivsuffixe (§ 21) affigiert werden.

7. *mata/nja buta* die Augen (*mata*) von ihm (-*nja*) = seine Augen sind blind = er, sie ist blind = *(d)ia buta*. 8. *perut/ku lapar* der Leib (*perut*) von mir (-*ku*) = mein Leib ist hungrig = ich bin hungrig = *aku lapar*.

f) Sofern das Subjekt bekannt ist, läßt man es gerne fort.

9. *panas sekarang* warm (ist es) jetzt = jetzt ist es warm.

Übungssätze:

1. rumah itu ketjil. — *2. ia pandai.* — *3. kami miskin.* — *4. Sukiman sakit.* — *5. saja tua.* — *6. gelang ini pérak.* — *7. tjintjin itu emas.* — *8. njonja baik.* — *9. pondok itu penuh-sesak.* — *10. makanan* (Essen) *itu basi.* — *11. gadis itu tjantik.* — *12. pulpén ini mahal.*

§ 7. Einfache Verben als Prädikat — Verwendung von *ada, sedang, lagi, akan, sudah* und *telah*

a) Die B.I. kennt eine kleine Anzahl (etwa 60) Verben, die in ihrer Stammform als P. auftreten, d.h. sie werden nicht pränasaliert (§ 24). Da sie nicht mit Affixen versehen sind, d.h. auf Grund eines formellen Kriteriums, bezeichne ich sie zur Unterscheidung von solchen mit Affixen als einfache Verben. Sie können hinter dem S. stehen. Meistens werden Heute, Zukunft oder Vergangenheit der phänomenalen Wirklichkeit nicht, wie im Deutschen, besonders bezeichnet.

1. *anak² itu pulang* jene = die Kinder kehren heim, kehrten heim. 2. *si Ali datang* (der) Ali kommt, kam, wird kommen. 3. *dia bangun* er, sie steht auf, stand auf.

Zu diesen einfachen Verben, die meistens ohne direkte Ergänzung (Objekt) gebraucht werden (siehe jedoch Bemerkung 2), die also in dieser Hinsicht intransitiven Verben des Deutschen entsprechen, gehören vor allem solche, die ein Geschehen, eine Bewegung, einen Ruhezustand oder geistige Vorgänge bzw. psychische Regungen bezeichnen, und Hilfsprädikatwörter (§ 28a), z.B.

bangkit aufsteigen (Staub)
djatuh fallen
duduk sitzen, wohnen
karam versinken
kembali zurückkehren
lari fortlaufen, fliehen
lupa vergessen
luruh abfallen (Früchte, Blätter)
main spielen
mandi sich baden
masuk eintreten (betreten)
naik hinaufgehen, hinaufklettern
    (besteigen)
pergi (fort)gehen

pertjaja glauben
pindah umsiedeln, umziehen, den
    Wohnort wechseln
rebah umfallen, niederstürzen
sampai ankommen, ausreichen
singgah ankehren, anlaufen
tahu wissen
tiba ankommen
tidur schlafen
timbul auftauchen, an die Ober-
    fläche kommen
tinggal (zurück)bleiben, wohnen
tumbuh wachsen, gedeihen
turun hinabsteigen, heruntergehen

Bemerkungen: 1. Einige dieser einfachen Verben haben jedoch bisweilen eine Erläuterung bei sich, die mittels der Präpositionen *akan* (§ 53n) bzw. *ke(pada)* (§ 47a; 48a) angegliedert werden, z.B. *saja lupa akan buku itu* ich vergaß (in bezug auf) jenes Buch; *sampai ke* gelangen nach; *tjinta kepada* jemanden lieben.
2. Andere derartige Verben werden in festen Verbindungen unmittelbar mit einer Ergänzung (Objekt) versehen, z.B. *meréka masuk hutan, keluar hutan, naik gunung, turun gunung* sie betraten Wälder, (gingen) aus Wäldern, bestiegen Berge, stiegen Berge = von Bergen hinunter = sie gingen waldein, waldaus, bergauf, bergab.

3. Einige niederländische Substantive werden als Dingwörter, aber bisweilen auch in unveränderter Form wie einfache Vorgangswörter gebraucht, z.B. *dia vakansi* er ist auf Ferien; *ia overwérk* er macht Überstunden.

b) Wenn sich das verbale Prädikat auf ein Subjekt in der Mehrzahl bezieht, kann *pada* „insgesamt, zusammen" vor das Verb treten. Das substantivische S. wird dann meistens iteriert.

4. *anak² pada lari* die Kinder liefen (alle) fort.

Bemerkung: Diese Verwendung von *pada* entspricht der von *paḍa* (sprich: *poḍo*) im Javanischen. *Pada* dürfte daher aus dieser Sprache in die B.I. übernommen sein.

c) *Ada* bedeutet „vorhanden, anwesend, da sein". (Von manchen Indonesiern wird *ada* im Sinne der niederländischen Kopula *zijn* „sein" gebraucht (§ 1 b Bemerkung und § 6 c)).

5. *dia ada disitu* er befindet sich dort.

d) Bisweilen steht *ada* auch hier (wie in § 6 c) zwischen dem Subjekt und dem einfachen Verb als Prädikat. Es bezeichnet dann das Fortschreiten bzw. Andauern der Handlung (etwa entsprechend den englischen Progressivformen auf *-ing*).

6. *si Minah ada tidur* (die) Minah schläft (*is sleeping*). 7. *dia ada makan* er, sie ist beim Essen (*is eating*).

Bemerkung: In einigen Fällen bezeichnet *ada* das Tatsächliche bzw. einen eingetretenen Zustand, so z.B. bei: *untunglah ada seorang laki² lalu disitu* glücklicherweise (*untunglah*) war vorhanden, (daß) ein Mann (*seorang laki²*) vorbeiging dort (*disitu*) = glücklicherweise ging dort (tatsächlich) ein Mann vorbei; *padi itu ada ditanamnja* jener Reis ist vorhanden (als) ihr Gepflanzter = der Reis ist (bereits) von ihnen gepflanzt worden = den Reis haben sie (bereits) gepflanzt.

„Dabei sein etwas zu tun" wird jedoch meistens wiedergegeben durch *sedang* bzw. *lagi*, das aus dem Javanischen entlehnt ist. Beide „Aspektanzeiger" stehen unmittelbar vor dem einfachen Verb.

8. *ia sedang makan* er ist dabei, zu essen. 9. *Hamid lagi tidur* Hamid ist dabei, zu schlafen = Hamid schläft gerade.

e) Wenn es unbedingt erforderlich ist, anzugeben, ob eine Handlung oder ein Vorgang in der Gegenwart oder in der Zukunft liegen, oder ob sie bereits abgeschlossen sind, so werden diese Aspekte durch besondere Ausdrücke gekennzeichnet. Sie stehen unmittelbar vor dem (einfachen) Verb.

Akan bezeichnet das zukünftige Geschehen. (Es findet sich auch vor finalen Infinitiven, § 63 e.) (Daneben kann jedoch auch *nanti* „nachher" (§ 51 d) bzw. *hendak* „wünschen" in futurischer Funktion auftreten, z.B. *nanti saja datang* nachher komme ich = ich werde kommen; *saja hendak pergi* ich wünsche zu gehen = möchte gehen = ich werde gehen.)

Das Abgeschlossensein einer Handlung oder eines Vorganges kann durch *sudah* oder *telah* angegeben werden. *Sudah* (< Sskrt. *śuddha* rein, sauber sein), das selbständig auch in der Bedeutung „fertig, Schluß!" vorkommt (vgl. auch: *sudah itu?* und dann?), bringt etwa zum Ausdruck, daß die Handlung bereits abgeschlossen, perfekt ist, daß gewissermaßen der aus ihr resultierende Zustand eingetreten ist (Satz 10 c, 11). Daneben bezeichnet *sudah* jedoch auch, daß die Handlung angefangen hat. Es entspricht vorwiegend deutschem „bereits, schon".

Telah gibt meistens an, daß die Handlung in der (nahen oder fernen) Vergangenheit erfolgte bzw. in Angriff genommen wurde, oder daß ein Zustand schon seit langer Zeit besteht („resultativer Aspekt"), so z. B. in: *namanja telah masjur* sein Name ist (schon längst, seit langem) berühmt; *ia telah gila* er ist (schon seit langem) irre.

Im übrigen ergeben sich die Aspekte in der Regel bereits zur Genüge aus dem Zusammenhang der Rede oder aus Zeitadverbien (§ 51 d).

> Bemerkungen: 1. In bestimmten Ausdrücken bezeichnet *mau* „wollen" ein zukünftiges Geschehen, z. B. *hari mau hudjan* das Wetter will regnen = es wird regnen (im Sinne von: es sieht nach Regen aus).
> 2. *Habis* bedeutet „verbraucht, fertig sein".

> 10a. *saja datang* ich komme (= ich werde bestimmt kommen).
> 10b. *saja akan datang* ich werde kommen. 10c. *saja sudah datang* ich bin (bereits) angekommen (ich bin da). 10d. *saja telah datang* ich bin gekommen, kam. 11. *(si) Minah sudah pulang* (die) Minah ist (bereits, schon) heimgekehrt (befindet sich wieder zu Hause).
> 12. *saja telah habis makan* ich habe fertiggegessen.

f) Die in Abschn. e behandelten Ausdrücke finden sich in gleicher Funktion vor qualitativen Prädikaten.

> 13a. *dia akan sakit, kalau* ... er wird krank (sein), wenn ... 13b. *dia sudah sakit* er ist krank gewesen (d. h. jetzt ist er wieder genesen).
> 13c. *dia telah sakit* er war (zu irgendeiner Zeit) krank.

Übungssätze:

> 1. *anak² itu sedang mandi.* — 2. *ia sudah lari.* — 3. *baji ini lagi tidur.* — 4. *si Ali akan tiba.* — 5. *pohon itu akan rebah.* — 6. *buaja itu sudah timbul.* — 7. *ia telah sampai.* — 8. *bapanja* (sein Vater) *sudah tua.* — 9. *dia sudah kawin.* — 10. *saja sudah lupa.* — 11. *meréka itu akan pindah.* — 12. *hudjan akan djatuh.*

§ 8. Die Hervorhebung des Prädikats durch Voranstellung und durch *-lah*

a) Substantive, Qualitativa und einfache Verben als P. können dadurch hervorgehoben werden, daß man sie vor das Subjekt stellt.

(Die Hervorhebung wird durch gesperrten Druck gekennzeichnet.) Bei substantivischen Prädikaten macht man allerdings von dieser Art der Hervorhebung nicht sehr häufig Gebrauch. Zwischen dem vorangestellten P. und dem S. ist eine kurze Sprechpause hörbar, die ich hier durch einen / bezeichne. — (Die Voranstellung des P. ist z.T. jedoch auch syntaktisch bedingt (siehe die folgenden Paragraphen der Arbeit, vor allem § 47 l, § 61, § 63), oder sie dient der Belebung der Erzählung, ohne daß sie das P. besonders hervorhebt[1]).)

1. *surat kawat / itu* ein Draht-Brief = ein Telegramm ist jenes = das ist ein Telegramm. 2. *litjin / djalan ini* glatt ist dieser Weg = dieser Weg ist glatt. 3. *pulang anak² itu* es kehren heim jene Kinder = die Kinder kehren heim.

b) Wenn das vorangestellte P. noch die Hervorhebungssilbe *-lah* annimmt, so wird es stärker betont. Bei der Affigierung von *-lah* bleibt der Akzent meistens auf der Stammsilbe.

4. *menteri / lah tuan itu* ein Minister ist jener Herr = jener Herr ist ein Minister. 5. *saudagar / lah kami* Kaufleute sind wir (exkl.) = wir (exkl.) sind Kaufleute. 6. *tidur / lah ia* er schläft.

c) Eine schwache Hervorhebung wird dadurch erzielt, daß man die Stellung Subjekt—Prädikat beibehält und dem nachgestellten P. das Suffix *-lah* affigiert.

7. *peti itu tenggelam / lah* jene = die Kiste versank. 8. *orang itu pandai / lah* jener Mensch ist geschickt.

d) Wenn *akan, sudah* oder *telah* (§ 7 e) vor einem verbalen oder qualitativen Prädikat stehen, tritt *-lah* an das letztere.

9. *sudah pulanglah ia* bereits heimgekehrt ist er. 10. *sekarang telah siap / lah kain itu* jetzt ist der Stoff fertig.

Übungssätze:

1. si Ali / lah itu. — 2. pelajan / lah si Aman. — 3. hidup / lah ia. — 4. kuat / lah kuda ini. — 5. besar / lah rumah itu. — 6. kaja / lah orang² itu. — 7. buah² itu sudah luruh / lah. — 8. bésok ia akan datang / lah.

§ 9. Die Verneinung des Prädikats durch *bukan, tidak, tak (= ta'),* *ta'ada* und *tiada*

a) In der B.I. kann nur das Prädikat einer Aussage, niemals das Subjekt, verneint werden. Sofern das P. ein Substantiv oder ein Pronomen personale bzw. demonstrativum ist, pflegt *bukan* (literarisch *bukannja*) als Negationspartikel vor das P. zu treten.

[1] Siehe M. G. Emeis, Inleiding tot de Bahasa Indonésia, Les LXVII.

1. *obat bukan ratjun* Arznei ist kein Gift. 2. *Minah bukan guru*
Minah ist keine Lehrerin. 3. *air mata bukannja sendjata orang
kuat* (Wasser der Augen =) Tränen sind keine Waffen eines starken
Menschen.

b) Soll das negierte substantivische P. besonders hervorgehoben
werden, so tritt *-lah* (§ 8 b) meistens an das vor das S. gestellte *bukan*
(+ Substantiv).

4. *bukanlah saudagar dia* kein Kaufmann ist er = er ist k e i n
K a u f m a n n.

B e m e r k u n g: Bisweilen wird *-lah* jedoch an das negierte Prädikat
gefügt, z.B. *bukan hamba/lah jang akan pergi, melainkan orang itu*
nicht i c h bin es, der (*jang*) gehen wird, sondern (*melainkan*) jener
Mensch.

c) Qualitativa und Verben als P. werden in der Regel durch *tidak*,
vor allem in der Umgangssprache durch *tak* (= *ta'*) „nicht" negiert.
Die Negationspartikeln stehen fast ausnahmslos v o r dem Prädikat
(siehe Abschn. e).

5. *padi ini tidak tumbuh* diese Reispflanzen gedeihen nicht. 6. *si
Ali tak (= ta') berani* (der) Ali ist nicht tapfer.

Steht *tidak* ausnahmsweise hinter dem P., dann liegt vermutlich Beeinflussung durch das Niederländische vor.

7. *manis mukanja tidak, tapi ini tak begitu penting* lieblich war
ihr Gesicht (*mukanja*) nicht, aber (*tapi*) (dies =) das war nicht
so (*begitu*) wichtig.

d) Wenn *se-kali²* (= *sekali-kali*) oder *sama sekali* vor *tidak* treten,
so entsprechen *se-kali² tidak* oder *sama sekali tidak* unserem ver-
stärkenden „ganz und gar nicht".

8. *saja se-kali² tidak malas* ich bin ganz und gar nicht faul.

e) Die Hervorhebungspartikel *lah* (§ 8 b) tritt meistens an *tidak*,
nicht an das negierte Prädikat. Dann liegt der Nachdruck vor allem
auf der Negation.

9. *tidaklah tumbuh padi ini* diese Reispflanzen gedeihen n i c h t.
10. *tidaklah takut saja* ich bin n i c h t ängstlich.

Wenn der Nachdruck vor allem auf dem V e r b ruhen soll, dann wird
-lah von manchen Indonesiern an dieses gefügt.

11. *tidak sukalah saja* ich m ö c h t e (es) nicht.

Nur vereinzelt und zur besonderen Betonung der Negation wird *tidaklah*
durch ein Pron. personale vom Prädikat getrennt.

12. *tidaklah aku suka* ich möchte (es) n i c h t.

Wenn das P. durch *tak* (= *ta'*) verneint wird, so tritt *-lah* meistens
an das Prädikat, gelegentlich jedoch an *tak*.

13. *tak tahulah saja!* ich weiß (es) nicht! 14. *taklah takut saja (selama saja mempunjai pekerdjaan)* ich bin nicht ängstlich (, solange (*selama*) ich eine Beschäftigung (*pekerdjaan*) habe (*mempunjai* = besitze)).

f) Das Vorgangswort *ada* „vorhanden, anwesend, da sein" (§ 7 c) wird entweder durch *tidak* oder (vor allem in der Umgangssprache) durch *ta'* „nicht" verneint. Vereinzelt tritt auch *tiada*, literarisch *terada* für „nicht vorhanden, anwesend, da sein" auf.

15. *ajam² tidak ada = ta'ada = tiada (= terada)* Hühner sind nicht vorhanden = gibt es nicht.

Ta'ada bzw. *tiada* „nicht vorhanden sein" finden sich bisweilen auch als Negation statt *tidak, tak.* Dann ist die auf diese Ausdrücke folgende Aussage als Subjektssatz aufzufassen. Zum Teil ist die Verwendung von *ta'ada* aus dem gelegentlichen Gebrauch von *ada* (§ 6 c und § 7 d) zwischen Subjekt und qualitativem bzw. verbalem Prädikat in positiven Aussagen zu erklären.

16a. *tiadalah saja tahu* nicht ist vorhanden, (daß) ich (es) weiß = ich weiß (es) nicht. 16b. *saja tiada tahu* ich weiß (es) nicht. 17. *saja ta'ada takut* ich bin nicht ängstlich.

Bemerkung: Gelegentlich hat *ada* etwa die Bedeutung unseres „zwar, wohl", wenn ihm nämlich eine Gegenüberstellung mit *tidak* folgt, z.B. *beranak ada, berbapa tidak; berkepala ada, berbadan tidak* (daß es) Kinder hat, ist vorhanden, (daß es) einen Vater hat, nicht; (daß es) einen Kopf hat, ist vorhanden, (daß es) einen Körper hat, nicht = es hat zwar Kinder, aber keinen Vater; es hat zwar einen Kopf, aber keinen Körper. (Ein Rätsel; Auflösung: *tangga* die Treppe; *anak tangga* „Stufe, Sprosse" ist wörtl. „Kind der Treppe".)

g) Das bei substantivischen Prädikaten als Negation verwendete *bukan* (Abschn. a) wird bei qualitativen Prädikaten nur dann gebraucht, wenn es sich um eine starke Verneinung im Sinne unseres „keineswegs, keinesfalls" handelt. *Bukan* korrigiert dann meistens eine Frage oder Aussage entgegengesetzten Inhalts. Auch hier tritt *-lah* bei der Hervorhebung an *bukan.*

18. *murid itu bukan pintar, melainkan bodoh* jener = der Schüler ist keineswegs klug, sondern dumm. 19. *bukan/lah kaja saudagar ini* keineswegs reich ist dieser Kaufmann = dieser Kaufmann ist keineswegs reich.

Zur weiteren Verstärkung kann *tidak* „nicht; nein" an den Schluß der durch *bukan* verneinten Aussage treten.

20. *bukan saja bersedekah kepadanja, tidak* nicht (daß) ich (es) (an sie =) ihr (*kepadanja*) schenkte (*bersedekah*), nein = ich schenkte (es) ihr keinesfalls.

h) Doppelte Verneinung wirkt verstärkt bejahend.

21. *saja/pun bukan tidak pertjaja* ich meinerseits glaube (es) keineswegs nicht = ganz bestimmt. 22. *tak boléh tidak* (= *tak dapat tiada*) *kita pergi* nicht darf es, (daß) nicht (= nicht ist möglich, (daß) nicht) wir (inkl.) gehen = wir (inkl.) gehen ganz bestimmt, auf jeden Fall.

i) Aus Gründen der Höflichkeit wird *tidak* „nicht" bisweilen durch *kurang* „weniger" ersetzt. In einigen feststehenden Ausdrücken wird meistens *kurang* gebraucht, so z.B. bei *kurang adjar* weniger erzogen = ungezogen, unhöflich sein[1]); *kurang djadi* weniger = nicht zustandekommen (neben *tak djadi*); *kurang periksa* weniger = nicht untersucht haben (für: ich weiß (es) nicht); *kurang senonoh* (neben *tidak s.*) ungehörig.

23. *dia kurang berani* er ist weniger tapfer (d.h. er ist feige).

Bemerkungen: 1. Bisweilen hört man statt *saja tidak tahu* „ich weiß (es) nicht" nur: *tahu!* Es wird dann mit Längung des *a* der ersten Silbe gesprochen. Das ist jedoch nur in familiärer Sprache gebräuchlich. 2. *Ta' akan*, wo *akan* (§ 7 e) zum Ausdruck eines zukünftigen Geschehens dient, wird oft zu *ta'kan* kontrahiert.

Übungssätze:

1. anak² bukan kuli. — 2. pisau ini bukan badja. — 3. ia se-kali² tidak mau. — 4. ia tidak bangun. — 5. si Ali bukan miskin, melainkan (sondern) *kaja. — 6. bukanlah si Minah itu. — 7. saja ta' akan datang. — 8. kita ta'kan pergi. — 9. tak beranilah dia. — 10. bukan mudah pekerdjaan itu. — 11. tak dapat tiada ia akan marah. — 12. anak itu kurang adjar. — 13. ajah bukan saudagar. — 14. tak boléh tidak saja pindah. — 15. taklah tumbuh pohon ini.*

§ 10. Die Pronomina interrogativa

a) Ergänzungsfragen werden mit Pronomina interrogativa gebildet, die in der Regel als Prädikat am Satzbeginn stehen. *Apa* „was?" fragt nach Sachen, Tieren und Berufen; *siapa* „wer?" (< persönlichem Artikel *si* (§ 2a) + *apa* was?) fragt nach einem Nomen proprium (Eigennamen) bzw. nach einer Personenbezeichnung; *bagaimana* „wie (beschaffen)?" (< *bagai* Art, Weise + *mana* welche?) fragt nach der Beschaffenheit, nach der Qualität bzw. nach einem Hinweis (folgendermaßen, so wie gesagt, § 54d). An diese Pron. interr. kann die Fragepartikel *kah* (§ 11d) gefügt werden.

1a. apa(kah) itu? was ist jenes = das? *1b. burung elanglah itu* das ist ein Habicht(-Vogel). *2a. apa(kah) dia?* was ist er? *2b. gurulah dia* er ist Lehrer. *3a. siapa(kah) orang itu?* wer ist jener Mensch? *3b. si Ali* (der) Ali. *3c. si Alilah itu* das ist (der) Ali. *4. siapa(kah) nama/mu?* wer ist dein Name? = wie heißt

---

[1]) Dieser Ausdruck ist beleidigend.

du? = *apa namamu?* was ist dein Name? 5a. *bagaimana(kah) anggur?* wie ist Wein (beschaffen)? 5b. *manislah anggur* Wein ist süß. 6. *bagaimana(kah) tuan?* (wie sind Sie? =) wie geht es Ihnen?

b) Bisweilen findet sich statt *bagaimana* gleichwertiges *betapa* wie (beschaffen)? (Sprachvergleichend besteht es aus *bet*, das z.B. im Gajō in der Bedeutung „wie" (beim Vergleich) und im Tobabatak entsprechend den Lautgesetzen als *bot* in *bot/i* „so, also" vorkommt, und *apa* „was?".) Vereinzelt wird *manakan* verwendet im Sinne von „wie sollte?". *Manakan* ist eine Kontraktion von *mana* (statt *bagaimana*) und *kan* statt *akan*, das ein zukünftiges Geschehen bezeichnet (§ 7 e).

7. *betapa pikiran/mu?* wie sind deine Gedanken? = wie denkst du (darüber)? 8. *hai sahabat, manakan dapat demikian?* hallo, Freund, wie sollte (es) so *(demikian)* möglich sein?

c) *Apa* wird auch mit Possessivsuffixen bzw. pronominalen Attributen (§ 21) versehen, um nach einem Körperteil oder nach einem Verwandtschaftsverhältnis zu fragen.

9. *Jusnani, apa/mu sakit? kepala saja* Jusnani, (dein was =) welcher Körperteil von dir ist krank? mein Kopf. 10. *anak itu apa/mu?* jenes Kind ist dein was? = in welchem Verwandtschaftsverhältnis steht das Kind zu dir?

d) Die B.I. besitzt in *mengapa* „was tun?" ein besonderes Pron. interr., das nach einem Vorgang bzw. nach einer Tätigkeit fragt. Es ist mittels *me-* + Pränasalierung (§ 24) von *apa* „was?" abgeleitet.

11a. *mengapa(kah) si Ali?* was tut (der) Ali? 11b. *dia tidur* er schläft.

Mengapa(kah) hat auch die Bedeutung „warum?, weshalb?" (§ 63 c). Es kommt vor neben gleichbedeutendem *kenapa*, das kontrahiert ist aus *kena* „ge-, betroffen sein von" + *apa* „was?".

12. *mengapa = kenapa dia tidak datang?* weshalb kommt er nicht?

Bemerkung: *tidak mengapa = tidak apa* bedeutet „das hat nichts zu bedeuten; das tut nichts zur Sache"; *ada apa²nja* bedeutet: „es steckt etwas dahinter; das hat etwas zu bedeuten".

e) *Apa(kah)* kann auch appositionell hinter ein Substantiv treten. Es entspricht dann deutschem „was für ein?".

13a. *bunga apa(kah) itu?* was für eine Blume ist das? 13b. *bunga mawarlah itu* eine Rose(nblume) ist das.

f) Statt der Fragepartikel *-kah* (§ 11 d) wird bisweilen *-tah*, selten die Hervorhebungspartikel *-lah* (§ 8 b) an *apa* gefügt. Beide bringen eine gewisse Ungeduld zum Ausdruck.

14. *ja Allah, apatah salah saja?* o Gott, was ist denn mein Vergehen? 15. *apalah gunanja?* was ist denn sein Nutzen = der Nutzen davon?

g) Stets appositionell nachgestellt wird das Pron. interr. *mana* (selten *jang mana*). Es entspricht dann deutschem „welche(r, s)?", oder es fragt nach der Nationalität bzw. nach einem geographischen Eigennamen. Nur selten wird es wie nachgestelltes *apa* gebraucht.

16a. *selimut mana selimut tuan?* welche Decke ist Ihre Decke? 16b. *selimut ini (selimut saja)* diese Decke (ist meine Decke). 17. *djandji jang mana itu?* welches Versprechen ist das? 18a. *engkau ini orang mana?* du hier bist was für ein Landsmann? = was für ein Landsmann bist du hier? 18b. *aku orang Indonésia* ich bin ein Indonesier.

Bemerkung: Sehr selten steht *mana* für *dimana* „wo?" (§ 49d), z.B. *mana uang/nja?!* wo ist sein = das Geld?! (im Sinne von: gib das Geld her!).

h) Dem mit oder ohne *-kah* gebrauchten Pron. interr. wird bisweilen *gerangan* nachgestellt, um die Unsicherheit im Sinne unseres „wohl" zum Ausdruck zu bringen.

19. *apa(kah) gerangan itu?* was ist das wohl? 20. *sétan apakah gerangan itu?* was für ein Teufel mag das wohl sein? 21. *anak manakah gerangan ini?* welches Kind ist dies wohl?

i) Die Pron. interr. werden durch Iteration bzw. durch Voranstellung von *barang* unbestimmt im Sinne unseres „wer, was auch immer", „alles, was", u. zw.: *apa² (apa-apa)* = *barang apa* und *siapa-siapa* = *barang siapa*. Ebenso gebraucht werden *siapa djuga* „wer auch" und *apa djuga* „was auch".

Bemerkung: *Siapa²* wird bisweilen gebraucht, um anzudeuten, daß man nach mehreren Personen fragt, z.B. *siapa² musuh kami?* wer sind unsere (exkl.) Feinde?

Übungssätze:

1. *apa kata/nja?* (seine Worte) — 2. *siapa murid ini?* — 3. *bagaimana si Ali?* — 4. *mengapa anak itu tidak tidur?* — 5. *kenapa ia sakit?* — 6. *si Minah itu apa/mu* (*-mu* dein)? — 7. *burung apa(kah) itu?* — 8. *orang apa dia?* — 9. *rumah mana rumah/mu?* — 10. *orang mana tuan?* — 11. *kapal mana itu?* — 12. *apa² = barang apa kata/nja, saja tidak mau* (wollen) *turut.* — 13. *apa kabar?* — 14. *hari apa dia datang?* — 15. *kapal mana sudah karam?*

§ 11. Entscheidungsfragen

a) Entscheidungsfragen können durch die Satzmelodie zum Ausdruck gebracht werden. Bei ihnen steigt die Stimme aus der mittleren Stimmlage am Schluß an. Die Frage wird dann nur dadurch von der einfachen Aussage unterschieden, denn die Stellung der Redeteile ist in beiden dieselbe.

1. *anggur itu obat?* ist Wein eine Arznei?   2. *engkau sakit? = sakit engkau?* bist du krank?

b) Solchen Fragen wird auch *ada/kah* „ist vorhanden?" vorangestellt. Ihm folgt dann ein Subjektssatz ohne Konjunktion (§ 59 a). — -*Kah* ist Fragepartikel (Abschn. d), die ebenso wie -*lah* (§ 8 b) behandelt wird. Bei der Suffigierung von -*kah* bleibt der Akzent meistens auf der Stammsilbe des Grundwortes.

3. *adakah ajah tuan sakit?* ist vorhanden, (daß) Ihr Vater krank ist? = ist Ihr Vater krank?

Bemerkung: Wenn einem P. *akan, sudah* oder *telah* (§ 7 e) vorangeht, so tritt -*kah* an das P., z.B. *akan marah/kah dia?* wird er zornig sein?; *sudah mandi/kah engkau, Mat?* hast du schon gebadet, Amat?

c) Nach javanischem Vorbild (das Javanische hat *opo (apa* geschrieben) für „was?") wird vor allem in der Umgangssprache das in abgeschwächtem Sinne gebrauchte Pron. interr. *apa(kah)* „was?" vor die Entscheidungsfrage gestellt.

4. *apakah obat anggur itu?* ist jener = der Wein eine Arznei (*obat*)? 5. *apa dia ada dirumah?* ist er zu Hause (*dirumah*)?

d) Sehr oft wird die Fragepartikel -*kah* an das zur Hervorhebung vorangestellte P. gefügt. -*Kah* kann dem P. auch affigiert werden, wenn die Stellung der Redeteile Subjekt—Prädikat ist.

6. *datangkah bapak nanti?* kommt Vater nachher? = wirst du kommen? 7a. *ajah tuan sakitkah?* Ihr Vater ist krank? = ist Ihr Vater krank? 7b. *sakitkah ajah tuan?* ist Ihr Vater krank?

e) Wenn das P. einer Entscheidungsfrage negiert ist, so tritt -*kah* an die Negationspartikel.

8. *bukankah sauaagar tuan?* sind Sie kein Kaufmann? 9. *tidakkah énak makanan itu?* ist jenes Essen nicht wohlschmeckend? 10. *tiadakah datang Hang Tuah?* kommt Hang Tuah nicht?

f) Eine Aussage, in der das Prädikat dem Subjekt folgt, kann außer durch den Frageton (Abschn. a) zusätzlich durch nachgestelltes *bukan* zur Entscheidungsfrage gemacht werden. *Bukan* entspricht dann etwa deutschem „nicht wahr?"

11. *tuan saudagar, bukan?* Sie sind Kaufmann, nicht wahr? 12. *anggur énak, bukan?* Wein ist wohlschmeckend, nicht wahr?

Bemerkungen: 1. In der Umgangssprache wird statt *bukan* gerne *ja* an den Schluß der Frage gestellt, z.B. *saja tunggu, ja?* ich warte, ja? — Dadurch wird zum Ausdruck gebracht, daß man eine positive Antwort erwartet.

2. In der Umgangssprache wird auch das aus dem Niederländischen entlehnte *toh* „doch (sicherlich)" statt *bukan* nachgestellt, z.B. *ke-dua²nja manusia djuga toh?* alle beide (*ke-dua²nja*) sind doch (*toh*) auch (*djuga*) Menschen (*manusia*)?

g) Die Beantwortung einer Entscheidungsfrage kann folgendermaßen erfolgen:

1. Man antwortet mit „ja" oder „nein". *Saja*, in der Umgangssprache auch daraus verkürztes *ja*, entspricht unserem „ja". Der Höflichkeit halber setzt man oft *tuan* „Herr" etc. hinzu. Bei der negativen Antwort ist maßgebend, welche Wortart Prädikat ist: bei einem substantivischen P. wird *bukan* (§ 9 a), bei anderen Wortarten als P. wird *tidak* (§ 9 c) für „nein" gebraucht.

2. Bei positiver Antwort kann man das in Frage stehende P. im Aussageton wiederholen. Häufig wird ihm die Hervorhebungspartikel *-lah* (§ 8 b) affigiert.

3. Man wiederholt den ganzen Satz der Entscheidungsfrage im Aussageton.

13a. *djatikah kaju ini?* ist dieses Holz Teakholz? 13b. *saja = ja (, tuan)!* ja (,Herr)! 13c. *djatilah!* Teakholz! (d.h. ja!). 13d. *djatilah kaju itu!* Teakholz ist jenes Holz! = jenes Holz ist Teakholz! 14a. *(si) Alikah itu?* ist das (der) Ali? 14b. *saja = ja!* ja! 14c. *bukan!* (keiner! =) nein! 14d. *bukanlah si Ali itu!* das ist nicht (der) Ali! 15a. *ada(kah) orang?* sind Leute anwesend? 15b. *saja! = ja!* ja! 15c. *adalah (orang)!* (Menschen) sind anwesend! 15d. *tidak!* nein! 15e. *tidak ada! = ta' ada!* (sie) sind nicht anwesend! 15f. *tiadalah orang!* Menschen sind nicht anwesend! 16a. *bukankah musuh kamu?* seid ihr keine Feinde? 16b. *bukan!* keine! = nein!

h) Wenn das verbale P. der Entscheidungsfrage *sudah* „bereits, schon" (§ 7 e) vor sich hat, so wird „ja" wiedergegeben durch *sudah* bzw. durch *saja = ja*. Bei negativer Antwort muß *belum* „noch nicht!" gesagt werden.

17a. *tuan sudah makan?* haben Sie schon gegessen? 17b. *sudah!* (bereits! =) ja!, oder *saja = ja!* ja! 17c. *belum!* noch nicht! (= nein!).

Übungssätze:

1. malaskah murid itu? — 2. mahalkah oto itu? — 3. adakah engkau djatuh? — 4. apakah orang itu lari? — 5. njonja belum bangun? — belum! — sudah! — 6. ajam sekarang (jetzt) *murah, bukan? — 7. adakah pelajan? — 8. apakah kursi ini murah? — 9. ajahmu belum pergi? — 10. apakah tuan turut? — 11. engkau tidak marah, bukan?*

§ 12. Anruf, Aufforderung und deren Verneinung mit *djangan* sowie Ausruf

a) Einem **Anruf** stellt man gerne Interjektionen voran. Am gebräuchlichsten sind *hai* „hallo!, heda!" und *ja* „o!". *Hai* tritt im vertraulichen, familiären, und *ja* (vgl. arab. *ya* dgl.) im respektvollen Gespräch vor eine Personenbezeichnung oder vor ein Pron. pers.

1. *hai orang!* heda, Leute! 2. *hai engkau!* hallo, du! 3. *ja Allah!* o Gott!

b) Personennamen werden beim Anruf meistens verkürzt. So wird z.B. *Amat* zu *Mat, Sukiman* zu *Man, Dalipah* zu *Pah, Fatimah* zu *Tim, Kartini* zu *Tin.* Der Artikel *si* (§ 2a) fällt dann fort.

4. *marilah, Mat!* komm her, Amat!

c) Verwandtschaftsbezeichnungen, die vokalisch oder auf *k* auslauten, wird beim Anruf bisweilen *-ng* suffigiert, z.B. *bapang!* Vater! (zu *bapa, bapak*), *anang!* Kind! (zu *anak*).

d) Eine **Aufforderung** kann aus einem Qualitativ oder aus einem einfachen Verb (§ 7) bestehen. Wenn das Suffix *lah* (§ 8 b) angefügt wird, erfolgt eine gewisse Verstärkung der Aufforderung.

5. *lekas(lah)!* schnell! 6. *naik(lah)!* steige hinauf!

e) Eine Aufforderung kann dadurch präzisiert werden, daß man ihr die Person, an die sie sich richtet, nachstellt.

7. *lekas(lah), tuan!* schnell, Herr! 8. *mari(lah), engkau!* komm her, du!

f) Oft wird die Aufforderung in die Form einer **Bitte** gekleidet. Das geschieht durch Voranstellung von *baik(lah)* gut sein, *tjoba(lah)* versuche!, oder *silakan(lah)* bitte!, sei so gut! Dann nimmt das Verb nicht auch noch das Hervorhebungssuffix *lah* an. Auf *baik(lah)* bzw. *silakan(lah)* folgt oft ein ganzer Satz, der grammatisch an Stelle eines Wortes steht (§ 59).

9. *baiklah tuan datang!* gut wäre, (daß) Sie kommen! = kommen Sie bitte! 10. *tjoba(lah) masuk!* versuche, einzutreten! = bitte einzutreten! = bitte, tritt ein! 11. *silakan(lah) tuan duduk!* seien Sie so gut, Platz zu nehmen! = bitte nehmen Sie Platz!

Eine Bitte kann auch durch nachgestelltes *kiranja, apalah* bzw. *apalah kiranja* ausgedrückt werden.

12. *tuan naiklah kiranja!* steigen Sie doch hinauf! 13. *pergi apalah!* geh doch! 14. *pergi apalah kiranja!* geh denn doch!

Höflicher ist man, wenn man diese Ausdrücke mit Hilfsverben verbindet.

15. *djikalau dapat, mari apalah tuan!* wenn (*djikalau*) (es) möglich ist (*dapat*), kommen Sie doch her!

Einem sehr höflichen Wunsch entspricht die Voranstellung von *hendak/lah* „möge!" bzw. *hendaknja* „sein Wünschen = das Wünschen" und die gleichzeitige Nachstellung von *kiranja*.

16. *hendaknja ikutlah tuan kiranja!* möchten Sie doch folgen!

g) Durch vorangestelltes *mari(lah)* „komm her!" wird ein Propositiv zum Ausdruck gebracht. Er besagt, daß die Person, welche die Aufforderung ausspricht, die Handlung mitverrichten will.

17. *marilah kita kembali!* komm(t) her, wir (inkl.) kehren zurück! = laß(t) uns (inkl.) zurückkehren! 18. *mari kita pergi!* komm(t) her, wir (inkl.) gehen! = laß(t) uns (inkl.) gehen!

Solchen Aufforderungen wird bisweilen *sadja* „nur, doch" (§ 23 g) nachgestellt. Sie richten sich oft an eine andere Person, die dann allerdings ausdrücklich genannt wird.

19. *mari ikut sadja, tuan!* folgen Sie nur = doch, Herr!

h) Die Aufforderung wird verneint durch *djangan!* „unterlaß(t)!, nicht!". Es steht vor dem qualitativen oder verbalen Prädikat. *Djangan* kann die Hervorhebungssilbe *-lah* annehmen.

20. *djangan(lah) takut!* nicht ängstlich sein! = sei(d) nicht ängstlich! 21. *djangan(lah) masuk!* nicht eintreten! = tritt, tretet nicht ein!

Bemerkung: *Djangan* entspricht etymologisch Tagalog (Philippinen) *dangan* Rücksicht, Überlegung, *mag/dangan* etwas reiflich überlegen. Es hat demnach die Grundbedeutung: überlege es dir!

Die Person, an die sich das Verbot richtet, kann hinter *djangan(lah)* oder am Schluß der negierten Aufforderung genannt werden.

22a. *djangan(lah) engkau pergi!* geh du nicht! 22b. *djangan(lah) pergi, tuan!* nicht gehen, Herr! = gehen Sie nicht, Herr!

Ebenso wie die Aufforderung (Abschn. f) kann auch deren Verneinung in die Form eines Wunsches gekleidet werden. Dabei bedient man sich derselben Ausdrücke.

23a. *tuan djangan pergi kiranja!* möchten Sie nicht fortgehen! 23b. *hendaklah tuan djangan pergi!* dgl. 24. *djanganlah kiranja tuan berangkat!* brechen Sie doch nicht auf!

Bemerkung: Noch höflicher drückt man sich aus, wenn man statt *djangan* einen Subjektssatz (§ 59 a) zu *tak perlu* „nicht nötig sein" konstruiert, z.B. *tak perlu engkau datang kemari* (es ist) nicht nötig (= P.), (daß) du hierher (*kemari*) kommst (= Subjektssatz).

i) Doppelte Negation (*djangan tidak, djangan tiada*) wirkt auch hier (s. § 9 h) verstärkt bejahend im Sinne unseres „auf jeden Fall; bestimmt".

25. *djangan tidak engkau datang kemari!* nicht nicht du komme hierher! = komme auf jeden Fall hierher! 26. *djangan tiada singgah ke rumah si Taib!* nicht nicht kehre ein (nach =) bei dem Hause des Taib! = kehre auf jeden Fall in Taibs Haus = bei Taib ein!

j) Bei Ausrufen, aber auch zur Beteuerung einer Aussage, und bei Fragen fängt man den Satz gern mit einer Interjektion an. Einige der gebräuchlichsten sind den folgenden Beispielen zu entnehmen.

27. *aduh, sakit tangan / ku!* au, es schmerzt die Hand (*tangan*) von mir (-*ku*)! = au, meine Hand schmerzt! 28. *sajang, tidak ada buah!* bedauerlich (schade), es sind keine Früchte vorhanden! 29. *kasihan, orang itu sakit!* ach, jener Mensch ist krank! 30. *demi Allah, ʿadjaib hal itu!* bei Gott, jener Vorfall ist verwunderlich! 31. *tjih, Taib!* pfui, Taib!

Das in § 11 f erwähnte *bukan* wird bei Ausrufen zu *kan* verkürzt und dann im Sinne des deutschen „doch, natürlich" gebraucht. Es kann am Satzanfang oder im Satz (vor dem P.) stehen.

32. *kan itu tiang bendéra!* das ist doch ein Fahnenmast (*tiang bendéra*)! 33. *itu kan logis!* das ist doch logisch!

Gelegentlich wird die Silbe *a* des Pron. interr. *apa* „was" (§ 10 a) (in Verbindung mit *wah* „o") besonders lang gesprochen.

34. *wah, āpa itu?* o, was ist das?

k) Ein qualitatives Prädikat in einem deutschen Ausrufsatz wird in der B.I. substantivisch konstruiert, d.h. es wird mit dem Possessivsuffix *nja* (§ 20) versehen, zu dem das Substantiv (unser Subjekt) als Apposition tritt. Oft wird *alangkah* an den Anfang eines solchen Ausrufsatzes gestellt. *Alangkah* trägt die Fragepartikel -*kah* (§ 11 d); es bedeutet „ist gering, ist unbedeutend?", wird jedoch im Sinne unseres „wie (schön, groß, usw.)!" gebraucht.

35. *tjantiknja perempuan itu!* das Schönsein von ihr, jener Frau! = wie schön ist jene Frau! 36. *alangkah bagusnja hari sepagi ini!* wie schön ist das Wetter heute Morgen!

Übungssätze:

1. *hai, sahabat!* — 2. *baik tuan tunggu sebentar* (einen Augenblick)! — 3. *silakanlah masuk!* — 4. *njonja marilah kiranja!* — 5. *marilah kita turut!* — 6. *djanganlah lupa, Mat!* — 7. *mudah²an* (möge) *selamatlah tuan!* — 8. *djanganlah kiranja tuan masuk!* — 9. *alangkah djeléknja anak itu!* — 10. *djangan tiada engkau pergi!* — 11. *maʿafkanlah, tuan!* — 12. *baiklah kita makan dulu* (zuvor)! — 13. *hendaknja diam sebentar* (einen Augenblick)!

§ 13. Die substantivische Apposition

a) Berufsangaben oder Titel können durch nachgestellte Nomina propria appositionell erläutert werden. Der Artikel *si* (§ 2a) fehlt dann vor den Eigennamen.

1. *mandur Ali sakit* der Aufseher Ali ist krank. 2. *baguslah puteri Majang* Prinzessin Majang ist schön. 3. *duduklah, guru Osman!* setzen Sie sich, Lehrer Osman!

b) Geographische Eigennamen als Appositionen zu Substantiven wie *negeri* „Land", *kota* „Stadt" usw. werden ebenso wie Nomina propria behandelt.

4. *negeri Djérman djauh* das Land Deutschland ist weit fort.
5. *kepulauan Indonésia besar* der indonesische Archipel ist groß.

Bemerkung: Nach geographischen Eigennamen gibt *ini* (§ 4 a) an, daß sich der Sprecher am genannten Ort befindet, während *itu* anzeigt, daß er sich nicht dort befindet. *Ini* bezeichnet hier also die Ich-Nähe, *itu* die Ich-Ferne, z.B. *Djakarta ini ramai betul* Djakarta hier ist sehr (*betul*) belebt (*ramai*); *lihatlah sekarang negeri Singapura itu!* sieh jetzt (*sekarang*) die Stadt Singapur dort!

c) Ebenso werden Substantive anderen Substantiven unmittelbar als Apposition nachgestellt. Etwaige Pronomina demonstrativa treten dann hinter die substantivische Apposition. Die Suffixe *lah* (§ 8 b) und *kah* (§ 11 d) werden ebenfalls an diese gefügt.

6. *uang kertas ini tidak laku* dieses Papiergeld ist nicht gültig.
7a. *burung elangkah itu?* ist das ein Habicht(-Vogel)? 7b. *burung elanglah itu* das ist ein Habicht(-Vogel).

d) Zur Bezeichnung des natürlichen Geschlechts dienen bei Menschen nachgestelltes *perempuan* „Frau" und *laki*² „Mann", bei Tieren nachgestelltes *betina* „Weibchen" und *djantan* „Männchen".

8. *nénék perempuan sakit* Großmutter ist krank. 9. *sakitlah nénék laki*² Großvater ist krank. 10. *ajam betina itu tidak besar* jene Henne ist nicht groß. 11. *andjing djantan itu tidur* jener (männliche) Hund schläft.

Übungssätze:

1. pemuda Martono datang. — 2. babu Aminah mandi. — 3. pajung² sutera mahal. — 4. kapal Modjokerto sudah sampai. — 5. kota Djakarta besar. — 6. gunung Seméru tinggi. — 7. anak laki² itu kurus. — 8. kutjing betinakah itu? — 9. saja bukan orang Amérika, saja orang Inggeris. — 10. tas kulit ini bagus. — 11. hari ini menteri Subandrio tiba.

§ 14. Bestimmte Mengenangaben — Hilfszählwörter

a) Die Zahlen von 1 bis 20 lauten folgendermaßen:

satu (literarisch *suatu*) = *se-*	1	*sebelas*	11
dua	2	*dua belas*	12
tiga	3	*tiga belas*	13
empat	4	*empat belas*	14
lima	5	*lima belas*	15
enam	6	*enam belas*	16
tudjuh	7	*tudjuh belas*	17
delapan	8	*delapan belas*	18
sembilan	9	*sembilan belas*	19
sepuluh	10	*dua puluh*	20

Satu, das vermutlich auf *sa-watu „ein Stein" zurückgeht, selten *suatu*, wird nur beim Zählen innerhalb der Zahlenreihe (also: 1, 2, 3 etc.) gebraucht, oder wenn auf der Zahl ein gewisser Nachdruck ruht (Abschn. b, Satz 1). In allen anderen Fällen wird *satu* durch präfigiertes *se* ersetzt. — *Empat* und *enam* werden bisweilen *ampat* und *anam* gesprochen. — Die Zahlen von 11 bis 19 einschließlich werden mittels *belas* gebildet, das hinter die Kardinalia tritt; für 1 wird dann selbstverständlich *se-* gebraucht. — 10 wird durch *puluh* „Zehner" ausgedrückt, das die Kardinalia vor sich hat. — Für Null sagt man *nol*.

Daneben wird für Zahlen, die mit dem Einer 5 zusammengestellt sind (wie 25, 175 usw.), bisweilen eine Konstruktion mit *tengah* „Mitte, Hälfte" gebraucht. Die *tengah* folgende höhere Zahleinheit (Zehner, Hunderter usw.) ist dann als Ordinalzahl zu werten, deren letzter Zehner, Hunderter usw. zu halbieren ist. (Diese Ausdrucksweise kommt auch im Minangkabau vor.) So bedeutet z.B. *tengah dua puluh* „Hälfte des zweiten Zehners = (volle) zehn + (Hälfte des zweiten Zehners =) fünf = 15", *tengah lima ratus* „Hälfte des fünften Hunderters = (volle) vierhundert + (Hälfte des fünften Hunderters =) fünfzig = 450". Solche Zahlen sind jetzt ungebräuchlich.

Suatu ist bisweilen Äquivalent für unseren unbestimmten Artikel (siehe § 1b Bemerkung 3).

Die höheren Zahleinheiten sind: *ratus* Hunderter, *ribu* Tausender, *laksa* (< Sskrt. *lakṣa-* einhunderttausend) Zehntausender[1]), *keti* (< Sskrt. *koṭi-* zehn Millionen) Hunderttausender[1]), *djuta* = *juta* (vgl. Sskrt. *ayuta-* zehntausend, bzw. *niyuta-* eine sehr hohe Zahl, eine Million) Million und *milliar(d)* Milliarde. Davor treten die Grundzahlen; für 1 wird *se-* gebraucht. Für 10000 und 100000 sagt man in der Umgangssprache meistens *sepuluh ribu* und *seratus ribu*. Bei zusammengestellten Zahlen treten die niederen hinter die höheren, also die Einer hinter die Zehner (mit Ausnahme der Zahlen von 11 bis 19), die Zehner hinter die Hunderter, die Hunderter hinter die Tausender usw., z.B.:

---

[1]) Jetzt veraltet; statt derer: *sepuluh ribu* und *seratus ribu*.

dua puluh satu 21
dua puluh dua 22
dua puluh sembilan 29
tiga puluh 30
empat puluh enam 46
sembilan puluh delapan 98
seratus 100
dua ratus 200
dua ratus empat puluh lima 245
tiga ratus 300
sembilan ratus 900
seribu 1000
dua ribu 2000

tiga ribu 3000
sembilan ribu delapan ratus tiga
   puluh dua 9832
selaksa = sepuluh ribu 10000
dua laksa = dua puluh ribu 20000
   usw.
seketi = seratus ribu 100000
dua keti = dua ratus ribu 200000
   usw.
sedjuta 1 Million
enam djuta 6 Millionen usw.
semilliar(d) 1 Milliarde
dua milliar(d) 2 Milliarden usw.

1954 = seribu sembilan ratus lima puluh empat (eintausend neun-
hundert fünfzig vier). Jahreszahlen wie diese kann man (nach europäischem Vorbild) auch vereinfacht ausdrücken: sembilan belas lima
puluh empat (neunzehn fünfzig vier) oder: lima puluh empat = '54.

b) Die Kardinalia können als Erläuterung entweder vor oder hinter
das Substantiv treten. Sie werden vorangestellt, wenn die Zahlangabe
wichtiger ist; sie werden nachgestellt, wenn das Substantiv wichtiger
ist. In Verbindung mit Zahlen werden pluralische Substantive nicht
iteriert (§ 1 c).
1. satu rupiah sama dengan seratus sén eine Rupie ist gleich (mit)
einhundert Cent. 2a. sepikul beras ada ein Zentner Reis ist vorhanden. 2b. beras sepikul ada Reis, und zwar ein Zentner, ist
vorhanden.

c) Auf diese einfache Weise werden meistens nur Maße, Münzen,
Gewichte und Zeitabschnitte gezählt. Andere Vorstellungen zählt
man gerne mittels Hilfszählwörtern (Klassifikatoren), die wir durch
„Stück" bezeichnen, die wir jedoch häufig nicht gebrauchen. Bei ihnen
wird „eins" durch se- wiedergegeben. Zahl + Hilfszählwort stehen in
der Regel entweder vor (Satz 3 a und 4) oder hinter (Satz 3 b) dem
Substantiv; sie können jedoch auch selbständig auftreten (Satz 5). Das
klassische Malaiische kennt eine große Anzahl derartiger Ausdrücke,
deren Wahl sich nach der Form und Gestalt der gezählten Vorstellungen
richtet. Ihre Verwendung ist in der B.I. nach anfänglichem Abnehmen
offenbar wieder häufiger geworden. Am häufigsten trifft man an:

batang	Stamm (für Bäume, Pflanzen und längliche Dinge)
orang	Mensch (für Personen)
ékor = ékur	Schwanz (für Tiere)
buah	Frucht (für Früchte, große Dinge von fruchtähnlicher, aber auch von unbestimmter, plumper Form wie Häuser, Schiffe, Berge, Städte, Länder etc.; neuerdings auch für Abstrakta, z.B. sebuah nasihat ein Rat)

3a. *sampailah dua buah kapal* zwei (Stück) Schiffe sind angekommen. 3b. *sampailah kapal dua buah* dgl. (der Nachdruck liegt hier auf *kapal* „Schiff"). 4. *dua orang anak laki² sudah mati* zwei (Menschen) Knaben sind gestorben. 5. *lembu itu, dua belas ékor djumlahnja* jene Rinder, zwölf Schwänze ist ihre Anzahl = die Anzahl jener Rinder beträgt zwölf (Stück).

Bemerkung: Gelegentlich steht die Zahl + Hilfszählwort am Schluß des Satzes, z.B. bei: *anak ajam itu hilang seékor* jene (Hühner-Kinder *anak ajam* =) Kücken, verschwunden ist ein Schwanz = von jenen Kücken ist eines verschwunden. — Hier steht die substantivische Vorstellung im Verhältnis eines Genitivus partitivus zu Zahl + Hilfszählwort (siehe auch § 17d).

Außer den vorstehend angeführten trifft man noch folgende Hilfszählwörter an:

bentuk	Biegung, Krümmung (für Ringe und ringförmige Dinge): *sebentuk tjintjin emas* ein goldener Ring;
butir	Korn (für kleine, runde Dinge): *sebutir telur* ein Ei;
helai	Blatt (für dünne Gegenstände wie Papier, Stoff, Bretter): *dua helai kertas* zwei Blatt Papier; *sehelai rambut* ein Haar;
kaki	Fuß (für Schirme): *pajung dua kaki* zwei Schirme;
putjuk	Sproß, Trieb (für Briefe und lange Waffen): *seputjuk bedil* ein Gewehr; *tiga putjuk surat* drei Briefe.

Bemerkung: Wenn Oberbegriff und Hilfszählwort gleichlauten, d.h. wenn sie mit einem gemeinsamen Ausdruck wiedergegeben werden, dann wird dieser Ausdruck meistens nur einmal gebraucht, z.B. *seorang Djérman* ein Deutscher; *sebuah nenas* eine Ananas-Frucht. — Daneben kommt jedoch auch vor, daß *orang* „Mensch" doppelt gesetzt wird, z.B. *seorang orang Indonésia* ein Indonesier.

d) Nach einer Mengenangabe fragt *berapa(kah)* „wieviel(e)?". Es ist mit dem Zustandspräfix *ber* (§ 29) von *apa* „was?" abgeleitet. *Berapa* wird gerne mit dem Hilfszählwort *orang* „Mensch" (bei Personen) bzw. mit *banjaknja* „die Menge davon" gebraucht.

6. *berapa(kah) orang serdadu sudah mati?* wieviele (Menschen u. zw.) Soldaten sind gestorben? 7. *berapa banjaknja serdadu itu?* wieviel war die Menge von ihnen, den Soldaten? = wieviele Soldaten waren es?

e) *Sekian* entspricht deutschem „soviel" (Hinweis auf eine Mengenangabe).

8. *ini sekian, itu sekian* dies ist soviel, jenes ist soviel.

f) Durch die Nebeneinanderstellung von Kardinalia, die in der Zahlenreihe unmittelbar aufeinanderfolgen, werden sie ungenau im Sinne unseres „bis; oder". Nur „1 bis 2, 1 oder 2" wird besonders ausgedrückt, da sich *se-* „eins" an ein Substantiv anlehnen muß (Satz 12/13). Vor den höheren Zahleinheiten (Zehnern, Hundertern usw.) wird nur die Grundzahl (Einer) so behandelt (Satz 10). Hilfszählwörter stehen ebenfalls nur hinter dem letzten der beiden Einer (Satz 13).

   9. *sembilan sepuluh orang ada* neun bis = oder zehn Personen sind anwesend. 10. *tiga empat ratus rupiah tjukup* drei bis = oder vierhundert Rupien genügen. 11. *dua tiga buah kapal* zwei bis = oder drei (Stück) Schiffe. 12. *dalam sehari-dua sampailah kita* innerhalb von 1 bis 2 Tagen kommen wir (inkl.) an. 13. *satu dua ékor kerbau* 1 bis = oder 2 (Stück) Büffel.

g) Zahlangaben können auch ungenau gemacht werden durch vorangestelltes *kira²* „etwa, ungefähr", *kurang lebih* = *lebih kurang* „weniger mehr = mehr weniger = etwa" bzw. durch *barang* „etwa, ungefähr".

   14. *kira²* = *kurang lebih* = *barang seribu rupiah tjukup* etwa eintausend Rupien genügen. 15. *barang sedjengkal* etwa eine Spanne.

Übungssätze:

   1. tiga radja itu sudah sampai. — 2. enam tahun sudah lalu. — 3. ada ajam betina dua belas ékor. — 4. turutlah seorang anak laki². — 5. dua buah kapal itu belum sampai. — 6. seribu delapan ratus tudjuh puluh tiga. — 7. enam ratus empat puluh dua. — 8. harganja berapa? — 9. berapa wangmu (-mu dein)? — 10. seékor kerbau betina mati. — 11. empat orang mahasiswa tidak lulus udjian.

§ 15. Rechnen

a) Indonesier rechnen nach europäischem Vorbild. Dabei wird „und = plus" wiedergegeben durch *tambah* „vermehre!" bzw. *ditambah* „wird vermehrt", „weniger = minus" durch *kurang* „weniger (sein)" bzw. *dikurangi* „vermindert werden", „Mal" durch *kali* und „geteilt = dividiert" durch *dibagi* „geteilt werden". „Ist gleich" wird entweder in allen Fällen durch *sama dengan* „gleich mit", oder bei der Addition und Multiplikation auch durch *djadi* „wird" bzw. *dapat* „erhält, erlangt" und bei der Subtraktion auch durch *tinggal* „bleibt" wiedergegeben.

   1. *satu (di)tambah dua sama dengan (= djadi) tiga* eins vermehre (vermehrt) um zwei ist gleich mit (= wird) drei = $1 + 2 = 3$. 2. *delapan kurang (= dikurangi) tiga sama dengan (= tinggal) lima* acht weniger (= vermindert um) drei ist gleich mit (= bleibt) fünf = $8 - 3 = 5$. 3. *empat kali lima sama dengan (= dapat = djadi) dua puluh* vier Mal fünf ist gleich mit (= erhält = wird) zwanzig = $4 \times 5 = 20$. 4. *dua belas dibagi tiga sama dengan (= dapat) empat* zwölf geteilt durch drei ist gleich mit (= erhält) vier = $12 : 3 = 4$.

b) B r ü c h e werden ebenfalls nach europäischem Muster gebildet. Dabei tritt *per* als Präfix vor den Nenner. Ursprünglich kannte man nur *setengah* bzw. *separuh* (oder *separo*, aus dem Javanischen entlehnt) für ½, ferner noch *sesuku* (neben *seperempat*) für ¼, das z.B. auf Java noch lange Zeit der Name für einen halben Gulden (d.i. ¼ Real) war. Neuerdings wird für ½ auch *seperdua* gebraucht, das nach Analogie zu den anderen Brüchen gebildet ist.

sepertiga ⅓, *dua pertiga* ⅔; *sepuluh perempat* $^{10}/_4$; *tiga perseratus* $^3/_{100}$ usw.

B e m e r k u n g : In früherer Zeit behalf man sich mit umständlichen Umschreibungen, wie z.B. *tiga bagi djiwanja sudah hilang* drei Teile = ¾ seiner Seele war verloren (d.h. er war dreiviertel tot); *dalam tiga dua bagi* in = von dreien zwei Teile = ⅔. — Sie wurden also mit *bagi* (literarisch *bahagi*) „Teil" gebildet. Wenn die Zahl nach *bagi* fehlt, ist die nächst höhere Zahl im Deutschen als Nenner zu ergänzen.

c) Die Wiedergabe der P r o z e n t u a l r e c h n u n g ist folgenden Beispielen zu entnehmen.

5. *bunga wang itu dalam seratus dua puluh* die Zinsen (*bunga wang*) sind in (*dalam*) einhundert zwanzig = die Zinsen betragen 20%.
6. *untungnja sepuluh dalam seratus* sein (*-nja*) Gewinn (*untung*) war zehn in (*dalam*) einhundert = sein Gewinn betrug 10% = *untungnja sepuluh persén*.

Ü b u n g s s ä t z e :

1. *enam (di)tambah tudjuh sama dengan tiga belas.* — 2. *sembilan puluh empat kurang delapan belas tinggal = sama dengan tudjuh puluh enam.* — 3. *dua puluh satu kali sembilan sama dengan seratus delapan puluh sembilan.* — 4. *delapan puluh empat dibagi empat sama dengan dua puluh satu.*

§ 16. Abgeleitete Zahlwörter

a) Z a h l a d v e r b i e n werden gebildet, indem *ke-* vor und bisweilen das Possessivsuffix *nja* hinter die Kardinalia ab „zwei" gefügt werden. Für „erstens" sagt man *pertama* (< Sskrt. *prathama-* erster) (neben *kesatu*), für „allererstens" *pertama-tama* (= *per-tama²*).

1. *kesalahannja dua: pertama ia lari sadja, kedua(nja) ia berdjusta* seine Vergehen sind zwei: erstens lief er grundlos (*sadja*) fort; zweitens log er.

b) Wenn die Zahladverbien *jang* (§ 18 a) vor sich haben, werden sie O r d i n a l i a . Dann nehmen sie jedoch nie das Possessivsuffix *nja* (Abschn. a) hinter sich, z.B. *jang pertama* der erste, *jang kedua* der zweite, *jang keseratus* der hundertste. Für „der letzte" gebraucht man *(jang) penghabisan*. Die Ordinalia treten appositionell hinter ein Substantiv (Satz 2); sie können jedoch auch selbständig gebraucht werden (Satz 3).

2. *hari Sabtu jaitu hari jang ketudjuh* Sonnabend, das ist der siebente Tag. 3. *jang pertama itu bagus, jang kedua itu buruk* das erste ist schön, das zweite ist häßlich.

Bemerkung: Bisweilen wird *jang* fortgelassen, z.B. *systéém kedua* das zweite System.

c) *Ke-* + Kardinalzahl bildet auch kollektive Zahlen, z.B. *kedua* beide, *ketiga* alle drei. Sie stehen vor dem Substantiv.
4. *kedua anak itu sakit* jene beiden Kinder sind krank.

Sofern sie sich auf eine bekannte Vorstellung beziehen, nehmen die Kollektivzahlen gerne das Possessivsuffix *nja* an. Sie stehen dann hinter dem Substantiv und gegebenenfalls dem Demonstrativpronomen, oder sie werden selbständig gebraucht.
5. *belilah ajam itu kelimanja!* kaufe die Hühner alle fünf (davon)!
6. *kelihatanlah perahu empat buah, keempatnja berlajar kepulau itu* vier (Stück) Boote (*perahu*) waren sichtbar (*kelihatan/lah*), alle vier segelten (*berlajar*) nach (*ke-*) der Insel.

Bisweilen wird die Kardinalzahl zwischen *ke-* und *-nja* iteriert.
7. *kelima-limanja masuk gua* alle fünf betraten die Grotte.

d) Zahlen mit *ke-* werden in der Klassischen Literatur auch anderweitig gebraucht. Diese Verwendung ergibt sich aus der kollektiven Funktion von *ke-*.
8. *radja itu ketiga anaknja berangkat* der Fürst (etwa: eine Dreiheit mit seinen Kindern bildend =) mit seinen beiden Kindern brach auf. 9. *si Ali ketiga beranak datang* Ali (etwa: eine Dreizahl bildend, Kinder habend =) mit zwei Kindern = mit Frau und Kind kommt.

e) Multiplikativa werden mit *kali* „Mal" gebildet. Davor treten die Kardinalzahlen (oder unbestimmte Mengenangaben). Literarisch wird *ganda* bzw. *lipat* „Falte" statt *kali* verwendet. Von ihnen können Ordinalia gebildet werden. „Zum …ten Mal" wird entweder wiedergegeben durch *kali* + nachgestellte Ordinalzahl (Satz 11 a) oder durch *untuk ke-* + Kardinalzahl + *kalinja* (Satz 11 b). *Jang keberapa kali* bedeutet „das wievielte Mal?", *untuk kesekian kalinja* „zum soundsovielten Mal" (zu *sekian* siehe § 14 e).
10. *dua kali ia datang kemari* zweimal kam er hierher (*kemari*).
11a. *kali jang kedua ia datang kemari* das zweite Mal = zum zweiten Male kam er hierher. 11b. *untuk kedua kalinja ia pulang* zum zweiten Mal kehrte er heim. 12. *beberapa kali (kerap kali, atjap kali) anak itu djatuh* einige Male (oftmals) fiel jenes Kind. 13. *upahmu bulan ini dua lipat* dein (*-mu*) Lohn ist diesen Monat (zwiefältig =) zweifach.

Bemerkung: Nachgestelltes *sekali* „einmal" hat häufig die Bedeutung „zugleich, auf einmal", nach Qualitativa bedeutet es „sehr", z.B. *singgah ditoko Po Sén sekali!* kehre zugleich ein im Laden (*ditoko*) des Po Sen!; *selosin sekali* ein Dutzend auf einmal; *ia kaja sekali* er ist sehr reich.

Gelegentlich wird *kali* mit *lipat* bzw. mit *ganda* kombiniert.

14. *keberanian meréka ada dua kali lipat* ihr (*meréka*) Mut (*keberanian*) war zweifach. 15. *tiga kali ganda banjaknja* dreifach war ihre (*-nja*) Anzahl (*banjak*).

f) Das Zahlwort *se-* entspricht auch deutschem „ganz", so z. B. bei:

16. *hudjanlah sehari ini* es regnet diesen einen = ganzen Tag.
17. *hudjanlah sepandjang hari* es regnet (ein Langsein *(se/pandjang)* des Tages =) den ganzen Tag lang.

Bemerkung: Mit *se-* werden auch Dinge oder Lebewesen in ihren Eigenschaften gleichgesetzt (§ 55 a).

g) Durch Wiederholung von *se-* bzw. von *se-* + Substantiv entstehen distributive Zahlwörter.

18. *seseorang anak boléh masuk* ein einzelnes Kind darf (*boléh*) eintreten. 19. *sehari sehari ia datang* Tag für Tag = täglich kommt er.

Häufig wird zwischen das iterierte *se-* + Substantiv *demi* gestellt.

20. *berdjalanlah ia selangkah selangkah* = *selangkah demi selangkah* er ging Schritt für Schritt.

Bemerkung: Zahlen mit dem Präfix *ber* sind in § 29 e behandelt.

h) *Diri* „Person, das Selbst", das mit oder ohne pron. Attr. gebraucht werden kann, nimmt die Bedeutung „allein" an, wenn es hinter *seorang* „ein Mensch" tritt.

21. *aku (= saja) duduk disini seorang diri(ku) (= diri saja)* ich wohne hier (*disini*) (ein Mensch meine Person =) allein.

Übungssätze:

1. buku jang pertama sudah tamat, buku jang kedua belum. — 2. hari ini hari penghabisan tahun. — 3. inilah élémén jang keempat. — 4. ke-dua²nja (= kedua-duanja) idéalis(t). — 5. abad kesembilan belas. — 6. sekarang tibalah pekerdjaan (Arbeit) *jang ketiga. — 7. surat kabar itu terbit dua kali dalam* (an) *sehari. — 8. ia atjap kali datang. — 9. rumahnja rumah jang pertama. — 10. ketiga orang itu akan datang. — 11. orang bubar seorang demi seorang. — 12. hari jang pertama hudjan, hari jang kedua terang. — 13. ia datang sekali sebulan. — 14. inilah anak jang kelima.*

§ 17. Unbestimmte Mengenangaben

a) Die unbestimmten Mengenangaben *banjak* viel(e); *sedikit* ein wenig, wenige; *beberapa* einige; *tiap² = setiap = saban* jede(r); *pelbagai* allerlei, verschiedene; und *setengah* „(eine Hälfte =) zum Teil, ein

Teil" stehen vor dem Substantiv. (*Beberapa* „einige" ist reduplizierte Form von *berapa* „wieviele?".)

1. *banjak musuh datang* viele Feinde kommen. 2. *adalah sedikit wang* es ist ein wenig Geld v o r h a n d e n. 3. *tiap*[2] = *saban hari ia datang* jeden Tag kommt er. 4. *setengah orang itu pergi* (eine Hälfte jener Leute =) ein Teil der Leute ging fort = zum Teil gingen die Leute fort.

Sedikit „ein wenig" kann allerdings auch hinter dem Substantiv stehen.

5. *dengan uang sedikit saja puaslah* mit (*dengan*) ein wenig Geld bin ich zufrieden.

B e m e r k u n g: *Banjak orang* bedeutet „viele Menschen", aber *orang banjak* „die Masse, das Volk".

b) *Banjak* und *sedikit* kommen in der Bedeutung „viel, zahlreich sein" und „(ein) wenig, wenige sein" auch selbständig als Prädikat vor.
6a. *uangnja banjak* sein (-*nja*) Geld ist viel = er hat viel Geld.
6b. *banjaklah uangnja* sein Geld ist v i e l = er hat v i e l Geld.
7. *sedikitlah monjét disini* wenige sind die Affen hier (*disini*).

c) „Der, die, das ganze" wird durch *seluruh* wiedergegeben.
8. *tidak seluruh pelat kena sinar* nicht die ganze Platte wird (getroffen von (*kena*) Strahlen =) belichtet.

B e m e r k u n g: Bisweilen findet sich auch *segenap* in gleicher Bedeutung, z.B. *segenap mukanja biru-lebam* sein ganzes Gesicht war blau (und) bunt.

d) „Alle" wird wiedergegeben durch *segala* (< Tamil *çagala* < Sskrt. *sakala* vollständig, ganz, alle), *semua(nja)* (vgl. Sskrt. *samūha-* Menge) oder *sekalian(nja)*[1]). *Segala* und *sekalian* stehen vor, *semuanja* und *sekaliannja* stehen entweder vor oder hinter dem Substantiv, das bisweilen iteriert wird, um die Mehrzahl anzuzeigen. (*Segalanja, segalagalanja* und *segala sesuatu* kommen selbständig vor für „alle(s)".)
9. *segala kambing itu sakit* alle jene Ziegen sind krank. 10. *sekalian murid bangun* alle Schüler standen auf. 11a. *semua(nja) kota itu ramai* alle jene Städte sind belebt. 11b. *kota*[2] *itu ramai semuanja* jene Städte sind alle belebt. 12. *djembatan*[2] *sekaliannja lengkap* die Brücken waren alle fertig.

Wenn die substantivische Vorstellung im Verhältnis eines Genitivus partitivus zu der unbestimmten Mengenangabe steht, pflegt das Substantiv (evtl. mit weiteren Erläuterungen) voranzustehen. Dann folgt die unbestimmte Mengenangabe. (Vgl. § 14 c Bemerkung und § 18 h.)
13. *penduduk kampung itu banjak jang lari* jene Dorfbewohner (*penduduk kampung*), viele waren es, die (*jang*) flohen = viele von den Dorfbewohnern flohen. 14. *pegawai paberik sebahagian besar tak datang* das Fabrik-Personal (*pegawai*), ein großer Teil kam nicht = ein großer Teil des Fabrikpersonals kam nicht.

---

[1]) Vgl. Sskrt. *sakalī,* das in Komposita steht für *sa-kala* ganz, alle.

e) *Masing*[2] (voran- oder nachgestellt bzw. selbständig gebraucht) und *saban* (vor Zeitangaben) entsprechen deutschem „(ein) jeder".

15 a *masing*[2] *(orang) dapat tempat jang baik* ein jeder (Mensch) erhielt einen guten Platz.   15 b. *saban minggu ia datang* jede Woche kommt er.

f) Negiertes *siapa* „wer?" bzw. *apa* „was?" entspricht deutschem „niemand" bzw. „nichts". Werden *siapa* und *apa* dabei iteriert, so wirkt die Lautwiederholung verstärkend im Sinne unseres „überhaupt niemand" und „überhaupt nichts". Das gilt auch für *barang siapa* = *siapa/pun* „wer auch" bzw. *barang apa* (§ 10 i).

16 a. *tiada siapa(pun) disini* nicht ist anwesend wer (auch) hier *(disini)* = hier ist niemand anwesend. 16 b. *tiada siapa*[2] = *tiada barang siapa disini* nicht ist anwesend irgendwer hier = hier ist überhaupt niemand anwesend.

Bemerkungen: 1. Für „niemand" kommt auch vor: *seorang(pun) tiada* „ein Mensch (auch) ist nicht vorhanden = es gibt (auch) niemanden", für „nichts": *satupun* = *suatupun tiada* „eines auch ist nicht vorhanden", und für „durchaus nichts": *tiada sesuatu apapun* „nicht ist vorhanden irgendein was auch".
2. Für „irgend jemand" wird auch *seseorang*, *salah seorang* oder *barang seorang* = *se(m)barang orang* = *orang sembarangan* gebraucht. Letzteres wirkt jedoch herabsetzend.

Übungssätze:

1. saja makan sedikit. — 2. anaknja banjak. — 3. banjak orang lari. — 4. orang banjak tidak tahu. — 5. segala murid mandi. — 6. djalan[2] *itu kotor semuanja. — 7. setiap orang mesti duduk. — 8. saban hari ia marah. — 9. tidak sembarang perempuan dapat djadi pendéta. — 10. sepi seluruh alam. — 11. sembarang orang tahu. — 12. setiap anak wadjib beladjar* (lernen).

§ 18. Qualitativa und einfache Verben als Apposition — Der Gebrauch von *jang*

a) Qualitativa als Apposition werden oft mit *jang* hinter ein Substantiv gestellt. Es ist im Grunde ein Artikel (§ 2 d). *Jang* substantiviert das Qualitativ. Es entspricht dann etwa unserem Relativpronomen, ohne daß man es diesem jedoch gleichsetzen kann. *Jang* determiniert aber auch das Substantiv, d.h. es stellt das Substantiv auf Grund der ihm zugeschriebenen Qualität allen anderen gleichartigen Vorstellungen eindeutig gegenüber.
In der Umgangssprache, aber auch in der Schriftsprache, läßt man *jang* häufig fort (Satz 1 b). Die Determinierung ist dann nicht so stark wie bei der Verwendung von *jang*.

1 a. *bunga*[2] *jang mérah bagus* Blumen, die roten, sind schön = Blumen, die rot sind, sind schön = rote Blumen sind schön.

1 b. *bunga² mérah bagus* rote Blumen sind schön. 2. *harimau itu binatang jang ganas* der Tiger ist ein bösartiges Tier.

Bemerkung: Bisweilen wird das mit *jang* angegliederte Qualitativ iteriert, um anzudeuten, daß das erläuterte Substantiv als Mehrzahl aufzufassen ist, z.B. *buah jang masak²* reife Früchte.

b) Bei einigen viel gebrauchten Ausdrücken wird niemals *jang* gebraucht, so z.B. bei *orang besar* Reichsgroßer, Angesehener; *tuan besar* hoher Herr (*tuan² besar* hohe Herren); *hari besar* Festtag; *kamar ketjil* W.C.; *orang tua* Eltern.
Zwischen Wortgruppen mit und solchen ohne *jang* besteht z.T. ein Bedeutungsunterschied, so bei: *radja jang muda* ein junger Fürst, *radja muda* Jung- = Unterkönig; *sidang jang ramai* lebhafte Versammlung, *sidang ramai* Publikum.

c) Pronomina demonstrativa (§ 4) treten hinter die qualitative Apposition.

3. *atap (jang) tiris itu lama* jenes = das lecke Dach ist alt. 4. *kain (jang) lama ini kotor* dieser alte Stoff ist schmutzig.

d) Die Suffixe *lah* (§ 8 b) und *kah* (§ 11 d) werden an das appositionell nachgestellte Qualitativ gefügt.

5. *bunga² (jang) baguslah itu* schöne Blumen sind jene = das sind schöne Blumen. 6. *kain (jang) lamakah itu?* ist das alter Stoff?

e) Die qualitative Apposition tritt hinter eine substantivische Apposition.

7. *ta'adalah anggur Perantjis jang mahal* teurer französischer Wein ist nicht vorhanden.

f) Einfache Verben (§ 7) werden als Apposition wie Qualitativa behandelt.

8. *orang (jang) datang itu si Ali* der Mensch, der Kommende jener, ist (der) Ali = jener kommende Mensch ist Ali. 9. *mudakah perempuan jang lari itu?* war jene fortgelaufene Frau jung?

g) Die substantivierende Funktion von *jang* kommt dann deutlich zum Ausdruck, wenn ein Qualitativ oder ein einfaches Verb in der B.I. als nach- oder vorangestelltes (Satz 11) Subjekt auftreten. Sie haben in der Regel *jang* vor sich. Das ist stets dann der Fall, wenn wir im Deutschen das Subjekt zu einem Qualitativ oder einfachen Verb, die bei uns Prädikat sind, betonen. Nach Pron. interrogativa, die in der B.I. Prädikat sind, steht *jang* häufig (Satz 11 und 13).

10. *(si) Alikah* (= P.) *jang berani itu* (= S.)? ist (der) Ali jener Mutige? = ist es Ali, der mutig ist? = ist Ali mutig? 11 a. *siapakah*

(= P.) *jang sakit ini* (= S.)*?* wer ist dieser Kranke? 11 b. *jang sakit itu* (S.) *(si) Ali* (P.) jener = der Kranke ist Ali. 12. *ialah* (= P.) *jang djatuh* (= S.), *bukan saja* er war der Fallende = er war es, der fiel, nicht ich. 13. *siapa(kah)* (= P.) *jang pergi* (= S.)*?* wer ist der Gehende? = wer geht?

Bemerkung: Bisweilen wird in solchen Fällen *siapa* wer? (wenn es sich um Personen handelt) oder *apa* was? (wenn es sich um Dinge handelt) vor *jang* gestellt, z.B. *siapa jang masuk akan dibunuh* wer (*siapa jang*) eintritt, wird getötet (*dibunuh*) werden.

Bei Tatsachenfragen läßt man *jang* in der Umgangssprache jedoch gerne fort. Allerdings pflegt dann kein Demonstrativ hinter dem Qualitativ bzw. einfachen Verb zu stehen.

14. *siapa takut?* wer ist ängstlich? 15. *siapa pergi?* wer geht?

Bemerkungen: 1. *Jang* steht niemals, wenn ein Qualitativ oder ein einfaches Verb Prädikat ist (§§ 6 und 7).
2. Vereinzelt wird statt *jang* das aus dem Minangkabau entlehnte *nan* verwendet, z.B. *mata nan hitam* schwarze Augen (statt: *mata jang hitam*).
3. Sehr selten wird das Pron. interr. *siapa* „wer?" (§ 10 a) statt *jang* gebraucht, z.B. *siapa berani, siapa diatas* wer tapfer war, der war oben (*diatas*).

h) *Jang* ist dann obligatorisch, wenn eine unbestimmte Mengenangabe (§ 17) Prädikat ist, zu der ein voranstehendes Substantiv im Verhältnis eines Genitivus partitivus steht. (Vgl. § 14 c Bemerkung und § 17 d.)

16. *penumpang²pun, banjaklah jang menangis* die Passagiere (*penumpang*) ihrerseits (*pun*), zahlreich (*banjaklah*) waren die Weinenden (*jang menangis*) = unter den Passagieren waren viele, welche weinten.

i) Wenn ein am Satzbeginn stehendes substantivisches Subjekt mehrere Appositionen bei sich hat, so wird es gerne durch *ia/lah* „das ist, das heißt" (§ 3 b) wieder aufgenommen.

17. *musuh jang lain, jang didatangkan orang ke-Australi seperti kelintji itu, ialah sematjam batang lidah buaja* ein anderer Feind, den man (ebenso) wie (*seperti*) das Kaninchen (*kelintji*) nach (*ke*) Australien gebracht (*didatangkan*) hat, das war eine Art Aloe (*lidah buaja*).

Übungssätze:
1. *papan jang lapuk tidak laku.* — 2. *orang sakit itu tidur.* — 3. *anak jang djatuh itu sudah mati.* — 4. *ajah tuankah jang sakit?* — 5. *si Alikah jang radjin?* — 6. *wajang suluh ini wajang baru.* — 7. *anak nakal ini melémpar* (werfen) *andjing kurus itu.* — 8. *tulikah orang jang buta itu?* — 9. *anak inikah jang radjin?* — 10. *minggu jang lalu ia sudah mati.*

§ 19. Das substantivische Attribut

a) Bei attributiven (genitivischen) Zusammenstellungen folgt das Rektum (r.) dem Regens (R.) unmittelbar, d.h. zwischen beide tritt keinerlei Determinans. R. und r. bilden eine feste subordinierende Wortgruppe[1]. Deshalb werden -lah (§ 8b) und -kah (§ 11d) an das Rektum gefügt. Vor Eigennamen als r. fehlt der Artikel *si* (§ 2a) oft.

1. *mata hari terbit* das Auge des Tages = die Sonne geht auf. 2. *ia bukan isteri dokter* sie ist keine Arzt-Gattin. 3. *anak (si) Alilah ia* er ist ein Kind des Ali. 4. *buku gurukah ini?* ist dies ein Buch des Lehrers?

b) Häufig finden sich Berufsbezeichnungen mit *tukang* ,,Handwerker, Fachmann", *pandai*, *djuru* ,,Meister" und *ahli* ,,Fachmann, Experte" + substantivisches Rektum. (*Tukang*, *djuru* und *ahli* haben bisweilen einen Verbalstamm (Abschn. h) als Rektum bei sich, z.B. *tukang masak* Meister des Kochens = Koch = *djuru masak*; *ahli pikir* Fachmann des Denkens = Philosoph.)

5. *Ali tukang kebun* Ali ist (Fachmann des Gartens =) Gärtner. 6. *ta'adalah djuru bahasa disini* hier (*disini*) gibt es keinen (Meister der Sprache =) Dolmetscher. 7. *ahli*[2] *radio djarang* Rundfunk-Fachleute sind selten.

c) In Zeitungen und Zeitschriften[2]) wird das zweite Glied oft mit der örtlichen Präposition *dari(pada)* ,,von ... her" angegliedert. Dabei handelt es sich vermutlich um einen Hollandismus: *dari* ist das Äquivalent für das niederländische *van*.

8. *itu buku dari guru* das ist ein Buch vom Lehrer = das ist ein Buch des Lehrers (niederl. *dat is een boek van de leraar*). 9. *bukti dari kemadjuan masjarakat* ein Beweis (von) der Entwicklung = für die Entwicklung der Gesellschaft. 10. *sebagian besar dari hari* ein großer Teil vom Tage = des Tages.

Bemerkung: Bei dem Ausdruck *bumi putera* ,,Landeskind, Einheimischer = Indonesier" findet sich ausnahmsweise die Stellung r. — R. Die Wortgruppe ist jedoch in dieser Form aus dem Sanskrit entlehnt.

d) Das r. kann Demonstrativa (Satz 11) und sonstige Appositionen (Satz 12), aber auch Attribute, als Erläuterung zu sich nehmen. Ein Qualitativ als Apposition zu einer derartigen Wortgruppe wird meistens mit *jang* angegliedert (Satz 14).

11. *tiriskah atap rumah itu?* tropft jenes Hausdach? 12. *harga ajam*[2] *djantan tidak mahal* der Preis der Hähne ist nicht teuer.

---

[1]) Bei ihr ist die zweite Komponente der ersten untergeordnet. Die einzelnen Glieder der Gruppe treten hinsichtlich Bedeutung und Funktion in den Hintergrund, während die Wortgruppe als Ganzes mehr in den Vordergrund rückt.

[2]) Jetzt auch in der Umgangssprache.

13. *badju babu tuan putih* die Jacke Ihrer Dienerin ist weiß.
14. *rumah ajah jang besar itu mahal* Vaters großes Haus war teuer.

e) In manchen Fällen, in denen das r. ein Demonstrativ als Apposition bei sich hat, wird durch kurze Sprechpausen Bedeutungsmodifizierung erzielt. Das Demonstrativ hat dann *jang* vor sich.

15a. *pakaian / tuan ini bagus* die Kleidung dieses Herrn ist schön.
15b. *pakaian tuan / jang ini bagus* diese Ihre Kleidung ist schön.

f) Wenn ein Substantiv durch ein anderes appositionell erläutert ist, tritt das r. in der Regel hinter die substantivische Apposition (Satz 16). Nur wenn R. und r. eine feste Wortgruppe bilden, tritt die substantivische App. hinter die letzte Komponente, so z. B. bei *sapu tangan sutera* ein seidenes (*sutera*) Taschentuch.

16. *rumah batu ajah bagus* (das Haus u. zw. Stein von Vater =) Vaters steinernes Haus ist schön.

g) Wenn einem Substantiv eine qualitative Apposition ohne *jang* nachgestellt ist, so bilden Substantiv + Qualitativ eine feste Wortgruppe (ähnlich wie etwa deutsches ,,Kleingeld''). Dann tritt das substantivische r. in der Regel hinter das Qualitativ.

17. *rumah besar ajah / mahal* Vaters großes Haus war teuer. 18. *mobil biru tuan dokter / bagus* das blaue Auto des Herrn Doktor ist schön.

h) Als Rektum können auch substantivisch gebrauchte Qualitativa und einfache Verben (§ 7) auftreten.

19. *rumah sakitlah itu* das ist ein Krankenhaus (*sakit* krank).
20. *tempat tidur ini pandjang* diese Schlafstätte = dieses Bett ist lang (*tidur* schlafen).

i) Daneben gibt es feste qualitative Wortgruppen, in denen der Stamm eines Tätigkeitswortes als 2. Komponente auftritt, der isoliert nicht gebräuchlich ist, z. B. *kapal selam* ,,(Tauchboot =) Unterseeboot'', *guru bantu* ,,Hilfslehrer'', *anak angkat* ,,Adoptivkind'', *ilmu ukur* ,,(Meß-Kunde =) Geometrie''. Zwischen beiden Komponenten ist keine Sprechpause hörbar; pronominale Attribute treten an die 2. Komponente

21. *médja tulis ini kaju djati* dieser Schreibtisch ist (aus) Teak-Holz (*tulis, menulis* schreiben).

j) Wenn das Rektum eine Verwandtschafts-, gelegentlich auch, wenn es eine andere Personenbezeichnung ist, so tritt in der Literatur bisweilen *oléh* ,,(Erlangtes =) Besitz, Eigentum'' (vgl. *ber/oléh* erlangen) appositionell hinter das Regens. Von dieser Apposition ist dann das r. abhängig. Ich gebe *oléh* hier mit ,,der, die, das'' wieder.

22. *bapa kandung oléh perempuan itu* der leibliche Vater (der) jener Frau. 23. *saingan besar oléh Perantjis* ein großer Konkurrent (der) Frankreichs.

k) Wenn *siapa* „wer?" als r. auftritt, so ist es wiederzugeben mit
„wessen?".

24. *arlodji siapa ini?* wessen Uhr ist dies?

Übungssätze:

1. ʿakibat dari tindakan sewenang-wenang dari pada pedagang (Händler) besar itu. — 2. gigi tikus tadjam. — 3. puntjak gunung Merapi itu
tinggi. — 4. si Ali murid / guru jang pandai. — 5. Oto Fiat ajahnja
bagus. — 6. tempat sembunjinja djauh. — 7. siapa tukang djahit itu? —
8. saja bukan pandai emas. — 9. berapa harga buku itu? — 10. masih
adakah kartjis péron? — 11. dimanakah (wo) ruang tunggu?

§ 20. Konstruktionen mit Regens + -nja + Substantiv

a) In § 19 e wurde auf die Bedeutung der Sprechpausen hingewiesen,
wenn das r. Erläuterungen bei sich hat. An die Stelle einer Pause tritt
häufig die Anfügung des Possessivsuffixes *nja* „von ihm, von ihr, von
ihnen". Es nimmt das folgende Substantiv (das r. der in § 19 behandelten
Konstruktionen) gewissermaßen vorweg. Das r. folgt dann als Apposition
zu -*nja*. Gleichzeitig wird das r. durch -*nja* als eine bestimmte oder bereits
bekannte Vorstellung gekennzeichnet. Das gilt sowohl für Substantive
als auch für substantivisch gebrauchte Qualitativa und einfache Verben
als R. Letztere werden mit Vorliebe in dieser Weise konstruiert, wenn
Maßangaben Prädikat sind (Satz 3).

1a. *anak saudagar itu kaja* jenes Kaufmannskind ist reich. 1b. *anaknja saudagar itu kaja* das Kind von ihm, jenem Kaufmann, ist
reich = das Kind jenes Kaufmanns ist reich. 2a. *nakoda kapal /
Hasan / sakit* der Schiffskapitän Hasan ist krank. 2b. *nakoda /
kapal Modjokerto / sakit* der Kapitän des Schiffes „Modjokerto"
ist krank. 2c. *nakodanja kapal Modjokerto sakit* der Kapitän von
ihm, dem Schiff „Modjokerto", ist krank = der Kapitän des
Schiffes „Modjokerto" ist krank. 3. *tingginja gunung itu* (= S.)
delapan ratus métér (= P.) das Hochsein von ihm, jenem Berge
= die Höhe jenes Berges (ist =) beträgt 800 Meter.

Bemerkung: Aus derartigen Konstruktionen sind auch die des
kasar-Malaiischen entstanden, wo *punja* zwischen R. und r. tritt, z.B.
ajah punja rumah Vaters Haus. Diese Konstruktion hat sich ent-
wickelt aus: *ajah empunja rumah* Vater ist der Besitzer (*empu*) von
ihm (*nja*), dem Haus = Vater ist der Besitzer des Hauses. *Empunja*
ist dann zu *punja* verkürzt.

b) Bisweilen tritt eine Verbalform mit *me-* + Pränasalierung (§ 24)
als Apposition zu -*nja*.

4. *lamanja mentjelup biru ini* die Dauer (dieses =) des Blaufärbens
(*mentjelup* färben; *biru* blau).

c) Wenn die Pron. interr. *siapa(kah)* „wer?" und *apa(kah)* „was?"
als Apposition zu -*nja* treten, so entstehen Fragen nach der Zugehörig-
keit, bei denen unser Fragepronomen im Genitiv steht (s. § 19k), bzw.
wo wir „wovon" gebrauchen.

    5. *anaknja siapa(kah) (si) Ali?* ein Kind von ihm u. zw. wem
ist Ali? = wessen Kind ist Ali? 6. *harganja apa(kah) mahal?*
der Preis von ihm u. zw. was ist teuer? = der Preis wovon ist
teuer?

    d) Da das Rektum der in § 19 behandelten Bildungen hier Apposition
zu dem Possessivsuffix *nja* ist, da also kein Attributverhältnis mehr
besteht, ist die Apposition zu -*nja* frei beweglich. Sie tritt oft zur Hervorhebung an den Satzbeginn und wird dann durch eine kurze Sprechpause vom übrigen Satzinhalt getrennt. Im Deutschen können wir das
S. in solchen Fällen durch das „was . . . betrifft" hervorheben. Dann tritt
in der B.I. oft Inversion auf, d.h. das P. tritt vor das S. mit -*nja*
(Satz 7c).

    7a. *tanahnja negeri ini subur* der Boden von ihm, diesem Land,
ist fruchtbar = der Boden dieses Landes ist fruchtbar. 7b. *negeri
ini, tanahnja subur* (was) dieses Land (betrifft), sein Boden ist fruchtbar
= der Boden dieses Landes ist fruchtbar. 7c. *negeri ini, subur(lah)
tanahnja* (was) dieses Land (betrifft), fruchtbar ist sein Boden = der
Boden dieses Landes ist f r u c h t b a r. 8. *orang itu, siapa(kah)
namanja?* (was) jenen Menschen (betrifft), wer ist sein Name?
= (wie ist der Name jenes Menschen? =) wie heißt jener Mensch?

    e) Besonders sei auf folgenden Satz hingewiesen, in dem die dis-
junktive koordinierende Wortgruppe[1] *benar tidak* „richtig (oder) nicht"
durch -*nja* „sein = das" substantiviert und in vorstehender Weise konstruiert ist.

    9. *hendaknja pandangan saja ini saudara renungkan*[2] *benar ti-
daknja!* mögest (*hendaknja*) du (*saudara*, wörtl. Bruder) nachdenken (*renungkan*) über das Richtig- oder Nicht(richtig)sein dieser
meiner Auffassung (*pandangan*)!

Übungssätze:

    1. anaknja si Alikah murid itu? — *2. pandjangnja bilik ini empat
métér.* — *3. buku itu, amat* (sehr) *besar gunanja.* — *4. terbangnja burung
itu djauh.* — *5. pohon njiur, rampingkah batangnja?* — *6. kerdjanja
orang ini lambat.* — *7. berapa harganja dasi ini?* — *8. rasanja makanan
ini tidak énak.* — *9. lukisan ini, mahal harganja.*

[1] Bei koordinierenden Wortgruppen sind beide Komponenten einander
gleichwertig.
[2] Wegen dieser Konstruktion, die ich hier in der guten deutschen Übersetzung aktivisch wiedergebe, siehe § 27b.

§ 21. Das pronominale Attribut: Possessivsuffixe — Substantivisch gebrauchte Qualitativa und einfache Verben

a) Für die drei Personen des Singulars werden in der Regel die Possessivsuffixe *ku* „mein", *mu* „dein" und *nja* „sein, ihr" an das substantivische Regens gefügt. — *-Ku* und *-mu* werden (ebenso wie die entsprechenden Pron. pers. *aku* ich, *engkau* du) nur im vertraulichen, familiären Verkehr gebraucht. *-Ku* ist auch in *aku* „ich" enthalten; *-mu* ist auch in anderen indonesischen Sprachen Possessivsuffix der 2. Pers. Sg.; *-nja* < **nia* besteht aus *n* < *anu* Besitz, Ding (, das in der B.I. nur hier vorkommt,) + *ia* er, sie, es; es bedeutet wörtlich: „der, die, das von ihm, von ihr". Häufig entspricht *-nja* unserem bestimmten Artikel (Satz 2). Regens und Possessivsuffix sind untrennbar. Deshalb treten *-lah* (§ 8 b) und *-kah* (§ 11 d) hinter das Possessivsuffix.

1. *anakku, anakmu, anaknja manis* mein Kind, dein Kind, sein = ihr Kind ist (süß =) nett. 2. *buahnja masak* seine = die Früchte (davon) sind reif. 3. *bukanlah uangmu itu* das ist nicht dein Geld.

Bemerkungen: 1. *Rupanja* bedeutet außer „sein Aussehen, seine Form" auch „anscheinend", z.B. *rupanja ia sakit* anscheinend ist er krank. (Siehe § 53 b, Bemerkung 2.) 2. Durch unmittelbare Nachstellung von *sendiri* „eigen" hinter R. + Possessivsuffix wird das Besitzverhältnis präzisiert, z.B. *itulah rumahku sendiri, rumahnja sendiri* das ist mein eigenes Haus, sein eigenes Haus.

b) Statt der Possessivsuffixe treten aus Höflichkeitsgründen die in § 5 b behandelten Ersatzwörter als r. unmittelbar hinter das R. Da sie Substantiva sind, werden sie ebenso wie substantivische Attribute behandelt. Allerdings treten sie nie als Apposition zu *-nja* (§ 20).

4. *hilanglah uang saja* (= *uang hamba*) mein Geld ist verschwunden (*saja* = *hamba* Diener, ich, § 5 b).

c) Appositionen, die mit *jang* angegliedert werden (§ 18), treten hinter R. + Possessivsuffix.

5a. *matilah isterinja jang muda itu* jene seine junge Gattin ist gestorben. 5b. *matilah sahabatku jang djatuh itu* mein Freund, der fiel, ist gestorben.

d) Hat ein substantivisches R. jedoch eine qualitative Erläuterung bei sich, die ohne *jang* nachgestellt ist, so treten die Possessivsuffixe bzw. die Ersatzwörter (Satz 8) hinter das Qualitativ. Substantiv + Qualitativ bilden dann eine feste Wortgruppe (§ 19 g).

6. *Minah isteri barunja* Minah war seine neue Gattin. 7. *mobil ketjilku tidak mahal* mein kleines Auto war nicht teuer. 8. *bagaimana(kah) anak sakit tuan?* wie geht es Ihrem kranken Kind?

e) Für die 1. und 2. Pers. Pluralis treten die vollen Pron. pers.
(§ 5) hinter das Regens. Als Possessivsuffix der 3. Pers. Pl. dient *nja*
(siehe Abschn. a); statt dessen wird jedoch oft *meréka (ini, itu)* attri-
butiv nachgestellt.

9. *énaklah makanan kita, makanan kami, makanan kamu, makanannja = makanan meréka (ini, itu)* unser (inkl.) Essen, unser
(exkl.) Essen, euer Essen, ihr Essen ist schmackhaft (*énak/lah*).
10. *anak kamikah itu?* ist das unser (exkl.) Kind?

Bemerkung: Das ursprüngliche Possessivsuffix der 3. Pers. Pl. *-nda*
ist bereits in § 2b behandelt. Verwandtschaftsbezeichnungen mit *-nda*
können noch weitere Possessivsuffixe bzw. Attribute annehmen, z.B.
adindanja sein verehrter jüngerer Bruder; *ibunda tuan* Ihre Frau Mutter.
Sie nehmen sogar das familiäre *-ku* „mein" an: *adindaku* meine verehrte jüngere Schwester = meine Frau; *kakandaku* mein verehrter
älterer Bruder = mein Gatte.

f) Wenn in Ergänzungsfragen oder Aussagen in der B.I. ein Qualitativ
oder ein einfaches Verb (Vorgangswort) Subjekt sind, so werden sie
meistens substantivisch gebraucht; sie werden dann durch pronominale
Attribute substantiviert.

11. *bukan main bagusnja* außergewöhnlich ist ihr Schönsein
(*bagus/nja*) = sie ist außergewöhnlich schön. 12. *turunnja tjepat*
sein Hinabsteigen (*turun/nja*) war schnell = er stieg schnell hinab.
13. *apabila pergimu?* wann ist dein Fortgehen (*pergi/mu*)? =
wann gehst du fort?

Auch Qualitativa mit dem fakultativen Präfix *a* (§ 6 a Bemerkung)
werden so gebraucht. Sie können dann auch z.B. als Ergänzung
(Objekt) hinter ein Verb mit *me-* + Pränasalierung (§ 24) treten.

14. *aku mesti menahan amarahku* ich mußte (*mesti*) meinen Ärger
(*amarah/ku*) zurückhalten.

g) Wenn Substantive ein anderes Substantiv als Apposition hinter
sich haben, welches das Material oder die Herkunft bezeichnet,
so tritt das pronominale Attribut in der Regel an die Apposition. Dahinter
kann appositionell noch ein mit *jang* angegliedertes Qualitativ stehen
(Satz 15a). Wird *jang* vor ihm fortgelassen, so wird das pronominale
Attribut an das Qualitativ gefügt (Satz 15b).

15a. *pajung suteraku jang bagus sudah hilang* mein schöner seidener
Schirm ist verschwunden. 15b. *pajung sutera bagusku sudah hilang*
dgl. 16. *itukah oto América tuan jang mahal?* ist das Ihr teures
amerikanisches Auto?

h) Bisweilen werden statt *-ku, -mu* und *-nja* die Pron. pers. *aku, engkau*
und *ia = dia* als Rektum nachgestellt. Sie können die Hervorhebungssilbe
lah annehmen.

17. *ia guru aku(lah)* er ist mein Lehrer. 18. *itulah hukuman engkau sendiri, hai perempuan durhaka!* das ist dein eigenes Urteil (*hukuman*), o verräterisches (*durhaka*) Weib! 19. *dengan tolongan Dia* mit (*dengan*) Seiner Hilfe.

Bemerkung: Bisweilen wird *kau* statt *engkau* als Rektum nachgestellt, z.B. *uang kau berapa?* dein Geld ist wieviel? = wieviel Geld hast du?

i) Gelegentlich werden auch Pronomina wie Substantiva vorangestellt (§ 20d). Auf sie nimmt man in der eigentlichen Aussage mit dem korrelaten pronominalen Attribut am S. Bezug.

20. *maka ia/pun, bertjutjuran air matanja* und (*maka*) (was) ihn seinerseits (*pun*) (betrifft), seine Tränen strömten. 21. *meréka itu, biasanja tak banjak kerdjanja* (was) sie (betrifft), gewöhnlich (*biasanja*) ist ihre Arbeit nicht viel.

Bemerkung: Die B.I. besitzt kein Nomen possessivum (das meinige, das deinige etc.). Will man etwa den Satz übersetzen: ,,dieses Buch gehört mir nicht", so sagt man entweder: *ini bukan buku saja* ,,dieses ist nicht mein Buch", oder in der heutigen Sprache: *buku ini bukan kepunjaan saja* ,,dieses Buch ist nicht mein Besitz = Eigentum" (*kepunjaan*).

Übungssätze:

1. rumahku ini besar. — 2. murid itu anak tuan? — 3. laki saja supir. — 4. sudah hilang lelahmu? — 5. bukan banjak mamak engkau? — 6. tabi'atnja meréka itu tidak baik. — 7. engkau rupanja orang jang kaja. — 8. ambil (hole) *peti ketjilku! — 9. orang tuanja sakit. — 10. bagaimana pendirian* (Standpunkt) *dia? — 11. gadji ajahnja kira² seribu rupiah. — 12. dimana kamar makannja? — 13. sudah baikkah penjakitmu* (Krankheit)? *— 14. rumahnja sendiri sudah tua.*

§ 22. Kopulative substantivische Wortgruppen

a) Die B.I. kennt eine begrenzte Anzahl Ausdrücke, bei denen zwei Substantive, die nicht im Verhältnis von R. und r. zueinander stehen, ohne Konjunktion zu einer nebenordnenden Wortgruppe zusammengestellt werden. Es handelt sich dabei um Wortgruppen, bei denen die beiden Komponenten gleichwertig sind. Zwischen ihnen ist keine Sprechpause hörbar. Bisweilen treten auch zwei Substantive mit entgegengesetzter Bedeutung so zusammen, z.B. bei *lawan-kawan* ,,Gegner-Gefährte = Feind und Freund". Da derartige Wortgruppen untrennbar sind, treten *-lah* und *-kah* sowie alle Erläuterungen hinter die zweite Komponente. Zu ihnen gehören unter anderem auch: *rumah-tangga* Haus-Treppe = Haushalt; *laki-bini* Gatte-Gattin = Eheleute, Ehepaar; *tipu-daja* List (und) Betrug.

1. *ajah-bunda saja sudah tua* (Vater- die verehrte Mutter von mir =) meine (verehrten) Eltern sind bereits alt. 2. *baikkah anak-isteri*

tuan? geht es (Kind (und) Gattin von Ihnen =) Ihrer Familie gut? 3. *ajam-itik jang murah tidak ada* (Hühner-Enten =) Geflügel, das billig ist, gibt es nicht = es gibt kein billiges Geflügel.

Bemerkung: Es gibt einige disjunktive Wortgruppen, die aus zwei Qualitativa mit entgegengesetzter Bedeutung bestehen. An die zweite Komponente tritt *-nja*, das sie substantiviert (s. § 58. h). Sie bezeichnen dann ein Abstraktum, das sich aus der gegensätzlichen Bedeutung beider Komponenten ergibt, z.B. *baik-buruk/nja* das Gutsein-Schlechtsein davon = die Qualität, der Wert.

b) Bisweilen werden auch zwei synonyme Substantiva kopulativ zusammengestellt, z.B. *hutan-rimba* Wald-Wald = Urwald; *naraka-djahanam* Hölle-Hölle = Hölle. Dadurch erfolgt eine Verstärkung des ersten Begriffes. Bei derartigen Wortgruppen, die aus der klassischen malaiischen Sprache stammen, spielen z.T. Reim und Alliteration eine Rolle, so bei *daja-upaja* Mittel-Mittel = alle zur Verfügung stehenden Mittel. (Nur ausnahmsweise werden drei synonyme Substantiva so zusammengestellt, z.B. *hutan-rimba-belantara* Urwald.)

Bemerkungen: 1. Kopulative Wortgruppen treten gelegentlich appositionell hinter ein Pron. personale, z.B. *kami suami-isteri memaklumkan* . . . wir (u. zw.) Eheleute teilen mit . . .
2. Wegen der kopulativen Zusammenstellung von Qualitativen siehe § 6 d.

Übungssätze:

1. *ibu-bapaku sakit.* — 2. *laki-bini itu sudah tua.* — 3. *orang itu memelihara* (versorgt) *rumah-tangganja dengan baik.* — 4. *di-* (auf) *pulau Sumatera banjak hutan-rimba.* — 5. *tingkah-lakunja kurang senonoh.*

§ 23. Die Partikeln *(-)pun, dju(g)a, pula, lagi, masih, hampir, sadja, hanja, tjuma,* sowie dubitative und affirmative Ausdrücke

a) Suffigiertes *-pun*, das vor allem in der Schriftsprache vorkommt, tritt besonders häufig hinter das Subjekt einer Aussage. Es ist gewissermaßen eine Art „Subjektsanzeiger". Das nachgestellte P. trägt dann gerne das Suffix *-lah* (§ 8 b) (Satz 2). Bisweilen läßt sich *-pun* durch „-seits" wiedergeben, bisweilen entspricht es jedoch deutschem „sogar, auch", um einen Klimax auszudrücken.

1. *pulanglah engkau, akupun tinggal* kehre du heim, ich (meinerseits) bleibe zurück. 2. *haripun malamlah* der Tag ist Nacht = es ist Nacht. 3. *sesénpun ta'ada* ein Cent auch war nicht vorhanden = es war auch nicht ein Cent vorhanden.

Pun wird einem Satzteil auch vorangestellt im Sinne unseres „sogar, auch". Bisweilen wird *pun* mit *djuga* kombiniert zu *pun djuga* „sogar auch" (Satz 6).

4. *pun aku sekarang merasa dingin* auch ich fühle mich jetzt (*sekarang*) kalt. 5. *pun pétji ia tidak pakai* sogar eine Kappe trug er nicht. 6. *orang² tiada tahu, pun djuga pemimpin surat² kabar itu sendiri tidak* man wußte (es) nicht, sogar auch die Leiter (*pemimpin*) der Zeitungen selbst (*sendiri*) nicht.

b) *Djuga = djua* entspricht vorwiegend deutschem „auch, doch, einigermaßen, ziemlich". Es steht hinter dem zugehörigen Wort.

7. *dilihatnja saja mau pergi djuga* es wurde von ihm gesehen, (daß) ich auch = doch gehen wollte. 8. *sudah sedjam lamanja saja menanti si Ali disini, belum dju(g)a ia datang* bereits eine Stunde lang erwarte ich Ali hier (*disini*), (aber) er ist doch noch nicht (*belum*) gekommen. 9. *siapa djuga jang memukul andjing ini?* wer war es doch, der diesen Hund schlug? 10. *saja senang djuga disini* ich bin hier (*disini*) einigermaßen zufrieden.

c) *Pula* entspricht deutschem „doch, auch, wiederum, aufs neue". Es steht hinter dem zugehörigen Wort.

11. *ia datang pula* er kam doch. 12. *mémang itulah pula maksudku* natürlich (*mémang*) war das auch meine Absicht. 13. *kegembiraannja telah timbul pula* seine Begeisterung ist wiederum aufgekommen.

d) *Lagi* hat vorangestellt die Bedeutung „noch dazu, außerdem noch", nachgestellt „wieder, noch mehr", mit vorhergehender Negation „nicht mehr, nicht wieder".

14. *engkau muda lagi kuat* du bist jung und dazu noch = außerdem noch kräftig. 15. *ia menémbak lagi* er schoß wieder. 16. *saja tidak akan datang lagi* ich werde nicht wieder kommen. 17. *djangan lupa lagi!* vergiß (es) nicht wieder = nicht mehr! 18. *diam lagi ia* er schwieg wieder.

e) *Masih* entspricht deutschem „(immer) noch". Es steht vor dem Prädikat.

19. *badanmu masih lemah* dein Körper ist (immer) noch schwach. 20. *masih ketjil dia* er ist noch klein.

f) „Beinahe, fast" wird wiedergegeben durch *hampir*. Es steht vor dem zugehörigen Wort.

21. *hari hampir malam* der Tag = es war beinahe Nacht.

g) Das restriktive, einschränkende „nur" wird wiedergegeben durch vorangestelltes *hanja* oder *tjuma* bzw. durch nachgestelltes *sadja*, das auch „doch, stets, dauernd, gänzlich, ohne Anlaß" bedeuten kann.

Kombiniertes *hanja — sadja* wirkt verstärkt einschränkend (etwa: allein nur, ausschließlich nur).

22. salah saja hanja sedikit meine Fehler sind nur wenige. 23. *usahanja tjuma mentjari barang² jang akan dimakannja* seine Arbeit ist (es), nur Dinge zu suchen, die von ihm gegessen werden (sollen) = die er essen will. *24. dia hanja tersenjum* er lächelte nur. 25. *anak ini menangis sadja* dieses Kind weint stets. 26. *negeri itu katjau sadja* das Land war gänzlich in Verwirrung. 27. *kamu pergi sadja!* ihr geht nur! = geht (ihr) doch! 28. *keadaan itu hanja sebentar sadja* jener Zustand (war =) dauerte allein nur einen Augenblick.

h) Dubitative Ausdrücke sind: *berangkali = barangkali* (selten *kalau²*) „vielleicht", *boléh djadi* „möglicherweise" und *entah* „wer weiß!".

29. *berangkali saja akan datang* vielleicht werde ich kommen. 30. *kalau² datang fitnah* vielleicht (kommt =) entsteht Verleumdung. 31. *boléh djadi saja datang* möglicherweise komme ich. 32. *entah kemana terbangnja burung itu, ta' tahu saja!* wer weiß, wohin (*kemana*) das Fliegen jenes Vogels ist = wer weiß, wohin der Vogel fliegt, ich weiß es nicht!

i) Die affirmative Bewertung erfolgt durch *tentu = nistjaja* „sicher-(lich)" bzw. durch *betul* (*betul²* ganz bestimmt), *benar* oder *sungguh* „bestimmt, wirklich, in der Tat" oder durch *mémang* „selbstverständlich, natürlich".

33. *tentu engkau jang mengambil kitab itu* sicherlich warst du es, der das Buch mitnahm. 34. *nistjaja sembuhlah isteri tuan, kalau ia minum obat ini* sicherlich wird Ihre Gattin genesen, wenn (*kalau*) sie diese Arznei trinkt. 35. *betul² engkau jang empunja ini? — betul! = benar! = sungguh! = mémang!* bist du ganz bestimmt der Besitzer hiervon? — wirklich! = in der Tat! = selbstverständlich!

Zweiter Teil: Verbal- und Nominalbildung

§ 24. Verben mit *me-* + Pränasalierung — Substantiva und Pronomina personalia als Objekt

a) In der B.I. muß man transitive von intransitiven Verben (einfachen Verben, § 7) unterscheiden, weil sie im allgemeinen hinsichtlich der Formantien (vor allem in der Verwendung von *di-* (§ 26) und von vorgefügten pron. Elementen (§ 27)) unterschiedlich behandelt werden. Während ein großer Teil der Intransitiva stets in der Stammform gebraucht wird (siehe jedoch Abschn. h), treten Transitiva, die meistens eine Ergänzung (Objekt) nach sich haben, nur bei der Aufforderung in ihrer Stammform auf. In einfachen Aussagen hingegen, in denen das Subjekt das Agens (der Täter) ist, von dem die Handlung ausgeht[1]), nehmen sie in der Regel das Präfix *me* an, obgleich in Tageszeitungen (vor allem in den Überschriften) und in der modernen Literatur oft der Verbalstamm gebraucht wird (s. S. 86, Satz 5; S. 117, Satz 5).

Deshalb werden Formen mit *me-* + Pnl. mit Vorliebe dann gebraucht, wenn das Subjekt (das Agens) neu in die Rede eingeführt, d. h. zum ersten Mal genannt wird, oder wenn man einem Subjekt (Agens), das meistens nur vor dem ersten Verb genannt wird, gleichzeitig mehrere Handlungen zuschreibt, d.h. also, wenn kein Subjektswechsel stattfindet. Im letzten Falle werden die verbalen Prädikate gerne mit *dan = maka* „und" (§ 58 a und b), *sambil* „während" (§ 61 a) usw. angegliedert, z.B. *ia memangku anaknja, sambil mentjium kedua belah pipinja* sie hielt ihr Kind auf dem Schoß (*memangku*), während (sie) seine beiden (*kedua*) Wangen (*belah pipi*, wörtl.: Seite der Wange) küßte (*mentjium*).

Nach *me-* bleiben nur anlautendes *m, n, l, r, ng, nj, j* und *w* unverändert:

mamah	:	*me / mamah* kauen,
nanti	:	*me / nanti* (ab)warten,
lihat	:	*me / lihat* sehen,
rasa	:	*me / rasa* fühlen,
nganga	:	*me / nganga / kan* weit öffnen (wegen -*kan* s. § 42),
njanji	:	*me / njanji / kan* etwas singen,
jakin	:	*me / jakin / kan* etwas ernstlich tun,
wadjib	:	*me / wadjib / kan* etwas zur Pflicht machen.

In allen anderen Fällen treten regelmäßig Änderungen im Anlaut der Grundwörter auf. Sie lassen sich (nach O. Dempwolff) unter der Bezeichnung Pränasalierung (Pnl.) zusammenfassen. Nach *me-* tritt für anlautendes *p, t, k* und *s* nasaler Ersatz auf:

---

[1]) Z.B. *ia → membatja (→ buku)* er → liest (→ ein Buch). — Wenn ein Verb Prädikat ist, erweist sich diese Definition des Subjekts als nötig. (Siehe § 1 a Anmerkung 1.)

pukul	:	*memukul* schlagen	$(p- > m-)$,
tikam	:	*menikam* stechen	$(t- > n-)$,
kirim	:	*mengirim* senden, schicken	$(k- > ng-)$,
sembah	:	*menjembah* verehren	$(s- > nj-)$.

Bemerkung: Da nur sehr wenige Grundwörter mit *m, n, ng* oder *nj* anlauten, sehe man bei derartigen pränasalierten Formen mit *me-* im Wörterverzeichnis zuerst unter *p-, t-, k-* und *s-* nach.

Nach *me-* erhalten anlautendes *b, d, g, dj* und *tj* einen nasalen Zuwachs:

batja	:	*membatja* lesen	$(b- > mb-)$,
dengar	:	*mendengar* hören	$(d- > nd-)$,
gigit	:	*menggigit* beißen	$(g- > ngg-)$,
djahit	:	*mendjahit* nähen	$(dj- > ndj-)$,
tjuri	:	*mentjuri* stehlen	$(tj- > ntj-)$.

Vokalisch oder mit *h* anlautende Grundwörter nehmen *meng-* vor sich:

atur	:	*mengatur* regeln, ordnen,
ikut	:	*mengikut* folgen,
harap	:	*mengharap* (er)hoffen.

Bemerkungen: 1. Neben *membunuh* „töten" und *mendengar* „hören" kommen in der klassischen Literatur die alten bzw. dialektischen Formen *memunuh* und *menengar* in gleicher Bedeutung vor. Vermutlich sind hier die Nasalverbindungen *mb* und *nd* unter dem Einfluß der Nasale *n* bzw. *ng* in zweiter Silbe zum einfachen Nasal assimiliert und reduziert.

2. Bei folgenden, mit *p* anlautenden Wortstämmen wird *me-*, vielleicht unter dem Einfluß des Javanischen, gerne fortgelassen; *p-* wird jedoch regelrecht durch *m-* ersetzt : *puhun = pohon : (me)muhun = (me)-mohon* bitten, flehen; *pimpin : (me)mimpin* an der Hand führen; *pinta : (me)minta* (er)bitten.

3. Nasaler Zuwachs an Stelle von nasalem Ersatz findet sich z.B. bei: *mempedulikan diri* sich mit etwas bemühen, zu *peduli*; *menterdje-mahkan* etwas übersétzen, zu *terdjemah*; *mentakdirkan* vorherbestimmen, zu *takdir*; *mempunjai* etwas besitzen, zu *punja* (§ 20 a Bemerkung); *mensahkan* etwas für gültig erklären, zu *sah*. Auf diese unregelmäßige Weise wird vor allem auch modernes Lehngut behandelt, z.B. *mem-fixéér* fixieren (< niederl. *fixeren*), *mensosialisér* sozialisieren.

4. Bei manchen modernen Lehnwörtern, die vokalisch anlauten, kann der nasale Zuwachs fehlen, z.B. bei *meontwikkelen* entwickeln (< niederl. *ontwikkelen*) = *mengontwikelen*. Vielleicht liegt hier Einfluß aus dem Minangkabau vor, wo vor vokalischem Anlaut nur *ma-* (ohne Pränasalierung) gebraucht wird.

b) Wie erwähnt, kommen Tätigkeitswörter zumeist nur in der Aufforderung in ihrer nichtpränasalierten Form vor. (Sie ist, wie die Sprachvergleichung zeigt, substantivisch aufzufassen; siehe auch Abschn. c.)

Auch bei der Verneinung der Aufforderung mit *djangan* (§ 12h) steht meistens der Verbalstamm. Sofern aber die Person genannt ist, an die sich das Verbot richtet, steht auch nach *djangan* die pränasalierte Form (Satz 3b und c).

1. *lihat(lah)*, *tuan!* sieh, Herr! 2. *buka(lah) djendéla!* (das Geöffnete sei ein Fenster! =) öffne ein Fenster! 3a. *djangan buka djendéla!* (nicht sei das Geöffnete ein Fenster! =) öffne nicht ein Fenster! = öffne kein Fenster! 3b. *djangan(lah) engkau membuka djendéla!* unterlaß du, zu öffnen ein Fenster! = öffne (du) kein Fenster! 3c. *hendaknja engkau djangan membuka djendéla!* mögest du nicht ein Fenster öffnen!

Bemerkungen: 1. Bisweilen wird allerdings zur Kennzeichnung einer freundlichen Aufforderung die pränasalierte Form gebraucht, z.B. *membatja/lah!* lesen! = lies!; *Sukiman membatja!* Sukiman liest! = Sukiman soll lesen! = laß Sukiman lesen!

2. Ein Befehl wird ebenfalls abgeschwächt, wenn dem Verbalstamm *tolong* „hilf!" voran- und gleichzeitig *kiranja* (§ 12 f) nachgestellt wird, z.B. *tolong panggil kiranja si Ali!* rufe doch den Ali![1]

3. Nach *djangan* wird mit Vorliebe die *me*-Form gebraucht, um den Prohibitiv (unterlaß es, zu ...!) auszudrücken, z.B. *djangan(lah) memukul anak itu!* unterlaß es, das Kind zu schlagen!

c) Bisweilen wird das pronominale Agens (der Täter) bei der Aufforderung mittels *oléh* + (pron.) Attribut hinter den Verbalstamm gestellt. Es handelt sich dann um analoge Bildungen zu den in § 19i erwähnten.

4. *lihatlah oléhmu pandainja orang kita!* das Gesehene u. zw. das deinige (*oléhmu*) sei die Geschicklichkeit von ihnen, unseren (inkl.) Leuten! = sieh (du) die Geschicklichkeit unserer (inkl.) Leute! 5. *bajar(lah) oléh tuan utangnja!* das Bezahlte u. zw. das (*oléh*) von Ihnen (*tuan*) seien seine Schulden! = bezahlen Sie seine Schulden!

Oléh + Attribut kann vom Verbalstamm getrennt werden.

6. *bukalah djendéla oléhmu!* das Geöffnete sei ein Fenster u. zw. das deinige! = öffne (du) ein Fenster!

d) In Aussagen wird die pränasalierte Form gebraucht, sofern das Subjekt Ausgangspunkt der Handlung ist. Substantivische Ergänzungen (Objekte) folgen dem Verb unmittelbar. Die Stellung ist stets: S. — verbales P. — O.

7. *anak itu membatja (buku)* jenes Kind liest (ein Buch). 8. *saja (tidak) membajar utangnja itu* ich bezahlte jene seine Schulden (nicht).

In Entscheidungsfragen kann die Form mit *me-* + Pnl. durch ein (pronominales) Subjekt von ihrer Ergänzung (Objekt) getrennt werden.

9. *mentjarikah ia anaknja?* sucht sie ihr Kind?

[1] Statt dessen auch *tjoba* = *harap panggil si Ali!*

Bemerkung: Vereinzelt wird zwischen S. und verbalem P. in positiven Aussagen *ada* (§ 7 c), in verneinten Aussagen *ta'ada* gebraucht, z.B. *saja ada membawa ajam* ich bringe Hühner mit (im Sinne von: ich habe Hühner bei mir); *saja ta'ada membawa ajam* ich bringe keine Hühner mit (im Sinne von: ich habe keine Hühner bei mir).

e) Als pronominale Ergänzungen (Objekte) treten die persönlichen Fürwörter (§ 5) hinter das pränasalierte Verb. In der B.I. werden statt dessen für die drei Personen des Singulars auch die Possessivsuffixe (§ 21) an das Verb gefügt. Das ist darauf zurückzuführen, daß bereits im klassischen Malaiischen das Possessivsuffix *nja* an ein pränasaliertes Verb treten konnte. Wir können *-nja* dann mit „davon, es" wiedergeben. Analog dieser Verwendung von *-nja* gebraucht man jetzt auch *-ku* und *-mu* für „mich" und „dich".

10a. *andjing itu menggigit aku* = *saja* der Hund biß mich. 10b. *andjing itu menggigitku* dgl. 11. *saja tidak dapat menolongmu* ich kann (*dapat*) dir nicht helfen. 12. *ibu mengambilnja* Mutter nahm es = davon. 13. *pandaikah tuan membatjanja?* verstehen Sie, es zu lesen? = können Sie es lesen? 14. *guru itu memudji kita* der Lehrer lobte uns (inkl.).

Bemerkungen: 1. In der B.I. können auch die Pronomina interrogativa *siapa* „wer?" und *apa* „was?" als Ergänzung (Objekt) hinter eine *me*-Form treten, z.B. *tuan memanggil siapa?* Sie riefen wen? = wen riefen Sie?; *engkau mentjari apa?* du suchst was? = was suchst du? Dabei handelt es sich um Javanismen.

2. Demonstrativa gebraucht man ungern als Objekt. Statt dessen verwendet man mit Vorliebe Ausdrücke wie *hal itu* „jener Zustand", *keadaan itu* „jener Umstand" usw., z.B. *ia memaklumkan hal itu* = *keadaan itu* er teilte jenen Zustand = jenen Umstand mit = er teilte das mit.

3. Das Verb *memberi* „(jemandem etwas) geben" kann zwei Ergänzungen (Objekte) nach sich haben. Die erste Ergänzung geben wir dann durch ein Dativ-, die zweite durch ein Akkusativobjekt wieder, z.B. *bapaku memberi aku uang* mein Vater gab mir (*aku*) Geld (*uang*). Statt dessen sagt man auch: *bapaku memberi uang kepadaku* mein Vater gab Geld an mich (*kepadaku*).

f) Nunmehr sind auch solche Konstruktionen verständlich, in denen ein Substantiv, das im Deutschen Objekt ist, in der B.I. durch „Herausstellung" besonderen Nachdruck erhält: Es wird an den Satzbeginn gestellt und dann in der eigentlichen Aussage durch *-nja* am pränasalierten Verb wieder aufgenommen. Bisweilen fehlt *-nja* jedoch (Satz 16). Das ist die einzige Möglichkeit, das Objekt zu einer *me*-Form hervorzuheben.

15. *pendapatnja ini, agak sukar, kita menerimanja* diese seine Auffassung (*pendapat/nja*), es ist ziemlich (*agak*) schwierig (*sukar*),
(daß) wir (inkl.) sie akzeptieren. 16. *sandalku belum ada jang mengambil* meine Sandalen, noch nicht (*belum*) war (der) vorhanden,
der (sie) fortnahm = meine Sandalen hatte noch niemand fort-
genommen.

g) *Diri* ,,Person, das Selbst "wird an Stelle eines Reflexivpronomens
gebraucht. Ihm werden pronominale Attribute angefügt, die natürlich
in Konkordanz mit dem Subjekt stehen müssen. Von ihnen kann keine
di-Form (§ 26) und keine Form mit vorgefügten pron. Elementen (§ 27)
gebildet werden.

17. $\left.\begin{array}{l} saja \\ aku \\ ia \\ kita \end{array}\right\}$ *memukul* $\left\{\begin{array}{l} diri\ saja \\ diriku \\ dirinja \\ diri\ kita \end{array}\right.$ $\left\{\begin{array}{l} \text{ich schlage mein} \\ {} \\ \text{er schlägt sein} \\ \text{wir (inkl.) schlagen unser} \end{array}\right\}$ Selbst

(inkl.)

= ich schlage mich, er schlägt sich, wir (inkl.) schlagen uns (inkl.).

Bemerkung: *Diri* (+ pron. Attr.) kann durch Nachstellung von
sendiri ,,selbst'' verstärkt werden, z.B. *si Badu memukul diri sendiri*
Badu schlug sich selbst.

h) Eine verhältnismäßig kleine Anzahl von Formen mit *me* + Pnl.
entspricht bedeutungsmäßig und funktionell unseren **intransitiven**
Verben. Sie nehmen keine Ergänzung (Objekt) zu sich. Derartige Verben
werden von Substantiven, bisweilen auch von Qualitativa abgeleitet.
Bei der Aufforderung unterscheiden sie sich allerdings von den transitiven Verben mit *me-* + Pnl.; denn sie werden nicht in ihrer Stammform
gebraucht, sondern nehmen auch hier *me-* vor sich. Außerdem können
keine pronominalen Elemente (§ 27) oder *di* (§ 26) vor sie treten[1]).

18. *saja tidak menjeberang* ich gehe nicht ans jenseitige Ufer (*seberang* jenseitiges Ufer). 19. *orang ini merotan* diese Leute suchen
Rotang (*rotan*). 20. *mengapa engkau membatu sadja?* weshalb
(*mengapa*) sitzt du dauernd (*sadja*) wie ein Stein da? (*batu* Stein).
21. *kain ini sudah memutih* dieser Stoff ist bereits verblichen (*putih*
weiß). 22. *mendaratlah!* geh an Land! (*darat* Festland). 23. *djangan
mengeluh!* unterlaß (es), zu seufzen! = seufze nicht! (*keluh* Seufzer).

---

[1]) Daneben gibt es jedoch Verben, die mit *me-* + Pnl. von Qualitativa
abgeleitet sind, die Ergänzungen nach sich haben, und die auch pronominale Elemente bzw. *di-* vor sich nehmen können, z.B. *gerombolan itu mengatjau keamanan kampung kami* die Bande störte den Frieden unseres
Dorfes (*katjau* verwirrt); *dia melepas tiga orang* er entließ drei Leute (*lepas*
entlassen).

Solche *me*-Formen ohne Ergänzung (Objekt) können zur Hervorhebung vor das Subjekt gestellt werden.

24. *menjeberanglah orang*² *itu* jene Leute gingen ans jenseitige Ufer.

Bisweilen ist von einigen Grundwörtern die nichtpränasalierte neben der pränasalierten Form in gleicher Bedeutung gebräuchlich, so z. B. *hilang* (das allerdings auch „verschwunden sein" bedeuten kann) = *menghilang* (selten) „verschwinden".

25. *ia (meng)hilang kedalam kamar* sie verschwand ins (*kedalam*) Zimmer.

Gelegentlich wird auch eine Wortgruppe, die aus Substantiv mit nachgestelltem Qualitativ (ohne *jang*) besteht, mittels *me-* + Pnl. in ein Verb umgewandelt, so z. B. *membabi buta* „wie ein blindes Schwein sein, handeln = blindlings etwas tun" (*babi* Schwein; *buta* blind).

> Bemerkungen: 1. Von einigen Verben bestehen die Stammform und die Form mit *me-* + Pnl. nebeneinander. Die Stammform entspricht dann einem Intransitivum, die *me*-Form einem Transitivum, z.B. *turut* mittun, mitgehen — *menurut* jmd. folgen; *tinggal* (zurück)bleiben, wohnen — *meninggal (dunia)* (die Welt verlassen =) sterben; *pindah* umziehen (intr.) — *memindah* etwas umsetzen.
> 2. Das Verb *taruh* wird in der Bedeutung „stellen, setzen, legen" entweder in seiner Stammform oder mit vorgefügten pronominalen Elementen (§ 27) bzw. *di-* (§ 26) gebraucht. In der Bedeutung „(Gefühle) hegen, besitzen" kommt es als *menaruh* vor, z.B. *menaruh dendam* Haß hegen, *menaruh perasaan* Gefühle hegen. Dann ist weder eine Form mit *di-* noch eine solche mit vorgefügtem pron. Element möglich.

i) Einige *me*-Formen haben eine spezielle Bedeutung, so z.B. *mengaku* ich-sagen zu etwas = bekennen (*aku* ich); *mendua* „verdoppeln" (*dua* zwei). Das gilt auch für bestimmte Zahlen, die *hari* „Tag" als Erläuterung nach sich haben, wie: *meniga hari* des dritten Todestages gedenken (*tiga hari* drei Tage). (Diese Bildungen scheinen aus dem Minangkabau in die B.I. übernommen zu sein.) — *Mendadak* „plötzlich" ist Adverb.

> 26. *ia mengaku salahnja* er bekannte seine Schuld. 27. *dahulu anak saja seorang, tetapi sekarang sudah mendua* früher (*dahulu*) (waren meine Kinder ein Mensch =) hatte ich ein Kind, aber (*tetapi*) jetzt (*sekarang*) (haben sie sich verdoppelt =) sind es zwei geworden. 28. *kuda itu berlari mendua* das Pferd läuft (verdoppelnd =) Trab. 29. *siapa jang akan pergi meniga hari?* wer ist es, der gehen wird = wer wird gehen, um des dritten Todestages zu gedenken?

j) Verben mit *me-* + Pnl. können durch *jang* (§ 18) appositionell angegliedert werden. Substantiv + verbale Apposition werden dann meistens durch *itu* „jene(r, s)" (§ 4) zusammengefaßt. Voraussetzung für den Gebrauch der *me*-Form ist dann jedoch, daß das Substantiv oder das Pronomen personale, die S., P. oder O. sein können, und zu denen das Verb als Apposition tritt, zugleich das Agens (der Täter) ist (siehe Abschn. a). Das ist dann der Fall, wenn unser Relativpronomen im Nominativ steht.

30a. *anak* (= S.) *jang membatja buku itu si Ali* das Kind, welches jenes Buch liest, ist (der) Ali. 30b. *si Alilah* (= P.) *anak* (= S.) *jang membatja buku itu* (der) Ali ist das Kind, welches jenes Buch liest. 30c. *ia* (= S.) *anak* (= P.) *jang suka membatja buku* er ist ein Kind, das gerne (*suka*) Bücher liest. 31. *banjaklah* (= P.) *orang* (= S.) *jang merotan itu* zahlreich sind die Leute, die Rotang suchen. 32. *ia memukul anak* (= O.) *jang mentjuri uang itu* er schlug das Kind, welches das Geld gestohlen hat.

k) Formen mit *me-* + Pnl., die durch *jang* substantiviert sind, können auch als vorangestelltes Subjekt auftreten (vgl. § 18 g). Dann ist das nachgestellte P. das Agens.

33. *jang memukul andjing itu* (= S.) *si Ali* (= P.) der, welcher jenen Hund schlug, war (der) Ali.

In solchen Fällen wird das Subjekt mit *jang* gerne wieder aufgenommen bzw. es wird vom P. abgegrenzt durch *ialah* „das ist" (§ 3 b).

34. *jang akan membatja fasal ini* (= S.), *ialah Hasan* (= P.) der, welcher dieses Kapitel lesen wird, das ist (*ialah*) Hasan.

l) Wenn wir im Deutschen das Subjekt einer Aussage betonen, so muß es in der B.I. zum Prädikat gemacht werden, das dann an den Satzanfang tritt. Besteht die Aussage aus einem aktivischen Verb (+ Objekt), dann muß dieses mittels *jang* (§ 18) als Subjekt nachgestellt werden.

35. *sajalah* (= P.) *jang memukul andjing ini* (= S.) ich war es, der diesen Hund schlug = ich habe diesen Hund geschlagen.
36. *(si) Alilah* (= P.) *jang menangkap ikan itu* (= S.) (der) Ali war es, der jene Fische fing = Ali hat jene Fische gefangen.
37. *anaknja* (= P.) *jang mentjuri uang saja* (= S.) sein Kind war es, welches mein Geld gestohlen hat = sein Kind hat mein Geld gestohlen.

m) In Tatsachenfragen wird *jang* in der Umgangssprache oft fortgelassen, in Aussagen hingegen selten und im allgemeinen nur dann, wenn das appositionell nachgestellte Verb mit *me-* + Pnl. keine Ergänzung (Objekt) nach sich hat (Satz 39).

38. *siapa (jang) mengikat andjing ini?* wer band diesen Hund fest?
39. *anak menangis itu sakit* jenes weinende Kind ist krank.

n) Bisweilen tritt eine Form mit *me-* + Pnl. (ohne *jang*) als Subjekt auf. Sie wird durch ein Pron. demonstr. substantiviert und steht dann für ein Nomen mit *pe-* + Pnl. (§ 25) bzw. *pe-* + Pnl. *-an* (§ 38).

40. *membatik itu mendjadi perusahaan jang besar* das Batikken wurde eine große Industrie.

Bemerkung: Wegen Ableitungen wie *merapung* „auf dem Wasser treiben" (statt *mengapung*) zu *apung* siehe § 29 n, Bemerkung.

o) Eine Form mit *me-* + Pnl. kann auch durch *-nja* substantiviert und z.B. als Objekt verwendet werden.

41. *ia berusaha untuk mentjegah meluasnja* er bemühte sich (*berusaha*), um (*untuk*) sein Ausbreiten (*meluas/nja*) zu verhindern (*mentjegah*).

Übungssätze:

1. andjing menjalak. — 2. kita ada mengenal dinas² penerangan (Informationsdienste) *asing. — 3. ada jang bernjanji* (singen), *ada jang menari. — 4. orang ini sudah mentjuri. — 5. ia datang menginterviewnja (= menginterpiunja). — 6. aku mengasahnja. — 7. mengapa engkau tak mau* (wollen) *menurutku? — 8. sumur ini, sajalah (jang) menggalinja. — 9. rumah botjor, siapa jang akan menjéwanja? — 10. padi sudah menguning sekarang, bukan? — 11. para tamu lainnja pada menoléh kepadanja* (nach ihm). *— 12. hari besar sudah mendekat.*

§ 25. Nomina mit *pe-* + Pränasalierung

a) Wenn *me-* + Pnl. durch *pe-* + Pnl. ersetzt wird, entstehen aus Verben Nomina. Sie können wie einfache Substantiva als S., P., O., Attr. und App. auftreten. Ihre Verneinung erfolgt durch vorangestelltes *bukan* (§ 9 a). Nomina mit *pe-* + Pnl. bezeichnen sehr oft den Täter. Ihnen folgt in der Regel keine Ergänzung (Objekt). (Da es auch Nomina mit *pe-* + Pnl. mit anderen Bedeutungen gibt (Abschn. b und c), können sie den Artikel *si* (§ 2a) vor sich nehmen, wenn sie den Täter bezeichnen; Satz 1.)

1. (si) pengarang itu masjur jener Dichter ist berühmt (*karang, mengarang* dichten). *2. si Ali bukan pentjuri* Ali ist kein Dieb (*tjuri, mentjuri* stehlen).

Bemerkung: Beim Zählen nehmen diese Nomina *orang* als Hilfszählwort (§ 14 c) vor sich, z.B. *seorang pembitjara* ein Redner.

b) Wenn der Täter nicht eine Person, sondern eine Sache ist, bezeichnet *pe-* + Pnl. das Instrument. Ergänzungen (Objekte), die bei der *me*-Form stehen, können bei der Umwandlung übernommen werden, z.B. *pisau pemotong roti* „Brotschneidemesser" (*pisau* Messer; *pemotong* Schneideinstrument, zu *potong, memotong* schneiden; *roti* Brot).

3. uang ini pembajar utang dieses Geld ist ein Schulden-Bezahlmittel (*membajar utang* Schulden bezahlen). *4. pisau ini bukan pentjukur djanggut* dieses Messer ist kein Bart-Scherinstrument (*mentjukur djanggut* den Bart scheren).

c) Nomina mit *pe-* + Pnl. können auch die Tat (Handlung) be-zeichnen. Wir geben sie oft mit dem substantivierten Infinitiv wieder. Sie haben auch dann oft substantivische Ergänzungen (Objekte) bei sich.

5. *kuda jang muda itu, belum sampai kuatnja akan penarik pedati* (was) jenes junge Pferd (betrifft), noch nicht (*belum*) reicht (*sampai*) sein Kräftigsein zum (*akan*) Karren-Ziehen = die Kraft jenes jungen Pferdes reicht noch nicht zum Karrenziehen (*menarik pedati* einen Karren ziehen). 6. *dengan penjuruh tuan saja akan mendjual kerbau ini* (mit (*dengan*) Ihrem Befehlen =) auf Ihren Befehl werde ich diesen Büffel verkaufen (*menjuruh* befehlen).

Bemerkung: Derartige Nomina treten auch als Rektum zu anderen Substantiven auf, z.B. *tukang pengajuh* Meister des Paddelns; einer, der das Paddeln versteht (*kajuh* das Paddel, *mengajuh* paddeln); *daja penarik* Zugkraft; *alat penulis* Schreibmittel.

d) In Verbindung mit Zahlwörtern dienen solche Nomina zur Be-zeichnung von Maß- und Zeitangaben.

7. *batang kaju itu, dua pemeluk besarnja* die Größe (*besar*/*nja*) jenes Baumstammes (*batang kaju*) ist zwei Umarmungen (*pemeluk*, zu *memeluk* umarmen) (d.h. er ist so dick, daß es zweier Personen bedarf, um ihn zu umarmen). 8. *sepenanak nasi lamanja dia tinggal* eine Reiskochenslänge (*sepenanak nasi*) war die Dauer davon (*lama*/*nja*), (daß) er blieb = er blieb eine Reiskochenslänge (d.h. etwa zwanzig Minuten).

e) Auch einfache Verben und Qualitativa können durch *pe-* + Pnl. in Nomina umgewandelt werden. Sie geben dann meistens die Person an, die durch das vom Grundwort Bezeichnete charakterisiert ist. *Penidur* (zu *tidur* schlafen) bedeutet „Schlafmütze" (Person) und „Schlafmittel" in: *obat penidur (= obat tidur)*.

9. *orang itu pendiam* jener Mensch ist ein Schweiger (*diam* schweigen, still sein). 10. *saja bukan penakut* ich bin kein Angsthase = Hasen-fuß (*takut* ängstlich). Bemerkung: Von *sakit* „krank" wird *penjakit* gebildet, das allerdings nicht die Person bezeichnet, sondern „Krankheit" be-deutet.

f) *Pe-* + Pnl. tritt vor gewisse Kardinalzahlen + *hari* „Tag", um die Gedenkfeier anläßlich eines Sterbetages zu bezeichnen (§ 24 i). (Diese Nomina dürften nach dem Vorbilde des Minangkabau gebildet sein.)

11. *sesénpun ta'ada akan pendua hari adikku* (ein Cent auch (-*pun*) ist nicht vorhanden =) auch nicht ein Cent ist vorhanden für die Gedenk-feier anläßlich des zweiten Sterbetages meines jüngeren Bruders.

g) Zu *melihat* „sehen" wird (neben *pelihat*) von einem jetzt nicht mehr bestehenden Stamm **ke*/*lihat* das Nomen *penglihat* (statt **pengelihat*) gebildet, das sowohl „der Seher = Prophet" als auch „das Sehen" und „das Gesicht" bedeutet.

12. *orang penglihat itu berdusta* jener (Mensch u. zw.) Seher = jener Prophet lügt (*berdusta*).

Übungssätze:

1. banjaklah penjamun disini (hier). — *2. dahulu* (früher) *laut Tjina djadi sarang perampok.* — *3. kepajahanlah* (ermüdet) *pemikul barang itu.* — *4. si Ali pemalas.* — *5. pemburu itu menémbak babi hutan.*

§ 26. *Di-* + Verbalstamm

a) *Di-* tritt vor den Stamm transitiver Verben, wenn über das Subjekt (oder einen anderen Redeteil, siehe Abschn. i) ausgesagt werden soll, daß etwas mit ihm geschieht. Das Subjekt ist nicht mehr Ausgangspunkt der Handlung (wie bei den Formen mit *me-* + Pnl., § 24 a), sondern ihr Gegenstand (z.B. *ia dilihat* er wurde gesehen; *banjak paberik*[2] *terpaksa ditutup* viele Fabriken waren gezwungen (*terpaksa*), geschlossen zu werden (*ditutup*) = zu schließen (mit den Fabriken geschah etwas)). Deshalb sind *di*-Formen, abgesehen von den in § 24 f behandelten Konstruktionen, das Mittel, um Ergänzungen (Objekte) zu Verben mit *me-* + Pnl. (§ 24) zum Subjekt zu machen bzw. sie hervorzuheben. Im letzten Falle wird die Ergänzung zum Prädikat gemacht, z.B.

andjing ini ——————→ *menggigit* ——————→ *anakku*
Hund dieser (= Agens, S.) biß (= P.)   Kind von mir
                                                   (= Gegenstand der
                                                   Handlung, Ergän-
                                                   zung, O.)

= dieser Hund biß mein Kind.

anakku ←—————— *digigit*   *andjing ini*

mein Kind (= Gegenstand der Handlung, S.) (war) das Gebissene (= P.) dieses Hundes (= Agens) = mein Kind wurde von diesem Hunde gebissen.

anakkulah ←—————— *jang digigit*   *andjing ini*

mein Kind (= Gegenstand der Handlung, P.) (war es), welches das Gebissene (= S.) dieses Hundes (= Agens) war = mein Kind wurde von diesem Hunde gebissen = dieser Hund hat mein Kind gebissen.

Aus diesen drei Sätzen ist folgendes ersichtlich:

Bei der Verwendung von *me-* + Pnl. ist das Agens Subjekt, und die Ergänzung zum Verb (das Objekt) ist der Gegenstand der Handlung.

Bei der Verwendung von *di-* + Verbalstamm ist der Gegenstand der Handlung Subjekt; das Agens der Form mit *me-* + Pnl. bleibt dann das Agens, wird aber als Attribut hinter die *di*-Form gestellt.

Soll der Gegenstand der Handlung (das Objekt) in solchen Konstruktionen hervorgehoben werden, so wird er zum Prädikat gemacht (und gerne mit dem Hervorhebungssuffix *lah* versehen), dem *jang* + *di*-Form + Agensangabe folgt.

Im allgemeinen setzt die Verwendung von *di*- voraus, daß die Handlung **absichtlich erfolgt(e)** bzw. erfolgen wird.

Di-Formen können nur dann verwendet werden, wenn **das Agens unbekannt und ungenannt ist** (Abschn. b, Satz 1 und 2), **oder wenn es durch ein Substantiv bezeichnet bzw. durch das Pronomen der dritten Person (Sg. oder Pl.) vertreten ist.** (Wird das Agens jedoch durch die 1. und 2. Pers. Sg. oder Pl. bezeichnet, so sind die Formen mit vorgefügten pronominalen Elementen (§ 27) obligatorisch.)

Di-Formen werden im folgenden zur Erleichterung für den Lernenden passivisch übersetzt.

Das Präfix *di* ist identisch mit der gleichlautenden Präposition zur Bezeichnung des Ortes der Ruhe (§ 47 a). Unter Heranziehung anderer indonesischer Sprachen ist es höchst wahrscheinlich, daß *di*-Formen ursprünglich den Instrumentalis, dann aber sekundär auch andere, allgemeinere Beziehungen des Verbs zum Subjekt im Sinne des anfangs Gesagten bezeichneten. Die allerdings gezwungen klingende Wiedergabe mit einem substantivierten Partizipium passivi (siehe die Beispielsätze) dürfte dieser Grundfunktion von *di*- am nächsten kommen[1]. (Siehe die Anfügung des Possessivsuffixes *nja*; Abschn. c IV.) Nach dem heutigen Stand der Sprache wird eine *di*-Form offenbar von ihren Sprechern als eine Verbalform empfunden; denn sie wird, wie Verben, mit *tidak* = *tak* „nicht" verneint (Abschn. b Satz 2).

b) Beispiele für Formen mit *di*- ohne Angabe des Agens sind:

1. *anak ini digigit* dieses Kind (war ein Gebissenes =) wurde gebissen. 2. *ia tidak dipukul* (er war nicht ein Geschlagener =) er wurde nicht geschlagen = man hat ihn nicht geschlagen.

Bemerkungen: 1. Von reflexiven Verben (§ 24 g) können keine *di*-Formen gebildet werden.

2. Von dem pränasalierten Verb *mengerti* „begreifen, verstehen" (zu *erti* Bedeutung) wird nur ausnahmsweise eine *di*-Form gebildet, z.B. *mudah dimengerti* leicht begriffen werden = leicht verständlich sein.

3. Die ihrer Form, nicht jedoch ihrer Bedeutung nach transitiven Verben *membuang* (fortwerfen) *air* (Wasser) „seine Notdurft verrichten, defäzieren", *menaruh* (hegen) *dendam* (Haß) *di* (im) *hati* (Herzen) = „Haß hegen" und einige andere können nicht mit *di*-konstruiert werden.

4. Bisweilen wird statt der *di*-Form *kena* „be-, getroffen sein von etwas" mit einem Verbalstamm (oder einem Substantiv) gebraucht, z.B. *kena pilih* = *dipilih* gewählt werden. (Dabei wird es sich um

---

[1] Siehe W. Aichele, Die altmalaiische Literatursprache und ihr Einfluß auf das Altjavanische, S. 46 ff. (Zeitschrift für Eingeborenen-Sprachen, Bd. XXXIII. 1942/43).

Analogiebildungen bzw. Lehnübersetzungen aus dem Minangkabau handeln, wo *kanai* ,,betroffen sein von" + Verbalstamm häufig so verwendet wird, z. B. *kanai himbau* gerufen werden. Minangkabau *kanai* ist von *kana* (= B.I. *kena*) mit dem Suffix *i* (= B.I. *-i*, § 34) abgeleitet.) Weitere Beispiele sind: *kena tipu* betrogen; *kena témbak* beschossen.

c) Formen mit *di-* haben jedoch sehr oft eine Agensangabe bei sich. Das Agens kann auf folgende Weisen angegliedert werden:

I. Das substantivische Agens folgt der *di-*Form unmittelbar. Grammatisch ist es ihr Attribut. (Siehe das in Abschn. a zum Ursprung von *di-* Gesagte.)

3. *anak ini digigit andjing itu* dieses Kind (war das Gebissene jenes Hundes =) wurde von jenem Hunde gebissen.   4. *kain jang kotor ini tidak ditjutji isterinja* dieser schmutzige Stoff ist nicht (das Gewaschene seiner Gattin =) von seiner Gattin gewaschen.

Bemerkung: Wenn einer *di-*Form *orang* ,,Mensch(en), Leute" folgt, so entspricht *di-* + Verbalstamm + *orang* etwa unserem unpersönlichen ,,man", z.B. *barang² ini tidak dibeli orang* diese Waren sind = waren nicht das Gekaufte von Leuten = diese Waren kauft(e) man nicht.

II. Das substantivische Agens kann der *di-*Form mittels *oléh* ,,Erlangtes, Besitz" nachgestellt werden (vgl. die Verwendung von *oléh* beim substantivischen Attribut, § 19 i). *Oléh* muß verwendet werden, wenn das Agens von der *di-*Form getrennt ist. Das ist z.B. der Fall, wenn die Handlung hervorgehoben werden soll, dann tritt die *di-*Form an den Satzanfang (Satz 5b); siehe auch Abschn. d.

5a. *anak ini digigit (oléh) andjing itu* dieses Kind (war das Gebissene, das jenes Hundes =) wurde von jenem Hunde gebissen. 5b. *digigit(lah) anak ini oléh andjing itu* das Gebissene war dieses Kind, das jenes Hundes = dieses Kind wurde von jenem Hunde gebissen.

III. Das durch *oléh* gekennzeichnete Agens kann an den Satzanfang und damit vor die *di-*Form treten. Das Subjekt, das Gegenstand der Handlung ist, kann fortgelassen werden, wenn es zur Genüge bekannt ist (siehe Abschn. l).

6. *oléh kebanjakan orang putih dipandang hina* (sie) sind das (*oléh*) der Mehrheit (*kebanjakan*) der weißen Menschen (als) gering (*hina*) Angesehene = von der Mehrzahl der Weißen werden (sie als) gering angesehen.

IV. Wenn das Pronomen personale der dritten Person Sg. oder Pl. das Agens ist, so wird es als Possessivsuffix (*nja*) an die *di-*Form gefügt.

7. *uang itu ditjurinja* jenes Geld war sein, ihr Gestohlenes = das Geld wurde von ihm, ihnen gestohlen.

Statt *-nja* wird der *di*-Form bisweilen das Pron. pers. *meréka (ini, itu)* der 3. Pers. Pl. als Attribut nachgestellt (siehe § 21 e).

8. *suara itu didengar meréka (itu)* die Stimme war das Gehörte von ihnen = die Stimme wurde von ihnen gehört.

Bemerkung: Statt *di-* + Wortstamm + *-nja* findet sich, wenn auch sehr selten, das Pron. pers. *ia* bzw. *meréka* + Verbalstamm, z.B. *mata nan hitam ia pandangkan* mit dunklen Augen schaut er (s. § 27b, Bemerkung). — Dabei handelt es sich vermutlich um Analogiebildungen zu denen mit *saja, kita* und *kami* + Verbalstamm (§ 27).

Selten stellt man der *di*-Form *oléhnja* nach, statt ihr das Possessivsuffix *nja* zu suffigieren.

9. *mengapa kamu dapat diusir oléhnja?* weshalb (*mengapa*) konntet (*dapat*) ihr die Fortgejagten sein, die von ihnen (*oléhnja*)? = weshalb konntet ihr von ihnen fortgejagt werden?

d) *Di*-Formen mit Agensangabe können zur Hervorhebung an den Satzanfang treten. Da *di*-Formen mit der unmittelbar folgenden Erläuterung (dem Agens), zum mindesten ursprünglich, eine feste Wortgruppe bilden, werden *-lah* (§ 8b) und *-kah* (§ 11d) an das Agens gefügt.

10. *dibunuh oranglah ular itu* eine Getötete von Leuten war jene Schlange = man hat die Schlange getötet. 11. *dibunuh orangkah ular itu?* war eine Getötete von Leuten jene Schlange? = tötete man die Schlange?

Auch die vorangestellte *di*-Form kann das Possessivsuffix *nja* annehmen, und zwar wenn eine substantivische Agensangabe (evtl. mit *oléh*) nachgestellt wird. Derartige Konstruktionen sind jedoch selten. Dadurch wird die *di*-Form + *-nja* hervorgehoben.

12. *digigitnjalah (si) Ali oléh andjing* sein Gebissener war (der) Ali, der eines Hundes = Ali wurde von einem Hunde gebissen. 13. *dilihatnja (oléh) radja* sein Gesehenes, das des Fürsten, (war es) = das Gesehene von ihm, dem Fürsten, (war es) = (es) wurde vom Fürsten gesehen.

Die *di*-Form steht in der Regel am Satzanfang, wenn der Gegenstand der Handlung unbestimmt ist. Sie ist dann jedoch nicht besonders hervorgehoben.

14. *dibelinja buku ditoko itu* sein Gekauftes war ein Buch in (*di*) jenem Geschäft = von ihm wurde in jenem Geschäft ein Buch gekauft = er kaufte in jenem Geschäft ein Buch.

e) *Di*-Formen (evtl. mit *-nja*) treten auch als Prädikat in der Aufforderung und deren Verneinung auf. Dadurch wird die Aufforderung unpersönlich und in gewisser Weise freundlicher.

15. *ditjabutlah gigi jang gojang!* Gezogene seien wackelnde Zähne!
= wackelnde Zähne müssen gezogen werden! = man ziehe
wackelnde Zähne!

f) Zusammengestellte Verben (§ 28), deren erste Komponente
ein transitives, deren zweite Komponente jedoch ein einfaches,
d.h. intransitives Verb (§ 7) ist, können auch mit *di-* konstruiert werden.
Dann tritt *di-* nur vor die erste Komponente.

16. *tikus dibawa terbang oléh elang* die Maus (war die Mitgenommene
fliegend, die des Habichts =) wurde im Fluge mitgenommen vom
Habicht (*membawa terbang* im Fluge mitnehmen).

Wenn jedoch ein transitives und ein einfaches Verb so eng miteinander verbunden sind, daß sie eine feste Wortgruppe bilden, so tritt
di- vor die erste und *-nja* hinter die zweite Komponente, z.B. *memberitahu* wissen (*tahu*) lassen (*memberi*; siehe § 28d) = mitteilen; *memberitahukan* etwas mitteilen: *diberi-tahukannja* ihr, sein Mitgeteiltes ist =
von ihnen, von ihm wird (wurde) mitgeteilt.

Wenn zwei transitive Verben kopulativ zusammengestellt sind
(§ 28g), so nehmen beide Komponenten *di-* an.

17. *maka dipeluk ditjium Baginda* und (sie) (waren die Umarmten
(und) Geküßten Seiner Majestät =) wurden von Seiner Majestät
umarmt (und) geküßt.

Im folgenden Satz ist von zwei zusammengestellten transitiven Verben
nur das zweite mit *di-* konstruiert.

18. *lampu mulai dipasang* (etwa: die Lampen begannen (als) Angezündete *(dipasang)* =) die Lampen begannen, angezündet zu
werden = man begann, die Lampen anzuzünden.

g) *Di*-Formen ohne Agensangabe können auch adverbial gebraucht
werden.

19. *pembunuh itu akan mati digantung* (etwa: der Mörder wird
sterben (als) Gehängter =) der Mörder wird durch Erhängen
sterben. 20. *orang itu mati dibunuh* (etwa: jener Mensch starb
(als) Getöteter =) jener Mensch starb eines gewaltsamen Todes.

h) *Di*-Formen ohne Agensangabe werden bisweilen durch das Possessivsuffix der 3. Pers. *nja* substantiviert (vgl. § 24o). Sie können dann
z.B. als Subjekt und Regens auftreten.

21. *didirikannja sekolah itu pekerdjaan orang itu* die Gründung der
Schule (wörtl. das Gegründetwerden von ihr *(didirikannja)*, der
Schule) war das Werk (*pekerdjaan*) jenes Mannes.

i) Formen mit *di-* können auch appositionell mit *jang* (§ 18) angegliedert werden. Das ist obligatorisch, wenn unser Relativpronomen
bei aktivischer Ausdrucksweise im Akkusativ steht, oder wenn der
deutsche Relativsatz passivisch konstruiert ist (vgl. § 24 j). ,,Der Mensch,

den Ihr Vater rief" bzw. „der Mensch, der von Ihrem Vater gerufen
wurde" wird daher folgendermaßen ausgedrückt:

22. *orang jang dipanggil ajah tuan.*
Mitunter (vor allem dann, wenn kein Agens angegeben ist) läßt man
jang fort.

23. *ini besi (di)tuang* dies ist (Eisen u. zw. Gegossenes =) Gußeisen.

Bemerkungen: 1. Statt einer appositionell mit oder ohne *jang*
nachgestellten *di*-Form verwendet man gerne ein Nomen mit *-an*
(§ 37) bzw. den reinen Verbalstamm, z.B. *daging ajam rebus(an)*
Fleisch eines gekochten Huhns.
2. Oft gehen den *di*-Formen Bildungen mit *ke-* + Wstm. + *-an*
(§ 41 e) parallel.

j) Durch *jang* gekennzeichnete *di*-Formen treten auch selbständig,
d.h. nicht appositionell, als Subjekt auf (vgl. *jang* beim Qualitativ
und beim einfachen Verb als Subjekt, § 18 g).

24. *si Alikah* (= P.) *jang dimakan* (= S.) *(oléh) buaja?* war es
(der) Ali, welcher der Gefressene (der) eines Krokodils war = ist
es Ali, der von einem Krokodil gefressen wurde? = wurde Ali
von einem Krokodil gefressen?

k) Einige Grundwörter nehmen bisweilen *oléh* + pronominales
Attribut (bzw. + Substantiv; vgl. § 19 j) hinter sich, ohne daß *di-* vor
sie tritt. Dabei können pronominale Attribute für alle Personen gebraucht werden. Werden diese Grundwörter jedoch mit *di-* versehen,
so müssen die in Abschn. a genannten Voraussetzungen erfüllt sein,
d.h. das Agens muß eine dritte Person sein, oder es darf nicht genannt
werden.

25. *hampir sadja aku dapat oléhnja* (beinahe — *hampir*, nur — *sadja*
=) es fehlte nicht viel (daran, daß) ich (ein Gefangener, der von
ihm (*oléhnja*), war =) von ihm gefangen wurde. 26. *dimana dapat
oléhmu?* wo (*dimana*) wurde (es) von dir gefunden?

l) Das Subjekt, d.h. der Gegenstand, auf den eine durch die *di-*
Form ausgedrückte Handlung gerichtet ist, wird nicht genannt,
wenn es zur Genüge aus dem Kontext bzw. aus der zusammenhängenden
Rede bekannt ist (siehe Abschn. c III Satz 6 und Satz 28). Bei zusammengestellten Sätzen kann auch eine Ergänzung (Objekt) zu einer
Form mit *me-* + Pnl. S. sein, sofern es unmittelbar vorhergeht. Es
wird dann im Satz mit der *di*-Form nicht genannt, z.B.

27. *ibu menggoréng pisang, lalu diberinja kepada anaknja* Mutter
briet Bananen (*pisang* = O.), dann (*lalu*) wurden (sie) von ihr an
ihr Kind = ihrem Kind gegeben = dann gab sie (sie) ihrem Kinde.

*Di-*Formen bieten also eine Möglichkeit zu Kürze im Ausdruck. Deshalb
haben manche Indonesier auch eine gewisse Vorliebe für diese Konstruktionen.

m) *Di*-Formen finden sich oft dann, wenn eine Handlung **abge-schlossen** bzw. **vergangen** ist, und besonders dann, wenn das nicht durch Zeitadverbien oder durch Aspektanzeiger (§ 7e) angegeben wird. Sie kommen deshalb oft im Verlauf von Erzählungen vor, wo Handlungen als in der Vergangenheit geschehen(d) geschildert werden.

28. *dia pergi duduk dikerosi disudut kamar. Lambat²* *dibukanja kotak tempat sigarét, lalu diambilnja sebuah, ditjotjokkannja kemulutnja, kemudian dipasangnja dengan korék api* er (ging (und)) setzte sich auf einen Stuhl in der Zimmerecke. Ganz langsam öffnete er (*dibukanja* wurde von ihm geöffnet) die Zigarettendose, dann nahm er (*diambilnja* wurde von ihm genommen) eine (*sebuah*), er steckte (sie) (*ditjotjokkannja* (sie) wurde von ihm gesteckt) in (*ke*) den Mund, darauf (*kemudian*) zündete er (sie) an (*dipasangnja* (sie) wurde von ihm angezündet) mit (*dengan*) einem Streichholz.

n) Schließlich sind *di*-Formen häufig nach Fragepronomina in **Subjektssätzen** anzutreffen.

29. *mengapa pula ditaruhnja disitu?* weshalb (*mengapa*) (war es) doch (*pula*), (daß sie) von ihm dort(hin) (*disitu*) gelegt wurde? = weshalb hat er (sie) doch dorthin gelegt? 30. *dimana pula disimpannja?* wo (*dimana*) (war es) doch, (daß sie) von ihr aufbewahrt wurde? = wo bewahrte sie (sie) doch auf? 31. *sedjak pabila dibiarkannja orang menunggu?* seit (*sedjak*) wann (*pabila*) (war es), (daß) von ihm warten gelassen wurden Leute? = seit wann ließ er Leute warten?

Übungssätze:

1. *pintu djangan dibuka!* — 2. *saja dipukul (oléh) bapak saja.* — 3. *pakaianku sudah ditjurinja.* — 4. *ditjarinjalah sahabatnja.* — 5. *badju jang digunting Minah belum didjahit.* — 6. *hikajat jang dikarangnja ini bagus.* — 7. *siapa(kah) jang dipanggilnja itu?* — 8. *gula itu djangan ditjampur dengan* (mit) *tepung!* — 9. *kain itu ditadjin.* — 10. *bunga jang laju ini belum disiram.* — 11. *rumahnja hendak* (soll) *didjualnja.*

§ 27. Verbalstämme mit vorgefügten pronominalen Elementen

a) In § 26 a wurde gesagt, daß *di*-Formen **nicht** gebraucht werden können, wenn **die 1. oder 2. Pers. Sg. oder Pl. das Agens** ist. Dann müssen nämlich pronominale Elemente vor den Stamm **transitiver** Verben gefügt werden. Sie werden zunächst dann gebraucht, wenn das Subjekt nicht mehr Ausgangspunkt der Handlung ist (wie bei den Formen mit *me-* + Pnl., § 24 a), sondern wenn es ihr **Gegenstand** ist. Für ihre Anwendung gilt also das in dieser Beziehung zu *di*- Gesagte.

Für die 1. und 2. Pers. Sg. treten *ku-* (familiär) = *saja* und *kau-*, für die 1. und 2. Pers. Pl. *kita, kami* und *kamu* vor den Verbalstamm.

Ku- und *kau-* werden mit ihm zusammengeschrieben. Alle genannten pron. Elemente sind vom Verbalstamm un trennbar. (Diese Formen sind in der 1. und 2. Pers. Pl. also nur dadurch von den Verben mit *me-* + Pnl. unterscheidbar, daß den Pronomina hier der Verbalstamm folgt statt *me-* + Pnl.) Es ergibt sich folgendes Schema:

> *kupukul = saja pukul* von mir wird geschlagen
> *kaupukul* von dir wird geschlagen
> *kita pukul* von uns (inkl.) wird geschlagen
> *kami pukul* von uns (exkl.) wird geschlagen
> *kamu pukul* von euch wird geschlagen.

Wenn man andere indonesische Sprachen zum Vergleich heranzieht, steht es m. E. fest, daß derartige Formen mit vorgefügten pronominalen Elementen ursprünglich substantivisch aufzufassen sind[1]), obwohl *tidak = tak* als Negationspartikel auftritt. Das geht unter anderem auch daraus hervor, daß *ku-* mit dem Possessivsuffix *ku* übereinstimmt, und daß *kita, kami* und *kamu* auch als Possessivpronomina auftreten (§ 21 e). (Für die 2. Pers. Sg. findet sich allerdings nicht das nach dieser Theorie zu erwartende Possessivsuffix *mu*, sondern *kau-*, das auch in *engkau* „du" enthalten ist und neben diesem als selbständiges Pron. vorkommt (§ 5 a). Es könnte sich deshalb bei der Präfigierung von *kau-* um eine Analogiebildung zu den Pronomina des Plurals handeln.) Diese Konstruktionen sind in der B.I. zum Teil höchstwahrscheinlich so entstanden, daß sich *ku-* und die Pron. pers. der 1. und 2. Pers. Pl. früher einmal an Stützwörter wie *oléh* „Erlangtes, Besitz" (vgl. § 26 k), *tempat* „Ort, Platz" (§ 47 k) oder *teman = kawan* „Gefährte" (§ 53 d) anlehnten. Das Regens (Stützwort) wurde dann vermutlich verkürzt und ist schließlich fortgefallen. Nunmehr mußten sich die bisherigen Possessivpronomina statt an das Regens an einen folgenden Verbalstamm anlehnen. So wurden sie zum Teil zu Präfixen. Da also nach dieser zuerst von W. Aichele vertretenen Theorie[2]) z.B. *ku/pukul* eigentlich „mein Geschlagenes" bedeutet, ist es verständlich, daß derartige Formen sowohl aktivisch als auch passivisch übersetzt werden können.

Der Unterschied zwischen diesen Konstruktionen und denen mit *me-* + Pnl. sei an folgendem Beispiel gezeigt (vgl. § 24 a). Auch diese Formen werden hier passivisch wiedergegeben, um sie dadurch von Verben mit *me-* + Pnl. zu unterscheiden.

> *aku* ————→ *memukul* ————→*andjing itu*
> ich (= Agens, S.) schlug (= P.) jenen Hund (= Gegenstand
>   der Handlung, Ergänzung, O.)
>
> *andjing itu* ←——————————————————— *kupukul*
> jener Hund (= Gegenstand der Handlung, S.) (war) mein Geschlagener (= P.) = jener Hund wurde von mir geschlagen = jenen Hund schlug ich.

[1]) Vergleiche A. Burgmann, Syntaktische Probleme im Polynesischen mit besonderer Berücksichtigung des Tonganischen, § 16 b (Zeitschrift für Eingeborenen-Sprachen, Bd. XXXII. Hamburg 1942).

[2]) Siehe W. Aichele, Die altmalaiische Literatursprache und ihr Einfluß auf das Altjavanische, S. 49 (ebenda, Bd. XXXIII. 1942/43).

andjing itulah ← ——————————————————————— *jang kupukul*
jener Hund (= Gegenstand der Handlung, P.) (war es), der mein
(= Agens) Geschlagener war (= S.) = jener Hund war es, der
von mir geschlagen wurde = ich schlug jenen Hund.

Aus diesen drei Sätzen ist folgendes ersichtlich:

Bei der Verwendung von *me-* + Pnl. ist das Agens Subjekt; es ist
hier das Pron. pers. der 1. Pers. Sg. (es könnten auch die Pron. der
2. Pers. Sg. sowie der 1. und 2. Pers. Pl. als solche auftreten). Die
Ergänzung (das Objekt) zum Verb mit *me-* + Pnl. ist der Gegenstand
der Handlung.

Bei der Verwendung von *ku-* etc. + Verbalstamm ist der Gegenstand der Handlung Subjekt; das Agens (Pron. pers. 1. oder 2. Sg.
bzw. Pl.) bleibt dann das Agens, wird aber als pronominales Element
(*ku-, kau-*) bzw. als volles Pronomen (*kita, kami, kamu*) vor den Verbalstamm gestellt.

Soll der Gegenstand der Handlung (das Objekt) in solchen Konstruktionen hervorgehoben werden, so wird er zum Prädikat
gemacht (und gerne mit dem Hervorhebungssuffix *lah* versehen), dem
jang + Form mit vorgefügtem pronominalem Element folgt.

b) Der Gegenstand der Handlung kann dann Subjekt oder Prädikat
(im Sinne der in § 1 Anmerkung 1 gegebenen Definition) werden. Er
ist in der B.I. Prädikat, wenn die Form mit vorgefügtem pronominalem
Element in Aussagen am Satzanfang steht. (Siehe jedoch Abschn. c).

1. *kupukul* (= *saja pukul*) (= S.) *andjingku* (= *andjing saja*)
(= P.) mein Geschlagener ist (= war) mein Hund = mein Hund
wird (= wurde) von mir geschlagen. 2. *kami buka* (= S.) *djendéla
ini* (= P.) unser (exkl.) Geöffnetes war dieses Fenster = dieses
Fenster wurde von uns geöffnet.

Der Gegenstand der Handlung ist in der B.I. Subjekt, wenn die
Form mit vorgefügtem pronominalem Element in der einfachen Aussage
an zweiter Stelle steht.

3. *andjingku* (= S.) *kupukul* (= P.) mein Hund war mein Geschlagener = mein Hund wurde von mir geschlagen. 4. *djendéla
ini* (= S.) *kami buka* (= P.) dieses Fenster war unser (exkl.)
Geöffnetes = dieses Fenster wurde von uns (exkl.) geöffnet.

Bemerkung: Nach Analogie zu den Formen mit *saja, kita, kami* und
kamu werden bisweilen auch *aku* (statt des gebräuchlicheren *ku-*),
engkau (statt *kau-*) oder *meréka, ia* (statt *di-* . . . . -*nja*) vor den Verbalstamm gefügt, z.B. *aku (engkau) bunuh ular ini* meine (deine) Getötete
ist diese Schlange = diese Schlange ist von mir (von dir) getötet
(s. § 24a).

c) Formen mit vorgefügten pronominalen Elementen können auch die
Hervorhebungspartikel *-lah* (§ 8b) bzw. in Entscheidungsfragen die Par-

tikel *-kah* (§ 11 d) annehmen. Beide treten stets hinter das pronominale Element + Verbalstamm, da diese untrennbar sind.

5. *kubajarlah utangnja itu* mein Bezahltes waren jene seine Schulden = von mir bezahlt wurden jene seine Schulden = jene seine Schulden wurden v o n m i r b e z a h l t. 6. *kaubajarkah utangnja itu?* waren dein Bezahltes jene seine Schulden? = wurden von dir bezahlt jene seine Schulden? = wurden jene seine Schulden v o n d i r bezahlt?

d) Die Negationspartikeln *tidak, tak, tiada* treten ebenfalls vor das pronominale Element + Verbalstamm.

7 a. *tidak = tak kubajar utangnja itu* nicht mein Bezahltes waren jene seine Schulden = jene seine Schulden wurden n i c h t v o n m i r b e z a h l t. 7 b. *utangnja itu tidak = tak kubajar* jene seine Schulden waren nicht mein Bezahltes = jene seine Schulden wurden nicht von mir bezahlt.

e) Derartige Formen kommen auch als Prädikat eines hortativen Satzes (Satz 8) sowie bei Aufforderungen und deren Verneinung vor (Satz 9). Ist der Gegenstand der Handlung (das Subjekt) zur Genüge bekannt, so braucht er nicht genannt zu werden (Satz 8).

8. *kutjarilah!* mein Gesuchtes (sei es)! = ich will (es) suchen! 9 a. *kaupéganglah*[1]) *ular ini!* dein Angefaßtes sei diese Schlange! = diese Schlange werde v o n d i r a n g e f a ß t! 9 b. *djanganlah kaupégang*[1]) *ular ini!* nicht sei dein Angefaßtes diese Schlange! = diese Schlange werde n i c h t v o n d i r a n g e f a ß t!

f) Werden Ausdrücke wie *hendaklah* (§ 12 f), *sudah, akan* (§ 7 e) oder *dapat* usw. (§ 28 a) gebraucht, so treten sie vor diese Formen.

10. *hendaklah kaupanggil si Amat!* möge dein Gerufener (der) Amat sein! = möge Amat v o n d i r g e r u f e n w e r d e n! 11 a. *sudah saja buka djendéla ini* bereits mein Geöffnetes war dieses Fenster = dieses Fenster ist v o n m i r g e ö f f n e t w o r d e n. 11 b. *djendéla ini sudah saja buka* dieses Fenster ist von mir geöffnet worden. 11 c. *djendéla ini akan (dapat) saja buka* dieses Fenster wird (kann) von mir geöffnet werden.

g) Formen mit vorgefügten pronominalen Elementen sind in Relativsätzen obligatorisch, wenn unser Relativpronomen bei aktivischer Ausdrucksweise im Akkusativ steht, oder wenn der deutsche Relativsatz passivisch konstruiert ist (siehe § 26 i). In solchen Fällen werden diese Formen mit *jang* angegliedert.

12. *orang jang kaupukul itu lari* der Mensch, der jener dein Geschlagener war, lief fort = der Mensch, den du geschlagen hast,

---

[1]) Hier wird *pégang* statt *pegang* gesprochen.

lief fort = der Mensch, der von dir geschlagen wurde, lief fort.
13. *barang² jang kami beli di toko itu mahal* die Waren, die unser
(exkl.) Gekauftes waren in (*di*) jenem Geschäft, sind teuer = die
Waren, die wir (exkl.) in jenem Geschäft gekauft haben, sind
teuer. 14. *aku melihat orang jang kautjari itu* ich sah den Menschen,
(der jener dein Gesuchter war =) der von dir gesucht wurde = den
du gesucht hast.

h) Durch *jang* gekennzeichnete Formen mit vorgefügten pronominalen
Elementen treten auch selbständig, d.h. nicht appositionell, als Subjekt
auf (siehe § 26 j). Das ist dann der Fall, wenn der Gegenstand der Handlung als Prädikat zur Hervorhebung am Satzanfang steht, aber auch
dann, wenn er hinter dem S. steht (Satz 15 b).

15a. *anakmukah* (= P.) *jang kaupukul* (= S.) *itu?* war es dein
Kind, welches jenes dein Geschlagenes war? = war es dein Kind,
welches von dir geschlagen wurde? = hast du dein Kind geschlagen? 15b. *jang kami pukul itu* (= S.) *anakmu* (= P.) das,
welches jenes unser (exkl.) Geschlagenes war, war dein Kind =
das, welches von uns (exkl.) geschlagen wurde, war dein Kind.
16. *anakkulah* (= P.) *jang kupukul itu* (= S.) mein Kind war es,
welches jenes mein Geschlagenes war = mein Kind war es, welches
von mir geschlagen wurde = ich habe mein Kind geschlagen.

Bemerkung: Man kann *jang* in solchen Fällen fortlassen.

i) Höflichkeitsausdrücke an Stelle von Pronomina personalia (§ 5 b)
treten ebenfalls vor den Verbalstamm.

17. *tuan buka djendéla ini!* Ihr Geöffnetes sei dieses Fenster!
= dieses Fenster werde von Ihnen geöffnet! 18. *ajah bajar
utangmu* Vaters Bezahltes sind deine Schulden = deine Schulden
werden von Vater = von mir bezahlt.

Bemerkung: In letzter Zeit werden bisweilen statt Formen mit
vorgefügten pronominalen Elementen solche mit *di-* (§ 26) gebraucht,
z.B. *mengapa obatmu tidak diminum?* weshalb wird deine Arznei nicht
getrunken? (*diminum*, statt: *kauminum* von dir getrunken).

j) Nach dem in diesem und im §26 Gesagten dürfte es deutlich sein, daß
die Hervorhebung von Satzteilen durch Betonung (wie im Deutschen)
in der B.I. im allgemeinen nicht möglich ist. Statt dessen ist hier jeweils
eine besondere Konstruktion erforderlich. Dabei gilt als Grundregel,
daß jeder Satzteil, der im Deutschen durch Betonung hervorgehoben
wird, in der B.I. zum Prädikat gemacht werden muß. Diese Regel
erfordert besonderes Umdenken, das deshalb an Hand eines Beispiels
noch einmal gezeigt werden soll.

19a. *kaupanggilkah anakmu?* war dein Gerufenes (P.) dein Kind
(S.)? = wurde dein Kind von dir gerufen? = hast du dein Kind
gerufen? 19b. *anakmu jang kaupanggil itu?* war es dein Kind,
welches jenes dein Gerufenes war? = war es dein Kind, welches

von dir gerufen wurde? = hast du **dein Kind** gerufen? 19c. *eng-kaukah jang memanggil anakmu?* warst du es, der dein Kind rief? = hast du dein Kind gerufen?

Übungssätze:

1. surat ini kutulis. — 2. tidak saja buka pintu ini. — 3. tali jang kami pintal itu kurang kuat. — 4. kamu bunuhkah babi hutan ini? — 5. babi hutan jang kamu bunuh itu? — 6. kamukah jang membunuh babi hutan itu? — 7. siapa jang kautjari itu? — 8. Hasanlah jang kutolong itu. — 9. ia mentjuri uang jang kusimpan padanja (bei ihm). *— 10. hilanglah surat jang kutulis itu. — 11. engkau tidak akan kami tolong.*

§ 28. Zusammengestellte Verben — Hilfsprädikatwörter

a) Es gibt in der B.I. eine Anzahl einfache Verben (§ 7), die fast nur vor anderen Verben vorkommen. Sie dienen als H i l f s p r ä d i k a t - w ö r t e r. Zu ihnen gehören:

dapat = bisa (vor allem auf Java gebräuchlich) **können**	*hendak* **wünschen, mögen**
boléh **dürfen**	*mau* **wollen**
harus **müssen**	*suka* **etwas gerne tun**
	tahu **verstehen, imstande sein**

1. *saja dapat (tahu) berenang* ich kann (verstehe = bin imstande, zu) schwimmen. 2. *pengamuk itu tidak bisa ditangkap polisi* der Amokläufer konnte nicht von der Polizei gefangen werden. 3. *ia hendak pulang* er möchte heimkehren. 4. *anak ini suka makan manisan* dieses Kind liebt es, Süßigkeiten (*manisan*) zu essen = dieses Kind ißt gern Süßigkeiten.

Zur emotionellen Hervorhebung werden die Hilfsprädikatwörter bisweilen durch ein Pron. pers. vom Verb getrennt.

5. *boléh kau diam disini serumah dengan aku, tapi harus kau tahu sendiri* du d a r f s t (zwar) hier (*disini*) zusammen mit mir (*serumah dengan aku*) wohnen, aber (*tapi*) du m u ß t es selbst wissen.

b) Bei der Hervorhebung und in der Entscheidungsfrage treten die Suffixe *lah* und *kah* an die an den Satzanfang gestellten Hilfsprädikatwörter.

6. *boléhlah dipetik buah itu* die Früchte d ü r f e n gepflückt werden. 7. *dapatkah (= tahukah) tuan berenang?* k ö n n e n Sie (= v e r - s t e h e n Sie es, zu) schwimmen? 8. *kain ini, sukakah tuan membelinja?* dieser Stoff, möchten Sie ihn kaufen? = m ö c h t e n Sie diesen Stoff kaufen?

c) Daneben kommen jedoch auch andere einfache Verben in Zusammenstellungen mit abgeleiteten Verben vor, die nicht als Hilfsprädikatwörter auftreten.

9. *ia datang bertanja* er kam fragen = er kam, um zu fragen.

d) *Turut* „(folgen =) mittun" bzw. *ikut* „folgen" entsprechen etwa deutschem „mit-", z. B. in „mitspielen, mitarbeiten". Die Verben *(mem)beri* „geben = veranlassen", *membawa* „veranlassen", *membikin* „machen = veranlassen" und *suruh* „befehlen, beauftragen" werden gelegentlich vor Qualitativa bzw. vor (transitiven) Verben gebraucht, um sie kausativ zu modifizieren.

10. *ia turut bekerdja* er arbeitet mit. 11. *badannja tidak ikut tumbuh* sein Körper wuchs nicht mit. 12. *telah engkau beri malu aku* du hast mich verlegen (*malu*) gemacht = beschämt. 13. *radja² itu membawa dia duduk sama tinggi* die Fürsten ließen ihn gleich (*sama*) hoch sitzen (d.h. sie behandelten ihn als Gleichberechtigten). 14. *meréka jang membikin aku mendjadi pembunuh ajahku sendiri* sie waren es, die mich zum Mörder (*pembunuh*) meines eigenen (*sendiri*) Vaters werden ließen. 15. *pekerdjaan itu saja suruh kerdjakan oléh isteri saja* jene Arbeit ließ ich von meiner Frau tun.

Bemerkungen: 1. Wegen des Gebrauchs des Verbalstammes nach *engkau* und *saja* (Satz 12 und 15) siehe § 27.

2. Möglicherweise ist die obige Verwendung von *beri* und *membawa* auf Beeinflussung durch das Minangkabau zurückzuführen. Im Minangkabau sagt man z.B. *mambari malu* verlegen machen = beschämen (*mambari* entspricht B.I. *memberi*), *mambaŏ makan* essen lassen (*mambaŏ* entspricht B.I. *membawa*).

e) Bisweilen treten auch zwei Hilfsprädikatwörter vor ein Verb.

16. *ia harus dapat menjatakan* ... er mußte (*harus*) erklären (*menjatakan*) können (*dapat*) ...

f) Wenn *habis* „verbraucht, fertig sein" (§ 7 e Bemerkung 2) einer Verbalform nachgestellt wird, so läßt es sich wiedergeben mit „aus-", wie in „ausverkauft, ausgebrannt".

17. *saja akan terus berusaha supaja buku² ini terdjual habis* ich werde mich weiterhin (*terus*) bemühen (*berusaha*), damit (*supaja*) diese Bücher ausverkauft werden (*terdjual habis*).

g) Es können auch zwei pränasalierte Verben (§ 24) kopulativ zusammentreten. Wir verbinden sie mit „und". (Wegen der *di*-Formen dazu siehe § 26 f.)

18. *bunda memeluk mentjium adik kami* Mutter umarmte (und) küßte unseren (exkl.) jüngeren Bruder.

h) Schließlich sind noch solche Fälle zu erwähnen, in denen einem Verb *sama* „zusammen" bzw. *pulang* „heimkehren = heim-" (z.B. heimbringen) nachgestellt werden.

19. *ia bekerdja-sama dengan djawatan²* er arbeitete zusammen mit (*dengan*) den Behörden (*djawatan²*). 20. *pembatja tidak diizinkan untuk membawa buku itu pulang kerumahnja* den Lesern (*pembatja*)

ist es nicht gestattet (*diizinkan*), das Buch heimzubringen (*membawa bringen, pulang* heimkehren) = mitzunehmen nach (*ke*) Hause.

Übungssätze:

1. anak² tidak boléh minum anggur. — *2. saja hendak membeli kain ini.* — *3. Ali belum mau pulang.* — *4. saja tidak bisa makan, sebab (*weil*) gigi saja sakit* — *5. boléh saja makan, mak?*

§ 29. Zustandswörter mit *be(r)-*, *bel-* + Wortstamm

a) Die Präfixe *be(r)* bzw. *bel* können vor Substantive treten. Formen mit *ber-*, *bel-* bezeichnen im allgemeinen einen Zustand; sie werden hier deshalb Zustandswörter genannt. Ihnen werden weder *di* (§ 26) noch pronominale Elemente (§ 27) präfigiert. Sie bezeichnen vorwiegend:

1. das haben, besitzen, was das Grundwort bezeichnet, z.B. *berbuah* Früchte (*buah*) haben, *bersahabat* einen Freund (*sahabat*) besitzen;
2. das gebrauchen, benutzen, was das Grundwort bezeichnet, z.B. *bersepéda* ein Fahrrad (*sepéda*) benutzen = radfahren; *berdjalan* einen Weg (*djalan*) benutzen = gehen;
3. das hervor-, zustandebringen, was das Grundwort bezeichnet, z.B. *bertelur* Eier (*telur*) legen; *beranak* ein Kind (*anak*) hervorbringen = gebären; *berpidato* eine Ansprache (*pidato*) halten.

Daneben gibt es noch derartige Formen mit speziellen Bedeutungen (Abschn. c).

Bei der Bildung von Zustandswörtern ist folgendes bemerkenswert:

α) Wenn das Grdwt. mit *r* oder *l* beginnt, oder wenn die erste Silbe auf *er* endigt, so wird meistens *be-* statt *ber-* gesprochen und geschrieben, z.B. *be/ratus²* zu Hunderten (*ratus* hundert), *belajar* segeln (*lajar* Segel), *be/kerdja* arbeiten (*kerdja* Arbeit); aber: *ber/lari* (fort)laufen, *ber/lima* zu fünft sein.

β) Bei *beladjar* „lernen" (zu *adjar* Lehre) und bei (*duduk*) *belundjur* mit ausgestreckten Beinen sitzen (zu *undjur*) ist infolge des auslautenden *r* des Grundwortes das *r* von *ber-* zu *l* dissimiliert.

Zustandswörter werden wie andere Verben im Satze behandelt.

1. *giginja berdarah* seine Zähne (besitzen Blut =) sind blutig = bluten (*darah* Blut). 2. *kenapa kuli² tidak bekerdja hari ini?* weshalb (*kenapa*) (haben nicht Arbeit =) arbeiten die Arbeiter heute (*hari ini*) nicht? (*kerdja* Arbeit).

Ber- kann auch vor abgeleitete Nomina treten.

3. *ia berpendapat, ...* er hat die Auffassung = er ist der Ansicht, ... (*pendapat* Auffassung, Meinung, Ansicht, zu *dapat*, *mendapat* erfahren, antreffen).

b) Kopulative Wortgruppen (§ 22) und Substantive mit Erläuterungen werden ebenso wie einfache Substantive behandelt.

4. *anak ini tidak beribu-bapak lagi* dieses Kind (ist nicht mehr im Besitz von Mutter (und) Vater *(ibu-bapak)* =) hat keine Eltern mehr. 5. *segala hulubalang itu berbadju mérah* alle jene Vorkämpfer haben = tragen rote Jacken. 6. *Ali berkuda tiga ékor* Ali besitzt drei Pferde.

c) In manchen Fällen entspricht *ber-* + Substantiv jedoch besonderen Ausdrücken im Deutschen, z.B. *bermalam* übernachten (*malam* Nacht), *berlutut* knien (*lutut* Knie).

7. *tiga hari lamanja kami bermalam dikota Djakarta* drei Tage (die Dauer davon =) lang übernachteten wir (exkl.) in (*di*) der Stadt Djakarta. 8. *anak itu berlutut* das Kind kniet.

Vor Berufsbezeichnungen geben wir *ber-* gelegentlich mit „etwas sein" wieder. Diese Übersetzung ergibt sich, wenn wir solche Formen interpretieren als „den ...-beruf haben".

9. *ia berguru* er (hat den Lehrerberuf =) ist Lehrer (aber auch: er hat einen Lehrer = ist in der Lehre).

d) Die Pron. pers. *aku* „ich" und *engkau* „du" können ebenfalls *ber* vor sich nehmen. *Beraku dan berengkau* bedeuten „ich und du gebrauchen = einander duzen".

10. *kami beraku dan berengkau dengan teman² kami* wir (exkl.) duzen uns (exkl.) mit (*dengan*) unseren Gefährten.

Bemerkung: *Ber-* erscheint auch in *berapa* „wieviel(e)?" (§ 14 d), zu *apa* „was?".

e) Auch Kardinalia können *ber-* vor sich nehmen. So entstehen zahlenmäßige Benennungen von Gruppen.

11. *kami berlima* wir (exkl.) sind zu fünft. 12. *orang itu berdjalan bertiga beranak* jener Mensch geht (*berdjalan*) (zu dritt seiend, Kinder habend =) zu dritt mit seinen beiden Kindern.

Ber- + iterierte Kardinalzahl bildet distributive Zahlen.
13. *maka naiklah saja ber-tiga²* (= *bertiga-tiga*) und wir (*saja*) stiegen zu drei und drei = zu je dritt hinauf = an Land.

Vor den iterierten höheren Zahleinheiten gibt *ber-* unser „zu Hunderten, zu Tausenden" usw. wieder.

14. *be-ratus²* (= *beratus-ratus*) *orang mati* zu Hunderten starben die Menschen = Hunderte von Menschen starben.
Bemerkung: In dieser Funktion findet sich *ber-* auch vor Zeitangaben, z.B. *ber-djam²* (= *berdjam-djam*) stundenlang (*djam* Stunde), *ber-tahun²* jahrelang (*tahun* Jahr).

f) Intransitive Verbalstämme können ebenfalls *ber* vor sich nehmen. Dadurch wird die Dauer der Handlung (Zustand) oder der Progressiv (dabei sein, etwas zu tun) bezeichnet. Diese Verbalstämme sind nur selten ohne *ber-* in Gebrauch.

15. *Sukiman berbaring diatas tilam* Sukiman liegt (an der Oberseite *(diatas)* einer Matte =) auf einer Matte. 16. *berhentilah keréta api* die Eisenbahn **hielt**. 17. *sedjak malam angin bertiup* seit *(sedjak)* der Nacht bläst der Wind (= ist der Wind dabei, zu blasen).

g) *Ber* kann auch vor **Qualitativa** treten, die durch ein nachgestelltes Substantiv erläutert sind und mit ihm eine feste Wortgruppe bilden (s. § 53 v).

18. *ia berbesar hati* er ist (großherzig =) stolz. 19. *anak gadis ini bermanis muka* dieses (Kind u. zw. Jungfrau =) junge Mädchen ist lieblich von Angesicht.

Es findet sich auch vor kopulativen qualitativen Wortgruppen, so z. B. vor *terus-terang* aufrichtig sein (eine aufrichtige Haltung einnehmen).

20. *Opén, engkau harus berterus-terang* Open, du mußt *(harus)* aufrichtig sein.

h) **Transitive** Verben können statt *me-* + Pnl. (§ 24) *ber* vor den Stamm nehmen. Dadurch wird bezeichnet, daß die Tätigkeit andauert, oder daß sie progressiv aufzufassen ist. Ergänzungen (Objekte) zu der Form mit *me-* + Pnl. können bei der Umwandlung in *ber*-Formen übernommen werden. Die Ergänzung ist dann meistens unbestimmt.

21a. *ia mendjual kuda* er verkauft Pferde. 21b. *ia berdjual kuda* er verkauft ständig Pferde = er handelt mit Pferden. 22. *Baginda belum semajam, karena masih bersalin pakaian* Seine Majestät thront *(semajam)* noch nicht *(belum)*, weil *(karena)* (sie) noch dabei ist, Kleider zu wechseln.

Ber- und *me*-Formen können in **einem** Satz auftreten. Bisweilen hat ein und derselbe Wortstamm verschiedene Bedeutung, je nachdem, ob *me-* + Pnl. oder ob *ber-* davor tritt, z.B. *meng/angkat* hochheben, fortnehmen etc. — *ber/angkat* aufbrechen, fortgehen; *mem/buka* etwas öffnen — *ber/buka* das muhammedanische Fasten brechen (die Ergänzung *puasa* „Fasten" kann fortgelassen werden).

23. *laki² pergi berburu dan memantjing* die Männer gingen jagen *(berburu)* und *(dan)* angeln *(memantjing)* (*memburu* verfolgen; *berburu* etwa: dauernd verfolgen = jagen).
Bemerkung: In einigen Fällen entspricht die Form mit *me-* + Pnl. einem **transitiven**, die *ber*-Form jedoch einem **intransitiven** Verb, z.B. *meng/gantung* etwas aufhängen — *ber/gantung* (herab)hängen; *meng/ikut* jemandem folgen — *berikut* folgen(d).

i) Auch feste kopulative Wortgruppen, die aus zwei Verben bestehen, können *ber-* annehmen; es tritt jedoch nur vor das erste Verb.

24. *orang berdjual-beli dipasar* man (ist dabei, zu verkaufen (und) zu kaufen =) treibt Handel auf *(di)* dem Markt.

j) Einige *ber*-Formen, die von transitiven Verben (mit Objekt) abgeleitet sind, lassen sich im Deutschen reziprok bzw. reflexiv auffassen. Das ist jedoch keine besondere Funktion von *ber*-, sondern sie ergibt sich vor allem aus der Situation und durch das pluralische Subjekt. Außerdem ist von Belang, in welche europäische Sprache man übersetzt.

25. *orang muda itu bertukar tjintjin* jene jungen Leute waren dabei, Ringe zu tauschen = jene jungen Leute tauschten Ringe miteinander. 26. *kedua sahabat itu berdjabat tangan* die beiden Freunde waren dabei, die Hand zu drücken = die beiden Freunde drückten einander die Hand. 27. *bapaku bertjukur* mein Vater ist beim Scheren = mein Vater rasiert sich.

Dafür, daß es sich bei der reziproken Wiedergabe nicht um eine besondere Funktion von *ber*- handelt, spricht auch, daß derartige Formen zum Ausdruck der Reziprozität *silih* bzw. *saling* „einander" (§ 44 h) vor sich haben können.

28. *prosa dan puisi silih berganti* Prosa und Poesie wechseln miteinander.

k) Bisweilen stehen *ber*-Formen als Apposition (ohne *jang*), wo eine *di*-Form (§ 26) zu erwarten wäre, z.B. *beras bertumbuk* gestampfter Reis; *beras bergiling* gemahlener Reis.

l) Bei der Aufforderung und ihrer Verneinung bleibt *ber*-.

29a. *bermalamlah disini!* übernachte(t) hier! 29b. *djangan bermalam disini!* übernachte(t) hier nicht! 30. *berdirilah!* bleib(t) stehen! 31. *berpeganglah pada sekeping papan!* halte (dich) an einem (Stück) Brett fest!

m) *Ber*-Formen können durch ein nachgestelltes Demonstrativ bzw. durch das Possessivsuffix der 3. Pers. *nja* substantiviert und zum Subjekt, Regens oder Rektum gemacht werden. (Siehe auch §§ 24 n—o und 26 h.)

32. *berdjudi itu berbahaja* das Hasardspielen (*berdjudi*) ist gefährlich. 33. *berangkatnja Présidén belum ditetapkan* die Abreise des Präsidenten ist noch nicht festgesetzt. 34. *aku masih ingat hari berangkatnja* ich erinnere noch den Tag seines Aufbrechens = seines Aufbruches.

n) *Ber*-Formen können auch *jang* vor sich nehmen, um dann als Apposition, Subjekt oder Prädikat aufzutreten (vgl. § 18 g).

35. *orang jang berdjual kuda itu si Ali* der Mensch, jener mit Pferden Handelnde, = der mit Pferden handelt, ist Ali. 36. *sajalah jang berdjalan dulu* ich bin es der zuerst (früher) geht.

Bemerkung: *Ber*-Formen haben vereinzelt dazu geführt, daß von vokalisch anlautenden Grundwörtern durch irrtümliche Silbentrennung ein sekundäres Grundwort gebildet ist, welches mit *r* anlautet, so z. B. von *ber/apung* „auf dem Wasser treiben" der Sekundärstamm *rapung*, in: *me/rapung* „auf dem Wasser treiben", oder von *ber/ubah* „sich ändern" der Sekundärstamm *rubah*, in: *me/rubah* (neben *meng/ubah*) „verändern, reformieren".

Übungssätze:

1. bersusah hatilah saja. — 2. gadis² Lampung, banjak jang bertenun kain. — 3. meréka berempat, kami berdua. — 4. meréka berdua berangkat. — 5. ada lagi be-ribu² manusia jang lain. — 6. kita mengenal ber-djuta² literatur. — 7. badannja berpeluh. — 8. bait pantun berisi empat baris. — 9. buku ini berisi sedjarah jang resmi. — 10. tjontoh² pakaian itu diambil meréka dari (von, aus) ber-matjam² kitab. — 11. djangan berkata! — 12. ber-djam² meréka mendjatuhkan (fallen lassen) pantjingnja. — 13. saja akan berdjalan kaki. — 14. kami berempat bersama-sama bersepéda keluar (aus) kota. — 15. engkau harus mandi bersabun.

§ 30. Nomina mit *pe(r)-*, *pel-* + Wortstamm

a) Wenn *be(r)-*, *bel-* durch *pe(r)-*, *pel-* ersetzt wird, entstehen die entsprechenden Nomina zu den in § 29 behandelten Formen. Sie bezeichnen sehr oft das **Agens** (den **Täter**). Dabei tritt das Dauernde, Berufsmäßige in den Vordergrund.

1. berapakah peladjar jang lulus udjian itu? wieviele waren die (Lernenden =) Schüler, welche die Prüfung (*udjian*) bestanden? (*adjar* Lehre, *beladjar* lernen). *2. orang pertapa itu hidup makan taruk kaju sadja* jener (Mensch u. zw. Asket =) Einsiedler lebt nur vom Essen von Baumschößlingen (*bertapa* Askese verrichten). *3. ia bukan pelari* er ist kein (dauernder Fortläufer =) Deserteur (*belari* fortlaufen).

Bemerkungen: 1. Es fällt auf, daß bei einigen Nomina *pe-* und nicht *per-* präfigiert ist, obgleich das Zustandswort das Präfix *ber-* aufweist, z.B. *pedagang* Händler (*berdagang* Handel treiben) und *petani* Bauer (*bertani* Ackerbau treiben). In solchen Fällen scheint mir daher Vorsicht geboten, um es mit dem vorstehenden *per-* zu identifizieren (vgl. § 39 e).
2. Bei *pelaut* „Seemann" dürfte das in § 25 behandelte Präfix *pe-* (+ Pnl.) vorliegen; denn von dem Grdwt. *laut* „Meer" wird auch die Verbalform *melaut* „seewärts fahren" gebildet.

b) *Pe(r)-* + Wortstamm entspricht bisweilen im Deutschen ein **substantiviertes Partizipium passivi**, das eine Person oder eine Sache bezeichnet.

4. Nabi Muhammad pesuruh Allah der Prophet Muhammad ist der (Beauftragte =) Gesandte Allahs. *5. uang ini petaruhku* dieses Geld ist mein (in Verwahrung Gegebenes =) Pfand.

c) In Verbindung mit Zahlwörtern werden Nomina mit *pe(r)-* gelegentlich zu **Maß-** und **Zeitangaben** verwendet.

6. *anugerah Baginda hanja sepersalin pakaian sadja* das Geschenk Seiner Majestät war allein nur ein (*se-*) Paar Kleider (*bersalin* (Kleider) wechseln). 7. *saja pergi sepertanak sadja* ich gehe nur eine Reiskochenslänge fort (d. s. etwa 20 Minuten) (*bertanak* Reis kochen).

§ 31. Bildungen mit *te(r)-* + Wortstamm

a) *Ter-* bzw. *te-* (oft vor *r* und *l*) vor Verbalstämmen bezeichnet in der Regel einen **spontan, unerwartet eingetretenen Zustand.** Diese Formen stehen damit im Gegensatz zu denen mit *di-* (§ 26), die eine gewisse Absicht voraussetzen, und die zum Ausdruck bringen, daß die Tätigkeit als solche geschieht, geschah oder geschehen wird; sie wird nicht als Zustand aufgefaßt.

*Ter-*Formen werden von intransitiven und von transitiven Verbal-stämmen gebildet. Sie werden häufig ohne Agensangabe gebraucht. *Ter-*Formen kommen auch bei der verneinten Aufforderung vor (Satz 3).

1. *anak itu tertidur* das Kind ist in Schlaf gefallen = eingeschlafen (*tidur* schlafen). 2. *kitab saja tertinggal disekolah* mein Buch blieb (versehentlich) in (*di*) der Schule (*tinggal* bleiben). 3. *djangan terdjatuh!* komm nicht zu Fall! (*djatuh* fallen). 4a. *segala pintu ditutup* alle Türen wurden = werden geschlossen. 4b. *segala pintu tertutup* alle Türen sind = waren geschlossen.

Bemerkung: Vor transitiven Verbalstämmen tritt die spontane Funktion von *ter-* bisweilen zugunsten der Bezeichnung des Zu-standes zurück, so bei *tertjétak* gedruckt sein.

b) *Ter-*Formen können durch eine Agensangabe erläutert werden, wenn sie von **transitiven** Verben abgeleitet sind. Das Agens wird, im Unterschied zu den *di-*Formen, in der Regel mittels *oléh* nachgestellt. Da solche Formen keine pronominalen Elemente (§ 27) vor sich nehmen können, wird das pronominale Agens mit *oléh* + pron. Attribut (Pos-sessivsuffix) (§ 21) nachgestellt (z.B. *teringat oléhku* erinnert wurde von mir).

5. *pintu terbuka oléh angin* die Tür ist = wurde vom Winde geöffnet.

c) *Ter-*Formen ohne Agensangabe können mit oder ohne *jang* appo-sitionell hinter ein Substantiv treten.

6. *ta'adalah emas terupam* poliertes Gold ist **nicht vorhanden** (*meng/upam* polieren). 7. *kepada Tuan jang terhormat* an den geehrten Herrn.

d) Sie kommen auch als zweite Komponente von Wortgruppen vor, deren erste Komponente ein intransitives Verb ist.

8. *anaknja djatuh terlantar* sein Kind (fiel, verwahrlost seiend =) verfiel in den Zustand der Verwahrlosung. 9. *ia menangis tersedu-*

sedu sie weinte (in den Zustand des heftig Schluchzens geraten =)
heftig schluchzend.

e) Von den *be(r)*-Formen (§ 29) werden spontane Zustandswörter
gebildet, indem *be(r)*- durch *te(r)*- ersetzt wird.

10. *terhentilah keréta api itu* der Zug hielt (*berhenti* aufhören,
halten). 11. *segala hal itu terpikir oléhnja* alle jene Umstände
(wurden spontan von ihm bedacht =) kamen ihm zum Bewußtsein (*berpikir* nachdenken).

f) Einige *ter*-Formen haben eine spezielle Bedeutung, so z.B. *terlalu*
(zu *lalu* vorbeigehen), das „sehr, allzu" bedeutet (wörtlich: vorüber-
gegangen).

12. *kain ini terlalu mahal* dieser Stoff ist sehr = allzu teuer.

Bemerkung: *ter/tawa* „lachen" wird als Grundform angesehen, d.h.
ter- ist hier zum festen Bestandteil geworden.

g) Bisweilen werden *ter*-Formen, die von transitiven Verben abgeleitet sind, durch eine mit *akan* „in bezug auf" (§ 53 n) bzw. *kepada*
„nach ... hin" (§ 48 a) angegliederte Erläuterung ergänzt.

13. *Muhammad Tahir terkenang akan ibunja* M.T. geriet in den
Zustand des Denkens (*kenang*) in bezug auf = an seine Mutter
= M.T. dachte unerwartet an seine Mutter. 14. *Maharadja Puspa
Ramapun datanglah serta terpandang kepada Sri Rama* der Groß-
fürst P.R. kam und (*serta*) (geriet unerwartet in den Zustand des
Blickens nach S.R. =) erblickte unerwartet S.R.

h) Bisweilen werden *ter*-Formen mittels des Possessivsuffixes der
3. Pers. *nja* substantiviert. (Siehe auch §§ 24n—o; 26h und 29m.)

15. *terdjadinja ketjelakaan itu belum terang* das Geschehen(sein) des
Unfalles ist noch nicht deutlich = es ist noch nicht deutlich, wie
der Unfall geschah.

i) In positiven Sätzen hat *ter*- selten, in negativen hingegen sehr oft
potentiale Funktion.

16. *terpikulkah beban ini oléh tuan?* ist diese Last von Ihnen tragbar?
= können Sie diese Last tragen? 17. *djahatnja anak ini tidak
terkata* die Boshaftigkeit dieses Kindes ist unsagbar.

Bemerkungen: 1. Wegen *teper-, tepel-* siehe § 32 e.
2. *Ter-* zur Bezeichnung des Superlativs ist in § 57b behandelt.

Übungssätze:

*1. dua anak terbunuh. — 2. maka ditikam oléh Hang Tuah, tertikam
pada papan dinding istana itu. — 3. pengamuk itu tertangkap oléh polisi. —
4. terdengar oléh Hang Djebat suara laksamana. — 5. produksi dan
konsumsi tidak terpisah. — 6. si Ali jang tertuduh itu. — 7. masih ter-
ingatkah oléhmu? — 8. pengarang itu terkenal di-* (in) *seluruh dunia. —
9. ia pernah terlihat oléh kami bersepéda dengan* (mit) *gadis itu.*

§ 32. Verben mit *mempe(r)*- und *tepe(r)*- bzw. *tepel-* + Wortstamm

a) *Mempe(r)*- verwandelt Substantive und Qualitativa, selten auch andere Wortarten, in kausative Verben. Es läßt sich wiedergeben mit „zu dem machen, bzw. das hervorrufen, was das Grundwort bezeichnet". Von diesen Verben werden auch *di*-Formen (§ 26) und Formen mit vorgefügten pronominalen Elementen (§ 27) gebildet; dann wird *mem-* weggelassen.

1. *ia memperisteri anak kepala kampung* er macht zur Gattin (*isteri*) = heiratet eine Tochter des Dorfhauptes. 2. *seorang bangsa Inggeris diperadja oléh orang Serawak* ein (Mensch der englischen Nation =) Engländer wurde von den Serawak-Leuten zum Fürsten (*radja*) gemacht. 3. *ta' boléh kauperselimut kain sarungku* nicht darf von dir zur Decke (*selimut*) gemacht werden mein Kleiderstoff = du darfst meinen Kleiderstoff nicht als Decke benutzen. 4. *meréka itu mempertjepat langkahnja* sie (ließen schnell (*tjepat*) sein =) beschleunigten ihre Schritte.

Bisweilen steht *per-* statt *memper-* (vgl. § 24a).

5. *akupun pertjepat langkahku* ich meinerseits beschleunigte meine Schritte.

b) Auch Zahlen sowie die Negationspartikel *tidak* „nicht" (§ 9 c) werden mittels *memper-*, *diper-* usw. (Abschn. a) in kausative Verben verwandelt.

6. *daging ini akan diperlima* dieses Fleisch wird gefünfteilt werden (*lima* fünf, *memperlima* fünf sein lassen = fünfteilen). 7. *saudagar itu mempertidak kesungguhan utangnja* jener Kaufmann (läßt nicht sein =) stellt die Richtigkeit (*kesungguhan*) seiner (Schulden =) Verschuldung in Abrede.

c) Bei der Aufforderung und deren Verneinung ist *per-* + Wstm. gebräuchlich.

8. *perbaiklah kelakuanmu!* (laß gut (*baik*) sein =) verbessere dein Betragen! 9. *djangan (engkau) perdéstar pula déstar si Ali!* benutze (du) nicht wieder Alis Kopftuch als Kopftuch!

Bemerkung: Das kausative *per-* setzt sich vom sprachvergleichenden Standpunkt gesehen aus dem eigentlich kausativen *p(a)* und **er,* das auch in dem Zustandspräfix *ber-* enthalten ist, zusammen. Ein solches *er-* kommt z.B. im Karobatak (Sumatra) vor.

d) In manchen Fällen findet sich ein mit dem vorstehend behandelten Präfix gleichlautendes *(mem)per-*, das jedoch keine kausative Funktion hat, z.B. *memperbuat* = *membuat* machen, tun, anfertigen; *memperikut* = *mengikut* folgen. Wahrscheinlich handelt es sich dabei um pränasalierte Verben zu sekundären Nomina mit *pe(r)*- + Wortstamm (§ 30), welche die Tat bezeichnen, so daß *memperbuat* und *memperikut* sinngemäß etwa bedeuten: das Machen, Anfertigen (**perbuat*) ausführen; das Folgen (*perikut) ausführen. Diese *memper*-Formen werden einfachen und gebräuchlicheren Formen mit *me-* + Pränasalierung (§ 24) offenbar dann vorgezogen, wenn man sich vornehmer und wohlklingender ausdrücken will. Sie werden ebenso behandelt wie die Formen unter a—c.

10. *saja memperikut orang itu* ich folge jenem Menschen. 11. *orang itu saja perikut* jenem Menschen wird von mir gefolgt = ich folge jenem Menschen.

Bemerkung: Dieses *per-* setzt sich höchstwahrscheinlich zusammen aus dem substantivierenden Element *p(a)* und dem Zustandspräfix **er-* (siehe Bemerkung zu c).

e) Vor dieses *per-* (selten *pel-*) kann das Präfix *te (ter)* treten (§ 31). 12. *ia terpeladjar* er ist gelehrt (vgl. *bel/adjar*, statt **ber/adjar* lernen, zu *adjar* Lehre). 13. *buku ini tidak teperoléh lagi* dieses Buch ist nicht mehr erhältlich (*beroléh* = *memperoléh* erhalten, erwerben).

Übungssätze:

1. *budak² itu bermain-main memperkuda kawan²nja.* — 2. *kota²nja diperindah.* — 3. *djalan²nja diperlébar.* — 4. *ia memperoléh untung besar.* — 5. *kundjungan* (der Besuch) *Présidén bermaksud untuk* (um zu) *mempererat persahabatan* (Freundschaft) *dengan* (mit) *bangsa² lain.*

§ 33. Vorgangswörter mit *m-*, *-em-*

a) Die B. I. kennt einige Vorgangswörter, die vom sprachvergleichenden Standpunkt ein Präfix *m (< um-)* enthalten. Für den Indonesier gehört *m-* allerdings zum Wortstamm[1]). Einige dieser Vorgangswörter können, wie transitive Verben, Ergänzungen (Objekte) zu sich nehmen. *M-* bleibt sowohl in der Aufforderung als auch bei den Formen mit *di-* (§ 26) und bei denen mit vorgefügten pronominalen Elementen (§ 27) erhalten.

1. *musuh itu mundur* der Feind wich zurück (zu uraustronesischem ʿ*unduḷ* nach hinten Gehen). 2. *minumlah anggur ini!* trinke diesen Wein! (zu uraustronesischem ʿ*inum* Trinken). 3. *saja mudik, dia milir* ich gehe stromaufwärts, er geht stromabwärts (zu *udik* Oberlauf eines Flusses < uraustronesischem ʿ*uḍik*, und *(h)ilir* stromab

---

[1]) (Siehe Abschn. b.) — Neben *mimpi* „der Traum" kommt jedoch auch *impi*, und neben *mundur* „zurückweichen" kommt auch *undur* in gleicher Bedeutung vor. — Sowohl *m-* als auch *-em-* sind keine produktiven Affixe (mehr).

< uraustronesischem *hiliy* stromab, Abfließen).   4. *anak itu mandi*
das Kind badet (zu uraustronesischem ʿan*[d]u*ʾ Baden).   5a. *anggur
itu diminum* der Wein wird getrunken. · 5b. *kuminum anggur itu*
der Wein wurde von mir getrunken.

b) *Mimpi* „das Träumen, der Traum" (zu uraustronesischem ʿ*impi*ʿ),
das als Substantiv dient, kann *ber* (§ 29) vor sich nehmen. Neben *minum*
„trinken" kommt auch die pränasalierte Form *meminum* vor. *Minum*
gibt die Tatsache des Trinkens wieder, während *meminum* den Vorgang
des Trinkens bezeichnet.

6. *tadi malam saja bermimpi* letzte Nacht hatte ich einen Traum
= habe ich geträumt.   7. *tuan minum apa?* Sie trinken was? = was
trinken Sie?   8. *ia meminum anggur itu* er trank den Wein (aus).

c) Vereinzelt sind k o n s o n a n t i s c h anlautende Grundwörter mit dem
Infix *em* erweitert, das dem *-um-* anderer indonesischer Sprachen
funktionell entspricht. Es ist dem Präfix *m*, das sich nur vor vokalischem
Anlaut findet, gleichwertig. Unter den Wörtern mit *-em-* gibt es, soweit
ich es übersehe, keine transitiven Verben. Das Infix *em* ist z.B. belegt
in: *gemetar* zitternd, bebend (zu *getar* zittern, beben); *gemuruh* donnernd,
brausend (zu *guruh* Donner).

In einigen Fällen ist *-em-* mit Iteration des Wortstammes verbunden,
so bei: *kilau-kemilau* (intensiv) glänzen, funkeln (zu *kilau* Glanz);
taram-temaram überall bewölkt sein (zu *taram* bedeckt sein, vom Abend-
himmel).

9. *bintang itu gemilap dilangit* der Stern glänzte am Himmel.

§ 34. Tätigkeitswörter mit *me-* + Pränasalierung + *-i* und *menge-* + Wortstamm + *-i*

a) Tätigkeitswörter mit oder ohne Ergänzung (Objekt) können durch
eine Ortsangabe mit der Präposition *di* (§ 47 a) erläutert sein (Satz 1a).
Die Ortsangabe kann dadurch zum Objekt gemacht werden, daß man
dem Verb das Suffix *i* anfügt und die Präposition *di* fortläßt (Satz 1b).
Die Ergänzung (das Objekt) der einfachen *me*-Formen kann dann bei
den Verben mit *-i* als Umstandsangabe erscheinen. Sie wird mit *dengan*
„mit(tels)" angegliedert (Satz 3b). Das Suffix *i* läßt sich im Deutschen
häufig mit der Vorsilbe „be-" wiedergeben, z.B. „beweinen, beschreiben".

1a. *anak ini menulis (surat) dikertas* dieses Kind schreibt (einen
Brief) auf Papier.   1b. *anak ini menulisi kertas* dieses Kind be-
schreibt Papier = schreibt auf Papier.   2. *siapa jang mengubahi
karangan si Anu?* wer war es, der Veränderungen anbrachte in
N.N.s Aufsatz?   3a. *orang menanam padi disawah* man pflanzt
Reis auf den nassen Reisfeldern.   3b. *orang menanami sawah dengan padi* man bepflanzt die nassen Reisfelder mit Reis.

Einige Verben mit *me-* + Pnl. + *-i* nehmen allerdings statt einer Umstandsangabe mit *dengan* eine zweite Ergänzung unmittelbar hinter die
erste, so z.B. *mengirimi* „jmdm. etw. senden" und *menganugerahi*
„jmdm. etw. schenken, verleihen". (Vgl. § 24e, Bemerkung 3.)

 4. *ajah mengirimi saja uang* Vater sandte mir Geld.

b) Auch intransitive Verben (sowohl die, welche mit, und die,
welche ohne *me-* + Pnl. gebräuchlich sind) können durch *-i* in transitive
Tätigkeitswörter umgewandelt werden.

 5a. *ibuku menangis* meine Mutter weint. 5b. *ibuku menangisi
saudaraku jang mati itu* meine Mutter beweint jenen meinen verstorbenen Bruder. 6. *rupanja musuh² itu akan mendatangi kita*
anscheinend werden die Feinde (über uns (inkl.) kommen =) uns
(inkl.) überfallen (*datang* kommen). 7. *siapa jang menduduki
kerosiku?* wer war es, der meinen Stuhl besetzte? = wer besetzte
meinen Stuhl? (*duduk* sitzen, sich setzen).

c) Häufig werden Substantive durch *me-* + Pnl. + *-i* zu transitiven
Verben. Wir können sie dann oft wiedergeben mit: „das, was das Sub-
stantiv bezeichnet, beim Objekt gebrauchen oder anbringen, bzw. das
Objekt mit dem versehen, was das Substantiv bezeichnet".

 8. *dokter itu mengobati bapak saja* der Arzt behandelte meinen
Vater (mit Arznei) (*obat* Arznei). 9. *orang² itu memerangi negeri
kita* jene Leute bekriegten unser (inkl.) Land (*perang* Krieg).
10. *mengapa engkau meludahi kaki saja?* weshalb bespeist du meinen
Fuß? (*ludah* Speichel).

Bemerkung: In einigen Fällen geben wir *me-* + Pnl. + *-i* wieder
mit: „das entfernen, was das Grdwt. bezeichnet", z.B. bei: *menguliti
buah* eine Frucht schälen (zu *kulit* Schale), *menjisiki ikan* einen
Fisch abschuppen (zu *sisik* Schuppe).

Vereinzelt wird auch eine feste subordinierende Wortgruppe (s. § 19a)
so behandelt. *Me-* + Pnl. tritt dann beim Regens auf, und *i* wird dem
Rektum suffigiert.

11. *orang Perantjis dan orang Thai sudah menanda-tangani perdjandjian* die Franzosen und die Thailänder haben einen Vertrag
unterzeichnet (*tanda tangan* Handzeichnung, Unterschrift).

Bemerkung: *Mempunjai* „etwas besitzen" ist abgeleitet von *punja*
(< *empunja* der Besitzer davon). Hier tritt an Stelle des nasalen Er-
satzes (§ 24a) nach *me-* nasaler Zuwachs auf.

Bisweilen tritt *-i* auch an andere Wortarten, so z.B. an *sama* „gleich
sein": *menjamai* jemandem gleichen, und an *apa* was?: *mengapai* was
tun mit, bei?

d) Wenn *me-* + Pnl. + *-i* an Qualitativa gefügt wird, so hat *-i*
kausative Funktion, u. zw. in dem Sinne, daß man der Ergänzung
(dem Objekt) die Qualität zukommen läßt bzw. sie damit versieht.

12. *Ali membaiki rumahnja* Ali bessert sein Haus aus (*baik* gut).

13. *tukang menghalusi médja itu dengan kertas pasir* der Meister poliert den Tisch mit Sandpapier (*halus* fein).

Bisweilen wird in solchen Fällen die Ergänzung (das Objekt) fort-gelassen.

14. *lampu ini tidak menerangi, baik ditukar* diese Lampe erhellt nicht, (deshalb ist es) gut, (daß = wenn sie) getauscht wird (*terang* hell).

e) In einigen Fällen hat *-i* pluralische Funktion. Es bezeichnet dann entweder, daß die Tätigkeit wiederholt oder intensiv ausgeführt wird, oder daß sie sich auf mehrere Objekte erstreckt.

15. *ia memukuli orang itu* (er schlug auf jenem Menschen herum =) er schlug jenen Menschen wiederholt. 16. *mandur itu membukai djendéla* der Aufseher öffnete die Fenster.

f) Verben mit *me-* + Pnl. + *-i* werden auch als Subjekt gebraucht. Ihnen wird dann gerne *itu* nachgestellt. (Siehe auch §§ 24n und 29m.)

17. *meminjaki itu amat banjak memakan waktu* das Einölen (ißt =) erfordert sehr viel Zeit (*minjak* Öl).

g) Ebenso wie die Verben mit *me-* + Pnl. (§ 24) können auch die hier behandelten Verbalformen statt eines Pron. pers. als Objekt das entsprechende Possessivsuffix annehmen.

18. *ajah (mengirimi aku =) mengirimiku uang* Vater sandte mir Geld.

Ein vorangestelltes, d. h. „herausgestelltes" Substantiv, dem im Deut-schen ein Objekt entspricht, wird durch *-nja* am Verb wieder aufge-nommen.

19. *rumah ini, akulah jang mempunjainja* dieses Haus, ich bin es, der es besitzt = i c h besitze dieses Haus.

Bemerkung: Bisweilen geht Verbalformen mit *me-* + Pnl. + *-i* das in § 7 d erwähnte *ada* vorher: *Melaka ada mempunjai perhubungan dagang dengan Tiongkok* Malakka besaß Handelsbeziehungen mit China.

h) Von allen diesen Verbalformen können, soweit sie Ergänzungen (Objekte) bei sich haben, Formen mit *di-* (§ 26) bzw. mit vorgefügten pronominalen Elementen (§ 27) gebildet werden. Sie werden dann wie die *me-*Formen (§ 24) behandelt.

20a. *sawah ditanaminja (dengan padi)* das nasse Reisfeld wurde von ihnen (mit Reis) bepflanzt. 20b. *sawah kami tanami (dengan padi)* das nasse Reisfeld wurde von uns (exkl.) (mit Reis) bepflanzt. 21. *orang sakit itu kuobati* jener = der Kranke wurde von mir (mit Arznei) behandelt. 22. *djangan kausakiti hatinja!* nicht werde von dir sein Herz gekränkt! = kränke ihn nicht! 23. *ia dianugerahi Pemerintah gelar pangéran* er wurde von der Regierung mit dem Titel „Prinz" beschenkt = ihm wurde von der Regierung der Titel „Prinz" verliehen. 24. *orang itu dipukulinja* jener Mensch wurde wiederholt von ihm geschlagen.

i) Die Aufforderung besteht von diesen Formen aus dem Verbalstamm + -*i*. Ihre Verneinung erfolgt durch *djangan*.

25. *tanami sawah kamu!* bepflanzt euer nasses Reisfeld! 26. *djangan tanami sawah kamu!* bepflanzt euer nasses Reisfeld nicht! 27. *bukai djendéla!* öffne die Fenster!

j) Die B.I. besitzt eine kleine Anzahl Verben mit -*i*, die statt mit *me-* + Pnl. mit *menge-* + Wortstamm gebildet sind. Ihnen liegt ein Sekundärstamm mit dem Präfix *ke zugrunde. Sie sind von einfachen (intransitiven) Verben bzw. von Qualitativa abgeleitet. Ihnen haftet im allgemeinen gegenüber denen mit *me-* + Pnl. + -*i* (soweit sie nebeneinander vorkommen) etwas Abgeschlossenes, Perfektisches an. Mit Ausnahme von *ketahui* „Kenntnis von etwas haben, von etwas wissen" und *kehendaki* „etwas wünschen, wollen, beabsichtigen" wird von diesen Formen im allgemeinen keine *di*-Form (§ 26) gebildet. Ebensowenig nehmen sie pronominale Elemente (§ 27) vor sich. Das Perfektische, das den Bildungen mit *menge-* + Wstm. + -*i* oft zugrunde zu liegen scheint, ist z.B. ersichtlich aus: *menduduki* besetzen, bewohnen = *mengeduduki* (etwa: „gesessen sein auf, in") (*duduk* sitzen, sich setzen, wohnen); *menakuti* vor jmd., etw. ängstlich sein = *mengetakuti* (etwa: vor jmd., etw. beängstigt sein) (*takut* ängstlich).

28. *seorangpun tiada jang mengetahui rahasia itu* ein Mensch auch (*se/orang/pun*) ist nicht vorhanden = es gibt niemanden, der um das Geheimnis weiß. 29. *tiada saja ketahui, si Anu telah meninggal* von mir wurde nicht gewußt = ich wußte nicht, (daß) der N.N. verstorben ist.

k) Selten wird die Ergänzung zu derartigen Verben mit der Präposition *akan* (§ 53 n) angegliedert.

30. *meréka itu belum mengetahui akan keadaan hidup* sie kannten noch nicht die Wirklichkeit des Lebens.

Bemerkung: *Mengehendaki* „den Wunsch nach etwas haben = etwas wünschen, wollen" (neben *menghendaki*, das regelrechte Ableitung von *hendak* „wünschen" ist) geht zurück auf das Substantiv *kehendak* „der Wunsch".

Übungssätze:

1. *meréka itu dihormati.* — 2. *kami tak dapat mempertjajai orang itu.* — 3. *saudaraku jang mati itu ditangisi (oléh) ibuku.* — 4. *segala pohon² itu ditjabutinja.* — 5. *orang Kubu tidak men(ge)duduki kampung².* — 6. *orang² djahat itu menémbaki bis itu beberapa kali.* — 7. *setiap orang jang mempunjai uang dapat mengelilingi dunia.*

§ 35. Die Präfixe *te(r)* und *memper, mempel* in Verbindung mit dem Suffix *i*

a) Bisweilen kommt *-i* in Verbindung mit *te(r)-* + Wortstamm (§ 31) vor.

1. *rambutnja terminjaki* ihr Haar ist eingefettet (*minjak* Fett, Öl).
2. *sungai ini tidak terseberangi* dieser Fluß ist nicht überquerbar (*seberang* jenseitiges Ufer, *menjeberangi* überqueren). 3. *kewadjibannja belum terpenuhi* seine Verpflichtung ist noch nicht erfüllt = erfüllbar (*penuh* voll sein, *memenuhi* (er)füllen).

b) Ebenfalls nicht häufig sind Verben mit *memper-, mempel-* + Wortstamm + *-i*. Sie werden z.T. in gleicher Bedeutung neben Verben mit *me-* + Pnl. + *-i* gebraucht, z.B. *memperbanjaki* = *membanjaki* etw. vermehren (*banjak* viel, zahlreich sein); *memperamat-amati* = *mengamat-amati* etw., jmd. sehr aufmerksam betrachten. Das ist deshalb der Fall, weil hier nicht das kausative *per-* (in *memper-*), sondern das *per-* vorliegt, welches die Nominalform zu *ber-* ist (§ 32 d). Dem *-i* ist dann lokative oder kausative Funktion zuzuschreiben.

4. *murid²* *itu mempeladjari keadaan tanah airnja* die Schüler (studieren =) lernen die Beschaffenheit ihres Vaterlandes (*adjar* Lehre, *beladjar* lernen).

§ 36. Das Suffix *an* bei Verben, Zustandswörtern mit *be(r)-* (+ Iteration) und Qualitativa — Qualitativa mit *-man, -wan*

a) In der klassischen malaiischen Literatur, aber auch in der B.I. finden sich iterierte, d.h. in ihrem gesamten Lautbestand wiederholte (einfache) Verben, an deren zweite Komponente das Suffix *an* gefügt ist. Dieses Suffix ist dem in § 34 e behandelten *-i* insofern gleichwertig, als es wie dieses pluralisch-intensivierende Funktion hat. Die Pluralität bezieht sich auf die Handlung, die iterativ oder durativ aufzufassen ist. Transitive und einfache Verben werden dann in ihrer Stammform gebraucht, d.h. erstere nehmen nicht *me-* + Pränasalierung vor sich.

1. *ia tidur² an (= tidur-tiduran) diatas bale²* er liegt (wiederholt) auf einer Ruhebank (*tidur* liegen, schlafen). 2. *ibu nanti²an dirumah* Mutter wartete dauernd zu Hause (*nanti* warten). 3. *hendaklah Tuanku djangan dengar² an akan sembah orang jang tiada sebenarnja!* möge Euere Majestät nicht dauernd auf (*akan*) die Worte (*sembah*) von Leuten hören, die nicht ganz aufrichtig sind! (*dengar* höre!). 4. *serdadu itu bertahan mati²an* die Soldaten hielten stand bis in den Tod = auf Leben und Tod (*mati* sterben).
Bemerkung: Das Suffix *an* kommt gelegentlich auch bei anderen, nicht iterierten Ausdrücken vor, so bei *sendirian* „bei sich selbst" (*sendiri* selbst) und *duluan* „voran, früher" (*dulu* früher, zuvor):

ia tersenjum sendirian er lächeite bei sich selbst; *kami pergi duluan sadja, ja!* wir (exkl.) gehen doch voran = früher, ja!

b) Dieses *-an* tritt in pluralischer Funktion auch an Zustandswörter mit *be(r)-* + Wortstamm (§ 29). Die Pluralität erstreckt sich entweder auf das Subjekt (Satz 5) oder auf den Zustand (Satz 6/7). 5. *ularnja berluntjuran, kalanja berlompatan* die Schlangen glitten fort, (und) die Skorpione sprangen weg. 6. *debupun banjak beterbangan* der Staub flog zahlreich umher (*terbang* fliegen). 7. *maka dilihatnja bekas darah berhamburan* und es wurden von ihm überall verbreitet Blutspuren gesehen (*meng/hambur* verbreiten).

c) Es kommen auch Bildungen vor, wo dem iterierten Wortstamm *ber* präfigiert und gleichzeitig *an* suffigiert wird. Sie haben oft reziproke Bedeutung[1]). Bisweilen haben sie neben der pluralischen zugleich abschwächende Bedeutung (Satz 10).

8. *kedua sahabat itu berkirim-kiriman surat* die beiden (*kedua*) Freunde (schickten einander Briefe =) standen in Korrespondenz miteinander. 9. *kedua orang itu ber-pukul²an* die beiden Leute waren dabei, einander zu schlagen. 10. *ia sudah puas ber-lari²an* er ist es bereits überdrüssig, (dauernd erfolglos, ohne Anlaß) hin und her zu laufen.

d) Das Suffix *an* findet sich auch bei iterierten Qualitativa. Es hat dann intensivierende Funktion. Derartige Qualitativa werden mit oder ohne *dengan* (§ 53 b) adverbial gebraucht, z.B. *dengan terang²an* frei heraus (*terang* deutlich).

11. *dirongrong terus²an oléh isterinja* (er) wurde unaufhörlich von seiner Frau belästigt, geplagt (*terus* stets).

Iteriertes Qualitativ + *-an* kann jedoch auch abschwächende Bedeutung haben, z.B. *mérah²an* rötlich (siehe § 45 e und f).

e) Der Djakarta-Dialekt der B.I. kennt ein gleichlautendes Suffix *an*, dem z.B. im Javanischen *-en* entspricht. Es läßt sich wiedergeben durch: ,,mit dem behaftet sein, an dem leiden, was das Grundwort bezeichnet", z.B. *karatan* verrostet (zu *karat* Rost), *tjemburuan* eifersüchtig (*tjemburu* dgl., mißgönnen).

12. *aku tjemburuan* ich bin eifersüchtig.

f) Die B.I. kennt eine kleine Anzahl Qualitativa, welche die Suffixe *man* bzw. *wan* aufweisen. Dabei handelt es sich um Lehngut aus dem Sanskrit.

13. *orang berbudi disebut budiman* ein verständiger Mensch wird verständig genannt. 14. *ia orang dermawan* er ist ein freigebiger Mensch.

---

[1]) Solche Ableitungen sind auch von Qualitativa möglich, z.B. *berbaik-baikan* auf gutem Fuße miteinander stehen = *berbaikan*.

Bemerkung: Einige derartige moderne Bildungen sind Substantive, so z.B. *seniman* Künstler, *wartawan* Journalist, und *olahragawan* Sportsmann.

Übungssätze:

1. satu dua minggu ia sedang bertiduran dilantai (auf dem Fußboden). — *2. aku girang* (ergänze: daß) *ada orang jang menunggui rumahku, waktu* (als) *aku bepergian.* — *3. meréka sedang ber-tjumbu²an.* — *4. orang² ber-lari²an mentjari perlindungan* (Schutz). — *5. berkatalah ia dengan terang²an.* — *6. roda²nja telah karatan.* — *7. kata² jang tadi sudah ber-djatuhan kedalam hatiku.*

§ 37. Nomina mit dem Suffix *an*

a) Ein Suffix *an* (< *-an*, s. Abschn. h) bildet N o m i n a l o c i, wenn es an den Stamm von Verben gefügt wird, z.B. *labuhan* Ankerplatz, *sampaian* Hängensort = Garderobe(nhaken). Sie können substantivische Appositionen und Attribute zu sich nehmen.

1. orang itu mempunjai dua bidang tanaman kopi jener Mensch besitzt zwei (Stück Kaffee-Pflanzens-Orte =) Kaffeepflanzungen. *2. kapal itu memunggah barang dipunggahan* das Schiff löscht Waren am Löschplatz. *3. tonggak gantungan sudah buruk* die Pfosten des (Hangensortes =) Galgens sind bereits verfault.

Bemerkung: Nomina mit *-an* treten auch als Erläuterung zu anderen Substantiven, z.B. bei *negeri luaran* das Ausland (*luar* Außenseite, *diluar* draußen) und *orang bawahan* der Untergebene (*bawah* Unterseite, *dibawah* unten).

b) Die lokative Funktion von *-an* kann in die i n s t r u m e n t a l e übergehen.

4. timbangan ini tidak betul lagi (dieser Wägensort = dies Wiegeinstrument =) diese Waage (ist =) zeigt nicht mehr richtig. *5. pikulan itu tipis* (das Traginstrument =) die Tragstange ist dünn.

c) Oft bezeichnet *-an* Nomina, die das E r g e b n i s d e r T ä t i g k e i t angeben.

6. tadi saja dapat balasannja vorhin erhielt ich (sein Geantwortetes =) seine Antwort. *7. belian siapa barang² ini?* wessen (Gekauftes =) Einkäufe sind diese Waren?

Derartige Nomina werden gerne einfachen Substantiven appositionell nachgestellt. Sie gehen dann *di*-Formen (§ 26 i) parallel.

8. inilah buku karangan Abdullah dies ist ein Buch u. zw. das Zusammengestellte des Abdullah = dies ist ein Buch, das von Abdullah verfaßt wurde. *9. kain buatan Djepang murah* Stoff u. zw. Angefertigtes von Japan = Stoff japanischen Fabrikats ist billig.

Bemerkung: In dieser Funktion tritt *-an* bisweilen auch an Lehnwörter, z.B. *ia orang pénsiunan* er ist ein pensionierter Mensch
(*pénsiun* Pension, *dipénsiun(kan)* pensioniert).

d) Das Suffix *an* bildet auch Nomina, welche die Tat zum Ausdruck
bringen, z.B. *aturan* Regelung, *pimpinan* Leitung, Führung.

10. *aturan menteri itu amat baik* die Regelung des Ministers ist
sehr (*amat*) gut.

Selten kennzeichnet *-an* den Täter, z.B. bei *saingan* Konkurrent.

e) Oft hat *-an* kollektive Funktion, vor allem dann, wenn es an
ursprüngliche Substantive, an höhere Zahleinheiten und an gewisse
Qualitativa tritt, z.B. *daratan* Kontinent (zu *darat* Festland), *tulangan*
Gebeine, Skelett (zu *tulang* Knochen), *ratusan* Hunderte (zu *ratus*
hundert), *kotoran* Schmutz (zu *kotor* schmutzig).

11. *lautan Hindia amat luas* der Indische Ozean ist sehr (*amat*)
ausgedehnt (*laut* das Meer). 12. *kotoran dibuangnja* der Schmutz
wurde von ihm fortgeworfen. 13. *ratusan orang sudah mati* Hunderte
von Leuten .sind gestorben.

Wenn *-an* an Qualitativa tritt, so hat es bisweilen auch die Funktion,
sie in Nomina abstrakta umzuwandeln, z.B. *bulatan* Rundheit, Kreis,
Glorie, in: *bulatan tjahaja* „Strahlenkreis" = (Heiligen)schein, Glorie
(zu *bulat* rund).

f) Das Suffix *an* findet sich ebenfalls in kollektiver Funktion bei
iterierten Substantiven und iterierten Verbalstämmen. Es bezeichnet
dann eine Gruppe gleichartiger Vorstellungen.

14. *dinegeri kita ada buah²an* in unserem (inkl.) Lande gibt es
Früchte aller Art. 15. *banjak beli²an jang saja bawa pulang* viele
Einkäufe waren es, die von mir heimgebracht wurden.

Bei Zeitangaben wird gerne das Zahlwort *se-* „eins" in kollektiver
Funktion vor derartige Bildungen gefügt.

16. *se-pagi²an (= sepagi-pagian) itu ia berdjemur dipanas* den
ganzen Morgen (trocknete er sich — *berdjemur* =) mühte er sich
ab in der Wärme (*pagi* Morgen).

g) Bei einigen Ausdrücken, die Zeitabschnitte benennen, hat *-an*
distributive Funktion. Die zugrunde liegenden Substantive werden
dann nicht iteriert, z.B. *harian* täglich, Tages- (zu *hari* Tag) und *bulanan*
monatlich, Monats- (zu *bulan* Monat).

17. *ini bukan surat kabar harian* dies ist keine Tageszeitung.

Bemerkung: Wegen Metaphern mit *-an* siehe § 46 c.

h) Ein mit dem in Abschn. a—g behandelten *-an* gleichlautendes
Suffix geht nicht auf *-an*, sondern auf *-en* anderer indonesischer Sprachen

zurück. Es bildet **Nomina gerundivi**. Beide Affixe sind in der B.I. lautlich zusammengefallen.

18. *arak bukan minuman orang Islam* Arak ist kein (zu Trinkendes =) Getränk (der =) für Muhammedaner (*minum* trinken).

Übungssätze:

1. uang sokongan itu sudah dikumpulkan. — 2. kain itu direndam pula dalam (in) *tjampuran air. — 3. kuli jang mengerdjakan* (ausführen, tun) *ini biasanja kuli pilihan. — 4. meréka berpakaian seperti* (wie) *orang perempuan. — 5. paksaan sedikitpun ta'ada. — 6. meréka naik ke* (nach, an) *darat mentjari* (um zu suchen) *buah²an. — 7. aku tidak bisa tidur se-malam²an.*

§ 38. Nomina mit *pe-* + Pränasalierung + *-an* und mit *penge-* + Wortstamm + *-an*[1])

a) Bildungen mit *pe-* + Pnl. + *-an* sind großenteils die entsprechenden Nomina zu Verben mit *me-* + Pnl. + *-i* (§ 34), bisweilen jedoch auch zu Verben mit *me-* + Pnl. + *-kan* (§ 42) (z.B. *pembenaran* das Gutheißen, zu *membenarkan* gutheißen). Sie bezeichnen oft die **Tat** (Nomen deverbale) bzw. das **Resultat der Tätigkeit**. Ergänzungen (Objekte), die sich bei den Verben mit *me-* + Pnl. + (*-i*) (bzw. *me-* + Pnl. + *-kan* (§ 42)) finden, können bei der Umwandlung in derartige Nomina beibehalten werden.

1. *perkara itu dalam pemeriksaan polisi* jene Angelegenheit (ist) in der Untersuchung der Polizei = wird von der Polizei untersucht (*memeriksa/i* etwas untersuchen). 2. *pengadjaran guru itu terang betul* das Unterrichten = der Unterricht des Lehrers ist sehr (*betul*) deutlich (*mengadjar/i* jmd. unterrichten). 3. *di-Djambi pusat penggalian minjak* in Djambi ist das Zentrum des Petroleum (-Grabens =) -Bohrens (*menggali* graben). 4. *berapa pendapatan saudagar ini?* wieviel ist das Erlangte = das Einkommen dieses Kaufmannes? (*mendapat(i)* (etwas) erlangen).

b) In manchen Fällen bildet *pe-* + Pnl. + *-an* **Nomina instrumenti**.

5. *pendengarannja kurang terang* sein Gehör ist weniger deutlich (*mendengar* hören). 6. *penghidupan saja tidak banjak* meine Lebensmittel sind = mein Lebensunterhalt ist nicht viel (*hidup* leben, *menghidupi* leben lassen).

Bemerkungen: 1. Vereinzelt kommen Nomina mit *pe-* + Pnl. + *-i* vor statt solcher mit *pe-* + Pnl. + *-an*. Sie bezeichnen den **Täter**, z.B. *diadakan perdjamuan penghabisi perselisihan itu* es wurde ein

---

[1]) Bei der Iteration werden Affixe + Grundwort wiederholt.

Fest(mahl) (*perdjamuan*) u. zw. ein Beendendes (*penghabisi*) den Konflikt (*perselisihan*) veranstaltet = es wurde ein Fest(mahl) veranstaltet, das den Konflikt beendete. — Im Minangkabau bleibt -*i* nach *pa-* + Pnl. (= B.I. *pe-* + Pnl.) stets erhalten.
2. Ebenfalls vereinzelt kommen Nomina mit *pe-* + Pnl. + -*kan* vor, z.B. *pemuaskan* Befriedigungsmittel (zu *puas* befriedigt, *memuaskan* befriedigen), und *pendirikan* das Gründen, das Gründungsmittel (zu *mendirikan* gründen) in: *uang pendirikan sekolah* Geld u. zw. das eine Schule Gründungsmittel = Geld für die Gründung einer Schule. — Im Minangkabau wird -*kan* nach *pa-* + Pnl. (= B.I. *pe-* + Pnl.) stets beibehalten.

c) Durch *pe-* + Pnl. + -*an* werden auch Nomina loci gebildet.
7. *balai penghadapan Baginda terlalu indah* (die Halle u. zw. der Audienzort =) die Audienzhalle Seiner Majestät war sehr (*terlalu*) schön (*menghadap* seine Aufwartung machen, *menghadapi* vor jmd. stehen, bei etw. zugegen sein).

d) Nomina mit *penge-* + Wortstamm + -*an* sind sehr selten. Sie haben dieselbe Bedeutung wie die unter Abschn. a behandelten Substantive. Dazu gehört z.B. *pengetahuan* (das Gewußte =) die Kenntnisse (zu *tahu* wissen, *mengetahui* um, von etwas wissen, § 34 j). Sie sind von einem Sekundärstamm mit **ke-* + Wortstamm abgeleitet. *Penglihatan* „das Gesicht, (das Gesehene =) die Einsicht" steht für **pengelihatan.*

Übungssätze:
1. banjaklah alat² jang perlu untuk (für) *pembuatan film itu.* — *2. kitab ini pemberian bapak saja.* — *3. pengharapannja banjak.* — *4. pengetahuannja dalam.* — *5. dimana* (wo) *tempat pembelian kartjis?* — *6. pemasukan beras dari* (aus) *luar negeri tiap tahun bertambah.*

§ 39. Nomina mit *pe(r)-*, *pel-* + Wortstamm + -*an*[1])

a) Zu Zustandswörtern mit *be(r)-*, *bel-* + Wortstamm (§ 29), bisweilen auch zu solchen mit *memper-* + Wortstamm (§ 32a und d) oder mit *memper-* + Wortstamm + -*kan* (§ 43c) bzw. *memper-* + Wortstamm + -*i* (§ 35b) gibt es Nomina mit *pe(r)-*, *pel-* + Wortstamm + -*an* (*pe-* statt *per-* im allgemeinen wie *be-* statt *ber-*). *Pe(r)-*, *pel-* ersetzen dann die genannten Präfixe. Solche Nomina lassen sich oft durch unseren substantivierten Infinitiv, aber auch durch ein Abstraktum, wiedergeben, z.B. *perbuatan* das Tun, Betragen (zu *berbuat* tun), *perkataan* das Reden, die Rede (zu *berkata* reden), *perpindahan* der Umzug (zu *berpindah* umziehen), *perkuatan* Verstärkung (zu *memperkuat* verstärken), *perkapalan* Schiffahrt (zu *berkapal* mit einem Schiff

---

[1]) Bei der Iteration werden Affixe + Grundwort wiederholt.

fahren), *perhatian* Aufmerksamkeit (zu *memperhatikan* Aufmerksamkeit schenken).

1. *perkataan orang itu kurang terang* das Reden = die Rede jenes Menschen ist weniger deutlich. 2. *saja harap pelajaran tuan akan selamat* ich hoffe, (Ihr Segeln =) Ihre Seereise wird glücklich sein (*belajar* segeln). 3. *perhatiannja orang itu tidak berapa* die Aufmerksamkeit jenes Menschen war nicht (wieviel =) der Rede wert.

b) Mit denselben Affixen werden auch Nomina loci gebildet, z.B. *perhentian* Haltestelle (zu *berhenti* halten)[1]), *perapian* Feuer- = Kochstelle (zu *berapi* Feuer besitzen bzw. *memperapikan* rösten), *pe(r)dupaan* Weihrauchgefäß (*dupa* Weihrauch).

4. *tak adalah perhentian keréta séwa* es gibt keine Haltestelle (der =) für Mietswagen. 5. *kapal itu singgah dipelabuhan Singapura* das Schiff legte an der Reede von Singapur an (*berlabuh* ankern).

c) Aus der lokativen Bedeutung ergibt sich bisweilen die eines Nomen instrumenti, z.B. *permainan* Spielzeug (zu *bermain* spielen), *perhiasan* Schmuck (zu *berhias* geschmückt sein; *memperhiasi* schmücken).

6. *permainan anak itu bagus* das Spielzeug jenes Kindes ist schön.

d) Manchmal bezeichnet *pe(r)-* + Wstm. + *-an* das Ergebnis (einer Dauertätigkeit), so bei *perburuan* das Gejagte (zu *berburu* jagen). (*Perburuan* bedeutet aber auch ,,das Jagdgebiet".)

7a. *perburuannja orang² itu banjak* das Gejagte jener Leute war viel. 7b. *perburuan orang² itu luas* das Jagdgebiet jener Leute ist ausgedehnt.

e) Selten werden mit diesen Affixen Nomina gebildet, die eine Person bezeichnen, z.B. *pesakitan* der Angeklagte, Gefangene (zu *mempersakiti* jmd. kränken, quälen). — *Persakitan* (also mit dem Präfix *per-* und nicht mit *pe-* + Wstm.) bedeutet jedoch ,,Morbidität". Vergleiche das zu *pe-* + Wstm. statt *per-* + Wstm. Gesagte in § 30 a Bemerkung 1.

f) *Pe(r)- -an* bei ursprünglichen Substantiven kennzeichnet Nomina collectiva bzw. abstracta, z.B. *pe(r)gunungan* Gebirge (zu *gunung* Berg), *perékonomian* Ökonomie.

8. *kulitnja orang pe(r)gunungan itu hitam* die Haut(farbe) der Gebirgsbewohner ist (schwarz =) dunkel.

Bemerkung: Bisweilen wird auch eine feste subordinierende Wortgruppe wie ein einfaches Substantiv behandelt, z.B. *persurat kabaran* die Presse (zu *surat kabar* Nachrichtenbrief = Zeitung).

---

[1]) In der heutigen Sprache ist auch die Ableitung *pemberhentian* in gleicher Bedeutung gebräuchlich.

Übungssätze:

1. permandian Batu Tulis, amat sedjuk airnja. — 2. persendjataan
(Bewaffnung) *negeri itu belum tjukup. — 3. didirikannja sebuah sekolah
pertanian. — 4. koperasi itu perkumpulan orang jang sama haknja. —
5. masa itu tak ada perdagangan kain batik seperti* (wie) *sekarang. —
6. pernjataan ini tidak tjukup. — 7. berapa ongkos perdjalanan dari sini*
(von hier) *ke-* (nach) *Bandung? — 8. kami menghargai pekerdjaannja
di-lapangan kesusasteraan dan* (und) *Bahasa Indonésia. — 9. kami
akan memenuhi permintaanmu minggu jang akan datang.*

§ 40. Nomina mit *ke-* + Wortstamm

Vereinzelt wandelt *ke-* einfache Verben und Qualitativa in Nomina
um. Da die Funktion von *ke-* offenbar verschiedenartig ist, läßt sie sich
wegen des seltenen Vorkommens nicht eindeutig feststellen. Bei *kehendak*
„das Gewünschte = der Wunsch" und *kekasih* „der, die Geliebte;
der Liebling" bildet *ke-* substantivierte Partizipia passivi im deutschen
Sinne. Aus Ableitungen wie *penglihat* „das Gesicht, der Prophet"
(§ 25 g), *pengetahuan* „Kenntnisse, Gelehrsamkeit" (§ 38 d) ist zu
schließen, daß *ke-* in einer früheren Sprachperiode des Malaiischen
weitere Verbreitung gehabt hat. Nomina mit *ke-* werden wie einfache
Substantive behandelt.

1. *apa kehendakmu?* was ist dein Wunsch? 2. *anak bungsu biasanja
kekasih orang tuanja* das jüngste (*bungsu*) Kind ist gewöhnlich
(*biasanja*) der Liebling seiner Eltern.　3. *Amat telah djadi ketua
kampung ini* Amat ist Senior (*ketua*) dieses Dorfes geworden.

§ 41. Nomina mit *ke-* + Wortstamm + *-an*

a) *Ke-* vor und *-an* hinter einem Verbalstamm bildet Nomina, die
eine abgeschlossene, verrichtete Tat bezeichnen, z.B. *ketolongan*
die (stattgefundene) Hilfe (aber: *pertolongan* das Helfen = die Hilfe).

1. *kedatangannja dipermuliakan oléh anak² negeri* seine (stattgefundene) Ankunft wurde von den Bewohnern der Stadt ge-
feiert (*datang* kommen).

Bemerkung: Bei *keberangkatan* „der Aufbruch" ist *ke- -an* an
ein Zustandswort mit *ber-* (§ 29) (*ber/angkat* aufbrechen) getreten.

b) Häufig werden so von Verben und einfachen Substantiven Nomina
loci gebildet.

2. *bantal kedudukan Baginda dari(pada) sutera* das Kissen u. zw.
der Sitzplatz = das Sitzkissen Seiner Majestät ist aus Seide (*duduk*
sitzen, sich setzen).　3. *tempat kediaman saja tidak tetap* der Platz

u. zw. mein Wohnort = mein Wohnsitz ist nicht ständig = fest (*diam* wohnen). 4. *déwa itu turun dari keinderaan* der Gott stieg herab vom (*dari*) (Platz des Indra =) Götterhimmel (*Indera* der Gott Indra).

Bemerkung: Bisweilen wird statt eines Nomen loci mit *ke-* + Wstm. + *-an* eine feste subordinierende Wortgruppe gebraucht, bei der *tempat* „Ort, Platz" ein einfaches Verb hinter sich nimmt, z.B. *tempat duduk* = *kedudukan* Sitzplatz.

c) Dieselben Formantien verwandeln Qualitativa und einfache Verben, bisweilen auch einfache Substantive, in Nomina abstracta bzw. collectiva.

5. *kesalahan orang itu sudah terang* die Fehlerhaftigkeit = die Schuld jenes Menschen ist deutlich (*salah* falsch, schuldig sein). 6. *kehidupannja anak itu sangat melarat* das Leben = das Dasein jenes Kindes ist sehr elend (*hidup* leben). 7. *alat*² *keradjaan Baginda dari(pada) emas* die Insignien des Königstums Seiner Majestät sind aus Gold (*radja* König). 8. *ia menteri keuangan* er ist Finanzminister (*uang* Geld).

Bemerkungen: 1. Eingebürgerte Lehnwörter aus dem Niederländischen werden ebenso behandelt, z.B. *keaktipan* Aktivität (zu *aktip* < niederl. *actief* aktiv).
2. Auch attributive Wortgruppen nehmen *ke- -an* zu sich, z.B. *kewarga negaraan* „die Staatsbürgerschaft" zu *warga negara* Mitglied des Staates = Staatsbürger.
3. Ebenso werden gelegentlich andere Wortgruppen in Nomina transformiert, z.B. *ketidak-mauan* das Nichtwollen (zu *tidak mau* nicht wollen), *ketidak-adilan* Ungerechtigkeit (zu *tidak adil* nicht gerecht), *keputus-asaan* Verzweiflung (zu *putus asa* „verschwunden ist die Hoffnung" = hoffnungslos, verzweifelt).
4. Vereinzelt wird eine Form mit *me-* + Pnl. (§ 24) mittels *ke- -an* in ein Nomen verwandelt, z.B. *kemenjesalan* Reue (zu *sesal*, *menjesal* bereuen).
5. Qualitativa, die nur in iterierter Form vorkommen, nehmen *ke* vor die erste und *an* hinter die zweite Komponente, z.B. *sia*² nutzlos > *kesia-siaan* Nutzlosigkeit.

d) Selten hat *ke- -an* bei einem einfachen Verb die Funktion, es in ein Nomen umzuwandeln, das eine Person bezeichnet, z.B. *keturunan* Nachkomme (zu *turun* hinabsteigen, abstammen)[1].

9. *ia keturunan orang*² *Muslimin* er war der Nachkomme von Muhammedanern.

e) Nomina mit *ke-* + Wstm. + *-an* können auch prädikativ gebraucht werden. Sie gehen dann oft Bildungen mit *di-* (§ 26), *ter-* (§ 31)

---

[1] Bei der Iteration der in Abschn. a—d behandelten Ableitungen werden Affixe + Grundwort wiederholt, z.B. *kebiasaan*² *(kebiasaan-kebiasaan)* „Gewohnheiten".

oder *kena* (§ 26 b Bemerkung 4) parallel. Obgleich diese Ausdrücke eigentlich Nomina sind[1]), werden sie durch *tidak, ta', tiada* negiert. Im Deutschen pflegen wir sie auf verschiedene Weise wiederzugeben. Wenn das Agens angegeben wird, so kann es mit (Satz 15) oder ohne *oléh* (Satz 10) hinter die Form mit *ke- -an* treten (zu *oléh* vgl. § 26 c II).

10. *orang itu kesumpahan ibu-bapaknja* jener Mensch ist (der Verfluchte seiner Eltern =) von seinen Eltern verflucht. 11. *kapal itu tidak kelihatan* das Schiff war nicht (das Gesehene =) sichtbar. 12. *saja keputusan harapan* (ich bin Abreißensort der Hoffnung =) mir ist die Hoffnung verlorengegangen. 13. *rumahnja kedjatuhan pohon kelapa* (sein Haus war der Fallensort einer Kokospalme =) auf sein Haus ist eine Kokospalme gefallen. 14. *kami kematian angin* wir (exkl.) (waren Sterbensort des Windes =) gerieten in eine Windstille. 15. *ia kebelakangan oléh saja* (er war der Rücken-Zukehrensort durch mich =) ihm wurde von mir der Rücken zugekehrt = ich kehrte ihm den Rücken zu.

Bemerkung: Wegen *ke- -an* bei Qualitativa siehe § 45 e—g.

Übungssätze:

1. Gadjah Mada kenamaan. — 2. ia kemasukan sétan. — 3. kepulauan Riau amat luas. — 4. kewarga-negaraan Républik Indonésia diatur oléh undang[2]. — 5. belum ketahuan oléhnja. — 6. keséhatan adalah kekajaan manusia jang berharga. — 7. sebab kematian tunangannja jang ditjintainja itu, ia bunuh diri.

§ 42. Verben mit *me-* + Pränasalierung + *-kan* bzw. mit *menge-* + Wortstamm + *-kan*

a) Verben mit *me-* + Pnl. (§ 24) haben bisweilen keine direkte Ergänzung (Objekt) nach sich, sondern eine Umstandsangabe, die mit *akan* (Satz 1a) oder *dengan* (Satz 2a) angegliedert ist. Wir können *akan* im Deutschen mit verschiedenen Präpositionen wiedergeben (§ 53 n); am neutralsten ist die Umschreibung mit „in bezug auf" (Satz 1a). Oft pflegen wir *akan* jedoch nicht zu übersetzen. *Dengan* „mit(tels)" ist in § 53 a ausführlich behandelt. Eine derartige Umstandsangabe kann dadurch zum direkten Objekt werden, daß das Suffix *kan* an das (pränasalierte) Verb tritt und *akan*, aber auch *dengan*, ersetzt (Satz 1 b und 2 b).

1 a. *saja menjesal akan hal itu* ich bereue (in bezug auf) jene Angelegenheit = das. 1 b. *saja menjesalkan hal itu* dgl. 2 a. *ia membajar dengan uang lantjung* er bezahlte mit falschem Geld. 2 b. *ia membajarkan uang lantjung* dgl.

---

[1]) Siehe auch O. Dempwolff, Einführung in die Malaiische Sprache, § 75. (22. Beiheft zur Zeitschrift für Eingeborenen-Sprachen. Berlin 1941).

Solchen Verben mit *me-* + Pnl. + *-kan* kann noch eine Ortsangabe mit *ke(pada)* (§ 47) folgen.

3. *ia menikamkan goloknja keléhér babi itu* er stach mit seinem Haumesser nach (*ke-*) dem Hals des Schweines.

Derartige Verben werden auch von Substantiven abgeleitet.

4. *ia selalu meludahkan darah* er spie dauernd (*selalu*) Blut (*ludah* Speichel). 5. *kami memagarkan aur duri* wir (exkl.) gebrauchen Stachelbambus als Zaun (*pagar* der Zaun).

Bemerkung: Bisweilen findet sich *-kan* auch an der zweiter Komponente zusammengestellter Verben, so z.B. bei *ia memberi-tahukan peristiwa itu* er gab jenen Vorfall bekannt (*memberi tahu* wissen lassen = bekanntmachen); oder an Wortgruppen, die aus Verb + Substantiv bestehen, z.B. *mengadu-dombakan* gegenein-ander ausspielen („[wie] Schafe [*domba*] gegeneinander kämpfen [*adu*] lassen").

b) Wenn *kan* an Qualitativa oder an einfache Verben (§ 7), gelegentlich auch an Substantive, tritt, so hat es kausative Funktion.

6. *orang itu pandai mendjinakkan gadjah*[2] jener Mensch versteht (es), Elefanten (zahm sein zu lassen =) zu zähmen (*djinak* zahm sein). 7. *tiada seorangpun manusia jang pandai menghidupkan orang mati* es gibt (auch nicht einen Menschen =) nicht einen Menschen, der (es) versteht, Tote (leben zu lassen =) zum Leben zu erwecken (*hidup* leben). 8. *orang Serawak meradjakan dia* die Serawak-Leute machten ihn zum Fürsten (*radja* Fürst).

Das Suffix *kan* hat auch bei einigen transitiven Verben kausative Funktion.

9a. *saja menjéwa rumah* ich mietete ein Haus. 9b. *saja menjéwakan rumah saja* ich (lasse (jmd.) mieten =) vermiete mein Haus. 10a. *Hasan memindjam uang* Hasan lieh Geld. 10b. *Hasan memindjamkan uang* Hasan (ließ (jmd.) leihen =) verlieh Geld.

c) Bisweilen wird die Ergänzung (das Objekt) zu Verben mit *-kan* fortgelassen.

11. *pertanjaan itu tidak menghérankan* die Frage versetzt nicht in Erstaunen (*héran* erstaunt sein). 12. *tolong tjarikan!* hilf (etwas) suchen!

d) Eine Form mit *me-* + Pnl. + *-kan* kann als Subjekt auftreten. Ihr ist dann oft *itu* nachgestellt, das hier substantivierende Funktion hat. (Siehe auch §§ 24n, 29m und 34f.)

13. *membirukan itu terlangsung dalam pasu tanah* das Blaufärben geschieht in (*dalam*) einer irdenen Schüssel (*biru* blau).

e) Häufig haben Verben mit *-kan* zwei Ergänzungen nach sich. Das Suffix *kan* ersetzt dann die Präpositionen *untuk, bagi* oder *buat*

„für" (§ 53 m), und es nimmt die Umstandsangabe unmittelbar hinter sich (Satz 14 b). Die erste Ergänzung entspricht einer präpositionellen Erläuterung mit „für" bzw. einem Dativobjekt des Deutschen, die zweite unserem Akkusativobjekt.

14 a. *saja mengambil obat untuk Ali* ich hole Arznei für Ali. 14 b. *saja mengambilkan Ali obat* ich hole für Ali Arznei. 15. *ia mentjarikan saja pekerdjaan* er suchte für mich = mir eine Beschäftigung.

f) Unter dem Einfluß des Minangkabau, z.T. jedoch auch wohl unter dem des Niederländischen, werden gelegentlich Substantive (vor allem Hilfslokativa, § 47 h), welche die örtliche Präposition *ke-* „nach — hin" (§ 47) tragen, mittels *me-* + Pnl. + *-kan* in Verben umgewandelt. Nach *me-* wird *ke-* regelrecht zu *-nge-*; *-kan* hat dann kausative Funktion.

16. *ia mengetepikan pertjederaan itu* er legte die Zwietracht beiseite (*tepi* Seite, *ketepi* nach der Seite).

g) Die *-kan*-Formen können in der Regel *di* (§ 26) bzw. pronominale Elemente (§ 27) vor sich nehmen[1]). Die erste auf das Verb mit *me-* + Pnl. + *-kan* folgende Ergänzung (vgl. Abschn. e) wird dann zum Subjekt (Satz 18/19). Diese Konstruktionen lassen sich unserem Verständnis näher bringen, wenn wir sie auch hier (siehe § 25 und § 26) substantivisch auffassen, und wenn wir *-kan*, außer in kausativer Funktion, mit „-beziehung" wiedergeben (Satz 18/20). Bei den *di*-Formen folgt das Agens (das S. der aktivischen Aussage) entweder unmittelbar, oder es tritt an den Schluß des Satzes. In diesem Falle muß es durch *oléh* (§ 26 c) gekennzeichnet werden.

17. *gadjah ini didjinakkan (oléh) orang itu* dieser Elefant (war der Gezähmte (der) jenes Menschen =) wurde von jenem Menschen gezähmt. 18. *saja sesalkan hal itu* meine Bereuensbeziehung ist jene Angelegenheit = das wird von mir bereut. 19. *saja ambilkan Ali obat* meine Holensbeziehung ist Ali Arznei = meine Arznei-Holensbeziehung ist Ali = von mir wird für Ali Arznei geholt. 20. *saja ditjarikannja pekerdjaan* ich bin seine Beschäftigung-Suchensbeziehung = für mich wird von ihm eine Beschäftigung gesucht.

Auch derartigen Formen kann eine Ortsangabe mit *ke(pada)* als Erläuterung folgen (siehe Abschn. a).

21. *goloknja ditikamkannja keléhér babi itu* sein Haumesser war seine Stechensbeziehung nach dem Hals des Schweines = mit seinem Haumesser wurde von ihm nach dem Hals des Schweines gestochen = mit seinem Haumesser stach er nach dem Hals des Schweines.

Von einigen *-kan*-Formen bildet man jedoch keine *di*-Formen bzw. keine Formen mit vorgefügten pronominalen Elementen. Das gilt für

---

[1]) Auch Wortgruppen, die aus *tidak* „nicht" + Verb bestehen, werden so konstruiert, z.B. *ditidak-boléhkan* wird nicht gestattet = wird verboten (*tidak boléh* nicht dürfen).

die reflexiven Verben mit *diri* (§ 24 g) als Ergänzung, ferner für einige kausative Verben mit *-kan* (wie *menghérankan* in Erstaunen versetzen (Abschn. c)) und bei besonderen Ausdrücken wie *menjepitkan lidah* die Zunge eng (*sepit*) machen = zu schweigen verstehen.

h) Soll die erste Ergänzung (die Umstandsangabe) zu Verben mit *me-* + Pnl. + *-kan* hervorgehoben werden, so tritt sie an den Satzanfang. Sie wird zum Prädikat. Dann folgt *jang* + *-kan*-Form mit vorgefügtem *di* bzw. mit vorgefügten pronominalen Elementen. Unmittelbar dahinter steht die zweite Ergänzung zu den Formen mit *me-* + Pnl. + *-kan*, die einem deutschen Akkusativobjekt entspricht.

22 a. *aku mentjarikan sahabatku pekerdjaan* ich suche für meinen Freund eine Beschäftigung. 22 b. *sahabatku* (= P.) *jang kutjarikan pekerdjaan* mein Freund ist es, der meine Beschäftigung-Suchensbeziehung ist = ich suche für meinen Freund eine Beschäftigung. 23. *adik saja* (= P.) *jang dibelikan ibu permainan* meine jüngere Schwester ist es, die Spielzeug-Kaufensbeziehung der Mutter ist = für meine jüngere Schwester wurde von der Mutter ein Spielzeug gekauft = Mutter kaufte ein Spielzeug für meine jüngere Schwester.

i) Die Aufforderung besteht bei solchen Verben aus dem Verbalstamm + *-kan*. Die Verneinung erfolgt durch *djangan* (§ 12 h).

24. *sesalkan hal itu!* bereue jene Angelegenheit! = bereue das! 25. *ambilkan saja obat!* hole für mich = mir Arznei! 26. *djangan djinakkan gadjah ini!* zähme diesen Elefanten nicht!

Ebenso wie bei den Verben ohne Suffix *-kan* (§ 24 b) tritt auch hier nach *djangan* die *me*-Form auf, wenn es sich um einen Prohibitiv handelt.

27. *djangan melémparkan batu itu!* unterlaß es, mit dem Stein = den Stein zu werfen!

Übungssätze:

1. guru membetulkan kesalahan pekerdjaan muridnja. — 2. ibu membelikan adik saja permainan. — 3. bapak membukakan tamu pintu. — 4. meréka itu mengemukakan hak dan kewadjibannja. — 5. di-tiap² tempat didirikan sekolah. — 6. sambutan adalah sangat memuaskan. — 7. dia mendjatuhkan diri. — 8. suaranja diketjilkannja. — 9. ber-ganti² orang mentjukurkan rambut padanja (bei ihm). — 10. terbitnja buku itu diharapkan dalam waktu jang singkat. — 11. naiknja harga barang menjebabkan kegelisahan penduduk. — 12. Perserikatan Bangsa² telah merumuskan hak² dasar kemanusiaan.

§ 43. Die Präfixe be(r), te(r) und *memper* in Verbindung mit dem Suffix *kan*

a) Das Suffix *kan* findet sich auch an Zustandswörtern mit *be(r)*- (§ 29). Es hat dann die in § 42 angegebenen Funktionen. 1. *semalam saja bermimpikan saudara saja jang mati itu* gestern Nacht hatte ich einen Traum betreffs meines verstorbenen Bruders = träumte ich von meinem verstorbenen Bruder. 2. *segala jang berlembing, bertikamkan lembingnja; segala jang bertombak, beradakkan tombaknja* alle, die Piken hatten, (waren beim Stechen in bezug auf =) stachen mit ihren Piken; alle, die Lanzen hatten, (waren beim Stechen in bezug auf ihre =) stachen mit ihren Lanzen. 3. *ia duduk diatas kursi berhentikan lelahnja* er saß auf einem Stuhl, um (aufhören zu lassen sein Müdesein =) auszuruhen.

Bemerkung: Nur ausnahmsweise wird ein Zustandswort mit *ber*- + Wstm. + -*kan* mit dem Präfix *di* versehen, z.B. *Opén diberhentikan* Open wurde entlassen.

b) Vereinzelt kommt -*kan* zusammen mit dem Spontan- bzw. Potential-Präfix *te(r)* (§ 31) vor. Nach einer Negation bezeichnen die Formen mit *te(r)*- + Wstm. + -*kan* bisweilen die völlige Unausführbarkeit (Satz 5 b), während die ohne -*kan* etwa deutschem „un-bar'' entsprechen (Satz 5 a).

4. *ia terkenangkan (= ia terkenang akan = kepada) ajah-bundanja* er geriet in den Zustand des Sehnsuchthabens in bezug auf seine Eltern = ihn überkam Sehnsucht nach seinen Eltern. 5 a. *kebaikan Allah, tidak ternilai harganja* (was) Gottes Güte (betrifft), unschätzbar ist ihr Wert = der Wert von Gottes Güte ist unschätzbar. 5 b. *kebaikan Allah tidak ternilaikan* die Güte Gottes ist nicht schätzbar (d.h. kann man nicht schätzen).

c) Häufiger sind Bildungen mit *memper*- + Wstm. + -*kan*. Dabei sei an den zweifachen Ursprung und dementsprechend an die zweifache Funktion von *memper*- erinnert (§ 32 a und d). *Di*- (§ 26) bzw. vorgefügte pronominale Elemente (§ 27) treten vor *per*- + Wstm. + -*kan* (Satz 8).

6. *selama hidupku belum kudengar kuda memperanakkan harimau* mein Leben lang habe ich noch nicht gehört, (daß) ein Pferd einen Tiger zur Welt bringt (*ber/anak* gebären). 7. *disuruh Baginda memperbuatkan puteri itu sebuah astana* von Seiner Majestät wurde befohlen, für die Prinzessin einen Palast zu bauen. 8. *ber-djenis*[2] *makanan dipersembahkan isteri menteri* allerlei Sorten Speisen wurden von der Gattin des Ministers ehrerbietig angeboten.

Bisweilen stehen solche Formen an Stelle eines Nomens.

9. *dalam mempergunakan bahasa Indonésia* im Gebrauch der indonesischen Sprache.

Übungssätze:

1. pada waktu malam (in der Nachtzeit = nachts) *saja berkandilkan bulan.* — *2. rupanja pertukaran masa pantjaroba ini tidak terturutkan oléh Kus.* — *3. tidak tertahankan oléhku lagi.* — *4. ia hendak mempertundjukkan (= mempertontonkan) pilem.* — *5. barang² jang dipertundjukkan itu memperlihatkan apa jang sudah ditjapai oléh Indonésia.* — *6. inilah wang pelunaskan utang itu.*

Dritter Teil: Lautwiederholung

§ 44. Lautwiederholung bei Verben — Reziproke Verben

a) Iteration, d.h. vollständige Lautwiederholung, hat oft durativ-iterative Funktion, soweit sie bei einfachen Verben (§ 7) auftritt[1]).
1. *kalau sembahjang, orang Islam tunduk*[2] wenn (sie) beten, bücken sich die Muhammedaner dauernd = wiederholt (*tunduk* sich bücken). 2. *djanganlah engkau masuk*[2] *sadja, kalau saja sedang tidur!* tritt du nicht dauernd ohne Anlaß (*sadja*) ein, wenn ich dabei bin zu schlafen! (*masuk* eintreten).

Bemerkungen: 1. Im lebhaften Gespräch tritt gelegentlich neben der Iteration auch noch Dehnung des akzentuierten Vokals im zweiten Teil der Lautwiederholung auf, z.B. *dia tidur-tiidur sadja* er pflegt immer nur zu schlafen.

2. Einige iterierte (einfache) Verben sind als Adverbien gebräuchlich, so z.B. *tiba*[2] plötzlich (*tiba* kommen, ankommen), *diam*[2] heimlich (*diam* still sein, schweigen), *buru*[2] übereilt (*buru* verfolgen).

Bisweilen hat die Iteration jedoch abschwächende Funktion. Das ist z.B. dann der Fall, wenn *djuga* „doch", *sebentar* „ein Augenblick" usw. hinter dem iterierten einfachen Verb stehen.

3. *hari panas, tetapi untunglah datang*[2] *djuga angin bertiup* es ist warm, aber glücklicherweise kommt doch ab und zu (ein wehender Wind =) ein Luftzug. 4. *kita duduk*[2] *dulu?* setzen wir (inkl.) uns erst (*dulu*) ein wenig?

b) Wenn Verben mit *me-* + Pnl. (§ 24) iteriert werden, so ist zu beachten, daß der nasale Zuwachs beim zweiten Gliede fortgelassen, der nasale Ersatz jedoch beibehalten wird, z.B. *mem-buka*[2] wiederholt öffnen; *me-nangis*[2] dauernd weinen, zu *tangis*[2]). Hier hat die Lautwiederholung neben der iterativen sehr oft zugleich abschwächende Funktion.

5. *ia me-manggil*[2] *(= memanggil-manggil) dia dengan tiada berkeputusan* er rief ihn (wiederholt) unaufhörlich. 6. *anak itu menggigit*[2] *(= menggigit-gigit) krah badjunja jenes* = das Kind (beißt wiederholt spielenderweise den Kragen =) kaut an dem Kragen seiner Jacke. 7. *si Ali me-mukul*[2] *(= memukul-mukul) andjingnja* (der) Ali (schlägt wiederholt spielenderweise = leicht =) klopft seinen Hund (mit der Hand).

Bei intransitiven Verben mit *me-* + Pnl. (§ 24 h) hat die Iteration meistens lediglich iterativ-durative Funktion.

---

[1]) Gewisse Verben weisen bei der Iteration Vokalvariation auf, z.B. *mundar-mandir* hin und her laufen, *polang-paling* wirbeln (v Wind). Sie kommen nur in dieser Form vor.

[2]) Man pflegt den zu iterierenden Teil des Verbs durch einen Bindestrich vom Präfix zu trennen.

8. *orang gila itu me-nari*[2] *(= menari-nari) ditengah djalan* der Irre tanzte dauernd (in der Mitte des Weges =) mitten auf dem Wege.

Bemerkung: Einige indonesische Schriftsteller wiederholen beim zweiten Gliede jedoch auch den nasalen Zuwachs, z.B. *mengantjam-ngantjam* wiederholt drohen (zu *antjam*).

c) Bei den *di*-Formen (§ 26) und bei denen mit vorgefügten prono-minalen Elementen (§ 27) wird nur der Wortstamm wiederholt. Die Lautwiederholung hat in der Regel durativ-iterative bzw. inten-sive Funktion.

9. *tikus di-tjari*[2] *(= ditjari-tjari) oléh kutjing itu dibawah rumah* Ratten werden dauernd von der Katze unter dem Hause gesucht. 10. *kau-siram*[2]*kah (= kausiram-siramkah) bunga dikebun?* hast du die Blumen im Garten wiederholt = gründlich begossen?

d) Bei *ber-* (§ 29) und *ter*-Formen (§ 31) wird nur der Wortstamm wieder-holt. Die Lautwiederholung hat meistens durativ-iterative Funktion.

11. *mengapa engkau ber-diri*[2] *(= berdiri-diri)?* weshalb stehst du dauernd = bleibst du stehen? 12. *ter-tawa*[2]*lah (= tertawa-tawalah) penonton itu* die Zuschauer (gerieten dauernd = wiederholt ins Lachen =) lachten dauernd = wiederholt.

Bisweilen hat die Lautwiederholung bei *ber*-Formen jedoch abschwä-chende oder metaphorische Funktion.

13. *orang itu ber-iman*[2] *(= beriman-iman)* jener Mensch gibt vor, gläubig zu sein (*iman* der Glaube).

e) Bei Verben mit *me-* + Pnl. + *-i* (§ 34) und *me-* + Pnl. + *-kan* (§ 42) werden die Suffixe nur an die zweite Komponente gefügt. Im übrigen gilt das in Abschn. b Gesagte. Hier hat die Lautwiederholung teils intensiv-durative, teils jedoch daneben abschwächende Funktion (siehe Abschn. b).

14. *dia me-nangis*[2]*i (= menangis-nangisi) saudaranja jang sudah mati itu* er beweinte dauernd = intensiv jenen seinen verstorbenen Bruder. 15. *ia hanja hendak me-nakut*[2]*i sadja* er möchte = will (dich) nur ein wenig ängstlich machen. 16. *anak itu me-nikam*[2]*kan (= menikam-nikamkan) kerisnja* das Kind stach (spielenderweise) wiederholt mit seinem Dolche.

f) Wenn der einfache und der pränasalierte Verbalstamm zusammentreten, so haben die Zusammenstellungen meistens rezi-proke oder iterativ-intensive Funktion. Ergänzungen (Objekte), die beim einfachen pränasalierten Verb stehen, können erhalten bleiben. Von diesen Zusammenstellungen kann man weder *di*-Formen (§ 26) noch Formen mit vorgefügten pronominalen Elementen (§ 27) bilden.

17. *kedua orang itu pukul-memukul* jene beiden Leute schlugen einander. 18. *kirim-mengirim suratkah engkau dan saudaramu?* schicken du und dein Bruder einander Briefe? = korrespondieren du und dein Bruder miteinander? 19. *waktu radja itu mangkat,*

tidak putus orang tangis-menangis als der Fürst verschied, hörte man nicht auf, heftig zu weinen.

Bisweilen bezeichnen derartige Zusammenstellungen, die auch von einfachen Verben gebildet werden können (Satz 22), einen Zustand (Satz 20). Sie können jedoch die Handlung auch verallgemeinern bzw. im Sinne unseres „überhaupt" (in der Regel nach einer Negation) verstärken (Satz 21/22). 20. *djangan engkau pikir-memikir sadja!* sei du nicht stets in Gedanken versunken! 21. *tiadalah ia pandang-memandang* er schaute (es) sich überhaupt nicht an = er kümmerte sich um nichts. 22. *ia orang jang tak tahu-menahu* er ist ein Mensch, der überhaupt nichts weiß = er ist ein völlig unwissender Mensch.

g) Der Verbalstamm kann auch mit dem davon abgeleiteten Verb mit *me-* + Pnl. + *-i* (§ 34) in reziproker Funktion zusammentreten. 23. *keduanja hormat-menghormati* sie beide ehrten einander.

h) Die Reziprozität wird auch in der Weise ausgedrückt, daß *saling* vor ein pränasaliertes Verb gestellt wird, oder daß *silih berganti* „einander abwechseln" (§ 29 j) davortritt. 24. *kedua orang itu saling memukul* jene beiden Leute schlugen einander. 25. *mahaguru[2] itu silih berganti memberikan kuliah* die Professoren (wechseln einander ab, Kollegs zu geben =) geben abwechselnd Kollegs.

Bemerkung: Reziproke Zustandswörter mit *be(r)-* + iteriertem Wortstamm + *-an* sind in § 36 c behandelt.

Übungssätze:

1. *ia me-manggil[2] anaknja.* — 2. *mengapa di-kedjar[2] andjing itu?* — 3. *anak itu me-njurat[2]i dinding.* — 4. *tukang korán* (Zeitungsverkäufer) *itu me-neriak[2]kan surat kabarnja.* — 5. *anak itu ber-njanji[2] kegembiraan.* — 6. *kedua musuh itu tikam-menikam.* — 7. *orang Tionghoa itu tukar-menukar barang.* — 8. *sudah lama Zulbahri tak datang[2].*

§ 45. Lautwiederholung bei Qualitativa — *ke- -an* bei Qualitativa — „Hell" und „dunkel" bei Farbbezeichnungen

a) Iteration, d.h. Wiederholung, des Qualitativs hat oft mehrzahlbezeichnende Funktion. Dabei ist es belanglos, ob ein iteriertes Qualitativ als Prädikat oder als Apposition steht.

1. *anakku sakit[2]* meine Kinder waren krank. 2. *toko itu penuh dengan barang jang mahal[2] dan élok[2]* jenes Geschäft ist voll mit teueren und schönen Dingen. 3. *disitu hanja didjual barang murah[2] (= barang[2] murah)* dort werden nur billige Waren verkauft.

b) In manchen Fällen hat die Lautwiederholung verstärkende Funktion.

4. *dusun itu dilingkungi rimba jang rapat[2]* jenes Dorf ist von sehr dichtem Wald umgeben. 5. *ia senang[2] sadja di-Médan* er hat es stets (*sadja*) sehr gut in Medan.

c) Bisweilen hat die Iteration jedoch abschwächende Funktion. Dann steht oft *djuga* „auch" hinter dem iterierten Qualitativ.

6. *batu besar jang hidjau*[2] ein großer, grünlicher Stein. 7. *senang*[2]*kah djuga tuan disini?* sind Sie hier (auch ganz zufrieden =) einigermaßen zufrieden?

d) Die Lautwiederholung kann auch durative Funktion haben. Dann steht gerne *sadja* „nur, stets" dahinter.

8. *anakku sakit*[2] *sadja* mein Kind ist immer nur krank.

Manche Qualitativa werden in besonderer Weise iteriert: bei der zweiten Komponente tritt nämlich entweder Variation des anlautenden Konsonanten oder Vokalvariation auf. Dadurch wird die Bedeutung intensiv oder pluralisch modifiziert. Bei der Konsonantenvariation werden im allgemeinen *s*- und *tj*- durch *b*- oder *m*-; *k*- und *p*- durch *m*-; *h*- durch *b*-, und *l*- durch *p*- ersetzt, z.B. *sara-bara* völlig durcheinander, *tjerai-berai* überall verstreut (*tjerai* verstreut), *tjoréng-moréng* vollkommen = völlig verschrammt (*tjoréng* Schramme), *karut-marut* verwirrt (*karut* verwirrt). — Bei dem Wechsel der Vokale scheint eine gewisse Harmonie zu bestehen, z.B. *benggal-bénggol* = *benggil-bénggol* mit allerlei Schwellungen versehen sein (*bénggol* knotig), *tjuang-tjaing* ganz und gar zerrissen (*tjaing*[2] dgl.).

Bemerkung: Das Suffix *an* bei iterierten Qualitativa ist in § 36 d behandelt.

e) Wenn *ke* vor und gleichzeitig *an* hinter ein iteriertes Qualitativ tritt, so haben diese Bildungen meistens abschwächende Bedeutung im Sinne unseres „-lich, -ig bzw. etwas" (siehe auch Abschn. c). Derartige Bildungen kommen auch von Substantiven vor, die dann als Qualitativa in der genannten Bedeutung gebraucht werden (Satz 10/11). Bisweilen hat *-an* am iterierten Qualitativ dieselbe Funktion (§ 36 d).

9. *warnanja kain itu ke-mérah*[2]*an (= kemérah-mérahan) (= mérah*[2]*an)* die Farbe jenes Stoffes ist rötlich (*mérah* rot). 10. *kelakuannja masih sangat ke-budak*[2]*an (= kebudak-budakan)* sein Betragen ist noch sehr kindlich (*budak* Kind, Knabe). 11. *untuk peranan Jeanne d'Arc dibutuhkan perempuan jang ke-laki*[2]*an (= kelakilakian)* für die Rolle der Jeanne d'Arc wird eine Frau benötigt, die männlich ist = auftritt (*laki* Mann).

ke- -an am iterierten Qualitativ kann jedoch auch verstärkende Funktion haben, z.B. *ke-héran*[2]*an* sehr erstaunt (*héran* erstaunt).

f) Bisweilen besteht zwischen den Bildungen mit *ke-* + iteriertes Qualitativ + *-an* und denen mit Iteration + *-an* (§ 36 d) ein Bedeutungsunterschied.

12a. *ke-malu*[2]*an ia pulang kerumahnja* sehr verlegen kehrte er in sein Haus zurück. 12b. *malu*[2]*an ia pulang kerumahnja* etwas verlegen kehrte er in sein Haus zurück.

g) Wenn *ke* vor und *an* hinter ein nicht iteriertes Qualitativ tritt, so wird dadurch (nach javanischem Vorbilde, wo *ke- -en* gebräuchlich

ist) der Exzessiv gebildet, den wir wiedergeben mit „allzu" (vgl.
§ 53 r). — Von *terlalu* „sehr, arg" (§ 53 p) wird *keterlaluan* „allzu arg
= übertrieben" gebildet.

13. *rasanja kopi itu kemanisan* der Geschmack des Kaffees ist
allzu süß (*manis* süß).

h) Bisweilen werden Qualitativa mit einer von ihnen gebildeten
Form mit *me-* + Pnl. zusammengestellt (siehe § 44 f). Derartige Bildungen drücken das Intensive, Wiederholte aus.

14. *uang itu terus-menerus dibuangnja* das Geld wurde unaufhörlich
von ihm fortgeworfen (*terus* stets).

i) „Hell" und „dunkel" bei Farbbezeichnungen wird wiedergegeben
durch unmittelbar nachgestelltes *muda* „jung" bzw. *tua* „alt".

15. *warnanja bunga ini mérah muda, warnanja bunga itu mérah tua* die
Farbe dieser Blume ist hellrot, die Farbe jener Blume ist dunkelrot.

Übungssätze:

1. *djarang² ajah mengemukakan sesuatu pertanjaan.* — 2. *ia menarik
nafas pandjang².* — 3. *ia merasa malu²* (ein wenig verlegen). — 4. *perempuan tua ke-héran²an* (sehr erstaunt). — 5. *sikap Anwar itu sedikit
keterlaluan.* — 6. *hanja orang² jang kaja² dapat bepergian djauh².*

§ 46. Ergänzungen zur Mehrzahlbezeichnung bei Substantiven — Metaphernbildung

a) Von gewissen Substantiven wird die distributive Mehrzahl
derart gebildet, daß bei der zweiten Komponente Lautvariation
auftritt, z.B. *musuh-masah* allerlei Feinde (*musuh* Feind); *sajur-majur*
allerlei Gemüse (*sajur* Gemüse) (vgl. § 45 d). Bisweilen ist die zweite
Komponente eine Erweiterung (mittels *-em-*) des Grundwortes, z.B.
tali-temali allerlei Tauwerk (*tali* das Tau) (s. § 1 c IV).

b) Analog den in § 44 f behandelten Verben finden sich auch gewisse
Substantive, die aus dem einfachen Grundwort und der pränasalierten
Form bestehen. Sie bezeichnen einen distributiven oder einen universellen Plural. Dazu gehören z.B. *kitab-mengitab* allerlei Bücher,
Bücher aller Art (*kitab* Buch); *seberang-menjeberang* die Ufer auf beiden
Seiten (*seberang* jenseitiges Ufer).

Bemerkung: Andere Arten der Mehrzahlbezeichnung sind in
§ 37 e und f behandelt.

c) Mit denselben Mitteln, die zur Mehrzahlbezeichnung dienen,
werden auch Metaphern gebildet, nämlich mit Iteration (§ 1 c), mit
dem Suffix *an* am einfachen Substantiv (§ 37 e), und mit *-an* am iterierten

Substantiv (§ 37 f). Alle diese Bildungen sind jedoch auf gewisse Substantive beschränkt, d.h. sie können nicht bei jedem Substantiv gebraucht werden. Dazu gehören z.B. *djari²* Speiche (zu *djari* Finger), *mata²* Spion (zu *mata* Auge), *langit²* der Gaumen (zu *langit* Himmel); *langitan* der Gaumen, *tjéléngan* Sparbüchse (in Form eines Schweines) (zu jav. *tjéléng* Wildschwein); *anak²an* Puppe (zu *anak* Kind), *orang²an* Vogelscheuche (zu *orang* Mensch).

1. *diatas pohon itu ada orangan = orang²an* (an der Oberseite jenes Baumes =) auf jenem Baume befindet sich eine Vogelscheuche.

Vierter Teil: Orts-, Zeit- und Umstandsangaben

§ 47. Ortsangaben, die sich auf Sachen beziehen — Hilfslokativa

a) Ortsangaben, die sich auf Sachen beziehen, werden durch Präpositionen gemacht.

di bezeichnet den Ort der Ruhe (z.B. *dirumah* zu = im Hause),
ke bezeichnet die Bewegung nach dem Ort hin (z.B. *kerumah* nach Hause),
dari bezeichnet die Bewegung vom Ort her (z.B. *dari rumah* vom Hause).

Di und *ke* werden in der Regel mit dem Substantiv zusammengeschrieben, *dari* wird getrennt geschrieben. Vor geographischen Eigennamen, die groß geschrieben werden, fügt man zwischen *di* bzw. *ke* und den Namen einen Bindestrich (z.B. *ke-Ambon* nach Ambon).

1. *saja tiba dirumah* ich kam zu Hause an. 2. *ia sampai kerumahnja* er gelangte nach seinem Hause. 3. *kami berangkat dari Ambon* wir (exkl.) brachen von Ambon auf.

Bei Ländernamen läßt man den Oberbegriff (*negeri, tanah* Land, § 13 b) meistens fort, wenn sie mit einer örtlichen Präposition konstruiert sind, z.B. *di-Néderland* in Holland, *ke- (negeri) Djérman* nach (dem Lande) Deutschland. Allerdings sagt man stets: *dinegeri Belanda* „in Holland", das sich als feste Verbindung eingebürgert hat.

Dari findet sich auch vor Verben, die dann als Nomina fungieren.

4. *ia bangun dari tidurnja* er stand auf von seinem Schlafen = er erhob sich aus dem Schlaf. 5. *ia belum kembali dari menangkap ikan* er ist noch nicht zurück vom Fische-Fangen.

b) Statt dieser Präpositionen kann man *pada, kepada* und *daripada* (§ 48 a) verwenden, vor allem wenn es sich um eine zahlenmäßig bestimmte Ortsangabe handelt.

6. *ia (ber)ada pada suatu (= disuatu) gubuk* er befand sich in einer Hütte. 7. *anak² toníl itu berhimpun pada sebuah langkan ketjil* die Schauspieler (*anak² tonil*) versammeln sich auf einer kleinen Bühne. 8. *dibeberapa rumah tak ada lampu* in einigen Häusern gibt es keine Lampen.

Bemerkung: *Pada* wird (ebenso wie die in Abschn. i behandelten Ausdrücke) auch für verschiedene Präpositionen des Deutschen gebraucht, z.B. *pada sangkanja* nach seiner Meinung, *pada patutnja* nach dem sich Ziemen = wie es sich gehört, *tahu pada* von etwas wissen.

c) Durch *dari(pada)* kann auch die Angabe des Materials, aus dem etwas angefertigt ist, erfolgen.

9. *stémpel itu dari(pada) tembaga* der Stempel ist aus Kupfer.

d) Wenn es zur Ausführung einer Handlung einer Bewegung nach einem Ziel bedarf, so wird meistens mit *ke*- statt mit *di*- konstruiert. *ke*- kennzeichnet dann den Beginn, *di*- die Dauer der Handlung.

10. *dia membeli ajam kepasar* sie kauft Hühner (nach =) auf dem Markt.

e) *Dari ... sampai ke* entspricht unserem „von ... bis (nach)". Bisweilen wird statt *sampai ke*- auch *sampai²* *ke*- gebraucht in der Bedeutung „bis ganz nach".

11. *ia bersepéda dari Berlin sampai ke- (sampai² ke-) Hamburg* er fuhr mit dem Rade (*bersepéda*) von Berlin bis nach (bis ganz nach) Hamburg.

f) Bei einigen Ausdrücken pflegen die in Abschn. a genannten Präpositionen zu fehlen (vgl. § 48 b).

12. *dekatnja duduk pula seorang anak laki²* (in) seiner Nähe (*dekatnja*) saß auch ein Knabe. 13. *anak itu tinggal kelas* das Kind blieb (*tinggal*) (in) der Klasse (*kelas*) = blieb sitzen. 14. *ia pergi komisi* er ging (zur) Kommission. 15. *ia keluar sekolah* er kam (aus) der Schule.

g) Manche Präpositionen werden durch Verben ersetzt.

16. *ia kembali menghadap Baginda* er kehrte zurück, um vor Seiner Majestät zu erscheinen (*menghadap*) = er kehrte zu S. M. zurück. 17. *kami pergi ke-Médan melalui pelabuhan Belawan* wir (exkl.) (gehen =) fahren nach Medan passierend (*melalui*) die Reede = über die Reede von Belawan.

Bisweilen wird *ke*- nach Verben der Bewegung verstärkt durch das Verb *menudju* „Kurs nehmen auf"; *menudju ke*- ist dann als Erläuterung zum Hauptverb aufzufassen.

18. *ia berdjalan menudju kepintu* er ging, Kurs nehmend nach der Tür = er ging nach der Tür.

h) Zur genaueren Bezeichnung eines Ortes werden Hilfslokativa gebraucht. Es sind Substantive, die entweder selbständig gebraucht werden (Satz 21), oder denen die eigentliche Ortsangabe als Attribut folgt. Sie nehmen die Präpositionen *di*-, *ke*- und *dari* vor sich. Einige der wichtigsten sind:

antara (< Sskrt. *antara*-) Zwischenraum
atas Oberseite
bawah Unterseite
belakang Rückseite
dalam Inneres

luar Außenseite
muka (< Sskrt. *mukha*- Gesicht) Vorderseite
samping Seite
sisi Seite
tengah (oft: *tengah²*) Mitte

19. *meréka berdua duduk²* *dibawah pohon rambutan* sie saßen zu zweit (*berdua*) an der Unterseite eines = unter einem Rambutan-Baum[1]). 20. *burung itu hinggap keatas bubungan* der Vogel setzte sich nach der Oberseite des Dachfirstes = auf den Dachfirst. 21. *buah² gugur dari atas* die Früchte fielen von der Oberseite = von oben herab.

Diese Hilfslokativa werden auch mit Possessivsuffixen bzw. pronominalen Attributen versehen.

22. *selalu ada sematjam penghalang diantaraku dengan dia itu* stets (*selalu*) war eine Art Hindernis (*penghalang*) zwischen mir (*diantara/ku*) und (*dengan*) ihr da.

i) *Dalam, antara, atas* und *depan* (vor allem in der Umgangssprache statt *hadapan* gebraucht) werden auch als Präpositionen ,,in'', ,,zwischen'', ,,auf'' und ,,vor'' gebraucht.

23. *dalam kota ini banjak orang makan gadji* in (*dalam*) dieser Stadt (essen viele Leute Lohn =) sind viele Leute Tagelöhner. 24. *siapa antaramu?* wer unter = von euch? 25. *saja tidur atas bangku* ich schlafe auf einer Bank. 26. *ia berdiri depan Anwar* er stand vor Anwar.

Dalam müssen wir bisweilen durch andere Präpositionen als ,,in'' wiedergeben, z.B. *dalam perdjalanan* auf Reisen, *dalam pertemuan dengan* bei der Begegnung mit (*dengan*), *dalam sehari* an einem Tag = pro Tag, *dalam satu kilométer persegi* pro qkm.

Ebenso entspricht *atas* verschiedenen deutschen Präpositionen, z.B. *atas nama* im Namen von, *atas pertanjaan* auf Anfrage, *atas permintaan* auf Ersuchen, *meminta maʿaf atas* Vergebung erbitten für, *menghukum atas* verurteilen wegen, *pertjaja atas* glauben an.

Bisweilen sind *didalam* und *diantara* in partitiver Bedeutung auswechselbar, z.B. *didalam = diantara sepuluh orang itu* unter = von den zehn Leuten.

Dalam bzw. *didalam* tritt bisweilen auch als Präposition vor Verbalformen auf.

27. *aktiviteitnja dalam berfikir dan berbuat* ihre Aktivität im Denken und Handeln. 28. *hidup didalam memerangi peruntungan* leben im Kampf mit dem Schicksal (*memerangi* bekriegen, bekämpfen, zu *perang* Krieg; wegen -i siehe § 34).

j) Zu den Hilfslokativen gehören in gewissem Sinne auch *kanan* ,,die Rechte, rechts'' und *kiri* ,,die Linke, links''. Sie werden gerne mittels *sebelah* ,,eine Seite'', aber auch einfach mit *di-, ke-* und *dari* konstruiert.

---

[1]) *rambutan* ist eine Baumart mit eßbaren Früchten (Nephelium lappaceum L.).

29. *disebelah kanannja terletak sebuah anglo* zu ihrer Rechten lag ein Kocher. 30. *supir ajahnja duduk disisinja sebelah kiri* der Chauffeur seines Vaters saß neben ihm (*disisinja*) (an) der linken Seite (*sebelah kiri*). 31. *keréta²* menjimpang *kekanan* Wagen weichen nach rechts aus.

Kanan und *kiri* können auch ohne *sebelah* hinter ein Substantiv treten.

32. *tumit kanannja dirabanja* seine rechte Ferse wurde von ihm betastet.

k) Ortsangaben in Relativsätzen des Deutschen werden in der B.I. entweder durch eine appositionelle Konstruktion mit *tempat* „Ort, Platz" wiedergegeben (Satz 33/35), oder man verwendet — vermutlich in Anlehnung an die niederländische Ausdrucksweise — die örtlichen Pronomina interrogativa (Satz 36/37) (§ 49 d). *Tempat* wird auch dann gebraucht, wenn sich die Ortsangabe im Relativsatz auf eine Person bezieht (Satz 35).

33. *ia sampai disawah, tempat meréka bertemu* er kam an bei dem nassen Reisfelde, wo sie sich trafen. 34. *Sukarto pergi kepolikliniek, tempat ia mengobati orang sakit* Sukarto ging nach der Poliklinik, wo er Kranke behandelte. 35. *tiada siapa tempatnja mengadukan halnja* es gab niemanden, dem er seinen Zustand (*halnja*) klagen (konnte). 36. *ia sampai dirumah, dimana meréka berkumpul* er kam an bei dem Haus, wo (*dimana*) sie sich versammelten. 37. *ia pergi kepada orang, darimana berita itu timbul* er ging zu dem Menschen, woher (*darimana*) = von dem die Nachricht (*berita*) ausgegangen war (*timbul*).

Daneben ist die appositionelle Angliederung mit *jang* möglich (siehe auch § 59 d). Im Relativsatz wird dann meistens eine Präposition verwendet.

38. *orang jang kepadanja saja berikan uang itu sudah pergi* der Mensch, an den (*jang kepadanja*) = dem ich das Geld gegeben habe, ist fortgegangen. 39. *orang jang padanja kusimpan uang itu sudah pindah* der Mensch, bei dem (*jang padanja*) das Geld von mir aufbewahrt wurde (*kusimpan*), ist verzogen.

Es finden sich jedoch auch Beispiele, in denen im Appositionssatz keine Präposition steht (vgl. § 51 h).

40. *di-pulau²* jang ada rawang auf Inseln, wo es Sümpfe gibt. 41. *inilah kelambu jang njamuk tidak bisa masuk* dies ist ein Moskitonetz, in das Mücken nicht eindringen können.

Bemerkung: Es sei daran erinnert, daß wir bisweilen auch Verben mit *-i* (§ 34), die in einem Appositionssatz mit *jang* stehen, in oben genannter Weise wiedergeben können, z.B. *rumah jang saja diami itu sudah tua* das Haus, das von mir bewohnt wird (*jang saja diami*), ist bereits alt = das Haus, in dem ich wohne, ist bereits alt.

1) Vorangestellte Ortsangaben ziehen gerne das P. des Satzes zu sich,
d.h. die Stellung der Redeteile ist dann oft: Ortsangabe — P. — S.
Dadurch ist das P. in der Regel nicht hervorgehoben.

42. *didalam rumah ini tinggal satu pamili* in diesem Hause wohnt
eine Familie.

Übungssätze:

1. *orang itu wakil kita dinegeri itu.* — 2. *kami berlabuh di-Tual.* —
3. *marilah kita turun kebawah!* — 4. *ia berpegang pada sekeping papan.* —
5. *ia tiba dekatnja.* — 6. *saja mentjari si Ali dibelakang rumahnja.* —
7. *di-negeri² jang lainpun, tempat ajahnja dipindahkan* (versetzt werden),
ia senantiasa (stets) *bébas pergi kemana hatinja tertarik* (gezogen sein).
— 8. *orang merasa héran atas perbuatannja* (sein Tun) *itu.* — 9. *tak
ada jang berhak atas diriku.* — 10. *kota dalam mana saja tinggal djauh
dari sini* (von hier). — 11. *ia mendjemput saja kesetasiun.*

§ 48. Ortsangaben, die sich auf Personen beziehen

a) Sofern sich eine Ortsangabe auf eine Person(enbezeichnung) bezieht, treten meistens *pada, kepada* und *daripada* statt *di, ke-* und *dari*
(§ 47 a) auf. (*Pada* dürfte das Sskrt.-Wort *pada* „Gegend, Platz, Auf-
enthalt" darstellen[1]). Gelegentlich wird nämlich in der B.I. *tempat*
„Ort, Platz" statt *kepada* vor Personenbezeichnungen gebraucht, z.B.
ketempat Corrie nach Corries Platz = zu Corrie. Ähnlich wie *dalam*
statt *didalam* gebräuchlich ist (§ 47 i), dürfte *pada* dann Präposition zur
Bezeichnung des Ortes der Ruhe geworden sein.)

1. *ia tinggal pada ibunja* er blieb bei seiner Mutter. 2. *siapa
memberikan wang kepada orang itu?* wer gab Geld an jenen Menschen?
= wer hat jenem Menschen Geld gegeben? 3. *ia bermohon diri
kepada bapanja* er verabschiedete sich (*bermohon diri*) (nach =)
von seinem Vater. 4. *saja datang daripada sahabat saja* ich komme
von meinem Freunde.
Bemerkung: *Pada, kepada* und *daripada* finden sich auch bei
Zeitangaben (§ 51 a).

b) Bisweilen wird *ke* vor *pada* fortgelassen, sofern es sich um Verben
mit einem Bewegungsaspekt handelt (vgl. § 47 f).

5. *surat itu dialamatkan pada Tuan Anu* der Brief ist adressiert
an (*pada*) Herrn N. N. 6. *kasih tahu pada ibumu!* teile (es) mit
an deine Mutter! = teile (es) deiner Mutter mit!

c) Gelegentlich findet sich statt *kepada* auch *ketempat* „nach dem
Ort, Platz"; siehe Abschn. a.

7. *lalu pergilah ia ketempat Corrie* dann ging er nach Corries Platz
= zu Corrie.

[1] Siehe J. Gonda, Sanskrit in Indonesia, S. 396 (Sarasvati Vihara
Series, vol. 28. Nagpur 1952).

Bemerkung: In der B.I. werden *di*, *ke* und *dari* auch vor Personen-(bezeichnungen) bzw. vor Pron. pers. gebraucht, z.B. *ia tinggal dituan dokter* er blieb beim Herrn Doktor; *ia hendak minta surat keterangan dari tuan dokter* er möchte einen Ausweis (*surat keterangan*) vom Herrn Doktor erbitten; *si bibi itu lantas lari dari dia* die Tante lief dann (*lantas*) von ihm fort.

d) *Daripada* wird auch bei Sachen und Abstrakta verwendet, um die Ursache zu bezeichnen (deutsch: wegen).

8. *orang itu bukannja kaja anak buah, tetapi kaja daripada emas pérak* jener Mensch ist keineswegs reich (an) Untertanen, (aber =) sondern reich wegen = an Gold (und) Silber. 9. *daripada ketakutannja maka ia djatuh sakit* wegen seiner Angst war es, daß (*maka*) er (krank fiel =) krank wurde.

e) Wenn sich die Ortsangabe auf ein Pron. pers. bezieht, so tritt dieses in der Regel als Attribut (Possessivsuffix) hinter *pada*, *kepada* und *daripada*. (Vgl. jedoch Abschn. c Bemerkung.)

10. *anakku tinggal padaku* mein Kind bleibt bei mir. 11. *saja akan pergi kepadanja* ich werde zu ihm gehen. 12. *Hasan datang daripada saja* Hasan kam von mir.

Bemerkung: Bisweilen findet sich *akan* statt *kepada*, z.B. *Sultan memberi persalin akan utusan itu* der Sultan gab ein Geschenk an den Gesandten = der Sultan gab dem Gesandten ein Geschenk.

§ 49. Hinweise auf und Fragen nach Ortsangaben

a) Die Ortsadverbien kennen eine Dreiteilung, die durch die Korrelation zu den drei Personen bedingt ist (vgl. § 4 a). Die Präpositionen *di-*, *ke-* und *dari* (§ 47 a) treten vor *sini*, *situ* und *sana*. *Sini* besteht aus *s* und dem Demonstrativ *ini* „dieser", *situ* aus *s* und dem Dem. *itu* „jener"; *sana* setzt sich analog zusammen aus *s* + **ana*, das jedoch als Dem. (korrelat zur 3. Pers.) in der B.I. nicht belegt ist. Das allen gemeinsame Element *s*- ist vermutlich eine alte örtliche Präposition (vgl. *si* im Ledo). *Sini* „hier" ist korrelat zur 1. Pers., *situ* „dort" zur 2. Pers. und *sana* „da" zur 3. Pers. Es weist auf etwas weit Entferntes, das weder Ich- noch Du-Nähe hat. Die Ortsadverbien lauten also folgendermaßen:

disini hier, *kesini* hierher, *dari sini* von hier;
disitu dort, *kesitu* dorthin, *dari situ* von dort, dorther;
disana da, *kesana* dahin, *dari sana* von da, daher.

1. *saja tinggal disini* ich wohne = bleibe hier. 2. *kemarin saja pergi kesitu* gestern ging ich dorthin. 3. *siapa datang dari sana, Mat?* wer kam daher, Amat?

Für „hierher" gebraucht man auch *kemari*.

4. *ia datang kemari* er kam hierher.

b) In der Umgangssprache läßt man *di-* und *ke-* bisweilen vor den Ortsadverbien fort.

5. *(di)sana-sini didirikan gedung²* *pemerintah* da (und) hier werden Regierungsgebäude errichtet. 6. *mari sini!* komme hierher!

c) Ortsangaben und Ortsadverbien stehen oft am Schluß, aber auch am Anfang oder mitten im Satze.

7 a. *saja tidak senang disini* ich fühle mich nicht wohl hier. 7 b. *saja disini tidak senang* ich fühle mich hier nicht wohl. 7 c. *disini saja tidak senang* hier fühle ich mich nicht wohl.

d) Nach Ortsangaben, die sich auf Sachen beziehen, fragen *dimana* wo?, *kemana* wohin? und *darimana* woher? Diesen Pron. interr. kann die Fragepartikel *-kah* (§ 11 d) suffigiert werden.

8. *dimana(kah) engkau hendak tinggal?* wo möchtest du wohnen = bleiben? 9. *kemana(kah) perginja?* wohin war sein Gehen? = wohin ist er gegangen? 10. *dari mana(kah) chabar itu datang?* woher kommt die Nachricht?

e) Durch vorangestelltes *barang* (§ 10 i) bzw. durch Iteration von *mana* oder durch Suffigierung von *pun* „auch" bzw. durch Nachstellung von *sadja* (§ 23 g) werden die Interrogativa indefinit.

11. *barang kemana engkau pergi, tidak akan selamat* wohin auch immer du gehst, (du) wirst nicht glücklich sein. 12. *barang dimana* = *dimanapun* = *dimana sadja ia tinggal, akan djadi kebentjian orang* wo auch immer er wohnt, wird man (ihn) hassen. 13. *di-mana²* *(= dimana-mana) engkau tinggal, selalu mengharu-biru sadja* wo auch immer du bleibst, stiftest (du) stets nur Verwirrung.

§ 50. Ortsangaben als Prädikat und als Apposition

a) Als P r ä d i k a t werden Ortsangaben wie andere Wortarten behandelt.

1. *uangku masih ditangannja* mein Geld (befindet sich) noch in seinen Händen. 2. *keréta api ini ke-Bogor* dieser Zug (fährt) nach Bogor. 3. *pasar disana* der Markt (befindet sich) da.

Der Ausdruck *keluar* „nach der Außenseite = nach draußen" hat die Bedeutung „hinausgehen" erhalten.

4. *ia tidak keluar* er ging nicht hinaus.

b) Ortsangaben können auch zur Hervorhebung vorangestellt werden und die Hervorhebungssilbe *lah* (§ 8 b) annehmen.

5. *di-Djakartalah ia* in D j a k a r t a (ist) er.

Bemerkung: Zu einer vorangestellten Ortsangabe als P. tritt bisweilen ein Subjektssatz, der mit *jang* angegliedert wird, z.B.: *dirumah gadailah jang banjak emas dan intan* im Leihhaus ist es, daß Gold und Diamanten zahlreich sind = im Leihhaus sind Gold und Diamanten zahlreich.

c) Ortsangaben als Apposition werden mit oder ohne *jang* (§ 18 a) angegliedert.

6. *radja (jang) di-Bagdad itu sudah mangkat* der Fürst, der in Bagdad (war = lebte), ist verschieden. 7. *hilanglah pos (jang) ketanah Hindia itu* die Post, die nach (dem Lande) Indien (ging), ging verloren.

Übungssätze:

1. *saja dikantor.* — 2. *kami kesekolah.* — 3. *kepasar arahnja.* — 4. *darimana engkau?* — 5. *uang (jang) didalam peti ini banjak.* — 6. *saja belum pernah di-Indonésia.* — 7. *akan ke-Bali, uang tidak tjukup.*

§ 51. Zeitangaben

a) Ein Teil der Zeitangaben wird wie Ortsangaben behandelt. Sie sind meistens durch die Präpositionen *pada, kepada* und *daripada* gekennzeichnet. Man kann jedoch auch *di, ke* und *dari* gebrauchen (Satz 4/5).

1. *hari dingin pada waktu ini* (das Wetter =) es ist kalt zu dieser Zeit. 2. *namanja disebut orang kepada hari ini* sein Name wird von Leuten (nach =) bis zu diesen Tagen = bis heute genannt = seinen Namen nennt man bis heute. 3. *daripada waktu itu*[1]) *sampai hari ini ia tidak datang lagi* von = seit jener Zeit bis heute kam er nicht wieder. 4. *njamanlah hawa diwaktu pagi* das Klima ist zur Morgenzeit angenehm. 5. *dari waktu itu sampai sekarang ia tidak bekerdja* von der Zeit an bis jetzt arbeitete er nicht.

b) In einigen feststehenden Ausdrücken scheint bei der darin vorkommenden Zeitangabe die Präposition fortgelassen zu sein, z.B. bei *makan pagi* (am) Morgen essen = frühstücken, *makan siang* (am) Mittag essen = zu Mittag essen, *makan malam* (am =) zu Abend essen.

c) Bisweilen werden die Demonstrativa *ini* und *itu* ohne Präposition zu Zeitangaben verwendet. *Ini* bedeutet dann „jetzt", *itu* „damals".

6. *inilah musim dingin* diese = jetzt ist die kalte Jahreszeit. 7. *itu banjak orang mati* damals starben viele Leute.

Bemerkung: Vor allem in der Literatur kommt *kini* für „jetzt" vor.

---

[1]) Statt dessen auch: *mulai waktu itu* „beginnend jene Zeit".

d) Die meisten Zeitangaben werden jedoch durch besondere Ausdrücke gemacht. Einige der am häufigsten vorkommenden sind:

kemarin dulu vorgestern
kemarin gestern
ini hari heute
bésok morgen
lusa übermorgen
pagi ini dieser = heute Morgen
tengah hari (Mitte des Tages =) Mittag
malam ini = soré ini heute Abend = heute Nachmittag
dahulu = dulu früher, vorher
selamanja (< *se* eins, die ganze + *lama* Dauer + Possessivsuffix *nja*: die ganze Dauer davon) = *senantiasa = selalu* immer, stets

mula[2] anfangs, zuerst
tadi vorhin (vgl. § 4 c)
baru eben erst
nanti nachher (dient auch zur Umschreibung des Futurs)
sekarang jetzt
sebentar ein Augenblick, bald
dalam sementara itu inzwischen
ésok hari = keésokan hari(nja) am morgigen, folgenden Tage
ada kalanja ... ada kalanja (vorhanden ist die Zeit davon =) bisweilen ... bisweilen
hari kemudian in Zukunft, später

8. *saja datang kemarin* ich kam gestern. 9. *dulu (= dahulu) saja tinggal di-Padang* früher wohnte ich in Padang. 10. *sekarang sudah gelap* jetzt ist (es) schon dunkel. 11. *sebentar saja pulang kerumah* bald kehre ich nach Hause zurück. 12. *ada kalanja ia datang, ada kalanja ia menjuruh orang lain sadja* bisweilen kommt er, bisweilen beauftragt er nur einen anderen Menschen.

Pernah entspricht deutschem „schon einmal, jemals", *belum* deutschem „noch nicht" und *belum pernah* deutschem „noch nie(mals)".

13. *saja sudah pernah pergi kerumahnja* ich bin schon einmal nach seinem Hause gegangen. 14. *kapal itu belum sampai* das Schiff ist noch nicht angekommen. 15. *belum pernah saja minum arak* noch niemals habe ich Branntwein getrunken.

e) Die Stellung der Zeitangaben im Satze ist abhängig von dem Grade der Betonung, die man ihnen beilegen will.

16a. *dahulu orang itu mendjadi kepala kampung* früher (wurde =) war jener Mensch Dorfhaupt. 16b. *orang itu dahulu mendjadi kepala kampung* jener Mensch war früher Dorfhaupt. 16c. *orang itu mendjadi kepala kampung dahulu* jener Mensch war Dorfhaupt (früher =) in früherer Zeit.

f) Die Ausdrücke *pada zaman dulukala* „in früherer Zeit" und *pada zaman purbakala* „in alter Zeit" finden sich vorwiegend in der klassischen Literatur.

17. *pada zaman dulukala adalah sebuah keradjaan* in früherer Zeit gab es ein Fürstentum. 18. *pada zaman purbakala orang Mesir telah pandai membuat kertas* in alter Zeit verstanden es die Ägypter bereits, Papier herzustellen.

g) Nach Zeitangaben **fragen** *apabila* (< *apa* was? + *bila* Zeit), seltener *bilaapa, bilamana, apakala* und *manakala* wann? *Apabila* = *pabila* wird in der Umgangssprache am meisten gebraucht. Die anderen Pron. interr. kommen mehr in der (klassischen) Literatur vor. (Auf Java fragt man gern mit *kapan* nach einer Zeitangabe.)

19a. *(a)pabila tuan telah datang?* wann sind Sie gekommen?
19b. *(a)pabila tuan akan datang?* wann werden Sie kommen?

h) Auf Zeitangaben in **Relativsätzen** des Deutschen wird mit *jang* Bezug genommen.

20. *hari jang kita jang pertama kali bertemu* der Tag, an dem wir (inkl.) einander zum ersten Mal begegneten. 21. *pada hari jang ia pulang dari sana* an dem Tage, an dem er von da zurückkehrte.

Bemerkung: Temporales „vor" und „nach" werden wieder- gegeben durch *sebelum* (zu *belum* noch nicht) und *sesudah* (zu *sudah* bereits, schon), z.B. *sebelum atau sesudah pertundjukan* vor oder nach der Vorstellung.

Übungssätze:

1. *kinilah waktunja engkau akan mendapat untung.* — 2. *pada tahun ini tanam²an ta'kan djadi.* — 3. *dulu anak sungai ini tiada kemari alir- nja.* — 4. *anak ini selalu menangis sadja.* — 5. *tadi pagi si Taib telah berangkat ke-Bogor.* — 6. *dibelakang hari* (später) *saja pergi kenegeri Belanda.* — 7. *ia baru pulang dari kantor.* — 8. *ia belum mandi.* — 9. *djam malampun belum habis.* — 10. *kemakmuran itu tidak pernah tertjapai.* — 11. *bilamana ia kembali?*

§ 52. Namen der Wochentage und Monate — Angabe von Daten und Uhrzeiten

a) Die Namen der **Wochentage** sind, bis auf einen, aus dem Ara- bischen entlehnt. Sie lauten in der B.I.: *Senén = Senin* Montag, *Selasa* Dienstag, *Rebo = Rebu = Rabu* Mittwoch, *Kemis (= Kamis, Chamis)* Donnerstag, *Djumaᶜat = Djumᶜat* Freitag, *Sabtu* Sonnabend, *Ahad = Minggu* (< port. *dominggo*) Sonntag. Vor sie wird *hari* „Tag" gestellt, also *hari Senén* etc.

1. *hari Rebo ia akan datang* Mittwoch wird er kommen.

b) Die **Monate** werden mit den niederländischen Namen benannt, selten mit den arabischen. Sie werden zum Teil etwas anders als im Niederländischen ausgesprochen: *Djanuari* Januar, *Fébruari*[1]) Februar, *Maret* März, *April, Mei* Mai, *Djuni* Juni, *Djuli* Juli, *Agustus* August, *Séptémber, Oktober, Nopémber* November, *Désémber* Dezember.

---

[1]) = *Pébruari.*

c) Bei Datenangaben wird die Kardinalzahl sehr oft hinter *tahun* „Jahr" (Satz 6) (§ 14 a) und *hari* „Tag" (Satz 2) gestellt. Es kommt jedoch auch vor, daß die Kardinalia vor *hari* (Satz 3) bzw. unter Fortlassung von *hari* (nach niederländischem Vorbild) vor den Monatsnamen gestellt werden (Satz 4). Dann kann *tanggal* „Datum" vor Zahl + Monat stehen (Satz 5).

2. *ia mati pada hari tiga bulan Maret* er starb am Tage drei des Monats März = er starb am dritten März. 3. *pada dua puluh tudjuh hari bulan ini orang mulai turun kesawah* am 27. dieses Monats beginnt man, nach den Reisfeldern hinabzusteigen. 4. *surat ini tertulis pada dua puluh satu April sembilan belas (ratus) dua belas* dieser Brief ist am 21. April 1912 geschrieben. 5. *pada tanggal tiga belas Méi sembilan belas (ratus) tiga puluh berpulang kerahmatu 'llah di-Oslo Dr. Fridtjof Nansen* am (Datum des) 13. Mai 1930 kehrte in Oslo Dr. Fridtjof Nansen heim zur Barmherzigkeit Gottes. 6. *ditahun sembilan belas lima puluh terdapat dua puluh tiga mesin* im Jahre 1950 wurden 23 Maschinen (erhalten =) empfangen. 7. *empat puluh tahun sesudah itu, ja‘ni[1]) dalam tahun sembilan belas sepuluh* vierzig Jahre danach, d. h. im Jahre 1910.

Sedjak = semendjak (dari) entspricht deutschem „seit"; statt dessen tritt selten *sedari* auf. Temporales „bis" wird durch *hingga* oder *sampai* wiedergegeben. — Z. B.: *sedjak = semendjak tahun sembilan belas (ratus) tiga puluh dua* seit dem Jahre 1932; *semendjak dari abad jang ketudjuh* seit dem 7. Jahrhundert; *sedari dulu* seit früher, von früher her; *hingga kini = hingga sekarang = sampai sekarang* bis jetzt.

d) Genauen Zeitangaben wird gerne *lamanja* „die Dauer davon" nachgestellt, oder *selama* „eine Dauer = für die Dauer von" vorangestellt. Ersteres entspricht deutschem „lang".

8. *tudjuh hari lamanja hamba dilaut* sieben Tage lang war ich auf dem Meere. 9. *perdjandjian ini akan berlaku selama lima tahun* dieses Abkommen wird für die Dauer von fünf Jahren gelten.

e) Derartige Zeitangaben werden durch vorangestelltes *barang* bzw. *kira²* oder *kurang-lebih* (weniger-mehr =) „etwa, ungefähr" ungenau.

10. *suruh sabarlah barang = kira² = kurang-lebih setahun lamanja!* laß (ihn sich) ungefähr ein Jahr lang gedulden!

f) Uhrzeiten werden entweder mit *pukul* „Schlag" oder mit *djam* „Stunde" und nachgestellter Kardinalzahl bezeichnet.

11. *pukul = djam lima saja masih tidur* (Schlag = Stunde fünf =) um fünf Uhr schlafe ich noch. 12. *hari baru pukul empat soré* der Tag ist eben erst (*baru*) Schlag vier nachmittags = es ist eben erst vier Uhr nachmittags.

---

[1]) *ja‘ni* d. h., d. i., dient zur Präzisierung.

Minutenangaben werden mittels *liwat* „vorbei, vorüber" bzw. *lebih*
„mehr" oder *kurang* „weniger" angegliedert.

13. *sekarang pukul = djam tiga liwat (lebih) sepuluh* jetzt ist es
drei Uhr zehn. 14. *djam delapan liwat seperempat* acht ein Viertel
Uhr. 15. *djam = pukul tudjuh kurang sepuluh* Stunde = Schlag
sieben weniger zehn = sechs Uhr fünfzig.

g) **Fragen** nach Uhrzeiten bzw. nach einem Datum werden gebildet,
indem *berapa* „wieviel?" hinter *djam* oder *pukul* bzw. hinter *tanggal*
„Datum" tritt.

16. *djam = pukul berapa sekarang, tuan?* Stunde = Schlag wieviel
= wie spät ist es jetzt, Herr? 17. *tanggal berapa dia mati?* Datum
u. zw. wieviel = am wievielten = an welchem Datum starb er?

§ 53. Umstandsangaben — Adverbiale Zusammenstellungen von Qualitativa — Wortgruppen aus Qualitativ + Substantiv

a) Umstandsangaben werden größtenteils mit Hilfe von Ausdrücken
gemacht, die unseren **Präpositionen** entsprechen. *Dengan* gibt sowohl
unser komitatives als auch unser instrumentales „mit" wieder. Bisweilen entspricht es jedoch auch anderen Präpositionen des Deutschen
(siehe Beispielsätze). *Dengan* ist eigentlich ein Substantiv mit der
Grundbedeutung „Gefährte, Genosse". Deshalb wird es gelegentlich
mit einem Possessivsuffix statt mit einem Pronomen personale konstruiert (Satz 3)[1]).

1. *Ali datang dengan ibunja* Ali kommt mit seiner Mutter. 2. *saja
makan dengan séndok* ich esse mit einem Löffel. 3. *saja bertemu
dengan dia*[2]) = *dengannja* ich traf mit ihm zusammen = ich begegnete ihm. 4. *si Ali berpisah dengan isterinja* Ali trennte sich
von seiner Frau. 5. *ia datang dengan nama tuan* er kam in Ihrem
Namen.

Dengan kann in dieser Funktion auch vor einem pränasalierten Verb
+ Ergänzung (Objekt) stehen.

6. *ia mentjari penghidupannja dengan menipu orang* er sucht seinen
Lebensunterhalt mit dem Leute-Betrügen.

b) *Dengan* + substantivisch aufzufassendes Qualitativ gibt oft unsere
Adverbien wieder.

7. *soal pengangguran harus dikupas dengan teliti* die Arbeitslosen-
frage muß (*harus*) sorgfältig (*dengan teliti*) analysiert werden.

---

[1]) Gelegentlich wird auch das mittels *ber-* (§ 29) von *sama* abgeleitete
bersama statt *dengan* in komitativer Funktion gebraucht, z.B. *bersama
keturunannja* „mit seinen Nachkommen".

[2]) Nach *dengan* stehen oft *daku* und *dia* statt *aku* und *ia* (§ 5a).

8a. *dengan segera kabar itu disangkal* schnell wurde die Nachricht dementiert.   8b. *ia berdjalan dengan tjepat(nja)* er ging schnell.

Das Qualitativ kann auch gradbezeichnende Ausdrücke bei sich haben, z.B. *dengan lebih teliti* sorgfältiger, *dengan sangat gembira* sehr begeistert.

Auf diese Weise kann auch ein Verb adverbial gebraucht werden.

9. *dengan menangis ia pulang kerumahnja* (mit Weinen =) weinend kehrte er nach seinem Hause zurück. 10. *dengan termenung ia menentang arah kebukit itu* in Gedanken versunken blickte er (in) Richtung nach jenem Hügel.

Aber als Adverbien werden auch Qualitativa verwendet, die dem Verb ohne *dengan* nachgestellt sind.

11. *ia melompat tinggi* er sprang hoch.   12. *sudah mengerti benarkah bapak akan maksud saja itu?* (hat Vater =) hast du (in bezug auf, *akan*) jene meine Absicht wirklich = richtig verstanden?

Affektiv-intensive Doppelungen von Qualitativa stehen besonders gern an letzter Stelle, so z.B. *gopoh*² gehetzt, eiligst, zu *gopoh* hastig.

13a. *ia berdjalan gopoh*² er ging gehetzt = eiligst. 13b. *ia melompat tinggi*² *djuga* er sprang ziemlich hoch[^1]).

Bisweilen steht ein Adverb ohne *dengan* vor dem Verb.

14. *sagu mudah diperoléh di-mana*² Sago erhält man leicht (*mudah*) überall.

Bei Gegenüberstellungen steht die zweite adverbiale Umstandsangabe gerne vor dem Verb. Dadurch wird sie hervorgehoben, so daß der Gegensatz stärker zum Ausdruck kommt.

15. *tapi kalau orang lain berangkat ter-engah*² *dibebani harta, Atma dan isterinja ringan sadja mengajun langkah* aber (*tapi*) wenn (*kalau*) andere Leute hastig aufbrachen, mit Besitz beschwert, (so) machten sich Atma und seine Frau ganz leicht (*ringan sadja*) auf den Weg.

Die vorangestellte adverbiale Angabe mit *dengan* kann dadurch besonders hervorgehoben werden, daß man den folgenden Satz mit *maka* (§ 64) einleitet.

16. *dengan suara bergetar maka berkatalah ia* mit bebender Stimme war es, daß (*maka*) er sprach = er sprach mit bebender Stimme.

Bemerkungen: 1. Daneben findet sich bisweilen *(dengan) setjara* „((mit) einer Art =) eine Art" + Qualitativ als Adverb, z.B. *(dengan) setjara damai* auf friedliche Weise, *setjara resmi* offiziell.

[^1]) Die Iteration des Qualitativs hat bei adverbialem Gebrauch jedoch nicht immer intensivierende Funktion, z.B. *perkara itu diperiksanja dalam*² die Angelegenheit wurde gründlich (*dalam*²) von ihm untersucht.

2. Eine Anzahl Ausdrücke, die aus einem Substantiv bestehen, welches das Possessivsuffix der 3. Pers. Sg. *nja* trägt, sind adverbial aufzufassen, z.B. *rupanja* anscheinend (zu *rupa* Aussehen, Schein), *agaknja* vermutlich (zu *agak* Vermutung), *achirnja* schließlich (zu *achir* Ende).

3. Adverbien, die durch Iteration eines einfachen Verbs gebildet sind, wurden in § 44a Bemerkung 2 behandelt.

4. Zu dem Gebrauch von Verben in adverbialer Funktion siehe Abschn. o dieses Paragraphen.

c) Wenn ein Substantiv zwei ohne *jang* angegliederte Qualitativa als appositionelle Erläuterungen nach sich hat, dann wird das zweite Qualitativ gerne angegliedert mit *dengan* bzw. *lagi dengan* („außerdem mit"). Das ihnen folgende Qualitativ ist substantivisch aufzufassen; es nimmt oft das Possessivsuffix *nja* an.

17. *Sutan Makmur orang baik dengan ramahnja* S. M. war ein guter Mensch mit seinem Freundlichsein = S. M. war ein guter und freundlicher Mensch.

d) Eine komitative Umstandsangabe in einem Relativsatz des Deutschen wird in der B.I. mittels *teman = kawan* „Gefährte, Kamerad" + pronominales Attribut (Possessivsuffix) als Apposition angegliedert.

18. *matilah Hasan temannja = kawannja (temanku = kawanku) bersekolah dulu* es starb Hasan u. zw. sein Gefährte (mein Gefährte), in die Schule zu gehen (*bersekolah*) früher = Hasan, mit dem zusammen er (ich) früher in die Schule ging, ist gestorben.

e) Die instrumentale Funktion von *dengan* kann durch Kombination mit dem Verb *memakai* „gebrauchen" verstärkt werden.

19. *djuru terbang dapat turun dengan memakai pajung* der Pilot (*djuru terbang* „Meister des Fliegens") konnte mit einem Fallschirm landen.

In gewissen Redewendungen wird *djalan* „Weg" zur Verstärkung hinter das instrumentale *dengan* gestellt, so z.B. in *dengan djalan lisan* auf mündlichem Wege = mündlich (*lisan* Zunge), *dengan djalan tulisan* auf schriftlichem Wege = schriftlich (*tulisan* Geschriebenes).

f) *Serta* „mit" (< Sskrt. *sārtha* Gesellschaft) (+ pron. Attr. bzw. Possessivsuffix) bzw. *serta dengan* „zusammen mit" oder *beserta* „nebst" werden bisweilen statt *dengan* gebraucht.

20. *sepuluh orang hulubalang sertanja* zehn Offiziere waren mit ihm.
21. *lebai itu beserta bininja datang kembali* der Moscheebeamte nebst seiner Gattin kam zurück.

g) Unserer Präposition „ohne" entspricht in der B.I. *dengan tidak* = *dengan tak* („mit nicht") + Verb bzw. *tanpa* (+ Substantiv). (*Tanpa*

besteht aus der (altjavanischen) Negation *tan (< ta + n < anu)* „nicht"
+ Substantivformans *pa* des (Alt)javanischen[1]).)

22. *meréka memberikan pertolongan dengan tidak (= tak) memandang
bulu* sie verliehen Hilfe ohne (zu betrachten die Haare =) Ansehen
der Person. 23. *kita berikan sewadjarnja sadja tanpa camouflage*
wir (inkl.) geben (es) mit Recht (*sewadjarnja*) nur ohne Tarnung.

Dengan tidak = tak + Verb (in diesen Fällen eine *di*-Form) wird auch
adverbial gebraucht, z.B. *dengan tidak disengadja* ohne beabsichtigt
zu sein = unbeabsichtigt, unabsichtlich; *dengan tidak = tak di-sangka*[2]
ohne vermutet zu sein = völlig unvermutet.

24. *ia terpukul dengan tidak disengadja* er wurde unabsichtlich
geschlagen.

h) „Außer" wird wiedergegeben durch *selain dari(pada)* (zu *lain*
anderer, anders, Unterschied), gelegentlich auch nur durch *selain* (z.B.
selain truck[2] außer Lastwagen) bzw. durch *ketjuali*.

25. *saja belum bertemu dengan siapapun disini, selain dari bapak*
ich begegnete hier noch niemandem außer (dem Vater =) dir.
26. *ketjuali sebuah rantai emas* außer einer goldenen Kette.

i) Bisweilen wird statt *dengan* das Verb *membawa* „mitbringen(d)"
gebraucht (vgl. Abschn. o).

27. *ia datang membawa anaknja* er kam, mitbringend sein Kind
= er kam mit seinem Kinde.

Dengan kann auch durch *membawa* verstärkt werden, z.B. *dengan
membawa akibat* mit der Folge, daß ...

j) *Oléh* (§ 26 c II) entspricht unseren Präpositionen „durch, mittels,
vermöge, infolge, wegen" usw. Es kann wie ein Substantiv Possessivsuffixe annehmen. Ähnlich werden *karena* „wegen" bzw. *oléh karena
= oléh sebab* verwendet.

28. *saja sembuh oléh obat ini* ich bin durch diese Arznei genesen.
29. *kami menolong karena Allah* wir (exkl.) helfen um Gottes willen.
30. *laut*[2] *itu ditakuti oléh karena garangnja* die Meere werden ge-
fürchtet wegen ihrer Wildheit. 31. *oléh sebab itulah tiap*[2] *negara
ada hak untuk menentukan itu* aus dem Grunde = deshalb hat jedes
Land das Recht, das zu bestimmen.

Nach diesen Ausdrücken kann auch eine substantivisch gebrauchte
Verbalform stehen.

32. *meréka mempeladjari bahasanja oléh membatja* sie erlernen ihre
Sprache durch Lesen (*membatja*). 33. *oléh karena tjuriga-mentjurigai
itu timbullah pertentangan* durch das gegenseitige Mißtrauen (*tjuriga-mentjurigai*) tauchen Gegensätze auf.

---

[1]) So auch: *tanpanama* ohne Namen = anonym; *tanpanegara* staatenlos.

Bisweilen wird *oléh* zur näheren Erläuterung eine *di*-Form vorangestellt.

34. *disana diperlos ibu Mudjed ditolong oléh dokter dengan tang* da wurde Mudjeds Mutter entbunden, geholfen (*ditolong*) vom Arzt, mit einer Zange = da wurde Mudjeds Mutter vom Arzt mit einer Zange entbunden.

Ebenso wie *oléh* wird auch *lantaran* „wegen" gebraucht.

35. *dia melembur atas kemauannja sendiri lantaran butuh uang* er machte Überstunden aus seinem eigenen Willen (*atas kemauannja sendiri*) = freiwillig wegen Geldmangel = er machte wegen Geldmangel freiwillig Überstunden.

k) *Berkat* (< arab. *baraka* Segen, Segnung) entspricht unserer Präposition „dank".

36. *berkat radjin dan usahanja*[1]) *ia mendapat pangkat jang tinggi* dank (seines) Fleißes und seiner Bemühungen erhielt er einen hohen Rang.

l) Bisweilen dient auch die örtliche Präposition *daripada* „von . . . her" (§ 47 b) zur Bezeichnung einer Begründung.

37. *pingsanlah kami daripada melihat orang mengamuk itu* wir (exkl.) fielen in Ohnmacht wegen des Erblickens (*melihat*) jenen amoklaufenden Menschen = weil wir (exkl.) den Amokläufer erblickten.

m) Der Präposition „für" entsprechen in der B.I. *bagi, untuk* oder *buat. Bagi* (< Sskrt.) und *untuk* bedeuten „(An)teil"; sie nehmen daher pronominale Attribute bzw. Possessivsuffixe zu sich. *Untuk* wird allerdings auch mit Pron. pers. konstruiert.

38. *bagi kemadjuan suatu daérah amat perlu djalan jang baik* für die Entwicklung einer Provinz ist eine gute Straße sehr (*amat*) nötig. 39. *baginja tjukuplah* (als) sein Anteil = für ihn genügt (es). 40. *saja mengambil air untuk dia = untuknja* ich holte Wasser für ihn. 41. *tenaga jang tersimpan itu boléh dipergunakan buat keperluan jang lain* die eingesparte (*tersimpan*) (Arbeits)kraft kann für anderen Bedarf benutzt werden.

Bemerkung: *Untuk* und *buat* werden vor Verben gebraucht, um den finalen Infinitiv zu bezeichnen (§ 63 e).

Statt dieser Präpositionen kann man auch Konstruktionen mit pronominalen Attributen gebrauchen.

42. *ibunja pergi ketoko membeli rotinja* seine Mutter ging in ein Geschäft, um sein Brot = Brot für ihn zu kaufen.

Bemerkung: In § 42 e ist bereits darauf hingewiesen, daß auch das Suffix *kan* unsere Präposition „für" vertreten kann.

[1]) Das gemeinsame Possessivsuffix *nja* wird nur an letzter Stelle genannt.

n) *Akan* (§ 42 a) hat weitgehende Bedeutungen, die sich wiedergeben lassen mit „in bezug auf, hinsichtlich, betreffs, als, für" usw. In der guten deutschen Wiedergabe übersetzen wir es oft nicht.

43. *ia tidak mengerti akan kata itu* er verstand (in bezug auf jene Worte = was jene Worte betrifft =) jene Worte nicht. 44. *ambil pedang ajah akan sendjata kita dalam perdjalanan!* nimm Vaters Schwert als Waffe für uns (inkl.) während der Reise!

Bei manchen Ausdrücken ist *akan* mit der örtlichen Präposition *kepada* „zu" (§ 48 a und e) auswechselbar.

45. *ia sangat tjinta akan = kepada suaminja* sie liebte ihren Gatten sehr (*sangat*).

o) Ebenso wie bei Ortsangaben (§ 47 g) wird auch bei Umstandsangaben in manchen Fällen statt einer Präposition ein Verb gebraucht (vgl. Abschn. i).

46. *kata² itu diutjapkan melalui radio* jene Worte wurden (passierend den Rundfunk =) über den Rundfunk gesprochen. 47. *orang itu berpakaian menurut bangsa Barat* jener Mensch ist (folgend der Rasse des Westens =) den Europäern ähnlich gekleidet. 48. *Tiongkok bersatu melawan serangan Djepang* China war einig (widerstehend dem =) gegen den japanischen Angriff.

Oft gebraucht wird *terhadap* „gerichtet nach" (zu *hadap* Vorderseite, Richtung) im Sinne von „gegen(über), hinsichtlich, betreffs, auf" usw., z.B. *serangan terhadap* Angriff auf, *mengambil sikap terhadap* eine Haltung einnehmen gegenüber.

49. *aku berdosa terhadap Sjamsu* ich sündigte Sjamsu gegenüber. 50. *sikap pérs terhadap Belanda sudah berubah* die Haltung der Presse den Holländern gegenüber hat sich geändert.

p) Zu den Umstandsangaben kann man auch die Ausdrücke rechnen, die eine Qualität im Sinne unseres „sehr, außerordentlich" usw. bewerten. Vorangestelltes *amat*, *sangat* und *terlalu* bedeuten „sehr". Ebenso verwendet werden *sekali* „(ein Mal =) sehr", *betul = benar* „(wirklich =) sehr" und bisweilen auch *sangat* „sehr". Sie werden dem Qualitativ allerdings nachgestellt[1]).

51a. *orang itu amat = sangat = terlalu miskin* jener Mensch ist sehr arm. 51b. *orang itu miskin sekali = betul = benar* dgl. 52. *ajahanda itu sakit sangat* der verehrte Vater ist sehr krank.

Bemerkungen: 1. Selten steht *amat* vor einem (abgeleiteten) Substantiv: *orang itu amat penakut* jener Mensch ist (sehr Hasenfuß =) ein großer Hasenfuß.

---

[1]) Heutzutage wird *maha*- (s. § 57 c, Bemerkg. 1) oft in diesem Sinne vor Qualitativa gefügt, z.B. *mahalezat* äußerst schmackhaft, *mahalama* sehr lange, *mahapenting* äußerst, sehr wichtig.

2. *Sangat* und *terlalu* stehen bisweilen selbständig als Prädikat, z.B. *sangat marahnja* sehr war sein Zornigsein = groß war sein Zorn = er war sehr zornig; *maka iapun terlalu marahnja* und (*maka*) er seinerseits, zu arg = übertrieben war sein Zornigsein = er war sehr zornig. 3. *Terlalu* und nachgestelltes *amat* dienen auch zur Bezeichnung des Exzessivs (Abschn. r).

Zur Verstärkung können kombiniertes *terlalu amat, terlalu ... sekali, terlalu amat sangat* oder *terlalu amat ... sekali* oder *sama sekali* zu einem Qualitativ treten.

53. *ia terlalu amat miskin* er ist äußerst arm. 54. *terlalu bebal sekali engkau* du bist außerordentlich dumm. 55. *gunung itu terlalu amat tinggi sekali* jener Berg ist außergewöhnlich hoch. 56. *persangkaan itu salah sama sekali* jene Vermutung ist völlig falsch.

q) Die Ausdrücke *bukan buatan* („kein Gemachtes") und *bukan main* („kein Spiel") treten als Prädikat auf. Sie entsprechen etwa unserem „außerordentlich". *Bukan*[2] läßt sich wiedergeben mit „beispiellos".

57. *lazat buah ini bukan buatan* das Wohlschmeckendsein = die Schmackhaftigkeit dieser Frucht ist außergewöhnlich. 58. *bukan main nakalnja anak ini* das Frechsein = die Frechheit dieses Kindes ist außerordentlich = ohnegleichen. 59. *ramainja orang dipasar hari ini bukan*[2] das Treiben der Leute auf dem Markte ist heute (*hari ini*) beispiellos.

r) Vorangestelltes *terlampau* und *terlalu* (Abschn. p) sowie nachgestelltes *amat* (Abschn. p) geben den Exzessiv wieder (vgl. § 45 g).

60. *tadjin itu terlampau = terlalu tebal* die Wäschestärke ist (all)zu dick.

Nachgestelltes *amat* entspricht ebenfalls deutschem „allzu".
61. *pakaian ini besar amat* dieser Anzug ist allzu groß.

s) Vor allem in der klassischen Literatur steht oft *adanja* „sein Wesen" am Schluß eines Satzes, in dem das P. eine Qualität des Subjekts ausdrückt, das durch eine Sprechpause vom übrigen Satzinhalt getrennt ist.

62. *saudagar itu, amat kaja adanja* jener Kaufmann, sehr reich ist sein Wesen = jener Kaufmann ist sehr reich.

t) *Agak* vor einem Qualitativ bedeutet „ziemlich".
63. *pekerdjaan itu agak berat* jene Arbeit ist ziemlich schwer.

u) Einige Qualitativa werden mit gewissen anderen adverbial (ohne Präposition) zusammengestellt, so z.B. *sakit keras = sakit pajah* schwerkrank (*sakit* krank; *keras* stark, heftig; *pajah* müde, schwierig, schwer).

v) Manche Qualitativa bilden mit einem **Substantiv** eine feste limitative **Wortgruppe**[1]). Dazu gehören z.B. *mabuk laut* seekrank, *buta huruf* Analphabet sein, *sakit demam* fieberkrank, *sakit batuk* an Husten erkrankt; *keras kepala* (hartköpfig =) bockig.

64. *engkau harus tebal kulit sadja* du mußt nur = stets dickfellig sein.

Bemerkung: Einige Verben sind durch ein Substantiv mit *ke-* Wstm. *-an* (§ 41) erläutert, das die Ursache des Vorganges angibt, z.B. *gementar ketakutan* (vor) Angst zittern; *menggigil kedinginan* (vor) Kälte zittern.

Übungssätze:

1. orang itu mati dengan penjakit tjatjar. — 2. baru sadja Ibnu berpisah dengan teman²nja. — 3. dia mentjutji kainnja dengan sabun. — 4. oléh karena kekurangan bénsin kapal terbang terpaksa turun dengan segera. — 5. kami sediakan makan minum bagi tuan. — 6. tentu sadja diantara „bisu" itu ada djuga jang lupa akan dirinja. — 7. djangan lupa akan pesanan itu! — 8. kapur dibakar daripada karang. — 9. padang itu penuh oléh manusia. — 10. kubeli kuda ini untuk engkau. — 11. mobil itu mahal betul. — 12. ʿadat dan tabiʿat orang Badui itu bagus benar. — 13. bapanja sangat kaja. — 14. pakaian puteri itu, bukan buatan indah-nja. — 15. ia hanja malu sangat pada Surtiah. — 16. ajam² takut elang (ängstlich (vor) Habichten).

§ 54. Vergleiche

a) Vergleiche zieht man mittels *seperti* (< Sskrt. *samprati-*) „wie" oder mit *(se)bagai* „(eine) Art = (ganz) die Art von = wie" bzw. *(se)umpama* (< Sskrt. *upamā-* Vergleich) = *laksana* (< Sskrt. *laksana-* Qualität, Art) „wie", die in der Literatur häufig verwendet werden. Meistens wird die verglichene Vorstellung nach den Ausdrücken für „wie" in der B.I. nicht (wie im Deutschen) wiederholt (Satz 2 und 4).

1. *seperti burung terbang lakunja* wie ein fliegender Vogel war sein Gehaben. 2. *muntjungnja seperti ikan paus* sein Maul war wie (das) eines Walfisches. 3. *batu itu litjin bagai katja* der Stein war glatt wie Glas. 4. *adalah kelakuan meréka itu sebagai perempuan*

---

[1]) Bei ihnen begrenzt die zweite Komponente den Geltungsbereich der ersten. — Das ist auch z.B. bei *naik darah* „böse werden", *turun harga* „im Preis sinken" der Fall, wo die erste Komponente ein einfaches Verb ist.

belaka vorhanden ist, (daß) ihr Betragen ist wie (das) von richtigen Frauen = ihr Betragen ist wie das von richtigen Frauen. 5. *Ruhulkuduspun turun seperti merpati rupanja* der Heilige Geist kam herab wie eine Taube. 6. *belilah untuk adikmu batu tulis jang (se)umpama ini besarnja!* kaufe für deinen jüngeren Bruder eine Schreibtafel, deren Größe wie diese ist = die so groß ist wie diese! 7. *laksana orang tua lakunja* wie (das) eines alten Mannes war sein Betragen = sein Betragen war wie das eines alten Mannes.

Tätigkeiten werden auch mit *selaku* „ganz das Betragen, ganz die Art von = wie" verglichen.

8. *pemuda itu mendjulurkan tangannja selaku orang buta jang minta djalan* der junge Mann streckte seine Hand aus wie ein Blinder, der (den Weg erbittet =) um Durchgang bittet.

Bemerkungen: 1. Selten dienen *setjara* (< Sskrt. *cāra-*) „eine Art = ganz die Art von = wie" bzw. *'ibarat* (Gleichnis, Sinnbild) oder das aus dem Javanischen entlehnte *kaja* „wie" als Vergleichspartikeln, z.B. *setjara barang kepunjaan* wie ein Besitzstück; *hamba 'ibarat bunga ditanam diatas batu, mati tidak, hidup tidak* ich bin wie eine Blume, die auf einem Stein gepflanzt ist, (ich) bin nicht tot, (aber ich) lebe (auch) nicht; *kaja guling sadja matjamnja* wie ein rollenartiges Kissen nur war seine Beschaffenheit = es war genau so wie ein rollenartiges Kissen beschaffen.

2. *Seperti* dient auch zur Hervorhebung des Subjekts (§ 3).

b) *Sebagai* wird auch für unser „als" beim Prädikatsnomen verwendet.

9. *sebagai pemuda dia tidak mempunjai hidup jang méwah-bahagia* als Jüngling (besaß =) hatte er kein üppiges (und) glückliches Leben. 10. *digunakan sebagai alat penerangan* (es) wurde als Informationsmittel gebraucht.

c) Es gibt eine begrenzte Anzahl idiomatischer Ausdrücke, bei denen ein Qualitativ mit einem unmittelbar nachgestellten Substantiv eine feste Wortgruppe bildet, in der beide Komponenten miteinander verglichen werden, z.B. *putih kapas* weiß (wie) Baumwolle, *mérah djambu* rot (wie) eine Djambu-Frucht, *pekak badak* schwerhörig (wie) ein Nashorn.

d) Von dem Substantiv *bagai* „Art, Weise" sind das Pron. interr. *bagaimana* „Art welche? = wie (beschaffen)?" (§ 10 a) und die Hinweise *begini* (< *bagai ini* Art diese =) „so (wie folgt), folgendermaßen" und *begitu* (< *bagai itu* Art jene =) „so (wie gesagt, wie bekannt ist)" abgeleitet. *Begini* bezieht sich auf Grund des darin enthaltenen Demonstr. *ini* (§ 4) auf das, was nur dem Redenden bekannt ist; *begitu* auf Grund des darin enthaltenen *itu* „jener" auf das, was auch dem Angeredeten bekannt ist. Die Korrelation von *begini* und *begitu* wird streng befolgt.

11. *mula²* *begini* *katanja* zuerst waren seine Worte folgendermaßen. 12. *djangan begini, tetapi begitu harus kauperbuat!* nicht
so (= folgendermaßen), sondern so (wie gesagt) mußt du (es)
anfertigen!

Statt *begitu* wird bisweilen *sematjam itu* „ganz jene(r) Art" gebraucht,
z.B. *dunia sematjam itu* eine solche Welt.

e) Korrelationslos ist *demikian* „so". Wenn es *ini* und *itu* hinter sich
nimmt, ist es jedoch korrelat zur 1. und 2. Pers.

13. *belum pernah saja melihatnja demikian* noch niemals habe ich
ihn so gesehen. 14. *adakah di-Singapura utas jang pandai demikian
ini?* gibt es in Singapur einen Fachmann, der derart geschickt ist?

§ 55. Die Gleichsetzung von Eigenschaften

a) Wenn einem Gegenstand oder einem Lebewesen die gleiche Eigenschaft wie einer anderen derartigen Vorstellung zugeschrieben wird,
so fügt man meistens das Zahlwort *se-* „eins", das dann kollektive
Funktion hat, vor das Qualitativ. Die Vorstellung, mit der man ver-
gleicht, ist dann grammatisch Attribut zu *se-* + substantivisch ge-
brauchtes Qualitativ. Derartige Ausdrücke treten sowohl als Prädikate
wie auch als Adverbien auf.

1. *papan itu seringan buluh* die Planke ist (ganz das Leichtsein
von Bambus =) so leicht wie Bambus. 2. *tangannja telah memukul
kepala orang itu setjepat kilat* seine Hand hat den Kopf jenes Menschen
so schnell wie ein Blitz geschlagen = er schlug jenen Menschen
blitzschnell an den Kopf.

b) Die Gleichsetzung kann auch durch *sama (dengan)* (< Sskrt.
sama-) „gleich sein (mit)" erfolgen.

3a. *rumah ini dan rumah itu sama tinggi(nja)* dieses Haus und
jenes Haus, gleich ist ihr Hochsein = ihre Höhe = dieses Haus
und jenes Haus sind gleich hoch. 3b. *rumah ini sama tinggi dengan
rumah itu* dieses Haus ist gleich hoch mit jenem Haus.

§ 56. Umschreibung des Komparativs — Der Gebrauch von makin … makin, kian … kian „je … desto" usw.

a) Der Komparativ kann auf verschiedene Weisen umschrieben bzw.
ausgedrückt werden. Allgemein gebräuchlich ist es, dem Qualitativ
lebih „mehr" voranzustellen und das Vergleichsobjekt mit *dari(pada)*
„von … her" (§ 47a und 48a) anzugliedern.

1. *anak ini lebih pandai daripada kawan²nja* dieses Kind ist (mehr geschickt von seinen Gefährten her =) geschickter als seine Gefährten. 2. *pangkatnja lebih tinggi dari pangkatmu* sein Rang ist höher als dein Rang.

In Anlehnung an die niederländische Ausdrucksweise wird zur Verstärkung *djauh* „weit“ vor *lebih* + Qualitativ gestellt.

3. *rumahnja djauh lebih besar daripada rumahku* sein Haus ist weit größer als mein Haus.

Bemerkung: Das Gegenteil wird ausgedrückt durch *kurang ... dari(pada)* „weniger ... als“ bzw. durch *kalah* „unterlegen, unterliegen“ + Qualitativ, z.B. *kerbau kurang kuat daripada gadjah* ein Büffel ist weniger stark als ein Elefant; *harimau kalah tjerdik dari kutjing* ein Tiger (unterliegt (an) Schlausein =) ist weniger schlau als eine Katze.

b) Bisweilen bezieht sich der Komparativ auf eine adverbiale Erläuterung zu Verben. Dann wird ebenfalls *lebih ... dari* verwendet.

4. *diwaktu sekarang kita adalah bangsa jang lebih banjak menerima dari memberi* in der jetzigen Zeit sind wir (inkl.) eine Nation, die mehr empfängt als gibt.

c) Seltener sind die folgenden Arten der Umschreibung. Der Satz „Ihr Haus ist größer als mein Haus“ kann wiedergegeben werden durch:

5. *rumah saja ketjil, rumah tuan besar* mein Haus ist klein, Ihr Haus ist groß.

6. *rumah saja dan rumah tuan, (jang) besar(lah) rumah tuan* mein Haus und Ihr Haus, (das große =) groß ist Ihr Haus.

7. *rumah tuan besar dari(pada) rumah saja* Ihr Haus ist groß von meinem Hause her.

Schließlich ist auch die Verwendung von *antara* (statt *diantara*) „zwischen“ als Präposition vor den Vergleichsobjekten beim Komparativ möglich.

8. *antara si Ali dan si Amat beranilah si Ali* zwischen Ali und Amat ist Ali mutig = Ali ist mutiger als Amat.

d) Unter die Bildungen des Komparativs fallen auch Ausdrücke mit *makin ... makin = sema(ng)kin ... sema(ng)kin* und *kian ... kian*, die „je ... desto ...“ bedeuten. Ihnen folgt je ein Qualitativ (im Positiv). Statt ihrer kann man auch *bertambah ... bertambah* gebrauchen, das „zunehmend ... zunehmend = je ... desto“ bedeutet.

9. *keledai² itu makin lama makin lenjap didesak oléh oto* die Esel sind je länger desto (mehr verschwunden =) mehr vom Auto verdrängt. 10. *sema(ng)kin besar modal itu, sema(ng)kin besar pula hasilnja* je größer das Kapital ist, desto größer ist auch der Erfolg. 11. *tubuhkupun kian lama kian besar* auch mein Körper wurde je länger desto größer. 12. *perusahaan itu bertambah lama bertambah besar* die Industrie wurde je länger desto größer.

Einfaches *makin* entspricht unserem „immer" + Komparativ. Ebenso werden *bertambah* und *kian* gebraucht.

13. *usaha untuk mentjapainja makin kuat* die Bemühungen, es zu erreichen, wurden immer stärker.

Übungssätze:

1. *orang ini lebih ketjil daripadaku.* — 2. *adikmu bodoh daripada adikku.* — 3. *perempuan² désa harus bekerdja lebih kuat dari laki².* — 4. *makin hari makin dekat djuga hari udjian itu.* — 5. *pérak kurang mahal dari(pada) emas.* — 6. *semangkin lama usaha itu semangkin besar pula lelahnja.* — 7. *makin lama aku bergaul dengan Kartini, makin tumbuh tjintaku kepadanja.*

§ 57. Umschreibung des Superlativs

a) Der Superlativ wird meistens durch *paling* bezeichnet, das vor dem Qualitativ steht.

1. *gunung itu (jang) paling tinggi* jener Berg ist (es, der) am höchsten (ist).

b) Zur Wiedergabe des Superlativs wird bisweilen *ter-* (§ 31) vor das Qualitativ gefügt oder *terlebih* vorangestellt. Die verglichene Vorstellung kann mit *dari(pada)* bzw. *diantara* „zwischen = unter" angegliedert werden. Sie ist meistens durch eine Kollektivbezeichnung wie *segala* oder *semuanja* „alle" (§ 17d) erläutert. Diese Ausdrucksweise ist vor allem literarisch.

2. *gunung jang tertinggi = terlebih tinggi dipulau Djawa jaitu gunung Seméru* der höchste Berg auf der Insel Java, das ist der Seméru(-Berg). 3. *ia jang terpandai daripada segala murid* er ist der klügste = am klügsten von allen Schülern. 4. *parasnja tertjantik diantara semua* ihr Antlitz war am lieblichsten unter allen.

c) Bisweilen wird der Superlativ nur dadurch angedeutet, daß die verglichene Vorstellung durch *segala* oder *semua(nja)* „alle" gekennzeichnet ist. Das Qualitativ steht dann im Positiv.

5. *ialah jang pandai dari(pada) segala murid* er ist es, der geschickt ist = er ist am geschicktesten von allen Schülern.

Bemerkungen: 1. Vereinzelt wird vor das Qualitativ *maha* (Sanskrit *mahā*) gefügt, um den Superlativ zu bezeichnen, z. B. *penduduk pentjakar langit jang mahabesar itu lebih kurang dua belas ribu manusia* die Bewohner des größten Wolkenkratzers sind = betragen ungefähr 12 000 Menschen. (Siehe auch § 53p, Fußnote 1.)

2. Sehr selten ist *nian* hinter einem Qualitativ, um den Superlativ zu bezeichnen. Es ist Lehnwort aus dem Tobabatak, wo *nian* „eigentlich" bedeutet. Satzbeispiel: *radja itu radja besar nian* jener Fürst war der (eigentlich große =) größte (Fürst).

d) *Se-* + iteriertes Qualitativ (+ Possessivsuffix *nja*) dient ebenfalls zur Wiedergabe des Superlativs. Häufig wird dadurch jedoch auch nur ein hoher Grad der Qualität im Sinne unseres „so ... wie möglich; möglichst" zum Ausdruck gebracht[1]).

6. *disitu terdapat orang jang se-kaja²nja* dort findet man die reichsten Leute. 7. *tjutjilah kain ini se-putih²nja!* wasche diesen Stoff so weiß wie möglich! 8. *dengan se-penuh² perhatian* mit vollster Aufmerksamkeit.

Bemerkung: Vermutlich nach Analogie zu der niederländischen Ausdrucksweise wird „so ... wie möglich" auch wiedergegeben durch *se-* + Qualitativ und nachgestelltes *mungkin* „möglich", z.B. *setjepat mungkin* so schnell wie möglich (= *se-tjepat²nja*).

Übungssätze:

1. ia termasuk anak jang terpandai. — 2. kota Djakarta paling besar. — 3. orang jang se-sabar²nja achirnja marah djuga. — 4. diantara murid² tuan siapakah jang se-pandai²nja? — 5. rumah ini paling besar. — 6. harimau itu binatang jang paling djahat.

Fünfter Teil: Zusammengestellte Sätze

§ 58. Die Verbindung mehrerer gleichartiger Satzteile

a) Mehrere Subjekte, Prädikate, Appositionen und Objekte können durch *dan* „und" kopulativ verbunden werden. Wenn zwei derart verbundene substantivische Subjekte durch ein und dasselbe Possessivsuffix erläutert sind, so steht dieses (aus Gründen sprachlicher Ökonomie) meistens nur beim zweiten Substantiv (Satz 1).

1. *harta dan wangnja banjak* (sein) Besitz und sein Geld sind viel.
2. *andjing menjalak dan meraung* der Hund bellte und heulte.
3. *mukanja putjat dan suram* sein Antlitz war bleich und düster.
4. *andjing jang hitam dan besar* ein Hund, der schwarz und groß ist = ein großer, schwarzer Hund. 5. *anak itu memukul andjing dan kutjing* das Kind schlug Hunde und Katzen.

---

[1]) *Se-* kommt auch mit anderen iterierten Grundwörtern (+ *-nja*) vor, die dann adverbial gebraucht werden, z.B. *sekonjong-konjong* plötzlich; *setidak-tidak(nja)* mindestens, auf jeden Fall (*tidak* nicht); *seboléh-boléh-(nja)* möglichst (*boléh* möglich, dürfen).

Wenn ein Substantiv zwei qualitative Appositionen bei sich hat, die mit *jang* angegliedert und durch *dan* „und" verbunden sind, so tritt das Demonstrativ hinter die zweite Apposition.

6. *andjing hitam jang besar dan galak itu* jener schwarze, große und wilde Hund.

Treten zwei Zustandswörter (§ 29), die durch *dan* „und" verbunden sind, als Prädikat auf, so erscheint *be(r)-* oft nur vor dem ersten P.

7. *kampung itu tiada berpasar dan kedai* (statt: *berkedai*) jenes Dorf hatte keinen Markt und (keine) Läden.

Wenn ein Subjekt zwei durch *dan* „und" verbundene *di*-Formen (§ 26) oder zwei Verben mit vorgefügten pronominalen Elementen (§ 27) als Prädikat bei sich hat, so wird das beiden Prädikaten gemeinsame Possessivsuffix *nja* (Satz 8) bzw. das beiden gemeinsame vorgefügte pronominale Element (Satz 9) meistens nur dem einen P. affigiert.

8. *kedua fasal itu dibatja dan diselidikinja* die beiden Kapitel wurden von ihm gelesen und untersucht. 9. *banjak telah kita rasakan dan alami* viel wurde von uns (inkl.) gespürt und erlebt.

b) Wenn zwei Prädikate bereits durch *dan* „und" verbunden sind, gliedert man ein drittes gerne mit *serta* an.

10. *fakir itu miskin dan daif serta amat sengsara* jener Bedürftige war arm und schwach und sehr elend.

Zwei qualitative Prädikate werden auch gerne mit *lagi* „und dazu noch; außerdem" verbunden. Tritt noch ein drittes Qualitativ hinzu, so wird es als Umstandsangabe mit *serta dengan* „und mit" konstruiert. Dem Qualitativ, das substantivisch gebraucht wird, fügt man dann das Possessivsuffix *nja* an.

11. *radja itu amat kaja lagi dermawan serta dengan ʿadilnja* der Fürst war sehr reich und dazu noch edelmütig und (mit seinem Gerechtsein =) gerecht.

Zwei verbale Prädikate können auch mit *maka* „und" verbunden werden. Das ist vor allem in der Literatur der Fall.

12. *saja memberi hormat maka duduk* ich machte eine Ehrenbezeigung und setzte mich.

c) Mehr als zwei Subjekte zu einem gemeinsamen Prädikat können durch *jaitu* „das sind" zusammengefaßt werden. *Dan* „und" findet sich dann nur vor dem letzten Subjekt.

13. *periuk, belanga, bakul dan pasu jaitu perkakas dapur* Kochtöpfe, irdene Töpfe, Körbe und Schüsseln, das sind Küchengerätschaften.

d) Mehrere Appositionen bzw. Ortsangaben können durch *baik ... baik* bzw. durch *baik ... maupun* im Sinne unseres „sowohl ... als auch" verbunden werden.

14. *sekalian penduduk kampung itu, baik ketjil baik besar, pergi kehutan mentjari kaju* alle Dorfbewohner, sowohl klein als auch groß, gingen in den Wald, um Holz zu suchen. 15. *banjak pekerdjaannja baik dalam rumah maupun diluar* viel ist ihre Arbeit = sie hat viel zu tun, sowohl im Haus als auch draußen.

Gelegentlich vorkommendes *maupun ... maupun* entspricht unserem „ob ... oder".

16. *maupun kaja maupun miskin, bagi saja sama semuanja* ob reich, ob = oder arm, für mich sind alle gleich.

Stattdessen kommt auch *baik ... atau* in gleicher Bedeutung vor.

17. *baik tuan pergi atau tidak pergi, kami tetap pada pendirian kami* ob Sie gehen oder nicht gehen, wir (exkl.) (sind fest bei =) bleiben auf unserem Standpunkt.

e) Zwei Prädikate können auch durch *bahkan* „ja sogar" verbunden werden.

18. *pandangnja lindap, bahkan kabur* sein Blick war vag, ja sogar trübe.

f) Unserem „weder ... noch" entsprechen in der B.I. zwei negierte Prädikate, die ohne *dan* „und" zusammengestellt werden.

19. *bukan(lah) nenas bukan(lah) pisang itu* das sind weder Ananas noch Bananen. 20. *anak ini tidak malas tidak bodoh* dieses Kind ist weder faul noch dumm.

g) *Atau* (= literarisch *atawa* < Sskrt. *athavā-*) „oder" verbindet zwei Prädikate disjunktiv.

21. *si Ali atau si Omarkah itu?* ist jener = das Ali oder Omar? 22. *bodohkah atau malaskah anak ini?* ist dieses Kind dumm oder faul?

Bemerkung: In Entscheidungsfragen wird „oder" bisweilen durch *apa* wiedergegeben (§ 11 c). Dabei handelt es sich um eine Beeinflussung durch das Javanische, z.B. *benarkah Ahmad bersalah, apa tidak?* ist es wahr, (daß) Ahmad unrecht hat, oder nicht?

h) Qualitativa, meistens solche mit entgegengesetzter Bedeutung, werden ohne Konjunktion zusammengestellt, um sie disjunktiv im Sinne unseres „ob ... oder" zu verbinden. Meistens nimmt das zweite Qualitativ das Possessivsuffix *nja* an. Es sind feste disjunktive Wortgruppen (s. § 22 a, Bemerkung).

23. *kalau engkau pergi ke pasar, mahal-murahnja kaubeli buah² itu!* wenn du auf den Markt gehst, ((ob) ihr Teuer- (oder) Billigsein ist, von dir werden gekauft jene Früchte! =) kaufst du jene Früchte, ob sie teuer oder billig sind! 24. *tidak peduli miskin kaja* es tut nichts zur Sache, (ob) arm (oder) reich. 25. *aku sendiri tidak tahu betul-tidaknja* ich selbst weiß nicht sein Wahr- (oder) Nicht(wahr)sein = ich selbst weiß nicht, ob es wahr ist oder nicht.

i) Die adversative Verbindung zweier Prädikate erfolgt in positiven Aussagen durch *tetapi* (< Sskrt. *tathāpi*) „aber". Es wird in der Umgangssprache meistens zu *tapi* verkürzt.

26. *orang itu guru, (te)tapi bukan saudagar* jener Mensch ist ein Lehrer, aber kein Kaufmann. 27. *binatang itu ketjil, (te)tapi tjepat* jenes Tier ist klein, aber schnell.

Nach einer Negation wird *(te)tapi* „aber" selten als adversative Konjunktion gebraucht. Statt dessen findet sich meistens *melainkan* „sondern". (Es ist der Form nach ein Tätigkeitswort, das mit *me-* (+ Pränasalierung) von *lain* „anders sein" abgeleitet ist.)

28. *kain itu bukan ditjelupkan sadja, (te)tapi direntang* der Stoff wird keineswegs nur eingetaucht, (aber =) sondern (er wird) gespannt. 29. *bulan tidak terbit, melainkan terbenam* der Mond geht nicht auf, sondern (er) geht unter. 30. *orang itu bukan hadji, melainkan nakoda* jener Mensch ist kein Mekkapilger, sondern ein Kapitän.

Stärker als *melainkan* wirkt *malahan* „ja sogar".

31. *pekerdjaan membatik bukanlah pekerdjaan jang mudah, malahan sebaliknja* die Arbeit des Batikens ist keine leichte Arbeit, ja sogar das Gegenteil davon.

j) Zwei Attribute, die sich auf dasselbe Regens beziehen, können in der Regel nicht zu einem Ausdruck zusammengezogen werden. Das gemeinsame Regens wird meistens wiederholt.

32. *sakitlah anak tuan dan anaknja* Ihr Kind und sein Kind sind krank. 33. *buaja itu membunuh ibu saja dan ibunja* das Krokodil tötete meine (Mutter) und seine Mutter.

Bemerkung: Bisweilen wird das Regens allerdings nicht wiederholt, z.B. *ia tak suka, namanja dan Masrul akan buruk* sie mochte es nicht, (daß) ihr Name und (der) von Masrul verdorben würden; *rasa kaki dan tangannja* das Gefühl seiner Füße und seiner Hände. (Vgl. Minangkabau: *utang hambŏ djŏ si Amin* meine und Amins Schulden.)

Haben zwei durch *dan* „und" verbundene Substantive ein Possessivsuffix gemeinsam, so wird dieses gerne nur dem letzten suffigiert.

34. *dagangan dan makanannja tidak berapa* (sein) Handel und seine Nahrungsmittel sind nicht (wieviel =) der Rede wert.

Übungssätze:

1. *kursi, médja, lampu dan balai² perkakas rumah.* — 2. *kemana si Karta dan si Karia?* — 3. *djalan² di-Amérika itu indah dan lapang.* — 4. *tidurkah atau matikah andjing itu?* — 5. *binatang itu bukan kambing, melainkan kantjil.* — 6. *murid itu tidak bodoh tidak malas, melainkan sakit.*

§ 59. Sätze an Stelle eines Wortes

a) An Stelle eines Wortes als Subjekt kann ein ganzer Satz treten.
Es handelt sich dann um Subjektssätze, die wir oft mit „daß“ einleiten. In der B.I. tragen sie meistens keine Konjunktion. Sie stehen
bisweilen vor dem Prädikat (Satz 3).

1. *baiklah engkau kembali* gut ist, (daß) du zurückkommst. 2. *tiadalah djadi kami akan berangkat* nicht kommt zustande, (daß) wir
(exkl.) aufbrechen werden. 3. *datang kerumah hamba tidakkah
boléh?* (daß du) nach meinem Hause kommst, (darf nicht =) ist
nicht gestattet?

Ist das Prädikat eine *di*-Form (§ 26), so wird das pronominale S. des
nachgestellten Subjektssatzes durch *diri(nja)* wiedergegeben, sofern es
die 3. Pers. ist.

4. *dirasanja dirinja akan djatuh melolor* von ihm wurde gespürt,
(daß) (sein Selbst =) er im Begriff sei, hinabzugleiten.

Subjektssätze werden jedoch auch durch *bahwa* (< Sskrt. *bhāva-* Wahrheit, wesentliche Art, Zustand) (literarisch = *bahasa*) „daß“ eingeleitet.
Sie können vor dem P. stehen (Satz 6).

5. *njatalah, bahwa (= bahasa) orang itu membunuh diri* es war
deutlich, daß der Mann (sich getötet hatte =) Selbstmord begangen
hatte. 6. *bahwa orang itu dapat dipertjajai, njata pada mukanja*
daß dem Manne vertraut werden kann, ist (an =) aus seinem
Gesicht deutlich.

Selten wird ein Subjektssatz durch *jang* eingeleitet. (In solchem Fall
zeigt sich deutlich die demonstrativ-artikelhafte Grundfunktion von *jang*).

7. *pada mukanja serta matanja kelihatan benar, jang ia tak suka
kepada perbuatan itu* an seinem Gesicht und seinen Augen war
(wirklich =) deutlich sichtbar, daß er jenes Tun nicht mochte.

Auch *maka* (§ 64) kann einen Subjektssatz einleiten, vor allem in der
klassischen Literatur.

8. *mengapa maka hamba tiada kasih akan tuan hamba?!* weshalb
es ist, daß (*maka*) ich Euere Majestät nicht liebe?!

b) Wenn an Stelle eines Wortes als Prädikat ein ganzer Satz tritt,
entstehen Prädikatssätze. Sie werden ohne Konjunktion nachgestellt. Das gilt auch für Sätze in direkter Rede.

9. *rasanja hari takkan (= tak akan) hudjan* es scheint, (daß) es
nicht regnen wird. 10. *katanja: „tinggallah engkau dirumah dulu!“*
seine Worte waren: „Bleibe du erst zu Hause!“

Dubitative Prädikatssätze mit verbalem P. werden durch *entah ... atau
tidak* „ob ... oder nicht“ eingeleitet.

11. *entah ia pulang atau tidak, tiada hamba periksa* ob er zurückgekehrt ist oder nicht, wurde nicht von mir untersucht = weiß
ich nicht.

Enthält der Prädikatssatz einen Wunsch oder eine Forderung, dann
wird er mit *supaja* (< Sskrt. *sopāya-* ein Ziel habend) „damit" eingeleitet.
12. *diusulkannja supaja rapat itu dipertangguhkan* von ihm wurde
vorgeschlagen, (damit =) daß die Versammlung vertagt werde.

c) Objektssätze können einem Verb ohne Konjunktion nachgestellt werden. Das gilt für Aussagen und für Fragen.
13. *saja mendengar, radja itu mangkat* ich höre, (daß) der Fürst
verschieden ist. 14. *tanja dia, bagaimana pikirannja!* frage ihn,
wie seine Gedanken sind = wie er darüber denkt! 15. *tidak tahu,
masih hidupkah orang tuanja atau tidak* (er) wußte nicht, lebten
seine Eltern noch oder nicht? = (ob) seine Eltern noch lebten
oder nicht.

Entah bzw. *entah ... entah* „ob ... oder" leiten Sätze ein, die Un-
gewißheit ausdrücken.

16a. *entah apa jang dipikirkannja, seorangpun tidak jang tahu*
woran er dachte, wußte niemand. 16b. *entah oléh karena tuanja,
entah disebabkan kebiasaannja, orang tak tahu* ob es seines Alters
wegen war, (oder) ob es durch seine Gewohnheit veranlaßt war,
wußte man nicht.

Nach den Verben des Sagens, Meinens, Fühlens und Wissens
wird der Objektssatz meistens mit *bahwa*, literarisch = *bahasa (behasa)*
eingeleitet.

17. *semuanja orang mengatakan, bahwa (= behasa) ialah jang salah*
alle Leute sagen, daß er es war, der schuldig war. 18. *maka tahulah
tuan dokter, bahasa ta'ada harapan lagi* und der Herr Doktor wußte,
daß keine Hoffnung mehr bestand. 19. *kini dia merasa, bahwa
adjalnja akan datang* jetzt fühlte er, daß seine Sterbestunde kommen
würde.

Bemerkung: Selten wird ein Objektssatz mit *jang* angegliedert (siehe
Abschn. a), z. B. *aku menjesal jang aku datang kemari* ich bereue,
daß ich hierher kam.

Es kommt vereinzelt vor, daß ein indirekter Fragesatz als Objekt
durch *apa* gekennzeichnet ist. Dabei handelt es sich um eine Beeinflussung durch das Javanische (siehe § 11 c).
20. *orang sedang mentjari keterangan, apa kabar itu benar* man
war dabei, Aufklärung (darüber) zu suchen, ob die Nachricht
wahr sei.

Auch *kalau* ist in dieser Funktion belegt.

21. *saja hendak melihat, kalau ia berani berbuat demikian* ich wollte gerne sehen, ob er es wagte, so zu handeln.

d) Appositionssätze können ohne *jang* nachgestellt werden.
22. *serta ia mendengar chabar musuh datang* und er hörte die Nachricht, (daß) der Feind kam.

Bisweilen finden sich Appositionssätze zu dem Possessivsuffix der 3. Pers.

23. *dalam laboratorium itu orang melakukan ber-bagai² pertjobaan akan mengetahui baik-tidaknja ikan² itu diberi gemuk* im Laboratorium führte man verschiedenartige Versuche aus, um zu erfahren, (das Gut- oder Nicht(gut)sein von ihm u. zw. =) ob es gut sei oder nicht, (daß) Fische gemästet werden.

Ein ganzer Satz kann auch als Komplement zu einer Zeitangabe stehen.

24. *pada hari penghabisan meréka belajar diadakan keramaian* am letzten Tage (, daß sie abfuhren =) vor ihrer Abfahrt wurde ein Fest veranstaltet.

Sätze, die eine Ortsangabe enthalten, können mit *jang* appositionell angegliedert werden (siehe § 47 k).

25. *engkaukah menteri Sultan Mahmud, jang ia harap padamu?* bist du der Minister des Sultans Mahmud, (der er hoffte auf dich? =) auf den er hoffte?

e) Vergleichssätze, die wir mit „als ob" einleiten, sind in der B.I. durch *se-akan²*, *sebagai* oder *se-olah²* gekennzeichnet.

26. *se-akan² meréka itu mempunjai dunia sendiri* als ob sie ein eigenes Milieu besäßen. 27. *Ibnu merasa, se-olah² segala perbuatannja diikutinja* Ibnu hatte das Gefühl, als ob allen seinen Taten von ihnen nachgespürt würde.

f) Schließlich können auch Umstandsangaben durch einen ganzen Satz ausgedrückt werden.

28. *dia dibawa hanjut oléh nasib dengan tak tentu djalan jang hendak diturut* er wurde vom Schicksal getrieben, ohne daß der Weg bestimmt war, dem er folgen sollte. 29. *tak berkata sepatah djua ia menoléh* ohne auch ein Wort zu reden blickte er sich um.

Übungssätze:
1. *patut(lah) engkau menolong orang itu.* — 2. *sungguh ia sudah berangkat.* — 3. *saja sangka ada orang jang mengundangnja.* — 4. *sudah terang (bahwa) ia orang baik.* — 5. *tahukah engkau, siapa² musuh kita?* — 6. *saja tidak tahu, dimana rumahnja.* — 7. *sajang aku bukan penjair.* — 8. *untuk dia se-olah² tak ada jang baik.*

§ 60. Nebenordnende Konjunktionen

a) Zwei Sätze können kopulativ durch *dan* bzw. *maka* (vor allem literarisch) „und" verbunden werden.

1. *ia akan pergi dan = maka saja akan tinggal* er wird fortgehen, und ich werde bleiben.

Wenn zwei Verben mit *me-* + Pnl. (§ 24) das gleiche substantivische Objekt haben, so wird es dem ersten Verb nachgestellt und beim zweiten durch *-nja* wieder aufgenommen.

2. *bapa saja menangkap ikan dan ibu saja mendjualnja* mein Vater fängt Fische, und meine Mutter verkauft sie.

Enthält der erste Satz eine Form mit vorgefügtem pronominalem Element (§ 27), so kann das dazugehörige substantivische Subjekt fortgelassen werden, oder es wird durch *(d)ia* vorweggenommen, wenn es im zweiten Satz genannt ist.

3. *baru kemarin saja beli (dia) dan saja senang sekali dengan rumah itu* erst gestern kaufte ich (es), und ich bin sehr zufrieden mit jenem Haus.

b) *Bahkan* entspricht deutschem „ja sogar" (vgl. § 58e).

4. *ia bukan seorang berʿilmu, bahkan ia hanja keluaran sekolah rendah* er ist kein gelehrter Mensch, ja er hat sogar nur die Volksschule besucht.

c) Zwei Sätze werden adversativ durch *(te)tapi* „aber" bzw. durch *melainkan* „sondern" (§ 58 i) verbunden. *Akan tetapi* ist etwas stärker als einfaches *tetapi*.

5. *betul ia pemarah, (te)tapi hatinja baik* es stimmt zwar, (daß) er ein (Zorniger =) Brummbär ist, aber sein Herz ist gut. 6. *akan tetapi meréka itu bukan pendéta biasa* aber sie sind keine gewöhnlichen Geistlichen. 7. *bukan saja jang menolong sahabatnja, melainkan (= tetapi) bapa saja jang membajar utangnja itu* nicht ich war es, der seinem Freunde geholfen hat, sondern mein Vater war es, der jene seine Schulden bezahlte.

Als adversative Konjunktion kommt auch *sedang* vor, das deutschem „während, hingegen" entspricht.

8. *bekal tak hamba bawa, karena rusa dan kidjang penuh didjalan, sedang djagung dan sagu mudah diperoléh di-mana²* Proviant wurde von mir nicht mitgenommen, denn Hirsche und Zwerghirsche waren zahlreich (auf dem Wege =) unterwegs, während Mais und Sago leicht überall erlangt wird.

Sebetulnja („das ganze Wahrsein davon") ... *tetapi* entspricht deutschem „zwar ... aber".

9. *sebetulnja oto itu mahal, tetapi warnanja kurang bagus* das Auto war zwar teuer, aber seine Farbe ist weniger schön.

Bemerkungen: 1. Selten werden *lakin* (< ar. *lākin(na)*) = *walakin* (< ar. *walakin(na)* jedoch, aber, sondern) in der Literatur adversativ gebraucht, z. B. *ber-djam² ia ,,berketubah'', lakin (= walakin) seorangpun tiada jang mendengar itu* stundenlang ,,predigte'' er, aber es gab niemanden, der es hörte.
2. In der klassischen Literatur dienen folgende Ausdrücke häufig zur Angliederung eines neuen Satzes oder Abschnittes: *alkissah maka* (,,die Erzählung ist, daß''), *sebermula* (< *se-* ,,eins'' + *ber / mula* ,,anfangen'') darauf, *hatta maka* (< Sskrt. *atha* jetzt, nun) darauf, alsdann; *sjahdan maka* darauf, und; *arkian maka* darauf, dann. (Siehe § 64 c.)

Übungssätze:

1. anak² itu mentjari kaju dan laki² membawanja kerumah. — 2. akan tetapi koperasi bermaksud lain. — 3. si Ali sudah lama tinggal dinegeri asing, (te)tapi sekarang dia sudah pulang. — 4. bukan saja jang mentjuri uang itu, melainkan si Ali jang mengambilnja.

§ 61. Temporalsätze

a) Die Gleichzeitigkeit zweier Situationen im Sinne unserer Konjunktion ,,während'' kann ausgedrückt werden durch *sedang* (dabei sein etwas zu tun), *sementara* (< Sskrt. *samanantara-* unmittelbar folgend, nach), *sambil, seraja* (< Sskrt. *āśraya-* Verbindung) oder (selten) *demi*. Nach diesen Ausdrücken wird das Subjekt im Nachsatz gerne fortgelassen, wenn es dasselbe ist wie das im vorangestellten Hauptsatz.

1. *sedang saja berlajar ke-Éropah, bapa saja mati* während ich nach Europa reise, starb mein Vater. 2. *sementara burung betina mengeram, burung djantan terbang mentjari makanan* während das Vogelweibchen brütet, fliegt das Vogelmännchen fort, um Nahrung zu suchen. 3. *ia membatja sambil tidur* er liest, während (er) liegt = er liest im Liegen. 4. *maka keduanja dipeluk ditjium Baginda, seraja ditangisi Baginda* und beide wurden von Seiner Majestät umarmt (und) geküßt, während (sie) von Seiner Majestät beweint wurden. 5. *demi didengarnja orang minta tolong, iapun berlari kesana* als von ihm gehört wurde, (daß) man um Hilfe bat, lief er auch dahin.

Auch *tengah* (Mitte, Hälfte) oder *dalam* (Inneres) finden sich zur Einleitung derartiger Temporalsätze. Im nachgestellten Hauptsatz steht das P. dann oft vor dem S., ohne daß das P. dadurch hervorgehoben wird.

6. *tengah ia makan itu, datanglah seorang hadji* während er mitten beim Essen war, kam ein Mekkapilger. 7. *dalam saja memandang mukanja, timbul pertanjaan dalam sanubari saja* während ich sein Antlitz betrachtete, tauchte eine Frage in meinem (Herzen =) Innern auf.

Bisweilen dient *selagi* + Possessivsuffix (oder Pron. pers.) zur Einleitung von Temporalsätzen. Es setzt sich zusammen aus dem kollektiven *se-* + *lagi* „dabei sein, etwas zu tun" (§ 7 d).

8. *ibu berpulang, selagiku (= selagi aku) ketjil* Mutter (kehrte heim =) starb, (ganz mein Dabeisein, klein zu sein =) während = als ich klein war.

Die Gleichzeitigkeit zweier Situationen kann auch dadurch zum Ausdruck gebracht werden, daß *se-* „eins" vor das Verb tritt.

9. *setidur anak itu, ibunjapun bertanak* während das Kind schläft, kocht seine Mutter ihrerseits Reis.

b) Zeitliches Zusammentreffen zweier Situationen wird ausgedrückt durch *waktu* (< arab. *waqt* Zeit), *ketika* (< Sskrt. *ghaṭikā* ein Zeitabschnitt (24 oder 48 Minuten)), *tatkala* (< Sskrt. *tatkāla-* Ereignis zu der Zeit), *masa* (< Sskrt. *māsa-* Monat), *bila* (< Sskrt. *velā* Zeit, Tageszeit, Stunde) oder durch die Fragepronomina *apabila = bilamana* „wann?" (§ 51 g).

10. *waktu radja itu mangkat, masih budaklah saja* als der Fürst verschied, war ich noch ein Knabe. 11. *ibunja meninggal dunia, ketika ia masih ketjil* seine Mutter verschied, als er noch klein war. 12. *tatkala ia lalu, ia melihat orang buta itu* als er vorüberging, sah er den blinden Menschen. 13. *masa saja berusia empat tahun, ajah saja meninggal dunia* als ich im Alter von vier Jahren war, verschied mein Vater. 14. *awas, bila tabuhan itu kena dipukul!* paß auf, wenn die Wespe vom Schlage getroffen wird! 15. *apabila orang itu memakai obatnja, sembuhlah ia* als jener Mensch seine = die Arznei gebrauchte, war er gesund. 16. *bilamana = apabila ia berkata, suaranja amat keras* als er sprach, war seine Stimme sehr laut.

Wenn der Temporalsatz voransteht, wird der Hauptsatz gerne mit *maka* (§ 64) eingeleitet.

17. *apabila sudah itu, maka senanglah ia* als das erledigt war, da war er zufrieden.

c) Zeitliche Folge zweier Situationen wird zum Ausdruck gebracht durch *sesudah(nja) = setelah* „nachdem" bzw. durch *sebelum(nja)* „bevor". Sie sind mittels des kollektiven *se-* (§ 16 f) (und des Possessivsuffixes *nja*) abgeleitet von *sudah* bzw. *telah* (§ 7 e) „bereits, schon" und *belum* „noch nicht" (§ 51 d). Wenn das (pronominale) Subjekt des nach- oder vorangestellten Hauptsatzes das gleiche ist wie das des Temporalsatzes, dann wird es im Temporalsatz meistens nicht genannt.

18. *sesudah(nja) membatja, boléh engkau pulang* nachdem (du) gelesen hast, darfst du heimkehren. 19. *setelah sudah makan, maka kamipun berangkat pula* nachdem (wir) bereits gegessen hatten, da brachen wir (exkl.) wieder auf. 20. *sebelum(nja) padi disabit, diambil tudjuh tangkai akan induk padi* bevor der Reis geschnitten wird, werden sieben Halme als „Reismutter" genommen.

d) Die zeitliche Begrenzung einer Situation erfolgt durch *se-mendjak = sedjak* „seitdem" oder durch *(se)hingga* „bis".

21. *semendjak = sedjak teman saja meninggal dunia, saja tinggal seorang diri didalam rumah ini* seitdem mein Gefährte verschied, blieb = wohnte ich allein in diesem Hause. 22. *nasi itupun dikukus hingga masak* der Reis wird gedämpft, bis (er) gar ist. 23. *kain itu dimasukkan dalam air panas sehingga lilin mendjadi tjair* der Stoff wird in warmes Wasser getan, bis (= so daß) das Wachs flüssig wird.

Übungssätze:

1. *tengah Nabi berbuat demikian, bersabda pula Nabi.* — 2. *tengah ibu me-mikir²kan hal anaknja itu, tiba² datanglah dua orang anak.* — 3. *demi teringat oléh ibu (akan) waktu itu, iapun berasa segan².* — 4. *ketika ia kembali ditanah airnja, ia diangkat mendjadi pegawai.* — 5. *bila dili-hatnja kami datang, maka bangkitlah ia.*

§ 62. Wunschsätze

Wunschsätze werden eingeleitet durch *moga²*, *semoga* oder *mudah²an*.

1. *moga² pengorbanan ini tidaklah sia²!* möge dieses Opfer nicht vergeblich sein! = hoffentlich ist dieses Opfer nicht vergeblich! 2. *mudah²an bertemu djuga kita kemudian hari!* mögen wir (inkl.) einander auch später begegnen! 3. *semoga Allah tiada mentjeraikan kita lagi!* möge Gott uns nicht wieder trennen!

Biarlah ... asal entspricht deutschem „mag, möge ... wenn nur".

4. *biarlah aku mati, asal hidup anakku!* möge ich sterben, wenn nur mein Kind lebt!

In sehr höflicher Ausdrucksweise wird außer *moga²* noch *hendaknja* (§ 12 f) verwendet.

5. *moga² dapatlah kitab ini hendaknja merupakan suatu sumbangan dari kami didalam pekerdjaan kita bersama!* möge dieses Buch doch einen Beitrag von uns (exkl.) darstellen können bei unserer (inkl.) gemeinsamen Arbeit!

Bemerkung: In gehobener Rede verwendet man gelegentlich *barang*, z.B. *barang dilandjutkan Allah apalah kiranja ʿumurnja!* möge sein (Alter =) Leben doch von Allah verlängert werden!

Djangan[2] entspricht deutschem „möge nicht!"

6. *djangan*[2] *ia sakit!* möge er nicht krank sein!

§ 63. Kausal-, Final-, Konsekutiv-, Konditional- und Konzessivsätze

a) **Kausale Nebensätze** werden eingeleitet mit *sebab* (< arab. *sabab* Grund, Anlaß) oder mit *karena* (< Sskrt. *kāraṇa-* Ursache, Grund, Motiv), bisweilen auch mit *oléh sebab*. Steht der Nebensatz voran, dann wird der Hauptsatz bisweilen mit *maka(nja)* bzw. *djadi* angegliedert. Nach diesen und den anderen in diesem Paragraphen behandelten Ausdrücken wird das Subjekt im allgemeinen fortgelassen, wenn es im voran- oder nachgestellten Hauptsatz genannt ist.

1. *saja tak dapat datang, sebab hari sudah malam* ich konnte nicht kommen, weil es bereits Nacht war. 2. *belilah ajam itu, karena semuanja gemuk!* kaufe die Hühner, weil sie alle fett sind! 3. *saja sakit oléh sebab makan mangga mentah* ich bin krank, weil (ich) unreife Mangos gegessen habe. 4. *karena engkau telah pulang, (maka =) djadi saja pulang pula* weil du heimgekehrt warst, (war es =) geschah es, (daß) ich auch heimkehrte = weil du heimgekehrt warst, deshalb kehrte ich auch heim.

Sementang-mentang bzw. *mentang*[2] entspricht deutschem „weil, da (nun einmal)". Es wird gebraucht, wenn man sich einer Sache rühmt.

4a. *dia itu sombong sementang-mentang anak orang kaja* er da ist arrogant, weil (er) der Sohn eines Angesehenen ist. 4b. *mentang*[2] *sudah bersekolah, tak mau membanting tulang* da (er) (nun einmal) die Schule besucht hat, will (er) sich nicht anstrengen.

Bisweilen leitet auch *oléh* (§§ 26c II und 53j) kausale Nebensätze ein.

5. *oléh tiada berdaja lagi, maka diperkabulkanlah oléh Baginda* da (er) keinen Rat mehr wußte, deshalb wurde (es) von Seiner Majestät bewilligt.

Bemerkung: Selten findet sich *daripada* „von … her" (§ 48a) als Konjunktionsersatz, z.B. *daripada amat keras angin bertiup* weil der Wind sehr heftig blies.

b) „Deshalb, daher" wird wiedergegeben durch *dari itu = sebab itu*.

6. *utang lamamu belum lagi kaubajar, dari itu sekarang belum boléh kamu berutang dulu* euere alten Schulden sind noch nicht wieder

von euch bezahlt, deshalb dürft ihr jetzt vorerst noch keine Schulden machen.

c) Nach einer Ursache fragt *mengapa(kah)* = *mengapatah* bzw. *kenapa* „weshalb?" (siehe § 10 d).

7. *mengapatah, datok, maka begitu?* weshalb, Datok, ist es, daß (es) derart ist? = weshalb ist es so, Datok?

d) *Supaja* (< Sskrt. *sopāya-* ein Ziel habend) bzw. *agar* oder *agar supaja* leiten finale Nebensätze ein. Negation ist in solchen Sätzen in der Regel *djangan* (§ 12 h), bisweilen jedoch *tidak.*

8. *bapaku mengirim uang, supaja aku dapat pulang* mein Vater schickte Geld, damit ich heimkehren konnte. 9. *tanah itu haruslah ditjampur dengan pasir sungai, agar supaja mendjadi gembur* die Erde muß mit Flußsand vermengt werden, damit (sie) locker wird. 10. *meréka itu mempertjepat langkah, agar dapat berbuka puasa dikampung orang* sie beschleunigten die Schritte, damit (sie) das Fasten im Dorf (anderer) Leute beenden könnten. 11. *supaja bahagian*[2] *kain jang ditutupnja djangan kena warna* damit die Teile des Stoffes, die von ihnen bedeckt wurden, nicht (von Farbe getroffen =) gefärbt werden.

Steht der Finalsatz voran, so wird der Hauptsatz gerne mit *maka* (§ 64) angegliedert.

12. *supaja dapat dilihat dari djauh, maka tiap*[2] *bonéka harus tjukup besar* damit (sie) von weitem gesehen werden können, muß jede Puppe genügend groß sein.

e) Der finale Infinitiv wird entweder nur durch die einfachen Verben bzw. durch die Formen mit *me-* + Pränasalierung (§ 24) ausgedrückt, oder vor sie treten *akan* (§ 7 e), *untuk* = *buat* „für" (§ 53 m), *hendak* „wünschen", *guna* „Nutzen" oder *maksud* „Absicht".

13. *ia pergi mengambil kaju api* er ging, um Brennholz zu holen. 14. *meréka menghidupkan api akan* = *guna membakar ikan* sie entfachten Feuer, um Fische zu braten. 15. *ia terpilih untuk mengangkat djabatan utusan dinegeri Inggeris* er ist auserwählt, um das Amt eines Gesandten (im Lande England =) in England zu übernehmen. 16. *ia bersedia buat duduk dikerosi Présidén* er hielt sich bereit, um auf dem Präsidenten-Stuhl zu sitzen. 17. *hilanglah keinginannja hendak melémpar lagi* es verschwand sein Verlangen, wiederum zu werfen. 18. *pendjahat itu memakai sarung tangan maksud dapat mengabui mata polisi* jener Missetäter gebrauchte Handschuhe, um die Polizei irreführen zu können.

Vereinzelt tritt *untuk* in diesem Sinne auch vor eine *di*-Form (§ 26).

19. *sekarang telah siaplah kain itu untuk dibatik* jetzt ist der Stoff fertig, um gebatikt zu werden.

Bisweilen steht ein Finalsatz mit *untuk* + *me*-Form als Subjekt. In der guten deutschen Wiedergabe verwenden wir ein Substantiv.

20. *untuk memudahkan, didalam bagian belakang kitab ini terdapat sebuah daftar* (um zu erleichtern =) zur Erleichterung wird im hinteren Teil dieses Buches ein Verzeichnis gefunden.

Der finale Infinitiv kann auch vor dem Hauptsatz stehen.

21. *akan mengatakan terus-terang, ia malu* (es) unumwunden zu sagen, (davor) schämte er sich.

Bisweilen wird auch ein einfaches Verb (§ 7) ohne *akan* usw. in dieser Weise vorangestellt.

22. *lari ia tak berani* wegzulaufen hatte er nicht den Mut = zum Weglaufen hatte er keinen Mut.

f) Konsekutivsätze werden eingeleitet durch *sehingga* (§ 61 d) oder *sampai*.

23. *sarang burung itu tinggi, sehingga tiada dapat dipandjat* das Vogelnest ist hoch, so daß (es) nicht erklettert werden kann. 24. *ia memukul andjing itu, sampai berdarah telinganja* er schlug den Hund, so daß sein Ohr blutete.

g) Reale (und oft auch irreale) Konditionalsätze werden vor allem gekennzeichnet durch *kalau, djikalau* oder *djika*. (In *kalau* und *djikalau* ist vermutlich das arabische *lau* ,,wenn" enthalten, das in der Regel zur Einleitung irrealer Bedingungssätze dient.)

25. *kalau pekerdjaan itu telah selesai, maka kelihatanlah kain itu biru* wenn die Arbeit beendet ist, dann (ist sichtbar, (daß) der Stoff blau ist =) sieht der Stoff blau aus. 26. *djikalau betul² engkau hendak mengikut saja, marilah!* wenn du mir ganz bestimmt folgen möchtest, (dann) komm her! 27. *djika kain itu telah bersih benar, ditadjin orang pula sedikit* wenn der Stoff wirklich sauber ist, wird (er) auch von Leuten ein wenig gestärkt = stärkt man (ihn) auch ein wenig. 28. *djikalau tiada aku pergi, kena rotan aku* wenn ich nicht fortgegangen wäre, wäre ich (getroffen vom Rotan =) verprügelt worden.

Reale Bedingungssätze werden auch mit den Fragepronomina *apabila* = *manakala* ,,wann?" eingeleitet.

29. *apabila ia hendak bermain, kesanalah ia pergi!* wenn er sich ergötzen möchte, soll er dahin gehen! 30. *manakala tertjapai keadaan itu, orang sudah makmur* wenn der Zustand erreicht ist, ist man wohlhabend.

Bemerkung: Bisweilen tritt *lamun* als Konjunktion auf, z.B. *lamun engkau sanggup* wenn du (es) auf dich nimmst.

Irreale Konditionalsätze können jedoch durch Nachstellung von *(se)kiranja* (wörtl.: eine Vermutung davon) hinter die genannten Konjunktionen von den realen Bedingungssätzen unterschieden werden.

31. *djikalau sekiranja tjeritera ini benar, baiklah* wenn diese Erzählung wahr wäre = wahr sein sollte, (dann ist es) gut.

Sie werden auch durch *seandainja* bzw. *seumpama* „angenommen" eingeleitet.

32. *seandainja ada orang tinggal dibulan, tentulah keadaannja tak sama dengan orang dibumi* angenommen, es wohnten Menschen auf dem Monde, (so) würde ihr Dasein sicherlich nicht (dem) der Menschen auf Erden gleich sein. 33. *seumpama ia kaja, tentu anaknja tak dibiarkannja begitu* angenommen, er wäre reich, (dann) würde er sein Kind sicherlich nicht so (dem Schicksal) überlassen.

h) „Jedes Mal, wenn" wird wiedergegeben durch *setiap*.

34. *setiap ia telah mematuk, merobék bangkai binatang ini* jedes Mal, wenn er gepickt hatte, zerriß (er) den Kadaver dieses Tieres.

i) *Sedang(kan) … apa pula* oder *sedang(kan) … istiméwa (pula)* entsprechen unserem „wenn schon … um wieviel mehr (doch)". Folgt in dem Satz mit *sedang(kan)* eine Negation, so sind diese Ausdrücke wiederzugeben mit „wenn schon … um wieviel weniger (doch)".

35. *sedang beras begitu djarang, istiméwa pula makanan² lain* wenn schon Reis so knapp ist, um wieviel mehr doch andere Nahrungsmittel. 36. *sedangkan oléh dua orang tiada terangkat, apa pula oléh seorang* wenn (es) schon von zwei Personen nicht gehoben werden kann, um wieviel weniger doch von einer Person. 37. *sedangkan dekat pada kolam itupun tak boléh, istiméwa akan mengambil airnja* wenn (man) schon nicht nahe an den Teich darf, um wieviel weniger wird (man) dann (sein Wasser =) Wasser daraus holen (dürfen).

j) Konzessivsätze werden meistens eingeleitet durch *sungguhpun* (wahr auch), *walaupun* (< arab. *wa-lau* wenn auch, selbst wenn + mal. *pun* auch), *meskipun* oder *kendati(pun)* (selten). Nach *walaupun* wird der Hauptsatz gerne eingeleitet mit *tetapi* „aber" bzw. mit *namun* „doch".

38. *sungguhpun badannja ketjil, tetapi amat kuat* wahr auch (ist es, daß) sein Körper klein ist, aber (er) ist sehr kräftig = obwohl sein Körper klein ist, ist (er) aber (doch) sehr kräftig. 39. *walaupun tuan bajar saja sepuluh rupiah, tak mau saja pergi* obwohl = wenn mir auch von Ihnen zehn Rupien gezahlt werden, = wenn Sie mir auch zehn Rupien zahlen, (so) will ich (doch) nicht gehen. 40. *walaupun kepala kantor telah memberikan pendjelasan, namun belum pula dapat dinjahkan kesangsian* obgleich der Bürovorsteher eine Erklärung abgegeben hat, konnte der Zweifel doch noch nicht wieder (vertrieben =) zerstreut werden. 41. *meskipun demikian, ia berdjalan terus* obgleich es so war, ging er geradenwegs weiter.

Seltener werden Einräumungssätze gekennzeichnet durch *biar(pun)* (§ 62), *sementang(pun)* oder *padahal*.

42. *buku² agamanja mengatakan, bahwa biarpun Mudjed bongkok, dia machluk Tuhan djuga* (seine =) die Religionsbücher sagten, daß, obgleich Mudjed bucklig war, er doch ein Geschöpf Gottes sei. 43. *saja mau membeli kain ini biar mahal sedikit* ich will diesen Stoff kaufen, mag (er auch) ein wenig teuer sein = obgleich (er) ein wenig teuer ist. 44. *sementang kami tak pergi kepelabuhan, abang tak mau pulang terus!* obgleich wir (exkl.) nicht nach der Reede gingen, willst du doch nicht direkt heimkehren! 45. *padahal dia sendiri jang begitu* obwohl er selbst es ist, der so ist.

Häufig wird nur *pun* (§ 23 a) „sogar, selbst" an das P. des konjunktionslosen Konzessivsatzes gefügt.

46. *kuminumpun obat ini, ta'kan sembuh aku* (wenn) ich auch diese Arznei trinke, werde ich (doch) nicht gesund werden.

Sekalipun („ein Mal auch") entspricht etwa unserem „sogar wenn".

47. *seorang néger tidak boléh menginap, sekalipun orang hitam itu misalnja mendjabat pangkat proféssor* ein Neger darf (dort) nicht logieren, selbst wenn der Schwarze z.B. (*misalnja*) die Stellung eines Professors (ausübt =) hat.

In gewissen Fällen ist ein Konzessivsatz daran erkennbar, daß er mit *se-* + iteriertes Qualitativ (+ *-nja*) beginnt, und daß im Nachsatz dann meistens *djuga* „doch" steht. Solche Konstruktionen sind vor allem literarisch.

48. *se-baik² manusia, sekali dalam hidupnja akan berbuat dosa djuga* wie gut auch der Mensch sein möge, einmal in seinem Leben wird (er) doch eine Sünde begehen.

Neuerdings gebraucht man auch *bagaimanapun* „wie auch" zur Einleitung von Konzessivsätzen. Dabei handelt es sich vermutlich um eine Lehnübersetzung aus dem Niederländischen.

49. *bagaimanapun besar djasanja, ia dihukum djuga* wie groß auch seine Verdienste sind, er wird doch verurteilt.

Übungssätze:

1. anak itu sakit sebab badannja kurus kering. — 2. sangat tua perempuan itu, karena kulitnja sudah kerut-merut. — 3. ia memukul andjing itu, supaja djangan mentjuri lagi. — 4. tetapi meskipun demikian, meréka itu se-kali² tidak mentjoba hendak melepaskan dirinja. — 5. ia menunggu, sampai orang itu datang. — 6. kalau engkau tidak mau pergi, baiklah! — 7. djikalau kiranja saja kaja, saja membeli oto. — 8. sungguhpun ia sakit, ia datang kemari. — 9. walaupun berasal dari satu daérah, modélnja tidak sama. — 10. mengapa engkau mengeluh?

§ 64. Der Gebrauch von *maka*

Maka wird in der B.I., ebenso wie im klassischen Malaiischen, sehr oft gebraucht. Deshalb erscheint es angebracht, seine verschiedenen Verwendungsarten hier noch einmal, und zwar zusammenfassend, zu behandeln. Dabei wird z. T. auf frühere Paragraphen zurückgegriffen.

a) Nach Umstands- (§ 53 b) und Zeitangaben, die als Prädikat auftreten, kennzeichnet *maka* den Nachsatz bzw. Subjektssatz.

1. *daripada ketakutannja maka ia djatuh sakit* wegen seiner Angst war es, daß er krank (fiel =) wurde. 2. *mengapa maka hamba tiada kasih akan tuan hamba?!* weshalb es ist, daß ich Euere Majestät nicht liebe?! 3. *apa sebabnja maka ia lambat datang?* was ist der Grund dafür, daß er zu spät kommt? 4. *pada waktu itulah maka bapaknja mati* zu der Zeit war es, daß sein Vater starb.

b) *Maka* kann den nachgestellten Hauptsatz einleiten, wenn ein temporaler (§ 61), kausaler (§ 63 a), konditionaler (§ 63 g) oder finaler Satz (§ 63 d) vorangeht.

5. *apabila sudah itu, maka senanglah ia* als das vorüber war, da war er zufrieden. 6. *setelah sudah makan, maka kamipun berangkat pula* nachdem (wir) gegessen hatten, da brachen wir (exkl.) wieder auf. 7. *oléh tiada berdaja lagi maka diperkabulkanlah oléh Baginda* da (er) keinen Rat mehr wußte, deshalb wurde (es) von Seiner Majestät bewilligt. 8. *kalau pekerdjaan itu telah selesai, maka kelihatanlah kain itu biru* wenn die Arbeit beendigt ist, dann sieht der Stoff blau aus. 9. *supaja dapat dilihat dari djauh, maka tiap² bonéka harus tjukup besar* damit (sie) von weitem gesehen werden können, muß jede Puppe genügend groß sein.

c) *Maka* vertritt unsere Konjunktion „und" (§§ 58 b und 60 a). Das ist vor allem in der Literatur der Fall.

10. *maka tahulah tuan dokter, bahasa ta'ada pertolongan lagi* und der Herr Doktor wußte, daß es keine Hilfe mehr gab.

Es dient auch in Verbindung mit anderen Ausdrücken zur Wiedergabe unseres „darauf; dann; und dann" (siehe die Beispielsätze und § 60 c Bemerkung 2). In der klassischen Literatur pflegt durch sie ein neuer Absatz eingeleitet zu werden. Wenn malaiische Texte mit arabischen Schriftzeichen geschrieben sind, sind diese Ausdrücke gleichzeitig Ersatz für die Interpunktion.

11. *hatta maka mengadjilah anak² itu* und dann rezitierten die Kinder. 12. *arkian maka haripun malamlah* darauf wurde (der Tag seinerseits =) es Nacht. 13. *kalakian maka segala lasjkar Baginda itupun berkumpullah pula* darauf versammelten sich alle Mannschaften Seiner Majestät wieder.

d) *Maka* kann einen vorangestellten Subjektssatz kennzeichnen.

14. *maka kami datang kemari, ialah sudah lama tiada men-dengar*[2] *kabar tentang tuan* (der Grund dafür,) daß wir (exkl.) hierherkommen, (der) ist, (daß wir) schon lange keinerlei Nachricht über Sie hörten.

e) Bei langen Satzgefügen dient *maka* als Trennungszeichen. Gleichzeitig faßt es Vorhergesagtes zusammen.

15. *mengenai status kapal perang itu dalam waktu*[2] *jang akan datang, maka kami tidak pertjaja, bahwa di-Indonésia masih akan ada tempat untuk kapal tersebut* was den Status des = dieses Kriegsschiffes in zukünftigen Zeiten betrifft, so (*maka*) glauben wir (exkl.) nicht, daß für das genannte Schiff in Indonesien noch ein Platz sein wird.

§ 65. Zusammengestellte Sätze ohne Konjunktionen

a) Häufig werden zwei Sätze, die wir kopulativ mit ,,und" bzw. adversativ mit ,,aber" verbinden, in der B.I. unmittelbar, d.h. ohne Konjunktion, nebeneinander gestellt. Der Zusammenhang ergibt sich dann aus der Satzmelodie und aus der Situation.

1. *ada jang menari, ada jang bernjanji* es gibt Tanzende, (und) es gibt Singende = einige tanzen, und andere singen. 2. *beranak ada, berbapa tidak* (daß es) Kinder hat, ist vorhanden; (daß es) einen Vater hat, nicht = (es) hat zwar Kinder, (aber es) hat keinen Vater. (Erklärung dieses Rätsels siehe in § 9 f Bemerkung.)

b) In Alternativfragen kann *atau* ,,oder" fortfallen.

3. *akukah pak si Bendul, engkaukah pak si Bendul?* bin ich Benduls Vater, (oder) bist du Benduls Vater?

c) Auch Temporalsätze werden ohne Konjunktion zusammengestellt.

4. *baru saja tidur, bermimpilah saja* eben schlief ich, (da) träumte ich = als ich eben schlief, träumte ich. 5. *tiba dekatnja, berhentilah ia* (als er in) seiner Nähe ankam, hielt er. 6. *anak itu menangis mendengar bunji mariam itu* das Kind weinte, (als es) den Kanonenlärm hörte. 7. *sampai dirumah aku terus bergegas kekamar mandi* (als ich) zu Hause ankam, eilte ich sofort ins Badezimmer.

Temporalsätze, die wir mit ,,indem" einleiten, werden in der B.I. besonders häufig ohne Konjunktion vorangestellt. Sie beginnen in der Regel mit einer *me*-Form (§ 24).

8. *membalas surat saudara tanggal tiga Méi sembilan belas (ratus) lima puluh lima saja memberi tahukan* ... beantwortend den Brief des Bruders = indem (ich) Ihren Brief vom 3. Mai 1955 beantworte, teile ich mit ...

d) Ebenso werden **kausale** Nebensätze oft ohne Konjunktion konstruiert.

9. *ia amat héran melihat orang itu* er war sehr erstaunt, (weil er) jenen Menschen sah. 10. *ia beruntung mendapat pekerdjaan itu* er hatte Glück, (weil er) die Beschäftigung erhielt. 11. *mengingat kepentingan umum, saja penuhi permintaan tersebut* (weil ich) die allgemeine Wichtigkeit erinnere = im Hinblick auf die allgemeine Wichtigkeit wird die genannte Bitte von mir erfüllt. 12. *tapi aku tidak berani; takut kalau*[2] *dipandang kurang senonoh* aber ich wagte (es) nicht; (denn ich) war ängstlich (davor, daß es) vielleicht als ungehörig angesehen würde.

e) **Konditionalsätze** können auch ohne Konjunktion gebildet werden.

13. *dipotong, bertambah pandjang; diulas, bertambah péndék. apakah itu? (kain sarung)* (wenn es) aufgeschnitten wird, wird (es) länger; (wenn es) angezogen wird, wird (es) kürzer. Was ist das? (ein Sarung) (man legt nämlich die Enden des Sarung beim Tragen in- und übereinander).

f) Bisweilen finden sich auch **Konzessivsätze** ohne Konjunktion.

14. *mentah*[2] *dimakannja* (obgleich die Früchte) unreif waren, wurden (sie doch) von ihm gegessen = aß er (sie doch).

g) Vereinzelt kommen konjunktionslos aneinander gereihte Sätze vor, die wir kennzeichnen durch „wo ... da".

15. *ada gula, ada semut* (wo) es Zucker gibt, (da) gibt es (auch) Ameisen.

Schlüssel zu den Übungssätzen

§ 2. 1. Mutter ist Dienerin. — 2. (Der) Taib ist Diener. — 3. (Die) Aminah ist ein junges Mädchen. — 4. Jene Leute sind Feinde. — 5. Sein = das Dach (sind hölzerne =) besteht aus hölzernen Dachpfannen. — 6. Der ältere Bruder ist Kaufmann. — 7. Jene Kinder sind Schüler. — 8. Anwar ist (war) ein außergewöhnlicher Mensch. — 9. Udin ist (ein) Händler. — 10. Jene Kinder sind Pfadfinder. — 11. Der jüngere Bruder wurde = ist Polizist.

§ 4. 1. Dieser Kochtopf ist aus Eisen. — 2. Jenes junge Mädchen ist Minah. — 3. Das ist der = die N.N. — 4. Dieser verehrte ältere Bruder ist Minister. — 5. Diese Waffen sind Lanzen. — 6. Jene Leute sind Kaufleute. — 7. Jener Angsthase ist (der) Ali. — 8. Jener Mensch ist ein Arbeiter. — 9. Diese Vögel sind Tauben.

§ 5.   1. Ich bín (der) Ibnu. — 2. Sie sind Diebe. — 3. Sie sind Lehrer. — 4. Jener Herr ist Kaufmann. — 5. Das Wetter = es ist kalt. — 6. Wir alle sind Studenten. — 7. Wir (inkl.) hier sind Arbeiter. — 8. Sie sind Kapitäne. — 9. Es regnet. — 10. Sie sind Bauern. — 11. Er ist ein Betrüger. — 12. Wir (inkl.) sind Freunde.

§ 6.   1. Jenes = das Haus ist klein. — 2. Er = sie ist geschickt. — 3. Wir (exkl.) sind arm. — 4. Sukiman ist krank. — 5. Ich bin alt. — 6. Dieser Armreif ist aus Silber. — 7. Jener Ring ist aus Gold = golden. — 8. Sie (Anrede an eine Frau) sind gut. — 9. Jene Hütte war gedrängt voll. — 10. Jenes = das Essen ist verdorben. — 11. Jenes junge Mädchen ist hübsch. — 12. Dieser Füllfederhalter war teuer.

§ 7.   1. Jene = die Kinder sind beim Baden. — 2. Er = sie ist fortgelaufen. — 3. Dieser Säugling schläft gerade. — 4. Ali wird kommen. — 5. Der Stamm = Baum wird umfallen. — 6. Das Krokodil ist aufgetaucht. — 7. Er = sie ist angekommen. — 8. Sein Vater ist bereits alt. — 9. Er ist (bereits) verheiratet. — 10. Ich habe (es) vergessen. — 11. Sie werden umziehen. — 12. Regen wird fallen = Es wird regnen.

§ 8.   1. Das ist (der) Ali. — 2. (Der) Aman ist Diener. — 3. Er = sie lebt. — 4. Dieses Pferd ist stark. — 5. Jenes Haus ist groß. — 6. Jene Leute sind reich. — 7. Die Früchte sind bereits abgefallen. — 8. Morgen wird er kommen.

§ 9.   1. Kinder sind keine Arbeiter. — 2. Dieses Messer ist kein Stahl = ist nicht aus Stahl. — 3. Er = sie will (wollte) durchaus nicht. — 4. Er stand nicht auf. — 5. Ali ist keineswegs arm, sondern reich. — 6. Das ist nicht die Minah. — 7. Ich werde nicht kommen. — 8. Wir (inkl.) werden nicht gehen. — 9. Er ist nicht mutig. — 10. Jene Arbeit ist keineswegs leicht. — 11. Er wird auf jeden Fall zornig sein. — 12. Jenes Kind ist nicht gut erzogen. — 13. Vater ist kein Kaufmann. — 14. Ich werde auf jeden Fall umziehen. — 15. Dieser Baum wächst nicht.

§ 10.   1. Was waren seine Worte? = Was sagte er? — 2. Wer ist dieser Schüler? — 3. Wie (ist =) geht es Ali? — 4. Weshalb schläft jenes = das Kind nicht? — 5. Weshalb ist er = sie krank? — 6. Die Minah ist dein was? = In welchem Verwandtschaftsverhältnis steht Minah zu dir? — 7. Was für ein Vogel ist das? — 8. Was für ein Mensch ist er? — 9. Welches Haus ist dein Haus = das deinige? — 10. Was für ein Landsmann sind Sie? — 11. Welches Schiff ist das? — 12. Was auch immer seine Worte sind = was auch immer er sagt, ich will nicht folgen. — 13. Was ist die Nachricht? = Was gibt es Neues? — 14. An was für einem Tage kommt er? — 15. Welches Schiff ist gesunken?

§ 11. 1. Ist jener Schüler faul? — 2. War jenes Auto teuer? — 3. War vorhanden, (daß) du fielst? = Bist du gefallen? — 4. Ist jener Mensch fortgelaufen? — 5. (Ist die Frau =) Sind Sie noch nicht aufgestanden? = Noch nicht! — Bereits = ja! — 6. Hühner sind jetzt billig, nicht wahr? — 7. Ist ein Diener da? — 8. War dieser Stuhl billig? — 9. Ist dein Vater noch nicht fortgegangen? — 10. Gehen Sie mit? — 11. Du bist nicht böse, nicht wahr?

§ 12. 1. Hallo, Freund! — 2. Gut ist, (daß) Sie einen Augenblick warten = Warten Sie doch einen Augenblick! — 3. Bitte eintreten! — 4. Kommen Sie doch her! — 5. Laßt uns (inkl.) folgen! — 6. Vergiß (es) nicht, Amat! — 7. Mögen Sie glücklich = gesund sein! = Möge es Ihnen wohlergehen! — 8. Treten Sie doch nicht ein! — 9. Wie häßlich ist jenes Kind! — 10. Geh (du) auf jeden Fall! — 11. Verzeihen Sie! — 12. Laß(t) uns zuvor essen! — 13. Sei doch einen Augenblick ruhig!

§ 13. 1. Der Jüngling Martono kam. — 2. Die Dienerin Aminah badete. — 3. Seidene Schirme sind teuer. — 4. Das Schiff „Modjokerto" ist bereits angekommen. — 5. Die Stadt Djakarta ist groß. — 6. Der Seméru-Berg ist hoch. — 7. Jener Knabe ist mager. — 8. Ist das eine K a t z e? — 9. Ich bin kein Amerikaner, ich bin Engländer. — 10. Diese Ledertasche ist schön. — 11. Heute kommt Minister Subandrio.

§ 14. 1. Die drei Könige sind angelangt. — 2. Sechs Jahre sind bereits vergangen. — 3. Es sind zwölf (Stück) Hennen vorhanden. — 4. Ein Knabe folgte. — 5. Die zwei Schiffe sind noch nicht angekommen. — 6. 1873. — 7. 642. — 8. Wieviel ist der Preis davon? = Wieviel kostet es? — 9. Wieviel ist dein Geld? = Wieviel Geld hast du? — 10. Eine Kuh starb. — 11. Vier Studenten bestanden die Prüfung nicht.

§ 15. 1. $6 + 7 = 13$ — 2. $94 - 18 = 76$ — 3. $21 \times 9 = 189$ — 4. $84 : 4 = 21$.

§ 16. 1. Das erste Buch ist zu Ende gelesen, das zweite Buch noch nicht. — 2. Dieser Tag = heute ist der letzte Tag des Jahres. — 3. Dieses ist das vierte Element. — 4. Alle beide waren Idealisten. — 5. Das neunzehnte Jahrhundert. — 6. Jetzt kommt die dritte Arbeit (dran). — 7. Jene = die Zeitung erscheint zweimal an einem Tage. — 8. Er kam oftmals = häufig. — 9. Sein Haus ist das erste (Haus). — 10. Jene drei Leute werden kommen. — 11. Man zerstreute sich einer nach dem anderen. — 12. Am ersten Tage regnete es, am zweiten Tage war es klar. — 13. Er kommt einmal (in) einem Monat. — 14. Dieses ist das fünfte Kind.

§ 17. 1. Ich aß = esse ein wenig. — 2. Seine Kinder sind viele = Er hat viele Kinder. — 3. Viele Leute liefen fort. — 4. Die Masse weiß (es) nicht. — 5. Alle Schüler badeten = baden. — 6. Die Wege waren alle schmutzig. — 7. Jeder Mensch = ein jeder mußte sich setzen. — 8. Jeden Tag ist er zornig. — 9. Nicht irgendeine (beliebige) Frau kann Geistliche werden. — 10. Die ganze Natur war still. — 11. Ein jeder weiß (es). — 12. Jedes Kind ist verpflichtet, zu lernen.

§ 18. 1. Verschimmelte Bretter sind nicht verkäuflich. — 2. Der kranke Mensch schlief. — 3. Das Kind, welches fiel, ist gestorben. — 4. Ist es Ihr Vater, der krank ist? = Ist Ihr Vater krank? — 5. Ist es Ali, der fleißig ist? = Ist Ali fleißig? .— 6. Dieses Propaganda-Schauspiel ist ein neues Schauspiel. — 7. Dieses unartige Kind warf den = nach dem mageren Hund. — 8. Ist jener blinde Mann taub? — 9. Ist es dieses Kind, das fleißig ist? = Ist dieses Kind fleißig? — 10. Vergangene Woche ist er gestorben.

§ 19. 1. Eine Folge der willkürlichen Machenschaften jener Groß-händler. — 2. Rattenzähne sind scharf. — 3. Der Gipfel des Merapi-Berges ist hoch. — 4. Ali ist der Schüler eines klugen Lehrers. — 5. Das Fiat-Auto seines Vaters ist schön. — 6. Sein Versteckplatz war weit fort. — 7. Wer ist jener Schneidermeister? — 8. Ich bin kein Gold-schmied. — 9. Wieviel ist der Preis jenes Buches? = Wieviel kostet jenes Buch? — 10. Sind noch Bahnsteigkarten da? — 11. Wo ist der Warteraum?

§ 20. 1. Ist jener Schüler das Kind des Ali? — 2. Die Länge dieses Zimmers ist = beträgt vier Meter. — 3. Der Nutzen jenes Buches ist sehr groß. — 4. Das Fliegen jenes Vogels war weit = Der Vogel flog weit fort. — 5. Ist der Stamm einer Kokospalme schlank? — 6. Die Arbeit dieses Menschen ist langsam = Dieser Mensch arbeitet langsam. — 7. Wieviel ist der Preis dieser Krawatte? = Wieviel kostet diese Krawatte? — 8. Der Geschmack dieses Essens ist nicht schmackhaft. — 9. Der Preis dieses Gemäldes ist teuer.

§ 21. 1. Dieses mein Haus ist groß. — 2. Ist jener Schüler Ihr Kind? — 3. Mein Mann ist Chauffeur. — 4. Ist (dein Müdesein =) deine Müdig-keit schon verschwunden? — 5. Sind deine Oheime keineswegs zahl-reich? — 6. Ihr Charakter ist nicht gut. — 7. Du bist anscheinend ein reicher Mann. — 8. Hole meine (kleine Kiste =) Schachtel! — 9. Seine = ihre Eltern sind krank. — 10. Wie ist sein Standpunkt? — 11. Das Gehalt seines Vaters (beträgt) etwa eintausend Rupien. — 12. Wo ist das Speisezimmer? — 13. Ist deine Krankheit schon (gut =) geheilt? — 14. Sein eigenes Haus war schon alt.

§ 22. 1. Meine Eltern sind krank. — 2. Jenes Ehepaar ist schon alt. — 3. Jener Mensch versorgt seinen Haushalt gut. — 4. Auf der Insel Sumatra (gibt es) viele Urwälder. — 5. Sein Betragen ist ungehörig.

§ 24. 1. Der Hund bellte. — 2. Wir (inkl.) kennen ausländische Informationsdienste. — 3. Vorhanden waren die, welche sangen, vorhanden waren die, welche tanzten = Einige sangen, andere tanzten. — 4. Dieser Mensch hat gestohlen. — 5. Er kam, um ihn zu interviewen. — 6. Ich schleife es. — 7. Weshalb willst du mir nicht folgen? — 8. (Was) diesen Brunnen (betrifft), ich war es, der ihn grub = Ich habe diesen Brunnen gegraben. — 9. (Was) ein undichtes Haus (betrifft), wer ist es, der es mieten wird? = Wer wird ein undichtes Haus mieten? — 10. Die Reispflanzen sind jetzt schon gelb geworden, nicht wahr? — 11. Die anderen Gäste blickten sich nach ihm um. — 12. Der Festtag näherte sich bereits.

§ 25. 1. Zahlreich sind die Straßenräuber hier. — 2. Früher war das Chinesische Meer ein Räubernest. — 3. Der (Waren- =) Lastenträger war ermüdet. — 4. Ali ist ein Faulpelz. — 5. Der Jäger schoß ein (Wald- =) Wildschwein.

§ 26. 1. Die Tür werde nicht geöffnet! = Man öffne die Tür nicht! — 2. Ich wurde von meinem Vater geschlagen. — 3. Meine Kleidung wurde von ihm gestohlen. — 4. Von ihm wurde sein Freund gesucht. — 5. Die Jacke, die von Minah zugeschnitten wurde, ist noch nicht genäht worden. — 6. Diese Erzählung, die von ihm zusammengestellt = verfaßt wurde, ist schön. — 7. Wer ist es, der von ihm gerufen wurde? — 8. Der Zucker werde nicht mit Mehl vermengt! = Man vermenge Zucker nicht mit Mehl! — 9. Der Stoff wurde gestärkt. — 10. Diese welken Blumen sind noch nicht begossen worden. — 11. Sein Haus soll von ihm verkauft werden = Er will sein Haus verkaufen.

§ 27. 1. Dieser Brief wurde von mir geschrieben. — 2. Diese Tür wurde nicht von mir geöffnet. — 3. Das Tau, das von uns (exkl.) gezwirnt wurde, ist weniger stark. — 4. Wurde dieses Wildschwein von euch getötet? — 5. Wurde ein Wildschwein von euch getötet? — 6. Wart ihr es, die das Wildschwein töteten? = Habt ihr das Wildschwein getötet? — 7. Wer ist es, der von dir gesucht wird? = Wen suchst du? — 8. Hasan ist es, dem von mir geholfen wird = ich helfe Hasan. — 9. Er stahl das Geld, das von mir bei ihm aufbewahrt wurde. — 10. Der Brief, der von mir geschrieben wurde, ist verlorengegangen. — 11. Dir wird nicht von uns (exkl.) geholfen werden.

§ 28. 1. Kinder dürfen (nicht =) keinen Wein trinken. — 2. Ich möchte gern diesen Stoff kaufen. — 3. Ali wollte noch nicht heimkehren. — 4. Ich kann nicht essen, weil mein Zahn schmerzt. — 5. Darf ich essen, Mutter?

§ 29. 1. Ich bin betrübt. — 2. (Was) Lampong-Mädchen (betrifft), viele sind es, die Stoffe weben = Von den Lampong-Mädchen weben viele Stoffe. — 3. Sie waren zu vieren, wir (exkl.) zu zweit. — 4. Sie brachen zu zweit auf. — 5. Es gibt noch Tausende von anderen Menschen. — 6. Wir (inkl.) kennen Millionen von Literaturen. — 7. Sein Körper schwitzte. — 8. Eine Pantun-Strophe enthält vier Zeilen. — 9. Dieses Buch enthält die offizielle Geschichte. — 10. Die Kleidungsmuster wurden von ihnen aus verschiedenartigen Büchern genommen. — 11. Rede nicht! — 12. Stundenlang ließen sie ihre Angeln fallen (d. h. stundenlang ließen sie ihre Angeln im Wasser). — 13. Ich werde zu Fuß gehen. — 14. Wir (exkl.) radelten zu viert gemeinsam aus der Stadt. — 15. Du mußt mit Seife baden.

§ 31. 1. Zwei Kinder wurden (versehentlich) getötet. — 2. Und von Hang Tuah wurde (zu)gestochen, (aber) (versehentlich) wurde nach der Wandplanke des Palastes gestochen. — 3. Der Amokläufer wurde von der Polizei gefangen. — 4. Von Hang Djebat wurde die Stimme des Admirals gehört. — 5. Produktion und Verbrauch sind untrennbar. — 6. Ali war es, der beschuldigt wurde. — 7. (Ist (es) noch erinnerbar durch dich? =) Kannst du dich dessen noch erinnern? — 8. Jener Schriftsteller ist in der ganzen Welt bekannt. — 9. Er wurde schon einmal von uns (exkl.) gesehen, (als er) mit jenem jungen Mädchen radelte. = Wir (exkl.) haben ihn schon einmal mit jenem jungen Mädchen radeln gesehen.

§ 32. 1. Die Knaben spielen, (indem sie) ihre Gefährten zu Pferden machen. — 2. Die Städte wurden verschönert. — 3. Die Wege wurden verbreitert. — 4. Er (erhielt =) machte großen Gewinn. — 5. Der Besuch des Präsidenten hatte zum Ziel, die Freundschaft mit anderen Nationen zu festigen = Der Besuch des Präsidenten hatte die Festigung der Freundschaft mit anderen Nationen zum Ziel.

§ 34. 1. Sie werden = wurden geehrt. — 2. Wir (exkl.) können jenem Menschen nicht vertrauen. — 3. Jener mein verstorbener Bruder wurde von meiner Mutter beweint. — 4. Alle jene Stämme wurden von ihm herausgezogen. — 5. Die Kubus bewohnen (nicht =) keine Dörfer. — 6. Jene bösartigen Leute beschossen den Autobus (einige Male =) mehrmals. — 7. Jeder Mensch, der Geld besitzt, kann um die Welt reisen.

§ 36. 1. Ein bis zwei Wochen war er dabei, auf dem Fußboden zu schlafen. — 2. Ich bin froh, (daß) ein Mensch vorhanden war, der mein Haus bewachte, als ich fort(gegangen) war. — 3. Sie waren dabei, miteinander zu scherzen. — 4. Die Leute liefen, um Schutz zu suchen. — 5. Er sprach geradeheraus. — 6. Die Räder waren verrostet. — 7. Die Worte (von) vorhin sind in mein Herz gefallen = Die Worte von vorhin sind mir zu Herzen gegangen.

§ 37. 1. Das Beitragsgeld ist bereits eingesammelt (worden). — 2. Der Stoff wird wieder in eine Wassermischung eingeweicht. — 3. Die Arbeiter, die das tun, sind gewöhnlich ausgesuchte Arbeiter. — 4. Sie sind gekleidet wie Frauen. — 5. (Zwang ein wenig auch ist nicht vorhanden =) Es ist auch nicht der geringste Zwang vorhanden. — 6. Sie stiegen an Land, um Früchte aller Art zu suchen. — 7. Ich konnte die ganze Nacht nicht schlafen.

§ 38. 1. Zahlreich sind die Apparate, die für die Herstellung eines Films nötig sind. — 2. Dieses Buch ist (eine Gabe =) ein Geschenk meines Vaters. — 3. Seine Hoffnungen = Erwartungen waren zahlreich. — 4. Seine Kenntnisse sind tief. — 5. Wo ist die Kartenkaufstelle? — 6. Die Reiseinfuhr aus dem Auslande nimmt jedes Jahr zu.

§ 39. 1. (Was) den Badeplatz Batu Tulis (betrifft), sehr kalt ist sein Wasser = Das Wasser des Badeplatzes Batu Tulis ist sehr kalt. — 2. Die Bewaffnung des Landes genügt noch nicht. — 3. Von ihnen wurde eine Landwirtschafts-Schule gegründet. — 4. Die Genossenschaft ist eine Vereinigung von Menschen, deren Rechte gleich sind. — 5. (Zu) der Zeit = damals gab es keinen Batikstoffhandel wie jetzt. — 6. Diese Erklärung genügt nicht. — 7. Wieviel (betragen) die Reisekosten von hier nach Bandung? — 8. Wir (exkl.) schätzen seine Betätigung auf dem Gebiete der indonesischen Literatur und Sprache. — 9. Wir (exkl.) werden deine Bitte kommende Woche erfüllen.

§ 41. 1. Gadjah Mada ist berühmt. — 2. Er ist von einem Teufel besessen. — 3. Der Riau-Archipel ist sehr ausgedehnt. — 4. Die Staatsbürgerschaft der Republik Indonesien ist = wird durch Gesetze geregelt. — 5. (Es) wurde noch nicht von ihm gewußt = Er wußte noch nichts davon. — 6. Die Gesundheit ist ein geschätzter Reichtum der Menschheit. — 7. Wegen des Todes seiner Verlobten, die er liebte, tötete er sich = beging er Selbstmord.

§ 42. 1. Der Lehrer berichtigt die Fehler der Arbeiten seiner Schüler. — 2. Mutter kaufte für meinen = meinem jüngeren Bruder ein Spielzeug. — 3. Vater öffnete dem Gast die Tür. — 4. Sie äußerten ihre Rechte und ihre Pflichten. — 5. An jedem Ort wird eine Schule errichtet. — 6. Der Empfang war sehr befriedigend. — 7. Er ließ sich fallen. — 8. Seine Stimme wurde von ihm kleiner gemacht = Er senkte seine Stimme. — 9. Abwechselnd ließ man sich die Haare bei ihm schneiden. — 10. Das Erscheinen des Buches wird innerhalb kurzer Zeit erwartet. — 11. Das Steigen der Warenpreise verursachte Unruhe (unter) der Bevölkerung. — 12. Der Völkerbund hat die menschlichen Grundrechte formuliert.

§ 43. 1. Nachts habe ich den Mond als Lampe. — 2. Anscheinend konnte dem Wandel dieser Übergangzeit nicht von Kus gefolgt werden = Anscheinend konnte Kus dem Wandel dieser Übergangzeit nicht folgen. — 3. Nicht mehr erträglich ist (es) von mir = Ich kann es nicht mehr ertragen. — 4. Er möchte einen Film zeigen. — 5. Die (gezeigten =) ausgestellten Waren zeigen, was schon von Indonesien erreicht worden ist. — 6. Dies ist Geld (zur) Abzahlung der Schulden.

§ 44. 1. Er rief sein Kind wiederholt. — 2. Weshalb wird der Hund dauernd verfolgt? — 3. Das Kind bekritzelt die Wand. — 4. Der Zeitungsverkäufer ruft dauernd seine Zeitung aus. — 5. Das Kind sang intensiv = dauernd (vor) Freude. — 6. Die beiden Feinde stachen einander. — 7. Die Chinesen tauschten Waren miteinander. — 8. Schon lange pflegt Zulbahri nicht zu kommen.

§ 45. 1. Ganz selten stellte Vater irgendeine Frage. — 2. Er holte ganz tief Atem. — 3. Er fühlte sich ein wenig verlegen. — 4. Die alte Frau war sehr erstaunt. — 5. Anwars Haltung war ein wenig übertrieben. — 6. Nur sehr reiche Leute können sehr weit reisen.

§ 47. 1. Jener Mensch ist unser (inkl.) Vertreter in jenem Lande. — 2. Wir (exkl.) ankerten in Tual. — 3. Laß(t) uns (inkl.) nach unten hinuntergehen! — 4. Er hielt sich an einer Planke fest. — 5. Er kam in seiner Nähe an. — 6. Ich suchte Ali hinter seinem Hause. — 7. Auch in anderen Städten, in die sein Vater versetzt wurde, war er stets frei, zu gehen, wohin (sein Herz gezogen war =) er wollte. — 8. Man war erstaunt über jenes sein Tun. — 9. Es gibt niemanden, der Recht über mich hat. — 10. Die Stadt, in der ich wohne, ist weit fort von hier. — 11. Er holte mich auf der Station ab.

§ 50. 1. Ich bin im Büro. — 2. Wir (exkl.) (gehen) in die Schule. — 3. Nach dem Markt war ihre Richtung = Sie ging in Richtung auf den Markt zu. — 4. Woher (bist = kommst) du? — 5. Das Geld in dieser Kiste ist viel = Das Geld, das in der Kiste ist, ist viel. — 6. Ich war noch niemals in Indonesien. — 7. Um nach Bali zu (reisen) reicht das Geld nicht.

§ 51. 1. Jetzt ist die Zeit, (daß) du Gewinn erhalten = haben wirst. — 2. In diesem Jahre werden die Pflanzen nicht geraten. — 3. Früher war das Strömen dieses Nebenflusses nicht hierher = Früher floß dieser Nebenfluß nicht hierher. — 4. Dieses Kind weint dauernd nur. — 5. Vorhin am Morgen ist Taib nach Bogor aufgebrochen. — 6. Später werde ich nach Holland gehen. — 7. Er ist soeben aus dem Büro zurückgekehrt. — 8. Er hat noch nicht gebadet. — 9. Das nächtliche Ausgehverbot ist noch nicht vorbei. — 10. Der Wohlstand ist niemals erreichbar. — 11. Wann kommt = kam er zurück?

§ 53. 1. Jener Mensch starb (mit =) an der Pockenkrankheit. — 2. Eben erst trennte sich Ibnu von seinen Gefährten. — 3. Sie wusch den Stoff mit Seife. — 4. Infolge = wegen Benzinmangels war das Flugzeug gezwungen, schnell zu landen. — 5. Von uns (exkl.) wurde Essen und Trinken für Sie bereitgestellt. — 6. Ganz gewiß gibt es unter den „bisu" auch (solche), die sich vergessen. — 7. Vergiß die Bestellung nicht! — 8. Kalk wird aus Korallen gebrannt. — 9. Die Ebene war voll von Menschen. — 10. Von mir wurde dieses Pferd für dich gekauft. — 11. Jenes Auto ist sehr teuer. — 12. Sitten und Charakter der Baduis sind sehr schön. — 13. Sein Vater ist sehr reich. — 14. (Was) die Kleider der Prinzessin (betrifft), außergewöhnlich ist ihre Schönheit = Die Kleider der Prinzessin sind außergewöhnlich schön. — 15. Er war Surtiah gegenüber nur = stets sehr verlegen. — 16. Hühner sind ängstlich (vor) Habichten.

§ 56. 1. Dieser Mensch ist kleiner als ich. — 2. Dein jüngerer Bruder ist dümmer als mein jüngerer Bruder. — 3. Dorffrauen müssen kräftiger arbeiten als Männer. — 4. Je länger desto näher auch (kam) der Prüfungstag. — 5. Silber ist weniger teuer als Gold. — 6. Je länger die Arbeit dauerte, desto größer war auch seine Müdigkeit. — 7. Je länger ich mit Kartini verkehrte, desto mehr wuchs meine Liebe zu ihr.

§ 57. 1. Er gehört zu den klügsten Kindern. — 2. Die Stadt Djakarta ist am größten. — 3. Der geduldigste Mensch wird schließlich doch zornig. — 4. Wer ist der klügste von = unter Ihren Schülern? — 5. Dieses Haus ist am größten. — 6. Der Tiger ist das bösartigste Tier.

§ 58. 1. Stühle, Tische, Lampen und Bänke sind Hausgegenstände. — 2. Wohin (sind) Karta und Karia (gegangen)? — 3. Die Wege in Amerika sind schön und geräumig. — 4. Schläft der Hund oder ist er gestorben? — 5. Jenes Tier ist keine Ziege, sondern ein Zwerghirsch. — 6. Jener Schüler ist weder dumm noch faul, sondern krank.

§ 59. 1. Es ziemt sich, (daß) du jenem Menschen hilfst. — 2. Es ist wahr, (daß) er bereits aufgebrochen ist. — 3. Von mir wird vermutet, (daß) ein Mensch vorhanden ist, der ihn eingeladen hat = Ich vermute, daß ihn jemand eingeladen hat. — 4. Es ist deutlich, daß er ein guter Mensch ist. — 5. Weißt du, wer unsere (inkl.) Feinde sind? — 6. Ich weiß nicht, wo sein Haus ist. — 7. Es ist bedauerlich, (daß) ich kein Dichter bin. — 8. Für ihn (war es,) als ob nichts Gutes vorhanden war.

§ 60. 1. Die Kinder suchten Holz, und die Männer brachten es nach Hause. — 2. Aber die Genossenschaft hat andere Absichten. — 3. Ali wohnte bereits lange im Ausland, aber jetzt ist er heimgekehrt. — 4. Nicht ich war es, der das Geld gestohlen hat, sondern Ali war es, der es fortnahm.

§ 61. 1. Während der Prophet so tat, sprach (der Prophet =) er auch. — 2. Während Mutter angestrengt über den Zustand ihres Kindes nachdachte, kamen plötzlich zwei Kinder. — 3. Als (erinnert wurde von Mutter (an) die Zeit =) sich Mutter der Zeit erinnerte, fühlte sie sich verlegen. — 4. Als er in seiner Heimat zurück war, wurde er zum Beamten erhoben. — 5. Als von ihm gesehen wurde, (daß) wir (exkl.) kamen, da stand er auf.

§ 63. 1. Jenes Kind ist krank, weil sein Körper ausgemergelt ist. — 2. Sehr alt ist jene Frau, weil ihre Haut bereits sehr runzlig ist. — 3. Er schlägt den Hund, damit er nicht wieder stiehlt. — 4. Aber obgleich es so war, versuchten sie es durchaus nicht, sich zu befreien. — 5. Er wartete, bis jener Mensch kam. — 6. Wenn du nicht gehen willst, (dann ist es) gut! — 7. Wenn ich reich wäre, würde ich ein Auto kaufen. — 8. Obgleich er krank war, kam er hierher. — 9. Obgleich (sie) aus einem Bezirk stammen, sind die Modelle nicht gleich. — 10. Weshalb seufzt du?

CHRESTOMATHIE

1. Puisi baru sebagai pantjaran masjarakat baru

Lama dan baru

Seperti kita hanja dapat mengerti akan puisi lama, apabila puisi lama itu kita anggap sebagai pantjaran masjarakat lama, demikian pulalah puisi baru hanja dapat kita pahamkan, apabila ia kita pandang sebagai pantjaran masjarakat baru.

Apakah jang dinamakan masjarakat baru itu?

Dalam kitab ,,Puisi lama" dengan ringkas saja usahakan memperlihatkan rangka umum masjarakat lama. Sifat²nja jang terpenting ialah:

1. Perasaan persatuan jang kukuh antara anggota²nja, jang antara sesamanja tidak banjak berbéda dan jang sekaliannja dapat memenuhi keperluannja tentang rohani dan djasmani dalam lingkungan masjarakat itu.

2. Adat jang timbul dimasa jang silam dan berakar kepada kepertjajaan kepada agama (kepada dunia jang gaib dan sakti) melingkungi dan menguasai segala tjabang kehidupan, jang padu bersatu.

3. Oléh sifat² jang diatas masjarakat tiada bergerak, pertentangan antara orang dan golongan, sangat sedikit, karena sekaliannja sudah tetap watas²nja.

Sesungguhnja dalam ber-abad² lamanja sifat² itu tidak tinggal tetap. Dalam karangan tersebut sudah saja kemukakan beberapa hal jang menjebabkan perubahan itu. Terutama agama Islam membawa tjorak jang lain, ia lebih mengemukakan manusia seorang², tanggungan dan kewadjibannja, tetapi umumnja ternjata djuga, bahwa pemeluk agama Islam itupun dalam banjak hal menundukkan dan menjesuaikan dirinja kepada sifat² masjarakat jang lama.

Dan sebenarnja perubahan jang terbesar, jang terdjadi dinegeri ini dan jang penting untuk memahamkan puisi baru sebagai pantjaran masjarakat baru, jaitu perubahan jang disebabkan oléh pertemuan masjarakat kita dengan masjarakat Eropah.

Untuk mengetahui sekaliannja itu perlu kita mengikut sekedarnja sedjarah Eropah, jang amat besar pengaruhnja atas tumbuhnja dunia modérén.

Perubahan masjarakat Eropah

Jang kita sebut Eropah sekarang tiadalah se-lama²nja seperti sekarang. Siapa jang membatja lukisan² tentang zaman kuno, misalnja tentang bangsa Germaan, kepadanja pasti akan kelihatan beberapa tjorak dan sifat, jang tiada berapa banjak bédanja dengan tjorak dan sifat jang terdapat dikalangan bangsa Indonésia lama seperti saja lukiskan dalam ,,Puisi lama''. Sampai keabad pertengahan tjorak dan sifat jang demikian masih bersemaharadjaléla di Eropah, malahan sampai keabad jang lalu dan abad sekarang bekas² tjorak dan sifat itu masih kelihatan dimasjarakat di-désa² di Eropah.

Tetapi didalam masjarakat, didalam djiwa Eropah terdjadi suatu perubahan.

Dalam abad pertengahan (500—1500) masjarakat Eropah dapatlah kita lukiskan dengan menjebut tiga buah tempat kediaman: biara, puri dan rumah orang tani. Biara ialah tempat kediaman rahib dan pendéta, ber-tingkat², dari jang se-rendah²nja, sampai kepada jang tertinggi. Golongan ini terutama menguasai batin manusia: agama dan ilmu pengetahuan dan seni, jang sekaliannja rapat perhubungannja dengan agama. Dipuri tinggal kaum bangsawan, jang ber-tingkat² pula. Meréka terutama menguasai politik dan peperangan. Rumah pertanian ialah tempat kediaman kaum tani jang sering takluk kepada puri atau biara. Tentulah ketiga golongan manusia ini amat banjak seluk-beluk antaranja, tetapi jang penting bagi pemandangan kita, ialah bahwa ketiga tempat kediaman itu umumnja ialah masjarakat jang tertutup: sekalian keperluan dihasilkan sendiri, sehingga tiada atau amatlah sedikit bergantung kepada masjarakat jang lain. Perdagangan tiada berapa artinja.

Maka kedjadian jang pertama sekali menarik minat kita ialah perang salib, jang dilakukan oléh bangsa² jang memeluk agama Nasrani di Eropah untuk merebut baitulmukaddis dari tangan bangsa² jang memeluk agama Islam. Ber-ulang² beberapa abad lamanja berpuluh ribu orang Eropah ber-dujun² menudju kedaérah Asia Ketjil, Suria, Palestina dan Mesir. Tidak berhingga banjaknja diantara meréka jang mati atau tiada pulang lagi kenegeri asalnja, tetapi meréka jang mudjur dapat pulang kenegerinja, membawa kekajaan pengalaman, pengetahuan dan kepandaian dan barang² keperluan jang tiada diketahui orang di Eropah.

Akibatnja jang pertama sekali kelihatan ialah: di Eropah timbul perdagangan jang ramai tentang hasil² negeri Timur jang ketika itu lebih kaja dan lebih beradab dari Eropah. Di Eropah timbullah kota perdagangan jang besar² dan kaja karena perdagangan dengan negeri² Timur itu.

Suatu hal jang tidak kurang pentingnja bagi masjarakat dan kebudajaan Eropah ialah perubahan jang terdjadi dalam masjarakat Eropah itu sendiri disebabkan oléh perang salib itu. Untuk mendapat lasjkar jang se-besar²nja maka ketika perang salib itu banjaklah hamba sahaja jang dibébaskan. Djumlah orang jang bébas di Eropah bertambah besar dan meréka itu tinggallah berkumpul² dikota. Kedudukan kota² itu bertambah lama bertambah penting djuga, terutama oléh karena ia mendjadi pusat perdagangan tempat orang mendapat barang² jang tiada dihasilkan oléh masjarakat sekelilingnja. Suatu pasal jang menambah penting kedudukan kota² itu ialah keperluan jang timbul, teristiméwa dikalangan kaum bangsawan, akan hasil² dari negeri djauh; untuk memperoléhnja meréka perlu akan wang. Maka merékapun memberi kebébasan kepada hamba sahajanja bekerdja diluar puri asal meréka mendapat bantuan wang.

Perubahan ini sangat besar akibatnja dilapangan ékonomi, politik dan kebudajaan. Timbulnja kota itu berarti, bahwa timbul suatu golongan manusia jang tiada termasuk dalam masjarakat pendéta, kaum bangsawan dan kaum tani. Ikatan lahir dan batin jang mengikat meréka selama ini terlepas. Meréka harus membuat aturan dan ukuran sendiri. Dilapangan ékonomi hal ini lebih besar lagi artinja: Orang jang tinggal didalam kota itu tiada dapat menghasilkan barang pertanian, peternakan dsb., djadi sekaliannja itu harus didatangkan dari luar. Sebaliknja pula dalam kota itu ber-tumpuk² tenaga manusia jang tiada dapat bekerdja menghasilkan langsung dari alam. Demikianlah telah teruntuk disana pekerdjaan mengubah hasil alam jang didatangkan dari tempat lain; di-kota² timbullah industri atau keradjinan, jang mengerdjakan ber-bagai² bahan. Timbulnja industri jang mendatangkan bahannja dari tempat lain dan harus pula mengirimkan hasilnja sebagian ketempat lain, oléh sebab tidak dapat dihabiskan dikota itu, berarti pula bertambah luasnja perdagangan dalam masjarakat. Makin luas perdagangan makin banjak dan makin sempurna pulalah pengangkutan dilaut dan didarat. Djalan bertambah banjak, orang mulai memakai kuda sebagai binatang pengangkut, kapal bertambah lama bertambah besar, sehingga dapat mengharung laut jang besar (berhubung dengan ini penting djuga orang mendapat kompas atau pedoman). Wang jang berupa mas dan pérak sebagai alat penukar, makin tersebar.

Perubahan dalam masjarakat ini membawa susunan jang baru di Eropah. Sedangkan suasana dalam masjarakat jang tertutup seperti biara atau puri atau tempat kediaman orang tani jang terpentjil itu aman dan tenang, oléh karena sekalian keperluan lahir dan batin dapat diperoléh ditempat itu, djadi tiada ada tukar-menukar dan angkut-mengangkut, sebaliknja suasana dalam kota itu bergerak, sibuk sepandjang hari. Pada waktunja harus didatangkan bahan untuk industri, setelah sudah harus segera dikirimkan. Kalau bahan tiada diperoléh, maka seluruh pekerdjaan terhenti. Sebaliknja, kalau hasil pekerdjaan tidak dapat didjual, maka akan terbuang sekalian tenaga. Kalau dibandingkan dengan pekerdjaan tani, dalam pekerdjaan industri itu tenaga dan pikiran manusia amat penting artinja. Manusia terpaksa lebih menghitung waktunja dan tenaga jang dipakainja dan hal ini lebih² pula lagi, ketika persaingan timbul antara penghasil dengan penghasil dan saudagar dengan saudagar. Maka terdjadilah perdjuangan ékonomi, berebut bahan dan berebut pasar; siapa jang terpandai, terkuat, ia jang menang, tiap² orang, tiap² masjarakat berdaja-upaja mengembangkan segala tenaganja se-besar²nja dan se-kuat²nja. Maka seluruh masjarakat Eropah mendjadi gelisah, bergerak.

Untuk dapat menginsafkan sekaliannja itu, dan untuk mendapat pemandangan jang lantang kesegala djurusan, maka baiklah kita melihat kepada djiwa orang Eropah, jang ketika itu mengalami krisis jang sangat hébatnja.

Oléh perang salib jang terdjadi ditempat jang djauh itu, oléh mendapat negeri[2] jang baru pemandangan orang Eropah tentang dunia bertambah luas; ber-bagai[2] keadaan jang selama ini tiada terpikirkan kepada meréka, nampaklah dengan mata sendiri. Pemandangan dan pengalaman jang serupa itu per-lahan[2] melemahkan kejakinan kepada adat-istiadat, kepertjajaan, susunan masjarakat, pengetahuan dll., kepunjaan sendiri. Kepunjaan sendiri, jang selama ini dianggap sebagai satu[2]nja jang besar, malahan jang mungkin ada didunia, sekarang ternjata hanja satu kemungkinan. Ditempat jang lain ada adat-istiadat, kepertjajaan, susunan masjarakat, pengetahuan jang lain, jang kadang[2] sesungguhnja lebih indah dan lebih kukuh dari kepunjaan sendiri, terutama oléh karena orang Islam dizaman itu lebih madju dari orang Eropah. Orang mulai menimbang dan . . . membanding jang selama ini tiada pernah ditimbang dan dibanding. Dan kalau kita ketahui, bahwa diabad pertengahan itu masjarakat dan kebudajaan Eropah itu sesuatu jang bulat, jang berpusatkan dan dikuasai oléh agama Katolik, jang menguasai sekalian pikiran dan perasaan orang, maka insaflah kita betapa pentingnja kesangsian jang dibangkitkan oléh pertimbangan dan perbandingan itu.

Suatu hal jang penting pula, kekuasaan gerédja dalam abad pertengahan itu berakar pada kejakinan, bahwa manusia itu berdosa dan tiada berkuasa, bahwa Tuhan menguasai dan mengatur segala hidup didunia dengan perantaraan gerédja. Oléh karena perang salib jang dilakukan untuk kemuliaan Tuhan atas pimpinan gerédja itu tiada berhasil, maka sedikit banjaknja timbullah kesangsian orang kepada gerédja dan demikian djuga kepada Tuhan. Maka dalam pikiran orang per-lahan[2] Tuhan terdesaklah dari dunia dan dari hidup manusia; kepada Tuhan hanja diberikan tempat pada permulaan dan pada achir dunia dan manusia. Buruk baik keadaan dunia bergantung kepada manusia sendiri. Demikianlah penghabisan abad pertengahan itu sering disebut orang masa kebangunan manusia dan keinsafannja akan tenaga dan ketjakapannja sendiri.

Dan manusia jang baru bangun ini kelihatanlah mulai bergerak kesegala pendjuru. Kegelisahan, kegiatan, persaingan dan perdjuangan jang kelihatan dilapangan ékonomi itu, terdapat djuga dilapangan jang lain: dilapangan politik, agama, seni, ilmu pengetahuan, filsafat. Dilapangan mana jang mulai, tidaklah usah kita pertikaikan, tentulah sekaliannja pengaruh- mempengaruhi. Jang njata dan penting kepada kita ialah, bahwa masjarakat dan kebudajaan Eropah jang dalam abad pertengahan telah selaku beku, tiada ber-gerak[2] itu, pada achir abad pertengahan mendjadi gelisah. Djiwa Eropah jang selaku ulat dalam kepompong, mulai hidup dan mentjahari djalan kesegala pendjuru. Dan ber-sama[2] dengan itu bertambah lama bertambah berkuranglah pengaruh agama jang teratur oléh gerédja dan biara dan kaum bangsawan dan bertambah pentinglah kedudukan penduduk kota, jang bertambah lama bertambah kaja, oléh djalan pentjaharian jang baru, jang dilakukannja dengan giatnja. Per-lahan[2] berpindahlah pusat kebudajaan dari biara dan puri kekota, tempat hidup semangat baru itu. Seperti pendapatan mesiu meruntuhkan kekuasaan kaum bangsawan, sebab puri dan badju zirah meréka hilang kekuatannja, demikian pendapatan mentjétak menurunkan harga gerédja sebagai pusat agama dan ilmu pengetahuan. Sekalian orang sekarang dapat membeli buku sehingga ilmu pengetahuan dapat dimiliki dan dikerdjakan sekalian orang.

Pembébasan manusia dari ikatan gerédja sesudah abad pertengahan njata benar menudju kedua djurusan. Manusia jang mendjadi bébas itu mendjalankan usaha keluar dan kedalam.

Keluar dengan djalan menghidupkan pantjainderanja. Kepada segala sesuatu ia berminat, ia ingin tahu; apa sadja diselidikinja. Pengetahuan jang lama diudjinja, adakah ia sesuai dengan keadaan jang sebenarnja. Itulah zaman orang banjak mendapat dan mengetahui jang baru. Bukan sadja Amérika dan bahagian dunia jang lain jang didapat, tetapi tjakerawala, alam sekeliling, jang besar dan jang ketjil diselidiki dan dikadji. Inilah ketika orang mendapat katja pembesar, jang dipakai untuk memeriksa bintang dan tumbuh[2]an dan héwan jang se-ketjil[2]nja.

Kedalam dengan djalan menumbuhkan pikiran. Sebabnja mendesak Tuhan dari dunia dan dari hidup se-hari[2], berarti, bahwa manusia itu jakin, bahwa ia akan dapat mentjari djalan sendiri dipimpin dan berpedoman pada pikirannja sendiri. Maka pikiran manusia mendapat kedudukan jang sangat terkemuka, malahan dianggap mahakuasa; segala sesuatu didunia, bahkan seluruh alam itu tersusun sangat rapi dan termakan oléh pikiran. Djadi apabila manusia mengembangkan pikirannja, maka tidak boléh tidak ia akan dapat mengadji sekalian isi dunia dan alam. Maka segala sesuatu jang tiada sesuai dengan pikiran itu mendapat tjap tahjul.

Kegembiraan memeriksa dan menjelidiki keluar dan menumbuhkan pikiran kedalam inilah, jang kemudian memadjukan ilmu pengetahuan, seperti belum pernah kelihatan dalam sedjarah manusia.

Dilapangan seni memeriksa dan menjelidiki dengan pantjaindera terutama menimbulkan minat kepada seni Junani dan Rumawi jang lebih sesuai dengan hidup se-hari[2], jang réalistis. Selangkah lagi minat itu beralih kedunia sekeliling: di-mana[2] timbul seni rakjat sendiri jang réalistis, lepas daripada ukuran dan watas[2] jang sudah ditetapkan gerédja.

Dilapangan politik kelihatan perdjuangan perebutan kekuasaan antara kaum bangsawan, kaum pendéta dan rakjat jang bébas bertambah lama bertambah hébat. Dizaman inilah tertanam hak[2] rakjat jang bébas jang kemudian mendjadi pokok démokrasi.

Dilapangan agama kebébasan menjelidiki dan berpikir ini membawa perguntjangan jang sangat besar.

Mula[2] timbul aliran untuk membersihkan agama Katolik jang telah beku dan dipaluti oléh tahjul, tetapi usaha itu berkesudahan mendjadi peperangan untuk melepaskan diri dari kongkongan agama Katolik dan timbulnja ber-bagai² mazhab agama Maséhi.

Sjahdan, apabila kita turut sedjarah Eropah sesudah itu, maka akan njatalah kepada kita, bahwa manusia Eropah itu bertambah lama bertambah bébas, sepandjang abad ketudjuh belas, kedelapan belas, kesembilan belas dan kedua puluh. Manusia jang dalam abad pertengahan berdosa dan tiada berarti makin lama makin njata sebagai „manusia jang utama". Perhambaan dihapuskan, hak untuk hidup dan bekerdja diakui, anak², perempuan dilindungi, kaum buruh mendapat hak akan hari libur, akan upah jang patut, akan bantuan hari tua dan djika mendapat ketjelakaan. Sekalian orang dapat bersekolah, mendapat hak memeluk agama jang dikehendakinja, mendapat hak serta mene-tapkan susunan Pemerintah negerinja dengan djalan pilihan, dengan djalan berkumpul dan bersidang, dengan djalan kebébasan menjatakan pikiran dan perasaan dengan lisan dan tulisan. Maka dengan hak²nja sebagai manusia jang bébas itu kelihatan kepada kita manusia Barat itu sangat sibuknja memakai hak²nja itu.

Jang pada suatu pihak berupa „manusia bébas" itu, pada pihak lain mendjelma mendjadi „manusia perkasa", jang kesegala pendjuru pergi merombak, mengatur, menguasai. Gunung jang tinggi diratakan, sungai diémpang, tanaman dan héwan dipaksa, isi bumi dan laut dan udara diambil. Dilapangan ékonomi timbullah jang dinamakan kapi-talismus, jaitu semangat mengumpulkan kekajaan jang tiada berhingga, jang didjalankan dengan pikiran jang sangat awas dan teliti. Dilapangan politik timbul semangat imperialismus, jaitu semangat mengumpulkan kekuasaan jang rapat berdjalan dengan semangat mengumpulkan kekaja-an. Dilapangan ilmu pengetahuan timbul semangat menjelidiki dan berpikir, jang tiada tahu takut dan gentar: tak ada jang sutji, tak ada jang tak boléh dipikirkan. Badan dan djiwa manusia dideraikan, Tuhan dikadji dari segala pendjuru. Dilapangan sport timbul rékord. Keken-tjangan jang diperoléh hari ini, bésok diperbaiki lagi, tiada mengingat djiwa manusia. Dilapangan seni timbul manusia jang hendak merasakan seni dan hidup dengan tidak tanggung²; individualisten, vitalisten. Demikianlah orang jang tahu akan hak dan merasa ketjakapannja itu bergerak kesegala pendjuru, menjerang, merebut, menguasai. Tiap² aliran dilapangan politik, agama, ékonomi, seni, ilmu pengetahuan, membangkitkan pula lawannja, jang tak kurang giatnja, beraninja, sengitnja. Kapitalismus membangkitkan sosialismus, émpirismus mem-bangkitkan rasionalismus, individualismus membangkitkan koléktivis-mus, romantik membangkitkan réalismus, démokrasi membangkitkan fasismus dll. Dan aliran² jang bertentangan itu terus berdjuang, hilang timbul desak-mendesak, perdjuangan antara raksasa dengan raksasa. Sebabnja meski bagaimana sekalipun berpetjah-belahnja masjarakat dan kebudajaan Eropah, matjam mana sekalipun besarnja pertentangan disegala lapangan, tentang satu hal meréka sekaliannja serupa: meréka tidak tanggung², disegala lapangan tiap² aliran hendak mentjapai watas jang dapat tertjapai. Dan sesungguhnja tentang hal ini bukan sadja tidak ada béda perkasanja manusia kapitalis dengan manusia sosialis, manusia anarchis dengan komunis, malahan sampai[2] kepada kaum agama, kaum jang suka damai, kaum pentjinta orang melarat, héwan jang lata, kelihatan kepada kita semangat manusia perkasa itu. Dalam kasih-sajangnja, dalam sukanja akan damai orang Eropah itu sama perkasanja mengubah, mengatur dan menguasai dengan dalam berperang.

Maka kesegala lapangan kelihatan kesibukan dan kekatjauan perdjuangan, sekalian orang berlawan sekalian orang.

Sebaliknja dari masjarakat Indonésia jang lama jang tenang, statis, masjarakat Eropah jang dikuasai oléh ,,manusia utama", oléh ,,manusia perkasa" itu ialah masjarakat dinamis, selalu berubah, gelisah. Orang tidak memandang kebelakang, tetapi kedepan. Bukan adat jang berkuasa, tetapi batin tiap[2] manusia. Originaliteit, keaslian, jang dalam masjarakat lama sering dikatakan kedurhakaan, dalam masjarakat Eropah ialah sifat jang se-baik[2]nja. Oléh karena keaslian jang dipentingkan, maka kata tua tiadalah mempunjai nilaian, malahan sebaliknja: tua artinja jang tidak dipakai lagi, jang sudah usang, sudah basi, sudah liwat zamannja. Sebaliknja muda berarti: baru, modérén, segar, asli, dan memegang tampuk masa jang akan datang. Demikianlah dalam masjarakat Eropah jang tjepat bergerak itu tiap[2] angkatan baru merasa sebagai meréka jang membawa semangat dan bentuk baru.

Sesungguhnja, orang Eropah sebagai hasil dan pembentuk masjarakat dan kebudajaan modérén seperti saja lukiskan ini agak di-lebih[2]kan. Di Eropahpun tidak ada dua orang jang serupa, tidak ada dua tempat jang sama, tidak ada dua waktu jang tiada berbéda: Orang tani sangat berlainan dari kuli pabrik dikota, seorang ahli filsafat lain dari seorang saudagar, seorang ahli seni lain dari seorang kuli tambang, tetapi seperti kita sudah membuat rangka umum tentang masjarakat dan orang Indonésia lama, demikian pula rasanja rangka umum tentang masjarakat dan orang Eropah ini dapat dipakai.

Dan kalau kita sekarang melihat kepada puisi modérén, maka akan kelihatanlah kepada kita sifat[2] masjarakat dan orang Eropah itu terbajang. Puisi modérén itu individualistis, jaitu mengemukakan perasaan dan pikiran sendiri. Dan perasaan dan pikiran sendiri itu mesti se-njala[2]nja, se-hidup[2]nja, se-langsung[2]nja keluar dari djiwa orang jang mengutjapkannja. Keaslian mendjadi sembojan jang dipegang teguh segala orang. Mengemukakan perasaan dan pikiran sendiri ini terdapat baik pada individualis jang se-sengit[2]nja, maupun pada koléktivis jang sepandjang hari menjanjikan masjarakat. Tentang hal ini meréka tidak ada bédanja, seperti tidak ada bédanja antara seorang liberalis-individualis dengan seorang komunis. Masing[2] tidak hendak tanggung[2] tidak hendak mendjadi pak turut. Demikianlah puisi modérén itu sangat banjak tjorak warnanja, boléh kita katakan sebanjak djumlah penjairnja, tiap[2] orang membawa tjorak warnanja sendiri.

,,Individualiteit" atau peribadi, itulah jang mendjadi pudjaan orang dalam seni modérén.

Pertemuan bangsa kita dengan bangsa Eropah

Sedjak bangsa Portugis, ,,manusia bébas dan perkasa Eropah"
jang berupa pelajar, saudagar, penjebar agama, imperialis mendje-
djakkan kakinja dinegeri kita ini, pertemuan antara bangsa kita dan
bangsa Eropah bertambah lama bertambah rapat. Didesak oléh keinginannja akan kekajaan dan kemegahan per-lahan[2] meréka masuk
sampai kedésa jang di-gunung[2]. Di-mana[2] ditanamkannja kekuasaannja.
Terutama dalam abad kesembilan belas dan kedua puluh kekuasaan
orang Eropah itu bertambah meluas dan mendalam; dibawanja kebuda-
jaannja dalam susunan pemerintahan, hukum, perdagangan, sekolah[2],
buku dan ilmu pengetahuan, perusahaan jang besar[2], terlampau banjak
untuk disebut satu persatu. Seperti bangsa Timur jang lain, bangsa
Indonésia dengan sengadja pula menjongsong kebudajaan Eropah, dengan djalan memasuki sekolah jang didirikannja, membatja bukunja,
mendjadi pegawai dalam perusahaannja, turut menjertai perdagangan
internasional, dll. Tidaklah se-kali[2] dimaksud untuk melukiskannja satu
persatu disini, jang penting bagi kita ialah melihat perubahan jang
terdjadi dalam masjarakat Indonésia.

Masjarakat jang asli, jang belum sedikit djuapun mendapat pengaruh
dari luar, seperti kita lukiskan dalam kitab ,,Puisi lama" boléhlah dikatakan tidak ada lagi. Di-mana[2] masuk organisasi pemerintahan Belanda,
sering dengan organisasi jang harus melakukan ber-bagai[2] kewadjiban,
jang tiada sesuai dengan susunan masjarakat lama. Undang[2] negeri
melingkungi segala penduduk, sering dengan menentang beberapa
bahagian adat ,,jang tiada lapuk oléh hudjan, tiada lekang oléh panas".
Dalam penghasilan keperluan se-hari[2] masjarakat tiadalah tertutup benar
lagi, barang perbuatan pabrik seperti tjita, dll., jang didatangkan dari
negeri luaran, masuk sampai ke-désa[2] jang se-djauh[2]nja terpentjil. Wang
sudah mendjadi alat penukar, tiap[2] orang mesti membajar padjak.
Sekolah, ber-bagai[2] didikan dan pengadjaran tentang ékonomi, keséhatan
dll., per-lahan[2] mengubah pikiran dan anggapan.

Tetapi meskipun demikian bukan ketjil perbédaan antara masjarakat
sebuah désa ditengah pulau Bornéo dengan suatu pergaulan kaum terpeladjar bangsa Indonésia dalam salah satu kota besar seperti Djakarta,
Surabaja atau Médan. Sedangkan dalam masjarakat jang pertama sifat[2]
masjarakat lama itu masih kentara benar, digolongan jang achir ini
sekaliannja itu boléh dikatakan tiada lagi. Kaum terpeladjar dikota
hidupnja individualistis, mengemukakan hak dan kewadjiban sendiri,
mengembangkan tenaga dan ketjakapan sendiri kesegala pendjuru,
menurut timbangan dan kepentingan sendiri. Dalam keperluan meréka
se-hari[2], baik tentang rohani maupun tentang djasmani meréka kosmo-
politis: barang jang dipakainja setiap hari berasal dari hampir seluruh
bagian dunia, demikian djuga pikiran jang dianutnja. Sebab meréka
sudah melepaskan adat-istiadat jang turun-temurun, atau kalau masih
ada djuga jang tinggal, maka kedudukan adat-istiadat itu sangatlah
tiada penting. Kata adat bagi meréka sudah mendangkal artinja, hampir

sama dengan kata „étiquette" dalam bahasa asing. Berhubung dengan ini tentulah bagi meréka arti masa jang silam tiada seperti dalam masjarakat jang lama. Mata meréka tertudju kedepan. Bagi meréka perkataan tua, kuno, kolot mempunjai arti jang djelék, sedangkan perkataan muda, baru, modérén mempunjai kekuatan jang menggembirakan. Sesungguhnja didalam pemandangannja tentang dunia dan sikap hidupnja meréka tiada berapa banjak bédanja dengan „manusia bébas dan perkasa" seperti saja lukiskan diatas tentang dunia modérén.

Maka puisi jang baru jang dihasilkan oléh golongan kaum terpeladjar dalam masjarakat Indonésia ini hanja dapat kita mengerti, apabila ia kita anggap sebagai hasil masjarakat dan djiwa golongan kaum terpeladjar jang baru timbul itu.

Disisi, barangkali baik kita katakan ber-sama² dengan perubahan didalam masjarakat dan djiwa itu, timbulnja puisi baru itu dengan langsung dipengaruhi oléh bahasa dan puisi Eropah, atau barangkali lebih baik kita sebut puisi internasional. Angkatan muda jang duduk disekolah berkenalan dengan anggapan tentang bahasa dan puisi jang ternjata sesuai pula dengan djiwa meréka jang telah berubah itu. Dalam waktu permulaan dahulu malahan banjak diantara meréka jang menulis puisi dalam bahasa Eropah; per-lahan², oléh karena keinsafan bertambah mendalam maka meréka memakai bahasanja sendiri.

Seperti dalam masjarakat masuk semangat perseorangan dan kebébasan, demikian pula dalam puisi masuk semangat perseorangan dan kebébasan, jang mengemukakan sembojan: asli, asli. Perdjuangan jang terdjadi dalam masjarakat menentang ber-bagai² adat jang lama jang terasa sebagai belenggu oléh angkatan baru, terbajang dalam puisi sebagai perdjuangan jang sengit untuk melepaskan kebiasaan jang lama, baik tentang isi maupun tentang bentuk, seperti dilagukan Rustam Effendi dalam sadjaknja:

> Bukan béta bidjak berperi,
> pandai menggubah madahan sjair
> bukan béta budak negeri,
> mesti menurut undangan mair.

> Sarat saraf saja mungkiri,
> untai rangkaian seloka lama,
> béta buang béta singkiri,
> sebab laguku menurut sukma.

> Bukan béta bidjak berlagu,
> dapat melemah bingkaian pantun,
> bukan béta berbuat baru,
> hanja mendengar bisikan alun.

Demikianlah kita hampir boléh berkata, bahwa tiap² penjair mempunjai pilihan kata, susunan kalimat, djalan irama, pikiran dan perasaan sendiri². Dalam tiap² sadjak jang terkemuka ialah „individualiteit", peribadi penjair itu. Maka oléh karenanja puisi baru itu amatlah kajanja, banjak ragam bentuknja, sedangkan isinja melingkungi seluruh dunia dan alam, segala sesuatu jang mungkin menarik minat manusia.

Oléh karena individualiteit, jaitu diri si penjair jang terpenting dalam puisi baru itu, telah sepatutnja puisi baru itu kita susun menurut penjairnja satu persatu.

(Aus S. Takdir Alisjahbana, Puisi Baru, 1953, Pustaka Rakjat N. V.)

2. Paku dan palu

Atma buta huruf, pekerdjaannja memperbaiki sepatu rusak, berkeliling tiap hari masuk gang keluar gang mendatangi rumah orang lain, membawa paku, palu, djara, tali rami dan alat lain lagi. Itulah mata pentjahariannja semendjak ia lepas dari tanggungan orang tuanja sampai ia mempunjai isteri dan seorang anak.

Tatkala pada tanggal 21 Djuli 1947 tentara Belanda mengadakan aksi polisi mendesak rakjat penduduk kota mengungsi kepegunungan, Atmapun pergi bersama keluarganja mengosongkan rumah, dengan alasan takut pada peluru seperti djuga alasan bagi kebanjakan jang buta huruf. Tapi kalau orang lain berangkat dengan terengah-engah dibebani harta, Atma dan isterinja ringan sadja mengajun langkah. Sebab tiada banjak jang meréka bawa. Hanja sebundelan pakaian, satu peti perabot untuk memperbaiki sepatu dan satu dua perabot dapur. Hanja itulah harta meréka.

Kemana meréka mesti pergi, meréka sendiri tidak tahu. Tapi setelah djauh meninggalkan kota, sampai djugalah meréka pada seorang petani jang réla menerima meréka diam dirumahnja.

Kepada jang punja rumah itu Atma memberikan sebuah kemédja jang sudah usang tapi masih sering melekat ditubuhnja. Dengan demikian selama beberapa hari ini meréka tidak usah mentjari-tjari beras dan dengan demikian pula berarti Atma sudah kehilangan sepertiga dari semua djumlah badjunja. Tapi tidak apa, sebab pada pendapatnja tidak akan selamanja harus mengeluarkan pakaian. Untuk segera memperoléh uang iapun tidak lama membiarkan dirinja diam dirumah. Ia pergi meninggalkan anak dan isterinja membawa alat-alat untuk memperbaiki sepatu, mendatangi rumah orang lain, kalau-kalau jang punja rumah itu ada mempunjai sepatu rusak jang harus diperbaiki.

Ia mendjalankan kewadjiban seperti tatkala masih diam dikota. Dan seperti kebiasaannja dikota djuga, setelah hari lohor baru ia pulang.

Tapi ia pulang dengan muka suram; katanja kepada isterinja: ,,Tiada seorang djuga jang mempunjai sepatu rusak. Ja, penduduk gunung malah tidak tahu bersepatu.''

Isterinja mengandjurkan supaja ésok pergi lagi ketempat jang agak djauh dimana banjak orang kota mengungsi. Orang kota sudah tentu mempunjai sepatu.

Andjuran itu didjalankan. Pada keésokan harinja Atma pergi lagi lebih djauh dari tempat jang didatanginja kemarin. Akan tetapi ia pulang dengan muka suram djuga; udjarnja kepada isterinja: ,,Banjak orang kota jang kaja kudjumpai. Tapi meréka tidak kelihatan bersepatu. Katanja meréka meniru orang kampung, supaja disangka orang kampung oléh tentara Belanda jang mungkin bersua dengan meréka.''

Meskipun demikian, namun pada keésokan harinja Atma pergi lagi, sekalipun tiada harapan akan menemui sepatu rusak. Setelah lima hari usahanja itu tidak memberi hasil, mulai dia tidak pertjaja lagi akan faédahnja perabot jang dibawanja kian-kemari. Mulai timbul pikiran harus menunda pekerdjaan djadi tukang memperbaiki sepatu. Tapi waktu isterinja mengatakan sudah tiada punja beras dan melahirkan pendapat, supaja perabot jang tiada gunanja itu didjual sadja, Atma mendjawab dengan melémparkan sebuah badju; katanja: ,,Perabot itu djangan didjual, sebab siapa tahu ésok atau lusa kita kekota lagi. Daripada mendjual perabot itu, lebih baik mendjual badju sadja.''

Dengan begitu ia kini sudah kehilangan duapertiga dari semua djumlah badjunja. Dan supaja uang pendjualan badju itu dapat ter-pakai lama, mulai waktu itu makan meréka dikurangi. Kalau biasanja dua kali sehari, kini hanja satu kali sadja dan ditjampur singkong pula. Selaku menghibur diri sendiri, selalu ia berkata: ,,Biarlah, nanti kalau kita sudah kekota lagi, kita akan makan tiga kali sehari.''

Ia tidak tahu bahwa dari kurang makan badan anaknja tidak tjukup menerima pitamin. Ia tidak tahu hal itu sebab ia tiada tahu peladjaran tentang keséhatan. Bila anaknja kelihatan sakit-sakit, dianggapnja penjakit itu datang dibawa angin lalu.

Meskipun demikian, namun djika penjakit anaknja itu mendatang-kan adjal, peristiwa kematian anaknja itu ditangisinja dengan meng-hamburkan kata-kata: ,,Ja, kalau kita diam dikota, belum tentu anak kita meninggal dunia . . .''

Iapun mendapat tahu dari orang lain, bahwa sekarang ini pengungsi belum diboléhkan lagi memasuki kota, sebab dikota belum aman. Hal ini diutarakan pula oléh bunji senapan jang sebentar-sebentar terdengar mengerikan. Lagi pula menurut tjerita orang kepadanja, siapa jang memaksa masuk kekota, pasti menemui bahaja, entah akan ditémbak oléh tentara Indonésia dengan alasan disangka mata-mata, entah akan dibunuh oléh tentara Belanda lantaran dituduh memusuhi meréka.

Padahal ditémbak ia tidak sudi. Ia meninggalkan kota djuga lan-taran tidak mau djadi kurban peluru.

Ia bingung. Sebab untuk terus diam dipegunungan dimana ia tidak menemui sepatu rusak jang mesti diperbaiki, ia tidak sanggup lama lagi. Dan lebih dari dua badju tak dapat lagi ia keluarkan.

Ia sudah mentjoba mendjual tenaga jang laku dipegunungan, jaitu kuli memikul. Tapi ia tidak kuat. Akibatnja menderita sakit sekudjur badan. Pernah pula ia kuli mentjangkul meniru orang kampung, akan tetapi hanja ditertawakan orang sadja, sebab tidak biasa.

Ada djuga pikiran mau dagang. Tapi ketjuali belum pernah, takut tidak laku, djuga tidak ada modal.

Achirnja datang pula sa'at isterinja mentjeritakan tidak punja beras disertai andjuran supaja perabot jang tidak ada gunanja itu didjual sadja.

Apa boléh buat, daripada tidak makan rélalah ia melepaskan sebagian dari perabot itu. Kulit, tali rami, djara dan jang lainnja lagi diizinkannja supaja didjual. Ketjuali sebungkus paku dan sebuah palu. Katanja: ,,Dulu aku memulai dengan paku dan palu. Nanti djuga, kalau kita sudah kekota, paku dan palu itu akan kudjadikan modal.''

Tapi didalam ia réla mendjual sebagian dari perabot itu, isterinja melihat dia lesu terkulai. Ketika anaknja mati, ia kelihatan sedih. Tapi sekarang ditjeraikan dengan sebagian dari perabotnja, ia mengandung rasa pahit. Kepahitan itu djelas nampak dikala ia duduk memeluk dengkul memandang paku dan palu.

Kedua barang itu tak hendak lagi terlepas dari tangannja. Dibungkusnja baik-baik dan disimpannja tidak djauh dari petidurannja. Dan tatkala pada suatu hari ada kabar bahwa akan datang patruli Belanda ketempat meréka, didalam orang lain ribut mentjari persembunjian seraja membawa barang-barang berharga jang patut disembunjikan, iapun lari meninggalkan rumah dengan mendahulukan membawa paku dan palu.

Ja, kedua barang itu mesti ia bawa lagi kekota sebagai modal, seperti jang dikatakannja kepada isterinja. Itu berarti bahwa dia bukan hanja mesti kuat mempertahankan kedua barang itu djangan sampai lepas sebagai barang kepunjaannja, tapi pula ia mesti berichtiar untuk segera dapat pergi kekota.

Akan tetapi apabila ia menanjakan kepada orang lain: ,,Kapankah kota aman lagi?'', selalu ia dapat djawaban: ,,Wah, masih lama lagi.'' Dalam pada itu isterinja sudah berkata lagi bahwa beras sudah habis.

Sekali ini terhadap keterangan isterinja itu ia bersikap diam. Terus terdiam. Hanja nafasnja ditarik pandjang-pandjang.

Lama dulu ia hening tidak bergema. Kemudian diambilnja bungkusan paku dan palu itu. Dengan senjum pahit ia berkata: ,,Aku akan pergi membawa paku dan palu ini. Barangkali akan lama djuga, sebab sebelum aku mendapat beras, aku tak akan pulang.''

Dengan langkah gontai dan tiada lagi mempedulikan apa jang dikatakan isterinja, ia berdjalan meninggalkan rumah.

Keésokan harinja ternjata ia tidak pulang. Demikian pula pada hari ketiganja, keempatnja dan kelimanja. Dan isterinja menunggu mula-mula dengan tenang, kemudian dengan gelisah dan achirnja timbul tjuriga. Maklumlah keadaan dimana-mana masih dalam suasana perang; banjak tjerita orang jang menerangkan tentang adanja jang dibunuh, jang ditawan serta disiksa.

Kepada pedagang jang pulang dari pasar sering ia menanjakan kalau-kalau berdjumpa dengan lakinja. Tapi selalu didjawab dengan ,,Tidak'' sadja. Ada djuga keinginan untuk mentjari keterangan dengan djalan pergi menanjakannja kepada penduduk lain kampung, tapi ia tiada keberanian djauh meninggalkan rumah, sebab takut kalau-kalau didjalan bersua dengan tentara Belanda.

Untuk dapat makan, badjunja jang tinggal satu didjualnja dan ia terus menunggu kedatangan lakinja dengan badan tidak terbungkus lagi.

Sarungnja jang satu-satunja melekat ditubuhnja sudah bertukar dengan kain goni, tatkala pada suatu hari ia mesti menerima kedatangan seorang opsir tentara jang baru sadja dikenal dan datang kepadanja dengan pertanjaan: ,,Kakak isteri orang jang . . . membawa paku dan palu?''

Ia djawab dengan mengangguk menelan ludah.

,,Kedatangan saja'', kata opsir itu, ,,ialah untuk memberitahu kepada kakak bahwa laki kakak meninggal dunia.''

Perkataan itu lebih tadjam dari pisau menusuk djantungnja. Tapi ia memaksa bertanja: ,,Apa sebabnja? Dan dimana?''

,,Majatnja kedapatan tidak djauh dari kota, sehari setelah ia ditahan oléh kami dimarkas. Ia ditahan, sebab mulanja diduga mata-mata jang hendak menjelundup kekota. Tapi ia djadi tawanan kami tidak lebih dari satu hari. Setelah dia ternjata tidak waras pikirannja, jaitu setelah mengamuk dikala paku dan palunja hendak kami tahan dan mengatakan bahwa ia akan pergi kekota untuk mentjari sepatu rusak, diapun lalu dilepaskan. Tapi meskipun ia diperingati supaja djangan melalui djalan jang sering diindjak patruli Belanda, namun ia kesana djuga seraja menepuk-nepuk dada dan tertawa. Achirnja dia kedapatan sudah djadi majat.''

Isteri Atma tidak mendjawab, hanja air matanja sadja djatuh bertitik. Ia tidak dapat memahamkan apa jang terdjadi dengan lakinja itu. Sekalipun dahinja dikerut-kerutkan, tapi ia tetap tidak mengerti.

(Aus Utuy T. Sontani: Orang-orang sial, 1951, Balai Pustaka, Nr. 1847).

3. Pulang kerumah

Hari telah pukul setengah tudjuh malam. Matahari telah silam dibalik gunung Tambora, jang djika dilihat dari timur, tampaknja melintang dari utara keselatan, disemenandjung tengah pulau Sumbawa, seakan-akan sehelai tirai jang lébar, jang tergantung dilangit biru, disebelah barat negeri Sanggar; jaitu sebuah negeri jang letaknja dipantai utara pulau ini, dalam teluk Sanggar jang lébar, tetapi tak dalam memakan kedarat selatan, sehingga tak dapat didjadikan pelabuhan jang tenang airnja, karena terbuka dan besar gelombangnja dimusim barat, sedang pinggirnja banjak berbatu-batu karang jang tinggi dan tjuram. Langit dibalik barat gunung Tambora, rupanja menjala sebagai unggun api amat besar, memantjarkan tjahajanja dari puntjak gunung ini keméga jang berkelompok diatas mertjunja, dan menjilaukan mambang kuning kemuka lautan dan daratan, jang membentang dari barat ketimur, sehingga muka air jang ada dalam teluk Sanggar, bagaikan lautan api dan daratan jang sedjadjar dengan dia, bagaikan hutan terbakar. Kian djauh ketimur, tempat jang terang ini kian pudar kuningnja, sehingga achirnja mendjadi remang-remang dan hilang dibalik kabut jang gelap.

Diatas sebuah bukit batu jang rendah, dipantai tandjung jang ketjil dalam teluk Sanggar ini, tampak suatu bajangan berdiri, sebagai djin jang sedang memperhatikan daérahnja. Njata bentuknja, karena ia hitam bersandarkan terang jang ada dibelakangnja. Rupanja sebagai seorang laki-laki jang sedang menindjau arah ketimur. Karena itu tak dapatlah dilihat air mukanja. Hanja rambutnja jang keputih-putihanlah menjatakan ia tak remadja lagi. Sungguhpun demikian, tubuhnja masih kukuh, tegaknja masih lurus dan sikapnja sebagai orang jang biasa memerintah. Pakaiannja sehelai destar hitam, jang bersulam benang emas, melilit kepalanja, dan sehelai kain sarung buatan Sumbawa, menutup pinggang dan kakinja. Keduanja warnanja mulai luntur, tetapi tekatannja masih njata. Ikat pinggangnja jang membelit kain ini pada pinggangnja, jalah sehelai emban jang telah tua. Sebilah parang jang bersarungkan pérak, tersisip pada emban ini dengan sebuah batir keemasan. Badju dan kasut, tiada dipakainja.

Lama ia memandang keselatan, kemudian ketimur dan achirnja keutara, sebagai ada sesuatu jang diharapkannja kelihatan datang dari ketiga pendjuru angin ini. Tetapi tak ada jang tampak oléhnja, lain dari pada hutan jang lebat, dan padang rumput jang luas, jang pada beberapa tempat disela oléh pohon-pohon jang rendah dan achirnja lautan tenang jang banglas. Tempat itu sunji senjap; sunji dari pada segala machluk jang hidup dan senjap dari segala bunji atau suara jang menimbulkan suka atau memberi pengharapan, sehingga perasaan tjanggung tinggal sendiri, timbul didalam hati.

Setelah beberapa lamanja laki-laki ini menoléh kekanan, kekiri dan kehadapannja, mengeluhlah ia dengan melepaskan napas pandjang, sebagai orang jang amat ketjéwa.

„Belum djuga ia kembali", keluar suara jang sedih chawatir dari mulutnja. „Telah hampir dua bulan aku setiap hari menunggu kedatangannja disini, tetapi sia-sia belaka. Mengapakah sekian lama dan kemanakah ia pergi? Apa aral jang melintang didjalan? ... Sekaliannja pertanjaan ingin kudjawab, tetapi tak mudah kuketahui."

Dengan perlahan-lahan dan djalan jang lemah seraja menggéléng-géléngkan kepalanja, turunlah ia dari bukit itu.

Dari sebuah pintu jang ada dalam gua, dibawah bukit batu itu, keluarlah seorang perempuan jang berumur kira-kira 50 tahun, tetapi jang masih menundjukkan bekas-bekas ketjantikan dimasa remadjanja; memakai pakaian jang telah tua, tjara Sumbawa, jaitu: tengkolok biru jang menutup kepalanja, badju kurung hitam péndék badan dan tangannja dan kain Bugis mérah tua, jang udjung atasnja, sebelah kiri, dianduhnja dengan tangan kirinja. Perempuan ini menengadah kepada laki-laki jang turun tadi, lalu bertanja dengan lemah-lembut suaranja: „Datangkah ia, Déwa?"[1])

„Belum", djawab laki-laki ini dengan péndék, tetapi dengan suara jang tenang, sebagai hendak menjembunjikan kuatirnja, jang mungkin

[1]) panggilan kepada radja-radja.

terdengar dari suaranja; lalu ia melangkah ketanah, menghampiri perempuan tadi.

„Déwa, tak mungkinkah ia mendapat halangan apa-apa didjalan?" tanja perempuan itu pula dengan suara tjemas, seraja mendjabat tangan laki-laki tadi, sebagai hendak menjatakan kuatir hatinja, jang rasa tak dapat ditahannja.

„La[1]) Hami telah berumur 24 tahun. Kanda jakin, ia dapat mendjaga dirinja. Apalagi sebab ia bukan sebarang anak. Insja Allah ia akan kembali djuga dengan selamatnja", sahut laki-laki tadi, jang menamakan dirinja Ompu[2]) Keli, kepada isterinja jang bernama Ina Rinda.

„Tetapi Déwa, terangkanlah sekali lagi kepada adinda, apa sebabnja Déwa suruh ia ke Donggo, ketempat jang sedjauh itu dan belum pernah didatanginja?" tanja Ina Rinda kepada suaminja.

„Sebab kanda mendapat alamat, ia harus kesana", sahut Ompu Keli. „Dengarlah! Tatkala kanda pada suatu malam duduk berchalwat dipuntjak bukit ini, tiba-tiba kedengaran oléh kanda suara jang berkata: ‚Kalau La Hami pergi ke Donggo, nistjaja terbukalah pintu daradjatnja.' Entah dari mana datangnja suara itu, tak dapat kanda katakan, tetapi njata maksudnja baik, karena tudjuannja daradjat La Hami."

„Déwa, walaupun La Hami bukan putera kita sedjati, tetapi rasanja bagi adinda, lebih dari putera kandung. Apalagi sebab kita sendiri tidak dikaruniai Tuhan putera seorangpun. Didalam kemalangan kita, dialah satu-satunja pelipur lara, jang amat besar bagi kita, sehingga dapatlah kita menanggung segala penderitaan, karena penjekatan jang sedemikian ini. Bagaimanakah hal adinda, apabila ia tak kembali? Ja, Allah! . . ." kata Ina Rinda dengan berlinang-linang air matanja, „kembalikanlah djuga bidji mata dan djantung hati hambamu itu kepada hamba. Djanganlah ia sampai dipisahkan lagi dari hamba, jang menanggung kesengsaraan sedemikian ini."

„Djangan putus asa, adinda", sahut Ompu Keli membudjuk isterinja seraja memegang bahunja. „Kanda rasa banjak pekerdjaan jang harus dilakukannja. Atau mungkin pula ia harus pergi ke beberapa tempat, untuk mendapat keterangan. Dan djangan pula adinda lupakan, negeri Bima jang besar dan ramai itu, letaknja tiada seberapa djauh lagi dari situ."

„Alangkah baiknja apabila ia dikawali oléh Maliki, sehingga dapat budjang ini membawa kabar kemari, kalau ada apa-apa didjalan."

„Mémang, tatkala ia akan berangkat, ada kanda suruh bawa budjang jang setia ini, tetapi ialah jang tak suka, karena katanja, kita lebih perlu mendapat pertolongan Maliki dari padanja. Sungguhpun demikian, ésok hari akan kanda suruh djuga budjang kita itu kegunung Donggo, mentjari La Hami disana atau ditempat jang lainpun. Oléh sebab itu sabarkanlah hati adinda sementara. Bukan adinda sadja jang berasa berat bertjerai dengan dia, kakandapun demikian pula. Karena bagi kakandapun ia batu tempat bertindak, tatkala kakanda akan lulus

---

[1]) tingkat kebangsawanan.   [2]) orang tua.

kedjurang dalam, karena ditimpa ketjelakaan jang tak terderita ini. Sungguhpun demikian, harus kita pikirkan djuga keselamatan La Hami, biarpun hanja sebagai balasan terima kasih atas kedatangannja kemari. Biarlah kita sengsara, tetapi kekasih dan penolong kita ini hendaknja mendapat djuga daradjat, kesenangan dan kemuliaan, jang harus diperoléhnja. Djanganlah hendaknja kita pula jang menjebabkan ia tinggal hina, bodoh dan terasing sebagai kita. Inilah tanda kesajangan dan terima kasih kita kepadanja. Kanda réla hilang lenjap sekalipun, asal ia selamat dan djaja. Bagi kita tak ada harapan lagi didunia jang fana ini, karena kita telah tua, sedang ia masih muda remadja, masih banjak boléh berguna bagi dunia ini. Apakah djadinja kelak, bila ia tetap tinggal dipinggir lautan ini dengan kita, jang tak berguna lagi, terpisah dari masjarakat ramai, jang menghadjatkannja dan dihadjatkannja. Djika keadaan kita sebagai dahulu, dalam negeri besar dan ramai, dapatlah kita usahakan, supaja ia mendjadi orang jang berbahagia. Disini ia akan hidup dan mati, sebagai rusa didalam hutan. Walaupun kanda telah memberikan kepadanja sekalian isi dada kanda, tetapi apa paédahnja sekalian pengetahuan itu, untuk kehidupan jang terpentjil dan tersekat sebagai ini? Sedang untuk kehidupan dalam kota, ia belum tjukup."

Ina Rinda terdiam mendengar perkataan suaminja ini. Didalam hatinja berbantah kebenaran perkataan ini dengan kesajangannja kepada anaknja, sehingga tak tahu ia, mana jang harus diturut.

,,Tetapi Déwa, mengapakah tidak kita tinggalkan sadja tempat ini dan kita pindah ke Sanggar, Dompo atau Bima?" tanja Ina Rinda.

Ompu Keli menggéléng-géléngkan kepalanja seraja berkata dengan sedihnja: ,,Dalam keadaan kita sekarang ini, lebih baik kita menjembunjikan diri disini. Bukan karena kuatir akan musuh kita jang berkuasa itu sadja, jang tidak akan senang, selagi kita masih hidup; tetapi hidup sengsara dalam negeri besar, lebih berat dari pada hidup melarat dalam hutan."

Karena alasan ini terdiamlah pula Ina Rinda, tiada dapat mendjawab lagi, karena baginjapun kepentingan anaknja lebih besar dari kepentingannja sendiri.

,,Sekarang marilah kita masuk kedalam gua, karena perut kanda mulai lapar", kata Ompu Keli, lalu melangkah kepintu guanja. Tetapi tiba-tiba tertahan kakinja, lalu berkata: ,,Diam, dengar! Seperti ada lari kuda kedengaran dari djauh."

Keduanja menadahkan tangannja ketelinganja, kearah selatan, untuk mendengarkan bunji jang kedengaran oléh Ompu Keli.

,,Benar ada suara kuda berlari", kata Ina Rinda. ,,Mari kita tunggu!"

Dari arah selatan mémang kedengaran suara kuda berlari, kian lama kian njata.

,,Siapa gerangan jang berkuda itu?" tanja Ina Rinda dengan berdebar-debar hatinja.

,,Siapa lagi, tentu La Hami. Datangnja dari arah Sanggar", sahut Ompu Keli dengan melihat terus keselatan.

Tiada berapa lama kemudian dari pada itu, sungguh kelihatan dalam tjahaja bulan jang baru terbit disebelah timur, keluar dari semak-semak seékor kuda jang tangkas larinja, ditunggangi oléh seorang laki-laki remadja, datang menudju ketempat meréka.

,,Benar dia Déwa", kata Ina Rinda. ,,Lihat kudanja jang hitam itu! Tentu Sumba."

,,Lihat, ia telah mengangkat tangannja, memberi tanda kepada kita, bahwa ia telah melihat kita", kata Ompu Keli.

,,Sjukur alhamdu lillah! Ia kembali dengan selamatnja. Maliki, Ute, lekas kemari! Itu Déwamu telah datang", berseru Ina Rinda memanggil kedua budjangnja, jang sangat setia kepadanja, sehingga mengikut bersama-sama, untuk membela tuannja, dalam kemalangannja.

Kedua budjang jang dipanggil ini segera datang kebalik bukit batu, tempat tuannja berdiri dan tatkala dilihatnja orang jang datang itu, lalu berteriaklah ia: ,,Déwa, Déwa Hami!"

La Hami mengangkat tangannja, lalu menggertakkan kudanja, jang telah mendua keras, sehingga larinja sebagai burung terbang. Tiada berapa lama kemudian terhentilah Sumba tiba-tiba, tiada berapa djauh dihadapan Ompu Keli, sebagai dipakukan djembalang kakinja ketanah, tiada bergerak lagi. La Hami melompat dari kudanja dan berlari-lari datang kepada ibu bapanja, seraja membenarkan kain sarungnja, untuk menutup parangnja jang tergantung pada pinggangnja, suatu tanda tunduk di Sumbawa, sedang panah dan tombaknja ditinggalkannja pada kudanja, jang tetap berdiri pada tempatnja.

Setelah La Hami duduk berséla ditanah, menjembah kedua ajah bundanja, berkatalah ia dengan kadematnja: ,,Hamba harap Déwa kedua tiada gusar, karena hamba lama didjalan."

,,Kami tiada gusar, bahkan bersuka tjita dan bersjukur kepada Allah, engkau telah selamat pulang kembali", sahut Ompu Keli dengan suara jang terharu, lalu mengusap-usap kepala anaknja. ,,Mémang kami telah lama menunggu-nunggu kedatanganmu."

,,Anakku! Telah lama kurindukan engkau", kata Ina Rinda, lalu datang memeluk La Hami dengan air matanja jang berlinang-linang. ,,Sekarang engkau kembali dihadapanku. Sjukur Alhamdu lillah! Semoga Allah tiada mentjeraikan kita lagi!"

,,Ada aral melintang didjalan", sahut La Hami dengan terharu pula bunji suaranja, karena melihat kegirangan kedua orang tuanja, menjambut kedatangannja. Sedjak diingatnja, mémang baru sekaranglah ia bertjerai sekian lama dari meréka, jang sangat dikasihinja itu. ,,Djika tiada demikian, telah lamalah hamba kembali."

,,Masuklah dahulu! Nantilah tjeritakan kisah perdjalananmu! Tentu engkau lelah dan lapar. Mandilah dahulu! Maliki!" serunja memanggil budjangnja, ,,selenggarakan kuda tuanmu!"

Tetapi Maliki telah mendekati La Hami, lalu menjembah, seraja berkata dengan hormatnja: ,,Adakah selamat perdjalanan Déwa?"

,,Insja Allah, Maliki. Bagaimana halmu dan isterimu Ute?"

,,Berkat kesaktian Déwa adalah kami berdua dalam kandungan selamat", lalu dibawanja Sumba, jang masih berdiri ditempatnja menghembus-hembuskan napasnja, karena kelelahan, kebelakang gua batu, sedang La Hami masuk kedalam gua, mengikut orang tuanja.

Tempat ini adalah sebuah lubang gua jang besar dalam bukit batu tadi, jang tjukup besar dan tingginja untuk didiami beberapa orang. Dalam waktu jang 24 tahun Ompu Keli tinggal disana, bersama-sama anak dan isterinja, serta budjang-budjangnja. Dapatlah didjadikannja gua ini tempat kediaman jang sederhana dipinggir pantai teluk Sanggar itu. Ruang jang menghadap kelaut didjadikannja tempat duduk-duduk. Lantainja jang dari pasir telah dialasinja dengan kulit rusa dan kulit kerbau jang dapat diburunja disana, sehingga beranda muka ini mendjadi tempat duduk jang lembut. Pada dinding batu beranda ini bergantungan rangga rusa dan rangga kidjang serta tanduk kerbau, tempat menggantungkan séla, sendjata, alat perburuan, penangkapan ikan dan lain-lainnja. Diatas tikar kulit ini ada beberapa dulang tinggi bulat, dari kaju, buatan sendiri, jang dipergunakan sebagai dulang makan. Diatasnja adalah beberapa kulit lokan besar, jang dapat dipergunakan sebagai piring atau tempat apa-apa jang lain. Tjangkir diperbuatnja dari tempurung kelapa, jang banjak terdampar disana. Tempat air minum, jalah perian jang buluhnja banjak disana. Pun tabung rokok dibuat meréka dari betung jang besar dan diukir kulitnja. Tempat dila, jaitu suluh jang dibuat dari buah djarak dengan minjak kelapa, lalu dilekatkan pada bilah bambu, dibuat meréka djuga dari bambu jang dipenuhi pasir. Dila ini, jang pandjangnja kira-kira setengah méter, djika dibakar dalam setengah djam barulah habis. Dan oléh karena meréka biasanja lekas tidur, hanja dua tiga dila dibakarnja tiap-tiap malam.

Lubang gua ini telah didjadikannja pintu jang bertutup anjaman bambu jang kuat, sehingga tak mudah dimasuki binatang atau orang. Disebelah kedalam ada tiga ruang jang diperbuat tempat tidur. Sebuah untuk Ompu Keli dengan isterinja; jang sebuah untuk La Hami, sedang sebuah lagi untuk menjimpan segala alat perkakas dan keperluan meréka. Lantai kedua ruang tidur ini, jang dari pasir djuga, ditutup pula dengan kulit kerbau, rusa atau kuda, sedang ditengahnja ada tempat jang agak tinggi, untuk tidur. Kedua bilik tidur inipun berpintu pula, sehingga dapat ditutup.

Tempat Maliki dan isterinja diruang belakang; telah diperbuat sebagai bilik pula.

Disebelah selatan bukit batu ini adalah kebun djagung jang luas, jang hasilnja untuk makanan meréka. Lada dan bawangpun ada ditanam meréka; sedang asam Djawa penuh dipadang rumput disana. Pun sagu, mudah meréka peroléh dari pohon rumbia jang banjak djuga disana. Daging dan garam didapat meréka dari lautan jang tak djauh dari sana. Siang hari meréka pergi memantjing ikan kelaut, dengan rakit jang meréka perbuat dari bambu. Dan malam hari, lebih-lebih diterang bulan, pergilah meréka menangkap penju atau menggali telurnja jang tertimbun didalam tanah, untuk ditetaskan. Lain dari itu dalam kandang meréka banjak ajam hutan dan belibis, jang telah didjinakkannja. Dengan demikian tiadalah meréka kekurangan makanan; istiméwa pula karena rusa dan kidjang banjak disana, jang dapat diburu meréka siang dan malam. Kuda dan kerbaupun ada pada meréka, jang ditangkapnja selagi anak, dari kuda dan kerbau djalang jang ada disana.

Oléh sebab Ompu Keli seorang jang terpeladjar, mungkin pula seorang jang berpangkat tinggi dahulu, dapat diadjarnja La Hami membatja dan menulis didaun lontar, atau setjara Portugis dikertas putih. Begitu pula sekalian ilmu kepandaian jang diperoléhnja dan dipeladjarinja sampai keluar pulau Sumbawa sekaliannja diturunkannja kepada anaknja La Hami, karena ia ingin anaknja ini, jang menurut kejakinannja, berasal dari orang baik-baik djuga, kalau ada untungnja dapat pula mendjadi orang baik dikemudian hari.

Dengan demikian sekalian penduduk gua batu ini selalu ada pekerdjaan, sehingga kesekatan meréka dalam 24 tahun itu hampir tidak dirasainja.

Setelah mandi La Hami pada pantjuran jang ada dekat kebunnja dan bersalin pakaian jang bersih, jang ditenun oléh bundanja sendiri, dudukalah ia dengan kadematnja dihadapan ibu bapanja, jang telah duduk menunggunja diruang muka, menghadapi dulang tinggi, jang penuh berisi makanan, jang disadjikan oléh Maliki dan Ute. Ketiganja makanlah, masing-masing diatas dulang sendiri-sendiri, dilajani oléh budjangnja, dalam sinar dila jang banjak dibakar pada waktu itu.

(Aus M. Rusli, La Hami, 1953, Balai Pustaka, Nr. 1941).

4. Putusan

Perasaannja tersinggung, waktu aku membitjarakan tentang kasih Ibu, kasih Bapa.

— Aku tak punja Bapa-Ibu lagi, katanja.
— Sudah meninggal? tanjaku.
Ia menggéléngkan kepala sambil menunduk.
— Lalu? aku bertanja kini.
— Meréka masih hidup.
— Mengapa kaukatakan tidak punja Bapa-Ibu lagi?
— Sebab meréka telah mengusir kami, dan tak mengakui lagi anak pada kami. Karena itu aku kini tidak lagi punja orang tua.
— Mengusir? Siapa jang kaumaksudkan dengan kami?
— Aku sendiri, dan dua orang adikku, meréka laki² semua.
Aku tertarik dan ingin sekali mendengarkan tjeriteranja.
Demikianlah tjeriteranja itu.
— Paviljun rumah kami adalah kamar dari aku serta dua orang adikku. Paviljun itu terdiri dari dua buah kamar, sebuah untukku sendiri, dan jang sebuah agak besar, untuk dua orang adikku itulah. Aku masih mempunjai seorang adik perempuan, Ety namanja. Iapun mempunjai

sebuah kamarnja sendiri, di dalam, dan di samping itu sebuah kamar lagi untuk Bapa-Ibu. Itulah isi rumah kami, ditambah Minah, pembantu Ibu di rumah, sehari-harian bekerdja terus dengan radjin, mengerdjakan segala-galanja. Ia memasak, dan masakannja lezat sekali. Ia mentjutji, dan tjutjiannja bersih-bersih. Ia menjeterika, dan seterikaannja halus. Dan di waktu soré ia merawat bunga-bunga jang ada di halaman muka serta belakang, serta pot-pot jang berpuluh itu. Djika hudjan tak turun, ia menjiram tanaman-tanaman ini.

Selain keradjinan pada Minah jang telah aku tjeriterakan, ia mempunjai sifat jang halus sekali. Ia bersih dan berdandan rapi, gerak-geriknja serba lemah-lembut. Tapi pekerdjaannja selalu bérés dan tjekatan.

Demikianlah suatu malam terdjadi peristiwa jang sangat kami sesalkan. Jang kumaksud dengan kami disini, ialah kami bertiga jang mendiami paviljun itu. Sebab Bapa-Ibu serta Ety tak akan mengetahui peristiwa ini.

Selain itu, kami sangsikan pula, apakah peristiwa malam itu baru untuk pertama kalinja terdjadi, ataukah sudah berulang-ulang, tapi kami baru mengetahui malam itu?

Dimin, seorang tukang kebon tetangga muka, kelihatan membungkuk-bungkuk berdjalan menudju kamar Minah. Engkau belum kuterangkan bagaimana letak-letak rumah kami. Pagar dan pintu menudju ke belakang berada di samping kiri rumah. Dan paviljun berada di sebelah kanan. Kamar Minah berada di belakang garasi motor, tepat menghadapi pintu samping rumah itu. Médjaku ada di hadapan djendéla jang menghadap pekarangan ketjil antara garasi, kamar Minah, dan ruang belakang rumah.

Karena itu, djika ada seseorang jang berdjalan menudju ke kamar Minah aku pasti melihatnja, djika djendéla masih terbuka.

Waktu Dimin datang, ia tak melihat djendéla masih terbuka, dan langsung menudju ke pintu kamar Minah. Aku sendiri tidak mempunjai sjak wasangka apa-apa, mungkin ia datang untuk sesuatu keperluan, sebab tetangga muka sering memindjam apa-apa. Bapa-Ibu sudah tidur, pintu dalam sudah terkuntji.

Lama benar aku tidak melihat Dimin keluar. Lalu aku berbitjara dengan adikku. Ia tadi, sebelum aku melihat Dimin datang, sudah melihat Minah menudju ke pintu samping, untuk sesuatu jang tak dimengertinja.

Kami melihat pintu samping. Ia terkuntji rapat. Djadi tadi siapa jang masuk? Betulkah Dimin, tapi keluar mana ia masuk? Karena keinginan tahu kami, maka kami menudju ke kamar Minah. Pada djendélanja ada sebuah lubang ketjil, dan aku bisa melihat ke dalam. Di atas tempat tidur Minah aku lihat Dimin ada disana.

Melihat ini kami bingung, tindakan apa jang akan kami ambil. Aku tidak keberatan terhadap tjinta meréka berdua, tapi ada di dalam rumah kami. Dan setidak-tidaknja kami pasti turut bertanggung djawab.

Kami ingin sadja mengetuk pintu kamar itu, serta mengharap kepergian Dimin. Tapi hal ini tidak djadi, sebab Minah seorang jang halus perasaan. Dan ini mungkin berakibat ia sangat memperoléh malu, hingga kami tidak berani menggambarkan apa nanti jang akan diperbuatnja. Untuk memberi tahu Bapa-Ibu djuga tidak berani.

Hampir semalam-malaman itu kami tidak bisa tidur. Kami menunggu sampai Dimin keluar, dan memberinja naséhat. Tapi ia tidak keluar-keluar sampai kami sangat mengantuk dan djatuh tertidur.

Kami berdjandji tidak akan mentjeriterakannja pada siapapun djuga.

Ésok harinja seolah-olah kami malamnja tidak melihat sesuatu apa. Minah bekerdja sebagai biasa, kami djuga sebagai biasa.

Setelah peristiwa itu ternjata kemudian disusul oléh peristiwa demikian pula berturut-turut. Sampai kami mengintip, ingin tahu dari mana Dimin memasuki halaman kami. Ternjata ia memandjat dinding.

Demikianlah beberapa bulan telah berdjalan. Seisi rumah ketjuali kami bertiga tak ada jang mengetahui peristiwa-peristiwa Minah.

Dan akibat peristiwa itu kini kelihatanlah pula.

Dimin sudah beberapa minggu tidak pernah kelihatan. Dan kemudian ternjata ia sudah keluar dari tetangga muka. Mendengar ini kami makin bingung memikirkannja.

Pada badan Minah kelihatan terdjadi perubahan. Perubahan ini sangat mengedjutkan Bapa-Ibu. Sudah terang mémang, Minah belum bersuami.

Engkau belum kuberitahu tentang sifat-sifat Bapa jang keras sekali. Marahnja sering tak terkendalikan lagi. Dan melihat perubahan badan Minah itu, Bapa memandang kami bertiga dengan djidjik.

Kami mengerti apa jang dipikirkan dan didakwakan Bapa pada kami. Untuk waktu agak lama mémang ia belum berterus-terang, tapi kami mengerti apa jang dipikirkannja tentang kami. Ia pasti mendakwa salah seorang dari pada kami.

Mula-mula Minah sendiri jang mendapat amarahnja. Tapi Minah tetap membungkam, hingga amarah Bapa naik sampai ke puntjak. Minahpun diusir, meskipun Ibu tidak menjetudjuinja.

Setelah Minah, lalu kami jang mendapat amarah. Dengan kepastian ia bertanja-tanja pada kami, siapa diantara kami jang berdosa. Tapi kami bertiga tak ada jang membuka mulut. Mentjeriterakan peristiwa Minah dan Dimin tak pernah terdjadi. Kami kasihan pada Minah. Aku sendiri kini memikir-mikir pada diri, apakah kasihan kami pada waktu itu pada tempatnja?

Dan engkau pasti tidak akan mengira, kami bertiga kemudian diusir pula. Bapa malu, demikianlah katanja. Lebih baik Bapa tidak mempunjai anak-anak sebagai engkau sekalian, demikianlah dia. Dan anéhnja, kami tetap bersatu teguh dalam menghadapi ini semua. Kami bertiga bersama-sama meninggalkan rumah kami dengan hati berat. Ibu sangat terpengaruh Bapa, meskipun kelihatan pula keberatannja kami tinggalkan itu.

Kemana-mana, kami bertiga selalu bersama-sama. Aku bisa sombong, barangkali kami kakak-beradik ini adalah jang paling rukun diantara kakak-beradik lain-lain di seluruh dunia.

Kami bekerdja membanting tulang. Kami menjéwa sebuah kamar. Adikku seorang masih sekolah. Dari Ety-lah kami masih sering menerima suratnja. Ia sangat rindu pada kami. Tapi apa daja kami? Kami tidak lagi diperboléhkan mengindjak halaman rumah Bapa-Ibu. Sampai ia mau berkundjung pada kami. Kami menghalanginja, sebab hal itu tentu akan berakibat tidak baik pula.

Ety tidak akan untuk selamanja pertjaja pada dakwaan Bapa pada kami. Ety pertjaja penuh pada kami, bahwa tak seorangpun diantara kami bertiga jang berdosa. Dan kepertjajaan dari Ety-lah membikin kami tak pernah takut untuk hidup dalam keadaan apapun djuga.

Sampai disini tjeritera kawanku berhenti. Matanja mengandung air mata jang hampir keluar tapi ditjobanja untuk membendung sekuat tenaga. Aku bertanja:

— Mengapakah tidak sadja kautjeriterakan peristiwa Minah jang sebenarnja dengan Dimin?

Ia menggéléngkan kepala.

— Kami tak dapat mentjeriterakannja. Salah seorangpun diantara kami bertiga tidak dapat. Demikianlah kami lalu bersatu dan membungkem mulut. Bersatu dan sanggup menerima apa sadja, menderita apa sadja, akibat dari pada tak ada keberanian kami untuk mentjeriterakannja.

— Mengapa tidak kautjeriterakan sadja pada Ety, biar dia jang menerangkan pada Bapa-Ibu?

Ia menggéléngkan kepalanja lagi.

Kemudian setelah agak lama, ia bertjeritera lagi.

— Minah orang baik. Ia seorang jang tidak tahu apa-apa dalam hubungan séks. Ia terlalu pertjaja pada Dimin. Dan Dimin achirnja melarikan diri.

— Engkau pantasnja patut sekali membalas dendam pada Dimin.

Ia menggéléngkan kepala lagi.

— Aku djuga tidak menjalahkan Dimin, sebab ia diberi kesempatan. Dan ia mempergunakan kesempatan itu.

Aku tidak sabar lagi.

— Gila engkau ini. Mengapa engkau sebaik itu?

— Semua saudara-saudara kami, dimana-mana sadja, tak ada lagi jang menganggap kami ini orang baik.

Sedjak itu aku ingin bergaul rapat sekali dengan dia. Dia merupakan tokoh tersendiri jang patut aku tulis pandjang lébar. Aku ingin tahu kelandjutan tjeriteranja. Dan kelandjutan pandangan hidupnja. Dan kelandjutan kerukunan meréka bertiga kakak-beradik.

Aku bertanja lagi.

— Dan tentang Minah, bagaimana achirnja?

— Minah jang mendjadi sebab dari pada kedjadian kami ini?

— Ja!

Ia berhenti sebentar.

— Aku dengar orang tjerita, djuga koran memuat berita kota mengenai dia. Dan gambaranku adalah begini. Subuh-subuh di djalan ketjil di tepi Bandjir-kanal jang lébar itu, berdjalanlah sesosok tubuh manusia dengan tergesa-gesa. Rambutnja terurai, tangannja jang sebuah menarik kain-djarik jang dipakainja hingga ke atas benar untuk memudahkan djalannja. Jang sebuah lagi melindungi sesuatu jang digéndongnja.

Sebentar-sebentar ia menéngok ke belakang seolah-olah dikedjar seseorang, atau seolah-olah hendak melarikan diri dari sesuatu. Sebentar-sebentar pula ia menéngok ke air kali Bandjir-kanal jang mengandung kemérahan fadjar menjingsing. Matahari sebentar lagi mau muntjul, dan langit sudah kemérahan.

Ia kini mentjari djalan untuk turun ke bawah. Diantara tjabang-tjabang djalan ketjil jang terdjadi dengan sendiri karena indjakan orang-orang itu, ia memilih sebuah jang mudah untuk dituruni.

Dan ia telah memilih satu djalan ketjil itu. Kiri kanannja sunji dari manusia. Sebelah kanan kali itu, sebelah kiri kebun luas dan sunji, tak ada rumah, hanja satu-dua tempat pembakaran batu bata.

Sebentar itu kedengaran tangis seorang baji jang memelas. Minah sosok tubuh jang berdjalan di subuh itu, menggerakkan tangannja pada géndongannja itu, hingga suara tangis baji tidak kedengaran lagi. Ia kini telah sampai dekat benar pada tepi kali. Ia menéngok ke kiri dan ke kanan sekali lagi. Dan ia melepaskan sesuatu jang dibungkus dalam géndongnja itu, dan, dan seorang baji telah meluntjur masuk ke dalam air, kemudian hanjut dan meninggal.

— Minah melémparkan bajinja? aku bertanja terkedjut.

— Ja. Dan kini ia masih meringkuk dalam pendjara.

Aku termenung. Sebentar kemudian terdengar bél berbunji, dan djam kuliah Prof. Ir. V. R. van Romondt tentang sedjarah arsitéktur akan dimulai.

(Rijono Pratikto, aus „Zenith", 4. Jahrg. Nr. 4).

5. Chairil Anwar

Ia dilahirkan di kota Médan pada tanggal 26 Juli 1922, oléh keluarga Tulus dan Saleha jang tak akan mengenangkan ia akan mengalami hidup jang tidak lebih dari 27 tahun, bahwa ia hanja akan meninggalkan kumpulan² sadjak pada hari berpulangnja. Karena sikap dan tjara hidup jang sedemikian melampaui batas kekuatan kemanusiaan dalam menger-djakan dan menghabiskan waktu untuk menekuni kerdja seni.

Ia dapat menuntut peladjaran sampai di Mulo Médan. Tetapi karena kesukaran² keluarga, ia pergi dari kampung-halaman mening-galkan sekolah jang baru sampai di kelas II Mulo itu, pindah ke Dja-karta, dalam tahun 1940. Keadaan²nja pada masa itu tak dapat diketa-hui dengan djelas. Ia baru dikenal sebagai sasterawan sedjak Djepang menduduki Indonésia, sebagai salah seorang sasterawan muda jang mengedjutkan kalangan kesusasteraan pada masa itu, karena buah fikiran²nja jang sangat segar dilepaskan dengan sedemikian rupa, lepas dari rasa keragu²an dan kechawatiran menghadapi masa jang segenting itu, dimana kalangan kebudajaan pada waktu itu, terpaksa hati² dalam segala tindakan, untuk menghindarkan diri dari keadaan² jang tidak diharapkan.

Pada masa itulah sadjak²nja mulai ditjiptakan dan diusahakan tersiar dalam sadjak² éxpréssionistis. Mentjurahkan segala rasa hidup terhadap keadaan² jang sangat bertentangan dengan rasa dan pemikiran, sebagai manusia jang hendak melaksanakan kebébasan dan keutuhan. Didjeritkan kepedihan jang mengimpit perasaan kemanusiaannja, lepas dari pengaruh jang menekan pada waktu itu, ialah usaha pemerintah Djepang akan mematikan djiwa kebudajaan bangsa Indonésia, mengalihkan tenaga kebudajaan ini mendjadi tenaga peperangan untuk kepentingan kemenangan.

Hingga dengan demikian tak mustahillah djika sadjak²nja pada waktu itu tak dapat tersiar. Meskipun banjak pula usaha² dari orang² kebudajaan bangsa Indonésia, tetapi meréka tak dapat mengatasi rintangan² jang diadakan oléh pemerintah Djepang.

Hanja beberapa sadjak jang dapat lulus dari sénsor pada masa itu, antara lain sadjaknja Diponegoro dimuat dalam harian ,,Asia Raja". Banjak hal² jang menarik dari kehidupannja dalam kalangan kesusasteraan. Banjak pertentangan² jang terdjadi antara dia dan kawan seangkatan dalam soal paham, dalam tjiptaan dan pandangan² terhadap kesenian. Ialah salah seorang jang menentang habis²an kepada tjiptaan² jang terpengaruh oléh perdjuangan² jang dikobarkan oléh pendjadjah. Hingga harga tjiptaan itu turun dihanjutkan oléh tudjuan² lain, diluar kesenian. Hingga ia harus mengalami kehidupan jang sukar pula, karena menurutkan pikiran jang telah dijakini. Tak mau bekerdja dalam·kantor pemerintahan djuga tidak pada kantor² jang didirikan oléh pemerintah Djepang, untuk memusatkan tenaga kebudajaan untuk kepentingan perangnja.

Baru setelah pemerintah Djepang menjerah, suasana kesal ini beralih dalam suasana perdjuangan kemerdékaan jang segar. Lembaran sedjarah baru baginja didjumpai. Ia keluar ke daérah Krawang sebagai salah seorang pedjuang. Jang tidak sadja berarti bagi perdjuangan kemerdékaan bangsa dan berpikirnja, di daérah itulah ia mendjumpai seorang gadis ,,Habzah". Ia telah menemui tjinta dalam kedahsjatan pergolakan. Jang diachiri dan dimulai dengan perkawinan pada tanggal 6-9-1946 di Krawang djuga. Setelah keadaan mendjadi reda, ia kembali ke Djakarta, di rumah isterinja di Gang Mas kampung Melaju Djatinegara. Pada tanggal 4-10-1947 lahirlah Evawani Alissa, seorang anak perempuan, jang hingga hari ini masih berada di Djakarta, turut ibunja. Adakah ia tanda² akan sebagai sasterawati, mudah²anlah. Jang terang dia sekarang bersekolah di taman kanak² Ibu Su, sangat suka dan pandai membitjarakan sesuatu, jang besar sekali rasa humornja.

Dalam tahun² inilah, ia dapat leluasa memusatkan perhatian dan mengerdjakan usahanja memperdjuangkan tjita² menggalang kebudajaan bangsa, lepas dari tekanan dan antjaman apapun djuga. Dalam tahun 1946 didirikan sebuah organisasi ,,Gelanggang'' jang dimaksudkan dapat mempersatukan tenaga² kebudajaan melaksanakan perdjuangan kebangsaan, jang dapat berhasil pula dengan usaha² dalam lapangan seni lukis dan seni sastera. Hanja sajang bagi kehidupannja, ia sangat besar mempunjai kemauan dan usaha, tetapi ialah djuga jang sangat lekas meninggalkan lapangan jang telah digalangnja. Hingga untunglah kelangsungan organisasi ini tetap didjaga dan diperdjuangkan oléh teman²nja.

Atas usaha kerdja sama dengan Penerbit Jajasan Pembangunan dapat diusahakan terbitnja sebuah madjalah Gema Suasana. Meskipun usaha ini, adalah suatu hal jang agak berat dikerdjakan djika dipandang dari sudut perdjuangan kebangsaan pada masa itu. Tetapi, madjalah Gema Suasana inilah salah satunja madjalah kebudajaan jang mengisi kekosongan lapangan penjiaran kebudajaan pada masa itu. Dan sedikit banjak djuga berarti bagi sedjarah kesusasteraan Indonésia, jang kebetulan pada masa itulah berlangsungnja suatu kélokan djalan sedjarah kesusasteraan menudju kepada angkatan jang mendatang.

Inipun tidak lama dikerdjakan, ia meninggalkan madjalah Gema Suasana, jang kemudian berpindah nama mendjadi Gema. Mémang sukar ditetapkan bagi kehidupan Chairil Anwar, agar ia dapat melangsungkan sesuatu hal dalam waktu jang lama, karena sifatnja jang sangat gelisah, bergerak, bagaimana nanti akibatnja tak pernah mendjadi perhatiannja.

Pekerdjaan jang terachir, ia mendjadi pengisi madjalah² jang terbit pada waktu itu, terutama madjalah Mimbar Indonésia jang diasuh oléh H. B. Jassin, seorang jang sangat tertarik akan sadjak² Chairil Anwar, tertudju akan aliran² expressionisme jang dibawakan oléh Chairil Anwar, dalam tjurahan keaslian jang tertumpah sedemikian lepas, padat dan berisi.

Kelebihan jang dimiliki ialah daja hidup, jang disebutnja vitaliteit, jang me-njala² tak kundjung padam, keberanian jang penuh, kerélaan dan penjerahan menjandang derita jang menimpanja, lepas dari penjesalan akibat² jang telah dikerdjakan. Dipupuknja djiwa seninja tidak sadja dengan buku², pemikiran² dan pemerasaan jang tak kundjung berhenti. Tetapi dari kehidupan dan penghidupan njata, dialami penghidupan jang ber-matjam² segi itu untuk memupuk djiwa seninja dengan utuh.

Diraba dengan tangan kasar dan halusnja, keras dan lunak kulit permukaan bumi penghidupan ini. Dirasai dengan lidah kasar dan halusnja kemanisan dan kepahitan penghidupan manusia dengan penuh, lepas dari kechawatiran dan keraguan. Ia bergaul, bersenda dengan abang² bétjak, perempuan² malam, berkelakar di sepandjang djalan ketjil dan dalam gubug réjot, bersoal djawab dengan penghuni² melarat di kolong² djembatan, meskipun ia bersahabat djuga dengan orang² besar.

Ditjetjapnja tjinta, bentji dan raju tjumbu jang bergeleparan dan bersenandung di lorong² gelap, di tepi² djalan dimana abang bétjak berkelakar melepaskan lelah setelah sehari menghabiskan waktu untuk mempertahankan hidupnja. Kehidupan sedemikian ini berlangsung se-hari²an, hingga soal² keluargapun tak dapat mengikatnja. Dimanakah ia tidur, dimana ia kemalaman, disitu ia tidur. Dimanakah ia makan, dimana ia berhenti dan ada uang disitulah ia makan. Hingga tak musta-hillah djika ia mendjumpai kehidupan jang sangat djauh dari keséhatan jang lajak. Ia dihentikan oléh kehabisan daja tubuhnja, djatuh dalam sakit jang tak terpelihara, dan mengembuskan nafas jang penghabisan, di rumah sakit pusat Djakarta, pada tanggal 28 April 1949 djam 10.00, dengan tidak setitik air mata mengantar pulangnja.

Pada soré harinja, diantar oléh kemasgulan kepisahan jang terachir, dari kawan dan teman seangkatan jang telah pernah mendapat tjinta atau bentji, ia meninggalkan lapangan pergulatan, terkatup segumpal tanah mérah, mengudjudkan pernjataannja „akan hidup seribu tahun lagi" di Karet, daérahnja jang akan datang, dalam sadjaknja „jang terampas dan terkandas".

Demikianlah kehidupannja berachir. Terhenti putus dari pergaulan ramai untuk selamanja.

Tetapi hilangkah tjita²nja? Berachirkah njala api pergulatannja sepeninggalnja? Sepeninggalnjalah, makin timbulnja perhatian², ke-nang²an jang makin lama berbitjara dengan lantang, pemikiran² jang lebih landjut dan lebih dalam, tentang sikap dan rasa hidupnja, jang sangat segar dan berani, lepas tiada tertahan. Pandangan²nja jang semasa hidupnja dianggapnja tidak masuk akal, tidak masuk pikir, bahkan sampai-sampai mendapat nilai setinggi orang gila, mulai menjala dalam kehidupan angkatan kesusasteraan jang mendatang. Meskipun dalam hal ini tidak seluruhnja diterima.

Tidak seluruhnja ditelan, tetapi sedikit banjak, alas dan dasar rasa hidupnja, mendjiwainja.

(Aus Bara Api Kesusasteraan Indonésia, Chairil Anwar memperingati hari 28 April 1949).

6. Penjelenggaraan Bahasa Indonésia dan pérs.

1. Bahasa Indonésia

Tentang sedjarah Bahasa Indonésia sudah banjak diuraikan orang, baik dalam tulisan, maupun dalam pidato². Jang mendjadi pokok adalah, bahwa Bahasa Indonésia dalam artinja sebagai lingua franka antara suku² bangsa Indonésia dalam masa ketika bahasa itu masih dipandang sebagai sematjam „bahasa Melaju" (bahasa Melaju Ka-tjauan, bahasa Melaju Pasar, bahasa Melaju Tionghoa, dll.), telah dimulai dipasar-pasar dalam rapat², terutama sekali rapat² pergerakan dan politik, dalam pendjara, dalam keréta api dan ditempat-tempat lainnja dimana orang² Indonésia dari pelbagai suku bangsa datang berkumpul dan terpaksa mengadakan perhubungan antara jang seorang dengan jang lainnja.

Djika pada permulaannja istilah bahasa Indonésia belum dikenal dan orang hanja kenal pada istilah bahasa Melaju sadja, maka istilah ,,bahasa Indonésia'' sebagai bahasa nasional bangsa Indonésia adalah pada mulanja terutama sekali digunakan dalam hidup politik dan pergerakan kebangsaan untuk menjatakan dan mengandjurkan kesatuan bangsa Indonésia.

Pada tanggal 28 Oktober 1928 dengan sumpah Indonésia Muda jang mengakui akan adanja Satu Bangsa, Satu Bahasa dan Satu Tanah Air, maka bahasa Indonésia dengan keinsafan dan kesadaran ditetapkanlah sebagai Bahasa Indonésia, bahasa Kebangsaan Indonésia.

Pemberian nama ,,Bahasa Indonésia'' kepada lingua franka kita jang sebelumnja disebut bahasa Melaju (Melaju Riau, Melaju Katjauan, Melaju Pasar, dst.), dalam hakékatnja adalah penting sekali, karena sedikitnja ia telah menjebabkan suatu révolusi dalam soal bahasa jang akibatnja meluas dan mendalam pada hidup kebangsaan dan persatuan Indonésia. Dengan menggunakan istilah ,,Bahasa Indonésia'', maka perasaan[2] prasangka terhadap apa jang disebut ,,Melaju''-pun lenjaplah, dan dengan demikian hilanglah pula perasaan seolah-olah bahasa Indonésia itu adalah dikuasai oléh suku bangsa Melaju. Kita sebut ini sebagai suatu akibat psychologisch. Sebaliknja, istilah ,,Bahasa Indonésia'' telah menjebabkan pula timbulnja suatu milik bersama, milik nasional.

Didalam lapangan bahasa, pengaruh istilah ,,Bahasa Indonésia'' tidak pula kurang pentingnja, karena dengan adanja istilah itu, maka setiap suku bangsa lalu mempunjai rasa kewadjiban untuk membinanja selandjutnja. Setiap orang menambahkan sesuatu untuk kemadjuan bahasa itu, dengan tanpa perasaan bahwa ia telah memperkosa sesuatu bahasa jang bukan bahasanja. Itulah sebabnja maka dengan mudah sadja orang memasukkan kata[2] baru, baik kata[2] jang berasal dari daérah, maupun kata[2] jang berasal dari bahasa asing; memasukkan konstruksi[2] kalimat jang samasekali asing bagi Bahasa Melaju.

Peresmian Bahasa Indonésia sebagai bahasa Negara sebagai jang ditetapkan dalam Undang[2] Dasar Sementara kita, tidaklah lain dari perkembangan jang sewadjarnja dari sedjarah Bahasa Indonésia itu sendiri.

Kita dapat membajangkan sedjarah prosés bahasa Indonésia dari sifatnja jang pada mulanja hanja sebagai lingua franka sadja hingga mendjadi bahasa resmi, dari bahasa jang mulanja disebut (sematjam) bahasa Melaju, Melaju Pasar, Melaju Riau, dll. hingga mendjadi bahasa Indonésia jang kini dipakai oléh negara sebagai bahasa resminja dan diadjarkan di-sekolah[2] negara sebagai bahasa pengantar. Didaérah-daérah dan dikota-kota dipergunakan bahasa Indonésia, akan tetapi pada mula kembangnja, setiap daérah, setiap kota, mempergunakan bahasa Indonésianja sendiri, jang tjoraknja chas tjorak daérah[2] atau kota[2] itu. Dan berkatalah kita tentang bahasa Indonésia (bertjorak)

Médan, bahasa Indonésia Djakarta, Surabaja, Makasar, dst. Masing[2] tjorak ini biasanja ditetapkan oléh logat, akséntuasi, dan adanja kata daérah.

Meskipun demikian, ukuran[2] bersama sebagai sjarat adanja bahasa sebagai jang kita uraikan diatas ini, tetap dipegang, sehingga pertjakapan antara dua sukubangsa jang berlainan daérahpun bisa dilangsungkan dengan tidak terhalang-halang.

Mémang dipandang sekali lalu, hal ini adalah se-olah[2] anarchisme, kekatjauan jang sekatjau-katjaunja, akan tetapi pada hakékatnja dalam soal bahasa Indonésia kita melihat suatu selfdiscipline dan sifat ingin pada aturan pada bangsa Indonésia dan setiap orang tidak segan[2] untuk menanjakan kepada lainnja apa[2] jang diperlukannja untuk menggunakan bahasa Indonésia itu.

Meskipun demikian, djuga dalam hal ini ukuran[2] bersama, algemene maatstaven, jang menjebabkan adanja bahasa Indonésia itu, tetap ada.

Djika pada waktu sekarang ini kita memper-banding[2]kan bahasa Indonésia jang dipakai pada dua puluh lima atau tiga puluh tahun jang lalu dengan bahasa Indonésia jang dipergunakan pada waktu ini, nampaklah perbédaannja, perbédaan jang merupakan kemadjuan, jang merupakan perkembangan dalam arti penjesuaian diri jang lebih baik dari bahasa Indonésia kepada tudjuan mengapa bahasa itu dipergunakan. Perbédaan ini kiranja paling djelas dapat kita buktikan dalam memperbandingkan bahasa jang dipakai dalam surat[2]-kabar.

Dengan chusus baiklah dalam hal ini kita mengambil satu surat-kabar ,,Melaju-Tionghoa'' dari témpo dua puluh tahun jang lalu dengan surat-kabar itu djuga, tapi dari masa sekarang ini. Apa jang kita dapati nanti? Bahasa jang dipergunakan surat-kabar itu sekarang sudah hampir tidak ada bédanja dari bahasa surat[2]-kabar Indonésia jang tulén, bahkan tidak pula djarang bahasa surat[2]-kabar ,,Melaju-Tionghoa'' sekarang ada jang lebih baik daripada sementara bahasa surat[2]-kabar Indonésia sendiri, lebih[2] kalau dipandang dari sudut penjesuaian diri dari bahasa itu kepada tudjuannja.

2. Prosés Konvergénsi

Dalam pada itu perhubungan antara daérah[2] Indonésia makin lama makin baik. Daérah[2] jang djauh terpentjil dan berada dalam keadaan isolasi, kini oléh alat perhubungan jang tjepat, sudah mulai teréret dalam gelagak kehidupan masjarakat. Pergaulan antara orang[2] jang berasal antara daérah[2] jang berlainan lebih banjak berlaku. Dan semua ini berakibatkan makin lama makin kurangnja perbédaan[2] daérah dalam pemakaian bahasa Indonésia.

Dalam soal ini saja ingin memakai istilah prosés konvergénsi dalam soal bahasa Indonésia. Prosés ini merupakan tumbuhnja garis[2] bahasa Indonésia jang bertjorak daérah[2] menudju kesatu titik. Dan titik inilah agaknja jang akan merupakan Bahasa Indonésia jang tetap dikemudian hari, bukan dalam hal perbendaharaan kata²-nja sadja, tetapi djuga dalam hal tata-bahasanja.

Selain dari perhubungan dan pergaulan ini, prosés konvergénsi ini djuga dipertjepat oléh rapat² pergerakan dan politik dan selfdiscipline jang terdapat pada bangsa Indonésia sendiri. Kita tidak dapat mengetjilkan peranan rapat² pergerakan dan politik ini untuk kemadjuan pemakaian bahasa Indonésia, demikian djuga selfdiscipline jang sangat perlu bagi prosés konvergénsi bahasa Indonésia tadi. Dalam hakékatnja kedua sebab itu adalah saling pengaruh-mempengaruhi, jang disebabkan oléh keinginan tertjapainja tjita-tjita persatuan dan kemerdékaan.

Peranan sekolah dimasa sebelum perang dunia kedua dalam hal ini sangat ketjil sekali. Peladjaran bahasa Indonésia tidak ada didalam daftar peladjaran, jang ada hanja peladjaran bahasa Melaju. Tapi peladjaran bahasa Melaju merupakan peladjaran jang tidak hidup, karena ia terikat pada bahasa jang tidak hidup dikalangan masjarakat, karena apa jang diadjarkan itu samasekali tidak sesuai dengan apa jang hidup dalam masjarakat. Lebih penting dari peranan sekolah dimasa sebelum perang, adalah propaganda² jang dilakukan sebagai kampanje dimasa pendudukan Djepang. Larangan Djepang supaja bahasa Belanda djangan dipergunakan, memaksa pemerintah Djepang mengambil keputusan untuk meresmikan bahasa Indonésia, sekalipun hanja untuk sementara, jaitu sebelum bahasa Djepang sendiri tersebar agak luas di Indonésia. Semua orang tahu, bahwa tindakan pemerintah Djepang ini adalah suatu tindakan jang terpaksa, karena tudjuan jang terachir ialah bahasa Djepang djuga jang kelak harus menggantikan bahasa Indonésia sebagai bahasa resmi. Tak usah kita kemukakan maksud² tertentu dari pihak Djepang dalam mempropagandakan bahasa Indonésia ini, akan tetapi kesempatan jang baik ini oléh bangsa Indonésia sendiri dipergunakan dengan sebaik-baiknja, dan dengan bravour bangsa Indonésia mendirikan panitia² bahasa, balai² kebudajaan, dimana kehidupan kesusasteraan Indonésia djuga mendapat tempatnja jang penting, menjusun kamus² dalam mana dimasukkan be-ratus² istilah dan perkataan baru jang sebelum itu tak ada kiranja seorangpun jang akan membenarkan istilah² dan perkataan² itu dimasukkan kedalam kamus. Dalam pada itu disekolah-sekolah dimasukkan pula istilah ,,Bahasa Indonésia'' sebagai pengganti ,,Bahasa Melaju'' dan dengan pergantian nama ini peladjaran bahasa mendjadi lebih hidup, sekalipun kaum guru sendiri merasakan kesukaran² jang tertentu dalam unsur pengadjaran jang diberikannja itu.

Dalam pada itu perubahan pengadjaran bahasa di-sekolah² inipun djuga mempertjepat prosés konvergénsi tadi.

3. Pergerakan dan pérs

Lebih penting lagi peranan jang dilakukan oléh pergerakan dan pérs dalam mempertjepat prosés konvergénsi ini.

Dalam sedjarah perkembangan bahasa Indonésia persuratkabaran Indonésia mengambil peranan jang tidak boléh diabaikan.

Orang² pergerakan seperti Dr. Sutomo, Dr. A. Rivai, Ki Hadjar Déwantara, Hadji Agus Salim, Dr. Amir, dll.nja melihat sebagai kepentingan tugas meréka djika meréka dalam pidato dan tulisan meréka memakai bahasa jang dapat difahamkan oléh sebanjak-banjaknja orang Indonésia. Dan bahasa itu adalah bahasa Indonésia. Pemimpin² besar seperti Sukarno, Hatta, Ki Hadjar Déwantara, Muh. Yamin, Amir Sjarifuddin, dan banjak lagi, menggunakan bahasa Indonésia jang umum dan hidup dikalangan rakjat djika meréka berdiri dihadapan ribuan manusia dalam rapat² raksasa.

Satu kenjataan jang kita konstatir pada bahasa jang meréka pergunakan adalah, bahwa meréka samasekali tidak merasa terikat kepada ketulénan bahasa Melaju dengan tata bahasanja jang sudah tetap dan pasti. Dihadapan rakjat jang djumlahnja be-ribu² itu, ahli² pidato dan orang pergerakan ini dengan seénaknja menggunakan perkataan² jang berasal dari bahasa² daérah, hal mana dipandang sebagai tabu dalam bahasa Melaju, sekalipun perkataan itu sudah dipakai dimana-mana dalam lingua franka Indonésia, sekalipun perkataan itu tepat sekali dengan maksudnja.

Lebih penting lagi arti meréka itu bagi perkembangan bahasa Indonésia, karena sedikit banjaknja meréka mengerdjakan djuga pekerdjaan kewartawanan. Dr. Rivai adalah djuga wartawan, Ki Hadjar Déwantara adalah djuga wartawan, Muh. Yamin, Sanusi Pané, H. A. Salim, Sukarno, Amir Sjarifuddin, Dr. Amir, Hatta, dll. lagi, semua meréka itu melakukan pekerdjaan kewartawanan, bahkan dari meréka itu tidak sedikit jang memimpin rédaksi surat²-kabar atau madjalah.

Dan orang pergerakan dan orang pérs ini baik dia berasal dari Sumatera, maupun berasal dari Parahiangan, dari Djawa, Kalimantan, dari Sulawesi, maupun dari Maluku, semuanja menulis sebagaimana meréka berbitjara dimuka ribuan rakjat Indonésia dalam rapat² raksasa; mudah dimengerti, perkataan² jang sesuai artinja dengan maksud jang sesungguhnja, dengan samasekali tidak menghiraukan tata bahasa sebagaimana jang diadjarkan di-sekolah² sebagai sjarat ketulénan bahasa.

Apa jang meréka utjapkan dimuka rapat umum, bertambahlah meluas dengan djalan menuliskannja dalam surat²-kabar dan madjalah, dan dalam pada itu dengan sendirinja pengaruhnja pada perkembangan bahasa nasionalpun bertambah meluas djuga, dan prosés konvergénsi bertambah madju.

Chusus mengenai persuratkabaran sendiri dengan wartawan-wartawannja. Diantara berup² jang paling luas hubungannja dengan masjarakat dengan segala golongan² dan kelompok²nja, adalah pekerdjaan wartawan. Ia bergaul dengan seluruh lapisan masjarakat, dengan rakjat-djelata, dengan ahli téknik, dengan kaum politik pergerakan, dengan orang² dari kalangan seni dan budaja, agama, dengan pendidik² dan pengadjar², orang² dari kalangan dagang dan keuangan, tani, buruh dsb. Semua lapisan itu dimasukinja untuk mengetahui keadaan² dan kedjadian² penting, jang nanti akan dihidangkannja kepada chalajak ramai dalam bahasa nasional, jaitu bahasa Indonésia.

Dengan demikian dapat kita menjimpulkan, bahwa surat-kabar itu adalah tjermin dari masjarakat seluruhnja, karena lapangannjapun adalah seluruh masjarakat.

Diatas ini telah kita katakan, bahwa bangsa Indonésia mengenal selfdiscipline, djadi djuga wartawan[2] Indonésia mengenal selfdiscipline dalam soal bahasa. Adalah sesuatu jang menggembirakan sekali, bahwa diruangan rédaksi surat[2]-kabar kita, antara rédaktur[2] sendiri setiap hari dimadjukan pertanjaan[2] mengenai bahasa terlebih dulu, sebelum memuat perslah atau berita; pertanjaan mengenai kata[2] dan pemakaiannja, mengenai terdjemahan kata[2] dari bahasa asing, mengenai djalan[2] kalimat, dsb. Ini dilakukan meréka karena kesadaran, bahwa tulisan[2] meréka harus dimengerti oléh pembatja[2]nja. Mengenai soal ini kita dapat mengatakan, bahwa rédaksi[2] surat[2]-kabar Indonésia selamanja berusaha memakai bahasa Indonésia dengan sebaik-baiknja dalam surat-kabarnja, karena keinsafan rasa tanggung-djawab terhadap tanah air mengenai perkembangan bahasa Indonésia.

Dan karena lapangannja, lapangan surat-kabar itu djauh lebih luas dari lapangan pemimpin[2] pergerakan dan ahli[2] politik, maka dengan sendirinja djuga pengaruhnjapun lebih luas pula. Dalam hal ini mémang sesungguhnjalah, bahwa pergerakanpun memerlukan pérs jang dapat menjebarkan pikiran[2], tuntutan[2], keinginan[2] dengan lebih luas lagi.

Oléh karena itulah maka pengaruhnjapun lebih luas pula, dan pengaruh inipun mengenai djuga pengaruh tentang pemakaian dan perkembangan bahasa Indonésia dan mempertjepat prosés konvergénsi tadi.

(Von Darmawidjaja, aus „Indonesia" 5. Jahrgang, Nr. 10, 1954).

7. Reuter dengan usaha pemberitaannja

Ketika Baron Julius Reuter meninggal dunia dalam tahun 1899, harian „Times" jang mulanja sangat menentang pekerdjaannja, menulis, bahwa Reuter adalah „seorang jang paling tjerdas" di masanja. Sekarang ini kantor berita „Reuter" adalah kepunjaan pérs Inggeris dengan arti kata bahwa sebagian dari andil[2]nja dipegang oléh „Newspaper Proprietors Association".

Diréktur Reuter sekarang ialah Christopher Chancellor jang memulai carriérnja di belakang médja rédaksi dan untuk beberapa lamanja mendjadi general manager di Timur Djauh. Pemimpin rédaksinja ialah Walton Cole.

Semendjak mengalami réorganisasi di tahun 1941 djumlah para wartawan jang bekerdja pada Reuter mendjadi tiga kali banjaknja. Prinsip jang dipegang teguh seperti dinjatakan oléh Chancellor ialah „mempunjai kemerdékaan sepenuhnja" walaupun hanja dari persangkaan bahwa berita itu dipengaruhi oléh kepentingan nasional atau politik. Tradisi Reuter ialah tidak membubuhi koméntar pada berita jang disiarkan.

Di kantor berita Reuter orang bekerdja 24 djam sehari dan 7 hari dalam seminggu. Dan pekerdjaan itu selama satu abad jang léwat praktis belum pernah berhenti.

Seratus tahun jang léwat Julius Reuter mendirikan sebuah kantor berita dalam dua kamar jang ketjil di London, dan sekarang dikenal dengan nama Reuter. Seorang anak berumur 12 tahun mendjadi pembantunja. Dan tahun ini dari tanggal 9 sampai 16 Djuli nistjaja akan dikenangkan dan dirajakan oléh segenap staf kantor berita Reuter di pusat jang berdjumlah lebih dari 500 orang, oléh segenap kantor[2] tjabangnja jang berada di-mana[2] dan para peminatnja di seluruh dunia.

Dalam masa satu abad ini Reuter sudah berkembang dari sebuah perusahaan ketjil mendjadi kantor berita jang meliputi seluruh dunia dengan réputasi internasional. Ratusan ribu perkataan disebarkan setiap hari kepada surat[2] kabar harian dan stasiun[2] radio di seluruh dunia. Kawat, alat pengirim gelombang péndék, télépon dan téléprinter telah menggantikan kedudukan burung[2] dara, kendaraan dan kapal jang melakukan pengiriman. Tapi satu hal jang pada hakékatnja tetap tidak pernah berubah ialah penghargaan dengan mana Reuter melajani kebenaran.

Julius Reuter adalah seorang bank-employe di Kassel, sesudah itu mempunjai toko buku berikut penerbit di Berlin, penterdjemah pada Havas sebuah kantor berita di Paris, jang di Aken mendirikan kantor berita dengan menggunakan burung[2] dara dan kemudian menudju ke London karena melihat dalam pasar perdagangan (beurs) di London kemungkinan baik untuk mendirikan dinas télégram. Selandjutnja ia telah memikirkan dinas berita seberang laut untuk harian[2] di London.

Pada waktu itu di Inggeris terdapat sedjumlah hubungan kawat, selandjutnja ada lijn[2] kawat di Perantjis, Bélgia dan Djérman, tapi sebuah lijn jang meléwati Atlantik adalah sama sadja dengan sebuah lijn ke Timur Djauh atau Australia. Kawat[2] tsb. tidak dapat melampaui Perantjis. Satu berita kadang[2] sampai berbulan[2] untuk sampai ke London.

Djumlah staf Reuter sekarang jang terdapat di seluruh dunia lebih dari 2000 jang dengan télégraaf dan radio selalu berhubungan dan setiap hari saling mengirimkan ribuan perkataan. Di setiap ibu kota di dunia terdapat kantor Reuter.

Berita[2] jang dikirimkan dengan kawat, télépon, radio atau téléprinter itu semuanja sampai ke ruangan rédaksi kantor pusat di Fleet Street (kumpulan surat[2] kabar di London), dimana ia dilajani oléh ber-bagai[2] „desks" — untuk Éropah, India, Afrika Selatan, Australia, Amérika Utara, dan Amérika Selatan jang masing[2] menjelenggarakan pengiriman berita[2] itu ke daérahnja.

Tampak perbédaan besar di waktu Reuter baru didirikan ketika berita[2] itu mula[2] harus dibawa dengan keréta api atau kapal sampai ke tempat[2] dimana mulai terdapat kawat télégraf ke London. Pekerdjaan di waktu itu nistjaja akan kelihatan lebih hébat dari sekarang, pegawai[2] Reuter harus memikirkan berbagai djalan supaja beritanja bisa didapat dengan lebih tjepat.

Di tahun 1859 misalnja ketika perang mengantjam antara Perantjis dan Austria seluruh dunia menantikan dengan penuh perhatian atas keterangan jang akan diutjapkan oléh Louis Napoleon di depan Déwan Perwakilan Perantjis jang tentunja akan berisikan permakluman perang.

Sigismund Englander seorang Austria jang menjingkir dan djuru warta Reuter di Paris berhasil mengerdjakan salinan keterangan itu sebelum ia diutjapkan, sesuatu jang pada waktu itu tidak pantas, tapi sekarang biasa dilakukan. Englander mendapat salinan itu dengan sjarat bahwa ia tidak merusak zégèlnja sampai pada sa'at kaisar mulai mengutjapkan keterangannja. Untuk itu Reuter menjéwa hubungan télégraf antara Paris dan London selama satu djam, dimulai dari waktu kaisar memulai pedatonja dan sewaktu itu masih berbitjara, téksnja telah dikawatkan ke London dan dengan kendaraan diantarkan ke surat² kabar jang dapat mengabarkan permulaan perang itu dengan édisi tambahan.

Selama tudjuh tahun pertama Julius Reuter bekerdja di London, penuh dengan perdjuangan hébat untuk mendapatkan perhatian surat² kabar Inggeris. Makelar dan saudagar² ada djuga berlangganan pada télégram² Reuter, tapi koran² tetap tjuriga dan lebih suka mentjari djalan sendiri untuk mendapatkan berita. Ber-tahun² lamanja surat kabar Inggeris jang terpenting ,,Times'' menolak Reuter, sementara Reuter mempunjai djuru² warta di Eropah jang berita²nja sangat berharga dan penting artinja untuk dunia perdagangan. Achirnja Reuter jang mulanja tetap berpendapat bahwa tjontoh dari ,,Times'' akan diikuti surat² kabar lain, mentjoba ke tempat lain.

Dia menawarkan kepada James Grant dari ,,The morning advertiser'' berita² Reuter dengan pertjuma selama dua minggu. Ketika tawarannja kemudian diterima ia harus mengakui bahwa dengan demikian ia seharusnja melakukan usahanja.

Sedjak sa'at itu Reuter berkembang dengan tjepat. Djuru² wartanja berhasil selalu memikirkan tjara² baru untuk mengirimkan berita²nja lebih tjepat dari jang lain² ke London.

Ketika kantor² berita didirikan di Eropah dan Amérika, Reuterpun mengembangkan sajapnja ke seluruh keradjaan Inggeris. Melalui Prusia, Pérsia dan Rusia sebuah hubungan kawat dengan India didirikan. Pada tahun 1872 di setiap pusat perdagangan jang penting antara Mesir dan Yokohama didirikan pula kantor tjabang Reuter. Dan ketika di tahun 1873 terdapat hubungan kawat dengan Australia, maka ,,Melbourne Argus'' dan ,,Morning Herald'' meminta berita² Reuter dari djuru² wartanja di London. Pada tahun 1873 diadakan wakil untuk Australia dan untuk beberapa lamanja Reuter merupakan satu²nja penghubung berita antara Australia dan bagian dunia lainnja dengan harga 1 pond sterling tiap² perkataan.

Pada permulaannja bagi Reuter sangat susah mengadakan perwakilan di Afrika Selatan, tapi achirnja Paul Kruger sendiri menjatakan persetudjuannja.

(Aus ,,Mimbar Penerangan'', 2. Jahrgang Nr. 13).

8. Baduj

Bahwasanja pada djaman purba ketika dunia ini belum terbentuk dengan kodrat dan iradat Tuhan jang mendjadikan semesta alam ini, tibalah masanja kepada peristiwa dunia ini mulai mendjadi tjair itu lama² sebagian mendjadi keras sebesar sajap njamuk. Tempat jang mulai keras itu menurut kepertjajaan Baduj adalah di tempat Batu Padaageung daérah Sasaka Domas, digunung Pamuntuan jang termasuk Pegunungan Kendeng. Bumi jang keras itu makin lama makin meluas.

Maka dengan kodrat iradat Tuhan jang mendjadikan semesta alam ini pula, turunlah tudjuh Batara jang masing² mempunjai tugas di dalam hal menjelenggarakan dunia ini. Ada Batara jang bertugas menurunkan para ratu (pemimpin negara), ada Batara jang bertugas menurunkan manusia, dll. Batara Tjikal (sulung) jang turun di Mandala Tjipara-hyang jang bertugas menurunkan manusia adalah nénék-mojang jang langsung dari orang² jang kini disebut orang Baduj.

Mandala Tjipara-hyang itu tidak djauh dari tempat Batu Padaageung, djadi termasuk Sasaka Domas.

Batu Pada-ageung, di luar biasa disebut Artja Domas. Sesungguhnja bukanlah se-kali² batu jang berbentuk manusia atau héwan, melainkan batu persegi empat kira² 0,50×0,50 m, tingginja k. l. 2 m. Di sebelah barat ada dua batu lagi jang disebut batu Sanghyang Guru, kemudian bersambung kepada bidang² tanah jang merupakan pétak² sawah. Pétak² sawah itu ber-tingkat². Dengan sendirinja tempat itu merupakan lumas (pyramide) atau kerunjut (kegel).

Mandala, pada djaman para Batara tak dapat dilihat, entah berapa ribu tahun lamanja, hingga tiba masanja kepada djaman para Dalem. Kemudian timbul djaman para Aki (Ki). Selandjutnja hingga kini adalah djaman para Puun di Baduj.

Batara sulung bersama keturunannja jang ada disana bertugas memelihara dunia bersama isinja, dengan istilah: Ngaraksa Sasaka Pustaka Buana, lodjor teu beunang dipotong, pondok teu beunang disambung. Ngasuh Ratu ngadjajak ménak, — ngabaratapakeun Nusa telu puluh telu Bangawan sawidak lima, — Pantja Salawé nagara. Artinja: Memelihara sasaka pustaka dunia, pandjang tak boléh dipatahkan, péndék tak boléh disambung (tak dapat ditawar lagi). Membimbing para pemimpin dan para ksatria-prawira, mempertapakan seluruh dunia bersama isinja. (Terdjemahan bébas.)

Sasaka Domas bersama hutan² larangan, jang disebut tanah kabujutan, disebut leuweung pangauban, artinja hutan perlindungan. Pada kepertjajaannja untuk memperlindungi seluruh dunia. Karena itu, walaupun bagi orang² jang ada disana terlarang mempunjai atau memilikinja. Djangankan hutan larangan, sedangkan tanah di seluruh désa Kanékés bersama tanah² Dangkanja tak boléh dipunjai sebagai hak-milik oléh siapa djuapun.

Kelompok manusia jang bertugas memelihara Sasaka Pustaka Buana ini, disebut orang Rawajan, karena tinggal di lembah Rawajan, disebut orang Kanékés karena ada sungai Tjikanékés, dan achir[2] ini disebut orang Baduj, karena tinggal di sekitar gunung Baduj. Menurut keterangan djaro Kanékés sebutan Baduj itu sedjak pemerintah Belanda berkuasa di Indonésia, jakni ketika Sultan Agung Tirtajasa kalah perang lawan puteranja jang dibantu oléh Belanda. Sedjak waktu itulah pemerintahan Baduj berubah, dengan diadakannja djaro pemerintah jang kini disebut djaro désa Kanékés, bertugas sebagai opsir penghubung. Dahulu sebelum Belanda berkuasa, sedjak djaman Galuh, Padjadjaran, ratu Banten dan para sultan di Banten, puun itu berhubungan langsung dengan para pemimpin negara atau perantaraan djaro Wrega (salah seorang djaro dari tudjuh djaro jang didjadikan kepala).

Kini kelompok manusia ini disebut orang Baduj. Orang[2] Baduj dalam disebut orang girang (hulu) tinggal di Tjikeusik, Tjikartawana dan Tjibéo, dan orang[2] panamping (Baduj luar) jang tinggal di seluruh désa Kanékés bersama tiga bidang tanah Dangka.

Tugas memelihara Sasaka Pustaka ini harus dilakukan hingga kiamat. Sedangkan menurut kata meréka hari kiamat itu masih amat djauh, meréka mempunjai tanda pada Batu Pada-ageung, dan orang[2] Tjikeusik harus lima kali lagi pindah di désa Kanékés. Tanda[2] hari kiamat akan datang jakni bila manusia dan héwan tidak bunting lagi, ajam tidak bertelur, pohon[2]an tidak berbuah. Akan tetapi mungkin dunia ini rusak sebelum kiamat ialah karena dirusak oléh isinja sendiri, atau Sasaka Pustaka Buana tidak dipelihara sungguh[2].

Karena itu tanah di Sasaka Domas itu harus senantiasa sutji. Jang boléh berziarah kesana hanjalah puun[2] bersama orang[2] jang dianggap bersih oléh puun. Selama tiga hari disana merékapun harus sutji dan tidak boléh mengotorkan tanah di tempat itu. Tidak boléh meludah, bérak, kentjing, kentut, mengeluarkan perkataan jang kotor dsb. Untuk keperluan itu (kentjing, kentut dsb.) meréka membawa sepotong bambu.

Orang[2] jang bertugas memelihara Sasaka Pustaka Buana itu haruslah orang[2] jang didjauhkan dari angkara-murka. Karena itu dalam kehidupan meréka dikekang oléh ber-matjam[2] larangan kabujutan. Misalnja: Dilarang memusatkan kepertjajaan atau iman kepada benda wudjud lahiriah. Djadi tak boléh menjembah kaju, batu, kuburan, gambar[2], dsb. Dilarang pula: irihati, bohong, merugikan orang lain, baik perasaan atau benda, mentjuri, menipu, bermadu (isteri lebih dari seorang), bertjerai (mentjeraikan bini), kaja, méwah, pandai, bersenang dalam arti ber-malas[2], mempeladjari ilmu sihir (kebal kulit dsb.), berkendaraan, tidur di kasur, melukai orang, berkelahi, marah dilakukan, dan semua tingkah-laku jang dapat membawa meréka kepada angkara-murka.

Untuk nafkah meréka se-hari[2] disediakan tanah titipan jang tak boléh dipunjai oléh siapa djuapun. Dalam hal mengerdjakan tanah itupun diikat pula oléh beberapa larangan kabujutan. Meréka tidak boléh bersawah, mentjangkul, menipar, berpalawidja, menanam bidjan, menanam ketéla pohon, memelihara héwan lain daripada ajam (kerbau, sapi, kuda, kambing dsb. tak boléh ada disana), memelihara ikan, dsb. Dilarang pula: memakai pakaian bukan bikinan sendiri, sedangkan kapasnjapun hendaklah jang ditanam di pulau Djawa.

Bagi para pemelihara Sasaka Pustaka Buana jang tak tahan kepada larangan[2] kabujutan, disediakan larangan[2] jang lebih énténg, tetapi harus keluar dari daérah girang, ialah orang[2] Baduj luar atau panamping. Bagi orang[2] panamping boléh berkendaraan, bertjerai (tapi tetap tak boléh bermadu), menanam ketéla pohon, membuat gula, menggoréng makanan, tidur berbantal, mempunjai piring, tjawan, dsb.

Bagi orang[2] girang dilarang mempunjai gelas, piring dan tjawan, ketjuali piring batu dan pinggan batu. Jang disebut piring batu atau pinggan batu itu pada pendapat penulis adalah alat[2] makan antik buatan Tiongkok dulu.

Orang[2] girang minum dari ruas (bumbung) bambu atau dari tempurung, makan dari sehelai daun. Tatakrama menjuapnjapun seperti kebudajaan Indonésia kuna jang masih terdapat di Sumatera, Djawa dll. ialah nasi itu se-olah[2] dilémparkan ke dalam mulut.

Bila orang[2] girang bepergian keluar diboléhkan makan dari piring atau minum dari gelas, tapi tidur di atas kasur dan berkendaraan tetap tidak boléh. Tak boléh pula makan daging kambing.

Keinginan meréka hanjalah berharap agar dunia ini djanganlah hendaknja rusak sebelum kiamat, karena meréka takut akan mendapat murka dari Tuhan. Karena itu, kepada tiap[2] pemerintah jang berkuasa di Indonésia, bermohon agar meréka dalam memelihara Sasaka Pustaka Buana itu djangan diganggu; hutan larangan jang merupakan perlindungan alam djangan dirusak.

Tiap[2] puun berziarah di Sasaka Domas, jalah orang[2] Tjikeusik di Batu Pada-ageung, orang Tjibéo di Mandala Tjiparahyang, diutjapkannjalah doa sebagai berikut (terdjemahan bébas):

,,Ja Tuhanku jang mendjadikan semesta alam ini, ampunilah kiranja para puun dan pemimpin negara dan para ménak, bila kiranja titipan Tuhanku tidak terpelihara sebagaimana hendaknja, hingga akibatnja merusakkan dunia sebelum waktunja.

Ja Tuhanku Jang Mahakuasa dan Keresa, limpahkanlah kiranja karunia Tuhanku kepada para puun agar senantiasa dapat membimbing pemimpin dan para ksatria-prawira, mempertapakan seluruh dunia bersama isinja. Karuniailah para ratu agar ,,tjukul sembarang haturan" (perintah dan kata[2]nja diturut). Demikian pula para ménak agar ,,djaja perangna" (djaja dalam peperangan).

Meréka bukan menjembah batu atau tanah jang ada disana, melainkan tanah jang disutjikan itu tempat meréka mengheningkan tjipta, menghadap kepada kehadirat Tuhan.

Sekian dulu tentang kabujutan[2] Baduj. Kini penulis akan mentjoba membandingkan kabujutan[2] itu dengan pengetahuan umum jang dapat diraba oléh penulis sendiri. Sebelumnja akan memperhatikan dulu beberapa konsekwénsi daripada kabujutan[2] itu:

Meréka tak boléh memusatkan kepertjajaan kepada benda wudjud lahiriah, termasuk gambar[2]. Oléh karena itu meréka tidak diboléhkan beladjar membatja dan menulis, karena huruf atau angka[2] menurut faham meréka adalah gambar se-mata[2].

Tanah meréka itu adalah tanah titipan jang tak boléh dipunjai atau dimiliki oléh siapa djuapun, jang pada kepertjajaannja untuk melindungi dunia. Karena itu di tempatnja, baik di désa Kanékés, maupun di tiga dangka di désa lain, terlarang oléh réliginja untuk mengibarkan bendéra apa sadja. Djadi sebagaimana diberitakan oléh surat[2] kabar jang memuat hal Baduj, bahwa meréka tidak mengakui bendéra mérah putih adalah tidak benar.

Kata titipan sangat meresap di dalam kehidupan se-hari[2]. Hasil bumi jang diperoléh dari tanah itu tidak boléh dimakan sebelum padjak dan séba diselesaikan.

Tugas meréka di dunia ini hanjalah ,,ngasuh ratu dst.`` (membimbing pemimpin), bukan untuk menentukan atau memilih ratu (pemimpin). Karena itu meréka tak dapat ikut di dalam pemilihan umum. Istiméwa pula kalau tjara pemilihan itu menjerupai perdjudian (undian), karena meréka tidak diboléhkan berdjudi dsb.

Untuk memenuhi sjarat[2] agamanja perintah[2] berpusat kepada: kehendak, tingkah-laku dan perkataan jang baik dan sewadjarnja. Meréka tidak diperkenankan bertapa seperti fakir[2] Hindu. Meréka berpuasa tiga kali satu hari satu malam, pada masa Kawalu dan ketika menjediakan keperluan Ngalaksa. Ialah pada bulan Kasa, Karo dan Katigo dan pada achir tahun.

Orang[2] Baduj itu sangat mentjintai alam. Meréka merasa berdosa bila dunia ini rusak sebelum masanja kiamat. Bila dunia ini hantjur, maka hantjur pulalah isi semesta alam ini. Dengan demikian dapatlah agaknja di-kira[2]kan, bahwa pendapat meréka dekat atau sama kepada kejakinan géocéntris jang beranggapan, bahwa bumi inilah pusat benda wudjud seluruh alam. Djadi berlainan dengan anggapan héliocéntris, jang berjakinan, bahwa mata harilah jang mendjadi pusat benda wudjud semesta alam. Walaupun demikian tentang Tuhan, amat berlainan dengan pendapat Dante pudjangga Florence (1265—1321) jang mengatakan, bahwa Tuhan dapat dilihat, hingga se-olah[2] Tuhan dan halus Dante itu tidak tunggal. Bagi orang Baduj, Tuhan itu tak mungkin dapat dilihat, walaupun oléh halus manusia. Bahkan tak dapat dikatakan, karena perkataan dalam seluruh bahasa di dunia takkan dapat mendjelaskan keadaan Tuhan. Apapula digambarkan atau dibuktikan karena amat berlainan dengan benda wudjud lahiriah. Jang boléh dan dapat dikatakan hanjalah Kuasa dan Keresa-Nja (kodrat dan iradatnja).

Tentang hari permulaan dan hari kiamat berlainan pula dengan pandangan cyclisch Hindu tentang Brahma jang mengatakan, bahwa mahapralaya membinasakan semua machluk semesta alam bersama Tuhan Brahma-nja. Dan kemudian Brahma jang lain menggantikan membentuk semesta alam jang baru. Bagi orang Baduj jang hantjur itu hanjalah isi semesta alam ini, sedangkan Tuhan tetap ada, dan Tuhan itu pula jang mendjadikan semesta alam baru.

Kata[2] Brahma, Wisnu, Wiswara (Içwara = Çiwa) terdapat sebagai
nama tiga Batara. Tetapi tiga[2]nja tidak memegang peranan penting,
ditempatkan di bawah Batara sulung. Bagi meréka Brahma berarti
,,mérah'', Wisnu berarti ,,hitam''.

Tentang Manu dan air bah, jang terdapat dalam agama Hindu dan
Jahudi atau bandjir besar djaman Nabi Noch dalam tiap[2] agama, maka
bagi orang[2] Baduj tidak ada. Kata puun Tjibéo, Girang Djanor: ,,Bandjir
besar jang meliputi seluruh muka bumi ini, sebagai dikatakan oléh
orang[2] Are (orang luar Baduj), tak terdapat pada Pakem kami. Mungkin
pada masa itu tempat kami dan Gunung Kendeng ini tidak tertjapai
oléh air bah jang dahsat itu.''

(Von: Sursa, aus ,,Indonesia'', 5. Jahrgang, Nr. 11, 1954).

9. Pertunangan didaérah Besuki

1. Mentjari bakal tunangan

Lazimnja, jang mentjari gadis untuk bakal tunangan bukan pemuda
jang akan/ingin bertunangan itu sendiri, melainkan orang tuanjalah
jang mentjarikannja. Adakalanja pemuda itu sendiri jang minta pada
orang tuanja, supaja dia dipertunangkan dengan gadis jang telah didjum-
painja sendiri. Tapi, walaupun demikian, orang tua tetap memegang
hak véto atas hal tsb. Ini hanja kadang[2] sadja. Biasanja si pemuda dan
si gadis tidak tahu-menahu, meréka hanja menurut bagaimana kehendak
orang tua (kalau tiada orang tua, walinja), terutama fihak si gadis.
Dalam pada itu orang tua telah memakai kebidjaksanaannja, jakni
berichtiar mendapatkan bakal tunangan jang dikiranja paling sepadan
bagi anaknja.

Jang mentjari bakal tunangan itu — setjara langsung atau tidak —
ialah orang tua fihak laki[2]. Setelah didapatinja gadis bakal tunangan
anaknja, maka orang tua fihak laki[2] itu lalu mentjari kabar[2] (dengan
utusan) kepada orang tua fihak perempuan, jang maksudnja hendak
mengetahui apakah gadis tsb. telah mempunjai tunangan atau belum.
Djika belum, utusan tsb. lalu menanjakan (sering dengan setjara berkias
lebih dulu, djadi tidak lantas mengatakan maksudnja putih atau hitam)
apakah akan diterima sekiranja anaknja tsb. dipinang oléh si A misalnja.
Kalau mendapat kata sepakat, utusan tadi lalu segera memberikan
laporan kepada jang mengutusnja, djuga kalau tak mendapat kata
sepakat.

Kerap kali terdjadi, bahwa anak jang akan dipertunangkan itu
masih kanak[2] benar, lebih[2] lagi fihak perempuannja. Tidak dapat
dikatakan dengan pasti, berapa batas umur paling muda, supaja anak
laki[2] atau perempuan boléh dipertunangkan, karena kedjadian[2] serupa
itu tergantung pada keadaan. Misalnja karena adanja perasaan t a k u t
kalau[2] anak gadis jang hendak dipinang itu, akan dipinang orang lain
lebih dahulu. Perasaan ini ialah perasaan orang tuanja. Djadi perasaan[2]
seperti t a k u t itulah jang menentukan, bukan umur si gadis atau si

pemudanja; meréka ini tidak ikut tjampur apa² sebagai dikatakan tadi. Bahkan bukannja djarang anak jang masih ada didalam kandungan, dan jang dikira akan perempuan dan akan sepadan bagi anak laki² jang akan dipertunangkan itu, telah dipinang dan dengan begitu ter- djadi pertunangan. Dengan sendirinja dalam hal serupa ini bersifat untung-untungan, sebab jang akan dilahirkan belum tentu perempuan.

Disamping alasan tsb. diatas, ada pula anggapan, bahwa pertunangan dengan anak jang masih ada didalam kandungan, atau antara anak laki² dan perempuan jang masih kanak² benar itu, keadaannja sutji dan murni.

Setelah utusan tsb. memberikan laporannja, segera orang tua fihak laki² tadi, suami-isteri, pergi kerumah orang tua fihak perempuan dengan membawa pisang dua sisir; maksudnja hanja supaja djangan datang dengan tangan hampa. Tapi kedatangan suami-isteri dengan dua sisir pisang ini belum merupakan peresmian pertunangan, melainkan baru dengan maksud untuk meminang atau untuk mengikat (bhs. Madura: ménta) gadis tsb. dengan djalan mengadakan persetudjuan antara kedua orang tua itu. Setelah selesai persepakatan ini, dan setelah orang tua fihak laki² itu sampai kerumahnja kembali, meréka lalu memberitahukan kepada para keluarganja dan tetangga²nja tentang pinangan jang telah disepakati itu, serta menentukan pula bilamana akan diadakan „lama- ran" (bhs. Madura), jakni upatjara jang dilakukan untuk meresmikan pertunangan.

2. Meresmikan pertunangan

Peresmian ini dilakukan paling tjepat tiga hari dan paling lambat satu minggu setelah pinangan tsb. Tiap² keluarga dan tetangga jang telah dikabari tadi akan serta pergi mengadakan „lamaran". Pada hari hendak dilangsungkan peresmian itu, meréka semua menjumbang ber-matjam² kuéh, masing² satu baki banjaknja, jang dibawanja sendiri- sendiri. Meréka ini perempuan semuanja, sampai sedjumlah kira² lima puluh orang. Kalau sudah berangkat, meréka lalu berdjalan didalam barisan satu² menudju rumah fihak perempuan.

Peresmian pertunangan ini meréka namakan „njekket batton", maksudnja mengikat persetudjuan jang telah ditjapai. Setelah tamu² tsb. diatas kembali, kuéh² tadi lalu di-bagi²kan pada keluarga² dan te- tangga² fihak perempuan itu, jang maksudnja adalah sbb.:

a) untuk menjiarkan pertunangan itu;

b) supaja meréka djuga menjumbang dan ikut serta, kalau nanti fihak perempuan ini akan mengadakan perkundjungan balasan pada fihak laki².

Perkundjungan balasan ini dilakukan paling tjepat tiga hari dan paling lambat satu minggu setelah sekket batton. Pada waktu perkun- djungan balasan ini jang dibawa bukan kuéh², melainkan semuanja nasi dan lauk-pauk. Nasi ini ditempatkan didalam tempat nasi jang teranjam daripada bambu sampai kira² 50 buah banjaknja, masing² dibawa oléh seorang perempuan jang nanti djuga membentuk barisan. Lauk-pauknja harus ada 12 matjam (misalnja ajam panggang dsb.). Djumlah 12 ini tidak mengandung maksud tersembunji lagi, hanja sudah demikian seharusnja menurut kebiasaan. Perkundjungan balasan ini meréka sebut ,,tongngebbhan'', maksudnja menguntji segala jang telah disepakati sebelumnja, jakni mengandung pengharapan dari pihak perempuan pada pihak laki², supaja djangan mempertjajai pernjataan² orang (ketjuali daripada bésan itu sendiri), terutama pitnah-pitnah.

3. Pertunangan

Kalau terdjadi hal, bahwa tunangan perempuan masih amat kanak², sedangkan tunangan laki²nja tidak demikian, seringlah terdjadi apa jang meréka sebut ,,aḍhusoq''. Ini ialah tunangan laki² itu tinggal dirumah tunangan perempuan. Maksudnja supaja tunangan perempuan jang sangat muda itu lekas besar, jakni dengan djalan menjuruhnja melajani tunangannja setiap hari, misalnja pada waktu makan dll. Tapi meréka belum diperboléhkan berkumpul. Selama waktu ,,ḍhusoq'' ini, kalau tunangan laki² itu mempunjai penghasilan sendiri, ia harus menjerahkannja pada mertuanja. Djadi ,,ḍhusoq'' ini hanja diadakan, kalau dipandang perlu benar.

Pertunangan itu sering berlangsung sampai ber-tahun² karena mudanja umur tunangan² itu (terutama tunangan perempuannja), jang harus ditunggu sampai meréka tjukup umur untuk kawin dan menanggung hidup perkawinan, jakni setelah jang laki² mentjapai umur (paling muda) kira² 17 tahun, dan jang perempuan 12 tahun. Selama ,,waktu menunggu'' ini suasana pertunangan tak boléh dibiarkan sepi. Sebab itu tiap tahun terdjadilah apa jang disebut ,,ater tolo'' dan ,,ater péttra'' jang maksud-maksudnja sbb.:

a) Ater tolo (ater = antar; tolo = keramas): ini dilakukan pada tgl. 28, 29 atau 30 Ruwah, ialah pada waktu mendjelang bulan Puasa malam hari, kira² pada waktu isja (setelah pukul 19.00).

Jang dibawa ialah sebutir njiur tua, jang tempurungnja dihaluskan sampai halus sekali, sering pula dihias, misalnja berbentuk buah nenas. Inilah jang disebut ,,tolo''. Njiur ini biasanja hanja lambang sadja, belum tentu dibuat keramas betul². Disamping itu dibawa pula bedak (jang berbentuk sebagai keléréng ketjil² berwarna putih kekuning²an dan berbau wangi) dan bunga, seperti: melati, kenanga, mawar dsb. sampai kira² lima matjam, jang ditempatkan didalam bokor jang sedang besarnja. Tapi bokor ini nanti dibawa pulang kembali.

Maksud ,,ater tolo'', ialah supaja tunangan perempuan itu berkeramas (bhs. Madura: atolo) atau membersihkan diri untuk memasuki bulan Puasa jang sutji; dan bunga²an itu beserta bedaknja mengandung kias, supaja pertunangan meréka indah dan harum seperti bedak dan bunga²an itu.

Jang pergi mengantarkan ,,tolo'' itu ialah tunangan laki² itu, disertai oléh teman²nja laki², jang berdjumlah antara tiga sampai lima orang

jang dipilihnja sendiri. Salah seorang daripada meréka ini ditundjuknja
sebagai ,,wakilnja". Meréka harus pemuda semua (bhs. Madura: lan-
tjéng = djoko, pemuda jang belum pernah kawin), ketjuali wakilnja
tersebut jang sengadja dipilih dari teman²nja jang sudah kawin dan jang
dipandang tertjakap, karena orang/teman jang telah kawin dianggap
telah banjak mempunjai pengalaman. Djadi dia takkan tjanggung lagi
bersikap sebagai atau bertindak sebagai seorang wakil.

Tunangan dan teman²nja itu tidak diperkenankan memakai sandal
dsb., karena dianggap tidak sopan; jang dimaksudkan terutama setelah
mengindjak halaman rumah mertua. Setelah tunangan ini mengindjak
halaman rumah atau mendekati rumah mertuanja, ia tidak boléh
berdjalan biasa lagi. Ia harus berdjalan seraja berdjongkok, kemudian
lalu menjembah dsb. Selama ini bakal menantu tsb. tidak diperkenankan
berkata apa², lebih² pada mertuanja. Ia harus menundjukkan keso-
panannja jang tertinggi. Jang berbitjara ialah wakilnja jtsb. tadi.
Djuga mertua tidak berkata apa² pada bakal menantunja. Wakilnja
itulah jang menjampaikan kata² ini dan itu pada mertuanja, jang
mengatakan maksud kedatangannja dll. Mertua perempuan tidak boléh
turut menjambut, karena tamu²nja laki² semua. Lebih² tunangan perempuan; tak mudah bagi kedua tunangan itu untuk saling melihat, apalagi
ber-tjakap². Kalau tunangan laki² ingin menjampaikan apa² pada
tunangannja, harus melalui wakilnja djuga, sebagai halnja pada mertua.
Demikian pula sebaliknja.

Kedatangan tunangan laki² dan teman²nja itu tidak dengan tiba².
Sebelumnja mertua telah diberitahu dulu, bilamana ia dan teman²nja
akan datang.

b) Ater péttra (péttra = fitrah):

Waktu melakukannja ialah pada waktu mendjelang hari Lebaran,
pada tgl. 28 atau 29 Puasa, malam hari setelah pukul 19.00. Jang dibawa
ialah beras, jang ditempatkan didalam sebuah bések (bhs. Madura:
tjobbhuq = rijstmandje). Didalamnja djuga berisi: uang (antara
Rp. 0.50 sampai Rp. 5.—), buah djarak (sebanjak kira² ½ tjangkir téh),
beberapa butir kemiri, rokok (3 batang; boléh sebarang rokok, -kréték,
sigarét dsb.), dan kapur-sirih.
Uang berarti: saksi (maksudnja untuk sālabat = bidgeld).
Buah djarak dan kemiri berarti: obor/lampu pelita.
Rokok dan kapur-sirih: disediakan untuk ,,para bāngatowa" (=
voorouders, oudere bloedverwanten).
Disamping itu dibawanja pula kaju bakar sampai sebanjak 5 pikul
atau lebih, kadang² sampai sebanjak satu pedati/tjikar, gerobak.
Maksudnja: supaja dipakai membuat kuéh² untuk menjambut tamu²
pada hari Lebaran. Maksud memberi ,,péttra" ini, ialah supaja tunangannja berfitrah pada malam Lebaran; djadi fitrah tunangan perempuan ditanggung oléh tunangan laki², karena tunangan adalah tjalon
isteri. Mendjelang hari Lebaran ini, tunangan perempuan djuga dibelikan badju, kain dll.

Jang pergi mengantarkan ,,péttra'' dan tatatjaranja, sama dengan pada waktu ,,ater tolo''.

4. Kundjungan pada hari Lebaran

Ini dilakukan pada hari pertama Lebaran siang hari kira[2] pukul 13.00. Pada waktu ini tunangan laki[2] tidak membawa apa[2]. Jang mengantarkan dan tatatjaranja sama dengan pada waktu ater tolo; béda satu[2]nja hanjalah, bahwa teman[2] itu pada waktu ini tidak perlu orang[2] jang belum kawin, boléh tjampuran.

Setelah makan[2] dsb., mertua lalu menjuruh bakal menantunja itu berkundjung pada sanak-saudara pihak perempuan jang bertempat tinggal didaérah rumahnja, bersama[2] dengan tunangan perempuan, jang djuga diantar oléh kawan[2] perempuannja pula. Ketjuali sebagai kawan, djuga sebagai penundjuk djalan, keluarga mana jang akan dikundjungi lebih dahulu. Ini bisa berlangsung dua sampai tiga hari. Setelah ini selesai, maka tiba gilirannja tunangan perempuan berkundjung pada mertuanja dan sanak-saudara mertua-laki itu.

Selama pertunangan ini, fihak[2] orang tua (bésan) harus sering saling mengundjungi, untuk memelihara baik[2] hubungan[2] jang ditimbulkan oléh adanja pertunangan itu. Kalau salah satu dari kedua bésan itu tidak mengadakan kundjungan sepandjang tahun tanpa mengabarkan alasan[2] suatupun jang njata, ini berarti bahwa ada hal[2] jang tak bérés.

5. Kalau pertunangan gagal

Untuk menggagalkan pertunangan, fihak laki[2] harus mengadakan ,,lamaran'' lagi seperti pada waktu ,,njekket batton''. Kalau ada terdjadi hal ini, fihak perempuan telah faham apa maksudnja. Dua atau tiga hari sesudahnja, fihak laki[2] lalu menjuruh ,,utusannja'' menjampaikan berita pembatalan pertunangan itu pada orang tua fihak perempuan.

Sebab[2] kegagalan ini pasti banjak ragamnja, tapi sebab[2] itu sering tak begitu besar, misalnja sbb.:

Tunangan-perempuan kedapatan beberapa kali pergi seorang diri, misalnja menonton ini dan itu, jang dianggap sebagai perbuatan tidak baik atau melanggar kesopanan oléh fihak laki[2], dan mengakibatkan gagalnja pertunangan itu. Tapi kegagalan ini dapat pulih kembali karena adanja naséhat[2] dari para keluarga dan tetangga[2]nja, jang mejakinkan, bahwa peristiwa jang telah menjebabkan kegagalan tsb. samasekali tak berarti, bahwa tunangan perempuan itu memiliki sifat[2] tak baik. Kedjadian sebaliknja mempunjai kemungkinan jang hampir sama besarnja, jakni kalau orang tua fihak perempuan menganggap menantunja mempunjai sifat[2] tak baik atau tak sopan. Karena itu para tunangan sangat bersikap hati[2].

Demikianlah segala apa jang perlu dituturkan mengenai pertunangan sebagai dimaksud pada permulaan karangan ini.

(Von D. S. Prasastabusana; aus ,,Indonesia'', 5. Jahrgang, Nr. 10, 1954).

ANHANG

Bemerkungen zum Wörterverzeichnis

Das Wörterverzeichnis bringt lediglich die Wörter und die Bedeutungen, die in der Grammatik und in der Chrestomathie vorkommen. Alle Ableitungen sind unter dem entsprechenden Grundwort (Wortstamm) zu suchen, so z. B. *menjuruh* und *penjuruh* unter *suruh*.

Sofern sich das deutsche Wort von dem niederländischen und englischen bzw. von einem von beiden im Schriftbild nicht oder nur durch Großschreibung unterscheidet, ist nur das deutsche Äquivalent angegeben, so z. B. bei *panas* warm, und bei *angin* Wind. Entsprechendes gilt für Ausdrücke, die im Niederländischen und Englischen gleich geschrieben werden, z. B *lampu* Lampe ‖ lamp.

Eine ^I oder ^{II} trennt Homonyme voneinander.

˙ Durch 1) bzw. 2) sind größere Bedeutungsvarianten gekennzeichnet.

Zeichen

: gibt an, 1. daß das Grundwort eine eigene Bedeutung hat, die hier jedoch aus Platzersparnis nicht angegeben ist, weil das Wort als solches in der Grammatik oder Chrestomathie nicht gebraucht ist; 2. daß das Grundwort nur mit Formantien auftritt.

~ deutet an, daß das Grundwort zu setzen ist.

[ʿ] gibt an, daß dieser feste Einsatz (für das arabische ʿ*ain*) fakultativ ist.

> bedeutet „wird zu“,   < bedeutet „entstanden aus“.

* bedeutet, daß ein Wort konstruiert ist.

In ( ) sind Wortteile gesetzt, die auch fortgelassen werden können.

Abkürzungen

Bei der deutschen, niederländischen und englischen Wiedergabe der Bedeutungen sind folgende Abkürzungen gebraucht:

a	= aan		Konj.	= Konjunktion
b	= bei; bij		m	= mit; met
d	= der, die, das, dem, den, durch; de, door		'n	= een
			o s	= oneself
ei	= ein(e, n)		Präp.	= Präposition
enz	= en zo voorts		s	= sich; sein
etw	= etwas		s.	= siehe
f	= für; for		s th	= something
höfl.	= höflich		s v	= soort van
i	= in		tr	= transitiv
iemd	= iemand		v	= von; van, voor
intr.	= intransitiv		w	= with
jmd	= jemand(en)		z	= zich
k o	= kind of			

Wörterverzeichnis

A

abad Jahrhundert ‖ eeuw ‖ century; ~ *pertengahan* Mittelalter ‖ Middeleeuwen ‖ the Middle Ages; *berabad-abad* jahrhundertelang ‖ eeuwenlang ‖ for centuries.

abadi ewig ‖ eeuwig ‖ eternal.

abai : mengabaikan geringschätzen ‖ geringschatten ‖ to disregard.

abang älterer Bruder, ältere Schwester ‖ oudere broer of zuster ‖ elder brother or sister.

abu Asche, Staub ‖ as, stof ‖ ashes, dust; *mengabui (mata)* Sand i d Augen streuen, irreführen ‖ zand i d ogen strooien, misleiden ‖ to dust the eyes of a person, mislead.

achir Ende, letzter ‖ einde, laatste ‖ end, last; ~ - ~ *ini* in letzter Zeit ‖ i d laatste tijd ‖ in the last time; *achirnja* schließlich ‖ tenslotte ‖ at last; *berachir* enden ‖ eindigen ‖ to conclude; *mengachiri* beenden ‖ beëindigen ‖ to finish; *jang terachir* der letzte ‖ de laatste ‖ the last.

ada vorhanden, anwesend sein ‖ er zijn, aanwezig zijn ‖ there is (are), to exist, be present; *berada* s befinden ‖ z bevinden ‖ to be (present); *mengadakan* zustandebringen, verursachen, veranstalten, schaffen ‖ tot stand brengen, veroorzaken, op touw zetten, scheppen ‖ to effect, make, cause, organize, create; *keadaan* Zustand, Dasein, Wesen, Verhältnis(se), Wirklichkeit ‖ toestand, bestaan, wezen, hoedanigheid, omstandigheden, werkelijkheid ‖ state of things, existence, nature, condition, reality.

adab Kultur, Zivilisation ‖ beschaving ‖ culture, civilization; *beradab* kultiviert, zivilisiert, höflich ‖ beschaafd, beleefd ‖ civilized, cultivated, polite.

adakala(nja) bisweilen ‖ soms ‖ sometimes.

adan = azan, adzan Aufruf z muhammedanischen Gebet ‖ gebedsoproep ‖ call to prayer.

adang : mengadang abwarten, auflauern ‖ af-, opwachten ‖ to watch for, waylay.

[ʿ]adat Gewohnheit(srecht), Sitte, Brauch ‖ gewoonte(recht), gebruik ‖ custom, right founded upon custom, tradition; ~ *istiadat* Gewohnheiten, alte Bräuche ‖ gewoonten, oude gebruiken ‖ customs and usages.

adik jüngerer Bruder, jüngere Schwester ‖ jongere broer of zuster ‖ younger brother or sister.

[ʿ]adil gerecht ‖ rechtvaardig ‖ just; *ketidak - adilan* Ungerechtigkeit ‖ onrechtvaardigheid ‖ injustice.

adinda jüngere Schwester (höfl.), Anrede des Mannes an seine Frau ‖ jongere zuster (beleefd), ook door d man tegen zijn echtgenote gebruikt ‖ younger sister (polite), also used to address one's wife.

[ʿ]adjaib verwunderlich, erstaunlich ‖ verwonderlijk, verbazend ‖ astonishing, amazing.

adjal Sterbestunde, Tod, Ende ‖ stervensuur, dood, einde ‖ (hour of) death, end.

adjar Unterricht ‖ onderricht ‖ lessons; *kurang* ~ nicht gut erzogen, unhöflich ‖ onbeschoft, impolite; *beladjar* lernen ‖ leren ‖ to learn; *mengadjar* unterrichten ‖ onderwijzen ‖ to teach; *mengadjarkan* etw lehren ‖ (iets) onderwijzen ‖ to teach; *mempeladjari* etw lernen ‖ leren ‖ to study, learn; *terpeladjar* gelehrt ‖ geleerd ‖ learned; *pengadjar* Unterricht(en), Lehrer ‖ les, onderricht, leraar ‖ lessons, instruction, teacher; *pengadjaran* Unterricht ‖ onderwijs ‖ lessons; *peladjar* Schüler ‖ leerling, scholier ‖ pupil; *peladjaran* Unterricht, Studium, Lehre ‖ les, studie, leer ‖ lesson, study, precept.

adji : mengadji rezitieren ‖ reciteren ‖ to recite.

adu : mengadukan (an)klagen ‖ klagen over iets, aanklagen ‖ to lodge a complaint on, lament over.

aduh au! ‖ wee! ‖ ow!

adzan = adan.

agak 1) ziemlich ‖ enigszins ‖ rather; 2) = *agaknja* vermutlich ‖ vermoedelijk ‖ presumably.

agama Religion ‖ godsdienst ‖ religion.

agar (supaja) damit (Konj.) ‖ opdat, teneinde ‖ in order that.

Ahad : hari ~ Sonntag ‖ Zondag ‖ Sunday.

ahli Fachmann ‖ deskundige ‖ expert; ~ *negara* Landeskundiger, Staatsmann ‖ landskundige, staatsman ‖ person who knows the land, statesman.

'ain Auge, Kern einer Sache ‖ oog, kern v e zaak ‖ eye, kernel, essence.

air Wasser, Saft ‖ water, sap ‖ water, juice, sap; ~ *bah* Flut, Überschwemmung ‖ vloed, overstroming ‖ flood, inundation; ~ *mata* Träne ‖ tranen ‖ tear; ~ *muka* Antlitz ‖ gelaat ‖ face.

ajah Vater (höfl.) ‖ vader (beleefd) ‖ father (polite); ~ *bunda* die Eltern (höfl.) ‖ ouders (beleefd) ‖ parents; *ajahanda* Vater (höfl.) ‖ vader (beleefd) ‖ father (polite).

ajam Huhn ‖ hoen, kip ‖ hen; ~ *-itik* Geflügel ‖ pluim-vee ‖ poultry.

ajat (Quran-)Vers ‖ vers (van d Koran) ‖ verse (of the Koran).

ajo los! ‖ vooruit! ‖ come on!

ajun, mengajun = berajun-ajun wiegen, schaukeln ‖ wiegen, schommelen ‖ to rock, swing; *mengajun langkah* s auf d Weg machen ‖ op pad gaan ‖ to go away.

akal Verstand, Vernunft ‖ verstand, vernuft ‖ intellect, reason.

akan was ... betrifft, hinsichtlich, als, nach, zu, für, bez. Futur (§§ 3, a; 42, a; 53, n; 7, e) ‖ aangaande, met betrekking tot, naar, tot, voor, als, bet. toekomst ‖ as for, concerning, with regard to, as, to, for, shall, will (future); ~ *tetapi* aber, (je)doch ‖ maar, echter, toch ‖ but, however; *seakan (-akan)* als ob, gleichsam ‖ alsof, als 't ware ‖ as if, as it were.

akar Wurzel ‖ wortel ‖ root; *berakar* wurzeln (in) ‖ wortelen ‖ rooted.

Akén Aachen ‖ Aaken ‖ Aix-la-Chapelle.

aki Titel für ältere Leute ‖ titel v oudere lieden ‖ title for elder people.

l'Jakibat Folge, Konsequenz, Resultat‖ gevolg, consequentie, resultaat ‖ outcome, consequences, result; *berakibat* zur Folge, Folgen haben ‖ tot gevolg, gevolgen hebben ‖ to result in, to have consequences; *mengakibatkan = berakibatkan* zur Folge haben ‖ tot gevolg hebben ‖ to result in.

akséntuasi Akzentuierung ‖ accentuatie ‖ accentuation.

aksi polisi Polizeiaktion ‖ politionele actie ‖ police action.

aktiviteit Aktivität ‖ activiteit ‖ activity.

aku = daku ich, mich ‖ ik, mij ‖ I, me; *mengaku* bekennen, anerkennen ‖ be-, erkennen ‖ to confess, admit, recognize; *mengakui* anerkennen, sich zu etw bekennen ‖ erkennen, toegeven ‖ to recognize, acknowledge.

l'Jalam Welt, Natur ‖ wereld, natuur ‖ world, nature.

alam : mengalami erfahren, erleben ‖ ervaren, beleven ‖ to experience, to live to see; *pengalaman* Erfahrung ‖ ervaring ‖ experience.

alamat Zeichen, Hinweis ‖ teken, aanwijzing ‖ sign, hint.

alangkah wie (schön, groß usw.)! (§ 12, k) ‖ hoe (mooi, groot etc.) ‖ how (beautiful, great etc.)!

alas Basis ‖ base; *mengalasi* (d Fußboden) belegen ‖ (d vloer) beleggen ‖ to cover (the floor); *alasan* Motiv, Anlaß ‖ motief, aanleiding ‖ motive, reason.

alat Mittel, Werkzeug, Gerätschaften, Organ ‖ middel, gereedschap, orgaan ‖ instrument, tool, organ; ~ *kera-*

djaan Reichsinsignien, Hoheitszeichen ‖ rijksinsigniën, waardigheidstekenen ‖ royal insignia, regalia.

alhamdu lillah Lob sei Gott = Gott sei gelobt! ‖ lof zij God ‖ praise Heaven!

alih, beralih s ändern, verlagern ‖ z verplaatsen, veranderen ‖ to change, move; *mengalihkan* ändern ‖ veranderen ‖ to change (tr).

alim-ulama muhammedanische Rechtsgelehrte ‖ mohamm. wetgeleerden ‖ Muhammedan jurists.

alipan = halipan Tausendfuß ‖ duizendpoot ‖ millipede.

alir, mengalir strömen, fließen ‖ stromen, vloeien ‖ to flow; *aliran* Strömung ‖ stroming ‖ current.

Allah Gott ‖ God.

almarhum(ah) weiland, selig (v Frauen) ‖ wijlen (v vrouwen ‖ the late (of women).

alun Dünung, Woge ‖ deining, golf ‖ swell, wave.

l⁽ʲ⁾am allgemein, für alle gültig ‖ algemeen (geldig) ‖ general, generally valid.

aman sicher, ruhig ‖ veilig, rustig ‖ safe, tranquil; *keamanan* Friede ‖ vrede ‖ peacefulness.

amarah = marah.

amat[I] sehr ‖ zeer ‖ very.

amat[II] : *mengamati* jmd genau betrachten ‖ opmerkzaam beschouwen ‖ to look intently at.

ambil : mengambil nehmen, holen, s aneignen ‖ nemen, halen, toeëigenen ‖ to take, fetch, appropriate; *mengambilkan* für jmd etw holen ‖ voor iemd iets halen ‖ to fetch s th for someone.

ampun Verzeihung, Vergebung, Entschuldigung ‖ excuus, vergeving ‖ pardon, forgiveness, excuse; *mengampuni* jmd vergeben ‖ iemd vergeven ‖ to forgive.

amtenar Beamter ‖ ambtenaar ‖ official.

amuk, mengamuk wütend angreifen, Amoklaufen ‖ woedend aanvallen,

amok lopen ‖ to run amuck; *pengamuk* Amokläufer ‖ amokloper ‖ person who runs amuck.

anak Kind, Junges ‖ kind, jong ‖ child, young; ∼ *angkat* Adoptivkind ‖ adoptiefkind ‖ adopted child; ∼ *buah* Untertanen ‖ onderdanen ‖ subjects; ∼ *-isteri* Familie ‖ familie ‖ family; ∼ *kapal* Schiffsbesatzung ‖ bemanning, schepeling ‖ crew, sailor; ∼ *sungai* Nebenfluß ‖ zijrivier ‖ tributary (stream); ∼ *tonil* Schauspieler ‖ toneelspeler ‖ actor; *beranak* gebären ‖ baren ‖ to bear, give birth to; *memperanakkan* gebären, zur Welt bringen ‖ baren, ter wereld brengen ‖ to bear, give birth to.

andai Möglichkeit, möglich ‖ mogelijk(heid) ‖ possibility, possible; *seandainja* angenommen ‖ veronderstel(d) ‖ suppose.

andil Anteil, Aktie ‖ aandeel ‖ share.

andjing Hund ‖ hond ‖ dog.

andjur, mengandjur aus etw herausragen ‖ buiten iets uitsteken ‖ to protrude; *mengandjurkan* propagieren, ermutigen, vorschlagen ‖ propageren, aanmoedigen, voorstellen ‖ to propagate, encourage, propose; *andjuran* Vorschlag, Initiative ‖ voorstel, initiatief ‖ proposal, initiative.

anduh, menganduh etw i d Schwebe halten ‖ iets zwevend houden ‖ to hold hovering.

anéh merkwürdig, seltsam ‖ merkwaardig, vreemd ‖ odd, strange, curious.

anggap, menganggap betrachten als, glauben ‖ beschouwen als, geloven ‖ to deem, believe; *anggapan* Auffassung, Meinung ‖ opvatting, mening ‖ opinion.

anggota Mitglied ‖ lid ‖ member.

angguk, mengangguk m d Kopf nicken ‖ knikken ‖ to nod one's head.

anggup-anggip stampfen (v Schiff gesagt) ‖ stampen (schip) ‖ to pitch.

anggur[I] Wein ‖ wijn ‖ wine.

anggur[II], *menganggur* faulenzen, müßig,

arbeitslos sein ‖ luieren, leegzitten, werkeloos z ‖ to lounge, be unemployed; *pengangguran* Arbeitslosigkeit ‖ werkeloosheid ‖ unemployment.

angin Wind.

angka Zahl ‖ cijfer, getal ‖ figure, number.

angkara brutal ‖ brutaal.

angkara-murka Habsucht, Egoismus ‖ hebzucht, egoisme ‖ covetousness, selfishness.

angkat : mengangkat aufnehmen, hochheben, ernennen ‖ opnemen, opheffen, benoemen ‖ to take up, raise, appoint; *berangkat* aufbrechen, fortgehen ‖ opbreken, vertrekken ‖ to start, leave; *keberangkatan* d Aufbruch ‖ 't vertrek ‖ the start, departure; *angkatan* Generation, Armee ‖ generatie, leger ‖ generation, army,

angkut, mengangkut transportieren ‖ transporteren ‖ to transport; *pengangkut* Transportmittel ‖ vervoermiddel ‖ medium of conveyance; *pengangkutan* Transport ‖ vervoer ‖ transport(ation).

anglo Kohlenbecken, Kocher ‖ komfoor ‖ brazier.

angsur, berangsur immer (m Komparativ), allmählich ‖ steeds (m vergrotende trap), geleidelijk aan ‖ more and more, gradually.

anjam, menganjam flechten ‖ vlechten ‖ to plait (hair), make (baskets); *teranjam* geflochten ‖ gevlochten ‖ plaited, made; *anjaman* Flechtwerk ‖ vlechtwerk ‖ plaiting, wickerwork.

antar, mengantar(kan) begleiten, bringen ‖ begeleiden, brengen ‖ to accompany, deliver; *pengantar* Begleiter ‖ begeleider ‖ escort, attendant.

antara Zwischenraum, Zwischenzeit, zwischen ‖ tussenruimte, tussentijd, tussen ‖ space between, interval, between; *diantara* zwischen, unter ‖ tussen, onder ‖ between, among; *perantaraan* Vermittlung ‖ bemiddeling ‖ intermediation.

antjam, mengantjam (be)drohen ‖ (be)dreigen ‖ to threaten, menace; *antjaman* (Be)drohung, Einschüchterung ‖ (be)dreiging, intimidatie ‖ threat, intimidation.

antuk, mengantuk schlummern, schläfrig sein ‖ knikkebollen, dutten ‖ to doze, drowse.

anu : si Anu der, die N.N. ‖ 'n zekere ‖ Mr., Ms. So and So.

anugerah : menganugerahi jemand. etwas schenken, verleihen ‖ schenken, verlenen ‖ to present a person w, confer upon.

anut, menganut nachahmen, s zu etw bekennen ‖ navolgen, belijden ‖ to follow, imitate, profess.

apa was?, oder (b Entscheidungsfragen § 11, c), ob (§ 59, c) ‖ wat?, of, woord om vragende zinnen in te leiden ‖ what?, or, word to introduce questions; ∼·∼ irgendetwas ‖ iets ‖ anything; *tidak* ∼ das ist bedeutungslos, laß nur! ‖ 't doet er niet toe, laat maar ‖ it does not matter; *apabila = apakala* wann?, wenn, falls ‖ wanneer?, indien, als ‖ when?, if; *apalagi* außerdem, vor allem ‖ bovendien, vooral ‖ moreover, especially; *apa pula* geschweige ‖ laat staan (dat) ‖ not to mention; *mengapa* was tun?, weshalb? ‖ wat doen?, waarom? ‖ what doing?, why?; *mengapai* was tun mit, bei? ‖ wat doen m, aan? ‖ what to do with?

apak muffig ‖ muf ‖ musty.

api Feuer ‖ vuur ‖ fire; *memperapikan* rösten ‖ roosteren ‖ to toast, roast, grill; *perapian* Kocher, Kochstelle ‖ komfoor ‖ brazier.

apung : berapung (s. *rapung*) auf d Wasser treiben ‖ op 't water drijven ‖ to float.

apus : mengapuskan verschwinden lassen ‖ doen verdwijnen ‖ to make disappear.

arah Richtung, Kurs ‖ richting, koers ‖ direction, course.

arak Arrak ‖ arrack (kind of liqueur).

aral Verhinderung, Hindernis ‖ verhindering, beletsel ‖ prevention, obstacle; ∼ *melintang* unvorhergesehene Hindernisse ‖ onvoorziene verhinderingen ‖ unforeseen obstacles.

arbén Erdbeere(n) ‖ aardbei(en) ‖ strawberry.

arkian (maka) darauf, dann ‖ vervolgens ‖ further, then.

arlodji (Taschen)uhr ‖ horloge ‖ watch.

arsitéktur Architektur ‖ architectuur ‖ architecture.

arti = *erti* Bedeutung, Sinn ‖ betekenis, zin ‖ meaning, significance; *dengan arti kata* in dem (wörtlichen) Sinne ‖ in letterlijke zin, m dien verstande ‖ verbally, in (the sense) that; *berarti* Bedeutung haben, bedeuten ‖ betekenis hebben, betekenen ‖ to mean, with meaning.

artja Bild, Statue ‖ (stand)beeld ‖ statue, image.

aruh s. *pengaruh*.

arus Strömung ‖ stroming ‖ current.

asa Hoffnung ‖ hoop ‖ hope.

asah, mengasah schleifen, wetzen ‖ slijpen, wetten ‖ to sharpen, grind.

asal 1) Ursprung, Abstammung ‖ oorsprong, afkomst ‖ origin, descent; *berasal (dari)* (ab)stammen (v, aus) ‖ afstammen (v) ‖ to descend (from); *berasal* aus gutem Hause ‖ v goede afkomst ‖ of a good family; 2) *asal(kan)* wenn nur ‖ als maar ‖ provided that.

asam Tamarinde ‖ tamarind; ∼ *Djawa* Tamarindus indica.

[ʿ]*asar : waktu* ∼ Zeit des muhammedanischen Nachmittagsgebets ‖ tijd v namiddaggodsdienstoefening ‖ time for afternoon prayers.

Asia Asien ‖ Azië ‖ Asia.

asing fremd, ausländisch ‖ vreemd, buitenlands ‖ foreign; *terasing* abgesondert, isoliert ‖ afgezonderd, geïsoleerd ‖ separated, isolated.

asli Original-, ursprünglich ‖ origineel, oorspronkelijk ‖ original, aboriginal; *keaslian* Originalität ‖ originaliteit ‖ originality.

asmara Liebe, Leidenschaft ‖ liefde, passie ‖ love, passion.

astana = *istana* Palast ‖ paleis ‖ palace.

asuh, mengasuh versorgen ‖ verzorgen ‖ to take care of; *asuhan* Fürsorge ‖ voorzorg ‖ care.

asut = *hasut, mengasut* aufwiegeln, aufhetzen ‖ opstoken, ophitsen ‖ to stir up, incite.

atap Dach(bedeckung) ‖ dak(bedekking) ‖ roof(ing).

atas Oberseite, in, auf, etc. ‖ bovenkant, in, op, etc. ‖ topside, in, on top of, on, etc. ‖ *diatas* oben ‖ boven ‖ on top, above; *jang diatas* obige(r) ‖ bovenstaande ‖ the above one; *mengatasi* übersteigen, überwinden ‖ te boven komen, overwinnen ‖ to surmount, overcome.

atau = *atawa* oder ‖ of ‖ or.

atawa = *atau*.

atjap kali oft, häufig ‖ dikwijls, vaak ‖ often.

atur, mengatur ordnen, regeln ‖ ordenen, regelen ‖ to arrange, organize; *teratur* geordnet, geregelt ‖ geregeld ‖ in order, arranged; *aturan* Ordnung, Regelung ‖ orde, regeling ‖ order, regulations.

aur großer Bambus ‖ grote bamboe ‖ a great bamboo; ∼ *duri* Stachelbambus ‖ stekelbamboe ‖ thorny bamboo.

awak Körper, ich, du ‖ lichaam, ik, gij ‖ body, I, you.

awas vorsichtig, s vorsehen ‖ voorzichtig, oppassen ‖ careful, to look out; *mengawasi* jmd beobachten ‖ i d gaten houden ‖ to watch.

azali alt, von alters her ‖ oud, v oudsher ‖ ancient, from of old.

azan = *adan*.

B

babi Schwein ‖ varken, zwijn ‖ pig, hog; ~ *hutan* Wildschwein ‖ wild zwijn ‖ wild boar; *membabi buta* blindlings ‖ blindelings ‖ blindly.

babu Hausgehilfin, Dienerin ‖ vrouwelijke bediende ‖ female servant.

badak Nashorn ‖ neushoorn ‖ rhinoceros.

badan Körper ‖ lichaam ‖ body.

badja Stahl ‖ staal ‖ steel.

badju Jacke ‖ baadje ‖ jacket; ~ *kurung* Jacke, die nur eine Halsöffnung hat ‖ jasje m alleen 'n halsgat ‖ a jacket with one opening only for the neck; ~ *zirah* Ketten-, Schuppenpanzer ‖ maliënkolder ‖ mail-(-coat).

bagai Art, Weise, wie (b Vergl.), als ob ‖ soort, aard, gelijk als, als(of) ‖ kind, sort, like, as (if); *sebagai* als ob, als (b Prädikatsnomen), wie, gleichsam ‖ alsof, als, als 't ware ‖ as if, as, as it were; *sebagai(mana)* (ganz) wie, als (b Prädikatsnomen) ‖ (zo)als ‖ like, as; *berbagai-bagai* allerlei ‖ various; *bagaikan* wie, als ob ‖ (zo)als, als 't ware ‖ as, as if; *bagaimana* wie (beschaffen)? ‖ hoe-(danig)? ‖ how?

bagase = *bagasi* Gepäck ‖ bagage ‖ baggage.

bagi (An)teil, für, was ... betrifft ‖ (aan)deel, voor, wat ... betreft ‖ part, portion, for, as for; *membagi* teilen, dividieren ‖ (ver)delen ‖ to divide; *membagikan* verteilen ‖ ver-, uitdelen ‖ to distribute; *bagian* Teil, Abteilung ‖ deel, afdeling ‖ part, department.

baginda Seine, Ihre Majestät ‖ Zijne, Hare Majesteit ‖ His, Her Majesty.

bagus schön ‖ mooi ‖ beautiful.

bah s. *air bah.*

bahagia Glück, glücklich ‖ geluk(kig) ‖ happiness, happy; *berbahagia* glücklich ‖ gelukkig ‖ to be happy.

bahagian = *bagian* Teil ‖ deel ‖ part.

bahaja Gefahr ‖ gevaar ‖ danger; *berbahaja* gefährlich ‖ gevaarlijk ‖ dangerous.

bahan Material, Rohstoff ‖ materiaal, grondstof ‖ (raw) material.

bahasa[I] Sprache ‖ taal, spraak ‖ language, speech; ~ *pengantar* Unterrichtssprache ‖ voertaal ‖ medium (of instruction).

bahasa[II] = *behasa* daß (Konj.) ‖ dat ‖ that.

bahela = *bakeula* früher, einst ‖ vroeger, tevoren ‖ former(ly).

bahkan ja sogar ‖ ja zelfs ‖ even, and what is more ...

bahu Schulter ‖ schouder ‖ shoulder.

bahwa daß (Konj.) ‖ dat (voegwoord) ‖ that (conjunction); *bahwasanja* daß, fürwahr ‖ dat, voorwaar ‖ that, indeed.

baik gut ‖ goed ‖ good; ~-~ vorsichtig ‖ voorzichtig ‖ cautious; ~ ...... ~ (= *maupun*) sowohl ...... als auch ‖ zowel ...... als ook ‖ as well as; *membaiki* = *memperbaik(i)* verbessern, reparieren ‖ verbeteren, repareren ‖ to improve, repair; *kebaikan* Güte ‖ goedheid ‖ goodness.

baikot = *békot* Boykott ‖ boycott.

bait pantun Pantun-Strophe ‖ couplet.

baitulmukaddis Jerusalem ‖ Jeruzalem.

bajang Schatten ‖ schaduw ‖ shadow; *membajangkan* durchschimmern lassen, sehen lassen, s vorstellen ‖ laten doorschemeren, laten zien, z voorstellen ‖ to make shine through, to show, imagine; *terbajang* durchgeschimmert, durchschimmern ‖ doorgeschemerd, doorschemeren ‖ to glimmer through; *bajangan* Bild, Schatten ‖ beeld, schaduw ‖ picture, shadow.

bajar, membajar bezahlen ‖ betalen ‖ to pay (for); *membajarkan* m etw bezahlen ‖ m iets betalen ‖ to pay w; *pembajar* Zahlungsmittel ‖ betaalmiddel ‖ medium of payment.

baji Säugling ‖ zuigeling ‖ baby.

bakal zukünftig ‖ aanstaande, toekomstig ‖ future.

bakar, membakar anzünden, i Brand stecken, (ver)brennen, braten ‖ aansteken, i brand steken, (ver)branden, bakken, braden ‖ to light, set fire to, burn, bake, fry; *pembakaran* Brennerei, Art Ofen ‖ s v oven ‖ kiln.

baki Kasten, Behälter, Tablett, Platte ‖ kast, bewaarplaats, bak, presenteerblad ‖ box, receptacle, tray.

bakul Korb ‖ korf, mand ‖ basket.

balai Halle, offenes Gebäude, Institut, Büro ‖ hal, open gebouw, instelling, kantoor ‖ hall, open building, institute, office.

balai-balai = bale-bale Ruhebank, Gebäude ‖ rustbank, gebouwen ‖ kind of couch, buildings.

balas, membalas vergelten, beantworten ‖ vergelden, beantwoorden ‖ to retaliate, answer, reply; *membalas dendam* Rache nehmen ‖ wraak nemen ‖ to take revenge; *balasan* Vergeltung, Gegen-, Antwort ‖ vergelding, tegen-, antwoord ‖ revenge, counter-, answer, reply.

bale-bale = balai-balai.

balik Rückseite, Gegenteil ‖ achterkant, tegendeel ‖ back-side, reverse; *sebaliknja* i Gegenteil, umgekehrt, andererseits ‖ in tegendeel, omgekeerd, a d anderen kant ‖ on the contrary, on the other hand.

bambu Bambus ‖ bamboe ‖ bamboo.

banding Ebenbild, Gegenstück, Partner ‖ evenbeeld, weerga, partner ‖ equal, partner; *membanding(kan) = memperbandingkan* vergleichen ‖ vergelijken ‖ to compare; *perbandingan* Vergleich ‖ vergelijking ‖ comparison.

bandjir Überschwemmung ‖ overstroming ‖ inundation.

bangkai Aas, Leiche ‖ kreng, lijk ‖ carcass, dead body.

bangkéh Blesse ‖ bles ‖ blaze, white spot.

bangkerut bankrott, Bankrott machen ‖ bankroet (gaan) ‖ (to go) bankrupt.

bangkit aufsteigen (Staub), aufstehen ‖ verheffen, omhoogstijgen, opstaan ‖ to rise; *membangkitkan* aufsteigen lassen, (er)wecken ‖ doen oprijzen, verwekken ‖ to raise.

bangku Bank ‖ bankje ‖ seat, bench.

banglas geräumig, frei ‖ ruim, vrij ‖ spacious, free.

bangsa Volk, Rasse, Nation ‖ volk, ras, natie ‖ people, race, nation; *kebangsaan* Nation(alismus) ‖ natie, nationalisme ‖ nation(alism).

bangsawan adlig ‖ adellijk ‖ noble; *kebangsawanan* Adel ‖ nobility.

bangun 1) aufstehen, erwachen ‖ opstaan, ontwaken ‖ to rise, wake up; *kebangunan* d Erwachen, Aufkommen ‖ ontwaking, opkomst ‖ the awakening, rising;
2) Form ‖ vorm ‖ form; *pembangunan* Umbildung, Reform(ation) ‖ hervorming ‖ reform(ation).

banjak viel, zahlreich (sein) ‖ veel, talrijk (z) ‖ much, many, numerous; *mem(per)banjaki* etw vermehren ‖ vermeerderen ‖ to increase; *kebanjakan* Mehrheit, meistens ‖ meerderheid, meestal ‖ most(ly), (for) the greater part.

bantah Streit, Zwist ‖ twist ‖ quarrel; *berbantah* streiten ‖ twisten ‖ to quarrel; *bantahan* streitsüchtig ‖ twistziek ‖ quarrelsome.

bantal Kissen ‖ kussen ‖ pillow; *berbantal* m ei Kissen ‖ m 'n kussen ‖ with a pillow.

banting: membanting tulang sein möglichstes tun, s verausgaben, s abmühen ‖ z uitsloven, zwoegen ‖ to exhaust o s, to do one's utmost.

bantu : membantu helfen ‖ helpen ‖ to help; *pembantu* Helfer(in), Mitarbeiter(in) ‖ helper, medewerker ‖ helper, assistant; *bantuan* Hilfe, Beistand ‖ hulp, bijstand ‖ help, support, assistance.

bapa(k) Vater ‖ vader ‖ father.

bara glühende Kohle, Kohlenglut ‖ gloeiende kool ‖ embers.

barang 1) Ware ‖ waar, goederen ‖ thing, goods, merchandise;
2) *barang* ungefähr (§ 14, g) ‖ ongeveer ‖ about; ~ *apa* was auch ‖

wat ook ‖ whatever; ∼ *siapa* wer
auch ‖ wie dan ook ‖ whoever;
barang-barang orang irgendwer ‖
d eerste d beste ‖ somebody, anybody; *sebarang* willkürlich, irgendetwas ‖ willekeurig, wat ook ‖ at
will, whatever; *bukan sebarang*
= *sembarangan* nicht der erste beste,
nicht irgendwer ‖ niet d eerste d
beste ‖ not somebody, anybody;
sembarang orang ein jeder ‖ iedereen
‖ everyone;
3) möge! ‖ moge! ‖ may!
barangkali = *berangkali* vielleicht ‖
misschien ‖ perhaps.
barat Westen ‖ west.
baring, berbaring liegen ‖ liggen ‖ to
lie.
baris Zeile ‖ regel ‖ line; *barisan* Reihe
‖ reeks ‖ row.
baru neu, (eben, dann) erst, gerade ‖
nieuw, zoëven, (dan) pas ‖ new, just,
recent, only then.
basi veraltet, verdorben ‖ verouderd,
bedorven ‖ out-of-date, spoiled.
baskom Waschschüssel ‖ waskom ‖
wash(ing)-basin.
batal vergebens, mißglückt, nicht zustandekommen ‖ vergeefs, mislukt,
niet doorgaan ‖ in vain, failed,
void; *pembatalan* Mißglücken, d
Nichtzustandekommen ‖ mislukking, 't niet doorgaan ‖ the failure,
the not having come about.
batang Stamm, Halm (auch Hilfszählwort) ‖ stam, halm (ook hulptelwoord) ‖ trunk, blade (of grass),
stalk (class-word for objects).
Batara Gottheit ‖ godheid ‖ deity.
batas Grenze ‖ grens, limiet ‖ border,
limit.
batik Wachsmalerei auf Stoff ‖
schilderwerk m was op doeken ‖
batik(-work); *membatik* derartige
Wachsmalerei herstellen ‖ zulk
schilderwerk maken ‖ to make
batik-work.
batin Inneres, Verborgenes ‖ 't binnenste, verborgene ‖ inner.
batir(-batir) (vergoldetes) Dolchge-
hänge ‖ (vergulde) krisschedeband

‖ a (gilt) chain fastening a keris
scabbard to its belt.
batja, membatja lesen ‖ lezen ‖ to read;
(si) pembatja d Leser ‖ lezer ‖ rea-
der.
batu Stein, aus Stein ‖ (v) steen ‖ (of)
stone; ∼ *bata* Back-, Ziegelstein ‖
baksteen, tegel ‖ brick, tile; ∼ *tulis*
Schiefertafel, Griffel ‖ lei, griffel ‖
slate(-pencil); *membatu* wie ein
Stein s ‖ zoals 'n steen z ‖ to be
like (a) stone.
batuk d Husten ‖ hoest ‖ cough.
bau[I] Gestank, Duft ‖ stank, geur ‖
scent, odour, stench; *berbau* stinken,
duften ‖ stinken, geuren ‖ to smell
badly, stink, to exhale fragrance.
bau[II] ein Flächenmaß (reichlich 7000
qm) ‖ 'n vlaktemaat, bouw, (ruim
7000 m²) ‖ a superficial measure
(more than 7000 square meter).
bawa, membawa (mit)bringen, mitnehmen, zu etw führen, veranlassen (§ 28, d) ‖ (mee)brengen,
meenemen, leiden tot, veroorzaken
‖ to bring, carry, lead up to, to
cause; *membawakan* verursachen ‖
veroorzaken ‖ to cause; *membawa
pulang* heimbringen ‖ mee naar
huis brengen ‖ to bring home.
bawah Unterseite ‖ onderkant ‖ under-
side; *dibawah* unter, unten ‖ onder,
beneden ‖ under, below.
bawang Zwiebel ‖ ui ‖ onion.
béa = *bia* d Zoll ‖ tol ‖ duty.
bebal dumm ‖ dom ‖ stupid.
beban Last ‖ load; *membebani* belasten,
beschweren ‖ iemd belasten, bezwaren ‖ to load, burden.
bébas frei ‖ vrij ‖ free; *membébaskan*
befreien, freilassen ‖ bevrijden, vrijlaten ‖ to free, release; *kebébasan* Freiheit ‖ vrijheid ‖ liberty; *pembébasan*
Befreiung ‖ bevrijding, vrijstelling
‖ liberation, exemption.
beberapa einige ‖ enige ‖ several, some.
béda Unterschied ‖ onderscheid ‖
difference; *berbéda* s unterscheiden,
differieren ‖ verschillen ‖ to be
different, differ from; *perbédaan* Abweichung, Unterschied ‖ afwijking,

onderscheid ‖ deviation, difference.
bedak Puder, Schminke ‖ poeder,
blanketsel ‖ powder, paint, rouge.
bedil Gewehr ‖ geweer ‖ rifle.
bégal Wegelagerer ‖ struikrover ‖
highwayman.
begini so (wie folgt) ‖ zo, als dit ‖ thus,
like this.
begitu so (wie) gesagt ‖ zo, als dat ‖
so, thus.
behasa = *bahasa*[II] daß (Konj.) ‖ dat ‖
that.
bekal Proviant ‖ proviand ‖ provisions.
bekas Spur, Ex-, frühere(r) ‖ spoor,
ex-, vroegere ‖ trace, ex-, former.
beku geronnen, erstarrt ‖ gestold, ver-
stard ‖ coagulated, stiffened.
bél Glocke, Klingel ‖ bel ‖ bell.
bela, membela behüten, versorgen ‖
behoeden, verzorgen ‖ to guard,
cherish, care for.
belah Seite ‖ kant ‖ side.
belahak röcheln ‖ rochelen ‖ to rattle
in one's throat.
belai, membelai liebkosen ‖ liefkozen ‖
to caress.
belaka echt, rein, gänzlich ‖ echt,
louter, i 't geheel ‖ genuine, pure,
mere, quite.
belakang Rücken, Rückseite ‖ rug,
achterzijde ‖ back, behind; *di-* ~
hinter ‖ achter ‖ behind; *membela-
kangi* d Rücken zukehren ‖ d rug
toekeren ‖ to turn one's back upon.
Belanda Niederländer, niederländisch
‖ Hollander, Hollands ‖ Dutch.
belanga (irdener) (Koch-) Topf ‖ (aar-
den) (kook-)pot ‖ (earthen) (cooking-)
pot.
belas zehn, bei den Zahlen von 11—19
inkl. ‖ tien, bij d getallen van 11
tot 19 incl. ‖ ten, in the numbers
between ten and twenty.
beledu Samt ‖ fluweel ‖ velvet.
belék Blech ‖ blik ‖ sheet metal.
belenggu Fessel ‖ boei ‖ shackles.
Bélgia Belgien ‖ België ‖ Belgium.
beli, membeli (ein)kaufen ‖ (in)kopen ‖
to buy, purchase; *membelikan* für
jmd etw kaufen ‖ iets voor iemd
kopen ‖ to buy for; *(beli-)belian*

Gekauftes, Einkäufe ‖ koopwaar,
gekochte goederen ‖ merchandise,
purchase; *pembelian* Kauf ‖ koop ‖
purchasing.
beliau Ehrwürden; er, sie ‖ zijn edele;
hij, zij ‖ the honourable; he, she.
belibis Wildentenart ‖ s v wilde eend ‖
k o wild duck.
belit : membelit umwinden ‖ omwinden
‖ to wind round.
belum noch nicht ‖ nog niet ‖ not yet;
~ *pernah* noch niemals ‖ nog nooit ‖
never yet; *sebelum(nja)* bevor, vorher, im voraus ‖ voordat, van te
voren ‖ before, in advance.
benam : terbenam untergehen, unter-
gegangen (Gestirne) ‖ onder(ge)-
gaan ‖ to sink, to be down, sunk.
benang Faden, Garn ‖ draad, garen ‖
thread, yarn.
benar wahr, wirklich, aufrichtig, sehr ‖
waar, werkelijk, oprecht, zeer ‖
real, true, sincere, very; *membenarkan* s vergegenwärtigen, ordnen, bil-
ligen ‖ v d geest brengen, i orde
brengen, goedkeuren ‖ to realize, put
in order, to approve; *sebenarnja*
wirklich, ganz mit Recht ‖ werkelijk, zeer terecht ‖ actually, in fact,
real; *benar-tidaknja* d Richtigkeit ‖
d juistheid ‖ the correctness; *kebenaran* Wahrheit ‖ waarheid ‖ truth.
benda Gegenstand, Ding ‖ voorwerp,
ding ‖ object, article, thing.
bendahara Schatzmeister ‖ schat-
meester ‖ treasurer; *perbendaharaan
kata* Wortschatz ‖ woordenschat ‖
stock of words, vocabulary.
bendéra Fahne, Flagge ‖ vlag ‖ flag.
bendung : membendung abdämmen,
zurückhalten ‖ afdammen, terug-
houden ‖ to dam up, restrain.
bénggol geschwollen ‖ gezwollen ‖
swollen.
bénsin Benzin ‖ benzine ‖ petrol, gaso-
line.
bentang, membentang (s) ausdehnen ‖
(z) uitstrekken ‖ to stretch, spread
out (o s).
bentar : sebentar ein Augenblick, bald ‖
'n ogenblik, even daarna ‖ a mo-

ment, soon; ~ ~ immer wieder ‖ telkens ‖ again and again.

bentji = *kebentjian* Haß ‖ haat ‖ hate.

bentuk Biegung, Krümmung, Hilfszählwort f Ringe und ringförmige Gegenstände, Form, Type ‖ bocht, kromming, hulptelwoord v ringen en ringvormige voorwerpen, vorm, type ‖ bend, curve, classword for round objects (rings etc.), form, type; *membentuk* bilden, gründen ‖ vormen, stichten ‖ to form, found; *terbentuk* geschaffen, gebildet ‖ gevormd ‖ created, shaped; *pembentuk* Gründer, Bildner ‖ vormer, stichter ‖ founder, former.

benum ernannt ‖ benoemd ‖ nominated, appointed.

bérak seine Notdurft verrichten ‖ z'n gevoeg doen ‖ to defecate.

beranda Veranda ‖ waranda ‖ veranda(h).

berangkali = *barangkali* vielleicht ‖ misschien ‖ perhaps.

berani tapfer, mutig, wagen ‖ moedig, durven ‖ courageous, to dare; *keberanian* Mut ‖ moed ‖ courage.

berapa wieviel(e)? ‖ hoeveel? ‖ how many?; *tiada* ~ nicht sehr (viel) ‖ niet erg (veel) ‖ not so much; *tiada* (= *tidak*) *berapa banjak* unbedeutend ‖ onbeduidend ‖ insignificant.

beras geschälter Reis ‖ gepelde rijst ‖ hulled rice.

berat schwer ‖ zwaar ‖ heavy; *keberatan* Einwand, etw einzuwenden haben ‖ bezwaren (hebben) ‖ (to have) objection(s).

berenang schwimmen ‖ zwemmen ‖ to swim.

béres i Ordnung ‖ i orde ‖ to be alright.

beri, *memberi(kan)* geben, veranlassen, gestatten, gewähren ‖ geven, maken (dat …), toestaan ‖ to give, cause, allow, grant; *memberi hormat* eine Ehrenbezeigung erweisen ‖ eerbetoon betogen ‖ to show mark of respect; *memberi-tahu(kan)* etw mitteilen ‖ iets mededelen ‖ to communicate; *pemberian* Gabe, Verleihung ‖ gave,

gift, verlening ‖ gift, present, grant.

berita Bericht, Nachricht ‖ bericht, nieuws ‖ report, news; *memberitakan* berichten ‖ to report; *pemberitaan* Berichterstattung ‖ berichtgeving ‖ report(ing).

berkat dank (Präp.) ‖ dank zij ‖ thanks to.

bersih sauber, rein ‖ zuiver, schoon ‖ clean, neat; *membersihkan* säubern, reinigen ‖ zuiveren ‖ to clean; *kebersihan* Sauberkeit ‖ zuiverheid ‖ cleanliness; *pembersihan* Säuberung ‖ zuivering ‖ cleaning.

bésan Eltern, deren Kinder miteinander verheiratet sind ‖ ouders wier kinderen m elkaar gehuwd zijn ‖ parents whose children have intermarried.

besar groß, prominent ‖ groot, prominent ‖ great, big, prominent; ~*hati* stolz ‖ trots ‖ proud.

bések Reiskorb ‖ rijstmandje ‖ basket for rice.

besi Eisen ‖ ijzer ‖ iron.

bésok morgen ‖ tomorrow.

béta ich, mein ‖ ik, mijn ‖ I, my.

betapa wie (beschaffen)? ‖ hoe? ‖ how?

betina Weibchen, weiblich (Tiere) ‖ wijfje, vrouwelijk (dieren) ‖ female (of animals).

bétjak dreirädriges Fahrradtaxi ‖ driewielige fietstaxi ‖ tricycle (for the transport of passengers).

betul richtig, wahr, wirklich, sehr ‖ recht, waar, werkelijk, zeer ‖ correct, true, really, very; *membetulkan* verbessern, berichtigen ‖ verbeteren, rectificeren ‖ to improve, correct; *kebetulan* gerade, zufällig ‖ juist, net, toevallig ‖ just, accidental.

betung große Bambusart ‖ s v grote bamboe ‖ large k o bamboo.

bia = *béa*.

biar(lah) möge, laß nur, wenn auch, damit (final) ‖ moge, laat maar, hetzij, opdat ‖ let (be), that, in order to, (al)though; *biarlah …* *asal* mag auch … wenn nur ‖ laat maar … als maar ‖ may … provided that; *biarpun* obgleich, mag auch ‖ hoewel, hetzij ‖ (al)though, let be; *membiarkan* (dem Schicksal) überlassen, gestatten ‖ overlaten, toelaten ‖ to leave, let be, allow.

biara Kloster ‖ klooster ‖ monastery.

biasa gewohnt sein, gewöhnlich, meistens ‖ gewoon z, gewoonlijk, meestal ‖ to be used to, customary, ordinary; *biasanja* meistens, gewöhnlich ‖ i 't algemeen, gewoonlijk ‖ generally, usually; *kebiasaan* Gewohnheit ‖ gewoonte ‖ habit, custom.

bibi Tante ‖ aunt.

bidang Gebiet, breit, flach, ausgespannt ‖ terrein, breed, uitgespannen, vlak ‖ territory, spacious, wide, plain.

bidjak gescheit, klug, bewandert ‖ knap, bedreven ‖ clever, skilled; ~ *-sana* scharfsinnig, weise ‖ scherpzinnig, wijs ‖ shrewd, wise; *kebidjaksanaan* Weisheit, Einsicht ‖ wijsheid, inzicht ‖ sagacity, understanding.

bidjan Sesam (Sesamum orientale) ‖ sesame.

bidji Korn, Kern ‖ korrel, pit ‖ kernel, stone; ~ *mata* Augapfel, Liebling ‖ oogappel, lieveling ‖ eyeball, darling.

bikin, membikin machen, anfertigen, veranlassen ‖ maken, vervaardigen, veroorzaken ‖ to make, cause; *bikinan* Produkt, Anfertigung ‖ product, maaksel ‖ product, make.

bila Zeit, wenn, falls, als ‖ tijd, als, indien, toen ‖ time, if, when; *bila apa* = *bilamana* wann?, als (Konj.) ‖ wanneer?, toen ‖ when?, when.

bilah Span, Klinge, Hilfszählwort f Messer etc ‖ spaander, lemmet, hulptelwoord v messen etc. ‖ chip (of wood), blade (of a knife), classword for knives etc.

bilik Zimmer ‖ kamer ‖ room.

bimbing, membimbing (an d Hand) führen ‖ (bij d hand) leiden ‖ to lead (by the hand).

bin Sohn des ‖ zoon v ‖ son of.

bina : membina aufbauen, erneuern ‖ opbouwen, vernieuwen ‖ to build, renovate.

binasa vernichtet ‖ vernietigd ‖ annihilated; *membinasakan* vernichten ‖ vernietigen ‖ to annihilate.

binatang Tier ‖ dier, beest ‖ animal, beast.

bingkaian Rahmen ‖ lijst, raam ‖ frame.

bingung verlegen, verwirrt ‖ verlegen, verbijsterd ‖ embarrassed, bewildered.

bini Ehefrau, Gattin ‖ echtgenote ‖ wife.

bintang Stern ‖ ster ‖ star.

binti Tochter des ‖ dochter v ‖ daughter of.

biru blau ‖ blauw ‖ blue; ~ *laut* meeresblau ‖ marineblauw ‖ seablue; *membirukan* blau färben ‖ blauw verven ‖ to dye blue.

bis Autobus ‖ bus.

bisa können ‖ kunnen ‖ to be able.

bisik, berbisik flüstern ‖ fluisteren ‖ to whisper; *bisikan* Einflüsterung, Geflüster ‖ influistering, gefluister ‖ suggestion, whispering.

bisu Schamane ‖ sjamaan ‖ shaman.

bitjara Worte, Besprechung ‖ woord(en), bespreking ‖ words, discussion; *berbitjara* sprechen, reden ‖ spreken ‖ to speak; *membitjarakan* besprechen, reden über ‖ bespreken, spreken over ‖ to talk about, discuss; *pembitjara* Sprecher, Redner ‖ spreker ‖ speaker.

bodoh dumm ‖ dom ‖ stupid.

bohong Lüge ‖ leugen ‖ a lie.

bokor Metallnapf, Schale ‖ metalen kom, schaal ‖ metal plate, bowl, dish.

bola Ball ‖ bal ‖ ball.

boléh dürfen, können, möglich sein ‖ mogen, kunnen, mogelijk zijn ‖ may, can, to be possible; ~ *djadi* möglicherweise ‖ mogelijk ‖ possibly; *mem(per)boléhkan* gestatten, lassen ‖ (toe)laten ‖ to allow, grant; *seboléh-boléh(nja)* möglichst ‖ naar vermogen ‖ as well as one can.

bolsak Matratze ‖ bultzak ‖ mattress.

bom = *ebom* Bombe ‖ bom ‖ bomb.

bonéka Puppe ‖ pop ‖ doll.

bongkok = *bungkuk* bucklig ‖ ge-
bocheld ‖ humpbacked.

bopéng pockennarbig ‖ pokdalig ‖
pock-marked.

bordjuis = *burdjuis* bürgerlich ‖ bour-
geois.

borkol Grünkohl ‖ boerekool ‖ cole-
wort.

botjor leck(en) ‖ lek(ken) ‖ leak, to
leak.

buah Frucht, Hilfszählwort für runde,
plumpe Dinge ‖ vrucht, hulptelwoord voor ronde, lompe dingen ‖
fruit, class-word for round, clumsy
things; ∼ *fikiran* Geistesprodukt,
Meinung ‖ geestesproduct, mening ‖
mental product, opinion; *berbuah*
Früchte tragen ‖ vrucht dragen ‖
to bear fruit; *buah-buahan* Früchte
aller Art ‖ vruchten van vele soorten
‖ fruit of all kinds.

buai, membuai wiegen, schaukeln ‖
wiegen, schommelen ‖ to rock,
swing.

buaja Krokodil ‖ crocodile.

buang, membuang fortwerfen, verbannen ‖ wegwerpen, verbannen ‖ to
throw away, exile, banish; ∼ *air*
seine Notdurft verrichten ‖ een behoefte doen ‖ to have motion; *terbuang* weggeworfen, vergeudet ‖
weggeworpen, verspild ‖ thrown
away, wasted.

buat, membuat=*memperbuat 1)* machen,
tun, handeln, anfertigen, veranlassen
‖ maken, doen, handelen (optreden),
vervaardigen, laten ‖ to make, do,
act, manufacture, produce, cause;
buatan Produkt, Anfertigung ‖ product, maaksel ‖ product, make;
kebuatan Tat ‖ daad ‖ deed; *pembuatan* Anfertigung, Herstellung ‖
vervaardiging, productie ‖ manufacture, production; *perbuatan* Handlung, Tat, Handelsweise, Produkt ‖
handeling, daad, 't doen, product ‖
action, deed, doings, product.

buat 2) für ‖ voor, ten behoeve van
‖ for (the sake of).

bubar auseinandergehen ‖ uiteengaan
‖ to disperse; *membubarkan* beenden
‖ beëindigen ‖ to finish.

bubuh: membubuhi versehen m, hinzufügen, liefern ‖ voorzien v, toevoegen a, leveren ‖ to provide w,
add, supply.

bubungan Dachfirst ‖ nok(balk) ‖
ridge.

budaja Kultur, kultiviert, zivilisiert ‖
cultuur, beschaafd ‖ culture, civilization, cultivated, civilized; *kebudajaan* Kultur, Zivilisation ‖ beschaving ‖ culture, civilization.

budak Knabe, Diener ‖ knaap, knecht
‖ lad, servant; *kebudak-budakan*
kindlich ‖ kinderachtig ‖ child-
like.

budi Verstand ‖ understanding, intellect; *berbudi* verständig ‖ ver-
standig ‖ intelligent, sensible =
budiman.

budjang Junggeselle, Diener ‖ vrij-
gezel, bediende ‖ bachelor, servant.

budjuk, membudjuk schmeicheln, be-
ruhigen ‖ vleien, paaien, kalmeren ‖
to coax, soothe.

Bugis Buginese, buginesisch ‖ Boegi-
nees ‖ Bugi, Buginese.

bujut : kabujutan aus der alten Zeit
stammend, Verbot, Verehrungsstätte
‖ uit d ouden tijd afkomstig, verbod,
plaats v verering ‖ ancient, very old,
prohibition, place of worship.

buka, membuka öffnen ‖ openen ‖ to
open; *berbuka (puasa)* d Fasten beenden ‖ d vasten breken ‖ to break
the fast; *membukai* öffnen (mit
pluralischem Objekt) ‖ openen
(meerdere objecten) ‖ to open (several objects); *membukakan* f jmd etw
öffnen ‖ voor iemd iets openen ‖
to open f; *terbuka* offen ‖ open; *pem-
bukaan* Eröffnung ‖ opening.

bukan(nja) keine(r, s), keineswegs ‖
geen, niet, geenszins ‖ no, not, by
no means, not at all; *bukan-bukan*
beispiellos ‖ voorbeeldeloos ‖ without example; *bukan buatan* = *bukan
main* außerordentlich ‖ buitengewoon ‖ extremely.

bukit Hügel ‖ heuvel ‖ hill.

bukti Beweis ‖ bewijs ‖ proof; *mem-
buktikan* beweisen ‖ bewijzen ‖ to
prove.

buku Buch ‖ boek ‖ book.

bulan Mond, Monat ‖ maan, maand ‖ moon, month; *bulanan* monatlich, Monats- ‖ maandelijks, maand- ‖ monthly; *berbulan-bulan* monatelang ‖ maandenlang ‖ for months.

bulat (voll)rund, abgerundet, vollständig ‖ bol, afgerond, volledig ‖ round(ed), complete; *bulatan* Kreis ‖ cirkel ‖ circle.

bulu Körperhaar, Feder ‖ haar op 't lichaam, veren ‖ body-hair, feather, plume.

buluh Bambus ‖ bamboe ‖ bamboo.

bumbung Bambusbehälter ‖ bamboekoker ‖ bamboo container.

bumi Erde ‖ aarde ‖ earth; ∼ -*putera* Landeskinder, Einheimische ‖ landskinderen, inboorlingen ‖ native(s).

bunda = *ibunda* Mutter (höfl.) ‖ moeder (beleefd) ‖ mother (polite).

bundelan Bündel ‖ bundel ‖ bundle.

bunga Blume, Blüte ‖ bloem, bloesem ‖ flower, blossom; *bunga-bungaan* Blumen (aller Art) ‖ (allerlei) bloemen ‖ (all kinds of) flowers.

bungkam : *membungkam* = *membungkem* schweigen ‖ zwijgen ‖ to be silent.

bungkem : *membungkem mulut* d Mund z Schweigen bringen ‖ d mond tot zwijgen brengen ‖ to silence, stop talking.

bungkuk : *membungkuk(-bungkuk)* s bücken(d) ‖ z bukken(d) ‖ to stoop.

bungkus Bündel, Paket ‖ bundel, pak ‖ bundle, packet; *membungkus* einpacken ‖ inpakken ‖ to pack, wrap;

terbungkus verhüllt ‖ verhuld ‖ covered.

bungsu jüngster, letzter ‖ jongste, laatste ‖ younger one, last one,

bunji Klang, Laut, Ton ‖ klank, geluid, toon ‖ sound, tone; *berbunji* ertönen ‖ klinken ‖ to sound.

bunting schwanger, trächtig ‖ zwanger, drachtig ‖ pregnant, to be with young.

bunuh, *membunuh* töten, ermorden ‖ doden, vermoorden ‖ to kill, murder; *pembunuh* Mörder ‖ moordenaar ‖ murderer.

buru, *memburu* jagen ‖ to hunt; *pemburu* Jäger ‖ jager ‖ hunter; *perburuan* Jagd, Jagdgebiet, Gejagtes ‖ jacht, jachtgebied, het wild ‖ hunting, hunting-ground, prey, game.

buruh Arbeiter ‖ arbeider ‖ labourer.

buruk häßlich, verfault, verdorben, vermodert, schlecht ‖ lelijk, verrot, bedorven, vergaan, slecht ‖ ugly, rotten, dilapidated, bad; ∼ *baik* Qualität, Wert ‖ kwaliteit, waarde ‖ quality, value.

burung Vogel ‖ bird.

buta blind; ∼ *huruf* Analphabet (sein) ‖ analphabeet (zijn) ‖ (to be) illiterate.

butir Korn, Hilfszählwort f kleine, runde Dinge ‖ korrel, hulptelwoord v kleine, ronde voorwerpen ‖ grain, class-word for small, round objects.

butuh Bedürfnis, Bedarf ‖ behoefte ‖ necessity, requirement, demand; *membutuhkan* benötigen ‖ nodig hebben ‖ to need.

C

chabar = *kabar* Nachricht, Bericht ‖ tijding, bericht ‖ news, report.

chalajak Geschöpfe, Kreatur ‖ schepsels ‖ creature; ∼ *ramai* d Publikum, d Masse ‖ 't publiek, d massa ‖ the crowd, people.

chalwat : *berchalwat* s zurückziehen, um zu meditieren, meditieren, s absondern ‖ z terugtrekken om te mediteren, mediteren, z afzonderen

‖ to retire (in order to meditate), to meditate, seclude o s.

chas speziell, besonders ‖ speciaal, bizonder ‖ special.

chawatir = *kuatir* besorgt, ängstlich ‖ bezorgd, angstig ‖ anxious; *kechawatiran* Besorgnis, Angst ‖ beduchtheid, angst ‖ apprehension, fear.

chusus besonders, speziell ‖ bizonder, speciaal, ‖ particular, special.

D, Dj

dada Brust ‖ borst ‖ chest.

dadak : mendadak plötzlich ‖ plotseling ‖ suddenly.

daérah Gebiet, Provinz, Umgebung ‖ grondgebied, provincie, omtrek ‖ territory, area, province, environment.

daftar Liste, Verzeichnis, Plan ‖ lijst, register, rooster ‖ list, register, table.

dagang fremd, Fremder, Handel (treiben) ‖ vreemd, vreemdeling, handel(en) ‖ foreign(er), trade, to trade; *pedagang* Händler ‖ handelaar ‖ trader; *perdagangan* Handel ‖ nering, handel ‖ trade, commerce.

daging Fleisch ‖ vlees ‖ meat.

dahi Stirn ‖ voorhoofd ‖ forehead.

dahsat = dahsjat schrecklich, gewaltig ‖ verschrikkelijk, geweldig ‖ terrible, vehement; *kedahs(j)atan* Heftigkeit ‖ hevigheid ‖ vehemence.

dahulu = dulu früher, einstmals, vorher, (vor)erst ‖ vroeger, eens, tevoren, vooreerst ‖ former(ly), earlier, first of all; *mendahulukan* vorziehen, vorhergehen lassen ‖ voortrekken, doen voorafgaan ‖ to prefer, yield precedence to.

daʿlif schwach ‖ zwak ‖ weak, feeble.

daja 1) Kraft, Vermögen ‖ kracht, vermogen ‖ power, ability; 2) Ausweg ‖ uitweg ‖ way out; *apa dajaku?* was kann, soll ich tun? ‖ wat staat mij te doen? ‖ what am I to do?; ~ *upaja* allerlei Listen, Maßregeln ‖ allerlei listen, maatregelen ‖ ways and means; *berdaja-upaja* auf Mittel sinnen, Rat wissen ‖ op middelen zinnen, raad schaffen ‖ to devise means, to know means.

daku = aku ich, mich ‖ ik, mij ‖ I, me.

dakwa(an) Anklage, Beschuldigung ‖ aanklacht, beschuldiging ‖ charge, accusation; *mendakwa* beschuldigen ‖ to accuse, charge.

dalam Inneres, tief, in, während ‖ binnen(ste), diep, in, terwijl ‖ inside, deep, in, while, whilst; ~² gründlich ‖ terdege ‖ profoundly;

di-dalam in, während ‖ in, terwijl ‖ in, while; *mendalam* durchdringen, vertiefen ‖ doordringen, verdiepen ‖ to go deeply into (a problem), penetrate, deepen.

damai friedlich ‖ vreedzam ‖ peaceful.

dampar, terdampar angespült ‖ aangespoeld ‖ drifted ashore.

dan und ‖ en ‖ and.

dandan Kleidung ‖ kleding ‖ clothes; *berdandan* gekleidet, geschmückt ‖ gekleed, getooid ‖ dressed up, adorned.

dang Artikel vor weibl Eigennamen (literarisch); s v lidwoord voor namen van vrouwen (literair) ‖ k o article before names of women (literary).

dangka Höhle (Bezeichnung für Wohnung, Siedlung) ‖ hol (aanduiding voor woning, wijk) ‖ cave (term for dwelling, settlement).

dangkal seicht, oberflächlich ‖ ondiep, oppervlakkig ‖ shallow, superficial.

dapat können, imstande s, erhalten, erfinden ‖ kunnen, i staat (z), verkrijgen, uitvinden ‖ can, to be able, get, invent; *mendapat(kan)* erlangen, erhalten, (er)finden, erfahren ‖ vinden, krijgen, uitvinden, ondervinden ‖ to find, get, meet, invent; *mendapati* entdecken ‖ ontdekken ‖ to discover; *mendapat tahu* etw erfahren ‖ te weten komen ‖ to come to know; *terdapat* gefunden, aufgefaßt werden, anwesend ‖ gevonden, opgevat worden, aanwezig ‖ found, comprehended, present; *kedapatan* angetroffen, ertappt ‖ aangetroffen, betrapt ‖ found, caught; *pendapat* Auffassung, Meinung, Ansicht ‖ opvatting, opinie, mening ‖ opinion; *pendapatan* Einkommen, Entdeckung, Erfindung ‖ inkomsten, ontdekking, uitvinding ‖ income, invention, discovery.

dapur Küche ‖ keuken ‖ kitchen.

(burung) dara Taube ‖ duif ‖ pigeon.

daradjat Rang, Ansehen ‖ rang, aanzien ‖ prestige, rank.

darah Blut ‖ bloed ‖ blood; *berdarah*

bluten, blutig ‖ bloeden, bloedig ‖ to bleed, bloody.

darat (Fest)land ‖ (vaste) land ‖ land, shore; *mendarat* an Land gehen ‖ aan land gaan ‖ to go ashore; *daratan* Kontinent ‖ continent.

dari von ... her (b Sachen), als (b Komparativ), wegen ‖ van (... af), (meer, liever) dan, wegens ‖ from, than, because of; *daripada* von ... her (b Personen), aus, weil ‖ van, omdat, (gemaakt) uit ‖ from, because, (made) of.

dasar Fundament ‖ foundation.

dasi Krawatte ‖ das ‖ necktie.

datang (an)kommen ‖ (aan)komen ‖ to come, arrive; *mendatangi* jmd überfallen, aufsuchen ‖ iemd overvallen, opzoeken ‖ to assail, make a call; *mendatangkan* kommen lassen, bringen ‖ laten komen, brengen ‖ to cause to come, bring; *kedatangan* Ankunft ‖ (aan)komst ‖ arrival.

datok d Haupt der Familie, hoher adat-Titel ‖ familiehoofd, hoge adat-titel ‖ head of family, a high adat-title.

daun Blatt ‖ blad ‖ leaf; ∼ *telinga* Ohrmuschel ‖ oorschelp ‖ auricle, pinna.

debar : berdebar (-debar) klopfen, pochen ‖ kloppen ‖ to throb.

debu Staub ‖ stof ‖ dust.

dekat nahe ‖ dichtbij, nabij ‖ near, close; *mendekat(i)* s nähern ‖ (be)-naderen ‖ to approach.

delapan acht (8) ‖ eight.

demi 1) was ... betrifft, während, sobald, als ‖ wat betreft, zodra, toen ‖ as to, as soon as, when; 2) *demi Allah* bei Gott ‖ bij God ‖ by God; 3) *seorang demi seorang* Mensch für Mensch, einer nach dem anderen ‖ de een na de ander ‖ one after the other.

demikian so ‖ zo ‖ thus; *sedemikian ini* derart ‖ zodanig ‖ such.

démokrasi Demokratie ‖ democratie ‖ democracy.

dendam Haß ‖ haat ‖ hate.

dengan mit(tels) ‖ met, door middel van ‖ with, by; ∼ *tidak* = ∼ *tak* ohne ‖ zonder ‖ without.

dengar, mendengar hören ‖ horen ‖ to hear; *dengar-dengaran akan* dauernd auf etw hören ‖ naar iets luisteren ‖ to listen to; *mendengarkan* hören nach ‖ luisteren naar ‖ to listen to; *mendengar-dengarkan* beaufsichtigen ‖ 't opzicht hebben ‖ to watch over, control; *terdengar = kedengaran* hörbar ‖ hoorbaar ‖ audible; *pendengaran* Gehörtes, Gehör ‖ 't gehoorde, gehoor ‖ what is heard, hearing, sense of hearing.

denging, mendenging (-denging) sausen(d), brausen(d) ‖ tuiten(d), suizen(d) ‖ to buzz, whistle, roar.

dengkul[I] gekrümmt, krumm, ‖ gekromd, krom ‖ crooked, bent.

dengkul[II] Knie ‖ knee.

dengung : berdengung brummen ‖ gonzen ‖ to growl.

depan = *hadapan* Vorderseite, Zukunft ‖ voorkant, front, toekomst ‖ front, future; *(di)depan* vor ‖ voor ‖ in front of; *kedepan* nach vorne ‖ naar voren ‖ foreward, to the front.

derai : menderaikan auseinander nehmen, analysieren ‖ uit elkaar halen, analyseren ‖ to dismount, take to pieces, analyse.

derit krach! ‖ krak! ‖ crack!

derita = penderita(an) d Leiden ‖ 't lijden ‖ suffering; *menderita (sakit)* ertragen, leiden ‖ verduren, lijden ‖ to endure, suffer; *tak terderita* unerträglich ‖ ondraaglijk ‖ intolerable.

dermawan wohltätig, edelmütig, freigebig ‖ weldadig, edelmoedig ‖ charitable, generous, noble-minded.

deru : menderu heulen ‖ loeien ‖ to howl.

deruk krach! ‖ krak! ‖ crack!

désa Dorf ‖ dorp ‖ village.

desak, mendesak verdrängen, antreiben, nötigen ‖ (aan)dringen, verdringen, dwingen ‖ to urge, press, push away.

desau, mendesau rascheln, säuseln ‖ ritselen ‖ to rustle, swish, sizzle.

destar Kopftuch ‖ hoofddoek ‖ head-cloth; *memperdestar* als Kopftuch gebrauchen ‖ als hoofddoek gebruiken ‖ to use as a head-cloth.

detjit piep! ‖ peep!

déwa Gott(heit), Idol ‖ god, afgod ‖ god, idol.

déwan Rat ‖ raad ‖ council; ~ *perwakilan rakjat* Parlament ‖ parlement ‖ parliament.

déwata Gott(heit) ‖ god(heid) ‖ god, deity.

déwi Göttin ‖ godin ‖ goddess.

di in, bei, auf, usw.; Verbalpräfix (§ 26) ‖ in, bij, op, etc.; prefix b werkw. ‖ in at, on, etc.; verbal prefix.

dia = ia er, sie, es ‖ hij, zij, het ‖ he, she, it.

diam schweigen, still s, wohnen ‖ zwijgen, stil z, wonen ‖ silent, to live, stay; ~ - ~ heimlich ‖ heimelijk ‖ secretly; *mendiami* über jmd, jmd gegenüber schweigen, bewohnen ‖ over, tegen iemd zwijgen, bewonen ‖ to be silent about, against, to live in, at; *mengediami* bewohnen ‖ bewonen ‖ to live in, at; *terdiam* schweigen ‖ zwijgen ‖ to be silent; *(tempat) kediaman* Wohnort, Wohnung ‖ woonplaats ‖ domicile; *pendiam* Schweiger ‖ zwijger ‖ person who is silent.

didik, mendidik ausbilden, erziehen ‖ opleiden ‖ to educate; *(pen)didikan* Ausbildung, Erziehung ‖ opleiding ‖ education; *pendidik* Erzieher, Pädagoge ‖ paedagoog ‖ educator, pedagogue.

dik s. *adik*.

dila Lampe ‖ lamp.

dinamis dynamisch ‖ dynamic(al).

dinas Dienst ‖ service.

dinding Wand ‖ wall.

dingin kalt ‖ koud ‖ cold; *kedinginan* Kälte ‖ kou(de) ‖ cold.

dipan Diwan ‖ divan.

diri 1) Person, Selbst, sich selbst ‖ persoon, zelf, zich zelf ‖ person, self, oneself;
2) *berdiri* stehen (bleiben) ‖ (blijven) staan ‖ to stand; *terdiri dari* bestehen aus ‖ bestaan(d) uit ‖ to con-

sist of; *mendirikan* errichten, gründen ‖ oprichten, stichten ‖ to erect, found; *pendirian* Standpunkt ‖ standpunt ‖ standpoint, opinion.

djabat, mendjabat anfassen, drücken, besitzen, innehaben ‖ aanvatten, drukken, hebben ‖ to seize, clasp, hold; *djabatan = djawatan* Amt ‖ ambt ‖ function, post.

djadi werden, geschehen, zustandekommen, gedeihen, etwas sein; deshalb, also ‖ worden, gebeuren, tot stand komen, gedijen, iets zijn; derhalve, dus ‖ to become, happen, come about, thrive, be; therefore; *mendjadi* werden, sein, zustande(ge)kommen ‖ worden, zijn, tot stand (ge)komen ‖ to become, be, come about; *mendjadikan* schaffen, zu etw machen ‖ scheppen, maken tot ‖ to create, make; *terdjadi* geschehen, entstanden, geworden, d Geschehen ‖ gebeuren, ontstaan, geworden, 't gebeuren ‖ to happen, become, happening; *kedjadian* Vorfall, Ereignis ‖ incident, evenement ‖ incident, event, happening.

djadjah : djadjahan Kolonie ‖ colony; *pendjadjah* Unterdrücker ‖ onderdrukker ‖ oppressor.

djadjar Reihe ‖ rij ‖ row.

djaga, mendjaga behüten, bewachen ‖ behoeden, bewaken ‖ to watch over, guard.

djago Hahn ‖ haan ‖ cock.

djagung Mais ‖ maize.

djahanam = djehanam.

djahat boshaft, bösartig ‖ kwaadaardig ‖ wicked; *pendjahat* Missetäter ‖ misdadiger ‖ evil-doer, criminal.

djahit, mendjahit nähen ‖ naaien ‖ to sew.

djaja ruhmreich, triumphierend ‖ glorieus, zegepralend ‖ glorious.

djalan Weg, Straße; Art, Weise, Gang ‖ weg, straat; manier, wijze, gang ‖ road, street; way, manner, pace; *dengan* ~ mittels ‖ door (middel van) ‖ by means of; *djalan besar* Hauptstraße ‖ hoofdstraat ‖ main street; ~ - ~ *kalimat* Stil ‖ stijl ‖ style; *berdjalan* gehen, dahingehen, reisen

|| gaan, verlopen, reizen || to **walk**, go, travel, pass; *berdjalan kaki* zu Fuß gehen || te voet gaan || to go on foot; *mendjalankan* durch-, ausführen || ten uitvoer brengen, leggen || to carry out; *perdjalanan* Reise || reis || trip.

djalang wild, verwildert || wild, verwilderd || wild, run wild.

djam Stunde, Uhr || uur, klok, horloge || hour, clock, watch; ~ *malam* nächtliches Ausgehverbot || avondklok || curfew in night-hours; *berdjam-djam* stundenlang || urenlang || for hours.

djaman = *zaman* Zeit || tijd || time.

djambatan = *djembatan* Brücke, Landungssteg || brug, landingssteiger || bridge, landing-pier.

djambu Fruchtart || s v vrucht || k o fruit.

djamu Gast || guest; *perdjamuan* Gastmahl, Fest, Empfang || gastmaal, receptie || party, reception.

djandji = *perdjandjian* Versprechen, Abkommen || afspraak, overeenkomst || promise, agreement; *berdjandji* geloben, vereinbaren || beloven, afspreken || to promise, agree upon.

djangan nicht!, unterlaß! || niet!, doe niet! || don't!; ~ *-djangan* möge nicht! || moge niet! || may not!; ~ *sampai* damit nicht || opdat niet || lest; *djangankan* nicht nur, geschweige denn || niet alleen, laat staan dat || not only, let alone.

djanggut Kinnbart || kinbaard || imperial.

djantan Männchen, männlich (Tiere) || mannelijk (v dieren) || male animal.

djantung Herz || hart || heart; ~ *hati* Liebling || lieveling || darling.

djara Bohrer || boor || drill.

djarak Rizinus(pflanze) || ricinus-(plant) || castor-oil (plant).

djarang selten (sein) || zelden, schaars (z) || rare, scarce.

djari Finger || vinger.

djaro (sundanesisch) Dorfhaupt || dorpshoofd || village-chief.

djasa das Verdienst || verdienste || merit.

djasmani körperlich || lichamelijk || physical.

djati Teakholz (Tectona grandis) || s v boom || k o tree (teak wood).

djatuh fallen || vallen || to fall; ~ *sakit* krank werden || ziek worden || to fall ill; ~ *tertidur* i Schlaf fallen || i slaap vallen || to fall asleep; *mendjatuhkan* fallen lassen || laten vallen || to drop; *terdjatuh* zu Fall (ge)-kommen || (ge)vallen || to fall, fallen.

djauh weit, fern, abgelegen || ver, afgelegen || far, distant, remote; *mendjauhkan dari* fernhalten v || ver houden v || to keep away from.

Djawa Java, javanisch || Java, Javaans || Java(nese).

djawab(an) Antwort || antwoord || answer, reply; *mendjawab* (be)antworten || (be)antwoorden || to answer.

djawatan = *djabatan* Behörde, Amt || overheid, ambt || authorities, office, department, function, post.

djedjak Schritt, Fußspur || stap, voetspoor || (foot-)step, trail, trace; *mendjedjakkan kaki* d Fuß niedersetzen || d voet neerzetten || to step on.

djedjenang = *djenang-djenang* Aufseher, Helfer || toezichthouder, helper || supervisor, helper.

djehanam = *djahanam* Hölle || hel || hell.

djelang, mendjelang vor || vóór || before.

djelas deutlich, fertig, abgetan || duidelijk, afgedaan || clear, finished, settled; *mendjelaskan* erklären || verklaren || to explain; *pendjelasan* Erklärung || verklaring || explanation.

djelata : *rakjat* ~ d Proletariat, d Masse || 't proletariaat, d massa || the proletariat, the masses.

djelék häßlich || lelijk || ugly.

djelma Inkarnation, Metamorphose || incarnatie, metamorphose || incarnation, metamorphosis; *mendjelma* s inkarnieren, s entpuppen als || z incarneren, z ontpoppen als ||

to take the shape of, to turn out to be.

djembalang Kobold, Erdgeist ‖ kobold, aardgeest ‖ goblin, gnome.

djembatan = djambatan.

djemput, mendjemput abholen ‖ afhalen ‖ to meet a person.

djemur, mendjemur i d Sonne trocknen ‖ i de zon drogen ‖ to dry; *berdjemur* s i d Sonne wärmen, s abmühen ‖ z i de zon drogen (koesteren), zwoegen ‖ to dry, take a sun-bath, to drudge.

djenang-djenang = djedjenang.

djendéla Fenster ‖ venster(raam) ‖ window.

djengkal Spanne ‖ span ‖ a span (of the hand).

djenis Art, Sorte ‖ aard, soort ‖ kind, sort; *berdjenis-djenis* allerlei Arten ‖ allerlei soorten ‖ all kinds (sorts) of.

Djepang Japan, japanisch ‖ Japan(s) ‖ Japan(ese).

djerit, mendjerit schreien ‖ gillen ‖ to yell, scream; *mendjeritkan* etw herausschreien ‖ uitgillen ‖ to cry out.

Djérman Deutschland, deutsch ‖ Duitsland, Duits ‖ Germany, German.

djidjik Abscheu ‖ afschuw ‖ disgust, abhorrence.

djika wenn, falls ‖ indien, als ‖ if.

djikalau wenn, falls ‖ indien, als ‖ if.

djimat Amulett ‖ amulet.

djin Geist(er) ‖ geest(en) ‖ ghost(s).

djinak zahm ‖ tam, mak ‖ tame; *mendjinakkan* zähmen ‖ temmen ‖ to tame.

djiwa Seele ‖ ziel ‖ soul; *mendjiwai* beseelen ‖ bezielen ‖ to animate.

djongkok, berdjongkok kauern(d), hocken(d) ‖ hurken(d) ‖ to squat, squatting.

djongos Diener ‖ (huis)jongen ‖ manservant.

djua = djuga.

djual, mendjual verkaufen ‖ verkopen ‖ to sell; *berdjual-beli* Handel treiben ‖ handel drijven ‖ to trade; *djualan* Handelsware(n) ‖ handelswaar ‖ merchandise; *pendjualan*

Verkauf(spreis) ‖ verkoop(sprijs) ‖ sale, selling-price.

djuang, berdjuang kämpfen ‖ vechten ‖ to fight; *berdjuangkan* kämpfen lassen ‖ doen vechten ‖ to make fight; *memperdjuangkan* f etw kämpfen ‖ strijden voor ‖ to fight for; *pedjuang* Kämpfer ‖ strijder ‖ fighter; *perdjuangan* Streit, Kampf ‖ strijd ‖ fight.

djudi: berdjudi hasardieren ‖ dobbelen ‖ to play dice, gamble; *perdjudian* Glücksspiel ‖ dobbelarij ‖ hazard.

djuga = djua auch, doch, sogar, ziemlich, einigermaßen ‖ ook, toch, zelfs, nogal ‖ also, even, yet, rather.

Djuli Juli ‖ July.

djulur : berdjuluran hervorragen ‖ recht (voor)uitsteken ‖ to jut; *mendjulurkan* ausstrecken ‖ uitsteken ‖ to stretch out.

Djum(a)'at : hari ~ Freitag ‖ Vrijdag ‖ Friday.

djumlah Summe, Gesamtzahl ‖ som, totaal ‖ sum, amount; *sedjumlah* i Betrage v, insgesamt ‖ ten bedrage van, i totaal ‖ to the amount of, altogether; *berdjumlah* betragen, insgesamt ‖ bedragen, i totaal ‖ to amount to, altogether.

djumpa, berdjumpa (dengan) = mendjumpai jmd begegnen, finden ‖ ontmoeten, vinden ‖ to meet (with), find.

djurang Schlucht ‖ ravijn ‖ ravine.

djuru Meister, Fachmann ‖ deskundige ‖ expert; ~ *bahasa* Dolmetscher ‖ tolk ‖ interpreter; ~ *masak* Koch ‖ kok ‖ cook; ~ *terbang* Pilot ‖ piloot ‖ pilot (aircraft); ~ *warta* Berichterstatter, Korrespondent ‖ verslaggever, correspondent ‖ reporter, correspondent.

djurus geradeaus ‖ rechtuit ‖ straight; *djurusan* Richtung, Gebiet ‖ richting, gebied ‖ direction, sphere.

djusta = dusta Lüge ‖ leugen ‖ lie; *berdjusta* lügen ‖ liegen ‖ to lie.

djuta Million ‖ millioen ‖ million.

dll. = dan lain-lain usw. ‖ enz. ‖ etc.

doa = do'a Gebet ‖ gebed ‖ prayer.

dosa Sünde, Missetat ‖ zonde, misdaad

‖ sin, misdeed, crime; *berdosa* sündigen ‖ zondigen ‖ to sin.

dst. = *dan seterusnja* usw. ‖ enz. ‖ etc.

dua zwei ‖ twee ‖ two; *kedua(nja)* beide ‖ both; *dua pertiga* zwei Drittel ‖ twee derde ‖ two third; *berdua* zu zweit ‖ m z'n tweeën ‖ the two of them; *mendua* verdoppeln, traben ‖ verdubbelen, draven ‖ to double, trot; *pendua hari* d Feiern des zweiten Sterbetages ‖ 't vieren v d tweden sterftedag ‖ commemoration of the second day of passing.

duduk sitzen, wohnen, s setzen ‖ zitten, wonen, gaan zitten ‖ to sit, dwell, sit down; *menduduki* = *mengeduduki* etw besetzen, bewohnen ‖ op iets (gaan) zitten, bewonen ‖ to occupy, inhabit; *kedudukan* Sitzplatz, Lage, Rang, Position ‖ zitplaats, ligging, positie, situatie, stand ‖ seat, situation, position, rank; *penduduk* Einwohner, Insasse, Bewohner ‖ inwoner ‖ inhabitant, inmate; *pendudukan* Besetzung ‖ bezetting ‖ occupation.

duga : *menduga* halten f, vermuten, annehmen ‖ ervoor houden, vermoeden, veronderstellen ‖ to consider, think, presume, guess.

dujun : *berdujun-dujun* strömen, i Massen kommen ‖ golven, bij stromen aankomen ‖ i masses, to stream.

dulang Tablett ‖ presenteerblad ‖ tray.

duli (Fuß)staub ‖ (voeten)stof ‖ dust (on feet); ~ *jang dipertuan* Seine Majestät ‖ Zijne Majesteit ‖ His Majesty.

dulu = *dahulu*; *duluan* früher, voraus ‖ vroeger, vooraan ‖ earlier, precede, i advance.

dunia Welt ‖ wereld ‖ world.

dupa Weihrauch ‖ wierook ‖ incense; *pedupaan* Weihrauchfaß ‖ wierookvat ‖ censer.

durhaka Verräter, verräterisch ‖ verrader(lijk) ‖ traitor, treacherous; *kedurhakaan* Verrat ‖ verraad ‖ treason.

duri Dorn, Stachel, Gräte ‖ doorn, stekel, graat ‖ thorn, prickle, fishbone; *durian* eine stark riechende Frucht (Durio zibethinus Murr.) ‖ sterk ruikende vrucht ‖ k o bad smelling fruit.

dusta = *djusta* Lüge ‖ leugen ‖ lie; *berdusta* lügen ‖ liegen ‖ to lie.

dusun Dorf ‖ dorp ‖ village.

E

ebom = *bom*.

édar, *mengédar* umherlaufen ‖ rondlopen ‖ to wander around, walk about; *pengédaran* Herumlaufensort ‖ plaats van rondlopen ‖ place of walking about.

édisi Ausgabe ‖ editie ‖ edition.

egung = *gung* Gong (Metallbecken) ‖ gong, slagbekken ‖ gong.

ékonomi Wirtschaft ‖ economie ‖ economy.

ékor = *ékur* Schwanz, Hilfszählwort f Tiere ‖ staart, hulptelwoord v dieren ‖ tail, class-word for animals.

élak, *mengélak* ausweichen ‖ uitwijken ‖ to avoid, dodge (the traffic), make way for.

elang = *lang* Habicht, Raubvogel ‖ kiekendief, roofvogel ‖ k o hawk.

elat = *lat* spät, verspätet ‖ (te) laat ‖ (to be) late.

élémén Element.

élok schön ‖ mooi, fraai ‖ beautiful.

emas = *mas* Gold ‖ goud ‖ gold; *keemasan* vergoldet ‖ verguld ‖ gilded.

embalau Schellack ‖ schellak ‖ shellac.

emban Leibriemen ‖ buikriem ‖ belt.

embun der Tau ‖ dauw ‖ dew.

embus = *hembus* : *mengembuskan* aushauchen ‖ uitblazen ‖ to exhale, blow out.

émpang : *mengémpang* versperren, abdämmen ‖ versperren, afdammen ‖
to block, dam up.

empat vier ‖ four.

empu Herr, Besitzer ‖ heer, bezitter ‖
master, proprietor; ~ *tangan* Daumen ‖ duim ‖ thumb.

énak wohlschmeckend, angenehm ‖
lekker, aangenaam ‖ tasty, nice;
dengan seénaknja m Vorliebe ‖ b
voorkeur ‖ by preference.

enam sechs ‖ zes ‖ six.

engah : *terengah-engah* eilig ‖ gehaast
‖ in a hurry.

*engkah*² (noch) hart, halbreif ‖ (nog)
hard, half rijp ‖ (still) hard, half
ripe.

engkau = *kau* du, dich, dein, ihr (Pl.) ‖
jij, je, jouw, jullie ‖ you, your.

entah wer weiß! ‖ wie weet! ‖ who
knows!; ~ ... ~ ob = entweder
... oder ‖ of ... of, ‖ whether =
either ... or; ~ ... *atau tidak* ob
... oder nicht ‖ of ... of niet ‖
whether ... or not.

enténg leicht ‖ gemakkelijk, licht ‖
light, easy.

entjik Titel f Leute aus wohlhabenden
Kreisen, auch f Chinesen ‖ titel v
lieden uit gegoede kringen, ook v
Chinesen ‖ title f well-to-do people,
also for Chinese.

eram, mengeram brüten ‖ broeden ‖
to brood.

erat fest, hart ‖ vast, hard ‖ tight,
firm; *mempererat* festigen ‖ hecht
maken ‖ to strengthen.

Éropah Europa, europäisch ‖ Europa,
Europees ‖ Europe(an).

erti = *arti* Bedeutung, Sinn ‖ betekenis, zin ‖ meaning, significance;
mengerti begreifen, verstehen ‖ begrijpen, beseffen ‖ to understand.

ésok (*harinja*) = *keésokan hari(nja)* am
morgigen, folgenden Tage ‖ d vol-
gende dag, morgen ‖ to-morrow, the
next day.

F

fadjar Morgenröte ‖ dageraad ‖
dawn.

faédah = *paédah* Nutzen ‖ nut ‖ use,
benefit.

faham = *paham* Verstand, Auffassung,
verstehen ‖ verstand, opvatting, goed
begrijpen ‖ understanding, concep-
tion, to understand.

fakir = *pakir* der Bedürftige, Bettel-
mönch, arm, bedürftig ‖ behoeftige
lieden, bedelmonnik, arm, behoeftig ‖
the poor, mendicant friar, poor, needy.

famili = *pamili* Familie ‖ family.

fana vergänglich ‖ vergankelijk ‖
transitory.

fasal = *pasal*.

fihak = *pihak*.

fikir = *pikir* = *berfikir* denken ‖ to
think; *fikiran* Gedanke ‖ gedachte
‖ thought.

filsafat Philosophie ‖ filosofie ‖ philo-
sophy.

fitnah = *pitnah* Verleumdung, Läste-
rung ‖ laster ‖ slander.

fitrah obligatorische Abgabe am
Ende des muhammedanischen
Fastens ‖ verplichte gave bij 't
einde der vasten ‖ obligatory
gift at the end of the fast;
berfitrah diese Abgabe entrichten ‖
deze gave betalen ‖ to pay this
gift.

G

gabung : *bergabung* s vereinigen ‖ z verenigen ‖ to unite, join.

gadai Pfand ‖ (onder)pand ‖ pawn,
security; (*rumah*) *penggadaian*
Leihhaus ‖ pandhuis ‖ pawn-shop.

gadis Jungfrau, junges Mädchen ‖
maagd, meisje ‖ virgin, girl.

gadjah Elefant ‖ olifant ‖ elephant.

gadji Lohn, das Gehalt ‖ salaris ‖ salary, wages.

gagal mißglückt, nicht zustandekommen ‖ mislukt, niet doorgaan ‖ failed, not to come about; *menggagalkan* missglücken lassen, vereiteln ‖ doen mislukken, verijdelen ‖ to frustrate; *kegagalan* Mißlingen ‖ mislukking ‖ failure.

gaib verborgen ‖ hidden.

galak wild.

galang : menggalang d Grund legen (f) ‖ d grondslag leggen (voor) ‖ to put on the stocks.

gali, menggali (aus)graben ‖ (op)graven ‖ to dig (up); *penggalian* Grabung, (Öl-)Förderung ‖ opgraving, delving ‖ digging, hauling.

gambar Bild ‖ beeld ‖ picture; *menggambarkan* abbilden, ausmalen, darstellen ‖ afbeelden, voorstellen ‖ to picture, represent; *gambaran* Zeichnung, Vorstellung ‖ tekening, idee ‖ drawing, idea.

ganas bösartig ‖ kwaadaardig ‖ malicious.

ganda -fältig, -fach, doppelt ‖ -voudig, dubbel ‖ -fold, double; *bepergandagandakan* etw stets verdoppeln, vervielfältigen ‖ iets steeds verdubbelen, vermenigvuldigen ‖ to duplicate, multiply.

gandjil merkwürdig ‖ merkwaardig ‖ curious, strange.

gang Gasse, Weg, schmale Straße ‖ gang, weg, smalle straat ‖ passage, road, narrow street.

ganggu, mengganggu stören, hindern ‖ storen, hinderen ‖ to disturb, hamper.

ganti : mengganti(kan) ablösen, ersetzen ‖ aflossen, vervangen ‖ to relieve, substitute; *berganti* miteinander wechseln ‖ m elkaar afwisselen ‖ to take turns; *pengganti* Ersatz ‖ surrogaat, substituut ‖ substitute; *pergantian* Wechsel ‖ afwisseling ‖ change, turn.

gantung, menggantung(kan) (auf)-hängen ‖ (op)hangen ‖ to hang; *bergantung (kepada)* hängen(d), abhängen (von) ‖ hangen(d), af-

hangen (van) ‖ hanging, to depend (on); *tergantung* herunterhängen ‖ afhangen ‖ to hang; *gantungan* Galgen ‖ galg ‖ gallows.

garam Salz ‖ zout ‖ salt.

garang heftig, grausam, wild ‖ heftig, wreed, wild ‖ vehement, cruel, wild.

garasi Garage.

garis Linie, Strich ‖ lijn, streep ‖ line; ∼ · ∼ Züge, Neigungen ‖ trekken ‖ lines, inclination.

garuda Greifvogel ‖ griffioen ‖ griffin.

gaul : bergaul (dengan) verkehren (m) ‖ verkeren (m) ‖ to keep company w, mix w; *pergaulan* Umgang, Verkehr, Gesellschaft, Gemeinschaft ‖ omgang, verkeer, maatschappij, samenleving ‖ (social) intercourse, society, community.

gawai : pegawai Beamter, Angestellter, Personal ‖ ambtenaar, personeel ‖ official, employee, personnel.

gedung Gebäude ‖ gebouw ‖ building.

gegas : bergegas eilen ‖ z haasten ‖ to hurry.

gelagak sprudeln, brausen ‖ borrelen, bruisen ‖ to bubble.

gelang Armreif ‖ armband ‖ bracelet.

gelanggang Arena, Ring ‖ aréna, ring.

gelap dunkel ‖ donker, duister ‖ dark.

gelar Titel, (Bei)name ‖ titel, (bij)-naam ‖ title, (sur)name; *menggelar* ei Namen geben ‖ 'n naam geven ‖ to give a name.

gelas Glas ‖ glass.

géléng : menggéléngkan schütteln ‖ schudden ‖ to shake.

gelepar : bergeleparan flattern ‖ fladderen ‖ to flutter.

gelisah unruhig ‖ onrustig ‖ restless; *kegelisahan* Unruhe ‖ onrust ‖ unrest.

gelombang Welle ‖ golf ‖ wave; ∼ *péndék* Kurzwelle ‖ korte golf (radio) ‖ shortwave.

gema Echo; *menggema* widerhallen ‖ weergalmen ‖ to resound; *bergema* Widerhall finden ‖ weerklank vinden ‖ to reverberate.

gembira aufgeregt, begeistert ‖ opgewonden, enthousiast ‖ excited, enthusiastic; *menggembirakan* ermutigen, ermuntern, begeistern ‖ aanvuren, opwekken, enthousiast maken ‖ to cheer up, inspire; *kegembiraan* Aufregung, Begeisterung ‖ opgewondenheid, enthousiasme ‖ excitement, enthusiasm.

gembur locker ‖ mul ‖ loose (earth).

gementar = gemetar zittern, beben ‖ rillen, beven ‖ to tremble, shiver.

gemetar = gementar.

gemilap glänzen, funkeln ‖ schitteren ‖ to sparkle, twinkle.

gemuk fett ‖ vet ‖ fat.

gemuruh donnern(d), brausen(d) ‖ donderen(d), bruisen(d) ‖ rolling (thunder).

genap : segenap ganz, alle, jeder ‖ geheel, al(le), elk ‖ entire, all, each.

géndong Tragtuch, Traggurt, um darin etw a d Rücken oder a d Seite zu tragen ‖ draagdoek, draagband om daaraan iets op d rug of op zijde te dragen ‖ piece of cloth or strap for carrying s th on back or side; *menggéndong* auf d Rücken tragen ‖ op d rug dragen ‖ to carry on one's back; *géndongan* so Getragenes.

gentar = gementar.

genting kritisch, spannend ‖ critiek, spannend ‖ critical, exciting.

gerak Bewegung ‖ beweging ‖ movement; ~ *-gerik* Bewegungen, Auftreten ‖ bewegingen, optreden ‖ motions, behaviour; *bergerak* s bewegen ‖ bewegen ‖ to move; *menggerakkan* bewegen (tr) ‖ to set i motion; *(per)gerakan* Bewegung, Aktion, Parteiwesen ‖ beweging, actie, partijwezen ‖ movement, action, partysystem.

gerangan wohl, vielleicht, doch (i Fragesätzen) (§ 10, h) ‖ toch wel, misschien, immers, toch (i vragende zinnen) ‖ ever, on earth, etc. (in interrogative sentences).

gerédja Kirche ‖ kerk ‖ church.

gerobak Transportkarren ‖ vrachtkar ‖ cart.

gerombolan Bande ‖ bende ‖ gang.

gertak : menggertakkan anspornen ‖ d sporen geven ‖ to set spurs to.

gesa : tergesa-gesa übereilt, gehetzt ‖ overhaast, gejaagd ‖ rash, hasty.

getar = gentar, gementar : bergetar zittern(d) ‖ trillen(d), beven(d) ‖ tremble, trembling.

giat eifrig, aktiv ‖ ijverig, actief ‖ keen, active; *kegiatan* Eifer, Aktivität ‖ ijver, activiteit ‖ ardour, activity.

gigi Zahn ‖ tand ‖ tooth.

gigil : menggigil zittern, frösteln ‖ rillen, huiveren, ‖ to shiver (w cold).

gigit, menggigit beißen ‖ bijten ‖ to bite.

gila irre, verrückt ‖ gek ‖ foolish, crazy.

giling, menggiling mahlen ‖ malen ‖ to grind; *bergiling* gemahlen, geschält (Reis) ‖ gemalen, gepeld (rijst) ‖ ground, husked (rice).

gilir(an) Reihe(nfolge) ‖ beurt ‖ turn.

girang[I] froh, fröhlich ‖ verheugd, blij ‖ glad, delighted; *kegirangan* Freude ‖ vreugde ‖ joy.

girang[II] (sundanesisch) ein Titel ‖ a title.

gojang wackeln(d) ‖ waggelen(d) ‖ loose, shaky, to shake.

golak : pergolakan Dünung, Unruhe(n) ‖ deining, woeling(en) ‖ swell (of the sea), trouble.

golongan Gruppe, Kreis ‖ groep, kring ‖ group, circle.

goni Jute(sack) ‖ jute(zak) ‖ jute, gunny-sack.

gontai langsam, träge ‖ langzaam, traag ‖ slow, indolent.

gopoh-gopoh gehetzt, übereilt ‖ gejaagd, overhaast ‖ rash, hasty.

goréng, menggoréng braten ‖ braden ‖ to fry.

gua Grotte ‖ grot ‖ cave, grotto.

gubah, menggubah komponieren, dichten ‖ componeren, dichten ‖ to compose, write (poetry).

gubernur Gouverneur ‖ governor.

gubug = gubuk einfache Bambushütte ‖ eenvoudig bamboe huisje ‖ simple bamboo-hut.

gudang Scheune, Schuppen ‖ pakhuis, magazijn ‖ shed, barn.

gugur abfallen (Früchte) ‖ afvallen ‖ to fall off; *berguguran* i Massen abfallen ‖ i gr getale afvallen ‖ to fall off in masses.

gula Zucker ‖ suiker ‖ sugar.

gulai Gericht, Zuspeise z Reis ‖ toespijs b d rijst ‖ k o dish, meat as an extra w rice.

gulat : pergulatan Ringen, Kampf ‖ worsteling, strijd ‖ wrestling, fight.

guling rollenartiges Kissen ‖ rolkussen ‖ round, oblong pillow.

gumpal Brocken, Klumpen ‖ klont, klomp ‖ lump, clod (of earth).

guna Nutzen, Vorteil ‖ nut, voordeel ‖ use, profit; *berguna* nützlich ‖ nuttig ‖ useful; *menggunakan* = *mempergunakan* gebrauchen, benutzen ‖ gebruiken, benutten ‖ to use, make use of; *gunawan* nützlich ‖ nuttig ‖ useful.

gunting Schere ‖ schaar ‖ scissors; *menggunting* (zu)schneiden ‖ knippen ‖ to cut (out) (w scissors).

guntjang, mengguntjang schütteln, rütteln ‖ schudden, schokken ‖ to shake, shock; *perguntjangan* Erschütterung ‖ schudding ‖ shaking, shock.

gunung Berg ‖ mountain; *pegunungan* Gebirge ‖ gebergte ‖ mountain range.

guru Lehrer ‖ leraar ‖ teacher; *berguru* lernen, Lehrer sein ‖ i d leer z, leraar z ‖ to learn, to be a teacher; *mahaguru* Professor; ~ *bantu* Hilfslehrer ‖ hulponderwijzer ‖ assistant teacher.

guruh Donner ‖ donder ‖ thunder.

gusar zornig, böse ‖ toornig, boos ‖ angry.

H

habis verbraucht, fertig, vollendet ‖ op, ten einde, voltooid ‖ finished, gone, completed; *habis-habisan* völlig, bis z äußersten ‖ geheel en al, tot 't uiterste ‖ completely, to the utmost; *menghabisi* etw beenden ‖ beëindigen ‖ to finish; *menghabiskan* verbrauchen, ein Ende machen, verbringen (Zeit) ‖ opmaken, een eind aan iets maken, doorbrengen (tijd) ‖ to finish, make an end of, spend (time); *kehabisan* d Verbrauchtsein ‖ 't opzijn ‖ the being used up, worn out; *penghabisi* Schluß ‖ einde, slot ‖ end; *penghabisan* Ende, letzter ‖ einde, laatste ‖ end, last.

hadap : menghadap m d Front zugekehrt s, gerichtet nach, z Audienz erscheinen ‖ m d voorkant naar iets of iemd toegekeerd z, gericht z naar, ter audiëntie verschijnen ‖ to face, appear in audience; *menghadapi* vor jmd erscheinen, gegenüber etw s, gegenüberstehen, bei etw zugegen s ‖ voor iemd verschijnen, tegenover iets z, onder ogen zien, bij

iets tegenwoordig z ‖ to appear, opposite, face to face, to face, to be present; *terhadap* gegen(über), hinsichtlich ‖ tegen(over), ten opzichte v ‖ against, towards, regarding, concerning; *hadapan* = *depan* Vorderseite, Zukunft ‖ voorkant, toekomst ‖ front(-side), future; *dihadapan* vor ‖ vóór ‖ in front of; *penghadapan* Audienzhalle ‖ audiëntiezaal ‖ audience-hall.

hadirat Anwesenheit ‖ tegenwoordigheid ‖ presence; *ke* ~ an, zu (Gott) ‖ aan (God) ‖ to (God).

hadjat Wunsch, Bedürfnisse ‖ wens, behoefte ‖ wish, need(s); *menghadjatkan* brauchen, bedürfen ‖ nodig hebben ‖ to need.

hadji Mekkapilger ‖ bedevaartganger n Mekka ‖ pilgrim to Mecca.

hadlir = *hadir* anwesend ‖ aanwezig ‖ (to be) present.

hai he!, hallo!, o! ‖ hi!, hallo!

hak Recht, Anspruch, Wahrheit ‖ recht, aanspraak, waarheid ‖ right, claim, truth; *hak-hak dasar* Grundrechte ‖ fundamentele rechten ‖ fundamental rights; ~ *milik* Eigentum(srecht) ‖ eigendom(srecht) ‖ (right of) possession; *berhak* Recht, Anspruch haben, befugt ‖ recht, aanspraak hebben, bevoegd ‖ entitled, authorized.

hakékat Wahrheit ‖ waarheid ‖ truth.

hal Zustand, Vorfall, Umstand, Punkt, Tatsache, Angelegenheit ‖ toestand, geval, omstandigheid, punt, feit ‖ state, happenings, event, condition, circumstance, point, fact; *pada* ~ obgleich ‖ hoewel ‖ (al)though, whereas.

halal erlaubt ‖ geoorloofd ‖ allowed.

halaman Grundstück, Hof ‖ erf, hof ‖ premises, (front-)yard.

halang : menghalangi (ver)hindern ‖ belemmeren, verhinderen ‖ to obstruct, prevent; *halangan* Hindernis, Verhinderung ‖ hindernis, verhindering ‖ obstacle, prevention; *penghalang* Hindernis ‖ obstacle.

halipan = alipan.

halus fein, glatt, geistig, immateriell, Geist ‖ fijn, glad, geestelijk, onstoffelijk, geest ‖ refined, thin, immaterial, ghost; *menghalusi* polieren ‖ polijsten ‖ to polish; *menghaluskan* verfeinern ‖ verfijnen ‖ to refine.

hamba Diener, Sklave, ich, mich, mein ‖ dienaar, slaaf, ik, mij, mijn, ‖ servant, slave, I, me, my; *perhambaan* Sklaverei ‖ slavernij ‖ slavery.

hambur, menghambur(kan) verbreiten, zerstreuen ‖ verspreiden ‖ to disperse, scatter; *berhamburan* überall verbreitet, zerstreut ‖ overal verspreid ‖ dispersed, scattered everywhere.

hamil schwanger ‖ zwanger ‖ pregnant.

haminte Gemeinde ‖ gemeente ‖ municipality.

hampa leer ‖ leeg ‖ empty.

hampir beinahe ‖ bijna ‖ almost, nearly; ~ *sadja* es fehlte nicht viel daran, daß ‖ het scheelde weinig, of ‖ only a little was missing, that; a little more, and; *menghampiri* s nähern ‖ (be)naderen ‖ to approach.

handai Freund ‖ vriend ‖ friend.

hanja nur ‖ slechts, alleen maar ‖ only.

hanjut (m d Strom) forttreiben ‖ wegdrijven (m d stroom) ‖ to drift away; *menghanjutkan* etw forttreiben ‖ doen wegdrijven ‖ to carry away.

hantjur vernichtet, zermalmt ‖ vernietigd, verbrijzeld ‖ annihilated, crushed.

hapus verschwunden ‖ verdwenen ‖ disappeared, vanished; *menghapuskan* verschwinden lassen, abschaffen, wegfegen ‖ doen verdwijnen, afschaffen, wegvagen ‖ to make disappear, abolish, wipe off.

harap : mengharap(kan) = berharap hoffen (auf), erwarten ‖ hopen, verwachten ‖ to hope, expect; *(peng)-harapan* Hoffnung ‖ hoop ‖ hope.

harga Preis, Wert ‖ prijs, waarde ‖ price, value; *berharga* wertvoll ‖ waardevol ‖ valuable; *menghargai* etw schätzen ‖ waarderen ‖ to appreciate; *penghargaan* Anerkennung, Bewertung, Ehrfurcht ‖ waardering, respect ‖ appreciation, valuation, respect.

hari Tag, Wetter ‖ dag, weer ‖ day, weather; ~ *besar = raja* Festtag ‖ feestdag ‖ festival day; ~ *libur* freier Tag, Feiertag ‖ vrije dag ‖ holiday; ~ *tua* das Alter ‖ oude dag ‖ age; *sehari-hari* täglich ‖ dagelijks ‖ daily; *sehari-harian* d ganzen Tag (über) ‖ heel d dag (door) ‖ the whole day; *harian* Tageszeitung, täglich ‖ dagblad, dagelijks ‖ daily paper, daily.

harimau Tiger ‖ tijger ‖ tiger.

harta Besitz(ungen) ‖ bezittingen ‖ property; *hartawan* begütert, vermögend ‖ gegoed, vermogend ‖ wealthy, rich.

haru : terharu gerührt ‖ geroerd ‖ moved; *mengharu-biru* Verwirrung stiften ‖ verwarring brengen ‖ to cause confusion.

harum wohlriechend, duftend ‖ welriekend, geurig ‖ fragrant.

harung, mengharung = arung, meng-

arung (durch)waten, durchfahren, überqueren ‖ (door)waden, doorvaren, oversteken ‖ to wade (through), cross.

harus erlaubt, s schicken, sollen, Pflicht s, müssen ‖ geoorloofd, behoorlijk, zullen, verplicht, moeten ‖ permitted, it is proper, to be a duty, to be obliged, to be to, to have to; *seharusnja* wie es s gehört, eigentlich ‖ zoals 't behoort, eigenlijk ‖ as it should be, proper(ly).

hasil Ertrag, Ernte, Gewinn, Erfolg, Erzeugnis ‖ opbrengst, oogst, gewin, succes, product ‖ yield, crop, gain, success, product; *berhasil* ein Resultat ergeben, Erfolg haben, gelingen ‖ resultaat opleveren, succes hebben, slagen ‖ resultful, to succeed; *menghasilkan* erzeugen, produzieren ‖ voortbrengen ‖ to produce; *penghasil* Produzent ‖ producent ‖ producer; *penghasilan* Erzeugung, Produktion, d Einkommen ‖ productie, inkomsten ‖ production, income, revenue.

hasut = *asut.*

hati Leber, Inneres, Herz ‖ lever, binnenste, hart ‖ liver, interior, heart; ~ - ~ vorsichtig ‖ voorzichtig ‖ cautious; *memperhatikan* etw sorgfältig betrachten, Aufmerksamkeit schenken ‖ m oplettendheid beschouwen, gadeslaan, aandacht schenken a ‖ to observe carefully, to pay attention to; *perhatian* Aufmerksamkeit, Interesse ‖ belangstelling, oplettendheid ‖ attention, interest.

hatta (maka) und dann ‖ vervolgens ‖ further, then.

hawa Klima, Luft ‖ klimaat, lucht ‖ climate, air.

hébat angsterweckend, heftig, gewaltig ‖ vrees aanjagend, hevig, geweldig ‖ dreadful, violent, vehement.

helai Blatt (Papier), Stück ‖ vel, stuk ‖ sheet, leaf.

hembus = *embus, menghembus* blasen ‖ blazen ‖ to blow; *menghembuskan* aushauchen ‖ uitblazen ‖ to blow out, exhale.

hendak wünschen, sollen, um zu ‖ wensen, zullen, om te ‖ to wish, shall, (going) to; *hendaklah = hendaknja* möge!, es ist wünschenswert, erwünscht, hoffentlich ‖ moge!, ('t is) wenselijk, hopelijk ‖ it is wanted, it is to be hoped; *menghendaki* etw wünschen, wollen ‖ iets wensen, willen ‖ to wish (for); *kehendak* Wunsch ‖ wens ‖ wish.

hening still, schweigend ‖ stil, zwijgend ‖ silent, still; *mengheningkan* (Gedanken) konzentrieren, nachdenken über ‖ (d gedachten) concentreren, nadenken over ‖ to concentrate on, meditate on.

henti: berhenti aufhören, (still)halten ‖ ophouden, stilhouden, stoppen ‖ to cease, stop; *berhentikan lelah* (aus)ruhen ‖ (uit)rusten ‖ to rest; *terhenti* aufgehört, eingestellt, beendet, halten (Züge), ruhen ‖ gestaakt, beëindigd, stoppen, stilstaan, rusten ‖ finished, stopped, to stop, cease; *menghentikan* z Stehen bringen ‖ stopzetten ‖ to stop; *perhentian = pemberhentian* Haltestelle ‖ halte, stopplaats ‖ bus-, railway stop.

héran verwundert, erstaunt ‖ verwonderd, verbaasd ‖ astonished, amazed; *menghérankan* i Erstaunen versetzen ‖ iemd doen verbaasd staan ‖ to surprise.

héwan Tier ‖ dier, beest ‖ animal, beast.

hias, menghias schmücken, verzieren ‖ tooien, sieren ‖ to decorate.

hibur, menghibur(kan) trösten ‖ troosten ‖ to console, comfort.

hidang, menghidang(kan) auftischen, vorsetzen, präsentieren ‖ opdissen, opdienen, presenteren ‖ to dish up, present.

hidjau grün ‖ groen ‖ green.

hidung Nase ‖ neus ‖ nose.

hidup leben(dig), Leben ‖ leven(d), 't leven ‖ to live, alive, life; *menghidupkan* z Leben erwecken, anfachen (Feuer) ‖ doen leven, levend maken, aansteken ‖ to make live, light (fire); *kehidupan* Leben, Lebensunterhalt ‖ 't leven, levensonderhoud ‖ life, livelihood; *penghidupan* Lebensmittel, Lebensunterhalt, Lebensumstände ‖ levensmiddelen, levensonderhoud, levensomstandigheden ‖ victuals, means of support, circumstances of life.

hikajat Erzählung, Geschichte ‖ verhaal, vertelling ‖ tale, (old) story.

hilang verloren gehen, verschwinden, verschwunden ‖ verloren gaan, verdwijnen, verdwenen ‖ to be lost, vanished, to vanish; ~ *lenjap* völlig verloren, verschwinden ‖ helemaal verloren, verdwijnen ‖ entirely lost, vanish; *menghilang* verschwinden ‖ verdwijnen ‖ to disappear; *kehilangan* verloren haben ‖ verloren hebben, kwijt z ‖ lost, gone.

himpun, berhimpun s versammeln ‖ vergaderen, bijeenkomen ‖ to assemble; *perhimpunan* Vereinigung ‖ vereniging ‖ association.

hina niedrig, gering ‖ laag, gering ‖ low, base, humble.

hindar : menghindarkan diri s zurückziehen ‖ z terugtrekken ‖ to retreat.

Hindia = India Indien ‖ Indië ‖ India.

hingga Grenze, bis ‖ grens, tot (aan) ‖ limit, boundary, till; *(se)hingga* bis, so daß, ‖ totdat, zodat ‖ until, so that.

hinggap s setzen (Vögel) ‖ z zetten (vogels) ‖ to perch, alight (on).

hirau : menghiraukan s um etw kümmern ‖ z bekommeren om ‖ to care for, bother about.

hitam schwarz, dunkelfarbig ‖ zwart, donkerkleurig ‖ black, dark; *kehitaman* schwärzlich ‖ zwartachtig ‖ blackish.

hitung : menghitung zählen, berechnen ‖ tellen, berekenen ‖ to count, figure, calculate.

hopagén Hauptagent ‖ hoofdagent ‖ general agent.

hormat Ehre, Ehrerbietung, Ehrenbezeigung ‖ eer(bied), eerbewijs ‖ honour, (mark of) respect; *menghormati* jmd (ver)ehren ‖ (ver)eren ‖ to respect, honour; *terhormat* geehrt ‖ geëerd ‖ honourable, honoured.

hubung, menghubung(kan) zusammenfügen, (an)heften ‖ aaneenvoegen, (aan)hechten ‖ to join, affix, fix; *berhubung dengan* i Verbindung, Zusammenhang m ‖ in verband m ‖ in connection with; *penghubung* Verbindung ‖ verbinding ‖ connection; *(per)hubungan* Verbindung, Zusammenhang, Beziehungen, Verkehr ‖ verbinding, samenhang, betrekking, verkeer ‖ contact, connection, relations, intercourse, communication.

hudjan Regen, regnen ‖ (to) rain.

hukum(an) Urteil, Strafe, Recht ‖ oordeel, straf, recht ‖ verdict, punishment, law; *menghukumkan* bestrafen ‖ straffen ‖ to punish.

hulu Oberlauf ‖ bovenloop ‖ upper course.

hulubalang Heerführer, Offizier, Vorkämpfer ‖ legerhoofd, officier ‖ commander, officer.

huni : penghuni Bewohner ‖ bewoner ‖ resident.

huruf Buchstabe(n) ‖ letter.

hutan Wald ‖ bos ‖ wood, forest; ~ *rimba = hutan rimba belantara* Urwald ‖ oerwoud ‖ jungle.

I

ia = dia er, sie, es, ihn, sie (Sg. und Pl.) ‖ hij, zij, het, hem, haar, hen ‖ he, she, it, him, her, they, them; *ialah* d.h., nämlich ‖ d.i., d.w.z., namelijk ‖ that is, viz., namely.

iba gerührt, wehmütig ‖ ontroerd, weemoedig ‖ moved, sad, affected.

l'libarat Gleichnis, Sinnbild ‖ gelijkenis, zinnebeeld ‖ parable, symbol.

ibu Mutter ‖ moeder ‖ mother; ~

-bapa(k) Eltern ‖ ouders ‖ parents; ~ *kota* Hauptstadt ‖ hoofdstad ‖ capital; *ibunda = bunda, bonda* die Frau Mutter (höflich) ‖ (beleefd voor) moeder ‖ mother (formal).

ichtiar Versuch ‖ poging ‖ trial, go; *berichtiar* versuchen ‖ pogen ‖ to try.

idin = idjin, izin.

idjin = idin Urlaub, Erlaubnis ‖ verlof, vergunning ‖ leave, furlough, permission.

ikan Fisch ‖ vis ‖ fish.

ikat Band ‖ string, band; ~ *pinggang* Gürtel ‖ gordel ‖ belt; *ikatan* Verbindung, Band ‖ (ver)binding, band ‖ union, string, band; *mengikat* (fest)binden, verbinden ‖ (vast)binden, verbinden ‖ to tie, fasten, join; *berikat dengan* verbunden m ‖ verbonden m ‖ combined w; *terikat (pada)* gebunden, hängen an ‖ gebonden, gehecht (aan) ‖ bound, to cling (to).

ikut, mengikut = memperikut folgen, teilnehmen, mit- ‖ volgen, deelnemen, mee- ‖ to follow, take part in; *berikut* folgen(d), mit ‖ volgen(d), met ‖ follow(ing), with; *mengikuti* be-, verfolgen, gehorchen ‖ volgen, gehoorzamen, achternazitten ‖ to pursue, follow, obey; *memperikutkan* m etw fortfahren, etw fortsetzen ‖ voortgaan m iets ‖ to continue; *pengikut* Teilnehmer, Anhänger ‖ deelnemer, aanhanger ‖ participator, follower.

[ʿ]ilmu Wissenschaft ‖ wetenschap ‖ science; ~ *pengetahuan* Wissenschaft ‖ wetenschap ‖ science; ~ *sihir* schwarze Magie, Zauberei ‖ zwarte kunst, toverij ‖ sorcery; ~ *ukur* Geometrie ‖ meetkunde ‖ geometry; *berʿilmu* gelehrt ‖ geleerd ‖ learned.

berʿilmu gelehrt ‖ geleerd ‖ learned.

iman Glaube (rel.) ‖ (godsdienstig) geloof ‖ faith, belief.

impit : mengimpit beklemmen, bedrücken ‖ benauwen ‖ to oppress.

inap, menginap übernachten, logieren ‖ overnachten, logeren ‖ to pass the night, stay.

indah schön ‖ fraai ‖ beautiful; *memperindah* verschönern ‖ verfraaien ‖ to embellish; *keindahan* Schönheit ‖ schoonheid ‖ beauty.

indera der Gott Indra ‖ d god Indra ‖ the god Indra; *keinderaan* Götterwohnung, Himmel ‖ godenverblijf, hemel ‖ realm of the gods, heaven.

India = Hindia Indien ‖ Indië ‖ India.

indjak, mengindjak betreten ‖ betreden ‖ to set foot on; *indjakan* Schritt ‖ stap ‖ step.

Indonésia Indonesien, indonesisch ‖ Indonesië, Indonesisch ‖ Indonesia(n).

induk Mutter(tier) ‖ moeder(dier) ‖ mother, dam (of animals) ‖

industri Industrie ‖ industry.

ingat (akan) s erinnern ‖ z herinneren ‖ to remember; *mengingat* an etw denken ‖ denken a ‖ to think of; *memperingati* gedenken, feiern, warnen ‖ ge-, herdenken, waarschuwen ‖ to commemorate, warn; *teringat* erinnert ‖ herinnerd ‖ remembered.

Inggeris englisch ‖ Engels ‖ English.

ingin (akan) verlangen, s sehnen nach ‖ (sterk) verlangen naar ‖ to long, crave for; *keinginan* Wunsch, Verlangen, Begierde ‖ wens, verlangen, begeerte ‖ desire, longing.

ini diese(r,s), jetzt ‖ deze, dit, nu ‖ this, these, now.

insaf = insjaf begreifen, s bewußt sein ‖ beseffen, z bewust zijn ‖ to realize, to be conscious of; *menginsafkan* überzeugen, etw begreifen ‖ overtuigen, iets beseffen ‖ to convince, understand; *keinsafan* Einsicht, Bewußtsein ‖ besef, bewustzijn ‖ notion, consciousness.

insja Allah so Gott will ‖ zo God 't wil ‖ if Heaven permits, God willing.

insjaf = insaf d Bewußtsein ‖ 't bewustzijn ‖ consciousness; ~ *bawah* d Unterbewußtsein ‖ 't onderbewustzijn ‖ subconsciousness.

intan Diamant ‖ diamond.

interpiu Interview.

intip, mengintip verstohlen blicken, spionieren ‖ (be)gluren, bespieden ‖ to peep at, spy.

iradat Wille (Gottes) ‖ wil (Gods) ‖ will (of God).

irama Rhythmus ‖ ritme ‖ rhythm.

irihati Eifersucht, Neid ‖ jaloezie, afgunst ‖ jealousy, envy.

iring: mengiring begleiten ‖ begeleiden ‖ to accompany, escort.

isi Inhalt, Bewohner ‖ inhoud, bewoner(s) ‖ contents, inhabitants; ~ *dada* was jmd bewegt ‖ wat er i iemd omgaat ‖ what is i one's heart; *mengisi* füllen ‖ vullen ‖ to fill; *berisi(kan)* enthalten ‖ inhouden, bevatten ‖ to contain; *pengisi* Füller ‖ vuller ‖ one who fills.

l⁽ʲ⁾isja Zeit des muhammedanischen Gebets nach Sonnenuntergang ‖ moehammedaanse gebedstijd naar zonnenondergang ‖ time of Mohammedan evening prayers.

istana = astana Palast ‖ paleis ‖ palace.

isteri Gattin, Ehefrau ‖ echtgenote ‖ wife; *memperisteri* heiraten (v Manne

gesagt) ‖ huwen (v d man gezegd) ‖ to take a wife, marry; *memperisterikan* (ei Sohn) aus-, verheiraten ‖ ('n zoon) uithuwelijken ‖ to let marry, give in marriage (a son).

istilah (Fach)ausdruck, Terminologie ‖ (vak)term, terminologie ‖ (technical) term, terminology.

istiméwa besonder(s,er), außergewöhnlich, speziell ‖ bizonder, buitengewoon, speciaal ‖ particular(ly), extraordinary, special; *teristiméwa* ganz besonders ‖ geheel in 't bizonder ‖ very special.

itik Ente ‖ eend ‖ duck.

itu jene(r, s), damals ‖ die, dat, toen ‖ that, those, at that time.

izin = idjin, idin Urlaub, Erlaubnis ‖ verlof, vergunning ‖ furlough, leave, permission, allowance; *mengizinkan* gestatten, erlauben ‖ toestaan, veroorloven ‖ to permit, allow.

J

ja o!, ja ‖ o!, yes.

Jahudi Jude, jüdisch ‖ Jood(s) ‖ Jew(ish).

jaitu d.h., d.i., nämlich ‖ d.i., dat wil zeggen, namelijk ‖ that is, viz., namely.

jajasan Stiftung, Institut ‖ stichting, instituut ‖ foundation, institute.

jakin überzeugt ‖ overtuigd ‖ convinced; *mejakini* fest glauben an, s anstrengen bei ‖ vast geloven in, z inspannen voor iets ‖ to exert one's strength, to believe firmly in; *mejakinkan* ernstlich tun, überzeugen(d)

‖ m ernst z op iets toeleggen, overtuigen(d) ‖ to do something earnestly, convince, convincing; *berjakinan* überzeugt s ‖ overtuigd z ‖ to be convinced; *kejakinan* Überzeugung, Glaube ‖ overtuiging, geloof ‖ conviction, faith.

jakni = ja⁽ʲ⁾ni.

jang derjenige, diejenige, welche(r), Artikel (§ 2, d) ‖ (degene) die, lidwoord ‖ who, which, the.

ja⁽ʲ⁾ni = jakni d.h., nämlich ‖ d.w.z., d.i., namelijk ‖ that is, viz., namely.

Junani griechisch ‖ Grieks ‖ Greek.

K

kabar = chabar Nachricht, Bericht ‖ tijding, bericht ‖ news, report; *mengabari* jmd benachrichtigen ‖ iemd bericht geven ‖ to inform; *mengabarkan* etw mitteilen ‖ iets

mededelen ‖ to report, communicate.

kabul zustimmen ‖ toestemmen in ‖ to agree to; *memperkabulkan* bewilligen, gewähren ‖ toestaan ‖ to grant.

kabur getrübt, trübe, undeutlich ‖ vertroebeld, onduidelijk ‖ troubled (water), dim, vague; *mengabur* verschwimmen ‖ vervagen ‖ to fade (away).

kabut Nebel ‖ nevel ‖ fog, mist.

kadang-kadang bisweilen ‖ soms ‖ sometimes.

kadar = *kedar.*

kademat Ehrerbietung ‖ eerbied ‖ respect.

kadji : mengadji untersuchen, revidieren ‖ onderzoeken, herzien ‖ to examine, revise.

kain Stoff, Tuch ‖ stof, doek ‖ cloth; ∼ *djarik* Leinwand, Kattun ‖ lijnwaad, katoen ‖ linen (cloth), calico; ∼ *sarung* Sarong, Art Rock ‖ sarong, s v rok ‖ sarong, k o skirt.

kaisar Kaiser ‖ keizer ‖ emperor.

*kaja*I reich ‖ rijk ‖ rich; ∼ *raja* steinreich ‖ schatrijk ‖ immensely rich; *kekajaan* Reichtum ‖ rijkdom ‖ wealth.

*kaja*II wie (b Vgl.) ‖ zoals ‖ like, as.

kaju Baum, Holz, hölzern ‖ boom, hout(en) ‖ tree, wood(en); ∼ *api* = ∼ *bakar* Brennholz ‖ brandhout ‖ firewood.

kajuh Paddel ‖ pagaai ‖ paddle; *mengajuh* paddeln ‖ pagaaien ‖ to paddle; *pengajuh* Paddel, Paddler ‖ pagaai-(er) ‖ oar(sman).

kakak älterer Bruder, ältere Schwester, auch v d Frau ihrem Manne gegenüber gebraucht ‖ oudere broer, zuster, ook door d vrouw tegen haar echtgenoot gebruikt ‖ elder brother or sister, also used to address one's husband; ∼ *beradik* Geschwister ‖ broers en zusters ‖ brothers and sisters.

kaki Fuß, Bein, Pfote, Hilfszählwort f Schirme ‖ voet, been, poot, hulptelwoord v schermen ‖ foot, leg, paw, class-word f umbrellas.

*kala*I Zeit ‖ tijd ‖ time; *ada kalanja . . . ada kalanja* bisweilen . . . bisweilen ‖ soms . . . soms ‖ sometimes . . . sometimes.

*kala*II Skorpion ‖ schorpioen ‖ scorpion.

kalah besiegt, verlieren ‖ overwonnen, verliezen ‖ defeated, to lose.

kalakian (maka) darauf, alsdann ‖ vervolgens ‖ then, further, thereupon.

kalangan Bevölkerungsgruppe, Kreise ‖ bevolkingsgroep, kringen ‖ group of population, circles.

kalau wenn, falls, ob, was . . . betrifft ‖ indien, als, of, wat . . . betreft ‖ if, whether, as for; ∼ - ∼ (ob) vielleicht ‖ (of) misschien ‖ maybe, perhaps.

*kali*I Fluß, Kanal ‖ rivier, kanaal ‖ river, canal.

*kali*II das Mal ‖ maal, keer ‖ time; *sekali* ein Mal, sehr ‖ eenmaal, zeer ‖ once, very; *sekalipun* obgleich ‖ hoewel ‖ though; *bukanlah sekali-kali* durchaus kein ‖ volstrekt geen ‖ not at all.

Kalimantan Borneo.

kalimat Satz ‖ zin ‖ sentence, phrase.

kamar Zimmer ‖ kamer ‖ room; ∼ *ketjil* W.C.; ∼ *mandi* Badezimmer ‖ badkamer ‖ bathroom.

kambing Ziege ‖ geit ‖ goat.

kamédja = *kemédja* Hemd ‖ (over)-hemd ‖ shirt.

kami wir (exkl), uns, unser ‖ wij (m uitluiting v d toegesprokene), ons ‖ we (excluding the person spoken to), us, our.

kampung Dorf, Viertel ‖ dorp, wijk ‖ village, quarter; ∼ *-halaman* Geburtsstätte, Heimat ‖ geboorteplaats ‖ native place.

kamu ihr, euch, euer ‖ jullie ‖ you, your.

kamus Wörterbuch ‖ woordenboek ‖ dictionary.

kan doch ‖ immers, toch ‖ but.

kanak-kanak kleines Kind ‖ klein kind ‖ infant.

kanan rechts ‖ right.

kanda = *kakanda* älterer Bruder (höfl), auch v d Frau ihrem Manne gegenüber gebraucht ‖ oudere broer (beleefd), ook door d vrouw tegen haar echtgenoot gebruikt ‖ elder brother (polite), also used to address one's husband.

kandang Stall ‖ stal ‖ stable, stall.

kandas : terkandas auf Grund gelaufen, gestrandet, vereitelt, mißglückt ‖ a d grond geraakt, gestrand, verijdeld, mislukt ‖ run aground, stranded, frustrated.

kandil Laterne, Leuchter ‖ lantaarn, kandelaar ‖ lantern, candlestick; *berkandilkan* als Laterne, Leuchter haben ‖ tot lantaarn, kandelaar hebben ‖ to have as lantern, candlestick.

kandung Gebärmutter, auch: leiblich, eigen (v Eltern) ‖ baarmoeder, eigen ‖ womb, own; *mengandung* i Schoß tragen, enthalten, hegen, in sich schließen ‖ i d schoot dragen, bevatten, koesteren, inhouden ‖ to bear in the womb, to contain, foster, imply; *kandungan* Schoß ‖ schoot ‖ womb.

kantjil Zwerghirsch ‖ dwerghert ‖ mouse-deer.

kantor Büro ‖ kantoor ‖ office.

kapal Schiff ‖ schip ‖ ship; ∼ *selam* = *silam* Unterseeboot ‖ duikboot ‖ submarine; ∼ *terbang* Flugzeug ‖ vliegtuig ‖ aircraft.

kapan wann? ‖ wanneer? ‖ when?

kapas Baumwolle ‖ katoen als grondstof ‖ cotton.

kapur Kalk ‖ lime; ∼ *sirih* Betelbissen ‖ betelpruim ‖ pack of betel and lime ready f chewing.

karam versinken (Schiffe) ‖ vergaan ‖ to sink.

*karang*I Koralle(nriff) ‖ koraalsteen, koraalrif ‖ coral(-reef).

*karang*II : *pekarangan* Hof, Grundstück ‖ hof, erf ‖ yard, premises.

*karang*III, *mengarang* zusammenstellen, (ein Buch) schreiben ‖ samenstellen, ('n boek) schrijven ‖ to compose, arrange, write (a book); *karangan* Aufsatz, Schrift, Abhandlung ‖ opstel, geschrift, verhandeling ‖ composition, article, arrangement; *pengarang* Dichter, Schriftsteller ‖ poëet, schrijver ‖ writer, author.

karat Rost ‖ roest ‖ rust; *karatan* verrostet ‖ verroest ‖ rusty.

karena Ursache, wegen, weil ‖ oorzaak, wegens, want, omdat ‖ reason, cause, because (of).

kartjis (Eintritts-)Karte ‖ kaartje ‖ ticket.

karunia Mitleid, Erbarmen, Gnade, Gunst(beweis) ‖ medelijden, ontferming, genade, gunst(bewijs) ‖ pity, compassion, grace, favour; *mengaruniai* s erbarmen, gewähren ‖ z over iemd erbarmen, verlenen ‖ to pity, commiserate, grant.

karut-marut verwirrt ‖ verward ‖ confused.

kasar grob, rauh ‖ grof, ruw ‖ coarse, rude.

kasih Liebe, Gunst ‖ liefde, gunst ‖ love, favour; ∼ *akan* lieben ‖ liefhebben ‖ to love; ∼ *-sajang* Liebe (und Sympathie) ‖ liefde (en sympathie) ‖ love (and sympathy); *mengasihi* lieben ‖ beminnen ‖ to love; *kasihan* ach! (Mitleid, Erbarmen), Mitleid (haben) ‖ jammer!, medelijden (hebben) ‖ it is a pity!, pity, to pity; *kekasih* der, die Geliebte, Liebling ‖ geliefde, lieveling, ‖ lover, favourite, darling.

kasur Matratze ‖ matras ‖ mattress.

kasut Schuh, Stiefel ‖ schoen ‖ shoe.

kata Wort, Ausdruck ‖ woord, uitdrukking ‖ word, expression; *berkata* sprechen ‖ spreken ‖ to speak; *mengatakan* etw sagen ‖ iets zeggen ‖ to say; *perkataan* Rede, Wort, Ausdruck ‖ rede, woord, uitdrukking ‖ speech, word, expression.

katja Glas ‖ glass; ∼ *pembesar* Vergrößerungsglas ‖ vergrootglas ‖ magnifying-glass.

katjau verwirrt ‖ verward ‖ confused; *katjauan* Bastard ‖ bastaard ‖ bastard; *kekatjauan* Verwirrung, Chaos ‖ verwarring, chaos ‖ confusion, chaos; *mengatjau* verwirren, stören ‖ verwarren, storen ‖ to confuse, disturb.

katup : terkatup (ab)geschlossen ‖ gesloten ‖ closed.

kau = *engkau* du ‖ jij ‖ jou.

kaum Gruppe, Stand ‖ groep, stand ‖ group, class.

kawal : mengawali bewachen, beschützen ‖ bewaken, beschermen ‖ to guard, protect.

kawan Gefährte ‖ makker ‖ companion.

kawat Draht, Kabel ‖ draad (v metaal), kabel ‖ wire, cable; *mengawatkan* kabeln ‖ kabelen ‖ to cable.

kawin heiraten, verheiratet ‖ huwen, gehuwd ‖ to marry, married; *perkawinan* Ehe, Heirat, Hochzeit ‖ huwelijk, d echt, bruiloft ‖ marriage, wedding, wedlock.

ke nach ... hin ‖ naar, tot ‖ to.

kebal unverwundbar, gefeit sein ‖ onkwetsbaar ‖ invulnerable.

kebon = kebun.

kebun = kebon Garten, Plantage ‖ tuin, plantage ‖ garden, plantation.

kedar = kadar Maß, der Gehalt, Stand ‖ maat, gehalte, stand ‖ measure, value, rank; *sekedarnja* angemessen, etwas, einigermaßen ‖ geëvenredigd, ietwat, enigszins ‖ as is appropriate, rather, somewhat.

kedjar, mengedjar verfolgen ‖ achternazitten ‖ to pursue; *berkedjaran* einander (ver)folgen ‖ elkaar achternazitten ‖ to chase one another.

kedjut : terkedjut erschrocken ‖ verschrikt ‖ startled; *mengedjutkan* erschrecken, überraschen ‖ doen schrikken, verrassen ‖ to frighten, surprise.

kekang : mengekang i Zaum halten ‖ i toom houden ‖ to keep in check.

kelahi : berkelahi streiten, kämpfen ‖ twisten, vechten ‖ to quarrel, fight; *perkelahian* Streit ‖ twist ‖ quarrel, dispute.

kelak später, bald ‖ later, weldra ‖ later on, soon.

kelakar : berkelakar scherzen ‖ schertsen ‖ to joke.

kelambu Moskitonetz ‖ muskietennet ‖ mosquito-netting.

kelapa Kokospalme, Kokosnuß ‖ kokospalm, kokosnoot ‖ coconut (tree).

kelas Klasse ‖ class.

keledai Esel ‖ ezel ‖ donkey, ass.

keléréng Marmel, Murmel ‖ knikker ‖ marbles.

keliling = berkeliling rundherum, umhergehen ‖ rondom, rondgaan ‖ (to go) around; *sekelilingnja* d ganze Umgebung, rundherum ‖ d hele omgeving, rondom ‖ the whole surroundings, around; *mengelilingi* reisen um ‖ rondreizen ‖ to travel around.

kelintji Kaninchen ‖ konijn ‖ rabbit.

kélokan Wendung, Biegung ‖ wending, bocht ‖ turn, curve.

kelompok Haufe(n), Gruppe ‖ hoop, groep ‖ heap, group.

keluar s. *luar.*

keluarga Familie ‖ gezin ‖ family.

keluh Seufzer ‖ zucht ‖ sigh; *mengeluh* seufzen ‖ zuchten ‖ to sigh.

kemari hierher ‖ hierheen ‖ hither, this way.

kemarin gestern ‖ gisteren ‖ yesterday; ~ *dulu* vorgestern ‖ eergisteren ‖ the day before yesterday.

kembali zurück(kehren), wieder ‖ terug(keren), wederom ‖ to return, back, again, anew; *mengembalikan* zurückkehren lassen, zurückgeben ‖ doen terugkeren, teruggeven ‖ to bring back, give back.

kembang Blüte, aufgeblüht, entfaltet, s entfalten ‖ bloem, ontloken, ontplooid, z ontplooien ‖ blossom, bloomed, unfolded, to unfold; *berkembang* s entfalten, s entwickeln ‖ z ontplooien, z ontwikkelen ‖ to unfold, develop; *mengembangkan* entfalten, öffnen ‖ ontplooien, openen ‖ to unfold, open; *perkembangan* Entwicklung, Blüte ‖ ontwikkeling, bloei ‖ development, expansion, bloom.

kemédja = kamédja Hemd ‖ shirt.

kemiri Art Nuß ‖ soort noot ‖ k o nut.

Kemis = Kamis: hari ~ Donnerstag ‖ Donderdag ‖ Thursday.

Kempen = Kementerian penerangan Informationsministerium ‖ afk v ministerie van voorlichting ‖ abbreviation for Ministry of Information.

kemudian letzter, später, darauf ‖ laatste, later, daarna ‖ last, later, afterwards.

kena be-, getroffen ‖ geraakt, getroffen ‖ hit (by), struck (by); *mengenai* betreffen(d), hinsichtlich ‖ betreffend(e) ‖ as regards, regarding.

kenal, mengenal kennen(lernen) ‖ (leren) kennen ‖ to know, to become acquainted w; *terkenal* bekannt ‖ bekend ‖ (well) known; *berkenalan dengan* kennen ‖ bekend z met, kennen ‖ to be acquainted w, to know.

kenan Zustimmung ‖ instemming ‖ agreement; *memperkenankan* gestatten, gutheißen ‖ toestaan, goedkeuren ‖ to approve, grant, allow.

kenang : mengenangkan an etw (zurück) -denken, gedenken ‖ (terug)denken aan, gedenken ‖ to think of, to think back, remember; *terkenangkan* s sehnen nach ‖ m verlangen aan iets denken ‖ to long for; *kenang-kenangan* Erinnerungen, (zerronnene) Ideale ‖ herinneringen, (vervlogen) idealen ‖ memoirs, (vanished) ideals.

kenanga Baum m duftenden Blüten (Canangium odoratum) ‖ boom m geurige bloemen ‖ k o tree w fragrant flowers.

kenapa weshalb? ‖ waarom? ‖ why?

kendali Zügel, Zaum ‖ teugel, toom ‖ bridle, rein(s); *tidak terkendalikan* unbezähmbar ‖ ontembaar ‖ untamable.

kendaraan Fahrzeug, Reitpferd ‖ rijtuig, rijpaard ‖ vehicle, saddle-horse; *berkendaraan* ein Fahrzeug benutzen ‖ v 'n rijtuig gebruik maken ‖ to ride.

kendati(pun) obgleich ‖ ofschoon ‖ (al)though.

kentara deutlich, sichtbar ‖ duidelijk, zichtbaar ‖ clear, visible.

kentjang stramm, straff, gespannt, schnell ‖ strak, gespannen, snel ‖ tight, taut, fast; *kekentjangan* Spannung, Schnelligkeit ‖ gespannenheid, snelheid ‖ tension, speed.

kentjing urinieren ‖ urineren ‖ to urinate.

kentut ei Wind lassen ‖ 'n wind laten ‖ to fart.

kepada zu, nach ... hin ‖ tot, naar ‖ to, towards.

kepala Kopf, Haupt, Führer ‖ kop, hoofd, leider ‖ head, top, chief, leader.

keping plattes, dünnes Stück, Hilfszählwort f Bretter ‖ plat, dun stuk, hulptelwoord v planken ‖ a flat, thin piece, class-word for planks.

kepompong Kokon, Puppe ‖ cocon, pop ‖ cocoon, chrysalis.

keramas Haarwaschmittel ‖ haarwasmiddel ‖ shampoo; *berkeramas* d Haar waschen ‖ 't haar wassen ‖ to shampoo.

kerap kali oft, häufig ‖ dikwijls, vaak ‖ often.

keras hart, heftig ‖ hard, hevig ‖ hard, severe; *sakit* ∼ schwerkrank ‖ doodziek ‖ seriously ill.

kerbau Büffel ‖ buffel, karbouw ‖ waterbuffalo.

kerdja Arbeit, Fest ‖ arbeid, feest, festiviteit ‖ work, labour, feast; *bekerdja* arbeiten ‖ arbeiden ‖ to work; *mengerdjakan* aus-, bearbeiten, ausüben, ausführen, vollbringen ‖ uit-, bewerken, uitoefenen, uitvoeren, volbrengen ‖ to work (out), practise, achieve; *pekerdjaan* Arbeit, Beschäftigung, Beruf ‖ arbeid, bezigheid, beroep ‖ work, occupation, profession.

keresa geneigt s zu etw ‖ genegen z tot ‖ to be inclined.

keréta Wagen, Fahrzeug ‖ wagen, rijtuig ‖ carriage, vessel; ∼ *api* Eisenbahn ‖ spoortrein ‖ train; ∼ *séwa* Mietswagen ‖ huurrijtuig ‖ hackney-coach, taxi.

kering trocken, dürr ‖ droog, dor ‖ dry, arid.

keris Art Dolch ‖ s v dolk ‖ k o dagger.

kerosi = *kursi* Stuhl ‖ stoel ‖ chair.

kertas Papier ‖ paper; ∼ *pasir* Schmirgel-, Sandpapier ‖ smergelpapier ‖ emery-, glass-paper.

keruing ei Baumart ‖ s v boom ‖ k o tree.

kerunjut Kegel ‖ cone.

kerut Runzel, Furche ‖ rimpel, groef ‖ wrinkle, furrow; ~ *merut* sehr runzelig ‖ zeer rimpelig ‖ very wrinkled, shrivelled; *mengerutkan* runzeln ‖ fronsen, rimpelen ‖ to frown.

kesal verstimmt, gelangweilt ‖ 't land hebben, verveeld ‖ to be annoyed, bored.

ketéla Batate ‖ ketella ‖ k o sweet potato; ~ *pohon* besondere Batatenart ‖ biz ketella ‖ special k o of sweet potato.

keti hunderttausend ‖ honderdduizend ‖ hundred thousand.

ketika Zeit, als (Konj.) ‖ tijd, toen ‖ time, when.

ketjéwa enttäuscht ‖ teleurgesteld ‖ disappointed.

ketjil klein, leise (Stimme) ‖ klein, zacht ‖ little, small, low (voice); *mengetjilkan* verkleinern, leise machen, senken (Stimme) ‖ verkleinen, verzachten (stem) ‖ to reduce, lower (voice).

ketjuali außer, abgesehen v ‖ behoudens, behalve ‖ except, apart from.

ketubah Predigt ‖ preek ‖ sermon; *berketubah* predigen ‖ preken ‖ to preach.

ketuk : mengetuk klopfen ‖ kloppen ‖ to knock.

kiamat Auferstehung ‖ opstanding ‖ resurrection.

kian[L] *: kian* ... *kian* je ... desto ‖ hoe ... hoe ‖ the more ... the ...; *sekian* derart, soviel ‖ dermate, zoveel ‖ such, so much.

kian[II] *: kian-kemari* hin und her, überall(hin) ‖ heen en weer, overal (heen) ‖ to and fro, (to) everywhere.

kias Vergleich, Anspielung ‖ vergelijking, zinspeling ‖ simile, hint; *berkias* bildlich ‖ figuurlijk ‖ figurative.

kibar, berkibar flattern ‖ wapperen ‖ to wave; *mengibarkan* (Fahne) hissen ‖ (d vlag) uitsteken ‖ to hoist (a flag).

kidjang Reh, Zwerghirsch ‖ ree, dwerghert ‖ roe, k o deer.

kilat Blitz ‖ bliksem ‖ lightning.

kilau Glanz ‖ glans ‖ shine; ~ *-kemilau* (intensiv) glänzen, funkeln ‖ schitteren, fonkelen ‖ to sparkle, glitter.

kilométér persegi Quadratkilometer ‖ vierkante kilometer ‖ square kilometre.

kini jetzt ‖ nu ‖ now(adays).

kira Vermutung, Meinung ‖ gissing, mening ‖ guess, opinion; ~ - ~ etwa, ungefähr ‖ ongeveer ‖ about, approximately; *kiranja* vermutlich, (je)doch, bitte ‖ vermoedelijk, toch, alstublieft ‖ presumably, please (do); *mengira(kan)* vermuten, denken ‖ gissen, denken ‖ to guess, think.

kiri links ‖ left.

kirim, mengirim(kan) senden, schikken ‖ zenden, sturen ‖ to send, transmit; *mengirimi* jmd etw schikken ‖ toezenden ‖ to send to; *kirim-mengirim, berkirim-kiriman* einander etw senden ‖ elkaar iets zenden ‖ to send to one another; *pengirim*, in: *alat pengirim* Sender ‖ zender ‖ sender; *pengiriman* Versand ‖ verzending ‖ dispatch.

kisah Erzählung ‖ verhaal ‖ story, tale.

kita wir (inkl), uns, unser, ich (Pluralis majestatis) ‖ wij (m insluiting v d toegesprokene), ons, onze, ik ‖ we (including the person spoken to), us, our, I.

kitab Buch ‖ boek ‖ book; ~ *-mengitab* Bücher aller Art ‖ alle soorten boeken ‖ all kinds of books.

kitar : sekitar Umgebung ‖ omgeving ‖ surroundings.

k. l. = kurang lebih ungefähr, etwa ‖ ongeveer ‖ about, nearly.

kobar : mengobarkan aufflammen lassen, anfachen ‖ doen oplaaien, aanwakkeren ‖ to kindle, inflame.

kodrat (All)macht, Vermögen ‖ (al)macht, vermogen ‖ omnipotence, power.

kolam Teich ‖ vijver ‖ pond.

kolong Raum (unter etw) ‖ ruimte (onder iets) ‖ vault, hollow.

kolot altmodisch, konservativ ‖ ouderwets, conservatief ‖ old-fashioned, conservative.

komandan Kommandant ‖ commander.
koméntar Kommentar ‖ commentaar ‖ commentary.
komisi Kommission ‖ commissie ‖ commission.
kongkongan Fesseln ‖ boeien ‖ shackles.
konon wie man sagt ‖ naar men zegt ‖ as people say.
konsekwénsi Konsequenz ‖ consequentie ‖ consequence.
konstruksi Konstruktion ‖ constructie ‖ construction.
konvergénsi Konvergenz ‖ convergentie ‖ convergency.
koperasi Genossenschaft ‖ coöperatie ‖ co-operative (store).
kopi Kaffee ‖ koffie ‖ coffee.
koran Zeitung ‖ krant ‖ newspaper.
korban = kurban Opfer ‖ (slacht)offer ‖ victim; *pengorbanan* Aufopferung ‖ opoffering ‖ sacrifice.
korék api Streichholz ‖ lucifer ‖ match.
kosa s *perkosa.*
kosong leer ‖ leeg ‖ empty; *mengosongkan* leeren, räumen ‖ leegmaken, ontruimen ‖ to empty, vacate; *kekosongan* Leere ‖ leegte ‖ emptiness.
kota Stadt ‖ stad ‖ town, city.
kotak Schachtel ‖ doos(je) ‖ box.
kotor schmutzig ‖ vuil ‖ dirty; *mengotorkan* beschmutzen ‖ vies maken ‖ to soil; *kotoran* Schmutz ‖ 't vuil ‖ dirt, rubbish.
krah Kragen ‖ kraag ‖ collar.
kréték : rokok ~ m Gewürznelken gewürzte Zigarette ‖ m kruidnagelen gekruide sigaret ‖ a cigarette flavoured w cloves.
ksatria Ritter, Krieger ‖ ridder, krijgsman ‖ knight, warrior.
-ku mein ‖ mijn ‖ my.
kuasa Macht, Ansehen, Befugnis, Bevollmächtigter; stark ‖ macht, aanzien, bevoegdheid, gevolmachtigde; sterk ‖ power, authority, plenipotentiary; strong; *berkuasa* mächtig, befugt, herrschen ‖ machtig, bevoegd, heersen ‖ powerful, authorized, entitled, to rule; *menguasai*

verfügen über, jmd Verfügungsrecht, Macht verleihen, stärken, beherrschen ‖ beschikken over, iemd d bevoegdheid, macht geven, sterken, beheersen ‖ to dispose of, to give disposal, power over, to strengthen, dominate; *kekuasaan* Macht, Befugnis ‖ macht, competentie ‖ power, competence.
kuat Kraft, Stärke, kräftig, stark ‖ kracht, sterkte, krachtig, sterk ‖ strength, strong; *sekuat tenaga* mit aller Macht ‖ uit alle macht ‖ w all one's might; *kekuatan* Kraft, Stärke ‖ kracht, sterkte ‖ power, strength.
kuatir = chawatir ängstlich, besorgt ‖ angstig, bezorgd ‖ anxious.
kubur(an) Grab ‖ graf ‖ grave; *pekuburan* Friedhof ‖ kerkhof ‖ cemetery; *penguburan* Begräbnis ‖ begrafenis ‖ burial.
kuda Pferd ‖ paard ‖ horse; *berkuda* reiten ‖ rijden ‖ to ride; *memperkuda* als Pferd gebrauchen ‖ als paard gebruiken ‖ to use as a horse (playing children).
kudjur : sekudjur badan am ganzen Körper ‖ (over) 't gehele lichaam ‖ (on) the whole body.
kuduk Nacken ‖ nek ‖ neck.
kué(h) Kuchen, Gebäck ‖ koek(jes), gebak ‖ cake.
kuju traurig, düster ‖ treurig, somber ‖ sad, sombre.
kuku Nagel, Kralle ‖ nagel, klauw ‖ nail, claw.
kukuh fest, stark ‖ vast, sterk ‖ firm, staunch.
kukus, mengukus (Reis) dämpfen ‖ (gaar) stomen ‖ to steam.
kulai : terkulai schlaff niederhängen(d) ‖ slap neerhangen(d) ‖ drooping.
kuli Arbeiter ‖ arbeider ‖ labourer.
kuliah Kolleg ‖ college ‖ lecture (at the university).
kulit Haut, Schale, Rinde, Leder ‖ huid, schil, schors, leer ‖ skin, hide, rind, bark, leather; *menguliti* schälen ‖ schillen ‖ to peel, skin.
kumbang Käfer ‖ tor, kever ‖ beetle.

kumpul, berkumpul s vereinigen, s versammeln ‖ z verenigen, samenkomen ‖ to unite, gather; *berkumpul-kumpul* zusammengeballt ‖ samengepakt ‖ conglomerated; *mengumpulkan* (ein)sammeln ‖ verzamelen, inzamelen ‖ to collect, gather; *kumpulan* Vereinigung, Sammlung ‖ vereniging, verzameling ‖ assemblence, collection; *perkumpulan* Versammlung, Verein(igung) ‖ vergadering, vereniging ‖ meeting, club; *pengumpulan* d Versammeln ‖ 't bijeenbrengen ‖ the assembling.

kuna = kuno.

kundjung[I]: *berkundjung* ei Besuch abstatten ‖ 'n bezoek afleggen ‖ to pay a visit to; *mengundjungi* besuchen ‖ bezoeken ‖ to visit; *(per)-kundjungan* Besuch ‖ bezoek ‖ visit.

kundjung[II]: *tak* ∼ niemals, nicht schnell, nicht leicht ‖ nooit, niet gauw, niet licht ‖ never, not soon, not easily.

kuning gelb ‖ geel ‖ yellow; *menguning* gelb werden ‖ geel worden ‖ to grow yellow; *kekuning-kuningan* gelblich ‖ geelachtig ‖ yellowish.

kuno = kuna alt(modisch), konservativ ‖ oud(erwets), conservatief ‖ old(-fashioned), conservative.

kuntji (Tür-)Schloß ‖ slot ‖ lock; *menguntji* (ab)schließen, beschließen ‖ (af)sluiten, besluiten ‖ to lock, shut, conclude; *terkuntji* (ab)geschlossen ‖ op slot ‖ locked.

kupas, mengupas schälen, analysieren ‖ schillen, analyseren ‖ to peel, analyse.

kuping Ohr ‖ oor ‖ ear.

kupu-kupu Schmetterling ‖ vlinder ‖ butterfly.

kur Lockruf f Hühner ‖ lokroep voor kippen ‖ a cry f calling fowls.

kuran der Kuran ‖ de Koran ‖ the Koran, Alcoran.

kurang weniger, zu wenig ‖ minder, te weinig ‖ less, too little; ∼ *lebih* ungefähr ‖ ongeveer ‖ approximately; *berkurang* abnehmen ‖ afnemen ‖ to decrease; *mengurangi* vermindern ‖ verminderen ‖ to decrease; *kekurangan* Mangel (leiden) ‖ gebrek (lijden) ‖ want, shortage, short of.

kurban = korban Opfer ‖ (slacht)-offer ‖ victim.

kursi = kerosi Stuhl ‖ stoel ‖ chair.

kurung Verschlag, Käfig ‖ hok, kooi ‖ cage.

kurus mager, zart ‖ mager, tenger ‖ lean, thin, tender; ∼ *kering* ausgemergelt ‖ broodmager ‖ emaciated.

kutjing Katze ‖ kat ‖ cat.

L

laba(h)-laba(h) Spinne ‖ spin ‖ spider.

labuh : berlabuh ankern ‖ ankeren ‖ to anchor; *pelabuhan* Ankerplatz, Reede ‖ ankerplaats, rede ‖ anchorage, roadstead.

lada Pfeffer ‖ peper ‖ pepper.

ladang trockener (d.h. unbewässerter) Acker ‖ onbevloeid bouwland, veld ‖ dry field; *peladang* Bauer ‖ boer ‖ peasant.

lagi 1) dabei sein, etw zu tun, gerade etw tun ‖ m iets bezig z, juist, net ‖ to be busy with ‖ *selagi* während,

solange ... noch ‖ terwijl, zo lang ... nog ‖ while, whilst, as long as; 2) wieder, noch mehr, außerdem, dazu noch ‖ weer, nog meer, bovendien, buitendien ‖ again, moreover, more.

lagu Melodie, Ausdrucksweise ‖ melodie, manier (v spreken) ‖ melody, tune, diction; *berlagu* vertont, rezitieren ‖ op muziek gezet, reciteren ‖ composed, to recite; *melagukan* (etw singend) vortragen ‖ iets (zingend) reciteren ‖ to recite (in a singing manner).

-lah Suffix zur Hervorhebung d Prädikats (§ 8, b—d) ‖ suffix, dat nadruk legt op 't gezegde ‖ suffix emphasizing the predicate.

lahan s *perlahan(-lahan)*.

lahir 1) d Äußere, äußerlich ‖ ('t) uiterlijk ‖ external, outward appearance; 2) geboren (werden) ‖ geboren (worden) ‖ (to be) born; *melahirkan* äußern, gebären ‖ uiten, baren ‖ to express, utter, give birth to.

lahiriah äußerlich ‖ uiterlijk ‖ external.

lain anders sein, anderer ‖ ander(s) ‖ different, other; *selain dari(pada)* außer, ausgenommen ‖ behoudens, uitgezonderd ‖ besides, except; *berlainan dengan* verschieden sein v, s unterscheiden ‖ onderscheiden zijn v, verschillen ‖ to be different from, to differ; *melainkan* sondern, hingegen, aber ‖ daarentegen, maar ‖ however, but, on the contrary.

lajak geeignet, normal, würdig ‖ geschikt, behoorlijk, (iets) waardig z ‖ proper, fitting, worthy.

lajan : melajani (be)dienen ‖ to serve; *pelajan* Diener(in) ‖ bediende ‖ (maid-)servant.

lajar Segel ‖ zeil ‖ sail; *be(r)lajar* segeln, fahren, reisen ‖ zeilen, varen, reizen ‖ to sail, travel (by sea); *pelajar* Seefahrer ‖ zeevaarder ‖ sailor; *pelajaran* Segelfahrt, Reise ‖ (zee)reis ‖ (boat-)trip, voyage.

laju welk, verwelkt ‖ verwelkt ‖ faded.

laki Ehemann ‖ echtgenoot ‖ husband; ~ *-bini* Eheleute, Ehepaar ‖ echtpaar ‖ married couple; ~ - ~ = *lelaki* Mann, männlich ‖ man(nelijk) ‖ man, male; *kelaki-lakian* männlich ‖ mannelijk ‖ manly.

lakin = *walakin* aber, sondern, jedoch ‖ maar, evenwel ‖ but, however.

laksa zehntausend ‖ tienduizend ‖ ten thousand.

laksamana Admiral ‖ admiraal ‖ admiral.

laksana wie (b Vergleich) ‖ zoals ‖ like, as; *melaksanakan* verwirklichen ‖ verwezenlijken ‖ to realize, materialize.

laku = *berlaku* 1) gültig, gangbar, verkäuflich ‖ geldig, gangbaar, gewild ‖ current, valid, in demand, popular; *kelakuan* Absatz (v Waren) ‖ afzet ‖ sale, market; 2) = *kelakuan* d Betragen, Benehmen ‖ gedrag ‖ behaviour; *selaku* wie, als ‖ (zo)als ‖ like, as; *berlaku* geschehen, stattfinden ‖ gebeuren, plaats grijpen ‖ to happen, take place; *melakukan* ausführen, (Beruf) ausüben, tun, veranstalten, (Krieg) führen ‖ ten uitvoer brengen, uitoefenen, voltrekken, (oorlog) voeren ‖ to carry out, do (a job), practise (a profession), perform, lead (a war).

lalai unaufmerksam, sorglos ‖ onoplettend, zorgeloos ‖ inattentive, negligent.

lalat Fliege ‖ vlieg ‖ fly.

lalu vorbei-, vergehen, vergangen, dann, darauf ‖ voorbij(gaan), verstrijken, passeren, verleden, vervolgens ‖ to pass (by), passed, then; *selalu* fortwährend, stets ‖ voortdurend ‖ always, continuous; *melalui* an etw vorbeigehen, passieren, via ‖ aan iets voorbijgaan, passeren, via ‖ to pass (by), via; *terlalu* 1) gestorben ‖ overleden ‖ dead; 2) sehr, zu arg, übertrieben ‖ (te) zeer, overdreven ‖ very, too, exaggerated.

lama alt, lange, abgetragen, Dauer ‖ oud, lang (v tijd), afgedragen, tijdsduur ‖ old, long (time), worn out, length of time, duration; ~ - ~ schließlich, endlich ‖ op 't laatst, eindelijk ‖ at last, finally; *lama-kelamaan* allmählich ‖ geleidelijk aan ‖ gradually; *selama* während, solange wie, für d Dauer von ‖ gedurende, zo lang als, voor d duur van ‖ during, as long as, for the duration of; *selamanja* immer, stets ‖ altijd, steeds ‖ always.

lamaran (Heirats)antrag ‖ aanzoek ‖ proposal.

lambang Symbol ‖ symbool.

lambat zu spät, langsam ‖ laat, langzaam ‖ late, slow.

lampau vorbei, vergangen ‖ voorbij, verleden ‖ past, passed by; *melampaui* überschreiten ‖ overschrijden ‖ to transgress, surpass; *terlampau* sehr, allzu ‖ zeer, te zeer ‖ very, too ...

lampu Lampe ‖ lamp.

lamun wenn, falls ‖ indien, ingeval ‖ if, in case.

landai abfallen(d), s neigen(d) ‖ glooien(d), nijgen(d) ‖ to droop, slope, shelve.

landjut lang, ausführlich, weit (vorgeschritten) ‖ langgerekt, omslachtig, ruim, (ver)gevorderd ‖ in detail, extensive, circumstantial, advanced; *selandjutnja* weiter ‖ verder ‖ further(more); *berlandjutkan* in d Länge ziehen ‖ in d lengte trekken ‖ to stretch, protract; *melandjutkan* etw verlängern ‖ verlengen ‖ to stretch, protract; *kelandjutan* Fortsetzung ‖ voortzetting ‖ continuation.

lang = *elang*.

langganan Kunde, Abnehmer, Abonnent ‖ klant, afnemer, abonné ‖ customer, subscriber; *berlangganan* Kunde, abonniert sein ‖ klant, geabonneerd z ‖ to be a customer, to take in, subscribed.

langgar, melanggar übertreten, sündigen gegen ‖ overtreden, zondigen tegen ‖ to transgress, trespass on, sin against.

langit Himmel ‖ hemel ‖ sky; ～ - ～ = *lelangit* Baldachin ‖ ledikanthemel ‖ canopy; *langitan* Gaumen ‖ verhemelte ‖ palate.

langkah Schritt ‖ stap ‖ step; *melangkah* dahinschreiten ‖ voortschrijden ‖ to stride, step.

langkan Balkon, Bühne ‖ balkon, toneel ‖ balcony, stage.

langsat ei Frucht (Lansium domesticum) ‖ s v vrucht ‖ k o fruit.

langsung direkt, unmittelbar, geradewegs, vollendet ‖ direct, rechtstreeks, inééns door, voltooid ‖ direct, straight, finished; *berlangsung* (an)dauern, stattfinden ‖ (voort)duren, plaats vinden ‖ to last, continue, happen; *melangsungkan* ausführen, feiern ‖ ten uitvoer leggen, vieren ‖ to carry out, celebrate; *kelangsungan* Durchführung, Belange ‖ uitvoering, belang ‖ the carrying through, importance, interests.

lantai Fußboden ‖ vloer ‖ floor.

lantang geräumig, deutlich, weit (v d Aussicht) ‖ ruim (van uitzicht), duidelijk ‖ spacious, clear, wide.

lantar : *terlantar* i d Zustand der Verwahrlosung verfallen (s) ‖ verwaarloosd ‖ neglected.

lantaran weil, da, wegen ‖ wegens, daar ‖ because, on account of.

lantas direkt, dann ‖ direct, vervolgens ‖ right away, then.

lantjung falsch, unecht ‖ vals, onecht ‖ false, faked, forged.

lapang weit, geräumig ‖ wijd, ruim ‖ wide, open; *lapangan* Gebiet, Feld ‖ terrein, veld ‖ territory, field.

lapar hungrig ‖ hongerig ‖ hungry.

lapis Schicht, Reihe ‖ laag, rij ‖ layer, row; *lapisan* Schicht ‖ laag ‖ layer.

laporan Bericht ‖ rapport, verslag ‖ report.

lapuk verschimmelt ‖ beschimmeld ‖ mouldy.

larang, melarang verbieten ‖ verbieden ‖ to forbid; *terlarang* verboten ‖ verboden ‖ prohibited; *larangan* Verbot, verboten ‖ verbod, verboden ‖ prohibition, prohibited.

lari = *berlari* (fort)laufen, fliehen ‖ (weg)lopen, vluchten ‖ to run (away), flee; *melarikan diri* (ent)fliehen ‖ (ont)vluchten ‖ to flee; *pelari* Deserteur ‖ deserter.

lasjkar Armee, Soldat ‖ leger, soldaat ‖ army, soldier.

lata[I], *melata* kriechen ‖ kruipen ‖ to creep.

lata[II] verächtlich, niedrigstehend ‖ verachtelijk, laag ‖ contemptible, base.

lauk-pauk allerlei Beigerichte ‖ allerlei bijgerechten ‖ all kinds of extra dishes.

laut Meer ‖ zee ‖ sea; *lautan* Ozean ‖ oceaan ‖ ocean; *pelaut* Seemann ‖ zeeman ‖ sailor.

lawan Gegner, gegen ‖ tegenstander, tegen ‖ opponent, against; ∼ -*ka-wan* Feind (und) Freund ‖ vijand (en) vriend ‖ friend (and) foe; *ber-lawan* ei Gegner haben, Widerstand leisten ‖ 'n tegenstander hebben, weerstand bieden ‖ to have an enemy, to oppose, resist.

lazat = lezat wohlschmeckend, schmackhaft ‖ smakelijk ‖ tasty.

lazim(nja) (im) allgemein(en), gebräuchlich ‖ (in 't) algemeen, gebruikelijk ‖ generally, customary, common.

lebai Moscheebeamter ‖ moskeebeambte ‖ official i mosque.

lebam bunt ‖ bont ‖ coloured, variegated.

lébar breit ‖ breed ‖ broad; *memper-lébar* verbreitern ‖ verbreden ‖ to widen, expand.

lebaran Fest am Ende d muhammedanischen Fastenmonats ‖ feest bij 't eind v d isl Vasten ‖ feast at the end of the Muhammedan fast.

lebat dicht, heftig (Regen) ‖ dicht, hevig (regen) ‖ close, heavy (rain).

lebih mehr ‖ meer ‖ more; ∼ - ∼ vor allem ‖ vooral ‖ especially; ∼ *lagi* noch viel mehr ‖ nog veel meer ‖ still much more; *melebihkan* erheben, bevorzugen ‖ verheffen, voortrekken ‖ to elevate, prefer; *melebih-lebihkan* übertreiben ‖ overdrijven ‖ to exaggerate; *kelebihan* Überschuß, Überfluß ‖ overschot, overvloed ‖ surplus, abundance.

léhér Hals ‖ neck.

lekang, melekang bersten ‖ barsten ‖ to burst.

lekas schnell ‖ snel ‖ fast, quick.

lekat, melekat haften ‖ aan iets kleven ‖ to cling, stick; *melekatkan* befestigen ‖ bevestigen ‖ to fasten.

lelah müde ‖ moede ‖ weary, tired; *kelelahan* Müdigkeit ‖ moeheid ‖ weariness.

lelaki = laki-laki.

leluasa ungestört, frei heraus ‖ ongehinderd, vrijuit ‖ undisturbed, unhampered, at pleasure.

lemah schwach ‖ zwak ‖ weak; ∼ -*lembut* freundlich ‖ vriendelijk ‖ friendly; *melemahkan* schwächen, biegsam machen ‖ verzwakken, buigzaam maken ‖ to weaken, make flexible.

lembab feucht ‖ vochtig ‖ moist.

lembah Tal ‖ dal, vallei ‖ valley.

lembaran Blatt, Seite (eines Buches) ‖ blad(zijde) ‖ sheet, page.

lembing Speer, Lanze, Pike ‖ speer, lans, piek ‖ spear, lance, javelin; *berlembing* ei Speer etc. besitzen ‖ een speer etc. hebben ‖ to have a spear etc.

lembu Rind ‖ rund ‖ cow.

lembur : melembur Überstunden machen ‖ overwerk doen ‖ to do overwork.

lembut sanft, weich ‖ zacht, week ‖ soft.

lémpar, melémpar(kan) (fort)werfen ‖ (weg)werpen ‖ to throw, cast (away).

lengan Arm.

lengkap vollzählig, komplet, bereit ‖ voltallig, compleet, gereed ‖ complete, ready.

lengkung : melengkung s wölben ‖ z welven ‖ to vault.

lenjap verschwunden, fort ‖ verdwenen, weg ‖ disappeared, gone.

lentang, terlentang hintenüber liegen ‖ achteroverliggen ‖ to lie backwards.

lepas los, frei, verschwunden ‖ los, vrij, verdwenen ‖ loose, free, disappeared; *melepas* entlassen ‖ ontslaan ‖ to discharge; *melepaskan* lösen, befreien, aufgeben, freilassen, (Gedanken) äußern ‖ lossen, loslaten, bevrijden, opgeven, vrijlaten, uiten (gedachten) ‖ to loosen, set free, release, give up, let go, express; *melepaskan lelah* ausruhen ‖ uitrusten ‖ to take a rest; *terlepas* los, befreit ‖ los, bevrijd ‖ loose, free.

lesu erschöpft, ermattet ‖ uitgeput, afgemat ‖ exhausted, tired; ∼ *ter-*

kulai völlig erschöpft ‖ geheel uit-geput ‖ completely exhausted.

letak (-letak) Lage ‖ ligging ‖ the lie, situation; *terletak* liegen ‖ liggen ‖ to lie.

léwat = *liwat : meléwati* überqueren, überschreiten ‖ oversteken, over-schrijden ‖ to cross, pass.

lezat = *lazat.*

liar wild.

liburan Ferien ‖ vacantie ‖ vacation.

lidah Zunge ‖ tong ‖ tongue; ∼ *buaja* Art Aloe ‖ s v aloë ‖ k o aloe.

lihat, melihat sehen ‖ zien ‖ to see, look; *memperlihatkan* etw sehen lassen, zeigen ‖ iets laten zien, ver-tonen ‖ to let see, show; *penglihat* Prophet, d Sehen ‖ ziener, 't zien ‖ seer, sight; *peng(e)lihatan* Gesehe-nes, Einsicht, Gesicht ‖ 't geziene, inzicht, 't gezicht (gelaat) ‖ what is seen, sight, insight, face; *kelihatan* sichtbar, aussehen ‖ zichtbaar, er uit zien ‖ visible, to look like.

lilin Wachs(kerze) ‖ was(kaars) ‖ wax, candle.

lilit, melilit umwinden ‖ omwinden ‖ to wind (about).

lima fünf ‖ vijf ‖ five.

limpah : melimpahkan (über)strömen lassen ‖ doen (over)stromen ‖ to let (over)flow.

linang : berlinang(-linang) fließen ‖ vloeien ‖ to flow.

lindap vag, undeutlich ‖ vaag, ondui-delijk ‖ vague.

lindung, berlindung s schützen, ver-bergen ‖ z beschutten, schuilen ‖ to take shelter, protect o s, hide; *melindungi* = *memperlindungi* be-schützen ‖ beschutten ‖ to protect; *perlindungan* Schutz ‖ beschutting ‖ protection.

lingkung Kreis ‖ cirkel ‖ circle; *me-lingkungi* umschließen, umringen, umgeben ‖ omsluiten, omringen, omgeven ‖ to enclose, surround; *lingkungan* Kreis, Sphäre ‖ kring, sfeer ‖ circle, sphere.

lintang : melintang quer liegen, s aus-strecken ‖ dwars liggen, i d breedte liggen ‖ to lie across, extend.

lipat Falte, -fältig ‖ vouw, -voudig ‖ fold, pleat, -fold.

lipur = *pelipur lara* Trost ‖ troost ‖ consolation.

liput : meliputi umfassen, überströmen ‖ omvatten, overstromen ‖ to em-brace, overflow.

lisan Zunge ‖ tong ‖ tongue; *dengan* ∼ mündlich ‖ mondeling ‖ oral, ver-bal.

litjin glatt, schlüpfrig ‖ glad, glibberig ‖ smooth, slippery.

liwat = *léwat* vorübergehen, vergangen, vorbei s, über (b Uhrzeiten) ‖ voorbij-gaan, voorbij, over (b d opgave v tijd) ‖ to pass, past, beyond.

logat Dialekt ‖ dialect.

logis logisch ‖ logical.

lohor : waktu ∼ Zeit d muhammedani-schen Mittagsgebets ‖ de Moslimse godsdienstoefening om ± 12,30 's middags ‖ time for Mohammedan prayers (about noon).

lokan Muschel ‖ schelp ‖ shell, mussel.

lolor, melolor (hin)abgleiten ‖ afglijden ‖ to glide off.

lompat, melompat springen ‖ to jump.

lontar Fächerpalme ‖ waaierpalm ‖ fan-palm.

lontjéng Glocke, Klingel ‖ bel ‖ bell.

lorong Pfad ‖ pad ‖ path.

losin Dutzend ‖ dozijn ‖ dozen.

luar Außenseite, draußen ‖ buiten-(kant) ‖ outside; *di-* ∼ außerhalb, draußen ‖ buiten ‖ outside; *keluar* hinaus(gehen), verlassen, heraus-kommen, kündigen, ausgeben ‖ naar buiten (gaan), verlaten, uit-komen, ontslag nemen, uitgeven ‖ to go out, leave, come out, give notice, quit; *luar negeri* Ausland ‖ buitenland ‖ foreign country; *me-ngeluarkan* äußern, verschenken ‖ uiten, weggeven ‖ to utter, express, give away.

luas weit, ausgedehnt ‖ wijd, uitge-strekt ‖ wide, extensive; *meluas* (s) ausbreiten ‖ (z) uitbreiden ‖ to extend, expand, spread.

lubang Loch ‖ gat ‖ hole.

ludah Speichel ‖ speeksel ‖ saliva; *meludah* speien ‖ spuwen ‖ to spit;

meludahi bespeien ‖ bespuwen ‖ to spit at; *meludahkan* etw ausspeien, ausspucken ‖ iets uitspuwen ‖ to spit out.

luka Wunde, verwundet ‖ wond, gewond ‖ wound, hurt; *melukai* verwunden ‖ verwonden ‖ to injure, hurt.

lukis, melukis(kan) gravieren, abbilden, beschreiben, darstellen ‖ graveren, afbeelden, beschrijven, voorstellen ‖ to engrave, paint, describe, render (a role); *lukisan* Schilderung, Bild, Gemälde ‖ beschrijving, afbeelding, schilderij ‖ description, painting.

lulus Erfolg haben, durchsinken, gestattet, (Examen) bestehen ‖ succes hebben, doorzakken, veroorloofd, door 't examen komen, slagen ‖ to be successful, get (slip) through, permitted, to pass an examination.

lumas Pyramide ‖ pyramid.

lunak weich ‖ week ‖ soft.

lunas bezahlt, abgezahlt ‖ (af)betaald ‖ paid; *melunaskan* = *memperlunaskan* begleichen, abzahlen ‖ vereffenen, afbetalen ‖ to settle, pay for.

luntjur, meluntjur (fort)gleiten ‖ (weg)glijden ‖ to glide off.

luntur verbleichen, verblassen ‖ verbleken, verschieten ‖ to lose colour, fade.

lupa vergessen ‖ vergeten ‖ forget; *lupa-lupaan* vergeßlich ‖ vergeetachtig ‖ forgetful; *melupakan* vergessen ‖ vergeten ‖ to forget.

luruh abfallen (Früchte, Blätter) ‖ afvallen ‖ to fall off.

lurus gerade, aufrecht ‖ recht(op) ‖ straight, upright.

lurut, melurut m d geschlossenen Hand abstreifen ‖ afstrijken m d gesloten hand ‖ to strip.

lusa übermorgen ‖ overmorgen ‖ the day after tomorrow.

lutut Knie ‖ knee; *berlutut* knien ‖ knielen ‖ to kneel.

luxe Luxus ‖ luxe ‖ luxury.

M

ma' = mak Mutter ‖ moeder ‖ mother.

ma'af Verzeihung ‖ vergeving ‖ pardon; *mema'afkan* etw verzeihen ‖ iets vergeven ‖ to forgive s th.

mabuk betrunken ‖ dronken ‖ drunk; ～ *laut* seekrank ‖ zeeziek ‖ seasick.

machluk Geschöpf ‖ schepsel ‖ creature.

madahan Lob ‖ lof ‖ praise, laudation.

madjal(l)ah Zeitschrift ‖ tijdschrift ‖ periodical.

madjelis Rat, Komitee ‖ raad, comité ‖ council, committee.

madjikan Herr, Arbeitgeber ‖ baas, werkgever ‖ employer.

madju vorwärtsgehen, fortschreiten, fortschrittlich ‖ voorwaarts gaan, voortgaan(d) ‖ to go forward, advance, progressive; *memadjukan* einreichen, vorbringen, weiterbringen ‖ indienen, vooruitbrengen ‖ to file in, put forward, present, promote;

kemadjuan Fortschritt ‖ vooruitgang, vordering ‖ progress, advance.

madu Nebenfrau ‖ mede-echtgenote ‖ second wife; *bermadu* ei Nebenfrau haben ‖ 'n mede-vrouw hebben ‖ to have a second wife.

magrib Zeit des muhammedanischen Gebets bei Sonnenuntergang ‖ tijd v d Moslimse godsdienstoefening bij zonsondergang ‖ time of Mohammedan prayer at sunset.

maha- groß, sehr ‖ groot, zeer ‖ great, very.

mahaguru s. *guru*.

mahal teuer, selten ‖ duur, schaars ‖ costly, expensive, scarce.

mahapralaya d große Sterben, Weltuntergang ‖ 't grote sterven, wereldondergang ‖ the great dying, end of the world.

maharadja Oberkönig ‖ grootvorst ‖ overlord; *bersemaharadjaléla* absolut, unumschränkt auftreten, wüten ‖ vrijmachtig optreden, woeden ‖ to act absolutely, highhandedly, to rage.

mahasiswa Student.

mahasiswi Studentin ‖ female student.

mahir = mair.

main = bermain spielen ‖ spelen ‖ to play; *permainan* Spiel(zeug) ‖ speelgoed, spel, ‖ toy, play.

mair =mahir fähig, geschickt, gewohnt, fachmännisch ‖ bekwaam, (des)kundig, gewoon ‖ capable, skilful, skilled, accustomed.

majat Leiche ‖ lijk ‖ corpse.

mak = ma'.

maka und, darauf; leitet Haupt- und Nachsätze ein, deutet Folgerungen an (§§ 59,a; 61, b; 63, a u. d; § 64) ‖ en, daarna, toen; leidt een nazin in, duidt een gevolgtrekking aan ‖ and, then, so.

makan essen ‖ eten ‖ to eat; ∼ *gadji* Tagelöhner s, als Tagelöhner arbeiten ‖ loontrekken, als dagloner werken ‖ to be a, to work as daylabourer; *memakan* aufessen, eindringen ‖ opeten, indringen ‖ to eat up, penetrate; *makanan* Nahrung, Essen ‖ voedsel ‖ food.

makelar Makler ‖ makelaar ‖ broker.

makin stets, immer + Komparativ ‖ altijd + comparatief ‖ always + comparative; ∼ . . . ∼ = *sema(ng)-kin* . . . *sema(ng)kin* je . . . desto ‖ hoe . . . hoe ‖ the more . . . the.

maklum bekannt ‖ bekend ‖ known; *memaklumkan* mitteilen ‖ mededelen ‖ to announce, notify; *permakluman* Erklärung, Bekanntmachung ‖ verklaring, bekendmaking ‖ declaration, announcement.

makmur blühend, wohlhabend ‖ bloeiend, welvarend ‖ flourishing, prosperous; *kemakmuran* Wohlstand ‖ welvaart ‖ prosperity.

maksud Absicht, Zweck, Bedeutung ‖ bedoeling, betekenis ‖ intention, purpose, meaning; *bermaksud* d Absicht haben, beabsichtigen ‖ iets bedoelen ‖ to intend, have the intention; *memaksud(kan)* beabsichtigen, meinen ‖ bedoelen ‖ intend.

malah(an) (ja) sogar, außerdem ‖ (ja) zelfs, bovendien ‖ and what is more . . ., even, besides.

malam Abend, Nacht ‖ avond, nacht ‖ evening, night; *semalam* gestern abend, nacht ‖ gisteren avond, nacht ‖ last night; *semalam-malaman* d ganze Nacht ‖ d hele nacht ‖ the whole night; *bermalam* übernachten ‖ overnachten ‖ to spend the night; *kemalaman* v d Nacht überfallen ‖ door d nacht overvallen ‖ overtaken by the night.

malang unglücklich, Unglück ‖ ongeluk(kig) ‖ unfortunate, unlucky, misfortune; ∼ *-mudjur* Schicksal, Los ‖ lot ‖ destiny, fate; *kemalangan* Unglück ‖ ongeluk ‖ bad luck.

malas faul, träge ‖ lui, traag ‖ lazy; *bermalas-malas* faulenzen ‖ luieren ‖ to be idle; *pemalas* Faulpelz ‖ luiaard ‖ idler, sluggard.

maling Dieb ‖ dief ‖ thief.

malu verschämt, verlegen, s schämen ‖ beschaamd, verlegen, z schamen ‖ bashful, to be ashamed; *memalui* s vor jmd schämen ‖ z schamen voor iemd ‖ to be ashamed against; *malu-maluan* etwas verschämt, verlegen ‖ enigszins beschaamd, verlegen ‖ to be somewhat ashamed; *kemaluan* Scham, Verlegenheit ‖ schaamte, verlegenheid ‖ shame; *kemalu-maluan* sehr verlegen ‖ zeer verlegen ‖ very embarrassed.

Maluku Molukken ‖ the Moluccas.

mamah, memamah kauen ‖ kauwen ‖ to chew.

mamak Oheim, Onkel ‖ oom ‖ uncle.

mambang Art Geist, Spuk ‖ s v geesten, spoken ‖ k o ghost; ∼ *kuning* Abendrot ‖ avondrood ‖ eveningglow.

mana welche(r,s)? ‖ welke? ‖ which?; *dimana-mana* überall ‖ overal ‖ everywhere; *kemana-mana* wohin auch immer ‖ waarheen ook ‖ wherever; *manakala* wann?, als (Konj.) ‖ wanneer?, toen ‖ when?, when;

manakan wie (sollte)? ‖ hoe zou? ‖ how should?

mandala Kreis, Gebiet, Distrikt ‖ kring, gebied, district ‖ circle, area, district.

mandi baden (intr) ‖ (z) baden ‖ to take a bath; *permandian* Badeplatz ‖ badplaats ‖ bathing-place.

mandur Aufseher ‖ opzichter ‖ overseer.

mangga Mango ‖ mangga.

mangkat verscheiden, sterben ‖ overlijden (v vorsten en aanzienlijke personen) ‖ to die, pass away.

mangkin : semangkin . . . semangkin = makin . . . makin.

manis süß, lieblich, nett, freundlich ‖ zoet, lieftallig, vriendelijk ‖ sweet, nice, friendly; *bermanis muka* lieblich v Angesicht ‖ liefelijk v aangezicht ‖ lovely by sight; *manisan* Süßigkeiten ‖ zoetigheid ‖ sweets; *kemanisan* Süße, Süßigkeit, allzu süß ‖ zoetheid, al te zoet ‖ sweetness, (much) too sweet; *ke-(manis)-manisan* allzu süß ‖ al te zoet ‖ too sweet.

manusia Menschheit, Mensch ‖ mens(heid) ‖ human being, mankind; *kemanusiaan* menschlich, Menschlichkeit, ‖ menselijk(heid) ‖ human(ity).

marah = amarah zornig, böse ‖ driftig, boos ‖ angry; *pemarah* Brummbär ‖ brompot ‖ grumbler.

Maret März ‖ Maart ‖ March.

mari los!, herkommen ‖ kom(aan)!, hierheen komen ‖ come on!, to approach, come here; *kemari* hierher ‖ hierheen ‖ hither, this way.

mariam Kanone, Geschütz ‖ kanon, geschut ‖ gun.

markas Quartier, Posten ‖ kwartier, post ‖ quarters, station, post.

mas = emas Gold ‖ goud.

masa Zeit, als (Konj.) ‖ tijd, toen ‖ time, period, when; *semasa* während ‖ tijdens ‖ during.

masak reif, gar ‖ rijp, gaar ‖ ripe, done (cooking of food); *memasak* (Essen) kochen ‖ (spijs) koken ‖ to cook; *masakan* (gekochtes) Essen, Speise

‖ (gekookt) eten, spijs ‖ cooked food.

Maséhi christlich ‖ christelijk ‖ Christian.

masgul : kemasgulan Traurigkeit, Kummer ‖ treurigheid, bekommering ‖ sadness, grief.

masih (immer) noch ‖ nog ‖ still, yet.

masing-masing jeder für sich, ein jeder ‖ ieder afzonderlijk, een ieder ‖ each (one), every, respectively.

masjarakat (menschl) Gesellschaft, Gemeinschaft ‖ maatschappij, samenleving ‖ society, community.

masjur = mas(j)hur berühmt ‖ beroemd, vermaard ‖ famous.

masuk ein-, betreten, eindringen ‖ binnengaan, betreden, binnendringen ‖ to go into, enter, penetrate; ∼ *akal* verständlich ‖ begrijpelijk ‖ intelligible; *memasuki* betreten ‖ betreden ‖ to enter; *memasukkan* hinzufügen, hineintun, einführen ‖ toevoegen, doen in, invoeren ‖ to add, put into, import; *termasuk* einbegriffen, einschließlich, gehören zu ‖ begrepen z in iets, inclusief, behoren tot ‖ included, belonging to; *kemasukan* betreten, besessen s ‖ betreden, bezeten z ‖ to be entered, possessed w; *pemasukan* Einfuhr ‖ invoer ‖ import.

mata Auge ‖ oog ‖ eye; ∼ *hari* Sonne ‖ zon ‖ sun; ∼ *pentjaharian* Lebensunterhalt, Beruf ‖ middel v bestaan, beroep ‖ livelihood, occupation, business; ∼ - ∼ Spion ‖ spy; *semata-mata* ganz und gar, völlig ‖ geheel en al, totaal ‖ totally.

mati sterben, tot ‖ sterven, dood ‖ to die, dead; *mati-matian* auf Leben und Tod ‖ op leven en dood ‖ on life and death, to the last; *mematikan* töten ‖ doden ‖ to kill; *kematian* d Tod, v ei Sterbefall betroffen ‖ d dood, getroffen door d dood v ‖ death, lost by death.

matjam Sorte, Art, Beschaffenheit ‖ soort, hoedanigheid ‖ sort, kind, quality, feature; *(ber)matjam-matjam* verschiedene, allerlei ‖ verschillende, allerlei ‖ various, all kinds of.

mau wollen, werden (Futur) ‖ willen, zullen ‖ will, shall; *mau(pun)* ... *mau(pun)* ob ... oder ‖ hetzij ... of ‖ if = whether ... or; *kemauan* Wille ‖ wil ‖ will.

mawar Rose ‖ roos.

mazhab muhammedanische juristische Richtung ‖ Moslimse wetgeleerde richting ‖ school of thought concerning Muslim law.

médja Tisch ‖ tafel ‖ table.

méga Wolke ‖ wolk ‖ cloud.

megah Ruhm ‖ roem, glorie ‖ fame, glory; *kemegahan* Ruhm, Ehre ‖ roem, eer ‖ fame, honour.

Méi Mai ‖ Mei ‖ May.

melainkan s. *lain.*

Melaju malaiisch ‖ Maleis ‖ Malay.

melarat Elend, elend, kümmerlich ‖ ellende, ellendig, armelijk ‖ misery, miserable.

melati Jasmin ‖ jasmijn ‖ jasmin(e).

mémang natürlich, in der Tat, selbstverständlich ‖ natuurlijk, inderdaad ‖ of course, indeed.

memelas (< jav. *welas*) mitleiderregend, erbärmlich ‖ deerniswekkend, erbarmelijk ‖ piteous, pitiable.

ménak Adel, angesehene Person ‖ adel, aanzienlijke ‖ aristocrat, distinguished person.

menang siegen, gewinnen ‖ (over)winnen ‖ to be victorious, win; *kemenangan* Sieg ‖ overwinning ‖ victory.

menantu Schwiegersohn, -tochter ‖ schoonzoon, schoondochter ‖ son-in-law, daughter-in-law.

mentah unreif ‖ onrijp ‖ unripe.

mentang-mentang weil, da (nun einmal) ‖ omdat (nu eenmaal) ‖ just because; s. *sementang-mentang.*

mentéga Butter ‖ boter.

menteri Minister; *kementerian* Ministerium ‖ ministerie ‖ ministry.

menung: *termenung* i Gedanken versunken ‖ i gepeins verzonken ‖ to be i thoughts, meditating.

mérah rot ‖ rood ‖ red; *mérah-mérahan*

= *ke(mérah-)mérahan* rötlich ‖ roodachtig ‖ reddish.

merdéka frei, unabhängig ‖ vrij, onafhankelijk ‖ free, independent; *kemerdékaan* Freiheit, Unabhängigkeit ‖ vrijheid, onafhankelijkheid ‖ freedom, independence.

merdu sanft, lieblich ‖ zacht, liefelijk ‖ soft, sweet (voice).

meréka (*ini* = *itu*) sie (Pl.), ihr (Pl.) ‖ zij, hun ‖ they, them, their.

meria(h) fröhlich, ausgelassen ‖ vrolijk, uitgelaten ‖ gay, elated.

merpati, burung ∼ Taube ‖ duif ‖ pigeon.

mersik mager ‖ schraal ‖ lean.

mertju hoher Gipfel ‖ hoge top ‖ a high peak.

mertua Schwiegereltern ‖ schoonouders ‖ parents-in-law.

mesin Maschine ‖ machine.

Mesir Ägypten ‖ Egypte ‖ Egypt.

mesiu Schießpulver ‖ buskruit ‖ gunpowder.

meski mag auch ... ‖ al is ... ‖ let ...; *meski* ... *sekalipun* wie sehr auch ‖ hoezeer ook ‖ hoewer, much as; *meskipun* obgleich ‖ hoewel ‖ (al)though.

mesti müssen, sicherlich ‖ moeten, stellig ‖ must, certainly.

métér Meter.

méwah reichlich, verschwenderisch, unmäßig, Luxus, Üppigkeit ‖ overvloedig, overdadig, verkwistend, luxe, weelde ‖ abundant, copious, prodigal, excessive, luxury, exuberance.

milik Besitz, Eigentum ‖ bezit, eigendom ‖ property; *memiliki* etw besitzen ‖ iets i bezit hebben ‖ to own, possess.

milir stromabwärts (gehen) ‖ stroomafwaarts (gaan) ‖ downstream.

militér Militär(-) ‖ militair ‖ military.

milliar(d) Milliarde ‖ milliard.

mimbar Kanzel, Podium ‖ kansel, podium ‖ speaking-platform, pulpit.

mimpi Traum, Träumen ‖ droom, 't dromen ‖ dream(ing); *bermimpi* ei Traum haben, träumen ‖ dromen

‖ to dream; *bermimpikan* v etw träumen ‖ v iets dromen ‖ to dream of.

minat Aufmerksamkeit, Interesse, Andacht ‖ attentie, belangstelling, aandacht ‖ attention, interest, devotion; *berminat (kepada)* interessiert (an) ‖ geinteresseerd (i) ‖ to be interested (in); *peminat* Interessent ‖ geinteresseerde ‖ party (concerned).

minggu Woche ‖ week; *hari* ∼ Sonntag ‖ Zondag ‖ Sunday.

minjak Öl ‖ olie ‖ oil; *meminjaki* ölen ‖ olieën ‖ to oil s th.

minta (s. *pinta*) (er)bitten ‖ verzoeken, vragen om ‖ to ask, beg; ∼ - ∼ betteln ‖ bedelen ‖ to beg; *minta djalan* um Durchgang bitten ‖ doorgang verzoeken ‖ make way please!; *permintaan* Bitte, Ersuchen ‖ bede, verzoek ‖ request.

minum trinken ‖ drinken ‖ to drink; *meminum* austrinken ‖ uitdrinken ‖ to drink up; *minuman* Getränk ‖ drank ‖ drink(s).

misal Beispiel ‖ voorbeeld ‖ example; *misalnja* z.B. ‖ b. v. ‖ for example.

miskin arm ‖ poor.

mobil Auto ‖ automobiel ‖ motorcar.

modal Kapital ‖ kapitaal ‖ capital.

modél Modell ‖ model.

modérén modérn.

moga-moga = *semoga* möge! ‖ moge! ‖ may!, I hope that . . .

mohon (s. *pohon*[II]) bitten, ersuchen ‖ vragen, verzoeken ‖ to ask, request; *bermohon (diri kepada)* s verabschieden v ‖ afscheid nemen v ‖ to take leave of.

molék schön, lieblich ‖ mooi, lieftallig, ‖ beautiful, pretty, lovely.

monjét Affe ‖ aap ‖ monkey.

-*mu* dein ‖ jouw ‖ your.

muat, memuat (ei Artikel) aufnehmen, enthalten ‖ ('n artikel) opnemen, inhouden ‖ to take up, admit, contain.

muda jung, hell (v Farben) ‖ jong, licht (v kleur) ‖ young, light (of colours); ∼ *remadja* jugendlich ‖

jeugdig ‖ youthful; *pemuda* Jüngling ‖ jongeling ‖ young man.

mudah 1) leicht (nicht schwierig) ‖ gemakkelijk ‖ easy, simple; *memudahkan* erleichtern ‖ vergemakkelijken ‖ to make easy, lighten, simplify; 2) *mudah-mudahan* möge!, hoffentlich, wer weiß! ‖ moge!, hopelijk, wie weet! ‖ may!, it is to be hoped, perhaps.

mudik stromaufwärts (gehen) ‖ stroomopwaarts (gaan) ‖ upstream.

mudjur Glück (haben) ‖ geluk(kig) ‖ luck(y).

muka Antlitz, Oberfläche, Vorderseite ‖ gelaat, oppervlakte, voorzijde ‖ face, surface, front(side); *di-* ∼ vor ‖ vóór ‖ in front of; *ke-* ∼ nach vorn ‖ naar voren ‖ forward; *mengemukakan* etw vorbringen, äußern, betonen ‖ naar voren brengen, uiten, nadruk leggen op ‖ to put forward, utter, express, emphasize; *terkemuka* wichtig, prominent ‖ belangrijk, vooraanstaand ‖ important, prominent; *permukaan* Oberfläche ‖ oppervlakte ‖ surface.

mukah: bermukah dengan ehebrechen m ‖ overspel plegen m ‖ to commit adultery w.

mula Anfang, Beginn ‖ aanvang, begin ‖ beginning; ∼ - ∼ = *mulanja* anfangs, zuerst ‖ aanvankelijk, eerst ‖ in the beginning, at first; *(me)-mulai* mit etw beginnen, anfangen, seit ‖ iets beginnen, aanvangen, vanaf ‖ to begin s th, from; *permulaan* Anfang, Beginn ‖ aanvang, begin ‖ beginning.

mulia prachtvoll, großartig ‖ luisterrijk, groots ‖ brilliant, glorious, sublime; *mempermuliakan* feiern, verherrlichen ‖ vieren, verheerlijken ‖ to celebrate, glorify; *kemuliaan* Pracht, Großartigkeit, Ruhm ‖ pracht, grootsheid, glorie ‖ glory, pomp, magnificence.

Mulo (Abk. von: middelbaar en uitgebreid lager onderwijs) Mittelschule ‖ middelbare school ‖ intermediate school.

mulut Mund ‖ mond ‖ mouth.

mundar-mandir hin und her gehen ‖ heen en weer lopen ‖ to walk up and down.

mundur zurückweichen ‖ achteruitgaan ‖ to go backward, withdraw.

mungkin möglich(erweise) ‖ mogelijk, eventueel ‖ possible, possibly; *se-... mungkin* so ... wie möglich ‖ zo ... mogelijk ‖ as ... as possible; *kemungkinan* Möglichkeit ‖ mogelijkheid ‖ possibility.

mungkir : memungkiri leugnen, verneinen ‖ loochenen, ontkennen ‖ to deny, disavow.

muntjul erscheinen ‖ verschijnen ‖ to appear.

muntjung Maul, Schnauze ‖ muil, bek, snuit ‖ snout, muzzle.

murah billig ‖ goedkoop ‖ cheap.

murid Schüler ‖ scholier ‖ scholar, pupil.

murka Zorn, zornig ‖ toorn(ig) ‖ anger, wrath, angry.

murni sauber, rein ‖ zuiver, louter ‖ pure, sheer.

musim Jahreszeit ‖ jaargetijde ‖ season; ∼ *barat* Westmonsun ‖ westmoesson ‖ west monsoon.

Muslimin Moslem ‖ Moslim ‖ Muslim.

mustahil unglaublich, undenkbar ‖ ongelooflijk, ondenkbaar ‖ incredible, impossible; *tak* ∼ nicht erstaunlich.

musuh Feind ‖ vijand ‖ enemy; ∼-*masah* allerlei Feinde ‖ allerlei vijanden ‖ various kinds of enemies; *memusuhi* bekämpfen ‖ bestrijden ‖ to combat.

N

nabi Prophet ‖ profeet.

nafas = *napas* Atem ‖ adem ‖ breath.

nafkah Lebensunterhalt ‖ levensonderhoud ‖ subsistence, livelihood.

naik hinaufgehen, -klettern, steigen ‖ hogerop gaan, klimmen ‖ to ascend, climb, rise; ∼ *darah* böse werden ‖ boos worden ‖ to get angry.

nakal unartig, ungezogen, frech ‖ ondeugend, stout, baldadig ‖ naughty, insolent.

nakoda Kapitän ‖ scheepskapitein ‖ captain (o ship).

nama Name ‖ naam; *menamakan* ei Namen geben, nennen ‖ 'n naam geven aan, noemen ‖ to name, call; *kenamaan* berühmt ‖ beroemd ‖ famous.

nampak (s *tampak*) Aussehen, sichtbar ‖ 't uiterlijk, zichtbaar ‖ appearance, visible.

namun doch, wenn auch, trotz ‖ toch, ondanks ‖ yet, in spite of.

nanti nachher, bezeichnet auch d Futur ‖ straks, bet. ook toekomst ‖ soon, marks the future; *menanti* warten ‖ wachten ‖ to wait; *menan-*

tikan erwarten ‖ verwachten ‖ to expect; *nanti-nantian* dauernd, sehnsüchtig warten ‖ altijd, vol verlangen wachten ‖ to use to wait, to wait w longing.

napas = *nafas*.

naraka Hölle ‖ d hel ‖ hell; ∼ -*djehenam* dgl.

nasal nasal ‖ nasaal.

naséhat Rat, Ermahnung, Moral ‖ raad, vermaning, moraal ‖ advice, exhortation, moral(s).

nasi gekochter Reis ‖ gekookte rijst ‖ cooked rice.

nasib Schicksal ‖ noodlot ‖ fate, destiny.

Nasrani Christ(entum) ‖ Christen, christendom ‖ Christian(ity).

negara Land, Staat ‖ land, staat ‖ state.

negeri Land, Stadt ‖ land, stad ‖ country, town; ∼ *luaran* Ausland ‖ buitenland ‖ foreign country.

nenas Ananas ‖ pineapple.

nénék Großeltern ‖ grootouders ‖ grand-parents; ∼ -*mojang* d Ahnen, Vorfahr(en) ‖ voorouders, voorvader ‖ ancestor(s).

nganga : mengangakan (d Mund) weit öffnen ‖ (d mond) wijd openen ‖ to open wide (one's mouth).

ngeri : mengerikan schauderhaft, grausig ‖ huiveringwekkend ‖ horrible.

ngiang, mengiang nachklingen, brausen(d) ‖ naklinken, suizen(d) ‖ to resound, roar(ing).

nian außergewöhnlich, bez. Superlativ ‖ buitengewoon, uitdrukking v d overtreffende trap ‖ extremely, extraordinary, marks the superlative.

nijur = njiur Kokospalme, Kokosnuß ‖ kokospalm, kokosnoot ‖ coconut (-palm).

nikah heiraten ‖ trouwen ‖ to marry.

nilai Wert(schätzung) ‖ waarde, schatting ‖ value, esteem; *menilai* schätzen ‖ taxeren ‖ to tax, estimate; *tidak ternilai(kan)* unschätzbar ‖ onschatbaar ‖ inestimable; *nilaian* Schätzung, Bewertung, Wert ‖ schatting, waarde ‖ estimation, valuation, value.

nipis dünn ‖ dun ‖ thin.

nistjaja sicherlich ‖ zeker ‖ certainly.

-nja sein, ihr(e) ‖ zijn, haar, hun ‖ his, her, their.

njah : dinjahkan fortgejagt, beseitigt werden ‖ weggejaagd, uit d weg geruimd worden ‖ to be chased away, to be removed.

njala Flamme ‖ vlam ‖ flame; *menjala* (auf)flammen, brennen ‖ (ont)vlammen, branden ‖ to flare up, burn.

njaman gesund, angenehm, frisch ‖ gezond, aangenaam, fris ‖ healthy, pleasing, fresh.

njamuk Mücke, Moskito ‖ mug, muskiet ‖ gnat, midge, mosquito.

njanji, bernjanji singen ‖ zingen ‖ to sing; *menjanjikan* etw be-, vorsingen ‖ (be)zingen ‖ to sing (of); *njanjian* Gesang, Lied ‖ zang, lied ‖ song.

njata deutlich, offenbar ‖ duidelijk, blijkbaar ‖ clear, evident; *menjatakan* erklären, deutlich machen, aussprechen ‖ verklaren, duidelijk maken, uitspreken ‖ to explain, make evident, express; *ternjata* deutlich, offensichtlich ‖ duidelijk, blijkbaar ‖ clear, obvious; *kenjataan* Tatsache ‖ feit ‖ fact; *pernjataan* Erklärung, Äußerung ‖ verklaring, uiting ‖ explanation, declaration, utterance.

njiur = nijur.

njonja Frau, Sie ‖ mevrouw, U ‖ lady, Madam, you.

Noch Noah ‖ Noach.

nona Fräulein, Sie ‖ juffrouw, U ‖ Miss, you.

O

obat Arznei, Medizin ‖ medicijn ‖ medicine; *mengobati* jmd (m Arznei) behandeln ‖ iemd (m geneesmiddelen) behandelen ‖ to treat (w medicine).

obor Fackel ‖ fakkel ‖ torch.

oktaf Oktave ‖ octaaf ‖ octave.

olah : seolah-olah als ob, gleichsam ‖ alsof, als 't ware ‖ as if, as it were.

olahraga Sport.

olahragawan Sportsmann ‖ sportsman.

oléh 1) durch, mittels, vermöge, infolge ‖ door (middel v), krachtens, tengevolge ‖ by, by means of, by virtue of, in consequence of; *oléh karena = sebab* weil ‖ omdat ‖ because; 2) *beroléh* etw erlangen ‖ (ver)krijgen ‖ to get, acquire; *memperoléh* erwerben, erlangen ‖ verwerven, verkrijgen ‖ to get, obtain.

ombak Welle, Woge ‖ golf ‖ wave.

ongkos Unkosten ‖ onkosten ‖ expenses.

opsir Offizier ‖ officier ‖ officer.

orang Mensch, man ‖ mens, men ‖ man, person, one, people; ~ *banjak* d Menge, d Publikum ‖ d menigte, 't publiek ‖ the crowd, public; ~ *bawahan* d Untergebene ‖ ondergeschikte ‖ subordinate; ~ *kaja* Angesehener ‖ voorname ‖ important person; ~ *tua* Eltern ‖ ouders ‖ parents; *orangan = orang-orangan* Vogelscheuche, Puppe ‖ vogelverschrikker, pop ‖ scarecrow, doll; *seseorang* irgendjemand ‖ d een of ander ‖ anybody; *barang seorang = se(m)barang orang* dgl.; *perseorangan* Individualismus ‖ individualisme ‖ individualism.

organisasi Organisation ‖ organisatie ‖ organization.

otak Gehirn ‖ hersenen ‖ brain(s).

oto Auto.

overwérk Extraarbeit leisten ‖ overwerken ‖ to overwork.

P

pa' = pak Vater des, der ... ‖ vader v ... ‖ father of ...

paberik = pabrik Fabrik ‖ fabriek ‖ factory.

pabila = apabila wann? ‖ wanneer? ‖ when?

*pada*I insgesamt, alle ‖ (m z'n) allen, tesamen ‖ all (of them).

*pada*II in, auf, bei, zu ‖ in, op, bij, te ‖ in, on, at; *kepada* nach, zu ‖ naar, tot ‖ to; *daripada* von ‖ vanaf ‖ from; *dalam pada itu* inzwischen ‖ intussen ‖ meanwhile.

padahal jedoch, ja, während (i Wirklichkeit) ‖ toch, ja, terwijl (i werkelijkheid), immers ‖ whereas, although.

padam ausgelöscht, erloschen, versiegt ‖ uitgeblust, gedoofd, opgedroogd ‖ extinguished, dried up.

padang Feld, Ebene ‖ veld, vlakte ‖ field, plain.

padat massiv, fest, dicht, komprimiert ‖ massief, vast, dicht, gecomprimeerd ‖ solid, compact, dense, compressed.

padi Reis(pflanze) ‖ rijst(plant) ‖ rice(-plant).

padjak Steuern, Abgabe, Pacht ‖ belasting, pacht ‖ tax, rent.

padmasana Thron ‖ troon ‖ throne.

padu, in: ~ *bersatu* ein Ganzes, einträchtig, einmütig ‖ 'n geheel, eendrachtig, eensgezind ‖ a whole, harmonious, unanimous.

paédah = faédah Nutzen, Vorteil ‖ nut, voordeel ‖ profit, advantage.

pagar Zaun ‖ omheining ‖ fence; *memagarkan* etw als Zaun gebrauchen ‖ iets als omheining gebruiken ‖ to use as fence.

pagi Morgen ‖ ochtend ‖ morning.

paha Schenkel ‖ dij ‖ thigh.

paham verstehen, begreifen, Einsicht, Verständnis ‖ begrijpen, inzicht, verstand ‖ to understand, understanding; *memahamkan* etw verstehen, begreifen, einsehen ‖ iets begrijpen, beseffen ‖ to understand, realize.

pahit bitter; *kepahitan* Bitterkeit, Verbitterung ‖ bitterheid, verbittering ‖ bitterness, exasperation.

pajah ermüdet ‖ vermoeid ‖ tired; *sakit* ~ schwerkrank ‖ ernstig ziek ‖ seriously ill; *kepajahan* ermüdet, erschöpft ‖ vermoeid, uitgeput ‖ tired, exhausted.

pajung (Fall)schirm ‖ scherm, paraplu; parachute ‖ umbrella; parachute.

pak = pa' Vater ‖ vader ‖ father; ∼ *turut* etwa : Nachahmer, nicht originell ‖ nabootser, niet origineel ‖ imitator, not original.

pakai, memakai gebrauchen, (Kleidung) tragen ‖ gebruiken, (kleren) dragen ‖ to use, wear; *pakaian* Kleidung ‖ kleding ‖ clothes; *pemakaian* Gebrauch ‖ gebruik(making) ‖ use.

pakem ei Art Handbuch ‖ s v handboek ‖ k o manual.

pakir = fakir.

paksa Zwang, Gewalt ‖ dwang, geweld ‖ compulsion, force; *memaksa* (er)zwingen, domestizieren ‖ (af)dwingen ‖ to (en)force, compel, domesticate; *terpaksa* ge-, erzwungen ‖ gedwongen ‖ forced; *paksaan* Zwang ‖ dwang ‖ force.

paku Nagel ‖ spijker ‖ nail; *memakukan* festnageln ‖ vastspijkeren ‖ to nail (down).

palang Kreuz ‖ Kruis ‖ cross; ∼ *mérah* Rotes Kreuz ‖ Rode kruis ‖ Red Cross.

palawidja Nachsaat (d nach d Reis gepflanzt wird) ‖ tweede gewassen (na rijst verbouwd) ‖ fruit following the rice-crop, secondary growing; *berpalawidja* Nachsaat anpflanzen ‖ tweede gewassen verbouwen ‖ to grow fruit on the same soil immediately after the rice is harvested.

*paling*I bezeichnet d Superlativ ‖ bet. d overtreffende trap ‖ the most . . .

*paling*II, *berpaling* s abwenden ‖ z (af)wenden ‖ to turn (away).

palu Hammer ‖ hamer.

palut : memaluti umhüllen ‖ omhullen ‖ to wrap.

pamili = famili.

panah Bogen (z Schießen) ‖ boog ‖ bow (and arrow); *sepemanah* eine Bogenschußweite ‖ één boogschot afstand ‖ within a bow-shot.

panamping (Sunda) die außerhalb des heiligen Gebietes wohnenden Baduis ‖ de buiten het heilige gebied wonende Badui's ‖ the Badui's staying outside the holy territory.

panas warm.

pandai geschickt, gewandt, klug, Meister ‖ bekwaam, vaardig, knap, 'n meester ‖ skilled, clever, master; *kepandaian* Tüchtigkeit, Geschicklichkeit ‖ bekwaamheid, vaardigheid ‖ ability, skill.

pandang Blick ‖ blik ‖ look; *memandang(kan)* betrachten, blicken nach ‖ aankijken, blikken op, beschouwen ‖ to look at; *terpandung (akan)* zufällig sehen ‖ toevallig zien ‖ to catch sight of; *pandangan* Blick, Ansicht, Auffassung ‖ blik, opinie, opvatting ‖ view, opinion; *pemandangan (= pandangan)* Betrachtung, Blick, Aussicht ‖ beschouwing, blik, uitzicht ‖ observation, view, scenery.

pandita = pendéta Missionar, Geistlicher ‖ zendeling, geestelijke ‖ missionary, clergyman.

pandjang lang ‖ long; *sepandjang hari* d ganzen Tag ‖ d gehele dag ‖ all day long; *pandjang lébar* lang und breit, sehr ausführlich ‖ lang en breed, zeer uitoverig ‖ at full length, elaborately.

pandjat, memandjat erklettern, erklimmen ‖ klauteren i, beklimmen ‖ to climb.

pandu Pfadfinder ‖ padvinder ‖ boy scout.

pangéran Prinz ‖ prins ‖ prince.

panggang gebraten, geröstet ‖ geroosterd ‖ roasted.

panggil, memanggil rufen ‖ roepen ‖ to call; *panggilan* (Vor)name ‖ (roep)naam ‖ (Christian) name.

pangkat Rang, Position ‖ rang, positie ‖ rank, position; *berpangkat* v Rang ‖ v rang ‖ of rank.

pangku : memangku auf d Schoß halten, nehmen ‖ op schoot houden, nemen ‖ to hold, take on one's lap; *pangkuan* Schoß ‖ schoot ‖ lap.

panitia Kommission ‖ commissie ‖ commission.

pantai Strand, Küste ‖ strand, kust ‖ beach, coast.

pantas angemessen, schicklich, passend, gehörig ‖ gepast, behoorlijk ‖

proper, suitable, reasonable.

pantjaindera d fünf Sinneswerkzeuge ‖ d vijf zintuigen ‖ the five senses.

pantjar : *memantjarkan* ausstrahlen, aussenden ‖ uitstralen, uitzenden ‖ to radiate, broadcast; *pantjaran* Ausstrahlung, Ausfluß, Produkt, Schößling ‖ straling, voortbrengsel, ontspruitsel ‖ irradiation, jet, flow, product, shoot.

pantjaroba Übergangszeit, veränderliche Winde, Böen ‖ overgangstijd, veranderlijke winden, buien ‖ transition period, changing winds, squalls.

pantjing Angelrute, Fischangel ‖ hengel, vishaak ‖ fishing-rod, fishinghook; *memantjing* angeln ‖ hengelen ‖ to angle.

pantjuran Wasserstrahl, Wasserleitung ‖ waterstraal, waterleiding ‖ jet, tap.

pantun vierzeiliges Gedicht ‖ vierregelig gedicht ‖ stanza of four lines.

papan Brett, Planke ‖ plank.

para kollektiver Artikel vor Bez f Lebewesen ‖ collectief lidwoord voor levende wezens ‖ collective article for living beings.

Parahiangan der Preangan (W.-Java) ‖ d Preanger (W.-Java).

parang Haumesser ‖ hakmes ‖ a short sword or knife, machete.

paras Antlitz ‖ gelaat ‖ face.

pasal = *fasal* Kapitel, Paragraph, Punkt ‖ hoofdstuk, paragraaf, punt ‖ article, paragraph, point.

pasang, memasang anzünden ‖ aansteken (lamp) ‖ to light.

pasar Markt(platz) ‖ markt(plaats) ‖ market(-place).

pasir Sand, Strand ‖ zand, strand ‖ sand, beach.

pasti sicher(lich), bestimmt, festgesetzt ‖ zeker, stellig, vaststaand ‖ certain(ly), definite; *kepastian* Entschiedenheit, Entschlossenheit ‖ beslistheid ‖ determination.

pasu (Wasch)schüssel ‖ (was)kom ‖ bowl.

patah zerbrochen ‖ gebroken ‖ broken; *mematahkan* zerbrechen ‖ breken ‖

to break (tr.); *sepatah kata* ein einziges Wort ‖ 'n enkel word ‖ a single word.

patik Sklave, ich ‖ slaaf, ik ‖ slave, I.

patruli Patrouille ‖ patrol.

patuk Schnabel ‖ snavel, bek ‖ beak; *mematuk* picken, beißen (v Schlangen) ‖ pikken, bijten (v slangen) ‖ to peck, bite (snakes).

patut s ziemen, geziemend, angemessen, passend ‖ betamen, betamelijk, gepast, passend ‖ to suit, suitable, fitting; *sepatutnja* m Recht ‖ terecht ‖ rightly.

paus : *ikan* ~ Walfisch ‖ walvis ‖ whale.

paviljun Pavillon ‖ paviljoen ‖ pavilion.

pedang Schwert ‖ zwaard ‖ sword.

pedati Transportkarren ‖ vrachtkar ‖ cart.

pedato = *pidato*.

pedih scharf, stechend (Schmerz) ‖ scherp, steken(d, pijn) ‖ poignant, smart(ing); *kepedihan* Schmerz, Pein, Qual, d Brennen v Wunden ‖ pijn, schrijning ‖ pain, smarting.

pedoman Kompaß ‖ kompas ‖ compass; *berpedoman (ke)pada* s führen lassen v, gerichtet auf ‖ z laten leiden door, gericht op ‖ to be guided by, take course on, be directed to.

peduli s um etw kümmern ‖ z bekommeren om ‖ to bother with; *tidak* ~ das tut nichts zur Sache, macht (mir) nichts aus ‖ 't doet er niet toe, 't kan (me) niet schelen ‖ never mind; *mempedulikan* s um etw kümmern ‖ z bemoeien ‖ to mind, pay attention to.

pegang, memegang anfassen, ergreifen, i d Hand haben, kontrollieren ‖ aanpakken, beetpakken, grijpen, i d hand hebben, controleren ‖ to seize, take hold of, hold, control; *memegang peranan* ei Rolle spielen ‖ 'n rol spelen ‖ to play a part (rôle); *berpegang (pada)* s festhalten (an) ‖ z vasthouden (a) ‖ to hold fast to.

pekak schwerhörig, taub ‖ hardhorig, doof ‖ hard of hearing, deaf.

pekan Woche ‖ week.

pelanduk Zwerghirsch ‖ dwerghert ‖ mouse-deer.

pelat Platte ‖ plaat ‖ (gramophone) record, film.

pelbagai allerlei, verschiedene ‖ allerlei, diverse ‖ all kinds of, various.

pelesir Vergnügen ‖ plezier ‖ pleasure.

pelihara, memelihara versorgen, heilen, unterhalten, Rücksicht nehmen, züchten, aufrechterhalten ‖ verzorgen, genezen, onderhouden, ontzien, fokken, handhaven ‖ to provide for, take care of, regard, breed, maintain, cure.

pelita Lampe ‖ lamp.

peluh Schweiß ‖ zweet ‖ sweat; *berpeluh* schwitzen ‖ zweten ‖ to perspire.

peluk : memeluk umarmen, umfassen, s zu ei Religion bekennen ‖ omarmen, omvatten, belijden ‖ to embrace, follow a creed, clasp (the knee); *pemeluk* Umarmung, Bekenner (zu ei Religion) ‖ omarming, belijder ‖ embrace, follower of a religion.

peluru (Gewehr)kugel ‖ kogel, projectiel ‖ bullet, projectile.

pemuda s. *muda*.

pemudi junges Mädchen ‖ meisje ‖ girl.

péndék kurz ‖ kort ‖ short.

pendéta = *pandita* Geistlicher, Missionar ‖ geestelijke, zendeling ‖ clergyman, missionary.

pendjara Gefängnis, Kerker ‖ gevangenis, kerker ‖ jail, prison.

pendjuru Ecke ‖ hoek ‖ corner.

pengaruh Einfluß ‖ invloed ‖ influence; *saling pengaruh-mempengaruhi* einander beeinflussen ‖ elkaar beïnvloeden ‖ to influence one another.

pening schwindelig sein ‖ duizelig ‖ dizzy.

penju Seeschildkröte ‖ zeeschildpad ‖ seaturtle.

pensiunan pensioniert ‖ gepensionneerd ‖ pensioned.

penting wichtig, belangreich ‖ gewichtig, belangrijk ‖ important; *mementingkan* als wichtig betrachten, ansehen ‖ belangrijk vinden ‖ to think important; *kepentingan* Wichtigkeit, Belange ‖ belang(rijkheid) ‖ importance, interests.

pentjil getrennt, gesondert ‖ afgescheiden, afgezonderd ‖ secluded, isolated; *terpentjil* abgelegen, abgesondert ‖ afgelegen, afgezonderd ‖ remote, isolated.

penuh voll, gefüllt, zahlreich, völlig ‖ vol, gevuld, talrijk, volledig ‖ full (of), loaded, numerous, entirely; ~ *sesak* gedrängt voll ‖ stampvol ‖ chock-full; *memenuhi* (er)füllen, ergänzen ‖ (aan)vullen, completeren ‖ to fill, complete.

perabot Gerät, Werkzeug, Instrument ‖ gereedschap, instrument ‖ utensils, tools.

perahu Boot ‖ boat.

pérak Silber ‖ zilver ‖ silver.

peran Schauspieler ‖ toneelspeler ‖ actor; *peranan* Rolle (eines Schauspielers) ‖ rol ‖ part.

perang Krieg, Schlacht ‖ oorlog, slag ‖ war, battle; ~ *salib* Kreuzzug ‖ kruistocht ‖ crusade; *memerangi* bekriegen ‖ beoorlogen ‖ to fight against; *peperangan* Schlacht, Kampf, Kriegführung ‖ slag, oorlogsvoering ‖ battle, belligerence.

Perantjis französisch, Frankreich ‖ Frans, Frankrijk ‖ French, France.

perempuan Frau, weiblich ‖ vrouw(elijk) ‖ woman, feminine.

pergi (fort)gehen ‖ (weg)gaan ‖ to go, depart; *pergi-pergian* auf Reisen s ‖ op reis z ‖ to be on journey; *bepergian* auf Reisen gehen ‖ op reis gaan ‖ to travel; *kepergian* Fortgehen, Abreise ‖ vertrek ‖ leave, departure.

peri : berperi sprechen, reden ‖ spreken ‖ to speak.

perian Bambus (z Wassertragen) ‖ bamboe (om water te dragen) ‖ bamboo (to transport water).

peribadi = *pribadi* individuell, selbst, allein, Person ‖ individueel, zelf, alleen, persoon ‖ individual, self, alone, person.

periksa : *memeriksa(kan)* untersuchen, prüfen ‖ onderzoeken, toetsen ‖ to investigate, check; *pemeriksaan* Untersuchung ‖ onderzoek ‖ investigation.

perintah Befehl ‖ bevel ‖ order; *memerintah* befehlen, regieren ‖ bevelen, 't bewind voeren ‖ to command, order, govern; *pemerintah(an)* Regierung ‖ regering ‖ government.

peristiwa Ereignis, Vorfall, geschehen ‖ gebeurtenis, gebeuren ‖ event, incident, happen.

periuk Kochtopf ‖ (kook)pot ‖ cooking-pot.

perkakas Werkzeug, Instrument, Geräte, Material ‖ werktuig, instrument, gereedschap, materiaal ‖ tools, implements, instrument, material.

perkara Angelegenheit, Fall ‖ onderwerp, geval ‖ matter, case.

perkasa tapfer, mächtig ‖ dapper, machtig ‖ brave, powerful.

perkedél Frikadelle ‖ fricadel ‖ rissole.

perkosa gewaltig, Gewalt ‖ geweldig, geweld ‖ violent, mighty, violence; *memperkosa* vergewaltigen ‖ verkrachten ‖ to rape.

perlahan(-lahan) langsam, leise ‖ langzaam, zacht (stem) ‖ slow, low (voice).

perlop Urlaub ‖ verlof ‖ leave (furlough).

perlos entbinden ‖ verlossen ‖ to deliver.

perlu nötig(haben), notwendig sein, dringend ‖ nodig (hebben), noodzakelijk, dringend ‖ necessary, to need, stand in need of, urgent; *memerlukan* brauchen, benötigen ‖ behoeven, nodig hebben ‖ to need; *keperluan* Bedarf, Bedürfnisse ‖ behoefte, benodigdheden ‖ need, requirements.

permaisuri Königin, Fürstin ‖ koningin, vorstin ‖ queen, princess.

permisi (um) Erlaubnis (bitten) ‖ verlof (vragen) ‖ permission, I ask your permission.

pernah schon einmal, jemals ‖ wel eens, ooit ‖ ever, once.

péron Bahnsteig ‖ perron ‖ platform.

pérs (Zeitungs-)Presse ‖ (dagblad)pers ‖ press.

persén Prozent ‖ percent ‖ per cent.

perslah Bericht ‖ verslag ‖ report.

pertama erstens, zuerst ‖ ten eerste, 't eerst, vooreerst ‖ firstly, first of all; *jang* ~ d erste ‖ d eerste ‖ the first.

pertjaja glauben ‖ geloven ‖ to believe; *mempertjajai* jmd glauben, vertrauen ‖ i iemd geloven, vertrouwen stellen ‖ to believe, trust, rely on; *kepertjajaan* Glaube, Vertrauen ‖ geloof, vertrouwen ‖ faith, belief, confidence.

pertjuma kostenlos, gratis, vergebens ‖ gratis, vergeefs ‖ free of charge, in vain.

perut Bauch, Leib ‖ buik ‖ belly.

pesan : *memesan* bestellen ‖ to order; *pesanan* Bestellung ‖ bestelling ‖ order, commission.

pétak Fach, Abteilung, Beet ‖ vak(je), afdeling, tuinbed ‖ ‖ compartment, section, gardenbed.

petani s. *tani*.

peti Kiste ‖ kist ‖ case, chest.

petik, *memetik* pflücken ‖ plukken ‖ to pick (flowers).

petir Donnerschlag ‖ donderslag ‖ thunderclap.

petjah : *berpetjah-belah* zersplittert ‖ versplinterd ‖ broken to pieces.

pétji randlose Kappe ‖ pet zonder rand ‖ rimless cap.

pianggu ei Baumart ‖ s v boom ‖ k o tree.

pidato = *pedato* Ansprache, Rede ‖ toespraak ‖ speech, address; *berpidato* ei Ansprache halten ‖ 'n toespraak houden ‖ to make a speech.

pihak = *fihak* Seite, Partei ‖ kant, zijde, partij ‖ side, party.

pikir = *fikir* = *pemikiran* Meinung, Idee ‖ mening, idee ‖ opinion, idea; *memikir* denken ‖ to think; *memikirkan* bedenken, überlegen, ersinnen ‖ bedenken, overdenken, verzinnen ‖ to think about, meditate, contrive; *terpikirkan (kepada)* denkbar s (für), bedacht ‖ denkbaar z (voor), bedacht ‖ conceivable, imaginable, thought about; *pikiran* Gedanke, Idee ‖ gedachte, denkbeeld ‖ thought, idea.

pikul Schulterlast, Gewicht v 62,5 kg ‖ schoudervracht, gewicht v 62,5 kg ‖ shoulder-load, unit of weight (62,5 kg); *memikul* über d Schulter tragen ‖ over d schouder dragen ‖ to carry on the shoulders; *pemikul* d Träger ‖ drager ‖ carrier, porter; *pikulan* Tragstange ‖ draagstok ‖ carrying-pole.

pil (Chinin)pille ‖ (kinine)pil ‖ pill.

pilem Film.

pilih, memilih (aus)wählen, aussuchen ‖ (uit)kiezen ‖ to choose, select; *pilihan* = *pemilihan* (Aus)wahl ‖ keuze, verkiezing ‖ choice, election.

pimpin, (me)mimpin (a d Hand) führen ‖ (bij d hand) (ge)leiden ‖ to lead (at the hand); *pemimpin* Führer, Leiter ‖ leider, chef ‖ leader, manager; *pimpinan* Führung, Leitung ‖ leiding ‖ leadership.

pinang Arecapalme (Areca catechu L.) ‖ arecapalm ‖ areca-palm; *meminang* um die Hand ei Mädchens anhalten ‖ ten huwelijk vragen ‖ to propose; *pinangan* Heiratsantrag ‖ huwelijksaanzoek ‖ proposal.

pindah umziehen, d Wohnort wechseln ‖ verhuizen ‖ to move (from one place to another); *berpindah* umziehen, wechseln (Namen), s verlagern ‖ verhuizen, wisselen (naam), z verplaatsen ‖ to change one's residence, change, move; *memindahkan* jmd (anderswohin) versetzen ‖ verplaatsen ‖ to transfer.

pindjam, memindjam entleihen ‖ (ont)lenen ‖ to borrow (from); *memindjamkan* ver-, ausleihen ‖ uitlenen, te leen geven ‖ to lend to.

pinggan Schüssel ‖ schotel ‖ dish.

pinggang Taille, Lenden ‖ taille, lendenen ‖ waist, loins.

pinggir Rand, Saum, Ufer ‖ rand, zoom, oever ‖ edge, seam, bank, shore.

pingsan i Ohnmacht (ge)fallen ‖ flauw (ge)vallen ‖ faint(ed).

pinta, (me)minta (er)bitten ‖ verzoeken, vragen ‖ to ask.

pintal : memintal (ei Tau) zwirnen ‖ twijnen ‖ to twine.

pintar klug, tüchtig ‖ knap ‖ clever, smart.

pintu Tür ‖ deur ‖ door.

pipi Wange ‖ wang ‖ cheek.

piring Teller ‖ bord ‖ plate.

pisah, berpisah dengan s trennen v ‖ scheiden van ‖ to separate from; *memisahkan* trennen ‖ scheiden ‖ to separate; *terpisah dari* getrennt v ‖ gescheiden v ‖ separated from; *kepisahan* Trennung, Abschied ‖ scheiding, afscheid ‖ separation, farewell.

pisang Banane ‖ banaan ‖ banana.

pisau Messer ‖ mes ‖ knife.

pitamin Vitamine ‖ vitamin(s).

pitnah = *fitnah*.

*pohon*I Baum, Stamm ‖ boom, stam ‖ tree, stem.

*pohon*II s. *mohon, puhun*.

pokok Baum, Stamm, Ursprung, Anlaß, Kapital ‖ boom, stam, oorsprong, aanleiding, kapitaal ‖ tree, trunk, origin, reason, motive, capital.

pokrol Rechtsanwalt ‖ advocaat ‖ solicitor.

polang-paling wirbeln (v Winde gesagt) ‖ dwarrelen (wind) ‖ to whirl (wind).

polisi Polizei, Polizist ‖ politie(man) ‖ police(man).

pondamén Fundament ‖ foundation.

pondok Hütte ‖ hut ‖ cottage, poor dwelling.

pos Post ‖ post, mail.

pot Topf ‖ pot.

potong Stück ‖ 'n stuk ‖ piece; *memotong* (ab)schneiden, aufschneiden ‖ afsnijden, knippen, opensnijden ‖ to cut (off), cut open.

prahoto Frachtauto ‖ vrachtauto ‖ truck, motor-lorry.

prasangka Vorurteil ‖ vooroordeel ‖ prejudice.

prawira Held ‖ hero.

Présidén Präsident ‖ president.

pribadi = *peribadi*.

prosés Entwicklung ‖ ontwikkeling ‖ development.

Prusia Preußen ‖ Pruisen ‖ Prussia.

puas befriedigt, gesättigt, einer Sache überdrüssig s ‖ bevredigd, verzadigd, iets beu z ‖ satisfied, satiated, fed up w; *memuaskan* befriedigen ‖ bevredigen ‖ to satisfy; *pemuaskan* Befriedigung ‖ bevrediging ‖ satisfaction.

puasa Fasten ‖ d vasten ‖ the fast; *berpuasa* fasten ‖ vasten ‖ to fast.

pudar bleich, blaß, fahl ‖ bleek, flets, vaal ‖ pale, faded, livid.

pudja Opfer ‖ offer ‖ sacrifice, offering; *pudjaan* Abgott ‖ afgod ‖ idol; *memudja* opfern, anbeten ‖ offeren, aanbidden ‖ to sacrifice, worship.

pudjangga Dichter ‖ poet.

pudji : memudji loben ‖ loven ‖ to praise.

puhun = *pohon*II, *(me)muhun* bitten, flehen ‖ bidden, smeken ‖ to supplicate, implore.

puisi Poesie ‖ poëzie ‖ poetry.

pukul Schlag, Stunde ‖ slag, uur ‖ stroke, hour; *memukul* schlagen ‖ slaan ‖ to strike, beat; *pukul-memukul* einander schlagen ‖ elkaar slaan ‖ to strike, beat one another; *memukuli* jmd wiederholt schlagen ‖ iemd herhaaldelijk slaan ‖ to strike, beat repeatedly.

pula auch, wieder, aufs neue, doch ‖ ook, weer, op nieuw, toch ‖ too, again, anew, yet.

pulang heimkehren ‖ terugkeren ‖ to go home; *berpulang (kerahmat 'ullah)* heimkehren (z Barmherzigkeit Gottes) = sterben ‖ terugkeren (tot d barmhartigheid Gods) = overlijden ‖ to return (to God's mercy) = die.

pulau Insel ‖ eiland ‖ island; *kepulauan* Archipel ‖ archipelago.

pulih genesen, wiederhergestellt, erneuert ‖ genezen, hersteld, hernieuwd ‖ recovered, restored, renewed.

pulpén Füllfederhalter ‖ vulpen ‖ fountain pen.

puluh Zehner ‖ tiental ‖ ten; *berpuluh* zu Dutzenden ‖ bij tientallen ‖ by tens; *sepuluh* zehn ‖ tien ‖ ten.

(-) *pun* auch, also, sogar, -seits ‖ ook, alzoo, zelfs, -zijds ‖ also, too, even, for, as to.

punggah, memunggah ausladen, löschen ‖ ontschepen, lossen ‖ to unload, discharge; *punggahan* Löschplatz ‖ losplaats ‖ discharging (unloading) berth.

punja = *empunja* d Besitzer davon, besitzen ‖ d bezitter ervan, bezitten ‖ the owner, to own; *mempunjai* besitzen ‖ bezitten ‖ to possess; *kepunjaan* Besitz ‖ bezit ‖ property.

puntjak Gipfel, Höhepunkt ‖ top, hoogtepunt ‖ summit, top, culminating-point.

pupuk Dung ‖ mest ‖ manure; *memupuk* düngen, heranbilden, pflegen, nähren ‖ mesten, aankweken, verzorgen ‖ to manure, educate, take care of, nourish.

pura-pura tun als ob ‖ doen alsof ‖ to pretend.

purba (ur)alt ‖ (over)oud ‖ (very) old.

purbakala alt, lange vergangen, in alter Zeit ‖ oud, eertijds ‖ old, long ago, in the old days.

puri Palast, Burg ‖ paleis, burcht ‖ palace, castle.

pusat Nabel, Zentrum ‖ navel, centrum ‖ navel, centre; *berpusatkan* als Zentrum haben, s konzentrieren auf ‖ tot centrum hebben, z concentreren op ‖ to have as centre, to concentrate on; *memusatkan* konzentrieren ‖ concentreren ‖ to concentrate.

pustaka Buch ‖ boek ‖ book.

putera Prinz, Sohn ‖ prins, zoon ‖ prince, son.

puteri Prinzessin, Tochter ‖ prinses, dochter ‖ princess, daughter.

putih weiß ‖ wit ‖ white; *memutih* weiß erscheinen, weiß werden, verbleichen, ‖ z wit voordoen, verbleken ‖ to grow white, fade; *keputih-putihan* weißlich ‖ witachtig ‖ whitish.

putjat bleich ‖ bleek ‖ pale.

putjuk Sproß, Trieb, Hilfszählwort f lange Waffen und Briefe ‖ spruit, hulptelwoord v lange wapens en brieven ‖ shoot, sprout, class-word f long weapons and letters.

putus abgebrochen, abgeschnitten, definitiv ‖ afgebroken, afgesneden, definitief ‖ broken (off,) cut off, definite; ∼ *asa* verzweifelt ‖ wanhopig ‖ desperate; *putusan* Entschluß ‖ besluit ‖ decision; *keputusan* Entschluß, Ende ‖ besluit, einde ‖ decision, end; *keputusan harapan* verzweifelt ‖ wanhopig ‖ desperate, despaired.

puun (sundanesisch) Titel der geistlichen Häupter der Baduis ‖ titel v d geestelijke hoofden v d Badoej's ‖ title of the religious leaders of the Badui's.

R

raba, meraba betasten, vermuten ‖ betasten, gissen ‖ to touch, guess.

Rabu = Rebo : hari ∼ Mittwoch ‖ Woensdag ‖ Wednesday.

radak, meradak stechen ‖ steken ‖ to stab; *beradakkan* m etw stechen ‖ m iets steken ‖ to stab with s th.

radja König, Fürst ‖ koning, vorst ‖ king, sovereign; *memperadja* z König machen ‖ tot koning verheffen ‖ to make a person king; *keradjaan* d Königstum, Königreich ‖ vorstelijke waardigheid, koninkrijk ‖ royalty, kingdom; *meradjaléla* d Herrn spielen, s wie ein Fürst benehmen ‖ d baas spelen, z als 'n vorst gedragen ‖ to play the lord, to act like a noble-man.

radjin fleißig ‖ vlijtig ‖ diligent; *keradjinan* Fleiß, Gewerbe, Industrie ‖ vlijt, nijverheid, industrie ‖ diligence, handicraft, industry.

ragam Art, Weise ‖ soort, wijze ‖ kind, sort, manner.

ragu : ke(ragu-)raguan Zweifel, Unsicherheit ‖ twijfel, onzekerheid ‖ doubt, uncertainty; ∼ *-ragu* verwirrt ‖ verward ‖ confused.

rahasia Geheimnis ‖ 't geheim ‖ the secret.

rahib Mönch ‖ monnik ‖ monk.

rahmat Allah = rahmat 'ullah Barmherzigkeit Gottes ‖ barmhartigheid Gods ‖ compassion of God.

raja groß ‖ groot ‖ great; *merajakan* feiern, begehen ‖ ('n feestdag) vieren ‖ to celebrate.

rajan-rajan fantasieren ‖ fantaseren ‖ to indulge in fancies.

ra'jat = rakjat Volk, Untertanen ‖ volk, onderdanen ‖ people, subjects.

raju Rührung, Wehmut ‖ geroerdheid, weemoed ‖ emotion, woefulness.

rakit Floß ‖ vlot ‖ raft.

rakjat = ra'jat.

raksasa Riese, Dämon ‖ reus, demon ‖ giant, demon.

ramah zutraulich, freundlich ‖ vertrouwelijk, vriendelijk ‖ confiding, friendly.

ramai belebt, lebhaft, fröhlich, d Treiben ‖ druk, vrolijk, drukte ‖ crowded, busy, cheerful, doings; *keramaian* Fest ‖ feest ‖ feast.

rambut (Kopf)haar ‖ (hoofd)haar ‖ hair (on head); *rambutan* Frucht m haariger Schale ‖ vrucht m harige schil ‖ k o fruit with a hairy skin.

rami Hanf ‖ hennep ‖ hemp.

rampas, merampas rauben ‖ roven ‖ to rob; *terampas* geraubt ‖ geroofd ‖ robbed.

ramping schlank ‖ slank ‖ slender.

rampok, merampok rauben, plündern ‖ roven, plunderen ‖ to rob, loot; *perampok* Räuber ‖ rover ‖ robber.

rangga Geweih ‖ gewei ‖ antlers, horns.

rangka Skelett, Schema ‖ skelet, geraamte, schema ‖ skeleton, scheme.

rangkai : rangkaian Verbindung, Struktur ‖ verbinding, structuur ‖ connection, junction, structure.

rangkuh, merangkuh heranziehen ‖ naar z toehalen ‖ to draw near.

rantai Kette ‖ keten, ketting ‖ chain.

rapat dicht (zusammen), eng, fest, geschlossen, Versammlung ‖ dicht (bijeen), hecht, gesloten, vergadering ‖ dense, close, packed, closed, tight, meeting; *rapatan* Versammlung ‖ vergadering ‖ meeting.

rapi ordentlich, reizend, säuberlich ‖ ordelijk, keurig, netjes ‖ orderly, neat, proper.

rapung, merapung s. *apung*.

rasa Gefühl, Geschmack ‖ gevoel, smaak ‖ feeling, taste; *rasanja* anscheinend, sozusagen ‖ 't schijnt, als 't ware ‖ it seems, as it were; *merasa* = *berasa* (s) fühlen ‖ (z) voelen ‖ to feel; *merasai* (be)fühlen, spüren ‖ bevoelen, ondervinden ‖ to feel; *merasakan* spüren ‖ gewaarworden ‖ to perceive; *terasa* gefühlt, empfunden, fühlbar ‖ gevoeld, voelbaar ‖ felt, to be felt; *perasaan* = *pemerasaan* Gefühl, Meinung ‖ gevoel, mening ‖ feeling, opinion.

rata eben, flach; in gleicher Weise ‖ effen, vlak; gelijkelijk ‖ level, flat; likewise; *meratakan* ebnen, gleich machen ‖ effenen, gelijkmaken ‖ to level, equalize.

ratjun Gift ‖ vergift ‖ poison.

ratu Fürst ‖ vorst ‖ sovereign.

ratus Hunderter ‖ honderdtal ‖ hundred; *ratusan* Hunderte ‖ honderden ‖ hundreds of; *beratus-ratus* zu Hunderten ‖ bij honderden ‖ by hundreds.

raung, meraung heulen ‖ huilen ‖ to howl, roar.

rawang Sumpf, Morast ‖ moeras ‖ swamp.

rawat, merawat pflegcn ‖ verplegen, verzorgen ‖ to take care of, nurse.

réalistis realistisch ‖ realistic.

rebah (um)fallen, niederstürzen ‖ (om)vallen, neerstorten ‖ to fall (down).

hari Rebo = *Rabu* Mittwoch ‖ Woensdag ‖ Wednesday.

rebus, merebus kochen ‖ i water koken ‖ to boil; *rebusan* Gekochtes ‖ 't gekookte ‖ cooked food.

rebut, merebut entreißen, kämpfen ‖ ontrukken, vechten ‖ to snatch, fight; *perebutan* Entreißung ‖ ontrukking ‖ snatching.

reda ruhig, aufhören ‖ kalm, ophouden ‖ calm, to cease.

réjot angegangen, verfault, verdorben (Nahrung) ‖ gammel ‖ putrid, rotten.

réla bereit, geneigt ‖ bereid, genegen ‖ willing, inclined; *kerélaan* Bereitwilligkeit ‖ bereidwilligheid ‖ willingness.

remadja jung ‖ jong ‖ young.

remang-remang dämmerig ‖ schemerig ‖ dusky.

rembah-rembih rinnen, strömen ‖ biggelen (tranen), stromen ‖ to drop down, flow.

rendah niedrig ‖ nederig, laag ‖ low.

rendam, merendam einweichen ‖ te week zetten ‖ to soak.

renggut : merenggutkan herausreißen ‖ eruittrekken ‖ to tear out of.

rengut, merengut nörgeln ‖ mopperen ‖ to grumble.

rentang, merentang ausstrecken, spannen ‖ uitstrekken, spannen ‖ to stretch (out).

réntjéng schlank ‖ slank, tenger ‖ slender.

renung : merenungkan über etw nachdenken ‖ overpeinzen ‖ to contemplate on.

réputasi Ruf, Reputation ‖ reputatie ‖ reputation.

resap, meresap eindringen, eingewurzelt ‖ indringen, ingeworteld ‖ to penetrate, deep-rooted.

resmi offiziell ‖ officieel ‖ official; *meresmikan* offiziell feiern, für offiziell erklären ‖ officieel vieren, officieel verklaren ‖ to inaugurate, make official; *peresmian* offizielle Bekanntmachung, Einführung ‖ officiële bekendmaking, installatie ‖ official announcement, inauguration, installation.

révolusi Revolution ‖ revolutie.

Riau Riau ‖ Riouw.

ribu Tausender ‖ duizendtal ‖ thousand; *ribuan* Tausende ‖ duizenden ‖ thousands of; *beribu-ribu* zu Tausenden ‖ bij duizenden ‖ by thousands.

ribut 1) *angin* ∼ Sturm ‖ storm; 2) unruhig, geschäftig ‖ onrustig, druk ‖ restless, busy.

rimba (Ur-)Wald ‖ (oer-)woud ‖ jungle, forest.

rindu starkes Verlangen, Sehnsucht (haben) ‖ sterk verlangen (naar) ‖ yearning, to long for; *merindukan* verlangen, s sehnen nach ‖ sterk verlangen naar ‖ to long for.

ringan leicht (a Gewicht) ‖ licht ‖ light (in weight).

ringkas kurzgefaßt, gekürzt ‖ beknopt, verkort ‖ concise, abridged.

ringkuk, meringkuk gebückt ‖ gebukt ‖ stooped; *meringkuk dalam pendjara* i Gefängnis sitzen ‖ gevangen zitten ‖ to be in prison.

rintangan Hindernis ‖ belemmering, beletsel ‖ obstacle, bar.

riuh lärmend ‖ luidruchtig ‖ noisy, boisterous.

robék zerrissen ‖ gescheurd ‖ torn; *mérobek* zerreißen ‖ verscheuren ‖ to tear.

roda Rad ‖ wiel, rad ‖ wheel.

rohani geistig, geistlich ‖ geestelijk ‖ mental, spiritual.

rokok Zigarette ‖ sigaret ‖ cigarette; *merokok* rauchen ‖ roken ‖ to smoke.

rombak : merombak abbrechen, herunterholen, reorganisieren, rückgängig machen ‖ afbreken, neerhalen, reorganiseren, ongedaan maken ‖ to break off, pull (take) down, reorganize, cancel.

rongrong, merongrong jmd belästigen (wegen Geld etc) ‖ lastig vallen (om geld enz) ‖ to bother, annoy (for money etc).

rotan Rotang ‖ rotan ‖ rattan; *merotan* Rotang suchen ‖ rotan zoeken ‖ to go for rattan, to cane.

roti Brot ‖ brood ‖ bread.

ruang(an) Rubrik, Spalte, Raum, Zimmer, Saal ‖ rubriek, kolom, ruimte, kamer, zaal ‖ column, space, room, hall.

ruas Glied, Gelenk ‖ lid, geleding ‖ link, section between two nodes (knots).

rugi Verlust, Schaden ‖ verlies, schade ‖ loss, damage; *merugikan* schädigen, benachteiligen ‖ schaden, benadelen ‖ to damage, be injurious to, treat unfair.

ruh Geist (gegenüber Materie) ‖ geest (tegenover het stoffelijke) ‖ spirit; *ruhulkudus* Heiliger Geist ‖ Heilige Geest ‖ the Holy Ghost.

rukun einig, einmütig ‖ eensgezind ‖ unanimous; *kerukunan* Eintracht ‖ eendracht ‖ concord.

rumah Haus ‖ huis ‖ house; ∼ *penggadaian* Leihhaus ‖ pandhuis ‖ pawnshop; ∼ *sakit* Krankenhaus ‖ ziekenhuis ‖ hospital; ∼ *-tangga* Haushalt ‖ huishouden ‖ household.

Rumawi römisch, byzantinisch ‖ Rooms, Byzantijns ‖ Roman, Byzantine.

rumbia Sagopalme ‖ sagopalm.

rumput Gras, Unkraut ‖ gras, onkruid ‖ grass, weed(s).

rumus : merumuskan formulieren ‖ formuleren ‖ to formulate.

runtuh einstürzen ‖ instorten ‖ to collapse; *meruntuhkan* stürzen (tr), einstürzen lassen ‖ storten, doen instorten ‖ to overthrow, bring down.

rupa Aussehen, Form, Schein ‖ uiterlijk, gedaante, schijn ‖ appearance, shape, shine; *rupanja* anscheinend ‖ schijnbaar ‖ apparently; *serupa ini* so etwas ‖ zo iets ‖ of such form; *berupa* ei Aussehen, ei Form haben ‖ 'n gedaante hebben ‖ to have a shape; *merupakan* d Aussehen an-

nehmen v, darstellen, ähneln, ‖ d
gedaante aannemen v iets, voorstellen, gelijken op ‖ to take the
appearance of, to represent, resemble; *menjerupai* gleichen, ähneln
‖ gelijken op ‖ to equal, resemble.
rupia(h) Gulden, Rupie ‖ guilder,
rupee (Indonesian monetary unit).
rusa Hirsch ‖ hert ‖ deer.

rusak beschädigt, entzwei, vernichtet ‖
beschadigd, kapot, vernield ‖ da-
maged, broken, destroyed; *meru-
sak(kan)* beschädigen, vernichten ‖
beschadigen, vernielen ‖ to damage,
destroy.
Ruwah der achte islamitische Monat ‖
d 8e Moslimse maand ‖ the 8 th
month of the Muslim year.

S

sa ͨat Moment, Augenblick ‖ ogenblik
‖ moment.
saban jeder ‖ ieder ‖ every.
sabar geduldig, s gedulden ‖ geduldig,
geduld hebben ‖ patient, to have
patience; *menjabarkan hati* Geduld
haben ‖ geduld oefenen ‖ to have
patience.
sabda : bersabda sprechen (v Fürsten) ‖
spreken (v vorsten) ‖ to speak
(sovereign).
sabit : menjabit m ei Sichel schneiden,
ernten (Reis) ‖ m een sikkel snijden,
oogsten (rijst) ‖ to cut w a sickle,
to gather in (rice).
hari Sabtu Sonnabend ‖ Zaterdag ‖
Saturday.
sabun Seife ‖ zeep ‖ soap.
sadar bewußt ‖ bewust ‖ conscious,
aware; *kesadaran* Bewußtsein, Einsicht ‖ bewustzijn, besef ‖ consciousness, notion, insight.
sadja = *sahadja* nur, stets, doch,
denn, gänzlich, grundlos ‖ (alleen)
maar, altijd, toch, helemaal, zonder
reden ‖ only, always, completely,
unfounded.
sadjak Gedicht ‖ poem.
sadji : menjadjikan auftischen ‖ opdissen ‖ to dish up.
sagu Sago; *pohon* ~ Sagobaum ‖ sago-
boom ‖ sago-tree.
sah gültig, gesetzlich ‖ geldig, wettig ‖
valid, legal; *mensahkan* f gesetzlich,
gültig erklären ‖ geldig, wettig
verklaren ‖ to legalize, ratify.

sahabat Freund ‖ vriend ‖ friend;
bersahabat dengan befreundet m ‖
bevriend m ‖ to be friends w; *persahabatan* Freundschaft ‖ vriend-
schap ‖ friendship.
sahadja = *sadja*.
sahaja = *saja*.
sahut, menjahut antworten ‖ antwoor-
den ‖ to answer.
saing, bersaing zusammen fahren, kon-
kurrieren ‖ samen varen, concur-
reren ‖ to go together, compete;
saingan Konkurrent ‖ concurrent ‖
competitor; *persaingan* Konkurrenz
‖ concurrentie ‖ competition.
sair = *sa ͨir, sja ͨir* Gedicht, Vers ‖
poem, verse; *penjair* Dichter ‖ poet.
saja = *sahaja* Diener, Sklave, ich,
mein, mich; ja ‖ dienaar, slaaf, ik,
mij, mijn; ja ‖ servant, slave, I,
me, my; yes.
sajang Mitleid haben, bedauerlich ‖
medelijden hebben, jammer ‖ to
pity, regrettable; *kesajangan* Liebe
‖ liefde ‖ love.
sajap Flügel ‖ vleugel ‖ wing.
sajup-sajup undeutlich, vag ‖ onduidelijk, vaag ‖ indistinct, vague.
sajur Gemüse ‖ groente ‖ vegetables;
~ -*majur* (allerlei) Gemüse ‖ (allerlei) groenten ‖ (all kinds of) vegetables.
sakit krank, schmerzen ‖ ziek, pijn
veroorzaken ‖ ill, sick, to smart,
ache; *menjakiti* kränken ‖ krenken

‖ hurt a p's feelings; *penjakit* Krankheit ‖ ziekte ‖ illness, disease.

saksama sorgfältig ‖ nauwkeurig ‖ accurate.

saksi Zeuge, Beweis, Zeugnis ‖ getuige, bewijs, getuigenis ‖ witness, proof, testimony.

sakti = *kesaktian* übernatürliche Kräfte und Fähigkeiten, heilig ‖ bovennatuurlijke krachten en vermogens, heilig ‖ supernatural power, sacred.

salabat Gebete; Geld f d Vorbeter ‖ gebeden, bidgeld ‖ prayers, money for the person who leads i Mohammedan prayer.

salah 1) Fehler, Schuld, Unrecht, falsch, schuldig ‖ fout, schuld, ongelijk, verkeerd, schuldig ‖ mistake, guilt, wrong, false, guilty; *bersalah* Unrecht haben ‖ ongelijk hebben ‖ to be wrong; *menjalahkan* beschuldigen ‖ to accuse; *kesalahan* Schuld, Verfehlung, Vergehen, Fehler ‖ schuld, vergrijp, misstap, fout ‖ fault, guilt, mistake;
2) *salah seorang* irgend jemand ‖ d een of ander ‖ someone; *salah satu* irgendein ‖ 't een of ander ‖ something or other.

salak : menjalak bellen ‖ blaffen ‖ to bark.

salib Kreuz ‖ kruis ‖ cross.

salin, menjalin wechseln, übersétzen ‖ verwisselen, vertalen ‖ to change, translate; *bersalin* (Kleider) wechseln ‖ (v kleren) verwisselen ‖ to change (clothes); *persalin* Geschenk ‖ gift; *salinan* Übersetzung, Kopie ‖ vertaling, copie ‖ translation, copy.

saling gegenseitig, einander (§ 44, h) ‖ wederkerig, elkaar ‖ mutual, one another.

sama (dengan) gleich sein (m), zusammen (m), Mit- ‖ gelijk (m), tesamen (m), mede- ‖ equal to, together (w), fellow-; *sama sekali tidak* durchaus nicht ‖ volstrekt niet ‖ by no means; *sesamanja* seinesgleichen ‖ zijnsgelijke ‖ his equals; *bersama (dengan)* zusammen, gemeinsam (m), gleich s ‖ te-

samen, gezamenlijk (m), gelijk m ‖ together (w), common, equal to; *bersama* mit (komitativ) ‖ met ‖ with; *bersama-sama* gemeinsam ‖ gezamenlijk ‖ together; *menjamai* jmd gleichen ‖ gelijken op, evenaren ‖ to resemble, equal.

sambil während ‖ terwijl ‖ while.

sambung, bersambung fortgesetzt, s fortsetzen ‖ voortgezet, z voortzetten ‖ continued, connected; *sambungan* Fortsetzung ‖ voortzetting ‖ continuation.

sambut, menjambut empfangen, annehmen, anläßlich ‖ ontvangen, aannemen, bij gelegenheid v ‖ to receive, accept, at the occasion of; *sambutan* Empfang ‖ ontvangst ‖ reception.

sampai ankommen, gelangen, bis, so daß, ausreichen(d), wirklich, Wirklichkeit werden ‖ (aan)komen, tot, voldoende, werkelijk (worden) ‖ to arrive, till, until, sufficient, really, become true; ∼ - ∼ sogar bis, sogar so (daß ...) ‖ zelfs tot, zo zelfs (dat ...) ‖ even till, even so (that ...); *menjampaikan* übermitteln ‖ overbrengen ‖ to convey.

sampan Boot ‖ sloep, boot ‖ small boat.

samping Seite ‖ zijde, kant ‖ side; *di-* ∼ neben ‖ naast ‖ beside; *mengesampingkan* etw beiseitestellen ‖ op zij zetten ‖ to put aside.

samun Dickicht ‖ struikgewas ‖ bushes, shrubs; *menjamun* Straßenraub treiben, rauben ‖ struikroof plegen, roven ‖ to commit highway robbery, to rob; *penjamun* Straßenräuber, Strauchdieb ‖ struikrover ‖ robber, highwayman.

sana, disana da ‖ daar ‖ there; *kesana* dahin ‖ daarheen ‖ there.

sanak : ∼ -saudara Familie(nangehörige) ‖ familie(leden) ‖ relatives, family.

sandal Sandale ‖ sandaal ‖ sandal.

sandang : menjandang etw über d Schulter tragen, auf s nehmen ‖ iets over d schouder dragen, op z nemen || to carry over one's shoulder, to hold oneself responsible.

sandar: bersandarkan s auf, an etw lehnen, stützen || leunen, steunen op || to lean on, rest upon.

sang Respektsartikel (§ 2, a) || honorifiek lidwoord || honorific article.

sangat sehr, in hohem Maße, groß || zeer, in hoge mate || very, to a high degree.

sanggup etw auf s nehmen, wollen, können || iets op z nemen, willen, kunnen || to answer for, be willing to, be able.

sangka = persangkaan Meinung, Idee || mening, idee || opinion, idea; *menjangka* für etw halten, meinen, vermuten || houden voor, menen, vermoeden || to think, consider, suppose.

sangkal, menjangkal leugnen, dementieren || ontkennen, dementeren || to deny, contradict.

sangsi : menjangsikan bezweifeln || betwijfelen || to doubt; *kesangsian* Zweifel || twijfel || doubt.

sanubari Herz, Inneres || hart, binnenste || heart, interior.

sapi Kuh, Rind || koe, rund || cow, ox.

sapu : menjapu (ab)fegen, abtrocknen || (af)vegen, afdrogen || to sweep (off), to wipe dry; *sapu tangan* Taschentuch || zakdoek || handkerchief.

sara-bara durcheinander || door elkaar || in confusion, in disorder.

saraf, [ʿ]ilmu ~ Grammatik || spraakkunst || grammar.

sarang Nest.

sarat = sjarat Bedingung, Bestimmungen || voorwaarde, bepalingen || condition, term, regulations.

sarung Kleid (Art Rock), Scheide || kledingstuk (s v rok), schede || sarong, sheath; *~ tangan* Handschuh || handschoen || glove; *bersarungkan* als Scheide haben || tot schede hebben || to have for sheath.

sasa kräftig, stämmig, rüstig || stevig, fors || strong, vigorous.

sasaka Erbstück || erfstuk || heirloom; *~ pus(t)aka* Heiligtümer || sanctuaria || sanctuaries.

sastera Literatur || letterkunde || literature; *sasterawan* Literat, Schriftsteller || letterkundige, literator || man of letters; *sasterawati* Schriftstellerin || letterkundige (vrouw) || literary woman.

satu = suatu = se- eins || een || one; *~ — ~ = ~ persatu* einzeln || een voor een || one by one; *satu-satunja* d einzige || d ᵉnige || the only; *bersatu* vereinigt, einig sein || verenigd, één zijn || united, to agree; *mempersatukan* vereinigen || verenigen || to unite; *kesatu* der erste || d eerste || the first; *persatuan* Einheit, Verein, Vereinigung || eenheid, vereniging || unity, union; *kesatuan* Einheit || eenheid || unity.

saudagar Kaufmann, Händler || koopman, handelaar || merchant, trader.

saudara Bruder, Schwester || broer, zuster || brother, sister.

saudari Schwester || zuster || sister.

sawah bewässertes Reisfeld || nat rijstveld || wet ricefield; *bersawah* ei Reisfeld bearbeiten || 'n sawah bewerken || to till a ricefield; *sawahan* Komplex v Reisfeldern || complex v natte rijstvelden || a complex of wet ricefields.

sbb. = sebagai berikut wie folgt || als volgt || as follows.

se- = satu.

séba = séwa Miete, Bodenzins || huur, landrente || hire, rent, ground-rent.

sebab Ursache, weil, wegen || oorzaak, omdat, wegens || cause, because (of); *menjebabkan* verursachen, Anlaß zu etw geben || veroorzaken, aanleiding geven tot || to cause, give occasion to.

sebar, menjebar(kan) verbreiten, ausstreuen || verspreiden, uitstrooien || to spread, scatter, distribute; *tersebar* verbreitet || verspreid || distributed, spread; *penjebar* Verbreiter || verspreider || distributor, propagator.

seberang jenseitiges Ufer || overwal || opposite bank; *~ laut* überseeisch || overzees || transoceanic; *menjeberang* ans jenseitige Ufer gehen || naar d overwal gaan || to go across the

water ‖ *tidak terseberangi* nicht überquerbar ‖ niet kunnen worden over-
gestoken ‖ not to be crossed.
sebut, menjebut erwähnen, nennen ‖
vermelden, noemen ‖ to mention,
quote; *tersebut* erwähnt, genannt ‖
vermeld, genoemd ‖ mentioned,
recorded; *sebutan* Ausdruck, Name
‖ term, naam ‖ expression, term,
name.
sedang 1) ausreichend, (mittel)mäßig ‖
voldoende, (middel)matig ‖ sufficient, moderate, average; 2) dabei
sein, etw zu tun ‖ m iets bezig z,
net ‖ to be doing something;
3) = *sedangkan* während, da, obgleich, sogar ‖ terwijl, daar, hoewel,
zelfs ‖ while, whereas, although,
even; *sedangkan ... apa pula =
istiméwa pula* wenn schon ... um
wieviel mehr ‖ terwijl ... al ...
hoeveel te meer ‖ if ... already ...
how much more ...; *sedangkan ...
tidak ..., istiméwa (pula)* wenn
schon ... nicht ..., um wieviel
weniger ‖ terwijl ... al niet ...,
hoeveel te meer ... ‖ if ... not
..., how much less ...
sedekah Almosen, Liebesgabe, religiöses Mahl ‖ aalmoes, liefde-
gave, godsdienstige maaltijd ‖ alms,
charitable gift, religious meal;
bersedekah schenken, ei Almosen
geben, ei religiöses Mahl abhalten
‖ schenken, aalmoezen geven, 'n
godsdienstige maaltijd houden ‖
to make a present to, to give alms,
to hold a religious meal.
sederhana (mittel)mäßig, einfach ‖
(middel)matig, eenvoudig ‖ midd-
ling, moderate, simple.
sedia fertig, i Ordnung ‖ klaar, i orde ‖
ready, on hand, arranged; *menjediakan* bereitstellen, vorbereiten ‖
‖ gereed maken, voorbereiden ‖
to prepare, make ready.
sedih betrübt, traurig ‖ bedroefd ‖ sad.
sedikit ein wenig, wenig(e) ‖ 'n beetje,
weinig, enige ‖ something, (a)
little, few; ~ *banjak(nja)* mehr
oder weniger, auf jeden Fall ‖ min
of meer, i ieder geval ‖ more or less,

at all events ‖ *sedikitnja* wenigstens,
zum mindesten ‖ op z'n minst ‖
at the least.
sedjak = semendjak seit(dem) ‖ sedert,
sinds ‖ since (time).
sedjarah Geschichte ‖ geschiedenis ‖
history.
sedjati echt, wirklich ‖ echt, reëel ‖
genuine, real.
sedjuk kalt, kühl ‖ koud, koel ‖ cool,
cold.
sedu Schluchzen ‖ snik ‖ sob; *tersedu-
sedu* schluchzen(d) ‖ snikken(d) ‖
sobbing, to sob.
segala alle(s), ganz ‖ al, alle, geheel ‖
all, quite; ~ *sesuatu* dgl.
segan Ekel, abgeneigt ‖ tegenzin, af-
kerig ‖ disgust, averse; ~ ~ s un-
wohl fühlen ‖ z onwel voelen ‖ to
feel unwell; *tidak* ~ ~ s nicht
scheuen ‖ z niet ontzien (om te) ‖
not to be afraid of.
segar frisch, gesund, erquickend ‖
fris, gezond, verkwikkend ‖ fresh,
healthy, refreshing.
segera schnell ‖ snel ‖ quick.
segi Seite, Aspekt ‖ kant, aspect ‖
side, aspect; *persegi empat* viereckig
‖ vierzijdig ‖ square.
séhat gesund ‖ gezond ‖ healthy; *keséhatan* Gesundheit ‖ gezondheid ‖
health.
sekali ein Mal, sehr, ganz ‖ eens, erg,
geheel ‖ once, very, wholly; ~ *lalu*
oberflächlich gesehen, en passant ‖
oppervlakkig beschouwd ‖ super-
ficially considered; *sekalipun* sogar
wenn, obgleich, auch ‖ zelfs wanneer, hoewel, ook ‖ even if, though,
-ever.
sekalian(nja) alle(s) ‖ al(len) ‖ all.
sekarang jetzt ‖ nu ‖ now.
sekat : menjekat isolieren ‖ isoleren ‖ to
isolate; *tersekat* isoliert, getrennt ‖
geisoleerd, gescheiden ‖ isolated,
separated; *kesekatan = penjekatan*
Hindernis, Verhinderung, Isolierung
‖ beletsel, verhindering, isolering ‖
obstruction, hindrance, isolation.
sekian soviel, dermaßen ‖ zoveel, dermate ‖ so much, in such a manner.

sekolah Schule ‖ school; auch = *ber-sekolah* z Schule gehen ‖ school gaan ‖ to go to school.

sekonjong-konjong plötzlich ‖ plotse-ling ‖ suddenly.

sekop Spaten, Schaufel ‖ spade, schop ‖ spade, shovel.

sekretaris Sekretär ‖ secretaris ‖ secre-tary; ~ *djénderal* Generalsekretär ‖ secretaris generaal ‖ general secre-tary

séks sexuell, Geschlecht ‖ sexueel, geslacht ‖ sexual, sex.

*séla*I Sattel ‖ zadel ‖ saddle.

*séla*II: *berséla* korrekt sitzen ‖ netjes zitten ‖ to sit properly.

sela : *menjela* unterbrechen ‖ onder-breken ‖ to interrupt.

selalu stets, immer ‖ steeds, altijd ‖ always.

selam, menjelam = *silam* tauchen ‖ duiken ‖ to dive.

selamat Glück, Heil, Gesundheit, glück-lich ‖ geluk, heil, gezondheid, ge-lukkig ‖ welfare, luck, health, for-tunate; *keselamatan* Glück, Wohl-ergehen ‖ geluk, welzijn ‖ luck, welfare.

selang Zwischenzeit, Pause, nach ‖ tussentijd, pauze, na ‖ interval, pause, after.

Selasa : *hari* ~ Dienstag ‖ Dinsdag ‖ Tuesday.

selatan Süden, Süd- ‖ 't zuiden, zuid ‖ south.

selenggara : *menjelenggarakan* sorgen f ‖ zorgen v ‖ to take care of, provide for; *penjelenggaraan* Pflege ‖ ver-zorging ‖ care.

selesai beschlossen, entschieden, be-endet ‖ beslist, klaar, beëindigd ‖ decided, done, finished; *menjelesai-kan* i Ordnung bringen, begleichen ‖ i orde maken, vereffenen ‖ to settle, pay; *penjelesaian* Schlich-tung ‖ beslechting ‖ settlement.

selidik sorgfältig, kritisch ‖ nauwlet-tend, critisch ‖ accurate, critical; *menjelidiki* untersuchen, erforschen ‖ onderzoeken, doorvorsen ‖ to in-vestigate.

selimut Decke ‖ deken ‖ blanket.

selisih Differenz, Streit ‖ verschil, geschil ‖ difference, quarrel; *ber-selisih* streiten, ei Differenz haben, anderer Meinung s ‖ 'n geschil hebben, verschillen v mening ‖ to quarrel, disagree, differ; *perseli-sihan* Differenz, Streit, Konflikt ‖ verschil, geschil, conflict ‖ diffe-rence, quarrel, conflict.

seloka Versmass ‖ versmaat ‖ metre.

seluar Hose ‖ broek ‖ trousers.

seluk-beluk Besonderheiten, Einzel-heiten ‖ bizonderheden, details ‖ particulars, details.

selundup, menjelundup untertauchen, infiltrieren ‖ wegduiken, infiltreren ‖ to duck (away), infiltrate.

seluruh ganz, alle ‖ geheel, alle ‖ total, entire, all.

semajam, bersemajam thronen ‖ tronen ‖ to throne.

semak Strauch, Gebüsch ‖ struikgewas ‖ shrub, bush.

semangat Ehrgeiz, Begeisterung, Ener-gie, Geist ‖ eerzucht, geest(drift), energie ‖ ambition, enthusiasm, energy, spirit.

semangkin ... semangkin je ... desto ‖ hoe ... hoe ‖ the more ... the.

sembah Verehrung, Huldigung, re-spektvoller Gruß, (untertäniges) Wort ‖ verering, hulde, eerbiedige groet, (onderdanig) woord ‖ wor-ship, adoration, homage, respectful greeting, (humble) word; *menjem-bah* ehrerbietig grüßen, verehren, huldigen, mitteilen ‖ eerbiedig groe-ten, eerbiedigen, huldigen, mede-delen ‖ to greet respectfully, wor-ship, adore, to do homage, inform; *mempersembahkan* etw ehrerbietig überreichen, gewähren, sprechen ‖ ‖ iets eerbiedig overreiken, toestaan, spreken ‖ to offer respectfully, grant, speak.

sembahjang beten ‖ bidden ‖ to pray.

sembarang(an) s. *barang*.

sembilan neun ‖ negen ‖ nine.

sembojan Losung, Parole ‖ wacht-woord ‖ watchword.

sembuh genesen, gesund s ‖ genezen, gezond z ‖ to recover, recovered, healthy.

sembunji = *tersembunji* verborgen, heimlich, geheim ‖ verborgen, i' t geheim ‖ hidden, secret(ly); *menjembunjikan* verbergen ‖ to hide, conceal; *persembunjian* d Versteck ‖ schuil-plaats ‖ hiding-place.

semenandjung Halbinsel ‖ schiereiland ‖ peninsula.

semendjak = *sedjak* seitdem ‖ sedert, sinds ‖ since (time).

sementang(pun) obgleich ‖ ofschoon ‖ (al)though; *sementang-mentang* s. *mentang-mentang*.

sementara provisorisch, während, gewisse ‖ voorlopig, terwijl, zekere ‖ provisional, while, certain.

semesta ganz, alle ‖ geheel, alle ‖ the whole, all.

semoga = *moga-moga*.

sempat = *kesempatan* Gelegenheit ‖ gelegenheid ‖ opportunity.

sempurna vollkommen, vollständig ‖ volkomen, volledig ‖ complete, perfect.

semua(nja) alle(s) ‖ alle(n), alles ‖ all (of them).

semut Ameise ‖ mier ‖ ant.

sén Cent ‖ cent (coin), $1/100$ of a rupia(h).

senandung, bersenandung trällern, summen ‖ neuriën ‖ to hum.

senang = *bersenang* zufrieden, s wohlfühlen ‖ tevreden, z prettig voelen ‖ pleased, satisfied, to feel oneself comfortable; *menjenangkan hati* befriedigen ‖ tevreden stellen ‖ to satisfy; *kesenangan* Ruhe, Unterhaltung ‖ rust, vermaak ‖ rest, entertainment.

senantiasa stets ‖ steeds ‖ always.

senapan(g) Gewehr ‖ geweer ‖ rifle.

senda : bersenda scherzen ‖ schertsen ‖ to joke.

sendiri allein, selbst, eigen, ohne Zutun ‖ alleen, zelf, eigen, vanzelf ‖ alone, self, own, of one's own accord; *dengan sendirinja* selbstverständlich, aus sich selbst ‖ ('t spreekt) vanzelf, uit z zelf ‖ of course, of its

own accord; *tersendiri* besonders ‖ bizonder ‖ special; *sendirian* bei sich selbst ‖ bij zichzelf ‖ w, to oneself.

sendjata Waffe ‖ wapen ‖ weapon; *persendjataan* Bewaffnung ‖ bewapening ‖ armament.

séndok Löffel ‖ lepel ‖ spoon.

Sénen = *Senin : hari* ~ Montag ‖ Maandag ‖ Monday.

sengadja = *dengan* ~ absichtlich ‖ opzettelijk ‖ purposely, intentionally.

sengit beißend (Geruch), heftig ‖ bijtend (geur), hevig ‖ poignant, sharp, violent.

sengsara Elend, elend ‖ ellende, ellendig ‖ misery, miserable; *kesengsaraan* Leid, Not, Elend ‖ leed, nood, ellende ‖ sorrow, distress, misery.

seni = *kesenian* Kunst ‖ art(s); *seni lukis* Malerei ‖ schilderkunst ‖ (the art of) painting; *seni sastera* Literatur ‖ literatuur ‖ literature; *seniman* Künstler ‖ kunstenaar ‖ artist.

senjap einsam ‖ eenzaam ‖ lonely.

senjum Lächeln, lächeln ‖ glimlach(en) ‖ (to) smile; *tersenjum* lächeln ‖ glimlachen ‖ to smile.

senonoh geziemend, gehörig ‖ betamelijk, behoorlijk ‖ proper, decent; *kurang senonoh* ungehörig ‖ onbehoorlijk ‖ indecent, improper.

sénsor Zensor ‖ censor.

sepadan passend ‖ fitting.

sepakat : kata ~ Überein-, Zustimmung ‖ overeen-, toestemming ‖ agreement; *menjepakati* etw verabreden, vereinbaren ‖ iets afspreken ‖ to agree upon; *persepakatan* Übereinstimmung, Verabredung ‖ overeenstemming, accoord ‖ agreement.

separuh ein halb, teils ‖ d helft, deels ‖ half of, partly.

sepatu Schuh, Stiefel ‖ schoen, laars ‖ shoe, boot; *bersepatu* Schuhe tragen ‖ geschoeid ‖ to wear shoes.

sepéda Fahrrad ‖ fiets ‖ bicycle, bike; *bersepéda* radfahren ‖ fietsen ‖ to bike.

seperai Bettdecke ‖ sprei ‖ (bed)-sheet.

seperti wie (b Vergleich), als ob, was . . . betrifft ‖ (even)als, gelijk, alsof, wat . . . betreft ‖ like, as, as though, as to, concerning.

sepi still, einsam ‖ stil, eenzaam ‖ quiet, lonely.

sepit eng ‖ nauw, eng ‖ narrow; *menjepitkan lidah* zu schweigen verstehen ‖ weten te zwijgen ‖ to know to be silent.

serah, menjerah kapitulieren ‖ capituleren ‖ to surrender; *menjerahkan* ausliefern, übergeben ‖ uitleveren, overgeven ‖ to deliver, hand over; *penjerahan* Übergabe, Hingabe ‖ overgave, overdracht ‖ surrender.

seraja während ‖ terwijl ‖ while.

sérak, tersérak zerstreut, unordentlich ‖ verstrooid, i wanorde ‖ scattered, disorderly.

serang, menjerang angreifen, (er)stürmen ‖ aanvallen, bestormen ‖ to attack, storm, take by storm; *serangan* Angriff ‖ aanval ‖ attack.

serba i jeder Hinsicht ‖ i alle opzichten ‖ in every respect.

serdadu Soldat ‖ soldaat ‖ soldier.

sérét : tersérét mitgerissen, verwickelt i ‖ meegesleept, betrokken i ‖ carried away, involved.

serikat vereinigt, Union ‖ verenigd, unie ‖ united, union; *perserikatan* Bund, Vereinigung ‖ bond, vereniging ‖ union, organization.

sering oft, häufig ‖ dikwijls, vaak ‖ often.

serta mit(-), nebst, und, zusammen ‖ met, meedoen, benevens, en, samen ‖ with, to participate, besides, together w, and, together; *beserta* nebst ‖ benevens ‖ as well as, besides; *menjertai* begleiten, teilnehmen ‖ begeleiden, deelnemen ‖ to accompany, participate.

seru : berseru rufen ‖ roepen ‖ to call.

sesak eng, nahe zusammen ‖ nauw, dicht opeen ‖ narrow, close.

sesal : menjesal(kan) bereuen ‖ berouw (over iets) hebben ‖ to repent; *penjesalan* Reue, Bedauern, Vor-

wurf, Protest ‖ berouw, spijt, verwijt, protest ‖ remorse, regret, reproach, protest.

sesuai übereinstimmend, vereinbar ‖ overeenstemmend, verenigbaar ‖ corresponding, consistent; *menjesuaikan* übereinstimmen lassen, anpassen ‖ doen overeenstemmen, aanpassen ‖ to bring into line, adapt, adjust; *penjesuaian* Anpassung ‖ aanpassing ‖ adaption.

sétan Teufel ‖ duivel ‖ devil.

setasiun = stasiun Station ‖ (railway-) station.

seterika : menjeterika bügeln ‖ strijken ‖ to iron; *seterikaan* Bügelwäsche ‖ strijkgoed ‖ ironed linen.

setia(wan) treu, loyal ‖ (ge)trouw, loyaal ‖ faithful, loyal.

setiap s. *tiap.*

setirman Steuermann ‖ stuurman ‖ mate, navigation officer.

setudén Student.

séwa = séba : menjéwa mieten, pachten ‖ huren, pachten ‖ to hire, rent; *menjéwakan* vermieten, verpachten ‖ verhuren, verpachten ‖ to let, hire out, let on lease.

si persönlicher Artikel (§§ 2, a; 13, a; 19, a; 25, a). ‖ persoonlijk lidwoord ‖ a personal article.

sia-sia vergeblich, zwecklos ‖ vergeefs, nutteloos ‖ useless, futile.

sial unglücklich ‖ ongelukkig ‖ unfortunate.

siang Tag, gegen Mittag ‖ d dag, tegen middag ‖ daytime, about noon.

siap bereit, fertig ‖ klaar, gereed ‖ ready, prepared.

siapa wer? ‖ wie? ‖ who?

siar : tersiar publiziert ‖ gepubliceerd ‖ published; *menjiarkan* ausrufen, verbreiten, bekanntmachen ‖ omroepen, verspreiden, bekendmaken ‖ to announce, disseminate; *penjiaran* Veröffentlichung, Ausgabe ‖ publicatie, uitgave ‖ publication, edition.

sibuk lebhaft, geschäftig, aktiv, Gedränge, Trubel ‖ druk, drukte, actief ‖ lively, busy, active, rush, bustle; *kesibukan* Gedränge, Trubel, Aktivität ‖ drukte, activiteit ‖ rush, bustle, activity.

sidang Versammlung, Gruppe ‖ vergadering, groep ‖ meeting, group; *bersidang* s versammeln, zusammenkommen ‖ vergaderen, bijeenkomen ‖ to assemble, meet.

sifat Eigenschaft, Beschaffenheit, Kennzeichen, Merkmal ‖ eigenschap, hoedanigheid, kenmerk ‖ quality, feature, mark.

sigarét Zigarette ‖ sigaret ‖ cigarette.

sihir Zauberei ‖ toverij ‖ magic.

sikap Haltung, Gestalt ‖ houding, gestalte ‖ attitude, figure; *bersikap* ei Haltung einnehmen ‖ z 'n houding geven ‖ to assume an attitude.

siksa Strafe, Qual ‖ straf, pijn(iging) ‖ punishment, torture; *menjiksa* mißhandeln ‖ mishandelen ‖ to maltreat, torture.

silakan bitte!, sei so gut! ‖ a.u.b., wees zo goed! ‖ please!

silam dunkel, vorbei, untergehen (Sonne), vergangen ‖ donker, voorbij, ondergaan (zon), verleden ‖ dark, past, to set (sun).

silau : menjilaukan blenden, reflektieren ‖ verblinden, weerkaatsen ‖ to blind, reflect.

silih gegenseitig, einander (§§ 29, j; 44, h) ‖ wederzijds, onderling, elkaar ‖ mutual, each other.

simpan, menjimpan aufbewahren, (ein)sparen ‖ bewaren, (op)sparen ‖ to keep, preserve, spare, save.

sinpang : menjimpang ausweichen ‖ uitwijken ‖ to turn aside, make way (for).

simpuh, bersimpuh knien ‖ knielen ‖ to kneel.

simpul : menjimpulkan folgern, zusammenfassen ‖ concluderen, samenvatten ‖ to conclude, summarize.

sinar Strahl ‖ straal ‖ ray, beam.

singa Löwe ‖ leeuw ‖ lion.

singgah einkehren (b jmd), anlaufen ‖ ergens aangaan, aanleggen ‖ to call (at), stop (at).

singgung : tersinggung betroffen, beleidigt ‖ geraakt, beledigd ‖ stricken, offended.

singkat kurz ‖ kort ‖ brief, short.

singkir, menjingkir emigrieren ‖ emigreren ‖ to emigrate; *menjingkiri* beiseite legen, vermeiden ‖ opzij zetten, vermijden ‖ to put aside, avoid, evade.

singkong Cassave ‖ cassava.

singsing, menjingsing aufgehen, aufstreifen ‖ omhoog gaan, opstropen ‖ to rise, pull up; *fadjar menjingsing* d Tag bricht an ‖ d dag breekt aan ‖ it dawns.

sini, disini hier ‖ here.

sinjo junger Herr ‖ jongeheer ‖ boy.

siram, menjiram (be)gießen ‖ (be)gieten ‖ to water, sprinkle; *menjirami* begießen ‖ begieten ‖ to water.

sirap hölzerne Dachpfanne ‖ houten dakpan ‖ shingle for roofing.

sirih Betel(pflanze) (Piper betle) ‖ d betel(plant) ‖ betel (plant).

sisi Seite, Rand ‖ kant, zijde, rand ‖ side, flank, edge; *di- ~ a d* Seite v = neben ‖ aan d zijde v = naast ‖ at the side of = by the side of, near.

sisik Fischschuppe ‖ schub ‖ scale (of a fish); *menjisiki* abschuppen ‖ afschubben ‖ to scale (a fish).

sisip, tersisip (hin)eingesteckt sein ‖ ingestoken z ‖ to be put into.

sisir Kamm, Hand (Bananen) ‖ kam, tros(je) (bananen) ‖ comb, bunch (of bananas).

situ, disitu dort ‖ daar ‖ there.

sjah Fürst, Herrscher ‖ vorst ‖ sovereign.

sjahdan = ~ *maka* ferner, darauf, dann ‖ voorts, vervolgens ‖ further, there-upon, then.

sja'ir = *sa'ir* Gedicht, Vers ‖ poem, verse.

sjak Zweifel, Verdacht, Argwohn ‖ twijfel, achterdocht ‖ doubt, suspicion; ~ *wasangka* dgl.

sjarat = *sarat* Bedingung, Vorschrift ‖ voorwaarde, bepaling ‖ condition, term, direction.

sjukur Dank ‖ dank (a God) ‖ thank

(God); *bersjukur* danken ‖ dank zeggen ‖ to thank.

soal Frage, Problem ‖ vraag(stuk) ‖ question, problem; *bersoal djawab* disputieren ‖ redetwisten ‖ to dispute.

sokong Stütze ‖ stut ‖ prop; *sokongan* Beitrag, Unterstützung ‖ geldelijke bijdrage, ondersteuning ‖ contribution, support.

sombong stolz, arrogant ‖ trots ‖ proud.

songsong : *menjongsong* 1) s widersetzen ‖ z verzetten tegen ‖ to oppose, resist; 2) begrüßen, willkommen heißen ‖ begroeten, welkom heten ‖ to salute, welcome.

sopan korrekt, schicklich, bescheiden ‖ correct, fatsoenlijk, bescheiden ‖ correct, decent, modest; *kesopanan* Anstand, Bescheidenheit ‖ fatsoen, bescheidenheid ‖ grace, modesty.

soré Abend, Nachmittag ‖ avond, namiddag ‖ evening, afternoon.

sosialis Sozialist, sozialistisch ‖ socialist(isch) ‖ socialist(ic).

sosok tubuh Gestalt ‖ gestalte ‖ shape, figure.

staf Stab ‖ staf ‖ staff.

stasiun = *setasiun*.

statis statisch ‖ static(al).

stémpél Stempel ‖ stamp.

studén Student.

sua : *bersua (dengan)* begegnen, antreffen ‖ ontmoeten, aantreffen ‖ to meet, find.

suai s. *sesuai*.

suam = ∼ *kuku* lauwarm ‖ lauw ‖ lukewarm.

suami Ehemann, Gatte ‖ echtgenoot ‖ husband; ∼ *isteri* Ehepaar ‖ echtpaar ‖ (married) couple; *bersuami* verheiratet ‖ gehuwd ‖ to be married (to a man).

suap : *menjuap* beißen, essen ‖ bijten, eten ‖ to bite, eat.

suara Stimme, Geräusch, Laut ‖ stem, geruis, klank ‖ voice, sound.

suasana Zustand, Umstand, Situation, Atmosphäre ‖ toestand, omstandigheid, situatie, atmosfeer ‖ state, circumstance, situation, atmosphere.

suatu = *satu* eins ‖ een ‖ one; *sesuatu* irgendeiner, (irgend)etwas ‖ d, 't een of ander, iets ‖ anyone, anything, something; *sesuatu apa* irgendetwas ‖ 't een of ander ‖ anything.

subuh Morgendämmerung, Morgenröte ‖ morgenschemering, dageraad ‖ dawn.

subur fruchtbar ‖ vruchtbaar ‖ fertile.

sudah bereits, schon, erledigt, vorüber ‖ reeds, af(gedaan), voorbij ‖ already, done, finished; *sesudah(nja)* nachdem (Konj.), danach ‖ nadat, daarna ‖ after (that); *berkesudahan* endlich, schließlich ‖ eindelijk ‖ at last.

sudi geneigt, bereit s ‖ genegen, bereid ‖ inclined (to), ready.

sudut Ecke, Gesichtspunkt ‖ hoek, oogpunt ‖ corner, point of view.

suka etw mögen, gerne tun, lieben, Freude, Vergnügen ‖ iets gaarne doen, lusten, houden v, vreugde, plezier ‖ to like, joy, pleasure; *bersuka-tjita* froh ‖ blij ‖ glad.

sukar schwierig ‖ moeilijk ‖ difficult; *kesukaran* Schwierigkeit ‖ moeilijkheid ‖ difficulty.

sukma Seele, Geist ‖ ziel, geest ‖ soul, spirit.

suku[I] (Volks)gruppe ‖ (bevolkings)groep ‖ group (of population).

suku[II]: *sesuku* ein Viertel ‖ een vierde ‖ a quarter.

sulam, bersulam gestickt, bestickt ‖ geborduurd ‖ embroidered.

Sulawesi Celebes.

sultan Sultan.

suluh Fackel ‖ fakkel, toorts ‖ torch.

sulung ältestes (Kind) ‖ oudste (kind) ‖ elder one (child).

sumbang, menjumbang etw beitragen ‖ iets bijdragen ‖ to contribute; *sumbangan* Beitrag, Unterstützung ‖ bijdrage, ondersteuning ‖ contribution, support.

sumber Quelle ‖ bron ‖ well, source.

sumpah Eid, Fluch ‖ eed, vloek ‖ oath, curse; *kesumpahan* verflucht ‖ vervloekt ‖ cursed.

sumur Brunnen ‖ put ‖ well.

sungai Fluß ‖ rivier ‖ river.

sungguh wirklich, bestimmt, wahr ‖ werkelijk, stellig, waar ‖ real, certain, indeed, true; ∼ ∼ ernstlich, wirklich ‖ terdege, heus ‖ seriously, indeed; *sungguhpun* obgleich ‖ ofschoon ‖ (al)though; *sesungguhnja* fürwahr, i d Tat, wirklich‖ voorwaar, inderdaad, werkelijk ‖ really, real, indeed; *kesungguhan* Richtigkeit, Wahrheit ‖ juistheid, waarheid ‖ accuracy, truth, veracity.

sunji still, einsam ‖ stil, eenzaam ‖ quiet, lonely; ∼ *senjap* totenstill, einsam ‖ doodstil, eenzaam ‖ as still as death, lonely.

supaja damit, daß ‖ opdat, dat ‖ in order that, that.

supir Chauffeur.

suram düster ‖ somber ‖ gloomy, dim.

surat Brief, Schrift ‖ brief, geschrift ‖ letter, paper; ∼ *kabar* Zeitung ‖ krant ‖ newspaper; ∼ *kawat* Telegramm ‖ telegram; ∼ *keterangan* Ausweis ‖ legitimatie ‖ legitimation; *persurat kabaran* d Presse ‖ pers ‖ the press; *menjurati* beschreiben, auf etw schreiben ‖ beschrijven, op iets schrijven ‖ to write on; *menjurat-*

njurati bekritzeln ‖ krabbelen op ‖ to scribble on.

Suria Syrien ‖ Syrië ‖ Syria.

suruh, menjuruh befehlen, beauftragen, veranlassen ‖ bevelen, opdragen, (iemd iets) laten doen ‖ to order, direct, cause; *penjuruh* Befehl, Auftrag(geber) ‖ bevel, lastgever ‖ order, message, employer; *pesuruh* d Beauftragte, Gesandte, d Auftrag ‖ gezant, zendeling, opdracht ‖ messenger, delegate, order.

susah mühevoll, schwierig, lästig ‖ moeilijk, lastig ‖ difficult, annoying; *bersusah hati* betrübt ‖ bedroefd ‖ grieved, sad.

susastera : kesusasteraan Literatur ‖ literatuur ‖ literature.

susul, menjusul (ver)folgen ‖ (achter)volgen ‖ to pursue.

susun : menjusun aufstapeln, organisieren, zusammenstellen ‖ stapelen, organiseren, samenstellen ‖ to pile up, organize, compose; *tersusun* organisiert ‖ georganiseerd ‖ organized; *susunan* Organisation, Struktur ‖ organisatie, structuur ‖ organization, structure.

sutera Seide ‖ zij ‖ silk.

sutji heilig, rein ‖ heilig, schoon ‖ holy, clean, pure; *mahasutji* sehr heilig ‖ zeer heilig ‖ very holy; *menjutjikan* heiligen, reinigen ‖ to sanctify, purify, clean.

T

ta' = *tak* nicht, nein ‖ niet, neen ‖ not, no.

ta'ada = *tiada* nicht vorhanden s, nicht (sein) ‖ er niet zijn, niet (zijn) ‖ there is not, not to be, not.

tabi'at Charakter ‖ karakter ‖ character.

tabuhan Wespe ‖ wesp ‖ wasp.

tabung Bambusbehälter ‖ bamboegeleding, buis ‖ bamboo container; ∼ *rokok* Zigarettenkiste ‖ s v sigarettenkist ‖ k o cigarette-box.

tadah : menadahkan tangan d Hände m d Innenseite nach oben hochhalten ‖ d handen m d palmen naar boven ophouden ‖ to raise one's hands with palms up.

tadi (von) soeben, vergangen, soeben genannt ‖ (van) zoëven, verleden, pas genoemd ‖ recently, of late, last, mentioned before.

tadjam scharf ‖ scherp (wapens) ‖ sharp.

tadjin (Wäsche-)Stärke ‖ stijfsel ‖

starch; *menadjin* (Wäsche) stärken ‖ stijven ‖ to starch.

-tah Hervorhebungssilbe bei Fragen (§ 10, f) ‖ suffix, dat nadruk legt bij vragen ‖ suffix which emphasizes in questions.

tahan s halten an ‖ z houden aan ‖ to keep to; *bertahan* standhalten ‖ standhouden ‖ to stand; *menahan* ertragen, zurück-, anhalten ‖ verdragen, aan-, achterhouden ‖ to bear, stop, hold back; *menahani* zurückhalten ‖ inhouden, achterhouden ‖ to hold back; *mempertahankan* behaupten, verteidigen ‖ handhaven, verdedigen ‖ to assert, maintain, defend; *tertahan* aufhalten, aufhaltbar, erträglich ‖ tegenhouden, tegenhoudbaar, draaglijk ‖ to halt, can be halted, stopped, bearable; *pertahanan* Verteidigung ‖ verdediging ‖ defence.

tahjul = *tachjul* Aberglaube ‖ bijgeloof ‖ superstition.

tahu wissen, verstehen, kennen, imstande s, fähig ‖ weten, kennen, i staat z, bekwaam ‖ to know, be able; *tahu-menahu* einander kennen ‖ elkaar kennen ‖ to know one another; *mengetahui* erfahren, (v) etw wissen ‖ ervaren, iets weten, m iets bekend z ‖ to come to know, know; *pengetahuan* Kenntnis(se) ‖ kennis ‖ knowledge.

tahun Jahr ‖ jaar ‖ year; *bertahun-tahun* jahrelang ‖ jaren lang ‖ for years.

tak = *ta'* nicht, nein ‖ niet, neen ‖ not, no.

takdir Vorherbestimmung ‖ voorbeschikking ‖ predestination; *mentakdirkan* vorherbestimmen ‖ voorbeschikken ‖ to predestinate.

takkan = *tak akan* (es) wird nicht ‖ ('t) zal niet ‖ won't.

takluk = *ta'luk* abhängig, hörig ‖ afhankelijk, onderhorig ‖ dependent, bond.

takut ängstlich ‖ bang ‖ afraid, anxious; *menakuti* = *mengetakuti* jmd ängstlich machen, jmd fürchten ‖ bang maken, bevreesd z voor ‖ to

frighten, fear; *ketakutan* Angst ‖ vrees ‖ fear; *penakut* Angsthase, Feigling ‖ lafaard ‖ coward.

tali das Tau ‖ touw ‖ rope; ~ *-temali* (allerlei) Tauwerk ‖ (allerlei) touwwerk ‖ (all kinds of) cordage.

taman Garten ‖ tuin ‖ garden; ~ *kanak-kanak* Kindergarten.

tamat beendet, zu Ende gelesen ‖ voltooid, uitgelezen ‖ finished, to be done w reading.

tambah : *menambah(kan)* vermehren, hinzufügen ‖ vermeerderen, bijvoegen ‖ to increase, add; *bertambah* zunehmen ‖ toenemen ‖ to increase; *bertambah* + Qualitativ = immer, stets + Komparativ ‖ toenemend, steeds + comparatief ‖ increasingly, -er and -er; *bertambah* ... *bertambah* je ... desto ‖ hoe ... hoe ‖ the ... the ...; *tambahan* Nachtrag, Extra- ‖ supplement, extra; *pertambahan* d Zunehmen, Anwachsen ‖ toename, aanwas ‖ increase; *penambahan* d Hinzugefügte, Hinzuzufügende ‖ toevoeging, bijvoegsel ‖ addition.

tambang Mine ‖ mijn ‖ mine.

tampak (*s. nampak*) sichtbar ‖ zichtbaar ‖ visible.

tampar : *menampar* m d flachen Hand schlagen ‖ m d vlakke hand slaan ‖ to slap, smack.

tampuk Deckel ‖ deksel ‖ cover.

tamu Gast ‖ guest.

tanah Erde, Boden ‖ aarde, grond ‖ earth, ground, soil; ~ *air* Vaterland, Heimat ‖ geboorteland, vaderland ‖ home-country.

tanak, bertanak = *menanak* Reis (i Wasser) kochen ‖ rijst (i water) koken ‖ to boil rice; *sepenanak* = *sepertanak* eine Reiskochenslänge (etwa 20 Minuten) ‖ 'n tijdsduur (zolang als rijst koken duurt) ‖ time necessary for boiling rice.

tanam, menanam pflanzen, säen, begraben ‖ planten, zaaien, begraven ‖ to plant, sow, bury; *menanami* bepflanzen ‖ beplanten ‖ to plant; *menanamkan* pflanzen, gründen ‖ planten, vestigen ‖ to plant, es-

tablish; *tanaman* Pflanze, Pflan-
zung ‖ gewas, plant, plantage ‖
plant, plantation; *petanaman* Pflan-
zung ‖ plantage ‖ plantation.
tanda Zeichen ‖ teken ‖ mark, sign;
~ *tangan* Unterschrift ‖ handteke-
ning ‖ signature; *menanda-tangani*
etw unterzeichnen, unterschreiben
‖ ondertekenen ‖ to sign.
tandjung kap ‖ kaap ‖ cape.
tanduk Horn ‖ hoorn.
tang Zange ‖ tang ‖ (pair of) tongs.
tangan Hand, Unterarm, Ärmel ‖
hand, onderarm, mouw ‖ hand,
forearm, sleeve.
tangga Leiter, Treppe ‖ ladder, trap ‖
ladder, staircase.
tanggal Datum ‖ date.
tangguh Aufschub ‖ uitstel ‖ postpone-
ment; *mempertangguhkan* aufschieben, vertagen ‖ uitstellen, verdagen
‖ to postpone, adjourn.
*tanggung*I : *menanggung* auf d Schulter tragen, auf s nehmen, bürgen
‖ op d schouders dragen, op z
nemen, borg staan voor ‖ to carry
on the shoulders, to take charge
of, take on o s, guarantee; *tanggung
djawab* Verantwortung, Verantwort-
lichkeit ‖ verantwoordelijkheid ‖ responsibility; *tanggungan* Verpflichtung, Verantwortung ‖ verplichting, verantwoordelijkheid ‖ obligation, responsibility.
*tanggung*II : ~ ~ oberflächlich ‖ oppervlakkig ‖ not thorough(ly);
dengan tidak ~ ~ gründlich ‖ diep-
gaand ‖ thorough(ly).
tangis : menangis weinen ‖ wenen ‖ to
weep; *menangisi* beweinen ‖ be-
wenen ‖ to weep f.
tangkai Halm ‖ stalk.
tangkap, menangkap fangen ‖ vangen
‖ to catch; *penangkapan* Fang ‖
vangst ‖ catch, haul.
tangkas schnell ‖ vlug ‖ quick.
tani = *petani* Bauer, Landmann ‖
boer, landbouwer ‖ farmer, peasant;
pertanian Ackerbau ‖ landbouw ‖
agriculture.
tanja = *bertanja* fragen ‖ vragen ‖ to
ask, inquire; *menanjakan* n etw

fragen ‖ iets vragen ‖ to ask; *pertanjaan* Frage, Anfrage ‖ (na)vraag
‖ question, inquiry.
tanpa ohne (§ 53, g) ‖ zonder ‖ without.
tapa Askese ‖ ascese ‖ asceticism; *mempertapakan* Askese üben f, durch
Askese zu erlangen trachten ‖ ascese
beoefenen v, door ascese trachten te
verkrijgen ‖ to practise asceticism f,
to try to get by asceticism; *pertapa*
Asket, Einsiedler ‖ asceet, kluize-
naar ‖ ascetic, hermit.
tapi = *tetapi.*
taram bedeckt, bewölkt (Abendhim-
mel) ‖ betrokken (v d avondhemel)
‖ overcast (evening-sky); ~ *tema-
ram* überall bewölkt ‖ overal betrokken ‖ overcast everywhere.
tari : menari tanzen ‖ dansen ‖ to
dance.
tarik, menarik (auf s) ziehen, anzie-
hen(d), interessieren ‖ naar z toe
trekken, boeien, aantrekken(d) ‖
to attract, tug, pull, interest;
menarik napas (ein)atmen ‖ (in)-
ademen ‖ to breathe, inhale; *tertarik* hingezogen, interessiert ‖ aan-
getrokken tot, geinteresseerd ‖
attracted, interested in; *penarik* d
Ziehen ‖ 't trekken ‖ drawing, pull.
taruh stellen, setzen, legen ‖ (neer)-
zetten, plaatsen, leggen ‖ to put,
lay (down); *menaruh* (Gefühle)
hegen ‖ (gevoelens) koesteren ‖ to
have, foster (feelings); *petaruh* Pfand
‖ pand ‖ security, forfeit, pawn.
taruk Schößling, Trieb ‖ uitspruitsel,
loot ‖ shoot, sprout.
tas Tasche ‖ tas ‖ (woman's) handbag.
tata Ordnung, System ‖ orde, stelsel ‖
order, system; ~ *bahasa* Grammatik ‖ grammatica ‖ grammar;
~ *krama* Konvention, gute Sitten
‖ conventie, goede manieren ‖ con-
vention, good manners; ~ *tjara*
Sitten und Bräuche ‖ zeden en gebruiken ‖ customs and usages.
tatkala als (Konj.) ‖ toen ‖ when.
taufan Orkan ‖ orkaan ‖ typhoon.
tawa : tertawa lachen ‖ to laugh; *mener-*

tawakan über etw, jmd lachen ‖ lachen om ‖ to laugh about.

tawan, *menawan* gefangennehmen ‖ gevangen nemen ‖ to take prisoner; *tawanan* Gefangener ‖ gevangene ‖ prisoner.

tawar, *menawar* feilschen, herunterhandeln ‖ afdingen ‖ to bargain, haggle; *menawarkan* etw anbieten ‖ iets aanbieden ‖ to offer; *tawaran* Angebot ‖ (aan)bod ‖ offer.

tebal dick ‖ dik ‖ thick.

tegak aufrecht, gerade, Haltung ‖ rechtop, overeind, houding ‖ erect, upright, attitude.

tegap kräftig, stämmig, rüstig ‖ stevig, fors ‖ sturdy, stout, vigorous.

teguh stark, fest ‖ stevig, vast ‖ firm, solid.

téh Tee ‖ thee ‖ tea.

teka-teki Rätsel ‖ raadsel, puzzle ‖ puzzle.

tekan : *menekan* Druck ausüben ‖ pressie uitoefenen ‖ to press; *tekanan* Druck ‖ druk, pressie ‖ pressure.

tekatan Stickerei ‖ borduursel ‖ embroidery.

téknik Technik ‖ techniek ‖ technique.

téks Text ‖ tekst.

tekun : *menekuni* s konzentrieren auf ‖ z concentreren op ‖ to concentrate on.

telah bereits, schon (drückt die vollendete Handlung aus) ‖ al, reeds (ter uitdrukking v 'n voltooide handeling) ‖ already; *setelah(nja)* nach(dem) ‖ na(dat) ‖ after, as soon as.

telan, *menelan* verschlucken, hinnehmen, erleiden ‖ (in)slikken, opnemen, lijden ‖ to swallow, take, suffer.

telangkai Vermittler, Mittelsmann ‖ bemiddelaar, tussenpersoon ‖ mediator, agent, go-between.

telinga Ohr ‖ oor ‖ ear.

teliti sorgfältig, Sorgfalt, Genauigkeit ‖ zorgvuldig(heid), nauwkeurigheid ‖ care(fulness), careful, accurate, accuracy.

teluk Bucht ‖ baai, bocht ‖ bay.

telundjuk, *djari* ∼ Zeigefinger ‖ wijsvinger ‖ index finger.

telur Ei ‖ egg; *bertelur* Eier legen ‖ eieren leggen ‖ to lay eggs.

teman Gefährte ‖ metgezel ‖ companion.

tembaga Kupfer ‖ koper ‖ copper.

témbak, *menémbak* (er)schießen ‖ (dood)schieten ‖ to shoot (dead); *menémbaki* beschießen ‖ beschieten ‖ to fire on.

tempa Schmiedearbeit ‖ smeedwerk ‖ wrought metalwork.

tempat Ort, Platz, Behälter ‖ oord, plaats, vat, pot enz ‖ place, receptacle; ∼ *tidur* Bett ‖ bed; *menempatkan* stellen, setzen, legen ‖ plaatsen ‖ to place; *bertempat tinggal* wohnen ‖ wonen ‖ to dwell, live.

témpo Zeit ‖ tijd ‖ time.

tempur : *pertempuran* Gefecht, Kampf ‖ gevecht, strijd ‖ combat, fight.

tempurung ei halbe Kokosnußschale ‖ 'n halve klapperdop ‖ a half coconutshell.

temu : *bertemu* begegnen, (an)treffen ‖ ontmoeten, aantreffen ‖ to meet, find; *menemui* begegnen, antreffen ‖ ontmoeten, aantreffen ‖ to meet (w); *pertemuan* Begegnung, Zusammenkunft ‖ ontmoeting, samenkomst ‖ meeting.

tenaga Kraft, Anstrengung, Energie ‖ kracht, inspanning, energie ‖ strength, effort, energy.

tenang ruhig, gefaßt ‖ kalm, bedaard ‖ calm, quiet.

tengadah, *menengadah* empor-, aufblicken ‖ opkijken ‖ to look up.

tengah Hälfte, Mitte, während ‖ helft, 't midden, terwijl ‖ half, centre, middle, while; ∼ *hari* Mittag ‖ middag ‖ noon; *setengah* eine Hälfte, ein halb, z Teil ‖ helft, half, deels ‖ a half, half of, some; *pertengahan* Mittel- ‖ middel-, midden- ‖ middle.

tenggelam (ver)sinken ‖ (ver)zinken ‖ to sink.

tengkolok Kopftuch ‖ hoofddoek ‖ head-cloth.

téngok, *menéngok* ausblicken (nach), s nach etw umsehen ‖ uitkijken (naar) ‖ to look out for.

tentang hinsichtlich, betreffs ‖ betreffende ‖ concerning; *menentang* betrachten, s widersetzen ‖ aankijken, z verzetten tegen ‖ to look at, resist; *bertentangan* i Widerspruch miteinander stehen ‖ tegenstrijdig ‖ opposite, contradictory; *pertentangan* Gegensatz, Widerspruch ‖ tegenstelling, tegenstrijdigheid, tegenspraak ‖ contrast, contradiction, controversy.

tentara Heer ‖ leger ‖ army.

tentu sicher(lich), gewiß ‖ zeker, stellig ‖ sure(ly), certain(ly); *menentukan* bestimmen, entscheiden ‖ bepalen, besluiten ‖ to determine, decide; *tertentu* bestimmt, sicher ‖ bepaald, zeker, vaststaan ‖ certain, definite.

tenun : bertenun = menenun weben ‖ weven ‖ to weave.

tepat dicht (vor, neben etc), genau, geeignet ‖ vlak (voor, naast enz), precies, passend ‖ exact, precise, fitting.

tepi Rand, Ufer, Seite ‖ rand, oever, kant ‖ edge, bank, shore, border, side; *mengetepikan* etw beiseitestellen, außer acht lassen ‖ op zij zetten ‖ to put aside, disregard.

tepuk : menepuk m d Hand schlagen ‖ m d hand slaan ‖ to slap one's hand.

tepung Mehl ‖ meel ‖ flour.

terada = ta'ada nicht, nein ‖ niet, neen ‖ not, no.

terang hell, deutlich, klar ‖ helder, duidelijk, licht ‖ light, clear, apparent; ~ *bulan* Mondschein ‖ maneschijn ‖ moonlight; *terang-terangan* sehr deutlich, öffentlich ‖ zeer duidelijk, openlijk ‖ very clear, public; *menerangi* erhellen ‖ verlichten ‖ to illuminate, light; *menerangkan* erklären ‖ verklaren ‖ to state, explain; *keterangan* Erklärung, Aufklärung ‖ verklaring, opheldering ‖ statement, information; *penerangan* Aufklärung, Information ‖ opheldering, informatie ‖ information.

terbang fliegen ‖ vliegen ‖ to fly; *beterbangan* i Menge (auf)fliegen ‖ vliegende z i groten getale ‖ to fly (up) i swarms.

terbit aufgehen (Gestirne), erscheinen (Zeitschr. etc) ‖ opkomen (zon, sterren), verschijnen (boeken, krant) ‖ to rise, appear; *penerbit* Verleger, Herausgeber ‖ uitgever ‖ publisher.

terdjemah(an) Übersetzung ‖ vertaling ‖ translation; *menterdjemahkan* übersetzen ‖ vertalen, vertolken ‖ to translate; *penterdjemah* Übersetzer ‖ vertaler ‖ translator.

teriak : berteriak schreien ‖ schreeuwen ‖ to shout; *meneriakkan* ausrufen, ausschreien ‖ uitroepen, uitschreeuwen ‖ to call, cry out.

terima : menerima annehmen, empfangen, gutheißen ‖ aannemen, aanvaarden, goedkeuren ‖ to accept, receive, approve; *terima kasih* danke ‖ dank je wel ‖ thank you; *menerima kasih* danken ‖ dank zeggen ‖ to thank.

terlalu s. *lalu.*

ternak Vieh ‖ vee ‖ cattle; *peternakan* Viehzucht ‖ veeteelt ‖ cattle-(stock)-breeding.

tertawa s. *tawa.*

terus geradeaus, geradenwegs, direkt, weiter(hin), ununterbrochen, durch- ‖ rechtuit, rechtstreeks, direct, verder, steeds door ‖ straight, right through, further, ahead, direct, through; *terus-terusan, terus-menerus* unaufhörlich ‖ onophoudelijk ‖ incessant; *meneruskan* fortsetzen ‖ voortzetten ‖ to continue; *berterusterang* offen, freimütig ‖ ronduit ‖ frank.

tetangga Nachbar ‖ buur(man) ‖ neighbour.

tetap fest, beständig, konstant, dauernd ‖ vast, bestandig, constant, blijvend ‖ firm, permanent, constant; *menetapkan* festsetzen, bestimmen ‖ vaststellen, bepalen ‖ to settle, fix, determine.

tetapi = tapi aber, (je)doch ‖ maar, echter, toch ‖ but, however, yet.

tetas : menetaskan zer-, durchbrechen, ausbrüten ‖ doorbréken, uitbroeden ‖ to break through, crack, hatch.

tiada = tidak, ta'ada.

tiang Mast.

tiap(-tiap) = *setiap* jeder ‖ elk, ieder ‖ every; *setiap*, auch: jedes Mal, wenn ... ‖ telkens wanneer ‖ whenever.

tiba (an)kommen ‖ (aan)komen ‖ to arrive, come; ~ - ~ unerwartet, plötzlich ‖ onverwachts, plotseling ‖ unexpected, sudden.

tidak nicht, nein ‖ niet, neen ‖ not, no; ~ *pernah* niemals ‖ nooit ‖ never; *setidak-tidak(nja)* zum mindesten, auf jeden Fall ‖ tenminste, in elk geval ‖ at least, in any case; *mempertidak* i Abrede stellen, leugnen ‖ ontkennen, loochenen ‖ to disavow, deny.

tidur schlafen, ruhen, liegen ‖ slapen, rusten, liggen ‖ to sleep, rest, lie; *tertidur* i Schlaf (ge)fallen ‖ i slaap (ge)vallen ‖ to fall asleep, fallen asleep; *petiduran* Bett ‖ bed; *penidur*, in: *obat penidur* Schlafmittel ‖ slaapmiddel ‖ soporific.

tiga drei ‖ drie ‖ three; *bertiga* zu dritt ‖ m z'n drieën ‖ being three; *sepertiga* ein Drittel ‖ 'n derde ‖ one third.

tikai Abweichung ‖ afwijking ‖ deviation; *mempertikaikan* über etw streiten ‖ ruzie hebben over ‖ to quarrel about.

tikam : *menikam* stechen ‖ steken ‖ to stab; *tikam-menikam* einander stechen ‖ elkaar steken ‖ to stab one another; *menikamkan, bertikamkan* m etw stechen ‖ m iets steken ‖ to stab w.

tikar Matte ‖ mat.

tikus Ratte, Maus ‖ rat, muis ‖ rat, mouse.

tilam Matte, Matratze ‖ mat, matras ‖ mat, mattress.

timbang:*menimbang* (er)wägen ‖ (over)-wegen ‖ to weigh, consider carefully; *timbang rasa* redlich, billig, Redlichkeit ‖ redelijk(heid) ‖ reasonable, fair, fairness; *timbangan* Wage, Erwägung ‖ weegschaal, overweging ‖ scales, consideration; *pertimbangan* Urteil, Erwägung ‖ oordeel, overweging ‖ judgment, consideration.

timbul a d Oberfläche kommen, aufkommen, auftauchen ‖ bovenkomen, opduiken, ‖ to come to the surface, emerge; *menimbulkan* auftauchen lassen, verursachen ‖ doen opduiken, veroorzaken ‖ to raise, cause.

timbun Haufen, Stapel ‖ hoop, stapel ‖ pile, heap; *tertimbun* aufgehäuft ‖ opgehoopt ‖ piled up.

timpa, *menimpa* fallen auf ‖ vallen op ‖ to fall on; *ditimpa* betroffen v ‖ getroffen door ‖ hit by.

timur Osten ‖ 't Oosten ‖ east.

tindak Schritt ‖ stap ‖ step; *bertindak* schreiten, auftreten, handeln ‖ schrijden, optreden, handelen ‖ to stride, to take steps, to act; *tindakan* Schritte, Maßregeln, Machenschaften ‖ stappen, maatregelen, manipulaties ‖ steps, measures, manipulations.

tindjau, *menindjau* beobachten, spähen ‖ observeren, turen (naar) ‖ to observe, scout.

tinggal (übrig-, zurück-)bleiben, wohnen ‖ (over-, achter-)blijven, wonen ‖ to stay (behind), remain, live; ~ *kelas* (i d Schule) sitzenbleiben (op school) blijven zitten ‖ not to get one's remove; *meninggal (dunia)* sterben ‖ sterven ‖ to die; *meninggalkan* zurück-, verlassen ‖ nalaten, verlaten ‖ to leave (behind), abandon; *peninggal* Nachlaß, Tod ‖ nalatenschap, dood ‖ inheritance, death.

tinggi hoch ‖ hoog ‖ high, tall; *tertinggi* am höchsten, höchster ‖ hoogste ‖ (the) highest.

tingkah Grille, Laune ‖ gril(len), kuur ‖ caprice; ~ *laku* d Betragen ‖ gedragingen ‖ behaviour, attitude.

tingkat Stockwerk, Rang ‖ verdieping, rang ‖ floor, rank; *bertingkat-tingkat* terrassenförmig, abgestuft ‖ geterrasseerd, trapsgewijs verdeeld ‖ terraced, graduated.

Tionghoa China, chinesisch ‖ China, Chinees ‖ China, Chinese.

Tiongkok China.

tipar : *menipar* ei trockenes Reisfeld

bearbeiten ‖ 'n onbevloeide rijst-
akker bewerken ‖ to cultivate a dry
(not irrigated) ricefield.

tipis dünn, leise ‖ dun, zacht ‖ thin,
low, soft.

tipu : menipu betrügen ‖ bedriegen ‖
to deceive; *tipu-daja* List (und Betrug), schlaue Taktik ‖ list (en be-
drog), sluwe tactiek ‖ falsehood and
deceit, intrigues, cunning tac-
tics; *penipu* Betrüger ‖ bedrieger ‖
deceiver.

tirai Vorhang, Gardine ‖ gordijn ‖
curtain.

tiris leck ‖ lek ‖ leaky.

tiru, meniru nachahmen ‖ nabootsen,
nadoen ‖ to imitate.

titah (fürstl.) Wort, Befehl ‖ (vorste-
lijk) woord, bevel ‖ (royal) word,
command; *menitahkan* sprechen,
befehlen ‖ spreken, bevelen ‖ to
speak, command.

titik Tropfen, Punkt, Tüpfel ‖ druppel,
punt, stip ‖ drop, point, dot; *bertitik = menitik* tropfen ‖ druppelen
‖ to drop.

titip : titipan anvertraut(es Gut) ‖
toevertrouwd (goed) ‖ entrusted
(goods).

tiup : bertiup blasen, wehen ‖ blazen,
waaien ‖ to blow; *tertiup* angeweht
‖ aangewaaid ‖ blowed upon.

tjabang Ast, Zweig, Filiale, Abzwei-
gung ‖ tak, filiaal, vertakking ‖
branch, ramification.

tjabir lang und tief eingerissen ‖ m
'n lange, diepe scheur ‖ w a large
and deep gap.

tjabut, mentjabut(i) ziehen, ausreissen
‖ uittrekken, uitrukken ‖ to pull
out, draw out, extract.

tjadangan Reserve.

tjahaja Glanz, Licht, Schein ‖ glans,
licht, schijnsel ‖ glow, light,
shine.

tjahari = tjari, mentjahari suchen ‖
zoeken ‖ to seek, look for; *pentjaharian* Lebensunterhalt ‖ levensonderhoud ‖ livelihood.

tjaing zerrissen ‖ verscheurd ‖ torn;
~ *tjuang* völlig zerrissen ‖ geheel

verscheurd ‖ totally torn.

tjair flüssig ‖ vloeibaar ‖ fluid,
liquid.

tjakap[I] imstande, geeignet sein ‖ i
staat, geschikt zijn ‖ to be able, fit;
ketjakapan Eignung, Geschicklichkeit, Tüchtigkeit ‖ geschiktheid,
bekwaamheid ‖ ability, skill.

tjakap[II] Geplauder, Plauderei ‖ ge-
praat ‖ talk, chat; *bertjakap-tjakap*
plaudern ‖ keuvelen ‖ to chat; *pertjakapan* Gespräch, Unterhaltung ‖
gesprek, conversatie ‖ talk, conver-
sation.

tjakar : mentjakar kratzen ‖ krabben ‖
to scratch, scrape; *pentjakar langit*
Wolkenkratzer ‖ wolkenkrabber ‖
sky-scraper.

tjakerawala = tjakrawala Himmel,
Firmament ‖ luchtruim, firmament
‖ heavens, sky, firmament.

tjalon zukünftiger ‖ aanstaande ‖ pro-
spective, to-be.

tjampur vermengt, durcheinander,
teilnehmen ‖ vermengd, dooreen,
deelnemen ‖ mixed, blended, to
join in; *mentjampur* vermengen,
mischen ‖ (ver)mengen ‖ to mix;
bertjampur-baur dengan vermengt
s m ‖ dooreengemengd m ‖ mixed
up w; *tjampuran* Mischung, ge-
mischt ‖ mengsel, gemengd ‖ mixture, mixed; *pertjampuran* Mischung
‖ mengsel, vermenging ‖ mixing,
mixture.

tjanggung unbeholfen, einsam ‖ onbe-
holpen, eenzaam ‖ clumsy, lonely.

tjangkir Tasse, Becher ‖ kopje, beker
‖ cup, bowl.

tjangkul Hacke (z Bodenbearbeitung)
‖ hak (om grond te bewerken) ‖ hoe;
mentjangkul hacken ‖ hakken ‖ to
chop, hack.

tjantik hübsch, lieblich ‖ aantrekke-
lijk, lieftallig ‖ charming, beautiful;
ketjantikan Schönheit ‖ schoonheid
‖ beauty.

tjanting Topf f geschmolzenes Wachs ‖
potje voor gesmolten was ‖ a pot
for melted wax.

tjap Stempel, (Waren-)Marke ‖ stempel, (handels)merk ‖ stamp, (trade-) mark.

tjapai, mentjapai erreichen, n etw streben, erstreben ‖ bereiken, iets nastreven ‖ to attain, strive after; *tertjapai* erreicht ‖ bereikt ‖ attained, reached.

tjara Art, Weise ‖ manier, wijze ‖ manner, way; *setjara* wie (Vergl.) ‖ zoals ‖ like, as.

tjari = tjahari, mentjari suchen ‖ zoeken ‖ to seek, look for; *mentjarikan* etw f jmd suchen ‖ voor iemd iets zoeken ‖ to seek s th for s o.

tjat Farbe (z Malen) ‖ verf ‖ paint.

tjatjar Pocken ‖ pokken ‖ smallpox.

tjawan Tasse ‖ kopje ‖ cup.

tjedera Konflikt ‖ conflict; *pertjederaan* Zwietracht ‖ tweedracht ‖ discord.

tjegah, mentjegah verhindern, abwehren ‖ voorkomen, tegenhouden, afweren ‖ to prevent, ward off.

tjekatan geschickt ‖ handig ‖ skilful.

tjelaka Unglück, Unheil, unglücklich ‖ ongeluk(kig), onheil ‖ misfortune, mischief, unfortunate; *ketjelakaan* Unglück, Unfall ‖ ongeluk, ongeval ‖ misfortune, accident.

tjéléng Wildschwein ‖ wild zwijn ‖ wild boar; *tjéléngan* Sparbüchse ‖ spaarpot ‖ money-box.

tjelup, mentjelupkan eintauchen, färben ‖ indompelen, verven ‖ to immerse, plunge, to colour.

tjemas besorgt, beunruhigt ‖ bezorgd, ongerust ‖ anxious, worried.

tjemburu eifersüchtig ‖ jaloers ‖ jealous; *tjemburuan* Eifersucht, eifersüchtig ‖ jaloezie, jaloers ‖ jealousy, jealous.

tjepat schnell ‖ vlug ‖ quick, fast; *mempertjepat* beschleunigen ‖ bespoedigen ‖ to accelerate.

tjerai : bertjerai getrennt, s trennen, auseinandergehen ‖ (ge)scheiden, uiteengaan ‖ separated, to separate; *mentjeraikan* (s) trennen (v) ‖ scheiden (v) ‖ to separate; *tjerai-berai* überall verstreut ‖ overal verstrooid ‖ scattered, dispersed everywhere.

tjerdas klug, intelligent ‖ schrander, intelligent ‖ prudent, intelligent.

tjerita = tjeritera Erzählung ‖ verhaal ‖ story, tale; *mentjeritakan* etw erzählen ‖ (iets) vertellen ‖ to tell, narrate s t.

tjeritera = tjerita; mentjeritakan = mentjeriterakan.

tjermin Spiegel ‖ mirror.

tjétak : mentjétak drucken ‖ drukken ‖ to print.

tjetjap, mentjetjap schmecken, kosten ‖ proeven ‖ to taste.

tjih pfui! ‖ foei! ‖ shame!

tjik s. *entjik.*

tjikar Karren ‖ kar ‖ cart.

tjinta Liebe, Verdruß, Sorge, lieben ‖ liefde, verdriet, zorg, beminnen ‖ love, sorrow, displeasure, to love; *mentjintai* lieben ‖ liefhebben ‖ to love; *pentjinta* jmd, d Sorgen hat, Liebhaber ‖ iemd die zorgen heeft, liefhebber ‖ person packed w sorrows, lover.

tjintjin Fingerring ‖ ring.

tjipta Gedanke ‖ gedachte ‖ thought; *tjiptaan* Schöpfung ‖ creatie ‖ creation; *mentjiptakan* schaffen, schöpfen ‖ scheppen, creëren ‖ to create.

*tjita*I 1) Gefühl(e) ‖ gevoel(ens) ‖ feeling; 2) ∼ - ∼ Ideal(e), Erwartungen ‖ ideaal, idealen, aspiraties ‖ ideal, aspirations.

*tjita*II Zitzkattun ‖ sits ‖ printed dress-material.

tjium: mentjium beriechen, küssen ‖ ruiken a, kussen ‖ to smell, kiss; *tertjium* zu riechen ‖ te ruiken ‖ to smell (intr.), to get a chiff of.

tjoba, mentjoba versuchen ‖ proberen ‖ to try, attempt; *pertjobaan* Versuch, Experiment ‖ proef, experiment ‖ attempt, experiment.

tjokelat Schokolade, dunkelbraun ‖ chocolade, donkerbruin ‖ chocolate, dark brown.

tjontoh Muster, Beispiel ‖ model, monster, voorbeeld ‖ sample, model, example.

tjorak Typ, Motiv, Schattierung ‖ type, motief, schakering ‖ type, theme, tinge; *bertjorak* m ei Tönung von ‖ m 'n cachet v ‖ w a tint of.

tjoréng-moréng überall verschrammt ‖ vol schrammen ‖ covered w scratches.

tjotjok : mentjotjokkan mit ei Nadel befestigen, hineinstecken ‖ spelden, erin steken ‖ to pin, stick into.

tjukup genügen(d), ausreichen(d) ‖ genoeg, voldoende ‖ enough, sufficient.

tjukur, mentjukur rasieren ‖ scheren ‖ to shave; *pentjukur* Rasiermesser ‖ scheermes ‖ razor.

tjuma nur ‖ slechts, alleen (maar) ‖ only.

tjumbu Schmeichelei, Scherz ‖ vleierij, grap ‖ flattery, joke; *bertjumbu-tjumbuan* miteinander scherzen ‖ m elkaar schertsen ‖ to joke w one another.

tjurah: mentjurahkan s voll widmen ‖ ten volle wijden ‖ to devote o s completely to; *tjurahan* Erguß ‖ uitstorting ‖ outpour.

tjuram steil ‖ steep.

tjuri, mentjuri stehlen ‖ stelen ‖ to steal; *pentjuri* Dieb ‖ dief ‖ thief; *pentjurian* Diebstahl ‖ diefstal ‖ theft.

tjuriga mißtrauisch, Mißtrauen ‖ wantrouwen(d) ‖ distrustful, suspicious, suspicion, distrust; ∼ *-mentjurigai* einander mißtrauen ‖ elkaar wantrouwen ‖ to distrust one another.

tjutji, mentjutji waschen ‖ wassen ‖ to wash; *tjutjian* Wäsche ‖ was(goed) ‖ laundry.

tjutjur: bertjutjuran i Strömen fließen, strömen ‖ i stromen vloeien, stromen ‖ to flow i streams, to stream.

tokak-tokék überall verwundet ‖ overal gewond ‖ to be wounded everywhere.

toko Geschäft, Laden ‖ winkel ‖ shop.

tokoh Gestalt ‖ gestalte ‖ shape, appearance.

tolak : menolak fortstoßen, abweisen, verweigern ‖ wegduwen, afwijzen, weigeren ‖ to push off, refuse, reject.

toléh, menoléh (s um)blicken ‖ (z om-)kijken ‖ to look (back).

tolong, menolong helfen ‖ helpen ‖ to help; *(per)tolongan* Hilfe ‖ hulp ‖ help, aid; *ketolongen* Hilfe ‖ hulp ‖ help, aid; *penolong* Helfer, Retter ‖ helper, redder ‖ helper, rescuer.

tombak Lanze, Speer ‖ lans, speer ‖ lance, spear.

tonggak Pfosten, Pfahl ‖ paal, stijl ‖ post, pole.

tonil Bühne ‖ toneel ‖ stage.

tonton, menonton zuschauen ‖ toeschouwen ‖ to look at; *mempertontonkan* zeigen, (Film) vorführen ‖ vertonen ‖ to show; *penonton* Zuschauer ‖ toeschouwer ‖ spectator.

tradisi Tradition ‖ traditie.

tsb. = *tersebut* s *sebut.*

tua alt, dunkel (v Farben) ‖ oud, donker (kleur) ‖ old, dark (colour); *ketua* Senior, Vorsitzender, Präsident ‖ senior, voorzitter, president ‖ senior, chairman, president.

tuan Herr, Sie (Anrede a ei Herrn) ‖ heer, U ‖ gentleman, you; *jang dipertuan* Seine Majestät ‖ Zijne Majesteit ‖ His Majesty.

tuang:menuang (Eisen) gießen ‖ gieten ‖ to cast (iron).

tubuh Körper ‖ lichaam ‖ body.

tudju : menudju (ke) Kurs nehmen auf, streben, weisen, gehen nach ‖ op iets koersen, streven, wijzen, gaan naar ‖ to set course to, to point to, aim at, make for; *tertudju* gerichtet auf ‖ gericht op ‖ directed towards; *menjetudjui* gutheißen, zustimmen ‖ goedkeuren, instemmen m ‖ to approve of, agree w; *tudjuan* Richtung, Ziel, Streben ‖ richting, doel, streven ‖ direction, goal, striving; *persetudjuan* Zustimmung, Billigung, Übereinkunft, Abkommen ‖ toestemming, goedkeuring, overeenkomst, accoord ‖ approval, agreement, settlement.

tudjuh sieben (7) ‖ zeven ‖ seven.

tuduh, menuduh beschuldigen ‖ to accuse.

tugas Aufgabe, Funktion ‖ taak, functie ‖ task, function; *bertugas* ei Aufgabe haben, erfüllen ‖ 'n taak hebben, vervullen ‖ to have, perform a task.

Tuhan Gott ‖ God.

tukang Meister, Fachmann ‖ deskundige ‖ craftsman, expert; ~ *kebon* Gärtner ‖ tuinier ‖ gardener.

tukar, menukar (ein)tauschen, wechseln ‖ (in)ruilen, wisselen ‖ to exchange, change; *tukar-menukar* miteinander tauschen ‖ m elkaar ruilen ‖ to change w one another; *bertukar* vertauscht, gewechselt ‖ geruild, gewisseld ‖ changed, exchanged; *penukar* Tausch, Tauschmittel ‖ ruil(middel) ‖ exchange, medium of exchange; *pertukaran* Wechsel, Wandel ‖ wisseling, verandering ‖ change.

tulang Knochen ‖ been ‖ bone; *tulangan* Gebeine, Skelett ‖ gebeente, geraamte ‖ bones, skeleton.

tular, menular anstecken (Krankh.) ‖ besmetten ‖ to infect.

tulén reinrassig, rein, echt ‖ (ras)echt, zuiver ‖ pure blood, genuine; *ketulénan* Reinheit ‖ zuiverheid ‖ genuineness.

tuli taub ‖ doof ‖ deaf.

tulis, menulis schreiben ‖ schrijven ‖ to write; *menulisi* beschreiben, auf etw schreiben ‖ beschrijven, op iets schrijven ‖ to write upon; *menuliskan* aufschreiben, m etw schreiben ‖ opschrijven, m iets schrijven ‖ to note, write with; *tulisan* Schrift ‖ (ge)schrift ‖ writing, handwriting; *penulis* Schreiber, Autor ‖ schrijver, auteur ‖ writer, author.

tumbuh wachsen, gedeihen, entstehen ‖ wassen, (op)groeien, ontstaan ‖ to grow, sprout, to come into being; *menumbuhkan* züchten, anbauen, entstehen lassen ‖ kweken, verbouwen, doen ontstaan ‖ to grow, cultivate, produce; *tumbuhan* Gewächs, Pflanze ‖ gewas(sen) ‖ plants.

tumbuk, menumbuk (Reis) stampfen ‖ stampen ‖ to pound (rice); *bertumbuk* gestampft ‖ gestampt ‖ pounded.

tumit Ferse ‖ hiel ‖ heel.

tumpah : tertumpah vergossen ‖ uitgestort ‖ poured out.

tumpang, menumpang mitfahren, logieren ‖ meevaren, logeren ‖ to get a lift, stay, lodge; *penumpang* Passagier ‖ passenger.

tumpat gedrängt voll ‖ opgepropt vol ‖ chock-full.

tumpuk (kleine) Gruppe ‖ groep(je) ‖ (small) group; *bertumpuk-tumpuk* gruppenweise, gehäuft ‖ bij groepen, opgehoopt ‖ in groups, accumulated.

tunang : mempertunangkan verloben ‖ verloven ‖ to affiance to; *tunangan* Verlobte(r) ‖ verloofde ‖ fiancé(e); *pertunangan* Verlobung ‖ verloving ‖ engagement.

tunda : menunda aufschieben, verschieben ‖ opschorten, uitstellen ‖ to suspend.

tundjuk : menundjuk zeigen, anweisen ‖ tonen, aanwijzen ‖ to show, indicate; *menundjukkan = mempertundjukkan* zeigen, (Film) vorführen ‖ vertonen ‖ to show; *penundjuk djalan* Wegweiser, Führer ‖ wegwijzer, gids ‖ road guide, signpost; *pertundjukan* Aufführung, Vorstellung, Ausstellung ‖ vertoning, tentoonstelling ‖ performance, show, exhibition.

tunduk s bücken, verbeugen, s unterwerfen ‖ bukken, buigen, z onderwerpen ‖ to bow, stoop, submit; *menundukkan* etw beugen, unterwerfen ‖ iets buigen, onderwerpen ‖ to bend, subject.

tunggal einzig, alleiniger ‖ enig, enkel ‖ only, sole.

tunggang[I]: *menunggangi* reiten auf ‖ rijden op ‖ to ride on.

tunggang[II]: ~ *langgang* Hals über Kopf ‖ hals over kop ‖ head over heels.

tunggu, menunggu (er)warten ‖ (ver)wachten ‖ to wait, expect, look forward to; *menunggui* bewachen ‖ bewaken ‖ to watch over.

tuntut, menuntut folgen, fordern ‖ volgen, eisen ‖ to follow, demand, require; *tuntutan* Forderung ‖ eis ‖ demand.

turun hinabsteigen, hinuntergehen, fallen (Regen, Preise), landen ‖ (af)dalen, omlaag gaan, vallen (regen), landen ‖ to go down, descend, fall, land; ∼ *naik* s heben und senken (Brust) ‖ op en neer gaan (borst) ‖ to heave (chest); *turun-temurun* v Geschlecht zu Geschlecht, erblich, Erb- ‖ v geslacht op geslacht, erfelijk ‖ from generation to generation, hereditary; *menuruni* hinabsteigen nach, auf ‖ afdalen naar, langs ‖ to go down to, by; *menurunkan* hinabsteigen lassen, niederlassen, senken, überliefern ‖ laten dalen, neerlaten, overleveren ‖ to lower, hand down; *keturunan* Nachkomme ‖ afstammeling ‖ descendant.

turut folgen, mitgehen, mit- ‖ volgen, meegaan, mee- ‖ to follow, join, participate; *berturut-turut* ständig ‖ aanhoudend ‖ continually; *menurut* gehorchen, gemäß, entsprechend ‖ gehoorzamen, volgens, overeenkomstig ‖ obey, according to, corresponding; *menurutkan* folgen ‖ volgen ‖ to follow; *terturutkan* befolgbar ‖ na te volgen ‖ followable.

tusuk : menusuk eindringen ‖ binnendringen ‖ to penetrate.

tutup Deckel ‖ deksel ‖ cover; *menutup(i)* bedecken, schließen, zudecken ‖ bedekken, sluiten, toedekken ‖ to close, cover; *tertutup* bedeckt, geschlossen ‖ bedekt, gesloten ‖ closed, covered.

tutur Worte, Sprache ‖ woorden, taal ‖ words, language; *menuturkan* erzählen, mitteilen ‖ vertellen, mededelen ‖ to tell, communicate.

U

uang = wang Geld ‖ money; *keuangan* Finanzen ‖ financiën ‖ finances.

ubah : berubah s (ver)ändern ‖ veranderen, anders worden ‖ to change; *mengubah* (s) verändern, anders machen, verarbeiten ‖ veranderen, anders maken, verwerken ‖ to change, alter, work (into); *mengubahi* Veränderungen anbringen ‖ iets veranderen ‖ to alter, modify; *perubahan* Veränderung, Wechsel, Wendung ‖ verandering, wisseling, wending ‖ change, alteration, shift.

udang Garnele ‖ garnaal ‖ shrimp, prawn.

udara Luft, Himmel, Wetter ‖ lucht-(ruim), weer ‖ air, sky, weather.

udjar Ausdruck, Worte ‖ gezegde ‖ phrase, expression.

udji : mengudji prüfen ‖ examineren ‖ to examine; *udjian* Prüfung ‖ examen ‖ examination.

udjud: mengudjudkan verwirklichen ‖ verwezenlijken ‖ to materialize.

udjung Spitze, Ende ‖ top, einde ‖ end, top.

uh he! ‖ hi!

ukir, mengukir schnitzen, gravieren ‖ (uit)snijden, graveren ‖ to carve, engrave.

ukur : mengukur messen ‖ meten ‖ to measure; *ukuran* Maß(stab), Ausmaß, Norm ‖ maat(staf), dimensie, norm ‖ measure, size, standard.

ulang wiederholt ‖ herhaaldelijk ‖ repeated(ly); *berulang-ulang* wiederholt, häufig ‖ herhaaldelijk, telkens ‖ frequent(ly), repeated(ly).

ular Schlange ‖ slang ‖ snake, serpent.

ulas : mengulas anziehen, umtun ‖ aandoen, omdoen ‖ to put on.

ulat Raupe ‖ rups ‖ caterpillar.

umpama gleich, wie (Vergleich) ‖ gelijk, zoals ‖ like, as; *seumpama* wie (Vergleich), angenommen ... ‖ zoals, gesteld dat ‖ as, suppose.

[']umum allgemein, öffentlich ‖ al-

gemeen, publiek ‖ general, public.

[ᶜ]umur d Alter ‖ leeftijd ‖ age; *berumur* i Alter v, alt ‖ op d leeftijd v, oud (v jaren) ‖ at the age of, old.

undang: 1) *mengundang* einladen, auffordern ‖ inviteren, uitnodigen ‖ to invite, summon; *undangan* Einladung ‖ uitnodiging ‖ invitation; 2) *undang-undang* Gesetz(e) ‖ wet(ten) ‖ law(s); ∼ *dasar* Verfassung (politisch) ‖ grondwet ‖ constitution.

undian (Lotterie-)Los ‖ lot(erijbriefje) ‖ lot.

undjur ausgestreckt ‖ uitgestrekt ‖ stretched out; *(duduk) belundjur* m ausgestreckten Beinen (sitzen) ‖ m uitgestrekte benen (zitten) ‖ (to sit) w legs stretched out.

unggun Holzfeuer, Stapel Holz ‖ houtvuur, stapel hout ‖ pile of wood, log-fire; *api* ∼ Lagerfeuer ‖ kampvuur ‖ camp fire.

ungsi, mengungsi fliehen, evakuieren ‖ vluchten, evacueren ‖ to flee, evacuate; *pengungsi* Flüchtling ‖ vluchteling ‖ fugitive.

unsur Element, Prinzip ‖ element, beginsel ‖ element, principle.

untai Band, Fessel ‖ band, boei ‖ string, fetter.

untuk Teil, Anteil, (bestimmt) für, um zu ‖ (aan)deel, bestemd voor, om te ‖ share, for the sake of, for, to; *teruntuk* zugunsten, bestimmt f ‖ ten behoeve v, bestemd voor ‖ in favour of, destined for.

untung Gewinn, Vorteil, Glück ‖ gewin, voordeel, geluk ‖ profit, advantage, luck; *untung(lah)* glücklicherweise ‖ gelukkig! ‖ fortunately; *untung-untungan* auf gut Glück ‖ op goed geluk ‖ at a venture; *peruntungan* Schicksal ‖ (nood)lot ‖ fate.

upah Lohn, Honorar ‖ loon, honorarium ‖ wages, fee.

upam : terupam poliert ‖ gepolijst ‖ polished.

upatjara Feierlichkeit(en), Zeremonie ‖ plechtigheid, ceremonie ‖ festivity, ceremony.

urai: menguraikan darlegen ‖ uiteenzetten ‖ to explain; *terurai* lose (hängend) ‖ los(hangend) ‖ loose.

usah (tu) nicht! ‖ (doe) niet! ‖ (do) not!; *tak* ∼ es ist nicht nötig, nicht brauchen ‖ 't is niet nodig, niet behoeven ‖ (it is) not necessary, do not need.

usaha Bemühung, Anstrengung, Eifer, Arbeit, Dienst, Beruf ‖ bemoeiing, inspanning ijver, arbeid, dienst, beroep ‖ effort, exertion, diligence, labour, service, profession; *berusaha* s bemühen ‖ moeite doen ‖ to endeavour; *mengusahakan* s bemühen um, bearbeiten ‖ moeite doen voor, bearbeiden ‖ to make an effort, work; *perusahaan* Gewerbe, Betrieb, Industrie ‖ nijverheid, bedrijf, industrie ‖ trade, enterprise, industry.

usang verschlissen, abgetragen ‖ versleten ‖ worn.

usap, mengusap streicheln ‖ strelen ‖ to caress.

usia d Alter ‖ leeftijd ‖ age.

usir, mengusir, vertreiben, fortjagen ‖ verdrijven, wegjagen ‖ to drive away, chase.

usul Vorschlag ‖ voorstel ‖ proposal, suggestion; *mengusulkan* vorschlagen ‖ voorstellen ‖ to propose, suggest.

utama ausgezeichnet, überlegen ‖ uitstekend, superieur ‖ excellent, superior; *(jang) terutama* ausgezeichnet, vor allem, hauptsächlich ‖ uitnemend, vooral, hoofdzakelijk ‖ excellent, especially, principal.

utang d Schulden ‖ schuld, debet ‖ debt, obligation; *berutang* Schulden haben, machen ‖ schulden hebben, maken ‖ to owe, to run into debt.

utara[I] Norden, Nord- ‖ Noord(en) ‖ north.

utara[II]: *mengutarakan* erklären, erläutern ‖ verklaren, uiteenzetten ‖ to explain.

utas Fachmann ‖ deskundige ‖ expert.

utjap : mengutjapkan (aus)sprechen ‖ (uit)spreken ‖ to speak, express, pronounce.

utuh frisch, unversehrt, voll ‖ gaaf, ongeschonden, vol ‖ fresh, intact, full; *keutuhan* Frische, Unversehrtheit, Fülle ‖ gaafheid, ongeschondenheid, volheid ‖ freshness, vigour, intactness, fulness.

utus, mengutus (ent)senden ‖ iemd zenden, afvaardigen ‖ to send, delegate; *utusan* d Gesandte ‖ (af)gezant ‖ delegate.

V

rakansi Ferien (haben) ‖ vakantie (hebben) ‖ vacations, to have a vacation.

W

wadjar : sewadjarnja natürlich, mit Recht, rein ‖ natuurlijk, ten rechte, zuiver ‖ natural, aright, pure.

wadjib verpflichtet, notwendig ‖ verplicht, noodzakelijk ‖ obligated, necessary; *mewadjibkan* etw z Pflicht machen ‖ verplicht stellen ‖ to make compulsory; *kewadjiban* Verpflichtung, Pflicht ‖ verplichting, plicht ‖ duty, obligation.

wafat d Sterben, sterben ‖ ('t) overlijden ‖ decease, death.

wah o! ‖ o!, wel! ‖ why!

wajang Schauspiel ‖ toneel ‖ show; ~ *suluh* Propaganda-Schauspiel ‖ propaganda toneelspel ‖ propaganda show.

wakil Bevollmächtigter, Vertreter ‖ gemachtigde, vertegenwoordiger ‖ deputy, representative; ~ *rakjat* Volksvertretung ‖ volksvertegenwoordiging ‖ house of representatives; *perwakilan* Vertretung ‖ vertegenwoordiging ‖ representation.

waktu Zeit, als (Konj.) ‖ tijd, toen ‖ time, when.

walakin = lakin.

walaupun obgleich ‖ ofschoon ‖ (al)though.

wali Vormund ‖ voogd ‖ guardian.

wa 'llāhu a'lam bi 'ṣ-ṣawāb waleihi 'l-mardji'u 'l-ma'āb Gott weiß am besten, was richtig ist, und zu Ihm kehren wir zurück, und Er ist unsere Zuflucht ‖ God weet 't best, wat juist is, en tot Hem keren wij weder, en Hij is onze toevlucht ‖ God knows best what is right, and to Him we return, and He is our refuge.

wang = uang Geld ‖ money.

wangi duftend, duftig ‖ geurig ‖ fragrant.

wanita Frau ‖ vrouw ‖ woman, lady.

waras gesund ‖ gezond ‖ sound, healthy.

warga negara (Staats)bürger ‖ (staats)-burger ‖ citizen; *kewarga-negaraan* Staatsbürgerschaft ‖ staatsburgerschap ‖ citizenship.

warna Farbe ‖ kleur ‖ colour; *berwarna* gefärbt ‖ gekleurd ‖ coloured.

warta Bericht, Nachricht ‖ bericht ‖ report, news; *wartawan* Journalist; *kewartawanan* Journalistik ‖ journalistiek ‖ journalism.

warung Verkaufsstand ‖ stalletje ‖ stall.

watas Grenze ‖ grens ‖ border, limit.

wenang = wénang : sewenang-wenang = sewénang-wénang willkürlich ‖ willekeurig ‖ arbitrarily.

wudhu : air ~ Wasser f d rituelle Waschung ‖ water v d rituele wassing ‖ water f the ritual ablutions.

wudjud Form, Gestalt, Erscheinung ‖ vorm, gedaante, verschijning ‖ shape, form, appearance.

Z

zaman = djaman.
zégel Siegel ‖ zegel ‖ seal.
ziarah : berziarah ei Wallfahrt
  unternehmen ‖ 'n bedevaart

maken ‖ to make a pilgri-
mage.
zirah Panzer, Harnisch ‖ pantser, har-
nas ‖ cuirass, harness, armour.

Verzeichnis der in indonesischen Zeitungen und Zeitschriften häufig vorkommenden Abkürzungen

AD : *Angkatan Darat* Landmacht ‖ landmacht ‖ army.

alm. : *almarhum, almarhumah* weiland ‖ wijlen ‖ the late.

ALRI : *Angkatan Laut Républik Indonésia* Marine d Republik Indonesien ‖ zeemacht v d Republiek Indonesië ‖ navy of the Republic of Indonesia.

a.n. : *atas nama* i Namen v, namens ‖ namens ‖ i the name of.

APRI : *Angkatan Perang Républik Indonésia* Streitkräfte, Wehrmacht der Republik Indonesien ‖ strijdkrachten v d Republiek Indonesië ‖ the forces of the Republic of Indonesia.

A.S. : *Amérika Serikat* d Vereinigten Staaten ‖ d Verenigde Staten ‖ the United States.

AURI : *Angkatan Udara Republik Indonésia* ‖ Luftmacht der Republik Indonesien ‖ luchtmacht v d Republiek Indonesië ‖ airforce of the Republic of Indonesia.

b. : *bin, binti* Sohn, Tochter v ‖ zoon, dochter v ‖ son, daughter of.

b.d.b. : *bébas dari béa* zollfrei ‖ vrij v tol ‖ free from excise-duty.

bhs. : *bahasa* Sprache ‖ taal ‖ language.

bhw. : *bahwa* daß ‖ dat ‖ that.

B.I. : *Bahasa Indonésia* indonesische Sprache ‖ Indonesische taal ‖ Indonesian language.

B.P. : *Balai Pustaka* (wörtl. „Buch-Büro" =) (Büro f d) Volkslektüre ‖ (Kantoor v d) Volkslectuur ‖ (office for) Popular Reading.

C.P.M. : *Corps Polisi Militér* Corps der Militärpolizei ‖ corps v d militairpolitie ‖ corps of the military police.

C.T.N. : *Corps Tjadangan Nasional* nationales Reserve-Corps ‖ 't nationale reserve-corps ‖ the national reserve-corps.

dgn. : *dengan* mit ‖ met ‖ with.

d.h. : *dengan hormat* höflich, hochachtungsvoll ‖ beleefd, m d meeste hoogachting ‖ polite, (most) respectful(ly).

Djapen : *Djawatan Penerangan* Informationsdienst ‖ voorlichtingsdienst ‖ information service.

Dkt. : Djakarta.

dll.	:	*dan lain-lain* usw. ‖ enz. ‖ etc.
dl., dlm.	:	*dalam* in.
dng.	:	*dengan* mit ‖ met ‖ with.
d.p.	:	*dengan perantaraan* durch Vermittlung, via ‖ door bemiddeling v, via ‖ through the intermediation of, via.
dp.	:	*daripada* von ‖ van ‖ from.
D.P.R.	:	*Déwan Perwakilan Rakjat* Parlament ‖ parlement ‖ parliament.
dsb.	:	*dan sebagainja* usw., und dgl. ‖ enz., en dergelijk ‖ etc., and such like.
dst.	:	*dan seterusnja* usw. ‖ enz. ‖ etc.
Dt.	:	*Datok* ein *adat*-Titel ‖ an *adat*-title.
d.t.o.	:	*ditanda-tangani oléh* unterzeichnet v ‖ ondertekend v ‖ signed by.
FRONI	:	*Front Nasional Indo* nationale Front der Indos ‖ nationale front d Indos ‖ national front of the Eurasians.
G.	:	*Gunung* Berg ‖ mount.
gl.	:	*gelar* Titel ‖ title.
GPII	:	*Gerakan Pemuda Islam Indonésia* Bewegung der indonesischen muhammedanischen jungen Leute ‖ beweging v d Indonesische islamitiese jonge lieden ‖ movement of the Indonesian Muhammedan youngsters.
H.	:	*Hadji* Mekkapilger ‖ pilgrim to Mecca.
h.b.i.	:	*hari bulan ini* Tag dieses Monats ‖ dag v deze maand ‖ day of this month.
Ipphos	:	Indonesian Press Photo's Service.
j.a.d.	:	*jang akan datang* kommender, bevorstehend ‖ toekomstig, aanstaand(e) ‖ next, future.
jg.	:	*jang* der, die, das ‖ d ‖ the.
j.l.	:	*jang lain* andere ‖ anderen ‖ other.
jl.	:	*jang lalu* d vergangene ‖ d verledene ‖ the passed by.
jth.	:	*jang terhormat* sehr geehrt ‖ zeer geëerde ‖ Dear Sir.
Kempen	:	*Kementerian Penerangan* Informationsministerium ‖ Ministerie v Inlichtingen ‖ Ministry of Information.
k.l.	:	*kurang lebih* mehr oder weniger, ungefähr ‖ min of meer, ongeveer ‖ more or less, approximately.
Kmd.	:	*Komandan* Kommandant ‖ commander.
K.N.I.P.	=	*KNIP.*: *Komité Nasional Indonésia Pusat* nationales indonesisches Zentralkomitee ‖ centraal Indonesisch nationaal Comité ‖ central Indonesian national committee.
Kowani	:	*Kongrés Wanita Indonésia* Kongreß indonesischer Frauen ‖ congres v Indonesische vrouwen ‖ congress of Indonesian women.
K.P.	:	*Kementerian Pertahanan* Verteidigungs-Ministerium ‖ Ministerie v verdediging ‖ Ministry of defence.
Kp.	:	*Kampung* Dorf ‖ dorp ‖ village.
l.k.	:	*lebih kurang*, s. *kurang lebih*.
L.N.	:	*Luar Negeri* Ausland ‖ buitenland ‖ abroad, foreign country·

Manipol   :   *Manifésto Politik* Politisches Manifest ‖ Politiek Manifest ‖ Political Manifesto.

Masjumi   :   *Madjelis Sjuro Muslimin Indonésia* advisierender Rat der indonesischen Muslims ‖ adviserende raad van de Indonesische Moslims ‖ Council of advice of the Indonesian Muslims.

N.   :   *Nona* Fräulein ‖ juffrouw ‖ Miss.

Nj.   :   *Njonja* Frau ‖ mevrouw ‖ Mrs.

P 4   :   *Panitia Penjelesaian Perselisihan Perburuhan* Kommission zur Schlichtung v Arbeitskonflikten ‖ commissie tot beslechting v arbeids-conflicten ‖ commission f the settlement of labour-conflicts.

Parindra   :   *Partai Indonésia Raja* großindonesische Partei ‖ groot-Indonesische partij ‖ party for greater Indonesia.

Parkindo   :   *Partai Kristen Indonésia* Partei indonesischer Christen ‖ partij v Indonesische Christen ‖ party of Indonesian Christians.

P.B.B   :   *Perserikatan Bangsa-Bangsa* Völkerbund ‖ Volkenbond ‖ League of Nations.

P.I.   :   *Partai Indonésia = Perhimpunan Indonésia* indonesische Partei = indonesische Vereinigung ‖ Indonesische partij = Indonesische vereniging ‖ Indonesian party = Indonesian association.

P.I.A.   :   *Pérsbiro Indonésia Anéta* indonesisches Pressebüro Aneta ‖ Indonesisch persburo Aneta ‖ Indonesian press-bureau Aneta.

P.I.R.   :   *Partai Indonésia Raja* großindonesische Partei ‖ groot-Indonesische partij ‖ party for greater Indonesia.

P.K.I.   :   *Partai Komunis Indonésia* indonesische kommunistische Partei ‖ Indonesische communistische partij ‖ Indonesian Communist Party.

P.M.I.   :   *Palang Mérah Indonésia* indonesisches Rotes Kreuz ‖ 't Indonesische Rode Kruis ‖ the Indonesian Red Cross.

P.N.I.   :   *Partai Nasional Indonésia* indonesische nationale Partei ‖ Indonesische nationale partij ‖ Indonesian national party.

PON.   :   *Pekan Olahraga Nasional* nationale Sportwoche ‖ week v nationale sport ‖ week of national sport.

P.P.K.   :   *(Kementerian) Pendidikan, Pengadjaran dan Kebudajaan* (Ministerium f) Erziehung, Unterricht und Kultur ‖ (ministerie v) opleiding, onderricht en cultuur ‖ (Ministry f) education, school and culture.

PPN.   :   *Perusahaan Pilem Indonésia* indonesische Film-Industrie ‖ Indonesian film-industry.

P.S.I.   :   *Partai Sosialis Indonésia* sozialistische Partei Indonesiens ‖ socialistische partij v Indonesië ‖ socialist party of Indonesia.

P.T.T.   :   *Pos, Télégrap dan Télépon* Post, Telegraf und Telefon ‖ post, telegraph and telephone.

Resopim   :   *Révolusi, Sosialisme, Pimpinan Nasional* Revolution, Sozialismus, Nationale Führung ‖ Revolutie, Socialisme, Nationale Leiding ‖ Revolution, Socialism, National Leadership.

R.I.　　：　*Républik Indonésia* Republik Indonesien ‖ Republiek Indonesië ‖ Republic of Indonesia.

Ril　　：　*Révolusi, Idéologi Nasional Progrésif, Pimpinan Nasional* Revolution, Progressive Nationale Ideologie, Nationale Führung ‖ Revolutie, Progressive Nationale Ideologie, Nationale Leiding ‖ Revolution, Progressive National Ideology, National Leadership.

Rp.　　：　*rupia(h)* Rupie.

R.R.I.　　：　*Radio Républik Indonésia* Rundfunk d Republik Indonesien ‖ Radio v d Republiek Indonesië ‖ broad-cast of the Republic of Indonesia.

sbb.　　：　*sebagai berikut* wie folgt, folgendermaßen ‖ als volgt ‖ as follows.

s/d.　　：　*sampai dengan* bis … einschließlich ‖ tot en met ‖ up to … inclusive(ly).

sdr.　　：　*saudara* Bruder ‖ broer ‖ brother.

Sékdjén　　：　*Sekretaris Djénderal* Generalsekretär ‖ secretaris generaal ‖ general secretary.

S.G.A.　　：　*Sekolah Guru Atas* höhere Lehrerschule ‖ hogere leraarschool ‖ higher school f teachers.

s.k.　　：　*surat kabar* Zeitung ‖ courant ‖ newspaper.

s.M.　　：　*sebelum Maséhi* vor Christus ‖ voor Christus ‖ before Christ.

Sobsi　　：　*Séntral Organisasi Buruh Seluruh Indonésia* Zentralorganisation der Arbeiter von ganz Indonesien ‖ centrale organisatie v d arbeiders v geheel Indonesië ‖ central organization of the workers of whole Indonesia.

S.R.　　：　*Sekolah Rakjat* Volksschule ‖ volksschool ‖ elementary school.

Tg.　　：　*tandjung* Kap ‖ kaap ‖ cape.

tg., tgl.　　：　*tanggal* Datum ‖ date.

th., thn.　　：　*tahun* Jahr ‖ jaar ‖ year.

tlh.　　：　*telah* bereits, schon ‖ reeds ‖ already.

tsb.　　：　*tersebut* genannt ‖ genoemd ‖ mentioned.

Usdek　　：　*Undang² Dasar '45, Sosialisme Indonésia, Démokrasi Terpimpin, Ekonomi Terpimpin, Kepribadian Indonésia* Verfassung von 1945, Indonesischer Sozialismus, Gelenkte Demokratie, Gelenkte Wirtschaft, Indonesische Eigenart ‖ Grondwet van 1945, Indonesische Sosialisme, Geleide Demokratie, Geleide Ekonomie, Indonesische Identiteit ‖ 1945 Constitution, Indonesian Socialism, Guided Democracy, Guided Economy, Indonesian Identity.

utk.　　：　*untuk* für ‖ voor ‖ for.

wk.　　：　*wakil* Vertreter ‖ vertegenwoordiger ‖ representative.

Index zur Grammatik der Bahasa Indonésia

para als Mehrzahlanzeiger § 1 c.
Nomina mit *pe-* + Pnl. § 24; mit *pe-* + Pnl. + *-i* bzw. *-kan* § 38 b Bemerkg. 1—2.
Nomina mit *pe-* + Pnl. + *-an, penge-* + Wstm. + *-an* § 38.
pelbagai allerlei, verschiedene § 17 a.
Nomina mit *pe(r)-,pel-* +Wstm. § 30.
Nomina mit *pe(r)-, pel-* + Wstm. + *-an* § 39.
pernah jemals § 51 d.
si Polan der, die N.N. § 2 d.
Possessivsuffixe § 21; hinter Verben mit *me-* + Pnl. § 24 e.
Prohibitiv (unterlaß es, zu …!) § 24 b Bemerkg. 3.
Pronomina personalia § 5; als O. § 24 e.
Propositiv § 12 g.
Prozentualrechnung § 15 c.
pula auch, wieder etc. § 23 c.
(-)pun § 23 a; § 49 e; § 63 j.
punja § 20 b Bemerkg.

Rechnen § 15.
Reflexive Verben § 24 g.
Reziproke Verben § 29 j; § 36 c; § 44 h.
rupanja anscheinend § 21 a Bemerkg.1.

sadja § 23 g; bei Aufforderungen § 12 g.
saja ich § 5 b; ja § 11 h.
salah § 17 f Bemerkg. 2.
saling § 44 h.
sama § 55 b.
sambil während § 61 a.
sampai bis § 47 e; so daß § 63 f.
sang Artikel § 2 a.
sangat sehr § 53 p.
se- in kollektiver Funktion § 16 f; bei Gleichsetzungen § 55 a; bei Temporalsätzen § 61 a.
seakan-akan als ob § 59 e.
sebab weil, denn § 63 a.
sebagai als ob § 59 e; wie (b. Vergleich) § 54 a; als § 54 b.
sedang dabei sein, etwas zu tun § 7 d; während § 61 a; hingegen § 60 c.
sedangkan … *apa pula* § 63 i.
sedjak = *semendjak* seit § 52 c; seitdem § 61 d.
segala alle § 1 c; § 17 d.
sehingga bis § 61 d; so daß § 63 f.

sehr § 53 p.
sekian soviel § 14 e.
sementang obgleich § 63 j.
sementara während § 61 a.
semoga möge § 62.
sendiri eigen § 21 a Bemerkg. 2; § 24 g Bemerkg.
seolah-olah als ob § 59 e.
seperti zur Hervorhebung des S. § 3 a; wie (b. Vergleich) § 54 a.
seraja während § 61 a.
serta und § 58 b; mit § 53 f.
setiap jeder § 17 a; jedes Mal, wenn § 63 h.
si Artikel § 2 a; § 13 a; § 19 a; § 25 a.
siapa wer? § 10 a; § 18 g Bemerkg. 1 und 3; als Attr. § 19 k; § 20 c; als O. § 24 e Bemerkg. 1.
sidang Artikel § 1 c.
silakan(lah) bei Aufforderungen § 12 f.
silih bei reziproken Verben § 29 j; § 44 h.
so (derart) § 54 d.
Substantiva als App. § 13; § 21 g; als Attr. § 19; als S. und P. in Aussagen § 2 a; § 9 a.
sudah bereits, schon § 7 e; § 27 f.
sungguh wirklich § 23 i.
sungguhpun obgleich § 63 j.
supaja damit § 63 d; daß § 59 b.
Superlativ § 57.

ta' = *tak* nicht § 9 c—f.
(jang) tadi statt Demonstrativpron. § 4 c; vorhin § 51 d.
-tah Fragepartikel § 10 f.
tak = *ta'* nicht § 9 c.
tanpa ohne § 53 g.
tatkala als (Konj.) § 61 b.
telah zur Bezeichnung einer abgeschlossenen Handlung § 7 e.
Temporalsätze § 61.
tengah während § 61 a; vor Zahlen § 14 a.
tentu sicherlich § 23 i.
tepe(r)-, tepel- + Wstm. bei Verben § 32 e.
te(r)- + Wstm. bei Verben § 31; beim Superlativ § 57 a.
te(r)- + Wstm. + *-i* § 35 a.
te(r)- + Wstm. + *-kan* § 43 b.